VALERIO CASTRONOVO
con la collaborazione di Massimiliano Galli,
Valeria Novembri, Rossella Pavolini

PROSPETTIVE 3
di popoli&scenari

INCLUSIONE Ogni studente è unico, perché uniche sono le sue esigenze, la sua personalità, il suo stile di apprendimento. Promuovere i princìpi della didattica inclusiva e cooperativa significa valorizzare le differenze, esprimere i talenti, sviluppare le potenzialità di tutti. Nessuno escluso.

SUCCESSO FORMATIVO Il compito della scuola è "insegnare a imparare", accompagnando gli studenti nel percorso di apprendimento e di sviluppo di abilità e competenze che ne formeranno la personalità, la consapevolezza critica e la professionalità. "Imparare a imparare": il primo passo del cittadino di domani.

INNOVAZIONE Prevedere i cambiamenti della scuola e rispondere proattivamente ai suoi bisogni tramite lo studio, la ricerca continua e la sperimentazione. Innovare: uno degli obiettivi della proposta didattica di Rizzoli Education.

EMOZIONI Lo sviluppo delle competenze emotive è parte integrante della crescita cognitiva e relazionale degli studenti. Un approccio didattico completo deve essere attento anche alle dinamiche delle emozioni nel gruppo classe e alla formazione dell'autoconsapevolezza negli individui.

MULTIMEDIALITÀ L'approccio alla progettazione didattica di Rizzoli Education "nasce" multimediale, per offrire alla scuola strumenti semplici e personalizzabili, sia cartacei che digitali, che potenzino le dinamiche di apprendimento collaborativo e propongano nuove opportunità di interazione docente-studente.

ECCELLENZA La storia dei marchi Rizzoli Education è da sempre tesa all'eccellenza, per proporre un'offerta editoriale completa ed efficace che si sposa con la ricerca didattica, pedagogica e formativa di partner quali Erickson, Oxford University Press e Università Ca' Foscari.

Progettare il futuro costruendo il presente. Insieme.

Hanno collaborato alla stesura dei testi del volume 3: **Paolo Aziani, Valeria Novembri**
Gli apparati didattici sono stati curati da **Stefano Lenzi**
I *Laboratori* e *Verso l'esame* sono a cura di **Sergio Mantovani**

Coordinamento editoriale: Milena Fabbri
Coordinamento redazionale e redazione: Geraldina Pippolini, Giulia Tabacco
Elaborazione digitale testo e immagini e impaginazione: Studio Mizar, Bergamo
Cartografia: Studio 2C, Sasso Marconi (Bologna)
Ricerca iconografica: Giulia Tabacco
Contenuti digitali: Sara Massa; Lightbox Creative Software, Roma
Copertina: Studio Elastico, Milano

Referenze iconografiche: © 1a_photography/Thinkstock; © 2007/2011/2012/2013 Getty Images/Thinkstock; Agenzia Marka, Archivio RCS; © Alessandro Contaldo; © Armin Rose/Thinkstock; © BananaStock/Thinkstock; © Bohemian Nomad Picturemakers/Corbis; © Buenaventuramariano/Thinkstock; © Cabezonication/iStock/Thinkstock; © Christine Osborne Pictures/Alamy/Milestone Media; © Danielrao/iStock Editorial/Thinkstock; © David Muenker/Alamy/Milestone Media; © David Sanger photography/Alamy/Milestone Media; © Dirk Ott/Thinkstock; © Economic Images/Alamy/Milestone Media; © Eitan Simanor/Alamy/Milestone Media; © Elizabeth Ruiz/Epa/Corbis; © F9photos/iStock/Thinkstock; Fotolia; Fototeca Storica Nazionale Ando Gilardi; © Getty Images; © Giulia Tabacco; © Gosiqa/Thinkstock; © Hakbong Kwon/Alamy/Milestone Media; © Hongqi Zhang/Thinkstock; © Horizons WWP/Alamy/Milestone Media; © Imagebroker/Alamy/Milestone Media; © Ingram Publishing/Thinkstock; © iStock/Thinkstock; © Jamen Percy/Thinkstock; © James Woodson/Thinkstock; © Jcamilobernal/Thinkstock; © Jeremy Edwards/Thinkstock; © Jupiterimages/Thinkstock; © Ken Gillespie/Alamy/Milestone Media; © Luoman/Thinkstock; © Marc Anderson/Alamy/Milestone Media; © Mario Tama/Getty Images News/Thinkstock; © Meinzanh/iStock Editorial/Thinkstock; © Poco bw/Thinkstock; © PoodlesRock/Corbis; © Purestock/Thinkstock; Raccolte Museali Fratelli Alinari (RMFA), Firenze; © Robert Harding World Imagery/Alamy/Milestone Media; © Samina Imran/Thinkstock; © Scott Griessel/Thinkstock; © Spencer Platt/Getty Images News/Thinkstock; Thinkstock; © Thobo/Thinkstock; Tips Images; © Worachapon Punyot/Thinkstock; © ZUMA Press, Inc./Alamy/Milestone Media.

L'Editore è a disposizione degli aventi diritto con i quali non gli è stato possibile comunicare per eventuali involontarie omissioni o inesattezze nella citazione delle fonti dei brani o delle illustrazioni riprodotte nel volume. L'Editore si scusa per i possibili errori di attribuzione e dichiara la propria disponibilità a regolarizzare.

La realizzazione di un libro presenta aspetti complessi e richiede particolare attenzione nei controlli:
per questo è molto difficile evitare completamente inesattezze e imprecisioni.
L'Editore ringrazia sin da ora chi vorrà segnalarle alle redazioni. Per segnalazioni o suggerimenti relativi al presente volume scrivere a: supporto@rizzolieducation.it
I nostri testi sono disponibili in formato accessibile e possono essere richiesti a: Biblioteca per i Ciechi Regina Margherita di Monza (http://www.biliotecaciechi.it) o Biblioteca digitale dell'Associazione Italiana Dislessia "Giacomo Venuti" (http://www.libroaid.it).
Le fotocopie per uso personale del lettore possono essere effettuate nei limiti del 15% di ciascun volume/fascicolo di periodico
dietro pagamento alla SIAE del compenso previsto dall'art.68, commi 4 e 5, della legge 22 aprile 1941 n.633.
Le riproduzioni effettuate per finalità di carattere professionale, economico o commerciale o comunque per uso diverso da quello personale possono essere effettuate a seguito di specifica autorizzazione rilasciata da CLEARedi - Corso di Porta Romana, 108 - 20122 Milano - e-mail autorizzazioni@clearedi.org.
Il processo di progettazione, sviluppo, produzione e distribuzione dei testi scolastici dell'Editore è certificato UNI EN ISO 9001.

L'Editore è presente su Internet all'indirizzo:
http://www.rizzolieducation.it

ISBN 978-88-221-8495-5

© 2015 RCS Libri S.p.A. – Milano
© 2016 Rizzoli Libri S.p.A. – Milano
Tutti i diritti riservati

Prima edizione: gennaio 2015
Ristampe:
             2019
         4 5 6 7

Stampato presso: L.E.G.O. S.p.A., Lavis (Trento)

INDICE

MODULO 1 Il nostro pianeta

Capitolo 1 La Terra, pianeta dell'Universo

- Scenario Le esplorazioni spaziali — 2
- 1.1 **Il Sistema solare** — 4
- 1.2 **La Terra nel Sistema solare** — 6
- 1.3 **Com'è fatto il nostro pianeta** — 10
- 1.4 **La storia della Terra** — 13
- Dossier La deriva dei continenti — 14
- 1.5 **Vulcani e terremoti** — 16
- Cittadinanza Come si misurano i terremoti — 18
- Cittadinanza Come comportarsi in caso di terremoto — 19
- Verifica delle conoscenze — 20
- Laboratorio delle competenze — 21

Capitolo 2 Geografia fisica del nostro pianeta

- Scenario Ci sono ancora luoghi da esplorare sulla Terra? — 22
- 2.1 **I continenti** — 24
- 2.2 **Rilievi, pianure e depressioni** — 26
- Esplorando le montagne del mondo — 28
- Esplorando le pianure del mondo — 29
- 2.3 **Oceani, mari, fiumi, laghi** — 30
- Esplorando mari e oceani — 32
- Esplorando fiumi e laghi — 33
- 2.4 **Climi e ambienti della Terra** — 34
- Verifica delle conoscenze — 44
- Laboratorio delle competenze — 45

Capitolo 3 Popoli e forme di insediamento

- Scenario L'immigrato che vendeva accendini divenuto ingegnere — 46
- 3.1 **Uguali nella differenza** — 48
- Cittadinanza Che cos'è la vera tolleranza — 51
- 3.2 **La lingua alla base dell'identità** — 52
- 3.3 **Le grandi religioni del mondo** — 54
- 3.4 **Un mondo in crescita** — 56
- 3.5 **Un'epoca di grandi migrazioni** — 58
- Cittadinanza Migranti in fuga: i profughi — 62
- 3.6 **Dai villaggi alle megalopoli** — 64
- Verifica delle conoscenze — 68
- Laboratorio delle competenze — 69

INDICE

Capitolo 4 L'economia globale
- Scenario La globalizzazione: l'intero pianeta come un unico spazio economico 70
- 4.1 L'agricoltura nel mondo 72
- 4.2 Allevamento e pesca 74
- Cittadinanza Fame e sete, flagelli per un terzo dell'umanità 76
- 4.3 La fabbrica globale 78
- Geostoria La rivoluzione informatica: dal personal computer ai robot 80
- 4.4 La rete degli scambi 82
- 4.5 La globalizzazione 86
- Verifica delle conoscenze 90
- Laboratorio delle competenze 91

Capitolo 5 Temi e problemi del mondo attuale
- Scenario Essere poveri nel terzo millennio 92
- 5.1 Nord e Sud del mondo 94
- Geostoria Perché l'Africa non è decollata? 100
- 5.2 Le fonti di energia 102
- 5.3 La guerra e la pace 106
- Cittadinanza L'Organizzazione delle Nazioni Unite 109
- Verifica delle conoscenze 110
- Laboratorio delle competenze 111

Certificazione delle competenze 112

MODULO 2 Gli Stati del mondo

ASIA 118

Medio Oriente e Asia centrale 124
- Scenario Una lingua di terra dove tutto è difficile 126
- Israele 128
- Dossier Gerusalemme, città santa e contesa 131
- Geostoria La Terra promessa 132
- Stato di Palestina 136
- Arabia Saudita 138
- Cittadinanza Una nuova forma di colonialismo: il *land grabbing* 140
- Iran 142
- Afghanistan 144
- Kazakistan 146
- Laboratorio Gli orfani della Siria 148

Asia meridionale e sud-orientale 150
- Scenario Minatori a cinque anni 152
- Unione Indiana 154
- Cittadinanza Il microcredito 162
- Geostoria Gandhi e la marcia del sale 163
- Pakistan 164
- Cittadinanza Il diritto (negato) all'istruzione 166
- Filippine 168
- Indonesia 170
- Cittadinanza I cicloni tropicali 172
- Laboratorio L'enigma "dell'anno senza estate" 174

Estremo Oriente 176
- Scenario Sempre più grattacieli 178
- Repubblica popolare cinese 180
- Cittadinanza La censura: dalla stampa a Internet 185
- Geostoria Una storia millenaria 190
- Giappone 192
- Geostoria Hiroshima e Nagasaki, città martiri delle bombe atomiche 194
- Cittadinanza Rischi e vantaggi del nucleare: il caso Fukushima 200
- In viaggio con i fumetti 201
- Laboratorio Cina irrespirabile: Shanghai chiude per inquinamento 202

AFRICA 204

Africa centrale 210
- Scenario Come Internet sta cambiando l'Africa 212
- Nigeria 214
- Cittadinanza Deserto e desertificazione 217
- Repubblica Democratica del Congo 218
- Cittadinanza Il commercio equo e solidale 221

INDICE

Sudan	222
✓ **Laboratorio** In viaggio nel Paese più nuovo del mondo	224
Africa meridionale	226
Scenario Donne, sviluppo e lavoro	228
Sudafrica	230
Geostoria Un lungo processo di emancipazione	232
Namibia	234
In giro per i Parchi africani	236
✓ **Laboratorio** L'acqua è un diritto, ma non per i Boscimani	238

AMERICHE 240

America anglosassone	246
Scenario Le città fantasma del terzo millennio	248
▶ **Stati Uniti d'America**	250
Geostoria Dai primi coloni all'integrazione razziale	254
▶ **In giro per** i Parchi degli Stati Uniti occidentali	256
▶ **Canada**	264
Cittadinanza Mosaico culturale e *melting pot*	270
✓ **Laboratorio** Yosemite Park e gli incendi, una storia secolare	272
America latina	274
Scenario L'istmo di Panama e i suoi rivali	276
Messico	278
Cittadinanza Il confine "poroso" con gli Stati Uniti	281
Perú	284
Geostoria Le antiche civiltà delle Americhe	286

Brasile	288
Geostoria La lunga storia del Brasile: dalla colonizzazione alla democrazia	290
Cittadinanza Gli indios e l'Amazzonia	296
▶ **Argentina**	298
Geostoria La dittatura militare e il dramma dei *desaparecidos*	301
✓ **Laboratorio** Rio de Janeiro: lusso e *favelas*	304

OCEANIA 306

Scenario Sandy Island esiste?	308
▶ **Australia**	314
Cittadinanza Le "generazioni rubate" agli aborigeni d'Australia	318
Geostoria L'Australia nella Seconda guerra mondiale	319
Nuova Zelanda	322
✓ **Laboratorio** L'economia australiana: una storia di successo	324

TERRE POLARI 326

Scenario Il paesaggio si trasforma	328
Artide	330
Cittadinanza Il buco nell'ozono	331
Antartide	332
Geostoria Dalle esplorazioni alla collaborazione scientifica	335
✓ **Laboratorio** Groenlandia, un'isola di ghiaccio	336

Certificazione delle competenze	338
Autovalutazione delle competenze in ambito geografico	340
Spazio Competenze	341
Verso l'esame Ambiente, una sfida globale	364

OpenBook 📖

Le pagine di Open**Book** sono interattive grazie alla presenza di numerosi contenuti multimediali, che ampliano l'esperienza di studio e garantiscono un approccio didattico personalizzato e stimolante

 Video, per facilitare l'apprendimento con filmati, simulazioni di laboratorio, interviste, casi di studio, tutorial

 Contenuto integrativo, per arricchire quanto proposto sul libro di testo con mediagallery, infografiche, cronologie e carte interattive, mappe concettuali, testi di approfondimento

 Verifica interattiva, per mettersi alla prova e autovalutare la propria preparazione

 Allegato scaricabile, per disporre di materiali di approfondimento aggiuntivi

 Didattica inclusiva, in apertura di ciascun capitolo, materiali per facilitare l'apprendimento di tutti

MODULO 1
IL NOSTRO PIANETA

> Il vero viaggio di scoperta non consiste nel cercare nuove terre, ma nell'avere nuovi occhi.
> Marcel Proust

In questo modulo si parlerà di:

- Posizione e ruolo della Terra nel Sistema solare.
- Forma e storia della Terra, vulcani e terremoti.
- Continenti e oceani, paesaggi, climi e ambienti della Terra.
- Popoli, lingue e religioni del mondo.
- Economia globale e globalizzazione.
- Nord e Sud del mondo.
- Fonti di energia e rischi ambientali.

Alla fine di questo modulo saprai:

- Descrivere il Sistema solare e i moti della Terra.
- Riconoscere le origini e le caratteristiche morfologiche del nostro pianeta.
- Distinguere territori, climi e ambienti della Terra.
- Distinguere le caratteristiche delle popolazioni, le principali lingue e le religioni del mondo.
- Individuare aspetti e problemi relativi alla crescita demografica, all'urbanizzazione e alle migrazioni.
- Riconoscere le caratteristiche dei diversi modelli di agricoltura e di produzione industriale in uso.
- Descrivere la rete degli scambi e i processi di globalizzazione in atto nel mondo.
- Individuare aspetti e problemi relativi allo sviluppo sostenibile, alle fonti energetiche, agli squilibri economici e sociali fra Nord e Sud del mondo.

scenario LE ESPLORAZIONI SPAZIALI

Curiosity approda su Marte

di Leopoldo Bernacchio

È arrivato alle 7.30 di ieri mattina, 6 agosto, in perfetto orario, roba da treno svizzero: è **Curiosity**, il **rover** della Nasa partito dalla Terra nel novembre scorso e **giunto a destinazione su Marte**, dopo un viaggio di oltre mezzo miliardo di chilometri e un atterraggio da brivido, anzi da terrore, come dichiarato dalla stessa Nasa, dato che è avvenuto senza controllo da Terra.

D'altronde non era possibile: per mandare un segnale alla base e riceverlo indietro ci vogliono 14 minuti circa – la distanza Terra-Marte è in questo momento di 250 milioni di chilometri –, mentre i minuti a disposizione per l'atterraggio erano 7. In quel breve intervallo di tempo la **capsula spaziale contenente il rover**, la più grande mai costruita dalla Nasa, ha dovuto rallentare dai 20.000 chilometri all'ora, con cui è entrata nella rarefatta atmosfera di Marte, a circa 125 chilometri dal suolo, fino a 3,6 chilometri orari, roba da podista. Si è aiutata prima con l'espulsione di zavorra per portare in posizione la capsula, poi con un paracadute supersonico, anche questo il più grande mai costruito: a poco più di un chilometro dal suolo finalmente la capsula e lo scudo termico, che racchiudevano il rover come una scatola per panettone, sono stati espulsi.

Per gli ultimi metri, Curiosity è stato fatto scendere aggrappato a uno "sky crane", una buffa gru spaziale con 4 razzi che l'ha posato delicatamente al suolo tramite 4 corde di nylon. Così il rover più grande mai sceso su un pianeta, delle dimensioni di un'auto di media cilindrata e pesante al decollo 900 chili (che su Marte, a causa della ridotta gravità, sono circa 350), ha potuto muovere i primi passi e scattare le prime foto, giusto per far vedere che funziona tutto.

Ora sta mettendo in ordine la strumentazione, oltre 75 chili di strumenti fra i più perfezionati mai pensati e realizzati. Tutti assieme costituiscono un vero e proprio laboratorio di analisi chimico-fisiche con cui Curiosity **studierà il Pianeta Rosso** cercando soprattutto, ma non solo, tracce di acqua nei sedimenti geologici e di metano, un buon indicatore di eventuali composti organici. Se ci sono acqua e metano, non certamente ma probabilmente l'ambiente potrebbe essere, o essere stato, buono per accogliere **vita microbica**. I "marziani" insomma potrebbero essere dei microbi.

Curiosity tuttavia, si insiste alla Nasa, non è stato messo a punto per questo, bensì per capire a fondo alcune questioni riguardanti **la composizione e la geologia di Marte**. Il rover gratterà la superficie dei sassi marziani, sparandogli laser e fasci di protoni, analizzando gas e polveri.

Ha una vita prevista di un anno marziano, circa due dei nostri, ma potrebbe andare avanti molto di più, dato che ha a disposizione una sorgente di energia, le **batterie al plutonio**, non eterne ma quasi.

(Da *Il Sole 24 Ore*, 7 agosto 2012)

▲ Il rover Curiosity su Marte.

Rover
Vocabolo inglese che significa "vagabondo": nella terminologia astronautica indica un veicolo costruito per muoversi su un corpo celeste.

Capitolo 1 LA TERRA, PIANETA DELL'UNIVERSO

Fin dalla sua comparsa sulla Terra, l'uomo ha aspirato a scoprire nuovi spazi e a esplorare luoghi sconosciuti: si è spostato per terra e per mare, mosso sia dalla necessità di trovare ambienti più fertili, sia per desiderio di conoscenza, per scoprire che cosa c'era più lontano.

Questo desiderio di conoscenza non ha coinvolto solo il nostro pianeta: sin dall'antichità gli uomini hanno immaginato di viaggiare verso altre terre. Meta di viaggi immaginari fu soprattutto la Luna. Nel secolo scorso dalla fantasia si è passati alla realtà: nel 1957 l'Unione Sovietica lanciò un piccolo satellite nello spazio, lo **Sputnik**. Quattro anni dopo, nel 1961, per la prima volta un uomo, il cosmonauta russo **Yuri Gagarin**, fu inviato nello spazio. Nel 1969 fu la volta degli USA: lo statunitense **Neil Armstrong** compì la prima passeggiata sul nostro satellite. Egli definì così la sua impresa: "Un piccolo passo per un uomo, un grande balzo per l'umanità". Negli ultimi cinquant'anni, numerose missioni sono state organizzate verso i pianeti del Sistema solare e verso satelliti, asteroidi e comete. Le innumerevoli scoperte di questi veicoli computerizzati hanno cambiato il modo in cui osserviamo l'Universo. Oggi molte agenzie private stanno finanziando spedizioni spaziali per ricchi turisti che, pagando cifre consistenti e dopo un severo allenamento all'assenza di gravità, potranno salire a bordo di navicelle ed effettuare viaggi intorno alla Luna; nel 2023 dovrebbe partire il primo viaggio organizzato da privati **per stabilire una colonia permanente su Marte**. Chi desidera partire per l'avventura spaziale è avvertito: le selezioni dei nuovi pionieri spaziali sono iniziate!

▼ Il cosmonauta sovietico Yuri Gagarin poco prima del decollo nel 1961.

▼ Neil Armstrong pianta sulla Luna la bandiera americana e cammina nel "Mare della Tranquillità", lasciando la prima impronta sul suolo lunare.

VIAGGI IMMAGINARI SULLA LUNA

Il primo viaggio sulla Luna è stato raccontato nel II secolo d.C. dal greco Luciano di Samosata che, nella *Storia vera*, immagina di essere stato trasportato da un turbine fino alle regioni lunari governate da un re e popolate da esseri stranissimi. Nell'*Orlando furioso* (1516) il poeta Ludovico Ariosto immagina che la Luna sia il "deposito" di ciò che viene perso dagli uomini sulla Terra: lì si reca Astolfo, a cavallo di un ippogrifo, per recuperare il senno perduto da Orlando, suo cugino. Sulla Luna Astolfo scopre città, fiumi e foreste simili a quelli sulla Terra; in una valle trova anche l'ampolla con il senno di Orlando. Altri autori nei secoli successivi hanno fatto della Luna un luogo ideale, dove non esistono malattie, regna la pace perpetua ed è sempre primavera. Nell'Ottocento vi furono Edgar Allan Poe con *L'incredibile avventura di un certo Hans Pfaall*, finto diario di un artigiano di Rotterdam che narra di aver raggiunto la Luna su una mongolfiera, e Jules Verne che, con il romanzo *Dalla Terra alla Luna*, inaugura la letteratura fantascientifica dei viaggi lunari. Quasi sempre in questo tipo di narrazione l'accurata ma fantasiosa descrizione degli usi e costumi dei mondi lontani viene usata per criticare ciò che di ingiusto e sbagliato avviene sulla Terra.

▶ Questa illustrazione di fantasia raffigurante una navicella spaziale fu inserita nella prima edizione del libro di Jules Verne *Dalla Terra alla Luna* (1865).

1 LA TERRA, PIANETA DELL'UNIVERSO

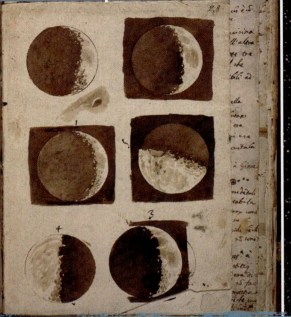

La galassia Andromeda.

1.1 IL SISTEMA SOLARE

◀ Disegno di Galileo Galilei raffigurante le fasi lunari.

Stella
Corpo celeste che brilla di luce propria, perché costituito di materia incandescente, a differenza di un pianeta, che riflette la luce ricevuta dal Sole o da un'altra stella.

Galassia
Ammasso di stelle, nubi di gas e polveri.

Ua
Unità Astronomica, unità di misura usata per calcolare le distanze all'interno del Sistema solare e corrispondente alla distanza media della Terra dal Sole (1 ua = 150 milioni di km).

L'Universo

A lungo l'uomo ha creduto che la Terra fosse immobile al centro dell'Universo e che il Sole e gli altri pianeti le ruotassero intorno.

Poi, tra il Cinquecento e il Seicento, una vera e propria "rivoluzione scientifica" fondata sulla teoria di Niccolò Copernico e sulle osservazioni di Galileo Galilei ha imposto il sistema copernicano, che vede la **Terra girare intorno al Sole** insieme ad altri pianeti e l'intero sistema far parte del Sistema solare.

Per **Universo** oggi si intende **tutta la materia esistente**: uno **sconfinato spazio** popolato di stelle, **pianeti**, **satelliti**, **nubi di gas** e corpi più piccoli che prendono il nome di asteroidi e comete. La porzione di Universo osservabile dalla Terra è solo una piccola parte di tutto ciò che esiste.

La Via Lattea e il Sistema solare

Nell'Universo la materia è distribuita in maniera non uniforme: le stelle, con i loro eventuali pianeti, sono aggregate in galassie, separate da grandi regioni praticamente vuote. La galassia di cui fa parte la Terra è la Via Lattea, che dovrebbe comprendere, secondo i calcoli degli astronomi, circa 300 o 400 miliardi di stelle.

Anche il Sole è una stella, anzi è la "nostra" stella: attorno a essa ruotano la Terra e gli altri pianeti. Il Sole e i suoi otto pianeti – Mercurio, Venere, Terra, Marte, Giove, Saturno, Urano e Nettuno –, con i loro eventuali satelliti, formano il **Sistema solare**.

Pianeti interni e pianeti esterni

Gli otto pianeti sono stati classificati in **interni** (o terrestri) ed **esterni** (o giganti) a seconda della loro **distanza rispetto al Sole** e alle loro **caratteristiche geologiche**:

- Mercurio, Venere, Terra e Marte vengono chiamati pianeti interni, perché sono posti a "breve" distanza dal Sole (da 0,3 a 1,5 **ua**). Per la loro superficie "rocciosa", simile a quella della Terra, sono definiti anche pianeti terrestri;
- Giove, Saturno, Urano e Nettuno sono invece pianeti esterni, perché sono posti a grande distanza dal Sole (da 5 a 30 ua). Mentre Giove e Saturno erano noti sin dall'antichità, Urano e Nettuno sono stati scoperti più recentemente: Urano nel 1781 e Nettuno nel 1846. Sono detti anche pianeti giganti per le maggiori dimensioni rispetto a quelli interni.

Asteroidi e comete

Intorno al Sole si muovono anche altri piccoli corpi: gli **asteroidi** (o pianetini) e le **comete**.

I primi sono corpi rocciosi di piccole dimensioni che al momento della nascita del Sistema solare non sono riusciti ad aggregarsi in pianeti.

Le comete sono i corpi minori più spettacolari del Sistema solare: a causa dell'irregolarità dei loro moti e delle chiome variabili per forma, splendore e lunghezza hanno da sempre affascinato gli osservatori.

IL SISTEMA SOLARE

Contenuto integrativo

Fino al 2006 tra i pianeti del Sistema solare si contava anche **Plutone**, l'ultimo a essere identificato, nel 1930. Nel 2006 però è stato classificato dall'Unione Astronomica Internazionale come "**pianeta nano**": un corpo celeste con dimensioni di poco più di 1000 km di diametro, una sorta di residuo della nebulosa da cui ha avuto origine il Sistema solare.

I **pianeti**, secondo la definizione dell'Unione Astronomica Internazionale, sono corpi celesti di dimensioni rilevanti che ruotano attorno al Sole. I pianeti hanno forma quasi sferica, dovuta alla rotazione gravitazionale, e hanno "inglobato" tutti i corpi minori nella regione attorno alla loro orbita.

Urano — Plutone — Marte — Nettuno — Mercurio — Saturno — Terra — Giove — Venere

I **satelliti** sono corpi celesti che ruotano intorno a un pianeta. Nel Sistema solare solo Mercurio e Venere sono privi di satelliti, la Terra ne ha uno, cioè la Luna (nell'immagine), mentre Giove, Saturno, Urano e Nettuno sono quelli che ne contano il maggior numero.

Il **Sole** è il padrone incontrastato del Sistema solare: da solo contiene più del 99% della massa e ha un raggio di circa 700.000 km, ben 109 volte quello della Terra. La temperatura è di circa 20 milioni di gradi all'interno e di circa 5700 gradi in superficie.

Gli **asteroidi** sono corpi rocciosi abbastanza piccoli compresi nella cosiddetta **fascia degli asteroidi**, situata tra Marte e Giove, e nella **fascia di Kuiper**, oltre Nettuno.

Le **meteore** sono corpi solidi di dimensioni ridotte (inferiori a quelle di un asteroide), che muovendosi nello spazio interplanetario, quando giungono in contatto con l'atmosfera di un pianeta, si incendiano, dando luogo al fenomeno delle stelle cadenti. Se le meteore riescono ad attraversare l'atmosfera del pianeta e sopravvivono all'impatto con la superficie, prendono il nome di **meteoriti**.

Nel nostro Sistema solare esistono altri pianeti nani, collocati perlopiù oltre Nettuno. **Eris**, scoperto nel 2005, è il più grande e il più distante tra quelli oggi conosciuti; possiede anche un satellite chiamato **Disnomia**.

🔵 LAVORA SUL TESTO

1. Sottolinea la definizione di Universo.
2. Come sono disposte le stelle e i loro pianeti nello spazio? Individua nel testo.
3. Sottolinea il motivo per cui i pianeti sono chiamati esterni e interni.

🔵 COMPLETA LA TABELLA

4. Scrivi le caratteristiche proprie ai pianeti interni e ai pianeti esterni.

Pianeti interni	Pianeti esterni
....	....
....	....
....	....

Capitolo 1 – La Terra, pianeta dell'Universo

La rivoluzione terrestre

La rotazione terrestre

1.2 | LA TERRA NEL SISTEMA SOLARE

I moti terrestri...

La **Terra** è il terzo pianeta in ordine di distanza dal Sole e il quinto come dimensioni. Essa non è immobile ma si muove nell'Universo. In particolare compie **tre movimenti**:

- uno **spostamento insieme a tutto il Sistema solare**, all'interno dell'Universo, che si dilata impercettibilmente;
- un **moto di rivoluzione intorno al Sole**, della durata di 365 giorni, 5 ore e 48 minuti in senso antiorario e lungo un'orbita a forma di ellissi (fig. 1);
- un **moto di rotazione intorno al proprio asse**, cioè la linea immaginaria che attraversa il pianeta dal Polo Nord al Polo Sud, della durata di circa 24 ore (23h 56′ 4″) (fig. 2).

... e i loro effetti

I moti di rivoluzione e di rotazione hanno importanti conseguenze sulla vita e sulla geografia del pianeta.
Il **moto di rivoluzione** intorno al Sole, invece, insieme al fatto che l'asse terrestre è inclinato di 23°37′ rispetto al **piano dell'eclittica**, determina l'**alternarsi delle stagioni** e la **diversa durata del dì e della notte** in ogni giorno dell'anno. Se l'asse terrestre fosse perpendicolare al piano dell'eclittica, avremmo in ogni punto della Terra 12 ore di luce e 12 ore di buio: questo avviene, invece, solo all'Equatore. Altre importanti conseguenze dei moti della Terra riguardano la **direzione dei venti** e delle **correnti marine** e le condizioni della **temperatura** sulla superficie terrestre.
La **rotazione** della Terra intorno al proprio asse determina l'**alternarsi del dì e della notte** (fig. 3) ossia di buio e luce. Tale passaggio nelle varie zone della Terra non av-

> **Rivoluzione**
> Il moto di un pianeta lungo un'orbita intorno alla sua stella.
>
> **Piano dell'eclittica**
> Piano immaginario su cui la Terra e gli altri pianeti compiono la loro orbita intorno al Sole.
>
> **Rotazione**
> Il moto di un pianeta su se stesso.

IL CIRCOLO DI ILLUMINAZIONE

È la linea immaginaria che separa la parte della Terra illuminata dal Sole da quella oscura (fig. 3).
Se l'asse terrestre fosse perpendicolare all'orbita del pianeta, il circolo di illuminazione passerebbe sempre dai due Poli e notte e dì avrebbero la stessa durata a qualsiasi latitudine.

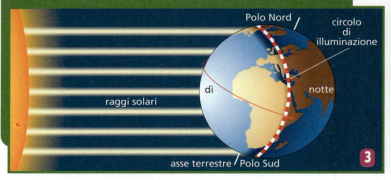

viene bruscamente (come accade invece sulla Luna), bensì **gradualmente**, grazie alla presenza dell'**atmosfera** che diffonde la luce e provoca così l'**aurora** (passaggio dalla notte al dì) e il **crepuscolo** (passaggio dal dì alla notte). La durata di tali fenomeni aumenta dall'Equatore procedendo verso i Poli: qui i raggi solari, essendo più inclinati, devono attraversare uno strato di atmosfera maggiore.

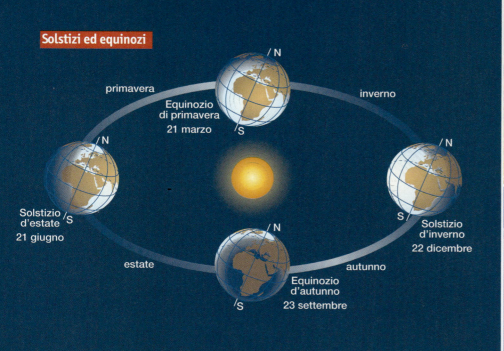

▲ L'alternarsi delle stagioni: in alto a destra l'estate nelle colline della Toscana l'inverno nei Monti Carpazi nell'Europa centrale, sotto.

L'alternarsi delle stagioni

Per effetto dell'inclinazione dell'asse terrestre e della rotazione della Terra intorno al Sole, nel corso dell'anno si alternano quattro stagioni – inverno, primavera, estate, autunno – caratterizzate da una differente durata delle ore di luce e di buio e da temperature diverse: il loro inizio cade in quattro precisi giorni dell'anno, due dei quali prendono il nome di **solstizi** e due di **equinozi**.

Equinozio di primavera (21 marzo)

Il 21 marzo segna l'inizio della primavera nell'emisfero boreale e dell'autunno in quello australe: a mezzogiorno i raggi solari sono perpendicolari (in linguaggio tecnico si dice "**allo zenit**") all'Equatore e il circolo di illuminazione passa per i Poli, quindi **in ogni punto della Terra il dì è uguale alla notte**, ognuno **di 12 ore**. Oltre il Circolo polare artico comincia il "giorno polare": circa **sei mesi di luce continua** in cui il Sole non tramonta mai.

Solstizio d'estate (21 giugno)

Il 21 giugno segna l'inizio dell'estate nell'emisfero boreale e dell'inverno in quello australe: i raggi del Sole a mezzogiorno cadono perpendicolarmente al Tropico del Cancro e si ha la massima durata del dì dell'**emisfero nord**. Da questa data nell'emisfero boreale le giornate cominciano ad accorciarsi, mentre nell'emisfero australe iniziano ad allungarsi.

Equinozio d'autunno (23 settembre)

Il 23 settembre segna l'inizio dell'autunno nell'emisfero boreale e della primavera in quello australe: i raggi del Sole cadono perpendicolari rispetto all'Equatore e il circolo di illuminazione passa per i Poli, quindi **in ogni punto della Terra il dì è uguale alla notte**, ognuno **di 12 ore**. Al Polo Sud comincia il "giorno polare", al Polo Nord la "notte polare".

Solstizio d'inverno (22 dicembre)

Il 22 dicembre segna l'inizio dell'inverno nell'emisfero boreale e dell'estate in quello australe. Il Sole raggiunge lo zenit a mezzogiorno sul Tropico del Cancro e si ha il momento di **massima illuminazione dell'emisfero sud**. A partire da questa data nell'emisfero boreale le giornate si allungano, mentre nell'emisfero australe si accorciano.

▲ Nei Paesi scandinavi, il 21 giugno si svolge la Festa di Mezza Estate per celebrare l'arrivo della bella stagione. É una ricorrenza molto antica durante la quale si canta, si balla e ovviamente si mangia!

◉ COMPLETA

1. Il moto di rotazione della Terra determina
....
....

2. Il moto di rivoluzione determina
....
....

◉ LAVORA SUL TESTO

3. Perché la durata del giorno e della notte varia a seconda della stagione? Sottolinea nel testo.

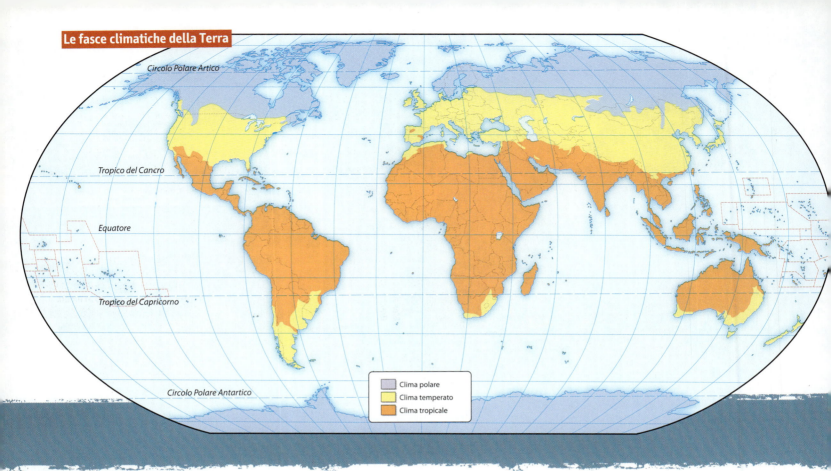

Le fasce climatiche della Terra

- Clima polare
- Clima temperato
- Clima tropicale

La Terra e i suoi climi

In base alla diversa esposizione ai raggi del Sole, possiamo suddividere la Terra in **cinque zone astronomiche**, caratterizzate da climi profondamente diversi.

- Una **zona torrida**, o **tropicale**, al centro, compresa fra i due Tropici (23°27' di latitudine nord e sud). Sono i luoghi in cui il Sole è allo zenit nei giorni del solstizio d'estate (Tropico del Capricorno) e del solstizio d'inverno (Tropico del Cancro). Qui i raggi solari colpiscono in modo quasi verticale la superficie terrestre durante tutto l'anno, la temperatura è sempre molto alta e le variazioni stagionali sono minime: l'escursione termica annua non è mai superiore ai 10 °C.
- Due **zone temperate**, comprese fra i Tropici e i Circoli polari, in cui i raggi solari colpiscono la superficie terrestre in maniera più obliqua rispetto alla zona torrida e non sono mai perpendicolari. La durata del dì è molto variabile nel corso dell'anno e così pure il clima, fortemente influenzato dalla latitudine del luogo. Le stagioni sono notevolmente differenziate.
- Due **zone polari**, comprese tra i Circoli polari (66°33' di latitudine nord e sud) e i Poli, in cui i raggi del Sole colpiscono la superficie terrestre con una fortissima inclinazione e la durata del dì e della notte varia notevolmente, con notti lunghissime d'inverno e giorni lunghissimi in estate, che ai Poli durano ognuno sei mesi. Poiché i raggi solari sono sempre molto obliqui, il clima è freddo con piccole variazioni stagionali.

EQUATORE, TROPICI E CIRCOLI POLARI

L'**Equatore** è il parallelo più grande, rappresenta la massima circonferenza della Terra (40.076,594 km) e divide il pianeta in due emisferi, quello nord o boreale, e quello sud o australe. La latitudine all'Equatore è 0.

I **Tropici** sono i paralleli situati alla latitudine di 23° 27' 16" nord e sud rispetto all'Equatore. Rappresentano la massima latitudine a nord e a sud alla quale il Sole può raggiungere lo zenit: ciò avviene rispettivamente nel giorno del solstizio (il 21 giugno nell'emisfero nord e il 22 dicembre nell'emisfero sud).

I **Circoli polari** sono i paralleli situati a latitudine 66° 33' 39" nord e sud rispetto all'Equatore e circoscrivono l'area intorno ai due Poli; all'interno di queste aree almeno una volta all'anno il Sole non sorge e non tramonta per almeno 24 ore continuate, creando il fenomeno della notte polare e del Sole di mezzanotte.

I FUSI ORARI

Poiché una rotazione completa (360°) si compie in circa 24 ore, la Terra viene virtualmente divisa in **24 spicchi**, chiamati **fusi orari**, di un'ampiezza di 15° ciascuno (infatti 360 : 24 = 15).
A tutti i luoghi che si trovano all'interno dello stesso fuso si attribuisce l'ora media del meridiano che divide esattamente a metà il fuso stesso. In molti casi le linee di confine tra un fuso e l'altro sono **irregolari**, per farle **coincidere con i confini degli Stati** situati in prossimità della linea di divisione tra un fuso e l'altro: questa convenzione ha lo scopo di evitare che l'ora cambi all'interno di uno stesso Paese. Esistono tuttavia delle eccezioni: la Russia, ad esempio, data la sua enorme estensione da est a ovest, possiede ben undici fusi orari differenti. Per calcolare l'ora esatta di una località, oltre al fuso orario, bisogna tenere in considerazione che d'estate molti Paesi introducono l'**ora legale**, che posticipa di un'ora quella del fuso.

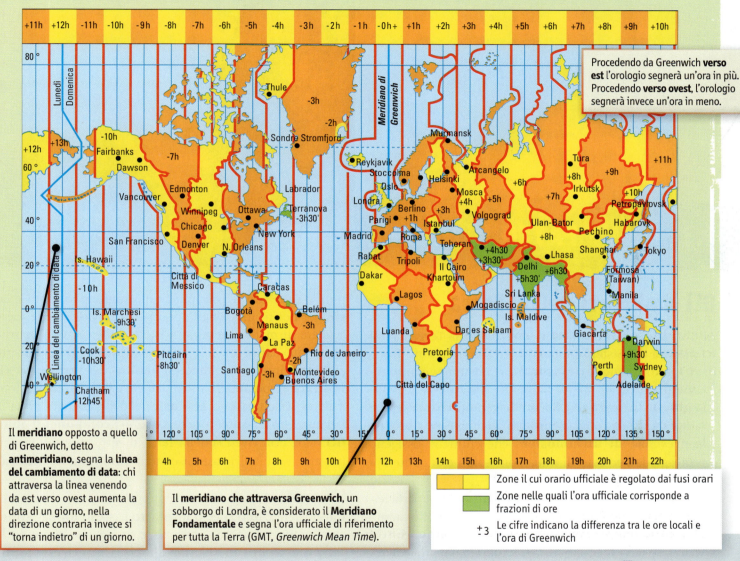

Procedendo da Greenwich **verso est** l'orologio segnerà un'ora in più. Procedendo **verso ovest**, l'orologio segnerà invece un'ora in meno.

Il **meridiano** opposto a quello di Greenwich, detto **antimeridiano**, segna la **linea del cambiamento di data**: chi attraversa la linea venendo da est verso ovest aumenta la data di un giorno, nella direzione contraria invece si "torna indietro" di un giorno.

Il **meridiano che attraversa Greenwich**, un sobborgo di Londra, è considerato il **Meridiano Fondamentale** e segna l'ora ufficiale di riferimento per tutta la Terra (GMT, *Greenwich Mean Time*).

- Zone il cui orario ufficiale è regolato dai fusi orari
- Zone nelle quali l'ora ufficiale corrisponde a frazioni di ore
- ±3 Le cifre indicano la differenza tra le ore locali e l'ora di Greenwich

● COMPLETA LA TABELLA

1. Completa.

Zona astronomica	Dove si trova	Le sue caratteristiche
Torrida o tropicale	....	....
Temperata	....	....
Polare	....	....

● COMPLETA

2. A partire dal .... nell'emisfero nord le giornate iniziano ad allungarsi.

3. I giorni in cui il dì è uguale alla notte in ogni punto della Terra si chiamano ....

4. Il .... inizia il giorno polare al Polo Nord.

Capitolo 1 – La Terra, pianeta dell'Universo

I diversi colori del cielo sono dovuti alla dispersione di luce prodotta dall'atmosfera.

L'atmosfera, ovvero l'insieme dei gas che avvolge la Terra è ben visibile in questa foto.

1.3 COM'È FATTO IL NOSTRO PIANETA

Gli ambienti della Terra

Allo stato attuale delle nostre conoscenze, la **Terra** è l'unico pianeta del Sistema solare in cui siano presenti forme di vita. Molte sono le condizioni che ne hanno consentito lo sviluppo:
- la **giusta distanza dal Sole**, che garantisce una temperatura media di 16°C (né troppo alta né troppo bassa);
- la **presenza di un'atmosfera** che contiene ossigeno, protegge dall'eccesso di radiazioni solari e al contempo consente il passaggio della luce;
- la **presenza di acqua allo stato liquido** in superficie.

Questo ci porta a riflettere più accuratamente sulle caratteristiche della Terra e sulle **tre grandi porzioni fisiche** che la compongono e che possiamo esaminare procedendo dall'esterno verso l'interno:
- l'**atmosfera**, una miscela di gas che avvolge la Terra con uno spessore di circa 1000 km;
- l'**idrosfera**, formata da acqua allo stato liquido, solido o gassoso che si presenta sotto forma di oceani, mari, fiumi, laghi, falde sotterranee, ghiacciai o vapore acqueo;
- la **litosfera**, la parte solida della superficie terrestre, composta da rocce e minerali, che comprende le terre emerse e i fondali dei mari e degli oceani.

Questi tre ambienti fisici, come si può facilmente intuire, sono **strettamente connessi tra loro**, perché in **perenne movimento** e in continua **interazione**: si pensi al ciclo dell'acqua (che evapora dagli oceani, si condensa nelle nubi e cade con le precipitazioni, originando fiumi e laghi per poi ritornare agli oceani), all'erosione delle rocce a opera di mari e agenti atmosferici, alle correnti marine provocate dai venti, alle eruzioni vulcaniche. Questi tre ambienti, inoltre, ospitano gli **habitat dei vari esseri viventi** che popolano il nostro pianeta e per questo, nel loro insieme, costituiscono la **biosfera** (dal greco *bios*, "vita"). L'acqua, l'aria, il suolo e le rocce sono i **componenti abiotici** (cioè non viventi) della Terra, mentre gli esseri viventi (vegetali e animali) costituiscono la **componente biotica**.

L'atmosfera

L'atmosfera è uno spesso involucro gassoso formato principalmente da azoto, ossigeno e argon che circonda la Terra fino a circa 1000 km di altezza. Ha anch'essa forma sferica, come la Terra, per effetto della forza di gravità. Generalmente, l'atmosfera viene suddivisa in **5 strati**, la cui composizione cambia molto con il variare dell'altezza:
- la **troposfera**, fino a un'altezza massima di circa 18 km s.l.m. (all'Equatore), è lo strato più denso; qui hanno luogo i **fenomeni atmosferici**: formazione del vapore acqueo, nuvole, precipitazioni, venti. La sua **temperatura diminuisce** man mano che ci si allontana dalla Terra, riscaldata dal Sole, fino ad arrivare a circa −60 °C;
- la **stratosfera**, tra i 18 e i 50 km s.l.m. circa, è composta di gas molto rarefatti e ospita lo strato di ozono (**ozonosfera**) che protegge la Terra dalle **radiazioni ultraviolette** (UV) e dai **raggi cosmici**, dannosi per l'uomo;

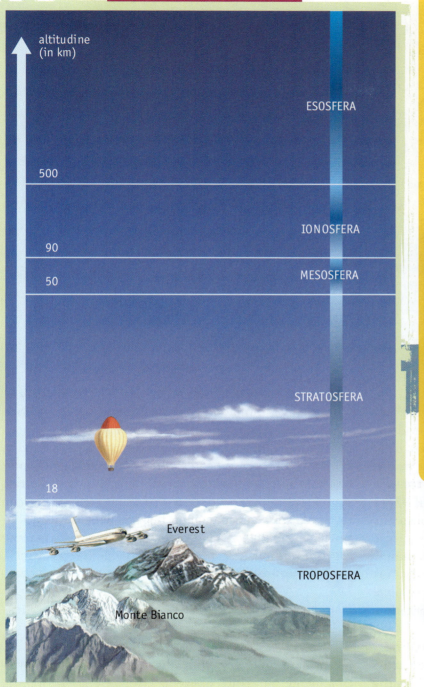

GLI STRATI DELL'ATMOSFERA

LE AURORE POLARI

L'aurora polare è un fenomeno ottico che avviene nella ionosfera, solitamente nei territori situati al di sopra del 75° grado di latitudine. Le aurore polari si manifestano contemporaneamente nei due emisferi e prendono nome di **aurora boreale** nell'emisfero nord e di **aurora australe** nell'emisfero sud. Sono generate da particelle elementari emesse dal Sole le quali, giungendo in prossimità della Terra, vengono deviate dal campo magnetico terrestre e attratte dai suoi poli; quando penetrano nella ionosfera, esse interagiscono con gli atomi di azoto e ossigeno che al contatto emettono luci di differenti colori.

- la **mesosfera**, tra i 50 e i 90 km s.l.m. dalla Terra, è composta di gas ancora più rarefatti e ha temperature molto basse (circa −90 °C). In questa zona si infiammano le meteore (o stelle cadenti) che vengono a contatto con l'atmosfera terrestre;
- la **termosfera** o **ionosfera**, tra i 90 e i 500 km s.l.m., è caratterizzata da una pressione atmosferica bassissima e da temperature elevatissime (fino a circa 1000 °C) dovute all'esposizione alle radiazioni solari. Vi si formano strati carichi di elettricità che hanno il potere di riflettere le onde radio trasmesse dalle stazioni terrestri ed è quindi fondamentale per le comunicazioni radio a grandi distanze;
- l'**esosfera**, oltre i 500 km s.l.m., è lo strato di passaggio dall'atmosfera allo spazio interplanetario ed è formata da **gas** così **rarefatti** che sfuggono all'attrazione terrestre e si disperdono nello spazio. **La pressione atmosferica è nulla** e la temperatura è elevatissima. Vi orbitano i satelliti artificiali lanciati da varie nazioni attorno alla Terra.

◉ LAVORA SUL TESTO

1. Sottolinea la definizione di biosfera.
2. Da che cosa è composta l'atmosfera? Individua nel testo.

◉ COMPLETA

3. Le condizioni che hanno consentito lo sviluppo della vita sulla Terra sono:
   a. .... ;
   b. .... ;
   c. ....
   ....

Capitolo 1 – La Terra, pianeta dell'Universo

▲ Da questa immagine satellitare della Terra si può chiaramente vedere la predominanza dell'acqua rispetto alle terre emerse.

L'idrosfera

La superficie della Terra, unica nel Sistema solare, è **per oltre il 70%** ricoperta dalle **acque**, come risulta evidente osservando un'immagine satellitare del pianeta presa dallo spazio. Per questo la Terra è chiamata il "**pianeta azzurro**". Di tutta l'acqua presente sul nostro pianeta nei **tre stati di aggregazione** (liquido, solido e gassoso), ben il **97%** è rappresentato dall'**acqua salata** degli oceani e dei mari e solo il **3%** è costituito da **acqua dolce**, che si trova per la maggior parte intrappolata nei ghiacciai polari e montani o racchiusa nelle falde acquifere sotterranee e solo in minima parte nelle acque di superficie di fiumi e laghi. Grazie al **ciclo dell'acqua** messo in moto dal Sole, che fa dapprima evaporare le acque di superficie per poi ricondurle allo stato liquido sotto forma di precipitazioni, l'idrosfera è **un sistema in equilibrio**: sin dalla nascita del nostro pianeta, 4,5 miliardi di anni fa, **la quantità di acqua presente sulla Terra è rimasta invariata**. Ciò che **muta** è la sua **distribuzione**, oltre che la sua qualità, specialmente quella delle acque superficiali direttamente disponibili per le necessità dell'uomo (che rappresentano solo lo 0,03% del totale dell'acqua presente sulla Terra).

La litosfera

La **porzione solida della superficie terrestre**, chiamata **crosta**, è composta non solo dalle terre emerse ma anche dai fondali oceanici: insieme allo strato inferiore, detto **mantello superiore**, prende il nome di **litosfera**. Essa non ha una superficie regolare, a causa della presenza di montagne, depressioni e abissi oceanici (vedi cap. 2): per questo la forma della Terra, che, lo ricordiamo, non è perfettamente sferica ma leggermente schiacciata ai Poli, è detta **geoide** (dal greco: "a forma di Terra"). Anche se non è possibile conoscere direttamente come la Terra è fatta al suo interno, perché l'uomo è giunto al massimo a una profondità di 15 km, gli scienziati con vari metodi di indagine hanno determinato che il nostro pianeta è formato da **più strati sovrapposti**. Il modello scientifico più accreditato prevede che al centro del nostro pianeta vi sia materiale molto caldo e pesante e che gli strati successivi siano composti da rocce via via più compatte e da ferro fuso con altri metalli.

La struttura della Terra

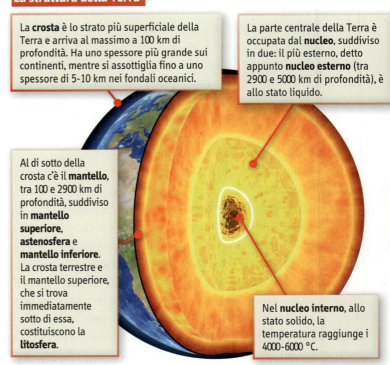

La **crosta** è lo strato più superficiale della Terra e arriva al massimo a 100 km di profondità. Ha uno spessore più grande sui continenti, mentre si assottiglia fino a uno spessore di 5-10 km nei fondali oceanici.

La parte centrale della Terra è occupata dal **nucleo**, suddiviso in due: il più esterno, detto appunto **nucleo esterno** (tra 2900 e 5000 km di profondità), è allo stato liquido.

Al di sotto della crosta c'è il **mantello**, tra 100 e 2900 km di profondità, suddiviso in **mantello superiore**, **astenosfera** e **mantello inferiore**. La crosta terrestre e il mantello superiore, che si trova immediatamente sotto di essa, costituiscono la **litosfera**.

Nel **nucleo interno**, allo stato solido, la temperatura raggiunge i 4000-6000 °C.

Le placche tettoniche della Terra

- Vulcani
- Limite delle placche

▲ Un tratto della Rift Valley africana.

1.4 | LA STORIA DELLA TERRA

La teoria della tettonica a placche

Guardando un planisfero non è possibile capire come sia fatta la Terra al di sotto della sua superficie. Si è infatti portati a pensare che i continenti siano un involucro chiuso e compatto, fisso e immobile. In realtà non è così. I continenti poggiano su blocchi enormi, chiamati **placche** o **zolle**, che si muovono sull'astenosfera, scontrandosi o allontanandosi tra di loro. La **litosfera** è dunque fatta come un **enorme mosaico** di placche in movimento: c'è la zolla dell'America settentrionale, quella africana, quella che corrisponde ad Australia e India; ci sono zolle più piccole, ad esempio quella adriatica, che comprende gran parte dell'Italia. Anche gli oceani poggiano su placche, come quella di cui fa parte l'Oceano Pacifico.

Le placche e i loro movimenti

Le placche si uniscono fra loro attraverso punti di contatto chiamati **margini**. A seconda del tipo di interazione che avviene tra le zolle i margini vengono classificati come costruttivi, distruttivi o conservativi. I **margini costruttivi** (o **divergenti**) separano due placche che si stanno allontanando lasciando uno spazio vuoto che viene riempito dal magma risalente dall'astenosfera e pronto a solidificarsi ampliando così la crosta.

Questo succede per lo più lungo le dorsali oceaniche. Il fenomeno interessa però anche zolle continentali come quella africana, in cui le lacerazioni della crosta continentale formano delle valli, dette **fosse tettoniche** o *rift*. I **margini distruttivi** (o **convergenti**) delimitano due placche che si scontrano, dando luogo a fenomeni geologici diversi a seconda che la collisione coinvolga due placche oceaniche, due placche continentali o una placca oceanica e una continentale. I **margini conservativi** (o **trasformi**) separano placche vicine che **scorrono** l'una rispetto all'altra generando **fratture** che prendono il nome di **faglie trasformi** e sono percorse da frequenti terremoti, come accade ad esempio sulla faglia di San Andreas in California.

● RISPONDI

1. In quale forma si trova la stragrande maggioranza delle acque presenti sulla Terra?
2. Qual è lo strato più superficiale della litosfera?

● COMPLETA

3. Le placche o zolle sono .... che si muovono nell' .... scontrandosi o .... tra di loro.

Le formazioni di Vasquetz Rock, in California, sono il risultato dei movimenti della faglia di San Andreas.

LA DERIVA DEI CONTINENTI

Dalla Pangea a oggi

La teoria delle placche è stata sviluppata negli anni Sessanta del Novecento e ha parzialmente inglobato un'altra teoria, quella della deriva dei continenti elaborata dal geografo tedesco **Alfred Wegener** nel 1912. Wegener ipotizzò che circa 200 milioni di anni fa tutte le terre emerse fossero riunite in un unico continente, che chiamò **Pangea** ("tutta terra"). Questo "supercontinente" era circondato da una massa d'acqua, detta **Panthalassa** ("tutto mare"). Con il tempo la Pangea cominciò a dividersi, dando origine, attraverso varie fasi durate milioni di anni, ai continenti così come li conosciamo noi – Asia, Europa, America, Africa, Oceania e Antartide – e agli oceani che li separano.

1 Circa 200 milioni di anni fa le terre emerse formavano un unico continente, detto Pangea, circondato da un unico oceano, Panthalassa.

2 180 milioni di anni fa il progressivo frazionamento della Pangea portò alla formazione di due continenti: Laurasia (America del Nord, Europa e Asia) e Gondwana (il resto delle terre emerse).

3 140 milioni di anni fa una serie di movimenti sismici provocò la separazione fra America del Nord ed Eurasia, dell'America del Sud dall'Africa, dall'Antartide e dall'Australia (queste ultime rimasero unite). Contemporaneamente il Madagascar e l'India si separarono dall'Antartide, dando origine all'Oceano Indiano, e si spostarono verso nord.

4 65 milioni di anni fa Australia e Antartide cominciarono a separarsi. Lo spostamento verso nord dell'India determinò lo scontro con la placca eurasiatica e la formazione della catena dell'Himalaya.

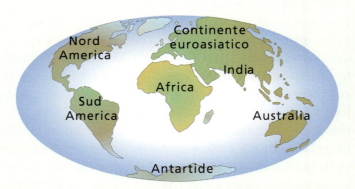

5 I progressivi movimenti delle masse continentali portarono col tempo alla situazione attuale dei cinque continenti.

Che cosa succede quando due placche si scontrano?

La teoria della deriva dei continenti permette di **spiegare** alcuni **fenomeni geologici** che interessano la crosta terrestre, come l'**attività sismica** e la disposizione dei **vulcani** (vedi par. 1.5), l'**orogenesi** (vedi cap. 2) e la distribuzione di reperti fossili simili in aree molto distanti, addirittura appartenenti a continenti oggi diversi. Questi argomenti possono dunque essere considerati delle **prove** della teoria della deriva dei continenti. Gli studiosi hanno dimostrato infatti:
- l'esistenza di evidenti somiglianze tra le **rocce** sui due lati dell'Oceano Atlantico, tra i Monti Appalachi nel Nordamerica e le montagne europee nord-occidentali;
- la presenza di reperti fossili comuni, di specie sia animali sia vegetali, nei continenti dell'emisfero australe, ora separati dagli oceani;
- i fenomeni dell'allontanamento della Groenlandia dall'Europa tuttora in atto, della dilatazione della Great Rift Valley (nell'Africa orientale) e dello spostamento di Australia e India, che si muovono verso nord-est di un minimo di 5-6 cm per anno.

COMPLETA

1. La teoria della deriva dei continenti sostiene che in tempi remoti la .... ("tutta terra") iniziò a .... dando origine, nel corso di milioni di anni, ai .... e agli oceani.
2. Questa teoria spiega anche ...., la disposizione dei .... e l'........................
3. Quando due placche continentali si scontrano si genera una ....
4. La collisione tra due placche oceaniche provoca la ....

1 La **collisione** tra **due placche oceaniche** provoca la **subduzione**, cioè l'immersione di una delle due nell'astenosfera, dove comincia a fondere, provocando sismi ed eruzioni vulcaniche; nei fondali oceanici si formano profonde depressioni, dette **fosse oceaniche**, e fasce di **isole vulcaniche**.

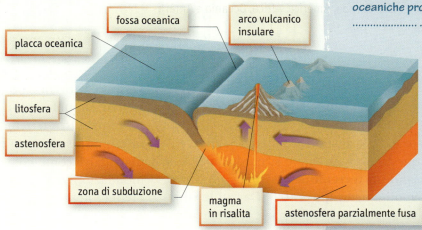

2 La **collisione** tra **due placche continentali** fa sì che una delle due si incunei sotto l'altra, provocando una spinta che fa crescere una catena montuosa (**orogenesi**). Ciò è accaduto per le catene himalayana, alpina e appenninica.

3 La **collisione** tra una **placca continentale** e una **oceanica** provoca la subduzione di quest'ultima, meno densa, che si immerge nell'astenosfera, creando una fossa oceanica; sulla zolla continentale si ha un corrugamento montuoso coronato da vulcani, come è accaduto in corrispondenza delle coste orientali del Perú e del Cile.

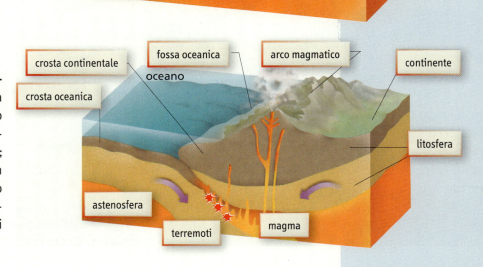

▲ Palazzi crollati dopo un devastante terremoto in Turchia.

▲ Il vulcano Bromo, nell'isola indonesiana di Giava.

1.5 VULCANI E TERREMOTI

I terremoti

Quando si scontrano due placche terrestri, le rocce di cui sono composte subiscono sollecitazioni che generalmente sono compensate dall'elasticità delle placche stesse. Talvolta, tuttavia, questo non avviene e si producono delle rotture che causano un **terremoto** o **sisma**. Il luogo di origine dei terremoti è detto **ipocentro**. Da qui le vibrazioni prodotte dalla spaccatura delle rocce si trasmettono sotto forma di **onde concentriche**, spostando e frantumando le rocce e creando grandi fratture che prendono il nome di **faglie**.

All'ipocentro corrisponde sulla superficie terrestre l'**epicentro**, il punto in cui si sprigiona la maggiore intensità del terremoto. I terremoti possono causare gravi distruzioni e spesso sono connessi ad **altri fenomeni altamente distruttivi** come crepe nel terreno, frane, smottamenti, inondazioni o, se l'epicentro è in mare aperto, **maremoti**. I terremoti sono gli eventi naturali più potenti sulla Terra: riescono a spostare centinaia di chilometri cubi di roccia. I terremoti sono **fenomeni catastrofici** per l'uomo, anche perché ancora oggi **non è possibile prevederli**. Talvolta piccole scosse che si ripetono possono preannunciare l'arrivo di un terremoto più forte, ma non c'è una regola precisa. La cosa che si può **prevedere** con maggior certezza è **dove** si potrebbe verificare un terremoto. Visto che l'attività sismica è più frequente **lungo i margini delle placche** tettoniche, è possibile tracciare **mappe sismiche** per individuare i luoghi a maggior rischio e prendere adeguati provvedimenti per prevenire i danni più gravi (ad esempio delle costruzioni antisismiche).

◀ Esercitazione antisismica in una scuola elementare di Tokyo. Il Giappone è un Paese soggetto a frequenti terremoti e la popolazione è abituata a convivere con questo fenomeno.

▲ Il lago vulcanico Yu-Gama, nel Monte Kusatu-Shirane, in Giappone.

I vulcani

Anche l'attività dei vulcani è per lo più connessa con il movimento delle placche tettoniche. I **vulcani** infatti sono spaccature della crosta terrestre da cui escono gas, cenere e lava provenienti dagli strati più profondi della litosfera.

A seconda del tipo di eruzione che sprigionano, si distinguono **due tipi di vulcani**:
- **effusivi**, se la lava esce lentamente dal cratere formando lunghi fiumi incandescenti, come avviene per l'Etna o nei grandi vulcani delle isole Hawaii;
- **esplosivi**, se la lava, trovando il cratere ostruito, esce solo grazie alla spinta propulsiva dei gas, che generano un'esplosione liberando nuvole di fuoco e cenere incandescenti, capaci di distruggere tutto ciò che incontrano. Il Vesuvio appartiene a questo secondo tipo.

I vulcani esplosivi sono più pericolosi, perché le loro eruzioni sono improvvise e rapide: ceneri e lapilli incandescenti vengono proiettati fino a decine di chilometri dal cratere. Di fronte alle colate di lava dei vulcani effusivi, invece, generalmente si fa in tempo a fuggire. In base alla loro attività i vulcani si distinguono in **dormienti** e **attivi**, ma il fatto che un vulcano non erutti da lungo tempo (anche centinaia di anni) non è di per sé una garanzia che un giorno non si risvegli: per questo è bene monitorarli costantemente dall'alto, attraverso i satelliti artificiali e, soprattutto, una rete di strumentazioni poste sul terreno. In questo modo, ad esempio, si è scoperto che il vulcano Chiliques (5778 m s.l.m.), nel Cile settentrionale, considerato dormiente, ha manifestato una recente attività magmatica.

IL VULCANISMO SECONDARIO

L'attività vulcanica si manifesta anche attraverso fenomeni secondari come le **fumarole**, i **geyser**, le **sorgenti termali**, i **soffioni**, le **mofete** e le **solfatare**. Il magma presente sotto la superficie terrestre, infatti, raffreddandosi, libera gas o riscalda le acque del sottosuolo, che fuoriescono sotto forma di vapore acqueo.

▶ L'eruzione di un geyser in Islanda.

- **RISPONDI**
  1. Qual è la causa dei terremoti?
  2. Dove sono più frequenti i terremoti?
- **COMPLETA LA MAPPA**
  3. Collega il tipo di vulcano con le caratteristiche che gli sono proprie.

| Vulcano effusivo | La lava esce lentamente dal cratere formando lunghi fiumi incandescenti. |
| Vulcano esplosivo | La lava esce dopo un'esplosione in modo improvviso e rapido. |

Cittadinanza: Come si misurano i terremoti

Le scosse provocate dai terremoti si studiano con strumenti chiamati **sismografi**, che misurano le oscillazioni del terreno e le disegnano con dei grafici detti sismogrammi, cioè dei picchi su una scala graduata. Poiché a parità di forza un terremoto può avere effetti distruttivi diversi, a seconda che avvenga in zone disabitate o popolose o dove gli edifici sono mal fabbricati, sono attualmente in uso **due scale diverse** per misurare i terremoti:

- la scala elaborata nel 1903 dal sismologo italiano **Giuseppe Mercalli**, per misurare la capacità dei terremoti di fare danni a persone e a cose;
- la scala elaborata nel 1935 dallo scienziato statunitense **Charles Richter**, per misurare l'energia liberata dal terremoto.

Le due scale si basano su diverse grandezze: l'**intensità** e la **magnitudo**. La **scala Mercalli** si basa sull'**intensità** e classifica gli **effetti prodotti da un terremoto** sulle costruzioni, sul terreno e sulle persone. Essa non dipende solo dal fenomeno geologico-fisico, ma anche dalla lontananza delle aree colpite dall'epicentro, dal fatto che vi siano più o meno edifici e persone, dalle tecniche costruttive in uso nella regione colpita ecc.; il suo valore cambia quindi da luogo a luogo. La **scala Richter** si basa invece sulla **magnitudo**, che misura la **quantità di energia** liberata da un terremoto all'ipocentro. È calcolata a partire dall'ampiezza delle onde sismiche registrate dai sismografi. Ogni terremoto è definito da **un solo valore di magnitudo**, stabilito **attraverso una misurazione scientifica e indipendente da altri fattori**, e da **molti valori di intensità**, variabili da luogo a luogo: decrescono man mano che ci si allontana dall'epicentro del terremoto e variano a seconda che la zona colpita sia più o meno densamente abitata, che vi siano edifici e infrastrutture, che le costruzioni siano o meno antisismiche. Anche l'orario in cui si verifica il terremoto può influire sulla gravità degli effetti: di notte le conseguenze possono essere più intense, perché le persone reagiscono con minor prontezza.

SCALA MERCALLI	SCALA RICHTER
I grado. Impercettibile: evento rilevato soltanto dai sismografi.	2.0
II grado. Molto leggero: avvertito da persone molto sensibili, in uno stato di assoluto silenzio, ai piani superiori dei caseggiati.	3.0
III grado. Leggero: percepito come scossa soltanto da una minoranza delle persone che si trovano all'interno delle case.	
IV grado. Moderato: all'interno delle case il sisma viene riconosciuto da un maggior numero di persone, ma non da tutte, in seguito al tremolio, oppure alle lievi oscillazioni dei mobili. In rari casi si sveglia chi sta dormendo.	4.0
V grado. Abbastanza forte: il sisma viene percepito da numerose persone anche all'aria aperta. Oggetti appesi iniziano a oscillare. Si svegliano quasi tutti coloro che stanno dormendo. In qualche caso le persone fuggono dalle abitazioni.	
VI grado. Forte: il terremoto viene percepito da tutti con un certo panico, alcuni hanno la sensazione di cadere. I liquidi si agitano; quadri, libri e analoghi oggetti cadono dalle pareti e dagli scaffali, le stoviglie vanno in pezzi. In alcune case, anche se costruite in maniera adeguata, si producono lievi danni: fenditure nell'intonaco, caduta del rivestimento di soffitti e di pareti. Danni più gravi, ma ancora non pericolosi, si hanno su edifici mal costruiti.	5.0
VII grado. Molto forte: gravi lesioni all'arredamento delle abitazioni, oggetti di considerevole peso si rovesciano e si frantumano. Danni modesti agli edifici, anche se solidamente costruiti: piccole spaccature nei muri, crollo di mattoni e di tegole. Cedimento delle case mal costruite.	
VIII grado. Rovinoso: i tronchi degli alberi ondeggiano, i mobili più pesanti vengono spostati lontano dal proprio posto e a volte rovesciati. Circa un quarto delle case riporta gravi danni: alcune crollano, molte diventano inabitabili.	6.0
IX grado. Distruttivo: circa la metà delle case in pietra sono seriamente distrutte, molte crollano, la maggior parte diviene inabitabile.	
X grado. Completamente distruttivo: crolla la maggior parte delle costruzioni. Ampi corrugamenti ondulati nel suolo e spaccature.	7.0
XI grado. Catastrofico: crollo di tutti gli edifici in muratura e in legno, ponti, pilastri in pietra o in ferro, dighe. Crepe e spaccature nel suolo, sfaldamenti del terreno e caduta di massi.	
XII grado. Grandemente catastrofico: non resiste alcuna opera dell'uomo.	

Riadattato da www.protezionecivile.gov.it

Cittadinanza — Come comportarsi in caso di terremoto

Il territorio italiano è esposto al rischio sismico, quindi **prepararsi ad affrontare un terremoto è fondamentale**.
La sicurezza dipende soprattutto dalla casa in cui abiti. Se è costruita in modo da resistere al terremoto, non subirà gravi danni e ti proteggerà. Ovunque tu sia in quel momento, è molto importante mantenere la calma e seguire alcune semplici norme di comportamento.

Prima del terremoto
- Evita di tenere oggetti pesanti su mensole e scaffali particolarmente alti. Fissa al muro gli arredi più pesanti perché potrebbero caderti addosso.
- Tieni in casa una cassetta di pronto soccorso e una torcia elettrica.
- A scuola presta attenzione durante le simulazioni di evacuazione in modo da sapere come comportarti in caso di emergenza.
- Informati su dove si trovano e su come si chiudono i rubinetti di gas e acqua e gli interruttori della luce: tali impianti potrebbero subire danni durante il terremoto.

Durante il terremoto
- Se sei in un luogo chiuso cerca riparo nel vano di una porta inserita in un muro portante (quelli più spessi) o sotto una trave: ti può proteggere da eventuali crolli.
- Riparati sotto un tavolo: è pericoloso stare vicino a mobili, oggetti pesanti e vetri che potrebbero caderti addosso.
- Non precipitarti verso le scale e non usare l'ascensore: talvolta le scale sono la parte più debole dell'edificio e l'ascensore può bloccarsi e impedirti di uscire.
- Se sei in auto, non sostare in prossimità di ponti, terreni franosi o spiagge. Potrebbero crollare o essere investiti da onde di tsunami.
- Se sei all'aperto, allontanati da costruzioni e linee elettriche.
- Stai lontano dai bordi dei laghi e dalle spiagge, perché si possono verificare onde di tsunami.
- Evita di usare il telefono e l'automobile: è necessario lasciare le linee telefoniche e le strade libere per non intralciare i soccorsi.

Dopo il terremoto
- Assicurati dello stato di salute delle persone attorno a te: così aiuti chi si trova in difficoltà e agevoli l'opera di soccorso.
- Non cercare di muovere persone ferite gravemente perché potresti aggravare le loro condizioni.
- Esci con prudenza indossando le scarpe, in strada potresti ferirti con vetri rotti e calcinacci.
- Raggiungi uno spazio aperto, lontano da edifici e da strutture pericolanti che potrebbero caderti addosso.

Riadattato da www.protezionecivile.gov.it

Attività
- Fai una ricerca sugli ultimi terremoti che hanno devastato il nostro Paese.
- Procurati una carta sismica dell'Italia e indica le località che sono state colpite dagli inizi del Novecento. Devi indicarne le cause, il grado della scala Mercalli, l'entità delle devastazioni.
- Quali altri Stati del mondo sono stati colpiti da sismi? Ricerca in Internet e scrivi un breve testo.

Capitolo 1 – La Terra, pianeta dell'Universo

verifica delle conoscenze

RIORGANIZZARE LE CONOSCENZE

1. Completa il testo inserendo le parole corrette; successivamente trova un titolo per il brano.

terremoti • Pangea • astenosfera • orogenesi • continenti • placche o zolle • dividersi • 200 • deriva dei continenti

I continenti poggiano su .... che si muovono sull'............................ scontrandosi e allontanandosi tra di loro. Gli scienziati hanno stabilito che tutte le terre emerse, ... milioni di anni fa, erano riunite in un unico continente, chiamato .... Successivamente, esso cominciò a .... dando origine a .... dai confini geografici come li conosciamo oggi. Questa teoria prende il nome di ....

Le placche ancora oggi continuano a muoversi: questo movimento è causa di ...., della disposizione dei vulcani, dell'............................

Titolo: ....

2. Indica se le seguenti affermazioni sono vere o false.

	Vero	Falso
a. Il Sole è una stella attorno alla quale ruotano la Terra e gli altri pianeti; fa parte della galassia denominata Via Lattea.	☐	☐
b. I fusi orari sono spicchi delimitati da linee rette; in tutti i luoghi che si trovano all'interno di due linee vige la stessa ora.	☐	☐
c. Il moto di rotazione della Terra intorno al proprio asse determina l'alternarsi delle stagioni.	☐	☐
d. Il moto di rivoluzione intorno al Sole determina l'alternarsi del dì e della notte.	☐	☐

3. Completa la mappa scegliendo i termini corretti dall'elenco.
rivoluzione • idrosfera • rotazione • atmosfera • litosfera

LA TERRA È COMPOSTA DA: ....

I SUOI MOTI SONO: ....

4. Inserisci le date e completa la descrizione delle caratteristiche di equinozi e solstizi.

Equinozio di primavera	Solstizio d'estate
data	data ....
In ogni punto della Terra	Il giorno di massima illuminazione nell'............................
Oltre il Circolo polare artico inizia	Le giornate cominciano a ....

Equinozio d'autunno	Solstizio d'inverno
data	data ....
In ogni punto della Terra	Il giorno in cui l'emisfero nord è .... illuminato.
Oltre il Circolo polare artico inizia	Le giornate nell'emisfero nord iniziano a ....

CONOSCERE LE PAROLE DELLA GEOGRAFIA

5. Collega i termini con le rispettive definizioni.

1. Galassia
2. Habitat
3. Equinozio
4. Satelliti
5. Pianeti
6. Solstizio
7. Biosfera
8. Stella

a. Insieme di quelle parti della Terra in cui sono presenti le condizioni favorevoli per lo sviluppo degli organismi viventi (idrosfera, atmosfera e la parte superficiale della litosfera).

b. Quando in ogni punto della Terra il dì è uguale alla notte.

c. Insieme delle condizioni ambientali e climatiche che permette a determinate specie animali o vegetali di vivere e svilupparsi.

d. Corpo celeste che brilla di luce propria, perché costituito di materia incandescente.

e. Corpi celesti che ruotano intorno a un pianeta.

f. Giorno dell'anno dove si ha la massima o la minima illuminazione di uno dei due emisferi ed è quindi maggiore la differenza tra la durata del dì e quella della notte.

g. Ammasso di stelle, nubi di gas e polveri.

h. Corpi celesti di dimensioni rilevanti; ruotano attorno al Sole e hanno una forma quasi sferica.

laboratorio delle competenze

ORIENTAMENTO

1. Indica il nome dei pianeti rappresentati in questa immagine del Sistema solare. Poi rispondi alle domande.

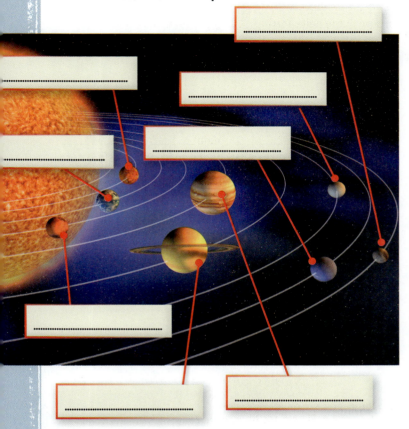

a. Qual è il pianeta più vicino alla Terra?
....

b. Quale il più lontano?
....

c. Quali pianeti sono definiti interni e quali esterni?
....
....

d. Perché?
....
....
....
....

STRUMENTI E LINGUAGGIO DELLA GEOGRAFICITÀ

2. Utilizzando i dati forniti costruisci un grafico che rappresenti la quantità d'acqua presente sulla Terra.

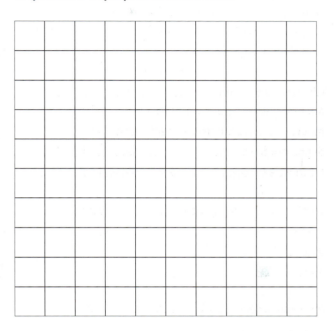

Riempi i quadrati con colori diversi a seconda della tipologia.

	Volume in km³	Colore attribuito
Oceani e mari	1.370.000.000	
Calotte glaciali, ghiacciai	34.000.000	
Acque sotterranee	8.400.000	
Laghi ad acqua dolce	126.000	
Laghi ad acqua salata	104.000	
Umidità del suolo	66.000	
Acqua atmosferica	13.000	
Fiumi	1.200	
Totale	**1.412.710.200**	

a. Osserva il grafico che hai costruito: dove si trova la maggior parte dell'acqua presente sulla Terra?
....

b. L'acqua dolce di cui l'uomo può usufruire (fiumi e laghi dolci) costituisce una parte significativa del totale dell'acqua terrestre?
....

Capitolo 1 – La Terra, pianeta dell'Universo

scenario CI SONO ANCORA LUOGHI DA ESPLORARE SULLA TERRA?

◀ L'alpinista Walter Bonatti (il primo a destra) sul Monte Bianco nel 1955.

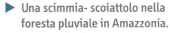

Etnologi
Studiosi che analizzano e confrontano costumi e abitudini delle varie popolazioni del mondo.

▶ Una scimmia-scoiattolo nella foresta pluviale in Amazzonia.

▼ Un paesaggio della Groenlandia, ancora in parte inesplorata.

L'ultimo esploratore

Il 23 febbraio 1969 l'alpinista ed esploratore italiano **Walter Bonatti** (1930-2011) rispose così al lettore di un giornale che gli chiedeva: «Esistono ancora terre inesplorate? È ancora possibile quell'avventura?».

«Occorre innanzitutto chiarire il concetto di "esplorazione".
Se per inesplorate intendiamo le terre che l'occhio dell'uomo civile non ha mai visto, allora la risposta è negativa: non vi è, infatti, regione che non sia stata sorvolata dagli aerei e rilevata attraverso mappe.
Se, invece, vogliamo attribuire al termine il significato di "mai calcato da piede umano", allora bisogna rispondere che sì, qualche lembo di Terra inesplorata esiste ancora.
Si tratta, grosso modo, dei seguenti territori: una parte dell'**Amazzonia** (circa 2 milioni di chilometri quadrati coperti da fitta foresta), una parte del bacino dell'alto **Orinoco** (un fiume dell'America meridionale) e di quello del **Congo** (in Africa equatoriale) e alcune zone interne dell'**Australia del Nord**, del **Borneo** (la terza isola del mondo per estensione) e dell'**Irian Barat**, in **Nuova Guinea** (un'isola situata tra Asia e Oceania). L'**Antartide** e la **Groenlandia**, poi, sono state percorse dall'uomo solo in parte: la prima per un terzo, la seconda per metà. Rimangono, infine, inviolate alcune vette nella zona interna del **Tibet**, in **Alaska** e in **Patagonia**.
Se volessimo valutare in chilometri quadrati la parte ancora "vergine" della Terra, dovremmo dunque concludere che rimane parecchio da esplorare. Tuttavia, l'"**ignoto geografico**" che ha sempre affascinato gli esploratori è ridotto ormai a poca cosa. Le sorgenti più misteriose sono state raggiunte, le piante e gli animali più curiosi sono stati catalogati, i fiumi e i deserti percorsi, i vulcani "diagnosticati".
L'uomo ha scalato le vette più belle e più alte. Ciò che rimane sono gli "avanzi" che non posseggono i requisiti necessari per accendere la curiosità dell'esploratore e la fantasia di chi ne segue le imprese. Qualcosa di interessante resta ancora per gli **etnologi** e i naturalisti.
Ciò che oggi spinge gli uomini verso le ultime terre sconosciute è soprattutto la **ricerca mineraria**: si può prevedere che questa ricerca ci farà conoscere in pochi anni anche gli angoli più remoti del pianeta.
Si estinguerà per questo la razza dei grandi esploratori? Assolutamente no. L'uomo sta **dilatando il suo mondo**, spostando i limiti del possibile si creano nuove mete.
Ieri sembravano insuperabili le Colonne d'Ercole, oggi i pianeti del Sistema solare. Sono cambiati i mezzi, le mete, addirittura i mondi, ma non l'esploratore con il suo grande cuore. Il "sempre più difficile" e il "sempre più in là" hanno però assottigliato la schiera degli ardimentosi moderni. Fra la loro dimensione e quella del resto dell'umanità si è creato quasi un abisso. Un esercito di altri esploratori, gli **esploratori della scienza**, opera nei laboratori: la somma dei loro sforzi darà vita alle grandi imprese nello spazio e sotto i mari. Ma solo a un pugno di uomini saranno riservate ancora l'emozione della paura e l'esaltazione dell'ignoto.»

(Da Panorama.it, 18 aprile 2012)

Capitolo 2 GEOGRAFIA FISICA DEL NOSTRO PIANETA

A distanza di anni, la domanda posta al grande esploratore Walter Bonatti nel 1969 è ancora valida. Anche la sua risposta rimane attuale: grazie ai satelliti e ai nuovi sistemi informatici l'aspetto della Terra non ha quasi più segreti.

Abbiamo identificato ogni montagna, deserto, pianura, isola, foresta; monitoriamo costantemente la gran parte dei ghiacciai e vulcani, laghi e fiumi. All'inizio dell'Ottocento circa metà delle terre emerse non erano ancora esplorate e l'Antartide era del tutto sconosciuta, anche se gli scienziati ne supponevano l'esistenza. Oggi non ci sono più terre da "scoprire", come accadde con l'America nel 1492 o con l'Australia nel 1606. Anche i territori mai calcati dall'uomo diminuiscono ogni anno che passa: montagne, grotte sotterranee, foreste impenetrabili, territori polari sono oggetto di **studio** e di **ricerca** da parte di spedizioni internazionali.

Solo alcuni **baluardi inespugnati** rimangono sulla Terra:
- il Monte Gangkhar Puensum, nel Bhutan (7570 m), la cui esplorazione dal 1994 è impedita dal governo locale. Per rispetto delle credenze locali sugli spiriti è vietato, infatti, scalare montagne oltre i 6000 m;
- la regione tibetana di Nyainqentangla Est, con 159 cime su 164 al di sopra dei 6000 m che non sono mai state scalate;
- gran parte della Groenlandia e dell'Antartide;
- alcuni deserti asiatici, creati dal prosciugamento di laghi preesistenti;
- le profondità della giungla amazzonica e delle foreste africane e indonesiane.

Le nuove frontiere dell'esplorazione oggi sono rappresentate dagli abissi marini, dalle profondità della Terra e dallo spazio cosmico, il cui studio è stato avviato con successo a partire dagli anni Sessanta del Novecento.

L'istinto dell'uomo alla scoperta non si arresta. Né ha mai fine il mestiere del geografo, che ha il compito di descrivere la Terra, di valutare mutamenti e trasformazioni di territori e ambienti e, in alcuni casi, cercare di prevederli.

▶ Un lemure, primate del Madagascar.

▼ Il Monte Fitz Roy in Patagonia (Argentina).

LE PRINCIPALI ESPLORAZIONI TRA OTTOCENTO E NOVECENTO

 Contenuto integrativo

1852-56: l'inglese David Livingstone esplora il fiume Zambesi e raggiunge le cascate Vittoria in Africa.

1858: gli inglesi Richard Francis Burton e John Hanning Speke arrivano al Lago Tanganica in Africa.

1874-1884: l'inglese Henry Morton Stanley esplora il Congo.

1878-1879: lo svedese Adolf Erik Nordenskiöld apre la rotta dal Mare del Nord al Pacifico attraverso lo Stretto di Bering (passaggio a nord-est).

1892: l'austriaco Oskar Baumann risale il fiume Kagera e trova la sorgente del Nilo.

1899-1908: lo svedese Sven Hedin raggiunge la catena del Transhimalaya e individua le sorgenti dell'Indo e del Brahmaputra.

1906: il norvegese Roald Amundsen apre la rotta dall'Atlantico al Pacifico a nord del Canada (passaggio a nord-ovest).

1908: lo statunitense Frederick Albert Cook giunge al Polo Nord.

1911: il norvegese Roald Amundsen si spinge fino al Polo Sud.

1953: Edmund Hillary e Tenzing Norgay scalano per la prima volta la vetta più alta della Terra, l'Everest (8848 m).

2 GEOGRAFIA FISICA DEL NOSTRO PIANETA

2.1 I CONTINENTI

Sopra: il deserto del Sahara in Algeria. A destra: iceberg in Antartide.

LA SUPERFICIE DEI CONTINENTI

Asia	44.986.220 km²
America	42.179.170 km²
Africa	30.215.303 km²
Antartide	14.000.000 km²
Europa	10.367.368 km²
Oceania	8.526.631 km²

Quanti sono i continenti?

Le terre emerse rappresentano il 29,4% dell'intera superficie terrestre e vengono tradizionalmente suddivise in **continenti**. La ripartizione dei continenti è convenzionale e non c'è un accordo unanime sul loro numero. Esistono infatti **diversi modelli** di riferimento in uso nelle varie nazioni del mondo che variano a seconda che ci si basi su criteri, oltre che geografici, anche storici e culturali.

Eurafrasia, America, Oceania, Antartide

Il **modello a quattro continenti** si basa su considerazioni di carattere unicamente geografico e definisce il continente come una vasta porzione di superficie terrestre circondata dagli oceani. In base a questo modello Europa, Asia e Africa costituiscono un unico raggruppamento, l'**Eurafrasia**, perché unite tra loro. Vi sono poi l'America, l'Oceania e l'Antartide.

Europa, Asia, Africa, America, Oceania

Il **modello a cinque continenti** è stato quello **più usato in passato**, soprattutto in Europa. È stato "ufficializzato" nel simbolo delle Olimpiadi, nel 1914, che rappresenta i continenti con cinque cerchi di colore diverso. Il **criterio** su cui si fonda è la **presenza dell'uomo**: Europa, Asia, Africa, America e Oceania sono continenti perché abitati, l'Antartide non lo è perché inabitato.

Africa, America, Antartide, Asia, Europa, Oceania

Il **modello a sei continenti** è quello oggi più usato in Europa e si basa su un **criterio geografico e storico**: i sei continenti sono le terre emerse separate da confini ben precisi e accomunate al loro interno da un'identità storica comune. Questo è il modello usato in questo libro.

Europa, Asia, Africa, Oceania, Antartide, Nordamerica, Sudamerica

Il **modello a sette continenti** è adottato nei Paesi di cultura anglosassone e in Cina; esso prende in considerazione **fattori storico-culturali** oltre a quelli di tipo geografico.
Secondo tale concezione, oltre alla divisione tra Europa, Asia, Africa, Oceania e Antartide si devono considerare come continenti distinti anche il Sudamerica e il Nordamerica.

▶ Il canguro è un mammifero erbivoro che vive in Australia e Nuova Guinea; i biologi ipotizzano che i canguri siano comparsi in Australia circa 15 milioni di anni fa.

I SEI CONTINENTI

L'**America** è formata da due subcontinenti, **Nordamerica** e **Sudamerica**, separati da una stretta fascia centrale in cui si colloca l'istmo di Panama. Si estende quasi dal Polo Nord a quello Sud e ospita una straordinaria varietà di climi e biomi. Vi si trovano il "polmone verde" della Terra, la Foresta Amazzonica, e il fiume più lungo del mondo, il Rio delle Amazzoni-Ucayali. L'immigrazione, spesso forzata, iniziata con la colonizzazione europea (dal XVI secolo) ha reso l'America un crogiolo di popoli.

L'**Europa** è tra i continenti più piccoli ma è **il terzo per popolazione**, dopo Asia e Africa. Si estende nell'emisfero boreale ed è geograficamente unita all'Asia.

L'**Asia** è **il continente più esteso**. Vi si trova il punto più alto della Terra (Monte Everest, 8848 m). La sua enorme estensione fa sì che, dalla regione più a nord, la Siberia, alla regione più a sud, le isole dell'Indonesia, vi siano fortissime differenze climatiche e una grande varietà di paesaggi e biomi. È anche il continente **più popolato**: ospita quasi i tre quinti della popolazione mondiale. La distribuzione degli abitanti non è uniforme: vi sono aree desertiche disabitate e altre con la densità più alta del pianeta (la costa cinese, il Giappone).

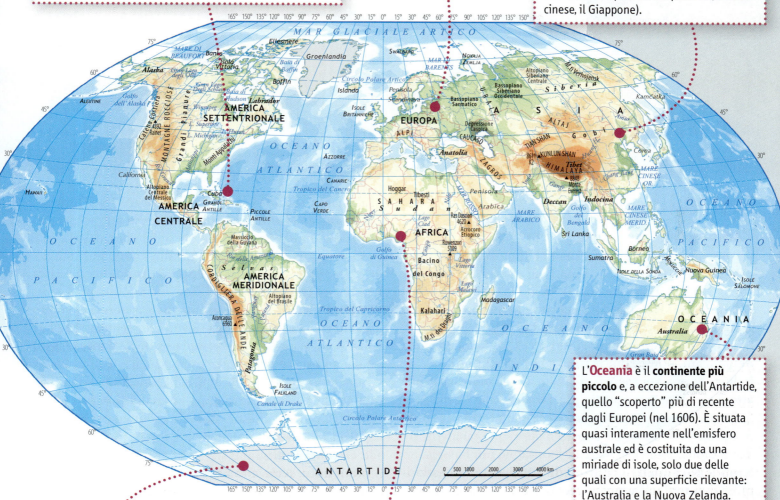

L'**Antartide**, non ancora interamente esplorata, è situata nel Circolo polare antartico; la sua superficie è ricoperta per il **98% da ghiacci**. Vi si trovano le maggiori riserve di acqua dolce del pianeta, il sottosuolo è ricco di risorse minerarie e idrocarburi, il cui utilizzo è vietato da accordi internazionali per la tutela dell'ecosistema locale.
È l'unico continente disabitato; a fini scientifici e di ricerca, vi risiedono poche migliaia di persone.

L'**Africa** è il **terzo continente per estensione** dopo l'Asia e l'America ed è quello in cui probabilmente ha avuto origine l'uomo: i più antichi reperti umani sono stati trovati nell'Africa subsahariana. Si estende a cavallo dell'Equatore, che la taglia quasi perfettamente a metà, e dei Tropici. Ospita il deserto più vasto del pianeta, il Sahara, nonché i bacini fluviali più grandi per superficie e portata complessiva d'acqua (Nilo, Congo, Niger).

L'**Oceania** è il **continente più piccolo** e, a eccezione dell'Antartide, quello "scoperto" più di recente dagli Europei (nel 1606). È situata quasi interamente nell'emisfero australe ed è costituita da una miriade di isole, solo due delle quali con una superficie rilevante: l'Australia e la Nuova Zelanda.

RISPONDI

1. Descrivi i quattro modelli in base ai quali si possono suddividere i continenti.
2. Considerando dei parametri unicamente geografici, quanti sono i continenti?
3. Quale criterio di suddivisione dei continenti si usa in Europa oggi? Quale nei Paesi anglosassoni?
4. Qual è il continente più esteso?

Capitolo 2 – Geografia fisica del nostro pianeta   25

▲ A sinistra: il ghiacciaio Khimbu e il Monte Everest in Nepal. Sopra: la catena dell'Atlante in Marocco.

2.2 RILIEVI, PIANURE E DEPRESSIONI

I rilievi

L'origine delle montagne

La superficie terrestre non è piatta e uniforme, ma "mossa" da numerosi rilievi, differenti per altezza e conformazione. I rilievi di altezza superiore ai 600 m sono definiti **montagne**. Esse hanno avuto origine per lo più dallo scontro delle placche terrestri (vedi cap. 1).
In altri casi i rilievi montuosi sono stati formati dalla **lava dei vulcani**, poi solidificatasi in strati sovrapposti.
In linea di principio si può affermare che le **montagne più alte** della Terra sono quelle **più recenti**, cioè quelle nate "solo" 60 milioni di anni fa; la loro altitudine varia dai 4000 m agli oltre 8000 m sul livello del mare e sono caratterizzate da un profilo aspro e affilato. Le **montagne più basse** sono anche le **più antiche**: questo perché con il tempo (si parla di milioni di anni) gli agenti atmosferici (pioggia, vento, neve) ne hanno progressivamente eroso la superficie, dando loro anche una forma più "morbida" e arrotondata.

Le principali catene montuose

- Il sistema montuoso più lungo e imponente della Terra è quello **alpino-himalayano**, tra il continente asiatico e l'Europa, originato dalla collisione tra la placca eurasiatica, quella africana e il subcontinente indiano. Le cime più alte si trovano in Asia e appartengono alla catena himalayana.
- Nel **continente americano** le montagne sono distribuite in direzione longitudinale, da nord a sud; le vette più elevate si trovano lungo la costa occidentale: esse hanno avuto origine dal fenomeno di subduzione della placca pacifica sotto la placca nordamericana. Nell'America del Nord le **Montagne Rocciose** si estendono per circa 5000 km dal Canada allo Stato del Nuovo Messico e comprendono 10 vette che superano i 4000 m (tutte nel Colorado). Nell'America del Sud le **Ande**, lunghe circa 7500 km, comprendono 35 cime oltre i 6000 m.
- L'**Africa** è l'unica massa continentale a non aver subito grandi processi orogenetici dovuti allo scontro fra placche: solo a nord-ovest l'altopiano dell'**Atlante** è nato dalla collisione con la placca eurasiatica. Le montagne più alte sono per lo più di origine vulcanica: sono nate dal magma solidificatosi dopo essere fuoriuscito da fratture della crosta terrestre. Così è accaduto per il **Kilimangiaro** (5895 m), la vetta più alta.
- In **Oceania** i rilievi più significativi si trovano sulle isole di **Papua Nuova Guinea**, nelle **Hawaii** e in **Nuova Zelanda** e sono per lo più di origine vulcanica; quelli dell'Australia, di antichissima formazione, sono poco elevati e tondeggianti a causa dell'erosione millenaria degli agenti atmosferici.
- L'**Antartide** presenta vette che superano i 4500 m di altitudine, sepolte sotto la spessa coltre di ghiaccio.

Le pianure e le depressioni

Le principali pianure e depressioni

- Anche per quanto riguarda le pianure e le depressioni l'**Asia** è il continente dei record. Nell'estremità settentrionale ospita la pianura più estesa al mondo, il **bassopiano siberiano** (4 milioni di km²), a sud-ovest vi è il punto più basso della superficie terrestre (nei pressi del

▲ La Death Valley, in California, è il punto più basso del continente americano.

Mar Morto, la cui superficie si trova a 395 m sotto il livello del mare). Lungo le sponde settentrionali del **Mar Caspio** c'è invece la **maggiore depressione** del pianeta.
- Nell'**America del Nord** la zona pianeggiante più estesa è quella delle **Grandi pianure**, nell'area centrale degli Stati Uniti, una zona di oltre un milione di km² che va dal Canada al Messico.
- In **Sud America** le maggiori pianure si trovano in Brasile, lungo il corso del Rio delle Amazzoni, e in Argentina. Il punto più basso del continente si trova in California, al centro della **Death Valley** (85 m sotto il livello del mare).
- In **Africa** le pianure sono distribuite soprattutto lungo il corso dei fiumi e in corrispondenza delle coste. Ai margini meridionali del deserto del Sahara sorge un'ampia zona pianeggiante, il **Sahel**, che si estende dalle coste dell'Atlantico fino al Mar Rosso. Nel Corno d'Africa si trova invece il punto più basso del continente, il **Lago di Assal**, nella **depressione di Afar**, che arriva a 155 m sotto il livello del mare. Gli studiosi affermano che con il tempo l'area verrà occupata dal mare. La più vasta depressione africana è quella di **Qattara** (circa 18.000 km²), nella parte settentrionale del deserto libico, che scende fino a 133 m sotto il livello del mare.
- L'**Oceania** presenta estese zone pianeggianti, soprattutto in Australia, che in corrispondenza del Lago Erye scendono di poche decine di metri sotto il livello del mare.
- L'**Antartide** ha una superficie prevalentemente montuosa; sotto lo spesso strato di ghiaccio esistono però depressioni e valli inesplorate.

LE MONTAGNE PIÙ ALTE DI CIASCUN CONTINENTE

MONTE	ALTEZZA	CONTINENTE
Everest	8848 m	Asia
Aconcagua	6959 m	Sud America
McKinley	6194 m	Nord America
Kilimangiaro	5895 m	Africa
Vinson	4897 m	Antartide
Puncak	4884 m	Oceania
Monte Bianco	4810 m	Europa

◀ Gran parte della Siberia in inverno si presenta come una vasta distesa di ghiaccio.

LAVORA SUL TESTO

1. Che cosa si intende con il termine "montagne"? Sottolinea.
2. Individua le caratteristiche comuni proprie alle montagne più alte e a quelle più basse della Terra.

RISPONDI

3. Sottolinea le caratteristiche delle principali pianure e depressioni della Terra.
4. Dove si trova il sistema alpino-himalayano? Che cosa lo ha generato?

Capitolo 2 – Geografia fisica del nostro pianeta

ESPLORANDO le montagne del mondo

L'EVEREST, IL TETTO DEL MONDO

«Avanzavamo lentamente, regolarmente. E infine arrivammo. Hillary davanti, io dietro di lui». Con queste parole Tenzing Norgay, un alpinista nepalese-indiano di etnia sherpa, ha raccontato la prima ascesa alla vetta della montagna più alta del pianeta, l'**Everest** (8848 m), compiuta insieme al neozelandese Edmund Hillary. Era il 29 maggio 1953. L'Everest, chiamato "Dio del cielo" in nepalese e "Madre dell'universo" in tibetano, fa parte della catena himalayana, la più elevata e possente al mondo. Essa è formata da più catene parallele vicine, tra le quali scorrono i fiumi Indo e Brahmaputra. La più settentrionale costituisce l'orlo dell'altopiano del Tibet mentre la più meridionale si affaccia sul bassopiano del Gange. Questa continua serie di monti altissimi separa l'Asia meridionale da quella centrale, rendendo difficili le comunicazioni: per passare da un versante all'altro vi sono strade che si arrampicano fino a quasi 5000 m di quota e che per metà dell'anno sono impraticabili a causa della neve. La barriera montuosa ha avuto effetti anche sul popolamento, mantenendo separate le popolazioni mongoliche (come Tibetani e Cinesi) da quelle caucasiche (come gli Europei, gli Indiani e gli Iraniani), e sul clima: tropicale o subtropicale umido a sud delle montagne, arido e freddo a nord.

▲ La vetta del Monte Everest. In piccolo: bandiere buddhiste di preghiera in Tibet.

▼ Lava incandescente nel Kilauea.

KILAUEA: LAVA NEL MARE

L'**arcipelago delle Hawaii** è ciò che emerge di una catena sottomarina di origine vulcanica. Queste isole tropicali si trovano nell'Oceano Pacifico: geograficamente appartengono all'Oceania, mentre politicamente fanno parte degli Stati Uniti (di cui sono il cinquantesimo Stato). Sono tra le terre emerse più isolate del mondo: distano quasi 4000 km sia dalla costa americana, sia da Tahiti (in Polinesia). Grazie alla loro posizione a metà del Pacifico, le Hawaii hanno ricevuto influenze culturali tanto dall'America quanto dall'Asia, che sono andate a mescolarsi con la cultura indigena. Tra i vulcani delle Hawaii, il più attivo è il Kilauea, che sorge adiacente al mare. Si tratta di un complesso formato dalla caldera Kilauea (con un raggio di quasi 2 km), dal picco vulcanico Pu'u O'o, che dal 1983 a oggi erutta continuamente senza segni di declino, dalla voragine craterica Halemaumau, da altri crateri secondari e da due *rift* (canaloni). I rift si sono formati sotto la dura lava superficiale e trasportano masse di lava fluida che scorrono sino al mare: al contatto con l'acqua marina la lava si raffredda velocemente e dà origine a un paesaggio surreale di nuvole di gas e vapore.

PIANURA E ACQUA IN SIBERIA

Il **bassopiano della Siberia** si estende per circa 4 milioni di km². Le sue pendenze eccezionalmente basse causano grandi problemi di drenaggio: il fiume Ob, in cui affluisce la maggioranza delle acque, è bloccato dal gelo fino all'inizio dell'estate nel suo basso corso, mentre quelli alto e medio si liberano dai ghiacci già in primavera.

Questo disgelo diversificato origina delle specie di dighe di ghiaccio, che impediscono un regolare deflusso dell'acqua: così nella stagione calda quasi tutta la pianura della Siberia occidentale diventa un immenso acquitrino.

La pianura presenta caratteristiche climatiche diverse procedendo da nord a sud: prima si incontra la tundra gelata e spesso paludosa, poi la taiga con foreste e pantani e infine la steppa, dove si praticano l'agricoltura e l'allevamento.

Il territorio è ricco di giacimenti di petrolio e gas naturale. Lungo la zona meridionale passa una diramazione della Transiberiana, la famosa ferrovia lunga oltre 9000 km che collega Mosca con Vladivostock, affacciata sull'Oceano Pacifico.

▲ La Transiberiana, una linea ferroviaria lunga oltre 9000 km.

ESPLORANDO le *pianure del mondo*

▲ Veduta aerea del bassopiano siberiano nel periodo estivo.

▼ L'incontro di Nullarbor Plain con l'Oceano Pacifico.

DOVE NON CRESCONO GLI ALBERI

Il **Nullarbor Plain**, nell'**Australia centro-meridionale**, è un arido altopiano calcareo di formazione geologica molto antica, piatto e quasi del tutto disabitato. Questa regione è priva di fiumi ed è quasi totalmente priva di alberi: la parola Nullarbor deriva dall'unione di due termini latini, *nullus*, "niente", e *arbor*, "albero".

Attraversano il Nullarbor Plain una lunga linea ferroviaria, la Trans-Australia Railway, nella parte più interna, e un'autostrada che corre, invece, più vicina alla costa, e che venne ultimata sul finire degli anni Sessanta. Questa strada segue il tracciato della linea telegrafica che fu impiantata nel Nullarbor Plain nel 1877: alla fine del XIX secolo, i minatori che attraversavano la regione diretti verso i terreni auriferi seguivano la linea del telegrafo per orientarsi in questa piatta e deserta pianura.

Capitolo 2 – Geografia fisica del nostro pianeta

2.3 OCEANI, MARI, FIUMI, LAGHI

A sinistra: due tipiche imbarcazioni thailandesi nel Mare delle Andamane (Oceano Indiano). In alto: feluche lungo il fiume Nilo, in Egitto. Sopra: un fiordo in Norvegia.

Le acque salate

Le immense distese di acque salate che ricoprono il 70% della superficie terrestre, per un totale di circa 360 milioni di km^2, si suddividono convenzionalmente in **oceani**, che sono più ampi e separano tra loro i continenti, e **mari**, che ne costituiscono delle articolazioni, nei tratti più vicini alle terre emerse.

Gli oceani

Gli oceani sono tre:
- **Pacifico**, il più profondo e vasto (si estende per quasi 180 milioni di km^2: una superficie superiore a quella di tutte le terre emerse), che separa l'Asia e l'America;
- **Atlantico** (106 milioni di km^2), che si estende fra le sponde orientali dell'America, da un lato, e quelle occidentali di Europa e Africa, dall'altro;
- **Indiano** (75 milioni di km^2), racchiuso tra l'Asia, l'Africa e l'Australia.

Grazie alle esplorazioni degli abissi marini, iniziate negli anni Sessanta del Novecento, oggi conosciamo piuttosto bene i **fondali** degli oceani.

Essi presentano una **morfologia assai varia e movimentata**. Le piane oceaniche si estendono a una profondità di 3000-5000 m; esse sono sia attraversate da **dorsali**, simili a catene montuose, con rilievi alti fino a 2000-3000 m, sia interrotte da **profonde fosse**, o **abissi** (che scendono da 6000 fino a 11.000 m di profondità), corrispondenti a grandi fratture della litosfera o a linee di subduzione al margine di due placche contrapposte.

La più celebre è la **Fossa delle Marianne** nell'Oceano Pacifico, che rappresenta il punto più profondo del pianeta (11.000 m).

I mari

Tra i mari, il più vasto è il **Mar Glaciale Artico** (14 milioni di km^2); per le sue dimensioni è considerato talvolta un oceano a sé stante, anziché una parte dell'Atlantico. Il termine **mare**, oltre che per denominare le articolazioni delle acque oceaniche in prossimità delle coste dei vari Paesi, viene usato anche per indicare i grandi **laghi salati** che si trovano all'interno dei continenti, come il **Mar Caspio** e il **Mar Morto** in Asia, dal momento che le loro acque presentano caratteristiche più simili a quelle del mare che a quelle dei laghi.

Formazione salina nel Mar Morto.

▲ Un pescatore nel Lago Inle, in Myanmar.

▲ Banchi di sabbia lungo il Rio delle Amazzoni.

Le acque dolci

Le acque dolci rappresentano il 2,8% del totale di quelle esistenti; solo lo 0,0013% di queste è costituito da **acque superficiali** raccolte in fiumi, laghi, stagni e paludi: il resto si trova nei ghiacciai o nelle acque sotterranee.

I LAGHI PIÙ ESTESI DI CIASCUN CONTINENTE

LAGO	SUPERFICIE (km²)	CONTINENTE
Mar Caspio	371.000	Europa/Asia
Lago Superiore	84.131	Nordamerica
Lago Vittoria	68.100	Africa
Lago Ladoga	18.400	Europa
Lago Vostok	15.690	Antartide
Lago Erye	9690	Oceania

I fiumi

I **fiumi** sono corsi d'acqua perenni e di maggiori dimensioni rispetto a ruscelli e torrenti. Il più lungo si trova in Sudamerica: è il **Rio delle Amazzoni-Ucayali** (6281 km) che detiene anche il primato per quanto riguarda la portata media delle acque e l'ampiezza del bacino idrografico. Il corso d'acqua più esteso dell'America del Nord è il **Mississippi** (3778 km), che con il suo affluente Missouri crea un fertile bacino idrografico nella regione centrale degli Stati Uniti.

Tra i fiumi dell'Africa il **Nilo** (6671 km) è il più lungo e il più importante dal punto di vista economico e antropico: lungo il suo corso si è sviluppata una delle più antiche civiltà al mondo e tuttora il suo bacino idrografico è fondamentale per l'economia dei Paesi che attraversa. In Asia i fiumi principali scorrono in Cina e nella penisola indocinese: il **Fiume Azzurro** (o Yangtze, 5800 km), il **Fiume Giallo** (o Huang He, 4845 km) e il **Mekong** (4500 km). Dal punto di vista storico e antropico, grande importanza rivestono due fiumi indiani: l'**Indo** (3180 km) e il **Gange** (2700 km). In Australia invece solo il fiume **Murray-Darling** supera i 3000 km.

I laghi

I laghi sono depressioni del territorio contenenti acque ferme. I principali sulla superficie terrestre sono: il **Mar Caspio** (le cui acque sono salate, per questo è definito "mare"), al confine tra Europa e Asia; i laghi **Superiore**, **Huron** e **Michigan** nell'America settentrionale, lungo il confine tra Stati Uniti e Canada; l'**Aral** e il **Bajkal** in Asia; il **Vittoria** e il **Tanganica** in Africa, il **Titicaca** in Sudamerica. In Antartide sono stati individuati laghi molto estesi sotto la superficie ghiacciata, il più grande è quello di **Vostok**.

◉ COMPLETA

Le acque salate ricoprono il .... della superficie terrestre.

Gli oceani sono tre: .... , ... e ....

I fondali oceanici sono attraversati da ...., simili a catene montuose, e da profonde fosse: la più profonda è la ....

Le acque dolci rappresentano il .... del totale delle acque del pianeta.

Il fiume principale dell'America latina, nonché il più lungo del mondo, è il ...., il corso d'acqua più importante del continente africano è ....; in Asia i fiumi più lunghi sono il .... e il ...., entrambi si trovano in ....

ESPLORANDO mari e oceani

IL PASSAGGIO A NORD-EST

Il passaggio a nord-est è una rotta che, partendo dal **Mare del Nord**, prosegue nel **Mare Glaciale Artico** lungo la costa della Siberia e, attraversato lo **Stretto di Bering**, raggiunge l'Oceano Pacifico. La maggior parte della rotta si trova in acque artiche e alcuni tratti sono liberi dal ghiaccio per soli due mesi all'anno, cosa che fino al secolo scorso ha reso il percorso molto pericoloso. Il primo esploratore che tentò di percorrere il passaggio fu un inglese, Hugh Willoughby: egli, nel 1553, salpò da Londra e riuscì a raggiungere la Lapponia, nel nord della Scandinavia. La sua spedizione non riuscì tuttavia a proseguire oltre. Da allora, le parti occidentali del passaggio furono esplorate da Inghilterra, Paesi Bassi, Danimarca e Norvegia, tutti alla ricerca di una rotta alternativa verso la Cina e l'India (per raggiungere le quali allora si doveva circumnavigare il continente africano). Queste spedizioni non ebbero successo, ma permisero di scoprire nuove coste e isole. Il primo a percorrere completamente il passaggio fu uno svedese, Adolf Erik Nordenskiöld. L'esploratore partì dalla città di Göteborg il 4 luglio 1878 a bordo della baleniera Vega: due mesi dopo rimase bloccato dai ghiacci nei pressi dello Stretto di Bering. Riuscì a liberare la nave solo dieci mesi dopo, intraprendendo così la seconda parte della navigazione e arrivando, un anno dopo essere partito, nel porto di Yokohama, in Giappone.

▲ Il passaggio a nord-est in una mappa danese del 1601.

▼ Lo Stretto di Magellano visto dal satellite.

L'OCEANO PACIFICO E LO STRETTO DI MAGELLANO

Il Pacifico è l'oceano dei record: è il più grande (165 milioni di km^2) e contiene oltre 25.000 isole. La sua estensione copre quasi la metà (il 46%) della superficie del pianeta e supera quella di tutte le terre emerse messe insieme. La sua storia si accompagna a quella dell'umanità: nella lontana Preistoria i popoli polinesiani migrarono dalle coste dell'Asia verso Tahiti, le Hawaii, l'Australia e la Nuova Zelanda. Per millenni quelle aree ebbero un'evoluzione separata; gli Europei ne ignorarono l'esistenza fino all'epoca delle grandi scoperte geografiche. Il primo occidentale a contemplarlo da terra fu l'esploratore spagnolo Vasco de Balboa, che nel 1513 attraversò a piedi l'istmo di Panama. Il primo a solcarne le acque fu invece il portoghese **Ferdinando Magellano**, durante il suo lungo periplo del globo (1519-1522).

Per circumnavigare l'America meridionale Magellano dovette superare lo stretto, all'estremità della Terra del Fuoco, che da lui prese il nome. La navigazione in questo braccio di mare è estremamente difficile: l'incontro tra le acque dei due oceani dà luogo a correnti rapidissime (possono raggiungere i 15 km/h) che mettono a dura prova ogni imbarcazione, mentre dalle gelide terre circostanti possono scatenarsi raffiche di vento improvvise e violentissime (nei casi estremi possono arrivare anche ai 200 km/h). Una volta superato lo stretto, Magellano si trovò di fronte l'oceano che quel giorno, il 28 novembre del 1520, nel pieno della primavera australe, si presentava calmo sotto un terso cielo azzurro: per questo lo volle chiamare Pacifico. In realtà, tale nome poco si adegua alla sua natura: proprio nel Pacifico hanno ciclicamente origine violenti cicloni tropicali che si abbattono con furia devastante sulle coste dell'Asia e dell'America latina.

UN LAGO BIANCO DI SALE

Il **Lago di Assal** si trova nella Repubblica di Gibuti, un piccolo Paese all'estremità meridionale del Mar Rosso. È situato nel cosiddetto triangolo di Afar, una zona caldissima a 155 m sotto il livello del mare: il punto più basso del continente africano.

Il lago non ha emissari; l'immissario principale è rappresentato dall'acqua marina che filtra dal terreno attraverso falde sul breve istmo che lo separa dal mare.

Per questo la sua acqua è fortemente salata: la sua salinità è superiore a quella del Mar Morto e dieci volte maggiore di quella media del mare. Questo fa sì che nel lago si verifichino dei repentini e intensissimi fenomeni di evaporazione che arrivano quasi a prosciugarlo e che in modo molto rapido cambiano l'aspetto del bacino stesso: talvolta è possibile addirittura camminare sul lago, temporaneamente divenuto un'abbagliante distesa di sale. Un sale che i nomadi, gli abitanti tradizionali di queste zone, hanno da sempre usato per scopi commerciali, raccogliendolo e vendendolo nei Paesi vicini del Corno d'Africa.

IL LAGO PIÙ ALTO DEL MONDO

Il **Lago Titicaca** si estende tra il Perú e la Bolivia e con una superficie di 8372 km^2 (all'incirca come l'Umbria) è il più grande lago dell'America meridionale. È anche il lago navigabile alla maggiore altitudine al mondo: le sue acque si trovano a 3820 m s.l.m., all'interno dell'immensa cordigliera delle Ande.

Il Lago Titicaca ospita una popolazione peruviana di antichissima origine, gli Uros, che si sono rifugiati lungo le sue sponde per sfuggire alla dominazione sia degli Inca sia dei vicini Aymara: per proteggersi hanno costruito nel tempo isole galleggianti realizzate con le canne di totora, una pianta che cresce lungo le rive.

Le isole formano veri e propri arcipelaghi che si alzano e si abbassano seguendo le variazioni delle acque e possono essere spostate in caso di necessità.

▲ A sinistra: il Lago di Assal. A destra: un villaggio galleggiante degli Uros nel Lago Titicaca.

▼ Un ponte sul Mississippi e lo skyline della città di New Orleans.

ESPLORANDO fiumi e laghi

UN FIUME DALLA LUNGA STORIA

Il **Mississippi** è il più importante fiume dell'America settentrionale. Quarto al mondo per lunghezza (4070 km), nasce nel nord del Minnesota e sfocia nel Golfo del Messico scorrendo verso sud dopo aver attraversato Wisconsin, Iowa, Illinois, Missouri, Kentucky, Tennessee, Arkansas, Mississippi e Louisiana. Insieme al suo affluente principale, il Missouri, forma uno dei più vasti sistemi fluviali nel mondo. Già in epoca precolombiana il Mississippi era una via navigabile: i nativi americani lo chiamavano "padre delle acque". Nel XVIII secolo chiatte cariche di cereali, legname, cotone e altre derrate percorrevano questa grande arteria di navigazione, collegando i villaggi dell'interno con quelli della costa. Il periodo di più intensi traffici si è registrato nel corso del XIX secolo, con la navigazione a vapore. In seguito, la costruzione dei canali di allacciamento ha ampliato ancora di più la rete navigabile: particolarmente importanti sono i quattro canali che collegano il fiume ai Grandi Laghi, tra USA e Canada, e quelli che, nella regione del delta, permettono alle navi di risalire il fiume sino al porto di New Orleans. La grande arteria si è altresì rivelata una fonte preziosa per l'irrigazione, per le centrali idroelettriche e per l'apporto idrico ai centri situati lungo le sue sponde. Le rive sono densamente popolate e nel corso degli ultimi decenni l'inquinamento provocato dagli scarichi urbani e industriali ha creato gravissimi danni. Un altro grave problema è il progressivo spostamento delle acque nell'ultimo tratto dal ramo attuale, che attraversa New Orleans, verso nord-ovest: per arginare un fenomeno che avrebbe conseguenze disastrose per la città sono stati costruiti dighe e sbarramenti.

Tempesta al largo della Bretagna.

Brina e neve in Danimarca

▲ Fenicotteri nella Laguna Colorada, un lago salato ricco di minerali e alghe rosse in Bolivia.

2.4 CLIMI E AMBIENTI DELLA TERRA

Le fasce climatiche della Terra

Che cos'è il clima e che cosa lo influenza?

Il concetto di clima è diverso da ciò che intendiamo comunemente per tempo meteorologico.
Quest'ultimo riguarda un momento specifico piuttosto breve, mentre per classificare il clima è necessario raccogliere e valutare nel medio-lungo periodo (circa 30 anni) una serie di dati relativi alle condizioni atmosferiche medie (temperatura, piovosità, umidità dell'aria, circolazione di venti, pressione atmosferica) che caratterizzano una determinata regione nel corso dell'anno. Tra i fattori che maggiormente influenzano il clima di una regione vi sono la **latitudine**, l'**altitudine**, la **distanza dal mare** e la **presenza di catene montuose** che impedisce la circolazione atmosferica. Il fattore preponderante è la **latitudine**.
In base a essa possiamo dividere la Terra in **quattro zone climatiche**, che si dispongono in fasce orizzontali dall'Equatore verso i Poli:

1. una fascia caratterizzata da **clima umido equatoriale**, a cavallo dell'Equatore, tra il 10° parallelo nord e il 10° sud;
2. due fasce caratterizzate da **clima arido**, tra il 10° e il 30° parallelo nord e tra il 10° e il 30° parallelo sud (dunque a cavallo dei due Tropici);
3. due fasce caratterizzate da **clima temperato**, fra il 30° e il 60° parallelo nord e tra il 30° e il 60° parallelo sud;
4. due fasce caratterizzate da **clima subpolare e polare**, tra il Polo Nord e il 60° parallelo nord e tra il Polo Sud e il 60° parallelo sud.

Ciò non significa che sulla Terra esistano soltanto queste forme di clima: è solo una semplificazione utilizzata per motivi di studio.

I biomi

Ciascuna zona geografica è caratterizzata, oltre che da un certo clima, anche da **forme di vita vegetali** (flora) e **animali** (fauna) **peculiari**, cioè da diversi tipi di ambienti o **biomi**.
Climi e biomi sono strettamente correlati tra di loro: sono infatti la temperatura e le precipitazioni a determinare se una zona è destinata a essere ricoperta di ghiacci, di sabbia o di foreste.
L'uomo, sin dalla comparsa, fa parte dei biomi del pianeta e ha contribuito a modificare lo sviluppo della flora e della fauna modificando anche l'assetto dei vari ambienti terrestri.

> **Bioma**
> Insieme delle forme di vita vegetali e animali che caratterizzano una regione, anche in relazione alla sua latitudine e al suo clima.

Climi subpolari e polari
Vi si alternano **due stagioni**: una estiva con temperature massime di poco sopra lo zero, e una invernale con minime fino a -60°C. In estate fa la sua comparsa una vegetazione di **muschi** e **licheni**. Oltre il Circolo polare artico si verifica il fenomeno della **notte polare** in inverno e del **Sole di mezzanotte** in estate. Vicino ai Poli si trovano i ghiacci perenni.

Climi temperati
Vi si alternano **quattro stagioni**, con temperature che vanno dal caldo (in estate) al freddo (in inverno) e precipitazioni variabili. La distanza dal mare determina una notevole varietà di climi, tra cui si distinguono quello **mediterraneo**, più mite, e quello **continentale**, con inverni più rigidi ed estati calde con scarse precipitazioni. La vegetazione va dalla **foresta di latifoglie** alla **macchia mediterranea**.

Climi aridi
Vi si alternano **due stagioni**: una invernale, molto secca e meno calda, e una estiva molto calda e più piovosa. Le piogge diminuiscono con l'allontanarsi dall'Equatore fino a sparire quasi del tutto. La vegetazione passa dalla **savana** al **deserto**, dove la temperatura diurna tocca i 50 °C, mentre di notte può scendere a zero.

Climi equatoriali
Caratterizzati da **una** sola **stagione** costante durante tutto l'arco dell'anno; la temperatura oscilla tra i 28 °C e i 35 °C; l'**umidità** è notevole e le **piogge** quotidiane. La vegetazione caratteristica è la **foresta pluviale**.

Ambienti
- Foresta pluviale
- Foresta temperata mista
- Foresta subtropicale
- Deserto e semideserto caldo
- Deserto e semideserto freddo
- Macchia mediterranea
- Praterie e steppe
- Savana arida
- Savana umida
- Foresta boreale (taiga)
- Tundra
- Ghiacciai e deserti polari

Fasce climatiche
- Clima umido ed equatoriale
- Clima arido
- Clima temperato
- Clima subpolare e polare

Contenuto integrativo

RISPONDI
1. Quali sono i principali fattori che influenzano il clima?
2. Quale fascia climatica si trova a cavallo dell'Equatore?
3. Che cosa è un bioma?

OSSERVA LA CARTA E RISPONDI
4. In quali continenti si trovano il clima equatoriale e i climi aridi?
5. In quali zone si trovano i climi polari e subpolari?

Capitolo 2 – Geografia fisica del nostro pianeta

▲ Il Rio delle Amazzoni e la Foresta Amazzonica.

▲ Una giovane di una tribù di Papua Nuova Guinea.

Clima umido equatoriale

Il clima umido equatoriale è caratteristico delle zone situate tra il 10° parallelo nord e il 10° parallelo sud. In particolare:
- dell'**Amazzonia** in America latina;
- della regione del bacino del fiume **Congo** e del **Golfo di Guinea** in Africa;
- di alcune zone dell'**Asia meridionale**;
- della Nuova Guinea, delle isole Salomone e della Nuova Caledonia nel **Pacifico occidentale**.

L'escursione termica annua è molto ridotta e vi è **una sola stagione**: le temperature sono sempre molto elevate, tra i 28°C e i 35°C, mentre le precipitazioni, costanti e ben distribuite, arrivano mediamente a 2000 mm annui (in Italia la media è di 970 mm), con punte di 12.000 mm. Il clima equatoriale è il più umido del pianeta.
Caratteristici ambienti o biomi di queste zone sono la **foresta pluviale** e la **foresta monsonica**, definita anche **giungla**.

La foresta pluviale

L'alto tasso di umidità delle zone equatoriali favorisce lo sviluppo di una **vegetazione folta** e lussureggiante, che dà vita alla foresta pluviale (dal latino *pluvia*, "pioggia").
Si tratta di una **foresta stratificata**, con alberi di altezze diverse: vi sono **piante** per lo più **sempreverdi, dall'ampia chioma** e **alte** fino a 60 metri; al di sotto di tali piante crescono vari altri strati di alberi, arbusti e cespugli, che si contendono la luce del sole. Questo è il regno della **biodiversità**: gli studiosi ritengono che qui vivano circa i due quinti di tutte le specie animali e vegetali esistenti, gran parte delle quali devono ancora essere classificate.
La maggioranza delle piante ha proprietà curative e medicinali, note agli abitanti locali fin dall'antichità e oggi assai ricercate dalle industrie farmaceutiche. Abbondano anche gli alberi dal legno pregiato come ebano, mogano e palissandro.

La giungla

La **giungla** (o **foresta monsonica**) è caratteristica delle **zone tropicali dell'Asia**: il clima è meno umido rispetto alla foresta pluviale e gli alberi sono meno alti, con foglie **decidue** e più piccole.

> **Decidue**
> "Che cadono", al contrario delle foglie delle piante sempreverdi.

Anche la fauna è diversa: nella giungla vivono **animali di grossa taglia** come le tigri e gli elefanti. La foresta monsonica più grande al mondo è quella dell'**Amazzonia**, in Sudamerica, la cui superficie copre circa 7 milioni di km^2 e che si estende lungo tutto il corso del Rio delle Amazzoni e dei suoi affluenti.
Oggi questa vasta area verde, con le **ultime popolazioni indigene** che vi abitano, è minacciata della **deforestazione** effettuata sia dai governi locali sia dalle multinazionali: nelle aree disboscate vengono costruite dighe e il legname è utilizzato per costruire mobili, navi e carta.

LA FORESTA PLUVIALE STRATIFICATA

Lo strato più rigoglioso è quello delle **piante giganti**, con tronchi poco ramificati e chiome ricche di foglie spesse e **coriacee**, che giungono a un'altezza di 60 m e godono di più luce rispetto alle altre. Questo è il regno di numerose specie di **uccelli**, tra cui pappagalli, tucani e colibrì.

Coriacee
Dure come il cuoio.

Epifite
Piante che vivono su altre piante e che assorbono l'acqua dall'aria, ricca di vapore acqueo.

Nello strato inferiore si trovano piante fino a 30 m di altezza, le cui chiome formano una **volta compatta**, che quasi impedisce alla luce del sole di penetrare negli strati inferiori e crea un microclima umido e caldo. Vi vivono **animali di piccola taglia**, come scimmie, bradipi, pipistrelli.

Tra i 15 e i 20 m le **liane**, le **piante rampicanti** e molte **epifite** come muschi, orchidee e felci creano un intrico di vegetazione pressoché impenetrabile.

Nello strato più basso si trovano **arbusti** e **cespugli** con foglie piccole e sottili, capaci di adattarsi alla scarsa luminosità e all'umidità soffocante. In prossimità dei fiumi, l'abbondanza delle piogge provoca esondazioni e le piante vengono sommerse dall'acqua. Anche per questo hanno radici profonde che, in condizioni normali, sono per metà immerse nel suolo e per metà in superficie, come ad esempio le mangrovie. La fauna caratteristica è composta di **anfibi**, **rettili**, come serpenti, coccodrilli e lucertole, **insetti**, tra cui molte farfalle, **ragni** e **termiti**, ma anche da mammiferi di piccola taglia, tra i quali **armadilli** e **topi**.

◉ LAVORA SUL TESTO

1. Sottolinea le caratteristiche del clima equatoriale.
2. Che cosa significa biodiversità? Evidenzia nel testo.
3. Individua le differenze tra foresta pluviale e foresta monsonica.
4. Sottolinea i rischi da cui è minacciata la Foresta Amazzonica.

◉ OSSERVA IL DISEGNO E RISPONDI

5. Nella foresta pluviale, in quale fascia si trovano gli animali di piccola taglia come scimmie e bradipi?
6. Che tipo di flora e quale fauna si trovano nello strato più basso?

Capitolo 2 – Geografia fisica del nostro pianeta

▲ Una coppia di leoni, mammiferi diffusi nella savana africana.

▲ L'indicazione del Tropico del Capricorno in Namibia (Africa).

▲ Un cactus: queste piante sono in grado di resistere a lunghi periodi di siccità.

Clima arido

Il clima arido è caratteristico delle **zone a cavallo dei Tropici** del Cancro e del Capricorno, comprese tra il 10° e il 30° parallelo nord e sud. Al suo interno si distinguono ambienti molto diversi, soprattutto in conseguenza delle diverse frequenza e quantità di precipitazioni annue che li contraddistinguono. Tra i principali biomi, man mano che ci si allontana dall'Equatore, vi sono: la **savana**, la **steppa predesertica** e il **deserto**.

La savana

Allontanandosi dall'Equatore, la temperatura rimane molto elevata, con medie annue intorno ai 20 °C, ma il regime delle precipitazioni non è più così abbondante né costante.
Questo determina il differenziarsi di **due stagioni**: un inverno secco e un'estate umida.
L'aridità estiva non consente lo sviluppo di una vegetazione rigogliosa: qui, al contrario, crescono **arbusti e alberi radi**, capaci di resistere a lunghi periodi di siccità, come i baobab e le acacie.
Questo tipo di ambiente è caratteristico di un'ampia fascia dell'Africa tropicale, di parte del Brasile, del Venezuela e della Colombia, dell'India centro-meridionale, dell'Indocina e dell'Australia settentrionale.
Nella stagione delle piogge le erbe della savana crescono rigogliose, raggiungendo i tre metri di altezza, ma nella stagione arida si seccano del tutto.
Questo costringe gli animali a migrare in branchi, con un ritmo stagionale.

Si tratta per lo più di animali di grande taglia in grado di muoversi velocemente: uccelli come lo **struzzo** in Africa, il **nandù** in Sudamerica e l'**emù** in Australia; mammiferi predatori come il **leone**, il **ghepardo**, lo **sciacallo**, la **iena** ed erbivori come l'**elefante**, il **rinoceronte**, l'**ippopotamo**, la **giraffa**, la **zebra**, l'**antilope** e la **gazzella**. Tra gli insetti abbondano le **cavallette** e le **termiti**. In Australia l'animale tipico della savana è il **canguro**.

> **Deserto**
> Dal latino *desertus*, "abbandonato".
> Nel lessico geografico è un territorio sabbioso o roccioso quasi del tutto inospitale.

La steppa predesertica

Oltre la savana, la vegetazione si fa sempre più rada, fino a una **totale assenza di alberi**.
Passiamo così alla regione delle steppe predesertiche, enormi distese di terreno coperte da **erbe** (per lo più graminacee) e arbusti, che preannunciano la totale mancanza di vegetazione del deserto.
È questo l'ambiente caratteristico delle zone attorno ai deserti in Africa, Asia, Australia e Sudamerica. La fauna è costituita da roditori, rettili, ungulati e insetti.

▶ Una rosa del deserto, una formazione minerale molto comune nei Paesi desertici.

▲ Il deserto di Atacama in Cile; è considerato il deserto più arido del mondo in quanto privo di umidità; le piogge sono rarissime.

I TIPI DI DESERTO

Tra i deserti del clima arido, i **deserti caldi**, si distinguono tre tipi:
- il deserto sabbioso o *erg*, caratterizzato da dune;
- il deserto ciottoloso-sabbioso o *serir*;
- il deserto roccioso o *ḥammada*.

Nei **deserti freddi**, ciottolosi-sabbiosi o rocciosi, il terreno in inverno è ricoperto da una spessa crosta di ghiaccio.

Xerofite
Piante che resistono alla scarsità o alla mancanza di acqua grazie a radici profondissime.

Cactacee
Piante grasse o carnose in grado di trattenere la poca acqua che l'ambiente fornisce grazie alla forma tondeggiante, al fusto carnoso che funge da serbatoio e a foglie trasformate in spine per ridurre l'evaporazione.

Il deserto

Via via che la latitudine cresce e ci si avvicina ai Tropici, le piogge diventano quasi del tutto assenti (meno di 200 mm annui) e l'**aridità** è pressoché **totale**: le **temperature** sono le **più alte del pianeta**, arrivando fino a 70 °C durante il giorno. Di notte il calore si disperde molto rapidamente e la temperatura scende sotto lo zero: si tratta della massima escursione termica giornaliera del pianeta. Nella zona vicina ai Tropici si concentra la maggior parte dei deserti: il **Sahara** nell'Africa del Nord, che è il più esteso al mondo, il **Kalahari** nell'Africa del Sud, l'**Atacama** in Cile, il **Gran Deserto** in Australia e quelli dell'Arabia, del Medio Oriente e dell'America centrale. A latitudini maggiori rispetto a quelle dei Tropici, nella fascia temperata, si trovano invece i **deserti freddi**, il più conosciuto dei quali è il **Gobi**, in Asia, situato nella Cina settentrionale e in Mongolia. Qui in inverno le temperature sono molto rigide (con medie di −30 °C) e sul terreno si forma una spessa crosta di ghiaccio. Il paesaggio del deserto è caratterizzato dalla presenza di **sabbia**, **sassi** o **rocce**, la **vegetazione** è quasi inesistente, tranne che in punti in cui le falde acquifere sotterranee affiorano al suolo, dando vita alle **oasi**. Le uniche piante in grado di resistere alla siccità del deserto sono le xerofite, con radici molto lunghe che assorbono l'acqua in profondità, e le cactacee, tipiche soprattutto del Nordamerica. Tra gli animali troviamo il **fennec**, o volpe del deserto, gli **scorpioni**, i **serpenti** e vari tipi di **insetti**.

LE OASI

Le oasi si formano nei punti in cui una falda acquifera sotterranea affiora in superficie. La vegetazione si dispone a strati sovrapposti, con le palme che fanno da "ombrello" a piante da frutta e cespugli: le loro foglie piatte, infatti, riflettono i raggi del sole e creano una protezione che impedisce all'umidità sottostante di evaporare. Nelle oasi si trovano insediamenti umani anche di grandi dimensioni; talvolta attorno a esse sono nate vere e proprie città.

▲ Una piccola oasi nel Sahara.

RISPONDI

1. Quali sono le caratteristiche principali delle stagioni nella savana?
2. In quali Paesi è presente la savana?
3. Quale tipo di piante vivono nei deserti? Come riescono a sopravvivere alla siccità?
4. In quali regioni della Terra si trovano i deserti caldi? E quelli freddi?
5. Che cosa avviene nei deserti durante la notte?
6. Cos'è un'oasi?

▲ La Sardegna, con le sue estati calde e gli inverni miti, è un tipico esempio di ambiente mediterraneo.

▼ Una pianta di mirto, arbusto tipico della macchia mediterranea.

Clima temperato

Il clima temperato è caratteristico delle zone situate tra i 30° e i 60° di latitudine nord e sud, dove l'alternarsi delle **quattro stagioni** è ben definito.
La fascia delimitata da queste latitudini comprende alcune delle aree più popolate del mondo, soprattutto nell'emisfero boreale: gran parte dell'America settentrionale, dell'Europa e dell'Asia; nell'emisfero australe, le zone dei margini meridionali del Sudamerica, dell'Africa e dell'Oceania.
A seconda della vicinanza del mare o dell'oceano, della latitudine e dell'altitudine, ci sono forti differenze tra zona e zona. Si possono distinguere le seguenti sottocategorie:
- **clima mediterraneo**, caratteristico non solo dell'area geografica mediterranea ma anche delle coste di California, Sudafrica e Australia sud-occidentale, comprese tra i 30° e i 45° di latitudine. Ha estati calde e inverni miti, con precipitazioni inferiori ai 1000 mm annui;
- **clima oceanico**, tipico delle aree collocate a latitudini comprese tra i 45° e i 60° e vicine agli oceani. La piovosità è abbondante durante tutto il corso dell'anno e le temperature non sono mai molto elevate. In Europa lo si trova, in particolare, in gran parte delle regioni affacciate sull'Oceano Atlantico;
- **clima continentale**, tipico delle aree comprese tra i 45° e i 60° di latitudine e lontane dalle coste, con escursioni termiche nel corso dell'anno rilevanti. In inverno le nevicate sono abbondanti, perché le correnti marine non riescono a mitigare la temperatura; le precipitazioni risultano scarse (tra 250 e 750 mm annui).

Nelle aree dal clima temperato, favorevole agli insediamenti e allo sviluppo delle attività umane, **l'uomo è intervenuto** in maniera consistente **sull'ambiente**, sin dal sorgere delle più antiche civiltà, sfruttando il paesaggio in maniera più accentuata rispetto ad altre zone.
Ha disboscato foreste per adibire i terreni a coltura o a pascolo, ha costruito città e vie di comunicazione, ha terrazzato le colline, sfruttato le risorse minerarie e, da due secoli a questa parte, impiantato industrie.

▲ Una foresta di conifere.

▲ In alto: inverno nelle pianure della Polonia. Sopra: nel *veld* sudafricano si trovano i ghepardi, i mammiferi più veloci al mondo.

I biomi del clima temperato

- **L'ambiente mediterraneo.** L'ambiente tipico delle zone a clima mediterraneo è la **foresta mediterranea**, in cui a piante sempreverdi come alloro, quercia da sughero e leccio si affiancano arbusti come l'agave e il mirto. Spesso, in seguito al disboscamento, la foresta è stata sostituita dalla **macchia mediterranea**, composta da arbusti ed erbe aromatiche. In Francia essa prende il nome di *maquis*, in California un tipo di vegetazione simile, cui si affiancano anche piante locali, è chiamata *chaparral*, in Sudafrica si utilizza il termine *fynbos*. Tra gli animali tipici di questo bioma troviamo il cinghiale, l'istrice e il gatto selvatico.

- **La foresta temperata (o di latifoglie).** Negli ambienti temperati umidi, dal **clima oceanico**, la vegetazione caratteristica è la **foresta di latifoglie**, fitta e assai varia: nei Paesi dell'emisfero boreale prevalgono faggi, querce, olmi, frassini, carpini, castagni e betulle e, in Nordamerica, aceri e sequoie. Alle latitudini più elevate a queste specie si aggiungono alcune **conifere**. La fauna tipica è costituita da mammiferi di media taglia come daini, cervi, caprioli, cinghiali e volpi, e grandi predatori come orsi e lupi. Anche in questo caso, soprattutto in Europa e in Asia, le foreste hanno spesso ceduto il posto a **coltivazioni** e **insediamenti urbani**, e il loro legname è sfruttato per le costruzioni.

- **Le praterie.** Nelle zone temperate a clima continentale, dove le precipitazioni sono troppo scarse per consentire lo sviluppo di foreste, la flora tipica è quella delle **praterie**, costituite da piante erbacee basse. Ambienti simili non sono però determinati solo dalle condizioni climatiche e ambientali: sono anche il risultato dell'**intervento dell'uomo**, che ha disboscato porzioni estese di foreste per farne terreni agricoli o da pascolo, trasformandole nelle principali regioni al mondo per la produzione alimentare. Vastissime estensioni di prateria caratterizzano l'area centrale degli Stati Uniti, l'Argentina (dove prendono il nome di *pampas*), l'Europa dell'Est, le regioni meridionali della Russia, in cui predomina la **steppa** (letteralmente "pianura secca"), e il Sudafrica con il *veld*. La fauna tipica di questi ambienti è composta da erbivori come i bisonti, carnivori (tassi, moffette, volpi), rettili e animali scavatori come la talpa.

LAVORA SUL TESTO

1. Sottolinea le caratteristiche della fascia climatica temperata.

2. Indica le caratteristiche dei climi mediterraneo, oceanico e continentale.

3. Individua la flora e la fauna caratteristiche della macchia mediterranea, della foresta di latifoglie e della prateria.

▲ Autunno nel Parco nazionale di Denali in Alaska (USA). La vegetazione è composta da vaste distese di conifere.

▲ Un branco di renne in Siberia. Questi animali sono tipici della taiga.

Clima subpolare e polare

Il clima subpolare e polare è caratteristico delle zone comprese tra il 60° parallelo nord e il Polo Nord e di quelle tra il 60° parallelo sud e il Polo Sud. Nell'emisfero boreale comprende le **zone più settentrionali del Nordamerica, dell'Europa e dell'Asia**; nell'emisfero australe, invece, a queste latitudini vi sono poche terre emerse, a parte la **Terra del Fuoco**, nell'estrema punta meridionale del Sudamerica, al confine tra Argentina e Cile, e il **continente antartico**. Nella zona subpolare, in prossimità del 60° parallelo, si alternano **due stagioni**: una invernale lunga e rigida con temperature inferiori allo zero e precipitazioni esclusivamente nevose, e una estiva, breve, con temperature intorno ai 10 °C. A mano a mano che ci si avvicina ai Poli, in Groenlandia, in Antartide e sui ghiacci del Mar Glaciale Artico le temperature medie stagionali si abbassano considerevolmente: in Antartide, nelle aree costiere, esse oscillano tra 0 °C, in estate, e −20 °C in inverno, mentre nelle aree centrali (sul *plateau*) variano da −32 °C, in estate, a −65 °C in inverno, con punte che toccano quasi i −90 °C (il picco più basso è stato registrato a Vostok, con −89,2 °C). Nei mesi estivi il Sole non scende mai sotto la linea dell'orizzonte (provocando il fenomeno del Sole di mezzanotte), mentre in inverno non sorge mai (fenomeno della notte polare). Caratteristici di queste zone sono tre tipi di ambienti o biomi: la **taiga**, la **tundra** e i **ghiacci perenni**.

La taiga

La taiga, detta anche **foresta boreale** perché si trova solo nell'emisfero nord, è costituita da vaste **distese di conifere**: piante dalle foglie aghiformi molto resistenti al freddo come i pini, gli abeti, i larici, i cui semi sono protetti da gusci di forma conica (le pigne). Intorno a queste piante il suolo è ricoperto di **muschi**, **licheni** e **arbusti**.
Gli animali della taiga sono l'orso bruno, l'alce, la renna, il caribù, la lince, il lupo e alcuni mammiferi di piccola taglia ricoperti di una morbida e folta pelliccia: la volpe, l'ermellino, lo zibellino, la lepre artica. Per circa 8-10 mesi all'anno la neve ricopre il suolo e fiumi e laghi sono completamente ghiacciati.
Nelle brevi estati, le temperature medie superano di poco i 10 °C.

La tundra

La tundra è la vegetazione tipica delle **aree a clima subpolare** ai margini del Circolo Polare Artico, lungo le coste settentrionali dell'Europa, dell'Asia e dell'America del Nord.
Il termine tundra, di origine lappone, significa "pianura senz'alberi": infatti qui il terreno è brullo, **privo di alberi** e ricoperto da **radi arbusti**, **erbe basse**, **muschi** e **licheni**.
Caratteristico di queste regioni è il fenomeno del ***permafrost***, cioè del gelo permanente: il suolo in profondità è ghiacciato per tutto l'anno e solo in superficie, nei due mesi estivi in cui le temperature superano di poco gli 0 °C, si sgela. Per questo nella tundra non crescono né alberi né piante dalle radici profonde.
In questi ambienti vivono i pochissimi animali in grado di sopravvivere alle bassissime temperature, come il **lemming** e la **volpe artica**.
Nei brevi periodi estivi arrivano anche le renne, le volpi e gli ermellini, che poi tornano nella taiga.

▲ Pinguini su un iceberg in Antartide.

▲ Un villaggio Inuit nell'isola Piccola Diomede in Alaska, situata al centro dello Stretto di Bering.

Le regioni dei ghiacci perenni

Le due zone intorno ai Poli, **Artide** e **Antartide**, sono coperte da una **spessa coltre di ghiaccio** in ogni periodo dell'anno. La prima si trova al Polo Nord e ne fanno parte il Mar Glaciale Artico e le regioni più settentrionali di Alaska, Canada, Groenlandia, Scandinavia e Russia. L'Antartide si trova al Polo Sud ed è un continente a sé stante, interamente circondato da oceani. In queste aree le **temperature** medie annuali sono **sempre sotto lo zero**, e possono raggiungere i −40 °C, con precipitazioni scarsissime e di carattere esclusivamente nevoso. I ghiacci perenni impediscono la presenza di forme di vita vegetali. Gli **animali** sono presenti lungo le coste: qui troviamo **pinguini**, **foche**, **trichechi** e **orsi polari** che si nutrono di pesci e altri organismi marini.

Un ambiente ostile all'uomo

In questi ambienti le temperature basse rendono difficile la vita per l'uomo. Sono rarissimi infatti gli insediamenti umani, non solo per la **rigidità del clima**, ma anche per la **scarsità di risorse**. Le zone della taiga canadese e siberiana sono abitate da piccoli gruppi che si sono adattati alle condizioni di vita a latitudini così estreme, allevando renne e caribù e vivendo di caccia e pesca, oltre che di commercio di legname. In Groenlandia, in Alaska e in Siberia vivono piccole comunità di **Inuit**, che sono entrate nell'immaginario comune per le loro abitazioni invernali costruite in blocchi di ghiaccio, gli igloo. In **Antartide** i pochi abitanti sono **residenti temporanei**, impegnati in missioni di ricerca presso le basi scientifiche internazionali lì insediate.

GLI AMBIENTI DI ALTA MONTAGNA

Simili per clima alle zone polari sono gli ambienti di alta montagna, ricoperti di ghiacciai perenni. Il limite di questi ultimi, cioè la quota in cui la coltre di ghiaccio ricopre il terreno in ogni stagione dell'anno, varia con il variare della latitudine: all'Equatore si trova a 4500 m (Kilimangiaro), nelle zone temperate si trova a 2500 m (Alpi, Giappone settentrionale).

◄ Due ricercatori australiani eseguono un carotaggio della calotta antartica nei pressi della Stazione scientifica Mawson.

◉ COMPLETA

Nella zona subpolare si alternano due stagioni: una invernale, ... e ....; e una estiva ...., durante la quale il Sole non .... mai.

La taiga, o foresta ...., è costituita da distese di .... (pini, abeti, larici); il suolo è ricoperto da ...., ... e ....

La tundra è la vegetazione tipica delle aree ai margini del Circolo ....; il terreno è ricoperto da radi ...., erbe basse, ... e ....

Nelle regioni dei ghiacci perenni si trovano pinguini, ..., trichechi e ....

Questi ambienti sono ostili all'................... a causa della .... del clima e per la ....; gli unici abitanti sono piccole comunità di ....

verifica delle conoscenze

RIORGANIZZARE LE CONOSCENZE

1. Quali sono? Completa le frasi seguenti.

a. Il sistema montuoso più lungo e imponente della Terra, situato tra il continente asiatico e l'Europa, è quello ....

b. La pianura più estesa del mondo è il .... e si trova nella ....

c. La più profonda delle fosse marine è la ...., che rappresenta il punto più profondo del pianeta.

d. I due fiumi più lunghi del mondo sono il .... e il ....

e. Il più esteso lago del mondo è il ....

2. Dove si trovano? Colloca sul planisfero gli elementi fisici del primo esercizio inserendo i nomi nei riquadri.

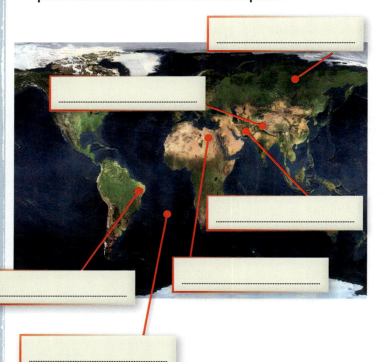

3. I testi seguenti descrivono i quattro principali climi presenti sulla Terra. Ogni affermazione contiene un errore: individualo e correggilo.

a. Il clima equatoriale è caratterizzato da un'unica stagione; la durata del dì è superiore a quella della notte, la temperatura è alta e l'umidità notevole. Gli ambienti naturali presenti sono la foresta di latifoglie e il deserto.

b. Nei climi aridi si alternano due stagioni, una invernale, piovosa e fredda, e una estiva molto calda e secca. Le piogge diminuiscono allontanandosi dall'Equatore. L'ambiente naturale presente è la foresta pluviale.

c. Nei climi temperati si alternano quattro stagioni; le temperature sono calde d'estate e fredde d'inverno. La fascia temperata è caratterizzata da una varietà di biomi: macchia mediterranea, savana, clima continentale.

d. Nei climi subpolari e polari vi è un'unica stagione: la lunga notte polare. Vicino ai Poli si trovano i ghiacci perenni.

CONOSCERE LE PAROLE DELLA GEOGRAFIA

4. Collega i termini con le rispettive definizioni.

1. Bioma — a. Pianta capace di resistere alla scarsità o alla mancanza di acqua grazie a radici profondissime.

2. Coriaceo — b. Insieme delle forme di vita vegetali e animali che caratterizzano una regione.

3. Epifita — c. Territorio arido e privo di vegetazione.

4. Deciduo — d. Pianta che vive su altre piante e che assorbe l'acqua dall'aria, ricca di vapore acqueo.

5. Deserto — e. Piante grasse o carnose capaci di trattenere la poca acqua che l'ambiente fornisce, grazie alla forma tondeggiante, al fusto carnoso che funge da serbatoio e a foglie trasformate in spine per ridurre l'evaporazione.

6. Xerofita — f. Duro come il cuoio.

7. Cactacee — g. Destinato a cadere.

laboratorio delle competenze

ORIENTAMENTO

1. Indica in quali zone del mondo si trovano i seguenti climi.

clima subpolare • clima umido equatoriale • clima arido • clima temperato

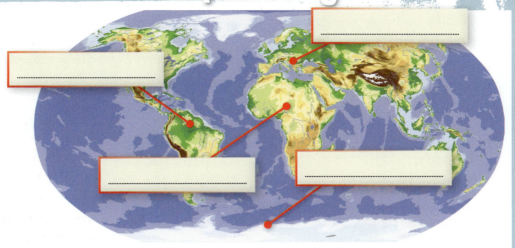

2. I paesaggi. Assegna a ogni immagine il nome del bioma a cui si riferisce.

foresta temperata • ghiacci perenni • foresta pluviale • tundra • deserto caldo sabbioso • ambiente mediterraneo

STRUMENTI E LINGUAGGIO DELLA GEOGRAFICITÀ

3. Costruisci un climogramma (cioè un particolare diagramma che mostra piovosità e temperature medie nei diversi mesi di un anno di un determinato territorio) a partire dai seguenti dati, poi rispondi: a quale fascia climatica appartiene il territorio a cui si riferiscono? Per facilitarti il compito, ti presentiamo il climogramma di Barcellona.

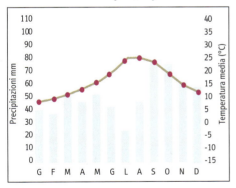

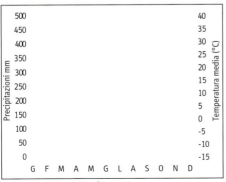

	temperature (°C)	precipitazioni (mm)
gennaio	26,5	366
febbraio	26,4	417
marzo	26,4	436
aprile	26,3	360
maggio	27	304
giugno	27	140
luglio	27	150
agosto	27	130
settembre	27	140
ottobre	27	115
novembre	27	150
dicembre	27	215

zona climatica ....

scenario: L'IMMIGRATO CHE VENDEVA ACCENDINI DIVENUTO INGEGNERE

Rachid Khadiri è uno di quei 230 milioni di migranti che secondo l'Organizzazione internazionale per le migrazioni (OIM, l'ente intergovernativo più autorevole in questo campo) nel 2013 si trovavano a vivere fuori dal Paese natale. 230 milioni. Se fossero uno Stato corrisponderebbero al quarto per numero di abitanti, dopo Cina, India e USA.

Me amis Rachid

di Massimo Gramellini

▲ Rachid Khadiri: "la mia vetrina".

Quando andavo all'università, c'era un ragazzo marocchino di nome Sahid che vendeva accendini e fazzoletti sotto la Mole, abbordando gli studenti in dialetto piemontese (*Cerea, me amis!*). Mai avrei immaginato che trent'anni dopo avrei raccontato in televisione la storia di suo fratello. Rachid Khadiri arriva in Italia nel 1999, a undici anni, sul sedile posteriore di una Golf scassata. È partito da Khouribga, in Marocco, dove la famiglia ha poca terra da coltivare e troppe bocche da sfamare. La Golf attraversa lo Stretto di Gibilterra, la Spagna, la Francia del Sud e parcheggia a Torino sotto casa di "me amis" Sahid. La prima sensazione del ragazzino appena sceso dall'auto è il freddo, nonostante sia agosto. Finite le scuole medie, Rachid si diploma perito informatico. Il sabato pomeriggio e la domenica, quando i compagni vanno in discoteca, raggiunge i fratelli Sahid e Abdul sotto la Mole per vendere cianfrusaglie e tirare su qualche spicciolo. Preso il diploma, Rachid vorrebbe smettere, ma i fratelli si oppongono: "Tu non devi finire come noi. Tu devi studiare. La mamma e gli altri parenti in Marocco sono d'accordo,

e anche papà lo sarebbe, se fosse ancora vivo. Basterà che ci aiuti un po' nel tempo libero. Al resto penseremo noi". Rachid si iscrive alla facoltà più prestigiosa e difficile di Torino: Ingegneria. Per lui comincia una doppia vita. La mattina al Politecnico con i libri di Analisi Uno, il pomeriggio sotto la Mole con gli accendini. Un giorno alcuni compagni di corso lo riconoscono sotto i portici, coi foulard e i braccialetti appesi alla spalla. Lo fissano a lungo, poi tirano diritto per non imbarazzarlo. Rachid se ne accorge e la mattina dopo, in facoltà, è lui ad affrontare la questione. Da quel momento quei ragazzi diventano i suoi amici. Una sera in via Roma, mentre sta rincasando dal lavoro e si prepara a una notte di studio, viene circondato da una banda di ragazzini. Avranno più o meno sedici anni. Lo chiamano sporco negro e marocchino schifoso, lo riempiono di botte. Sono sei, sette, otto, troppi per difendersi. Gli lasciano una cicatrice sotto l'occhio destro. Ma Rachid è un'anima positiva e di quell'esperienza preferisce ricordare i passanti accorsi per aiutarlo. Vince addirittura due borse di studio. Sui suoi sogni, però, si abbatte la crisi economica.

L'università esaurisce i fondi per le borse, il lavoro di ambulante rende sempre meno: la paura della povertà abbruttisce i passanti, che oltre a non comprargli più nulla, lo mandano spesso a quel paese. Rachid trangugia le umiliazioni e la notte si rifugia nei libri dell'esame di chimica. Per qualche mese rinuncia anche al gas: non può permettersi di pagare la bolletta. […] Un suo compagno di corso, Taddeo Fenoglio, ha scritto a Specchio dei Tempi de *La Stampa*: "Posso testimoniare che l'esame più difficile del corso di laurea di Rachid non era scritto nel programma didattico, ma consisteva nello studiare in condizioni che il sottoscritto difficilmente accetterebbe. E di farlo con passione, inseguendo il suo traguardo senza mai metterci rabbia verso chi lo umiliava. Rachid è sempre stato 'per' e mai 'contro'." Questa settimana è arrivato il Gran Giorno. Rachid ha indossato il completo blu regalatogli da una coppia di amici e ha preso con i fratelli il tram numero 10, che ferma davanti al Politecnico. A ogni fermata salivano ambulanti con la faccia allegra: era come se si stessero laureando anche loro. L'unico impassibile sembrava lui.

Guardava la pioggia che cadeva monotona sui vetri del tram, poi guardava ancora una volta, l'ennesima, la tesi di laurea. Titolo: *Il grafene e le sue potenzialità*. "Il grafene – ha spiegato […] –, è un foglio sottilissimo che puoi adagiare su qualsiasi superficie. Resiste perché si adegua alla realtà." Un'ora dopo la laurea, l'ingegner Rachid Khadiri era di nuovo a casa. Si è tolto il vestito blu, ha indossato la felpa del Toro di cui è tifosissimo, ha appoggiato alla spalla sinistra lo zaino arancione che lui ironicamente chiama "la mia vetrina" ed è tornato sotto la Mole a vendere accendini. Il suo sogno, adesso, è un lavoro part-time presso qualche studio di ingegneria che gli consenta di mantenersi e di prendere la laurea specialistica. Nel frattempo continuerà, come dice lui, a fare il marocchino. E se non troverà sbocchi in Italia, non si demoralizzerà. Ha percorso tremila chilometri per arrivare alla laurea, è disposto a farne altrettanti per trovare un lavoro. Il grafene è resistente e si adatta a tutto.

(Da *La Stampa*, 14 ottobre 2013, Trascrizione del testo della "Buonanotte" del 13 ottobre di Massimo Gramellini ai telespettatori di "Che tempo che fa" su RaiTre)

Capitolo 3 POPOLI E FORME DI INSEDIAMENTO

Una storia esemplare

La vicenda di Rachid Khadiri non è solo una bella storia che si legge e racconta volentieri perché ha un lieto fine, che ci fa sentire più buoni e accoglienti verso gli immigrati che vengono in Italia e sono costretti a vivere con mezzi di fortuna.

È, soprattutto, **una storia esemplare**, perché vi ritroviamo gran parte dei problemi che scuotono le coscienze e su cui si interrogano governanti, organizzazioni umanitarie e cittadini.

Proviamo a elencarli.

1. Lo **squilibrio tra risorse e popolazione**: Rachid nasce in un Paese povero, in una famiglia con "poca terra e troppe bocche da sfamare".
2. L'**emigrazione**: più che una scelta, è una necessità per sfuggire la certezza della fame.
3. Il **lavoro precario**: il luogo d'immigrazione offre attività di ripiego, marginali, oppure faticose e umili.
4. La **continua alternanza tra accettazione ed esclusione** nel confronto tra persone che hanno culture diverse. Rachid attraverso i coetanei conosce sia il razzismo di chi lo picchia, lo considera inferiore perché "diverso" per lingua e tradizione, sia la solidarietà accogliente di chi lo sostiene.
5. Il **riscatto e l'integrazione attraverso lo studio e la cultura**, le due leve decisive per un'emancipazione duratura.

Cultura e identità, confronto, scontro, incontro tra popoli che invecchiano e altri che crescono sempre più numerosi sono i temi che analizzeremo in questo capitolo, per cercare di capire meglio il mondo che ci circonda e il futuro che ci attende.

◀ Un villaggio rurale in Marocco.

◀ Il 6 dicembre 2013 Rachid Khadiri ha ricevuto da Piero Fassino, sindaco di Torino, la cittadinanza italiana.

3 POPOLI E FORME DI INSEDIAMENTO

3.1 UGUALI NELLA DIFFERENZA

▲ Le foto mostrano una giovane danese, un Tuareg, una donna filippina e un Inuit.

Genoma
L'insieme dei geni di un organismo. Contiene tutti i fattori che determinano i caratteri ereditari di ciascun individuo.

Un'unica specie, quella umana!

Basta prendere un mezzo pubblico in una qualunque metropoli del mondo occidentale per osservare una grande varietà di tipi umani, dalle più varie conformazioni fisiche per quanto concerne lineamenti, corporatura, colore della pelle, degli occhi e dei capelli.

Queste **differenze somatiche** sono il frutto di molteplici migrazioni e mescolanze.

Gli studiosi delle popolazioni hanno identificato **tre gruppi umani** fondamentali:
- **europoide** (o **caucasoide**), preponderante in Europa, Nordafrica e Corno d'Africa;
- **negroide**, prevalente nell'Africa centrale;
- **mongolide**, presente in gran parte dell'Asia.

A questi tre gruppi principali se ne aggiungono altri due: quello degli **amerindi** e quello degli **australoidi** (che sommano caratteristiche di due dei principali).

Per molto tempo si è parlato di "razze umane": con questa definizione si volevano evidenziare le differenze soprattutto allo scopo, spesso esplicito, di stabilire una gerarchia tra i diversi gruppi e, in particolare, per sottolineare la pretesa superiorità degli Europei sulle altre popolazioni.

Oggi però la ricerca scientifica ha dimostrato che non ci sono razze, ma **esiste un'unica specie, quella umana**.

Esistono piuttosto le **etnie**, ovvero comunità i cui membri hanno in comune alcuni elementi, come la religione, la lingua e le tradizioni culturali.

Differenze fisiche e adattamento all'ambiente

Nel 2001, infatti, è stata completata la ricostruzione del **genoma** umano: è stato possibile stabilire definitivamente che esso è uguale per tutta la specie umana.

Tutti gli esseri umani appartengono dunque a un'unica specie, quella dell'*Homo sapiens*, che si è sviluppata circa 100.000 anni fa nel continente africano (vedi planisfero nella pagina a fianco) e da dove è poi migrata spingendosi sempre più lontano fino a occupare tutto il pianeta.

Da che cosa dipendono, allora, le **differenze** nell'aspetto fisico che si trasmettono da una generazione all'altra? Esse sono il frutto dell'**adattamento all'ambiente** che ciascun popolo ha compiuto. Il relativo isolamento dei vari continenti ha poi contribuito a fissare nel tempo tali differenze. Così, ad esempio, le mani e i piedi più corti e larghi degli Inuit riducono il rischio di congelamento; la statura alta delle popolazioni della savana africana favorisce la dispersione del calore corporeo, mentre quella bassa dei popoli che vivono nella foresta tropicale facilita la specie perché riduce la quantità di cibo necessario per la sopravvivenza.

Tra tutte le variabili, il **colore della pelle** è quella che risulta più visibile e che si è maggiormente conservata nei secoli; gli studiosi ipotizzano che ciò sia avvenuto perché questa caratteristica somatica ha una **notevole importanza per la sopravvivenza** e che, quindi, ha avuto grande influenza

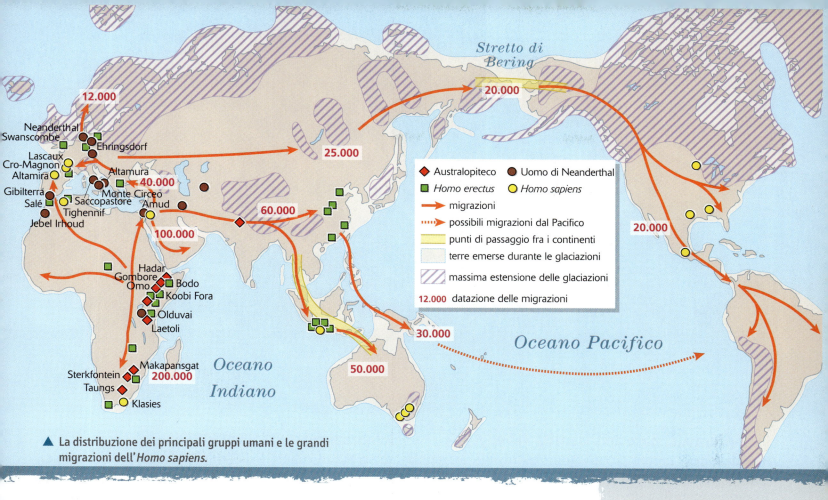

▲ La distribuzione dei principali gruppi umani e le grandi migrazioni dell'*Homo sapiens*.

nella **selezione degli individui**. La **pelle scura** degli africani e delle popolazioni che vivono in zone soleggiate dipende dalla presenza di una sostanza, la melanina, che difende l'organismo dai raggi del Sole e previene il cancro della pelle. Al contrario, dove l'irradiamento solare è scarso, la **pelle chiara** è più adatta a lasciar "filtrare" la luce solare necessaria per la sopravvivenza (poiché permette di fissare nella pelle la vitamina D). Le differenze fisiche che rendono le popolazioni umane diverse tra loro riflettono le caratteristiche ambientali delle regioni in cui sono vissute. È avvenuto invece il contrario per altre caratteristiche meno fondamentali per la sopravvivenza: per questo all'interno dello stesso gruppo umano è possibile osservare individui con differenti conformazioni della testa, del naso, della bocca ecc.

Africa: la culla dell'umanità

La maggior parte dei fossili del genere **Homo** è stata rinvenuta in Africa orientale e meridionale. Qui i nostri antenati hanno compiuto gran parte delle tappe dell'evoluzione umana. Dall'Africa, in migliaia di anni, l'**Homo sapiens sapiens** ha poi popolato tutte le regioni della Terra. Circa 100.000 anni fa ha raggiunto l'Asia, per poi penetrare in Europa. Altri gruppi hanno navigato fino all'Oceania e alle lontane isole del Pacifico. Le ultime terre ad essere colonizzate furono le aree più settentrionali dell'America, compresa la Groenlandia.

⦿ LAVORA SULLA CARTA

Osserva la carta e rispondi.
1. Dove si è sviluppata la specie dell'*Homo sapiens*?
2. Qual è stato l'ultimo continente popolato?

⦿ COMPLETA

3. Le differenze somatiche tra gli uomini sono dovute a ....
Si possono individuare tre gruppi umani: ...., ... e ....
Tutti gli uomini appartengono a un'unica specie, quella dell'...............
...............; le differenze specifiche dipendono dall'............... alle ....

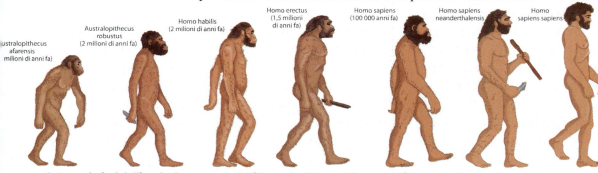

▲ Le varie fasi dell'evoluzione umana dall'*Australopithecus Afarensis* all'*Homo sapiens sapiens*.

▲ Ragazze con abiti tradizionali durante la parata per il Nuovo Anno cinese lungo le strade di Londra.

▲ Le Matriosca sono bambole tipiche della tradizione russa.

La cultura alla base dell'identità dei popoli

Per definire i gruppi umani, tuttavia, riveste un ruolo fondamentale la **cultura**, cioè quel variegato insieme di **comportamenti**, **abitudini**, **modo di pensare**, **lingua**, **religione**, **credenze e tradizioni** che determinano complessivamente l'**identità** di un popolo. Sono gli elementi che accomunano un gruppo, poiché costituiscono una base condivisa e distinguono quindi una popolazione da un'altra. Proprio perché comprendono molteplici aspetti, **le culture non sono statiche, ma in continua evoluzione**: si trasformano sia per modificazioni interne, sia attraverso **l'incontro con altre culture**. Oggi gli immigrati di origine nordafricana in Francia, indiana in Gran Bretagna e turca in Germania costituiscono **minoranze significative** che portano e diffondono le proprie tradizioni nei Paesi di immigrazione, contribuendo a renderli **multiculturali e multietnici**.
Lo stesso sta avvenendo negli Stati Uniti per la crescente presenza di immigrati ispanici provenienti dall'America latina. Mentre nell'antichità i contatti erano più radi e questi processi avvenivano lentamente, oggi gli scambi sono rapidi e intensi e le migrazioni frequenti: di qui il sorgere talvolta di una serie di problemi di convivenza tra gruppi diversi che pongono questioni complesse di integrazione e tolleranza.

Integrazione senza omologazione

La varietà di culture è da sempre la grande ricchezza del nostro pianeta.
Quando esse entrano in contatto, possono trasformarsi e arricchirsi positivamente se il rapporto tra le diverse civiltà è paritario e reciproco; se, invece, la relazione è squilibrata e una cultura impone i propri modelli alle altre, allora lo scambio produrrà effetti negativi.
Altrettanto negativa è la situazione in cui un'**identità** (religiosa, etnica, linguistica) viene ritenuta superiore a quelle altrui: al fondo vi è quasi sempre un sentimento, più o meno esplicito, di intolleranza verso coloro che sono diversi e che, in quanto tali, sono sentiti come nemici.
Spesso il confronto è vissuto come minaccia per la propria identità: i gruppi maggioritari tendono a emarginare le minoranze che, a loro volta, tendono a chiudersi per difendersi.
Tutte queste spinte costituiscono **forze disgregatrici**. Esse, tuttavia, nelle moderne società sono contrastate da forze unificanti, quali la diffusione di un'**istruzione uguale per tutti**, l'influenza dei **mass media**, la pubblicità dei gruppi transnazionali interessati a diffondere gli stessi gusti per uniformare i mercati. Trovare un punto di equilibrio non è facile: occorre evitare sia il rischio dell'omologazione, sia quello della separazione.

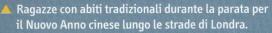
◀ Uno scozzese, con il tradizionale kilt, che suona la cornamusa.

▲ Una ragazza indiana truccata e acconciata per una festa religiosa.

▲ Una piccola indio del Guatemala al lavoro in un telaio tradizionale.

Se, infatti, in tutto il mondo si diffondono i medesimi cibi e le stesse mode, scompaiono le caratteristiche dei singoli popoli e si rischia un generale impoverimento culturale.
La vera sfida della nostra società, sempre più **multiculturale** e **multireligiosa**, è **imparare** a **conoscere** le **diversità** per comprenderne il valore senza pregiudizi. Si tratta di praticare atteggiamenti di tolleranza intesa non come sopportazione e condiscendenza, ma come **accettazione e apprezzamento** sincero dell'altro e della sua identità.

➤ Cittadinanza — Che cos'è la vera tolleranza

Alla base di ogni forma di convivenza ci deve essere un atteggiamento di tolleranza. Ma in che cosa consiste esattamente la tolleranza? E come è possibile confrontarsi con credenza, valori e comportamenti diversi dai nostri senza pregiudizi? La Dichiarazione universale dei diritti dell'uomo, adottata dall'Assemblea generale delle Nazioni Unite nel 1948, proclama già il diritto alla libertà di pensiero e religione. L'educazione alla tolleranza è considerata così importante nella convivenza tra i popoli e all'interno degli Stati che l'ONU celebrò il 1995 come "anno della tolleranza": in quell'occasione approvò solennemente la **Dichiarazione dei principi sulla tolleranza**. Eccone alcuni passi.

Articolo primo: significato della tolleranza

1. La **tolleranza è rispetto**, accettazione e apprezzamento della ricchezza e della diversità delle culture del nostro mondo, delle nostre forme di espressione e dei nostri modi di manifestare la nostra qualità di esseri umani. È favorita dalla conoscenza, dall'apertura di spirito, dalla comunicazione e dalla libertà di pensiero, di coscienza e di fede. Tolleranza è **armonia nella differenza**. Non è solo un obbligo morale, è anche **una necessità politica e giuridica**. La tolleranza è una virtù che rende possibile la pace: essa contribuisce a sostituire la cultura della guerra con una cultura di pace.
2. Tolleranza non è concessione, condiscendenza, compiacenza. La tolleranza è, soprattutto, un atteggiamento attivo animato dal riconoscimento dei diritti umani universali e delle libertà fondamentali degli altri. In nessun caso la tolleranza potrà essere invocata per giustificare attentati a questi valori fondamentali. La tolleranza deve essere praticata dai singoli individui, dai gruppi e dagli Stati.

⊙ LAVORA SUL TESTO

1. Che cosa si intende per cultura? Individua nel testo.
2. Sottolinea in che modo Francia, Germania e Gran Bretagna sono diventate società multiculturali.
3. Individua elementi positivi ed elementi negativi dell'incontro tra culture.
4. Che cosa si intende per uniformazione e separazione? Sottolinea nel testo.

Calligrafia cinese.

Studenti in una scuola di Kyoto si esercitano nella scrittura di alcuni caratteri della lingua giapponese. Sopra: scritta in caratteri arabi.

3.2 LA LINGUA ALLA BASE DELL'IDENTITÀ

Le lingue del mondo, patrimonio dell'umanità

La lingua è uno degli aspetti più importanti e distintivi di ciascuna cultura. Essa permette di **comunicare** e, in questo modo, fonda la **mentalità** di un popolo, cioè il modo di pensare e il sistema dei valori, ossia l'insieme di ciò che è considerato bene e male all'interno della società.

Vi è dunque un legame fortissimo tra la cultura di un gruppo, l'ambiente in cui vive e la lingua che parla. Nel mondo esistono **migliaia di lingue**, ciascuna con delle specificità che spesso non sono traducibili. Quasi tutti gli idiomi europei, ad esempio, hanno una sola parola per indicare la neve, gli Eschimesi, invece, utilizzano oltre trenta parole per specificare i vari tipi di neve, poiché questa precisione è fondamentale per la loro sopravvivenza.

Quante sono le lingue esistenti al mondo? Stabilirlo è difficile, perché **molte sono solo orali** (prive di tradizione scritta che le conservi). A seconda dei criteri adottati si oscilla da 2000 a oltre 6000. Di queste, purtroppo, molte **corrono il rischio di estinguersi** sia perché orali o parlate da gruppi ristretti, sia perché negli Stati con molti idiomi tende ad affermarsi quello del gruppo prevalente. Inoltre, lo sviluppo dei mezzi di comunicazione e la diffusione dell'istruzione finiscono con favorire l'abbandono delle lingue parlate solo da piccole comunità.

Dove le minoranze linguistiche sono particolarmente numerose o decisive vi è una situazione di **bilinguismo ufficiale**.

È il caso, per esempio, del Canada, in cui si parlano inglese e francese, e della Nuova Zelanda (inglese e maori). Tra le migliaia di lingue esistenti solo **un centinaio** sono parlate **da almeno 1 milione** di persone e solo **una ventina da oltre 50 milioni** di individui. Quella parlata dal maggior numero di persone è il **cinese mandarino** (oltre 1 miliardo e 200 milioni) e la sua rilevanza è destinata ad aumentare.

Oggi, l'**inglese** è la lingua più importante nelle comunicazioni internazionali. Oltre a essere la lingua madre di circa 360 milioni di persone, è quella ufficiale (o utilizzata di fatto) in 54 Stati ed è la **seconda lingua per numero di parlanti totali**: secondo alcune stime è usata da almeno 1 miliardo di persone. In base al numero dei parlanti e all'influenza geopolitica dei Paesi in cui sono utilizzate, seguono per importanza l'**arabo**, lo **spagnolo** e il **russo**. L'ONU ha adottato come idiomi ufficiali l'inglese, il francese, il russo e il cinese (quelli dei Paesi vincitori della Seconda guerra mondiale) insieme allo spagnolo e all'arabo, che sono le altre lingue più utilizzate al mondo.

▶ Un cartello stradale in gaelico.

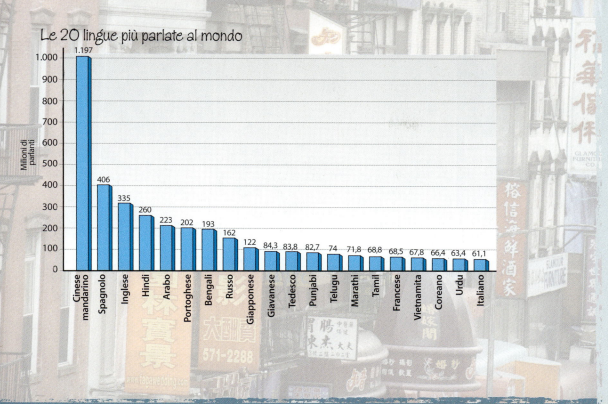

Le 20 lingue più parlate al mondo

- Cinese mandarino: 1.197
- Spagnolo: 406
- Inglese: 335
- Hindi: 260
- Arabo: 223
- Portoghese: 202
- Bengali: 193
- Russo: 162
- Giapponese: 122
- Giavanese: 84,3
- Tedesco: 83,8
- Punjabi: 82,7
- Telugu: 74
- Marathi: 71,8
- Tamil: 68,8
- Francese: 68,5
- Vietnamita: 67,8
- Coreano: 66,4
- Urdu: 63,4
- Italiano: 61,1

(Milioni di parlanti)

RISPONDI

1. Perché molte lingue rischiano di estinguersi?
2. Perché è importante che ogni minoranza possa conservare il proprio linguaggio?
3. Quanti sono gli idiomi parlati da oltre 50 milioni di abitanti?
4. Quali sono le lingue che hanno più rilevanza internazionale?
5. Quali sono le lingue più parlate nel mondo? (Osserva il grafico per rispondere).

LE FAMIGLIE LINGUISTICHE

Gli idiomi che hanno elementi comuni nei termini e nella struttura formano una **famiglia linguistica**: tra le più importanti vi sono quelle parlate dai **popoli indoeuropei** che, nel corso del II millennio a.C., dall'Asia si diffusero con migrazioni successive nelle regioni che si estendono dall'India all'Europa occidentale. All'interno del ceppo indoeuropeo si distinguono le **lingue neolatine**, **germaniche** e **slave**, parlate in Europa, e quelle indoiraniche e indoarie utilizzate rispettivamente in Iran e in India. Le lingue della famiglia **camitico-semitica**, cui appartiene anche l'arabo, sono diffuse nel Nordafrica e nel Medio Oriente, mentre nel resto dell'Africa si parlano i numerosissimi **idiomi africani**; in Asia troviamo quelli **uralo-altaici**, cui appartiene il turco, e quelli dell'Asia meridionale e orientale (come il cinese); alla **famiglia amerinda** appartengono gli idiomi dei nativi delle Americhe. Un gruppo a parte è costituito dalle lingue degli antichi abitatori dell'Australia e del Pacifico.

▼ Le famiglie linguistiche nel mondo.

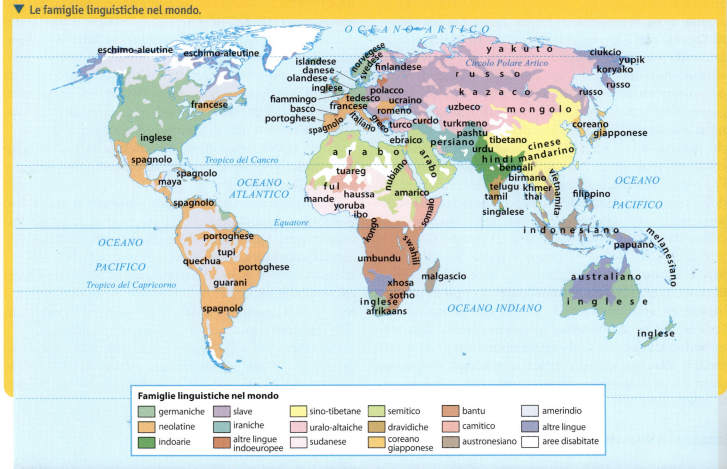

Famiglie linguistiche nel mondo: germaniche, neolatine, indoarie, slave, iraniche, altre lingue indoeuropee, sino-tibetane, uralo-altaiche, sudanese, semitico, dravidiche, coreano giapponese, bantu, camitico, austronesiano, amerindio, altre lingue, aree disabitate.

Musulmani in preghiera.

Un rabbino legge la *Torah*, testo sacro ebraico.

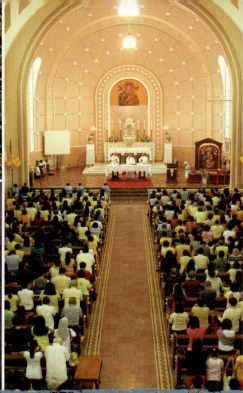

A sinistra: fedeli in una chiesa cattolica assistono alla messa. A destra: uno stupa, monumento buddhista, in Nepal.

3.3 LE GRANDI RELIGIONI DEL MONDO

Animismo e politeismo

Come la lingua, anche la religione costituisce un elemento fondamentale della cultura dei popoli. Le più antiche religioni sono quelle **animistiche**, che venerano le forze primordiali della natura (animali, piante, fiumi, montagne) abitata sia da spiriti buoni sia cattivi. Esse sopravvivono ancora in alcune regioni di Africa, Asia e America latina. In Oriente sono spesso praticate religioni **politeiste**, che credono cioè nell'esistenza di molti dei. Tra queste vi è lo **shintoismo**, diffuso in Giappone a partire dal VI secolo d.C. e centrato sul culto dei *kami*, divinità protettrici dei gruppi familiari. Anche i fedeli dell'**induismo** (diffuso in India dal III millennio a.C.) adorano numerose divinità, che tuttavia sono diverse manifestazioni di una triade principale, composta da **Brama**, **Shiva** e **Višnu** (rappresentano i tre aspetti dell'unico dio supremo). L'altra religione molto diffusa in Oriente è il **buddhismo**, che prende il nome dal suo fondatore, Siddharta Gautama, detto il **Buddha**, cioè l'Illuminato, vissuto in India tra il 566 e il 486 a.C.

Monoteismo

Ebraismo, **cristianesimo** e **islamismo** sono nate nel Vicino Oriente e si sono poi diramate nel mondo occidentale. Tutte e tre sono **monoteiste**: hanno in comune la fede in un **unico Dio** perfetto, eterno, creatore del mondo e degli uomini. Ciascuna si fonda su una **rivelazione divina** contenuta in un **libro sacro** e per questo sono anche definite le religioni del libro.

L'**ebraismo** si è sviluppato nel corso del II millennio a.C., e assume poi la sua forma definitiva verso la metà del I millennio.
Secondo tale religione, Dio ha eletto, cioè "scelto", il popolo ebraico, con il quale ha stretto un patto di alleanza: il Signore dà agli ebrei aiuto e protezione; essi lo venerano come unico Dio e rispettano i comandamenti che ha trasmesso loro attraverso il profeta Mosè. La **Bibbia** è il libro sacro dell'ebraismo.
Dall'ebraismo deriva il **cristianesimo**, praticato da circa un terzo della popolazione mondiale. Prende il nome da Gesù di Nazareth, detto il Cristo (traduzione greca del termine ebraico *messia*, che significa "l'unto").
Secondo questa religione Gesù è il Messia, cioè il figlio dello stesso Dio venerato dagli ebrei, venuto in Terra per riscattare l'umanità dal peccato.
La sua predicazione, fondata sull'**amore per il prossimo**, si rivolge a tutta l'umanità: si tratta di una religione universale, che predica un messaggio di carità, fratellanza e solidarietà tra gli uomini.
Il libro sacro dei cristiani è composto da due parti: l'**Antico Testamento**, che corrisponde alla Bibbia ebraica, e il **Nuovo Testamento**, che riporta nei **quattro Vangeli** e in altri testi l'insegnamento di Gesù e dei suoi apostoli.
L'**islamismo** (oltre 1,6 miliardi di fedeli) deriva dalla predicazione del profeta **Maometto**, vissuto nel VII secolo d.C. Secondo questa religione, egli è l'ultimo e il definitivo profeta di **Allah**, l'unico Dio.

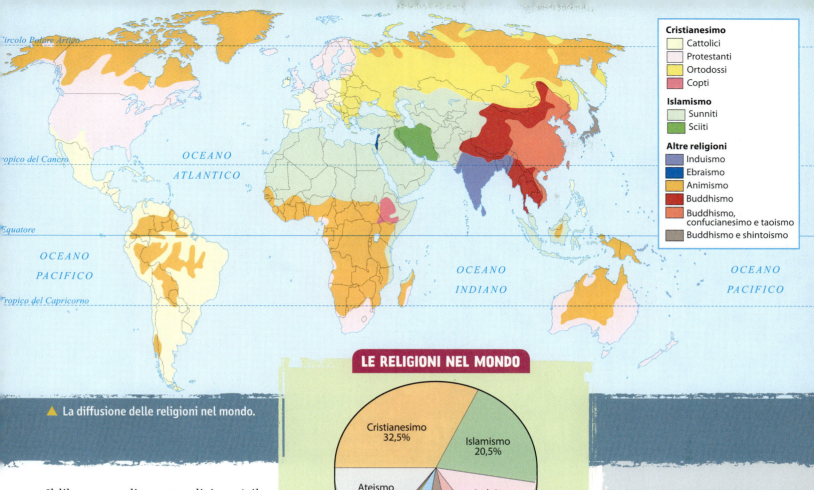

▲ La diffusione delle religioni nel mondo.

LE RELIGIONI NEL MONDO

Cristianesimo 32,5%
Islamismo 20,5%
Ateismo 15%
Induismo 13,5%
Sikhismo 0,3%
Ebraismo 0,2%
Buddhismo 6%
Religioni tribali 6%
Religione tradizionale cinese 6%

Il grafico illustra la percentuale delle religioni nel mondo. Il totale è superiore a 100% per via di alcuni indici utilizzati nel calcolo della percentuale, che hanno portato a una sovrastima di alcuni valori.

Il libro sacro di questa religione è il **Corano** (in arabo "la lettura") che contiene ciò che Dio ha rivelato a Maometto attraverso l'arcangelo Gabriele. L'islamismo ha avuto una grande diffusione ed è tuttora in crescita: dalla regione dell'Arabia in cui iniziò la predicazione si è diffuso sia a est e sia a ovest, in tutto il Nordafrica e in Medio Oriente, fino a raggiungere l'India e parte del Sud-Est asiatico.

UNA FEDE, DIVERSE INTERPRETAZIONI: FONDAMENTALISTI E INTEGRALISTI

Nel tempo tra i fedeli delle grandi religioni monoteiste sono sorte differenze legate alle interpretazioni del messaggio religioso e dei testi sacri: tra gli ebrei accanto ai gruppi **ortodossi**, legati a una lettura rigida delle norme, si è sviluppato un movimento **riformista** (o riformato) favorevole alla modernizzazione; tra i musulmani vi sono **sunniti** e **sciiti** (vedi pag. 125) e tra i cristiani si distinguono i **cattolici** (subordinati all'autorità del papa, il vescovo di Roma), gli **ortodossi** (seguaci invece del vescovo di Costantinopoli) e i **riformati** (o **protestanti**), sostenitori della libera interpretazione delle Sacre Scritture e a loro volta suddivisi in **confessioni** differenti. Il cammino verso la tolleranza tra fedi e confessioni diverse non è stato facile e ancora oggi, accanto a Stati in cui convivono pacificamente diverse religioni, ve ne sono altri in cui le differenze di credo sono causa di scontri. Il conflitto nasce soprattutto nelle comunità in cui prevalgono posizioni **fondamentaliste**, che tendono a imporre la propria interpretazione dei testi sacri e non accettano visioni differenti. In molti casi, inoltre, i fondamentalisti sono anche **integralisti**: non si limitano a seguire i principi della propria fede privatamente, ma cercano di imporli per legge a tutta la società.

● LAVORA SU CARTE E GRAFICI

1. In quali continenti si è diffuso il cristianesimo? In quali l'islam?

2. Quali sono le tre religioni più praticate nel mondo? Quali sono le percentuali rispetto al totale della popolazione?

● COMPLETA

3. Per animismo si intende ....

4. Le religioni politeiste sono spesso praticate in ....

5. Le religioni monoteiste sono nate nel ....

▲ Migliaia di persone partecipano a una lezione di yoga a Times Square, New York.

▲ L'Africa è il continente con la popolazione più giovane.

3.4 UN MONDO IN CRESCITA

Più di 7 miliardi: i perché della crescita

Nel 2013 la popolazione mondiale ha raggiunto la cifra di 7 miliardi e 200 milioni e continua ad aumentare di circa 75 milioni all'anno.

Questa notevole crescita è un fenomeno "relativamente" recente se la si rapporta alla storia dell'umanità. Il primo lieve aumento della popolazione si può far risalire alla rivoluzione agricola del Neolitico (dello 0,1% annuo) ma la svolta, tuttavia, si è avuta in concomitanza con la Rivoluzione industriale (XVIII secolo): da allora **l'incremento demografico** non solo si è mantenuto, ma nel corso del Novecento ha avuto una brusca accelerazione. Gli abitanti del pianeta sono passati dal miliardo del 1830 ai 2 del 1930 e agli oltre 7 attuali e la crescita continua, tanto che ci sono Paesi africani in cui il tempo del raddoppio è di poco superiore ai 20 anni.

La crescita è diventata rapida a causa del modo in cui si sono modificati due fattori fondamentali, il tasso di mortalità e quello di natalità:

- il **tasso di mortalità**, in particolare quello dei bambini, è stato in parte abbassato grazie ad interventi sulle condizioni igieniche e sanitarie e sulla disponibilità di cibo;
- il **tasso di natalità** dipende **da fattori culturali e sociali** complessi che si modificano molto gradualmente (il livello di istruzione e di occupazione delle donne, l'età in cui le coppie si sposano, il numero di figli ecc.). Per queste ragioni anche quando la mortalità scende, il tasso di natalità continua per molto tempo a mantenersi alto.

L'intreccio di questi due fattori ha portato a una crescita che è stata definita **esplosione demografica** per la sua rapidità e per l'impatto sui Paesi coinvolti.

Gli effetti e i rimedi

Oggi il problema è capire se la Terra avrà a disposizione risorse naturali sufficienti (soprattutto acqua) per far sopravvivere una popolazione sempre più numerosa.
È dunque importante tenere sotto controllo i **tassi di natalità**, chiari **indicatori** dei **ritmi di crescita demografica**. Se da un lato è necessario impegnarsi per garantire una più lunga speranza di vita per tutti, dall'altro è indispensabile tenere sotto controllo il numero delle nascite.
Per queste ragioni, fin dagli anni Settanta del secolo scorso, la maggior parte degli Stati interessati dal fenomeno ha varato **politiche di controllo delle nascite** attraverso svariate misure anche se non sempre rispettose delle libertà degli individui. Alla prova dei fatti si è constatato che i risultati più duraturi si ottengono non con i divieti, ma investendo **sull'istruzione e sull'emancipazione femminile**. Sono infatti le donne il **fattore decisivo** del cambiamento: le ragazze che studiano tendono sia a sposarsi più tardi (perché puntano prima a cercare un impiego), sia a fare meno figli (per poter continuare a lavorare e per poterli accudire nel modo migliore). In generale, poi, proprio l'istruzione favorisce il cambiamento di mentalità e la possibilità di contrastare le tradizioni che esaltano le famiglie numerose.

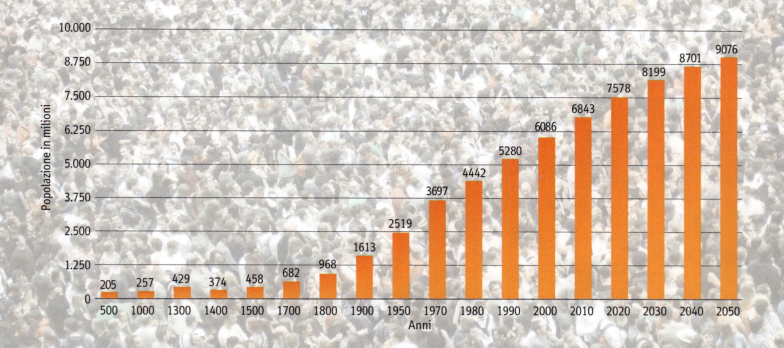

▲ La crescita della popolazione mondiale.

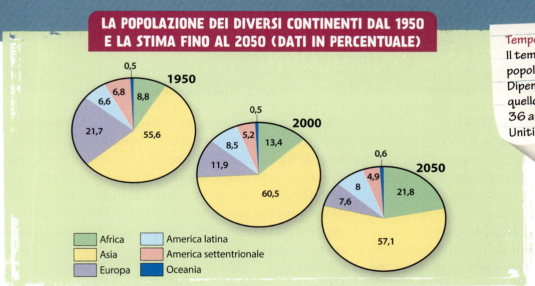

Tempo del raddoppio
Il tempo in cui una determinata popolazione raddoppia di numero. Dipende dal tasso di crescita: quello dell'India è attualmente di 36 anni, mentre quello degli Stati Uniti di 116.

In questi anni la **crescita demografica è rallentata**: oggi si aggira sull'1,14% e secondo le stime dell'ONU è destinata a scendere allo 0,77%, cioè dimezzarsi rispetto alla seconda metà del Novecento. In base a queste previsioni, la popolazione mondiale dovrebbe raggiungere un massimo di circa 9,6 miliardi nel 2050, per poi stabilizzarsi o iniziare a decrescere lentissimamente.

Quello che avverrà in un futuro prossimo sarà un cambiamento del peso demografico dei continenti, sia in termini assoluti sia relativi: quello dell'Europa continuerà a scendere, mentre quello dell'Africa raddoppierà (vedi grafici sopra).

Il mondo, inoltre, sarà **mediamente più vecchio**; proprio per effetto della riduzione della natalità e dell'allungamento della vita media, entro il 2050 il numero degli anziani è destinato a raddoppiare, passando dal 10 al 20% sul totale mondiale.

Come sempre, tuttavia, le statistiche nascondono **fortissime differenze** tra le diverse regioni: un'Europa (con il Giappone) sempre più vecchia si troverà a convivere con un'Africa molto più giovane e popolosa.

COLLEGA

1. Collega le cause con gli effetti.

CAUSA	EFFETTO
Igiene migliore e migliore alimentazione	Il tasso di natalità rimane alto
Non muta la cultura	Il tasso di mortalità diminuisce

LAVORA SUL TESTO

2. Perché la crescita demografica tende a rallentare? Sottolinea nel testo.

3. Evidenzia le cause per cui il mondo sarà mediamente più vecchio nel prossimo futuro.

Capitolo 3 – Popoli e forme di insediamento 57

Nel Nord del mondo l'assistenza agli anziani è sempre più spesso affidata a badanti provenienti da differenti Paesi (soprattutto America latina e Europa dell'Est).

▲ Manovali pakistani al lavoro ad Abu Dhabi, la capitale degli Emirati Arabi Uniti.

3.5 UN'EPOCA DI GRANDI MIGRAZIONI

Le migrazioni, un fenomeno in crescita

Oggi i **migranti**, coloro che hanno lasciato la terra d'origine per andare a vivere e lavorare in un altro Paese, sono **230 milioni**, pari al 3,2% della popolazione mondiale. Erano 175 milioni all'inizio del secolo e da allora hanno continuato a crescere.
Come si spiegano questi numeri impressionanti?
In realtà, a partire dalla diffusione dell'*Homo sapiens* **tutta la storia umana è stata scandita dalle migrazioni**: volontarie, come nel caso degli indoeuropei nel III millennio a.C., o imposte, come la deportazione degli africani nelle Americhe per farli lavorare nelle piantagioni.
Oggi il fenomeno ha assunto **caratteristiche globali**: come si vede dalla carta alla pagina seguente, i flussi migratori in partenza riguardano tutte le regioni del mondo e, allo stesso modo, sono sempre più numerosi i Paesi che vengono raggiunti.
Questo avviene per una somma di fattori.

Le cause

Le cause che spingono ad emigrare in un altro Paese possono essere varie: povertà, disoccupazione, fuga da guerre o dittature, crisi economiche.
Ad esempio, **dalle regioni sovrappopolate e povere** di Asia, America latina e Africa, milioni di giovani uomini e donne si spostano **verso i Paesi più sviluppati**, con popolazioni più scarse e sempre più anziane.
È un flusso incessante, che risponde a bisogni fondamentali: alle nazioni benestanti (oltre a quelle del Nord del mondo, anche alcuni Stati della Penisola Arabica, ricchi di petrolio ma desertici e spopolati) occorrono braccia per compiere i lavori più faticosi e umili o per accudire anziani e malati, braccia che il Sud del mondo è in grado di fornire.
Non solo: i Paesi sviluppati gareggiano anche per **attirare le eccellenze**, i giovani più motivati e dinamici, prima come studenti e poi come tecnici, ricercatori, scienziati, che innervano di energie nuove i settori in cui vengono impiegati.
Anche lo **sviluppo dei mezzi di comunicazione** costituisce una causa importante di mobilità: televisione e Internet mostrano stili di vita, possibilità di consumi irrealizzabili nei Paesi poveri e costituiscono un importante fattore di attrazione.
Infine, il forte abbassamento dei costi di trasporto consente **spostamenti** un tempo impensabili: sia sul piano delle distanze che separano luoghi d'origine e destinazioni, sia per quanto riguarda il numero, sempre più alto, di coloro che possono permettersi le spese di un viaggio (ricorrendo a prestiti, se non basta quanto risparmiato).

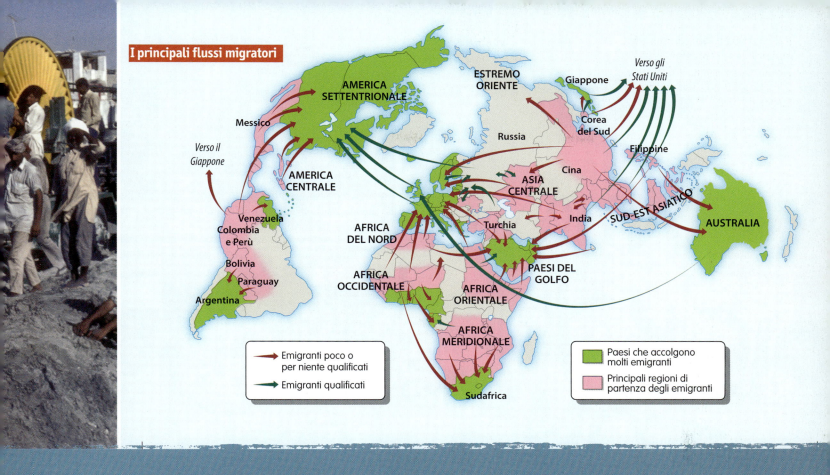

I principali flussi migratori

→ Emigranti poco o per niente qualificati
→ Emigranti qualificati

■ Paesi che accolgono molti emigranti
■ Principali regioni di partenza degli emigranti

Le mete principali

Le statistiche dicono che ancora oggi l'**Europa e gli Stati Uniti** costituiscono la **meta principale** di migranti qualificati e non. Osservando la carta, tuttavia, si può notare come negli ultimi anni sia cresciuta l'attrazione esercitata da poli regionali come i Paesi petroliferi (Arabia Saudita e gli altri più piccoli Stati del Golfo Persico), le economie asiatiche in crescita (Malesia, Singapore, Thailandia), e altri Stati come il Sudafrica, l'Argentina, il Giappone, l'Australia e il Venezuela. I Paesi di partenza dei migranti sono sempre più numerosi e le barriere che gli Stati hanno costruito per fermare la migrazione illegale sono il segno più evidente delle contraddizioni che accompagnano questo processo globale.

Vi sono poi Stati che sono interessati allo stesso tempo da flussi emigratori e immigratori: è il caso del **Messico**, da cui si migra negli Stati Uniti, ma che allo stesso tempo attira altri latino-americani provenienti da realtà più povere del continente. Il flusso principale continua a essere quello da Sud a Nord, ma ormai sono significativi (oltre 82 milioni) anche gli spostamenti da Sud a Sud.
Quelli tra Est e Ovest riguardano soprattutto i lavoratori più qualificati.

◀ Lavoratori messicani addetti alla raccolta delle cipolle in una piantagione della Georgia (Stati Uniti).

◉ LAVORA SULLA CARTA

1. Da quali Paesi si emigra principalmente?
2. Quali sono le destinazioni principali?
3. In quali Paesi avvengono migrazioni interne?

◉ RISPONDI

4. Quali sono i principali motivi degli spostamenti?
5. Perché i Paesi sviluppati cercano di attirare le eccellenze?

Capitolo 3 – Popoli e forme di insediamento

Immigrati clandestini nordafricani al porto di Lampedusa in attesa di venire trasferiti.

▲ Manifestazione di protesta dei braccianti messicani negli Stati Uniti, svoltasi a San Diego (California). Sul cartello è scritto: "Chi raccoglierà i vostri pomodori?".

▲ Le rimesse degli emigranti, cioè il denaro che questi inviano alle loro famiglie in patria, costituiscono una voce importante del bilancio di molti Paesi arretrati.

Le migrazioni, risorsa e sfida per l'umanità

I migranti costituiscono una **risorsa fondamentale per i Paesi di destinazione**, dove il più delle volte sopperiscono alla mancanza di forza-lavoro poco qualificata, ma lo sono anche per quelli da cui partono: per gli Stati d'origine infatti le **rimesse**, per di più in **valuta pregiata**, rappresentano spesso una delle più importanti voci del bilancio. Inoltre, i flussi migratori globalizzati costituiscono un importante settore economico: nei Paesi di partenza, come in quelli d'arrivo, operano **agenzie specializzate** nell'organizzare gli spostamenti, procurare i visti, superare barriere legali e fisiche. Purtroppo, molto spesso, costituiscono una delle più reddittizie attività della **criminalità internazionale** che sfrutta i divieti e le barriere frapposte contro l'immigrazione per organizzare un consistente traffico di **migranti clandestini**.

Proprio gli squilibri all'origine delle migrazioni spiegano l'**atteggiamento contraddittorio** di gran parte dei Paesi di destinazione.

L'arrivo dei migranti incide sulle strutture economiche dei Paesi ospitanti, modifica le tradizionali mescolanze etniche e religiose, determina la densità della popolazione e dà vita ad accesi dibattiti sull'integrazione e la tolleranza.

Per arginare l'illegalità e impedire l'arrivo di flussi di persone in numero eccessivo sono state costruite **barriere fisiche**, quali muri e sbarramenti, e **legali**, come divieti e limitazioni.

Queste misure il più delle volte risultano tuttavia inutili: gli squilibri che spingono a migrare e il potere di attrazione del nuovo sono fattori decisamente più forti rispetto ai pericoli e alle difficoltà.

In questo modo i migranti che entrano in modo illegale in uno Stato devono vivere come **clandestini** e diventano facili vittime delle organizzazioni criminali.

Costretti a lavorare in nero, senza contratto regolare, non pagano le tasse e non versano i contributi previsti per l'assistenza sociale e sanitaria; così consentono alti guadagni a chi li assume, mentre le conseguenze negative ricadono sulla loro vita e sul resto dei cittadini del Paese d'immigrazione.

Anche le migrazioni, come tutti i fenomeni globali, presentano quindi un **quadro contraddittorio**: occorrono cooperazione tra gli Stati per superare gli squilibri, legislazioni illuminate per gestire i flussi e facilitare l'integrazione, coniugando politiche di repressione del crimine, di accoglienza del migrante e di confronto tra culture.

L'IMMIGRAZIONE E LA COSTITUZIONE ITALIANA

Gli stranieri residenti in Italia, in base ai dati degli Uffici anagrafici, nel 2011 erano quasi 5 milioni (dei quali oltre la metà donne). L'Istat, il principale istituto di statistica italiano, suddivide gli stranieri in due gruppi: persone che provengono da Paesi europei e persone che provengono dal Sud del mondo. Questi ultimi, la stragrande maggioranza, sono considerati immigrati e sono perciò soggetti alle leggi sull'immigrazione. Al numero fornito dall'Istat bisogna aggiungere gli irregolari, definiti "clandestini", compresi quelli che hanno il permesso di soggiorno scaduto; per questi non esistono dati ufficiali, ma soltanto stime secondo le quali ammonterebbero ad alcune centinaia di migliaia.

L'articolo 10 della Costituzione italiana recita: "L'ordinamento giuridico italiano si conforma alle norme del diritto internazionale generalmente riconosciute. La condizione giuridica dello straniero è regolata dalla legge in conformità delle norme e dei trattati internazionali. Lo straniero, al quale sia impedito nel suo Paese l'effettivo esercizio delle libertà democratiche garantite dalla Costituzione italiana, ha diritto d'asilo nel territorio della Repubblica, secondo le condizioni stabilite dalla legge".

▲ Celebrazione di un matrimonio sikh a Novellara, in provincia di Reggio Emilia.

Rimessa
I soldi che i migranti rimettono, cioè spediscono ai familiari rimasti nel Paese d'origine.

Valuta pregiata
Valuta in monete ricercate perché utilizzate negli scambi internazionali (le principali sono dollaro, euro, yen giapponese).

BARRIERE, DIVIETI E TRAFFICANTI DI UOMINI

Le barriere che gli Stati creano per bloccare l'immigrazione clandestina rendono difficile, costoso e pericoloso lo spostamento, ma non riescono a bloccarlo, perché la spinta a cercare una vita migliore è più forte di ogni timore, compreso quello di morire. Secondo i dati di Fortress Europe, un'organizzazione che dal 1988 raccoglie le notizie sui migranti, nel solo Mediterraneo in 25 anni (1988-2013) sono morte oltre 19.000 persone. E a queste occorrono aggiungere le migliaia scomparse in mare senza lasciare traccia. Secondo i critici delle barriere, queste non solo sono poco efficaci nel bloccare i flussi, ma finiscono col favorire i mercanti di persone, che nell'illegalità moltiplicano i profitti. L'ONU stima che i migranti clandestini gestiti dalle organizzazioni criminali siano tra i 20 e i 40 milioni all'anno: è il crimine in più rapida espansione, con un bilancio inferiore solo a quello del traffico di armi e droga. Molto spesso, del resto, i tre traffici sono integrati: le rotte, i mezzi di trasporto, i punti di passaggio sono gli stessi. Le organizzazioni criminali anticipano i soldi del viaggio e poi possono ricattare i migranti, obbligandoli a lavorare per loro fino alla completa restituzione, in forme che di fatto costituiscono una moderna schiavitù.

▲ La frontiera tra Messico e Stati Uniti è una delle più sorvegliate al mondo.

◉ COMPLETA

1. I migranti sono una risorsa fondamentale per i Paesi di destinazione perché ....
2. Sono una risorsa anche per i Paesi d'origine perché ....
3. Un'attività molto redditizia della criminalità organizzata è ....
4. Per cercare di fermare i migranti si costruiscono barriere .... e ....

Capitolo 3 – Popoli e forme di insediamento

Cittadinanza — Migranti in fuga: i profughi

Un aiuto per i profughi

Tra coloro che vivono in un Paese diverso da quello di nascita vanno conteggiati anche i profughi: "migranti" in fuga dalle violenze e dai massacri. Essi costituiscono in assoluto la fascia più debole e sofferente tra coloro che hanno lasciato la terra d'origine e anche per questo le Nazioni Unite hanno istituito fin dal 1950 una propria agenzia, l'Ufficio dell'Alto Commissariato delle Nazioni Unite per i Rifugiati (UNHCR), che ha come scopo fondamentale quello di assistere i profughi e aiutarli a ritornare nelle proprie case. Un anno dopo, nel 1951, venne approvata dalla comunità internazionale la **Convenzione sullo status dei rifugiati** che all'art. 1 definiva così il **rifugiato**:

«chiunque [...] nel giustificato timore d'essere perseguitato per la sua razza, la sua religione, la sua cittadinanza, la sua appartenenza a un determinato gruppo sociale o le sue opinioni politiche, si trova fuori dello Stato di cui possiede la cittadinanza e non può o, per tale timore, non vuole domandare la protezione di detto Stato; oppure a chiunque, essendo apolide e trovandosi fuori del suo Stato di domicilio in seguito a tali avvenimenti, non può o, per il timore sopra indicato, non vuole ritornarvi.
Colui che, [...] temendo a ragione di essere perseguitato per motivi di razza, religione, nazionalità, appartenenza ad un determinato gruppo sociale o per le sue opinioni politiche, si trova fuori del Paese di cui è cittadino e non può o non vuole, a causa di questo timore, avvalersi della protezione di questo Paese; oppure che, non avendo la cittadinanza e trovandosi fuori del Paese in cui aveva residenza abituale a seguito di tali avvenimenti, non può o non vuole tornarvi per il timore di cui sopra».

(Convenzione sullo status dei rifugiati, Cap. 1, Art. 1 "Definizione del termine di 'rifugiato'", Ginevra, 28 luglio 1951)

In base alla definizione originaria sono dunque "rifugiati" solo coloro che dal Paese d'origine sono fuggiti in un altro Stato. Tuttavia tutti i continenti sono stati insanguinati anche da terribili **guerre civili** in cui milioni di persone hanno dovuto lasciare le proprie case e cercare scampo in altre zone dello stesso Paese, abitate dai gruppi non ostili, oppure lontane dall'epicentro degli scontri: sono gli **sfollati** che di fatto vivono in condizioni di sofferenza e difficoltà simili a quelle dei rifugiati e che per questo hanno diritto all'aiuto della comunità internazionale.

Rifugiati e sfollati: statistiche drammatiche

Il numero delle persone assistite dall'Alto Commissariato delle Nazioni Unite per i Rifugiati è impressionante: oggi nel mondo si contano circa 44 milioni di profughi, rifugiati e sfollati (il dato purtroppo è relativamente stabile da qualche anno), tra quelli ufficialmente riconosciuti e assistiti e quelli che, in ogni caso, hanno dovuto lasciare il loro Paese.

Per l'80% essi si trovano nei Paesi del Sud del mondo (per lo più in Africa) e proprio gli Stati più poveri sono quelli in cui sono più numerosi. Tutti costoro sono mantenuti in vita dagli aiuti internazionali e molti sperano di rientrare nelle loro case, una volta cessati i conflitti che li hanno obbligati alla fuga.

Le situazioni, tuttavia, sono molto diverse da Paese a Paese: tra coloro che l'ONU assiste vi sono anche profughi come i Palestinesi (vedi pag. 136) costretti a lasciare Israele nel 1947, che vivono nei campi ormai da tre generazioni o gli **apolidi**, che sono senza una cittadinanza e vivono una condizione molto difficile perché non godono né dei diritti né dell'assistenza che gli Stati garantiscono ai propri membri.

I bambini, un gruppo consistente

Come si vede dai dati forniti dall'UNHCR una percentuale molto consistente di profughi è composta da **bambini**: sono i più fragili, le prime vittime di malattie e denutrizione e nello stesso tempo coloro che hanno bisogno di maggiori cure: non solo cibo, riparo, protezione dalle intemperie e cure mediche, ma anche assistenza e istruzione per metterli in grado di costruirsi comunque un futuro dignitoso.

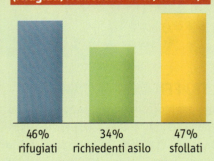

Percentuale dei bambini sul totale (rifugiati, richiedenti asilo, sfollati)

- 46% rifugiati
- 34% richiedenti asilo
- 47% sfollati

> **Apolide**
> Apolide è una persona che ha perso la cittadinanza di uno Stato e che, non avendone assunta un'altra, non risulta cittadino di alcuno Stato.

▼ Un gruppo di bambini siriani raccoglie l'acqua nel campo profughi di Za'atari in Giordania.

Diritto d'asilo e Costituzione

I profughi che non possono rientrare nel proprio Paese hanno il diritto di ricostruirsi una vita altrove, ottenendo asilo in un altro Stato.
Per l'Italia questo diritto è solennemente sancito dalla Costituzione che all'art. 10, comma 3, afferma:
«*Lo straniero, al quale sia impedito nel suo Paese l'effettivo esercizio delle libertà democratiche garantite dalla Costituzione italiana, ha diritto d'asilo nel territorio della Repubblica, secondo le condizioni stabilite dalla legge*».

Accoglienza dei migranti

Queste norme corrispondono a principi elementari e condivisi di **solidarietà internazionale**. Tuttavia la loro applicazione concreta non sempre è semplice. Infatti, come dimostra quotidianamente la cronaca degli sbarchi di immigrati, la questione dei profughi in molti casi si intreccia con quella dell'immigrazione: molti dei migranti che dalle coste dell'Africa cercano di raggiungere con mezzi di fortuna le coste italiane sono profughi che fuggono guerre e persecuzioni. Come tali essi hanno diritto di chiedere asilo all'Italia o a qualunque altro Paese dell'Unione. Nello stesso tempo, tuttavia, come è evidente, ogni Stato ha il diritto-dovere di verificare e accertare lo stato effettivo di profugo, perché tra coloro che sbarcano vi possono essere anche migranti che cercano di entrare nella UE eludendo le leggi che impongono visti e permessi.

Di qui la **necessità di controlli** e accertamenti tanto più complicati quando le persone fuggono da situazioni di guerra in cui è difficile, se non impossibile, avere notizie precise.

In attesa degli accertamenti gli immigrati che fanno **domanda di asilo**, sono trattenuti in centri di prima accoglienza.

Molto spesso, quindi, si generano **situazioni di tensioni** e difficoltà perché si trovano in conflitto due esigenze diverse: da un lato il dovere costituzionale dell'accoglienza e dell'asilo, dall'altro il diritto dello Stato di accertare che i profughi siano effettivamente tali.

Il problema è complesso, ma è evidente che in ogni caso occorre non solo accelerare al massimo le procedure di accertamento, ma anche garantire a tutti le migliori condizioni di assistenza nei centri di accoglienza.

L'UNHCR: L'ALTO COMMISSARIATO DELLE NAZIONI UNITE PER I RIFUGIATI

L'Ufficio dell'Alto Commissariato delle Nazioni Unite per i Rifugiati, comunemente noto con l'acronimo UNHCR, dal nome in inglese *United Nations High Commissioner for Refugees*, è stato istituito dall'Assemblea generale delle Nazioni Unite il 14 dicembre 1950. L'agenzia ha il compito di guidare e coordinare l'azione internazionale per proteggere i rifugiati e risolverne i problemi in tutto il mondo.
Si sforza di garantire a tutti coloro che ne hanno necessità il diritto di chiedere asilo in un Paese che offra loro un rifugio sicuro. Essa, inoltre, cerca di costruire le condizioni affinché i profughi possano tornare liberamente nella propria patria o riescano a integrarsi in modo soddisfacente in un altro Paese. Nata inizialmente per affrontare la situazione dei profughi europei dopo la Seconda guerra mondiale, l'agenzia ha esteso nel tempo la sua attività a tutto il mondo, via via che l'esplodere di nuovi conflitti moltiplicava il numero dei profughi. Nei suoi oltre 60 anni di attività, l'agenzia ha aiutato decine di milioni di persone. Oggi coordina il lavoro di oltre 7500 dipendenti che danno aiuto e assistenza a più di 40 milioni di persone, sparse in 125 Paesi del mondo.

▲ Los Angeles, California, maggio 2010: una manifestazione a favore della riforma della legislazione sull'immigrazione.

Attività

▶ Effettua una ricerca nel sito dell'UNHCR: in quali Paesi la popolazione emigra in maggioranza? Quali sono le nazioni che li accolgono?

▶ Quali sono i principali motivi che spingono le persone a fuggire dal proprio Paese?

▲ Parigi, con oltre 10 milioni di abitanti (compresa l'area urbana), è la seconda città europea per numero di abitanti.

3.6 DAI VILLAGGI ALLE MEGALOPOLI

Sempre più città e sempre più cittadini

L'**urbanizzazione** è uno dei fenomeni più importanti dell'attualità.

Viviamo in un mondo dominato dalle città: **nel 2008**, per la prima volta nella storia dell'uomo, **la popolazione urbana ha superato quella rurale**.

A partire dalla Rivoluzione industriale, la popolazione in crescita si è riversata in misura sempre maggiore nelle città: ancora oggi i flussi migratori, sia interni agli Stati sia internazionali, **si dirigono prevalentemente verso le metropoli**. Questo processo si è accelerato enormemente nel corso del Novecento: un secolo fa solo il 20% della popolazione mondiale viveva nelle aree urbane, nel 1990 la percentuale era raddoppiata e si stima che entro il 2030 si arriverà al 60%.

Nelle città vivono più di 3 miliardi e 700 milioni di persone; di queste la metà in centri dai 100 ai 500.000 abitanti e circa un decimo in **megacittà**. Con questo termine si intendono quei centri che, secondo la definizione dell'ONU, hanno più di 10 milioni di abitanti.

Nel 1950 solo New York aveva questo primato; oggi se ne contano 26.

LE PRIME 30 CITTÀ DEL MONDO

	abitanti		abitanti
1. Tōkyō, Giappone	37.126.000	18. Kolkata (Calcutta), India	14.374.000
2. Giacarta, Indonesia	26.063.000	19. Dacca, Bangladesh	14.000.000
3. Seoul, Corea del Sud	22.547.000	20. Buenos Aires, Argentina	13.639.000
4. Delhi, India	22.242.000	21. Istanbul, Turchia	13.576.000
5. Shanghai, Cina	20.860.000	22. Rio de Janeiro, Brasile	12.043.000
6. Manila, Filippine	20.767.000	23. Shenzhen, Cina	11.885.000
7. Karāchi, Pakistan	20.711.000	24. Lagos, Nigeria	11.547.000
8. New York, USA	20.464.000	25. Parigi, Francia	10.755.000
9. San Paolo, Brasile	20.186.000	26. Nagoya, Giappone	10.027.000
10. Città del Messico, Messico	19.463.000	27. Lima, Perú	9.121,600
11. Il Cairo, Egitto	17.816.000	28. Chicago, USA	9.121.000
12. Beijing (Pechino), Cina	17.311.000	29. Kinshasa, Repubblica Democratica del Congo	9.046.000
13. Ōsaka, Giappone	17.011.000	30. Tianjin, Cina	8.922.000
14. Mumbai (Bombay), India	16.910.000		
15. Guangzhou, Cina	16.827.000		
16. Mosca, Russia	15.512.000		
17. Los Angeles, USA	14.900.000		

Le cifre comprendono gli abitanti dell'area urbana e dei sobborghi situati nelle immediate vicinanze della città.

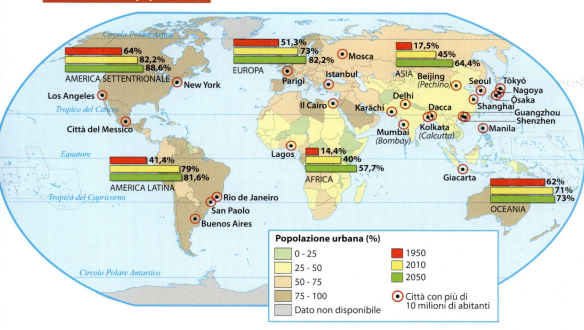

La crescita della popolazione

La carta mostra la crescita della popolazione urbana dal 1950 a oggi e le stime fino al 2050.

RISPONDI

1. Che cosa è avvenuto nel 2008?
2. Che cosa si intende per megacittà? E per megalopoli?

LAVORA SULLA CARTA

3. In quali continenti la popolazione è cresciuta in modo massiccio negli ultimi 50 anni?
4. Dove crescerà di più?

Area metropolitana
Territorio socialmente ed economicamente attivo, ricco di servizi e che raggruppa vari centri strettamente integrati con la città principale.

Manhattan, il cuore di New York.

La più grande è **Tōkyō** con oltre 37 milioni di abitanti, la prima europea è Mosca, al 16° posto. Oltre al numero degli abitanti, per valutare le città del mondo è importante considerare anche il loro **rapporto con il territorio circostante**, in genere molto differente per i centri dei Paesi sviluppati e quelli del Sud del mondo.

Le megalopoli occidentali...

Nel mondo occidentale, infatti, in genere le **megacittà** e le grandi **metropoli** (con almeno 1 milione di abitanti) sono al centro di grandi **aree metropolitane**. In alcuni casi le aree metropolitane di diverse città si sono estese così tanto da formare un'**unica rete urbana** strettamente connessa. Tra una città e l'altra vi sono spazi destinati al verde e all'agricoltura, ma le attività produttive, i servizi e i collegamenti sono integrati e formano un unico spazio organizzato. Si tratta di enormi conurbazioni con **oltre 40 milioni di abitanti** che vengono definite **megalopoli**. La megalopoli più grande e importante per peso politico ed economico è quella della costa atlantica degli Stati Uniti. Si estende da Boston a Washington D.C. – per questo è chiamata anche **BosWash** –, sviluppandosi per oltre 800 km e includendo tutti i centri della costa orientale. Altre importanti megalopoli, sempre negli USA, sono quella dei **Grandi Laghi** (da Chicago a Pittsburgh), che include anche i centri del Canada, e quella **californiana**, tra San Francisco e Los Angeles lungo la costa pacifica. In Asia la megalopoli maggiore è quella della **Grande area di Tōkyō**, in Europa si stanno saldando tra loro quella che raggruppa **Londra** e le città vicine con le **aree metropolitane di Parigi, Rotterdam e della Ruhr**.

Capitolo 3 – Popoli e forme di insediamento

▲ Una "casa tra i sacchi", interno di uno slum di Bombay.

▲ In alto: la capitale delle Filippine, Manila.

▲ Città del Messico.

... e quelle del Sud del mondo

Nei Paesi del Sud del mondo, specie in Africa e in America latina, lo scenario è molto differente: **le megacittà sono cresciute in tempi brevissimi**, accogliendo popolazione non solo dal territorio circostante ma spesso dall'intero Stato. È il caso di **Manila**, nelle Filippine, **Buenos Aires** in Argentina e di molte capitali africane come **Lagos** (Nigeria) e **Kinshasa** (Repubblica Democratica del Congo). Tutte le metropoli di questo tipo si assomigliano: hanno un **centro direzionale moderno**, con grattacieli e quartieri residenziali dove vive la fascia benestante della popolazione, un aeroporto internazionale e un porto se sono costiere. Le **attività produttive sono scarse**: prevalgono quelle terziarie legate agli uffici statali, al commercio e all'istruzione (dalle scuole primarie all'università che, in molti casi, è l'unica dello Stato).

LE BARACCOPOLI DEL MONDO, MOLTI NOMI PER UNA SOLA REALTÀ

Baraccopoli in italiano, *bidonvilles* in francese, *slums* in inglese: i quartieri ghetto di cartone e latta hanno molti nomi. Il vocabolario più ricco è quello dell'America latina, dove questo fenomeno è drammaticamente diffuso. Si chiamano *favelas* (Brasile), *poblaciones* o *campamientos* (Cile), *colonias* o *ciudad perdida* (città persa, Messico), *villas miserias* (città miseria, Argentina), *pueblos jóvenes* (città giovani, Perù), *barrios* (Venezuela). Effettuare censimenti precisi degli abitanti delle baraccopoli è impossibile: tuttavia, secondo l'agenzia delle Nazioni Unite che si occupa di questo problema circa un terzo dei cittadini del Sud del mondo vive nelle *bidonvilles*, una percentuale impressionante che non sembra destinata a diminuire. La più estesa e popolosa è quella di Città del Messico (con circa 4 milioni di persone), seguita da quelle di altre città dell'America latina. Se si considerano non i valori assoluti, ma la percentuale rispetto alla popolazione, la situazione peggiore è quella dell'Africa subsahariana, dove il 66% delle persone vive in queste condizioni precarie.

▶ Baraccopoli alla periferia di Buenos Aires (Argentina).

COME SI CONTANO GLI ABITANTI DI UNA CITTÀ

Quanti abitanti ha una città? Quando può essere definita metropoli?
A queste domande è difficile rispondere in modo univoco: non esistono criteri generali, accettati da tutti per definire queste entità. Il termine **città** si usa **in senso geografico** per indicare un'area urbana continua che abbia una popolazione superiore a una determinata (ma variabile) cifra. Tuttavia, quasi ovunque questo termine viene utilizzato anche con **criteri politico-amministrativi** che tengono conto di numerosi fattori. In Italia il titolo di città viene conferito con un decreto del capo dello Stato in base a parametri che comprendono la popolazione, la storia e la rilevanza di un determinato centro. In Giappone una città deve avere almeno 50.000 abitanti e di questi almeno il 60% non deve lavorare nel settore primario. Nelle Filippine, invece, gli abitanti devono essere almeno 150.000, oppure ci deve essere un territorio urbanizzato di almeno 100 km^2 e un reddito dell'area superiore a 100.000 pesos filippini. Allo stesso modo, il concetto di **area metropolitana** può essere definito da un punto di vista meramente geografico o amministrativo (come insieme sottoposto a un'unica autorità di governo). Nel primo caso gli abitanti della città sono coloro che vivono nel territorio che risponde a un'unica autorità: secondo questo metodo di conteggio, Parigi ha 2.234.105 abitanti; se invece si considera la sua area metropolitana, la Grande Parigi, si arriva a oltre 10 milioni.

Intorno al centro moderno si estendono le **baraccopoli**, sterminati quartieri le cui abitazioni sono precarie, spesso di lamiera e cartone. Via via che arrivano, gli immigrati si sistemano in abitazioni di fortuna, inizialmente prive dei servizi minimi quali corrente elettrica, acqua e servizi igienici.
Con il tempo poi si arriva al consolidamento: nell'impossibilità di cacciare gli abusivi, che ricostruirebbero altrove le stesse baracche, le autorità in molti casi preferiscono concedere l'uso dei terreni agli abitanti.
Questi sono così indotti a organizzarsi e a dare una qualche stabilità agli insediamenti: case in muratura, allacciamenti regolari alla rete elettrica ecc.
Per un quartiere che si consolida, tuttavia, un altro si forma, in una catena senza fine che pone problemi immensi.
Questi agglomerati in perenne crescita costituiscono uno dei fenomeni più negativi dei processi di cambiamento in atto nel mondo.

LAVORA SUL TESTO

1. Sottolinea le caratteristiche delle megacittà del Sud del mondo.
2. Che cosa sono le baraccopoli? Sottolinea nel testo.
3. Quante persone vivono nelle baraccopoli nelle città del Sud del mondo? Sottolinea.
4. Indica i due principali criteri che vengono adottati nel conteggio degli abitanti di una città.

Capitolo 3 – Popoli e forme di insediamento

verifica delle conoscenze

RIORGANIZZARE LE CONOSCENZE

1. Completa il testo inserendo le parole corrette.

razze • Europoide • condizioni ambientali • somatiche • negroide • Homo sapiens • mongolide

A seconda delle differenze .... che caratterizzano i vari tipi umani si possono distinguere tre gruppi fondamentali: ...., ... e ....
Questi gruppi non devono essere considerati ....: è stato dimostrato che esiste un'unica razza umana e che tutti gli uomini appartengono alla specie ....
Le differenze nell'aspetto fisico sono frutto dell'adattamento biologico alle ....

2. Indica se le seguenti affermazioni sono vere o false.

	Vero	Falso
a. Oggi la crescita demografica è rallentata; si stima che nel 2050 la popolazione mondiale raggiungerà i 9,6 miliardi.	☐	☐
b. I migranti rappresentano un grave problema per i Paesi ricchi, perché portano criminalità e trasferiscono ricchezza ai loro Paesi d'origine.	☐	☐
c. A livello mondiale la popolazione rurale è superiore a quella urbana.	☐	☐
d. Le megalopoli sono enormi conurbazioni che superano i 40 milioni di abitanti.	☐	☐

3. Le religioni del mondo e la loro diffusione. Completa la tabella inserendo le informazioni mancanti.

Tipo di religione	Nome	Diffusione
Religioni	Cristianesimo	Europa, ...
	Islam	Nord ....
		Medio ....
		....
	....	Israele
Religioni	Buddhismo	
	Shintoismo	
Religioni	//	Africa, ...

CONOSCERE LE PAROLE DELLA GEOGRAFIA

4. Collega i termini con le rispettive definizioni.

1. Differenze somatiche
2. Identità
3. Integrazione
4. Tolleranza
5. Lingue orali
6. Idioma
7. Baraccopoli
8. Integralista

a. Persona che segue un'ideologia e/o una religione in modo intransigente, senza compromessi.
b. Accettazione sincera dell'altro e della sua identità.
c. Fusione di gruppi etnici in una sola comunità.
d. Insieme delle caratteristiche che qualificano e distinguono una persona.
e. Linguaggio proprio di un popolo.
f. Quartieri le cui abitazioni sono precarie e fatte di lamiere e cartone.
g. Diversità negli aspetti fisici, cioè quelli riguardanti il corpo.
h. Esclusivamente parlate, senza una tradizione scritta.

RIELABORARE LE CONOSCENZE

5. Completa la mappa concettuale.

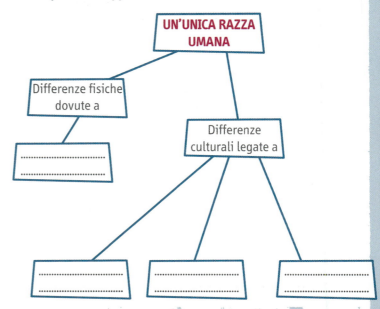

laboratorio delle competenze

ORIENTAMENTO

1. **Orientarsi nel mondo globale.** Individua con l'aiuto di un atlante le grandi città elencate sotto e indica con un pallino nel planisfero la loro posizione. Rispondi poi alle domande.

   a. Quante di queste città si trovano in Europa? Sottolineale in rosso. Quante in Asia, quante in America? Sottolineale in blu e in nero.

   b. In quale continente se ne trovano di più? ....

LE GRANDI CITTÀ DEL MONDO

1. Tokyo
2. Giakarta
3. Seoul
4. Delhi
5. Shanghai
6. Manila
7. Karachi
8. New York
9. San Paolo
10. Città del Messico
11. Il Cairo
12. Beijing (Pechino)
13. Osaka
14. Mumbai (Bombay)
15. Guangzhou
16. Mosca
17. Los Angeles
18. Kolkata (Calcutta)
19. Dacca
20. Buenos Aires

STRUMENTI E LINGUAGGIO DELLA GEOGRAFICITÀ

2. **La crescita della popolazione nelle regioni più e meno sviluppate.** Costruisci un diagramma per confrontare lo sviluppo della popolazione nelle regioni più povere e in quelle più ricche del pianeta negli ultimi 60 anni.

   Inserisci i dati della tabella nel grafico che trovi sotto, poi traccia una linea che colleghi i punti individuati per i Paesi sviluppati e una linea di un altro colore per i Paesi meno sviluppati.

Anno	Popolazione Paesi sviluppati (in milioni)	Popolazione Paesi meno sviluppati (in milioni)
1950	812.943	1.712.836
1960	915.034	2.110.969
1970	1.008.230	2.682.943
1980	1.083.077	3.365.971
1990	1.148.278	4.172.538
2000	1.193.355	4.934.346
2010	1.240.935	5.675.249

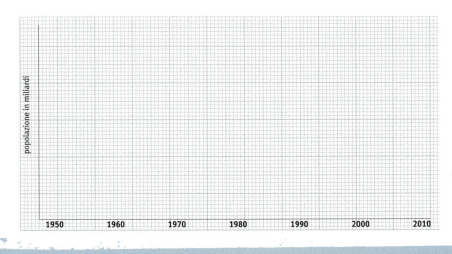

3. **Rispondi sul quaderno.**

   a. In quale parte del mondo c'è stato un forte aumento demografico? Scrivi un breve testo che ne elenchi i motivi.

Capitolo 3 – Popoli e forme di insediamento

scenario: LA GLOBALIZZAZIONE: L'INTERO PIANETA COME UN UNICO SPAZIO ECONOMICO

Il computer ha cambiato il modo di vivere delle persone: è vero per la nostra vita quotidiana, ma ancora più profondi sono stati i cambiamenti che si sono verificati nell'economia mondiale.

Sopra: Il Mac plus di Apple del 1986. A sinistra: Programmi sempre più sofisticati e creativi consentono oggi di utilizzare i computer per progettare, lavorare, giocare. L'immagine mostra il progetto di un'abitazione in 3D.

Il primo pc

di Steven Johnson

Nerd
Il termine viene utilizzato per indicare persone con grande predisposizione all'utilizzo e alla programmazione di computer, ai giochi di ruolo ecc. ma tendenzialmente solitari e poco interessati a socializzare.

Le Corbusier (1887-1965)
Grande architetto del Novecento.

David Lynch
Regista cinematografico statunitense che negli anni Ottanta ha diretto alcuni film di grande successo.

Nell'autunno del 1986, durante il primo anno di università, mio cugino mi accompagnò a comprare il mio primo Macintosh. Il Mac era nato due anni prima e Apple aveva appena lanciato una nuova macchina, il Mac plus, con 1 megabyte di Ram: una capacità di memoria sorprendente per gli standard dell'epoca.
Il Mac non aveva ancora un disco rigido, così mio cugino, molto più tecnologico di me, mi consigliò di comprare anche una confezione di dieci floppy disk. Lo guardai stupito. Il computer mi serviva solo per scrivere racconti e tesine.
"A che mi servono i dieci floppy disk?", gli dissi, "me ne basta uno".
Lui si mise a ridere.

"Dammi retta, comprali".
Ancora oggi, ogni volta che lo chiamo per dirgli che ho comprato un nuovo computer, con i suoi gigabyte di memoria, mio cugino si fa una risata e ripete: "Me ne basta uno". Quel primo Macintosh ha fatto molto più che aumentare le mie esigenze di archiviazione di dati. Ha **cambiato del tutto il mio rapporto con la tecnologia** e di conseguenza la mia vita.
Oggi si stenta a ricordarlo, ma a metà degli anni Ottanta la mania del computer non era un segno di distinzione culturale. Era solo roba da **nerd**.
I computer dell'epoca trasmettevano la stessa allegria di un'analisi di bilancio e i creativi li usavano controvoglia.

Ma il Mac aveva qualcosa di diverso. Già lo schermo bianco era un cambiamento rivoluzionario, dopo anni di testi verdi su sfondo nero. E poi i caratteri tipografici! Quel computer considerava i font come una forma d'arte, non come un semplice insieme di pixel. Lo schermo sembrava uno spazio dove avresti voluto abitare facendolo tuo. Parafrasando **Le Corbusier**, il Mac era la macchina in cui tutti avrebbero voluto vivere. Tempo dopo ho cominciato a impaginare riviste studentesche e a mettere in imbarazzo i miei amici mostrando loro giochi nuovi durante feste in cui tutti parlavano di **David Lynch**.
Con il senno di poi, mi rendo conto che alla base di quelle fissazioni c'era un filo conduttore che univa i miei interessi come un fiume sotterraneo: l'idea che la dimensione più affascinante della nostra cultura è il punto d'intersezione tra gli studi umanistici e le nuove tecnologie.

(Da *The Wall Street Journal*, in *Internazionale*, 2 settembre 2011)

Capitolo 4 L'ECONOMIA GLOBALE

Un'economia planetaria

I progressi delle telecomunicazioni e dell'informatica hanno rivoluzionato la modalità di produzione e di distribuzione delle merci.

Oggi l'economia è organizzata a livello planetario: gran parte di ciò che acquistiamo arriva da luoghi lontani anche migliaia di chilometri e, soprattutto, è il risultato di un **processo produttivo distribuito su scala planetaria**.

Un esempio può aiutarci a considerare i diversi aspetti di questa situazione.

Pensiamo a un oggetto d'uso quotidiano come un paio di scarpe sportive.

In bella vista, le scarpe riportano il logo di un'azienda che ha i suoi uffici principali negli Stati Uniti, dove sono state progettate.

Il progetto è stato inviato via Internet a una fabbrica in Thailandia, dove le scarpe sono state materialmente prodotte. Le scatole variopinte, nelle quali le scarpe sono state impacchettate, sono invece arrivate dalla Corea.

Una volta confezionate, le scarpe sono state spedite per nave in tutto il mondo: noi le abbiamo acquistate, per ipotesi, in un negozio che fa parte di una grande catena di distribuzione francese.

E ancora: probabilmente abbiamo scelto proprio quel marchio perché convinti dallo spot pubblicitario (girato in Gran Bretagna) che ha per protagonista il campione della nostra squadra di calcio del cuore: un giocatore che potrebbe essere brasiliano di nascita, ma noto e apprezzato dagli sportivi di tutta Europa.

Un processo senza eguali

Lo scenario che abbiamo delineato contraddistingue quasi **tutto ciò che può essere comprato e venduto**: vale per **oggetti "fisici"** come automobili e computer, giocattoli e abiti, cibi e bevande, che vengono trasportati con navi, treni e camion; vale anche per **merci "immateriali"** che viaggiano lungo le reti di comunicazioni, come informazioni e programmi software, videogiochi, film, canzoni, persino servizi e attività finanziarie. Inoltre, questa dimensione globale si estende ai **lavoratori** stessi, protagonisti, come abbiamo visto, di **migrazioni di massa** da un continente all'altro. Questi sono gli aspetti più evidenti della **globalizzazione**, un termine in uso da circa 30 anni per indicare la progressiva creazione di **uno spazio economico unico ed esteso** a livello mondiale in cui merci, informazioni, capitali e persone si "scambiano" da un Paese all'altro. Anche in passato carovane e velieri assicuravano il trasporto dei prodotti più richiesti e di maggior valore quali oro, spezie e seta; anche allora insieme alle merci circolavano notizie, tecniche, culture e persone (a volte liberamente, altre volte, come gli schiavi, in catene). Ciò che è avvenuto nel mondo durante l'ultimo quarto del secolo scorso, tuttavia, è un processo che non ha uguali nella storia per quantità degli scambi, estensione delle regioni coinvolte e profondità dei cambiamenti introdotti dal punto di vista economico, sociale e culturale. Nel giro di alcuni decenni, infatti, è **cambiato il modo in cui sono organizzati i tradizionali settori produttivi** (agricoltura, industria e servizi): di conseguenza, il panorama dell'economia mondiale risulta profondamente mutato.

◀ Un'operaia cinese in una fabbrica di componenti per computer.

▲ Una nave carica di container in partenza dal porto di Hong Kong.

4 | L'ECONOMIA GLOBALE

4.1 | L'AGRICOLTURA NEL MONDO

▲ A sinistra: mietitura meccanizzata nel Canada occidentale. Sopra: una grande piantagione di caffè in Brasile.

▲ Contadino indiano al lavoro nei campi.

L'agricoltura di mercato

Agricoltura e allevamento sono praticate ovunque: nel mondo le **terre coltivate** si estendono per circa **15 milioni di km²**, una superficie di poco inferiore a quella dell'intera America del Sud.

Le produzioni e le rese dei terreni sono, però, molto diversificate in relazione sia a **fattori naturali** (clima e conformazione dei suoli) sia alla maggiore o minore **organizzazione delle aziende**.

Oggi gran parte della produzione agricola mondiale è **orientata al mercato**.

Questo significa che le moderne aziende coltivano i prodotti e allevano gli animali in funzione dei gusti dei consumatori e delle possibilità di lavorarli, imballarli e venderli nei Paesi in cui i guadagni sono maggiori. Le società sono organizzate come imprese industriali e fanno largo uso di **macchinari** polivalenti e **prodotti chimici** (fertilizzanti, diserbanti e antiparassitari); questo richiede anche ingenti **investimenti di capitali**.

Di conseguenza, le aziende tendono a **specializzarsi**, in modo da ottenere il massimo rendimento con il minimo di manodopera. Infine, ogni scelta avviene in **stretto contatto con le industrie alimentari** che lavorano e distribuiscono nel mondo i prodotti. Si usa l'espressione **sistema agroindustriale** per indicare quest'insieme di attività strettamente collegate tra loro.

Intensiva ed estensiva: due diversi modi di sfruttare il territorio

Nei Paesi sviluppati questa organizzazione si attua attraverso l'**agricoltura intensiva** di prodotti ricercati sul mercato, come **ortaggi, frutta, viti** ed è tipica, oltre che di ampie aree dell'Europa, di regioni del mondo con un clima mediterraneo (la Nuova Zelanda, il Cile, il Sudafrica).

La moderna agricoltura **estensiva** si compone di aziende vaste decine di chilometri quadrati (così grandi che per spargere diserbanti o concimi si usano addirittura piccoli aeroplani) ed è tipica delle grandi pianure dell'America settentrionale e meridionale.

Si coltivano cereali (grano, mais e soia) o foraggi per l'**allevamento** dei bovini. La forma più spinta di agricoltura specializzata è quella di **piantagione**, cioè una **monocoltura destinata all'esportazione**: si coltiva un solo prodotto, il più adatto ai terreni e al clima e il più redditizio sul mercato internazionale.

Le piantagioni sono diffuse soprattutto nelle regioni tropicali umide, nell'America centrale e insulare e nelle zone costiere del Brasile, lungo le coste dell'Africa e nell'Asia sud-orientale. Sono state create dagli Europei durante i secoli della colonizzazione: nelle terre conquistate, i nuovi venuti hanno intrapreso la coltivazione di piante locali e trapiantato altre colture, per sfruttare al meglio le condizioni geografiche e ambientali.

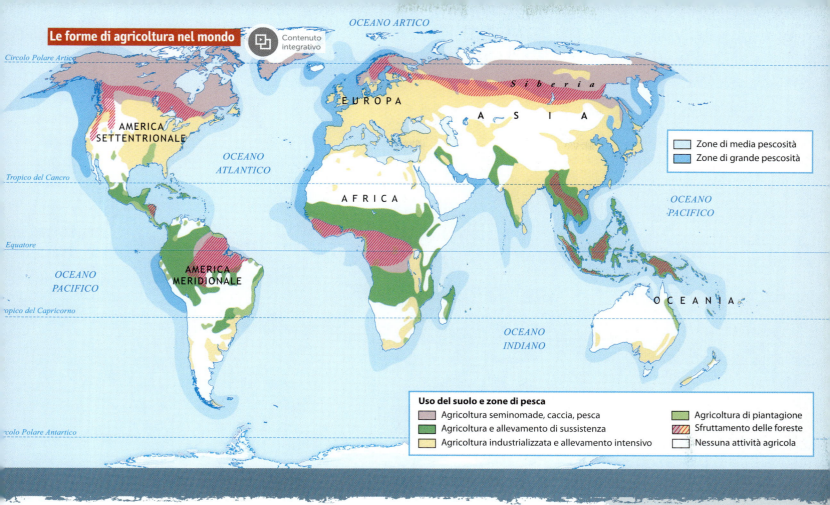

Il **caffè**, ad esempio, è originario dell'Africa ma oggi vede tra i produttori principali Brasile e Vietnam; il **cacao**, proveniente dalle Americhe (Aztechi e Maya), si coltiva in Costa d'Avorio, Guinea e Indonesia; la **canna da zucchero**, di origine indiana, è diffusa nei Caraibi, in Messico e Brasile. Nelle piantagioni si coltivano anche piante industriali: **cotone** (oltre nei tre giganti Cina, India e USA, anche in Pakistan e Turchia), **lino** (Vietnam, Russia) e **caucciù**, da cui si ricava la gomma (Thailandia, Malesia, Indonesia).

L'agricoltura tradizionale

All'estremo opposto si trova l'agricoltura delle regioni più arretrate, diffusissima in gran parte dell'Asia, dell'Africa e dell'America latina. Le attività sono svolte con **sistemi tradizionali**, impiegando pochissimi macchinari, sia perché mancano i capitali per comprarli, sia perché la manodopera è abbondante. Gli addetti sono molto numerosi e si impiegano ancora gli animali da lavoro. Le aziende sono piccole, si produce quello che serve per **l'autoconsumo** (cioè per l'alimentazione della famiglia) e si vende quello che avanza al **mercato locale**.

SETTORE PRIMARIO: I PRIMI PRODUTTORI MONDIALI

Grano	Cina	**Tè**	Cina
Riso	Cina	**Cotone**	Cina
Mais	USA	**Legname**	USA
Patate	Cina	**Carta**	Cina
Canna da zucchero	Brasile	**Bovini**	USA
Cacao	Costa d'Avorio	**Ovini**	Cina
Caffè	Brasile	**Suini**	Cina
		Pesca	Cina

◉ COMPLETA

1. Oggi le moderne aziende agricole sono organizzate come imprese industriali, usano .... e prodotti .... che richiedono investimenti di ....

2. L'agricoltura .... è rivolta alla produzione di ortaggi, frutta e viti, quella estensiva invece si concentra sulla coltivazione di .... e .... per l'esportazione.

3. I prodotti tipici dell'agricoltura di piantagione (destinati all'esportazione) sono: ....
....

▲ Allevamento intensivo di bovini su piani sovrapposti in Giappone.

▲ Un peschereccio: il primato mondiale del pescato spetta oggi alla Cina.

4.2 ALLEVAMENTO E PESCA

Allevamento

L'organizzazione dell'allevamento nel mondo rispecchia quella dell'agricoltura.

Nei Paesi più sviluppati i **progressi scientifici** hanno permesso di **migliorare** le tecniche di allevamento attraverso la **selezione genetica delle razze** e di **ampliare** le superfici destinate al pascolo.

Inoltre, si sfruttano le caratteristiche fisiche e geografiche dei diversi territori diversificando i tipi di allevamenti: nelle grandi praterie dell'America centro-settentrionale e meridionale, in Australia e in Nuova Zelanda è molto diffuso l'**allevamento brado** (libero) dei **bovini da carne**; nelle regioni dove invece i terreni per il pascolo sono scarsi (Europa, Giappone e America settentrionale), vengono allevati principalmente **bovini da latte** all'interno di grandi stalle e nutriti con foraggi e mangimi industriali.

L'allevamento dei bovini da carne e da latte è tipico dei Paesi sviluppati, perché molto costoso.

Nei Paesi meno sviluppati, invece, i bovini sono utilizzati esclusivamente come **animali da lavoro** e i terreni sono destinati per lo più alle coltivazioni agricole. Si allevano invece **suini** e **pollame** che necessitano di minori investimenti. I terreni della savana e delle steppe desertiche, inutilizzabili per la coltivazione, sono sfruttati per l'allevamento nomade di **pecore e capre**.

L'importanza della pesca

Si stima che circa 1 miliardo di persone dipende dal pesce come fonte principale di proteine. Soprattutto nei Paesi a basso reddito dell'Asia orientale e dell'Africa. Il primato delle flotte pescherecce spetta a nazioni di recente sviluppo: **Cina**, **Perù**, **Cile**, **Indonesia**, **India**, che hanno affiancato i Paesi di antica tradizione come **Giappone**, **Russia**, **Stati Uniti** e **Norvegia**. In diverse aree, tuttavia, vi è il rischio di **esaurimento delle risorse ittiche**. Infatti, si catturano più pesci di quelli che fanno in tempo a riprodursi: per questo la concorrenza è sempre più accesa e molti Stati hanno esteso fino a 200 miglia dalle coste le zone economiche esclusive (ZEE) riservate solo ai propri pescherecci. Questo, tuttavia, ha dato origine a proteste e contrasti anche molto aspri. Un sistema per incrementare le scorte di pesce e preservare la specie è lo **sviluppo dell'acquacoltura**, cioè dell'allevamento di pesci e molluschi in bacini artificiali d'acqua dolce o di mare.

Un impianto per l'acquacoltura in Malesia.

IL CONSUMO DI PROTEINE ITTICHE NEL MONDO

Regione	Consumo (kg pro capite/anno)
Africa	9,1
America latina	9,9
Asia	20,7
Europa	22
America settentrionale	24,1
Oceania	24,6
Media mondiale	**18,4**

Consumo di pesce pro capite all'anno (kg)

GLI ALIMENTI PIÙ PRODOTTI AL MONDO

Produzioni agricole per valore commerciale.

1. Latte bovino
2. Riso
3. Grano
4. Uova
5. Soia
6. Latte di bufala
7. Verdura fresca
8. Mais
9. Cotone
10. Patate
11. Zucchero di canna
12. Uva
13. Pomodori
14. Mele
15. Noci
16. Manioca
17. Olio di colza
18. Aglio
19. Cipolle
20. Banane

CIBO A CHILOMETRO ZERO

"A chilometro zero": questa è l'indicazione per frutta, verdura, formaggi, carne e altri prodotti agricoli che vengono coltivati nelle aree immediatamente vicine ai luoghi in cui sono rivenduti. Sono chiamati anche alimenti "a filiera corta" perché di solito sono venduti direttamente dagli agricoltori. Questo garantisce diversi vantaggi:

- **economici**: perché l'eliminazione degli intermediari e dei costi di trasporto permette a chi acquista di pagare prezzi inferiori e a chi vende di realizzare comunque un guadagno superiore rispetto a quello che otterrebbero dai grossisti;
- **ecologici**: perché si riducono le emissioni e l'inquinamento generati dai mezzi di trasporto;
- **qualitativi**: perché gli alimenti sono freschi, non hanno dovuto subire trattamenti con conservanti o altri additivi, né sono stati colti verdi e fatti maturare in viaggio. Questo consente di avere una qualità e una genuinità maggiori rispetto a prodotti che hanno viaggiato per centinaia, se non migliaia, di chilometri su navi o camion.

Per queste ragioni la spesa "a chilometro zero" sta riscuotendo un crescente successo tra i consumatori del mondo occidentale: in tutte le grandi città si moltiplicano le iniziative di questo tipo promosse dalle associazioni di coltivatori.

◀ Mercato di prodotti agricoli a chilometro zero.

CIBO SENZA CONFINI

Il settore primario è stato trasformato dai processi di industrializzazione e di globalizzazione. Il sensibile abbassamento dei costi di trasporto ha riguardato anche i prodotti dell'agricoltura, dell'allevamento e della pesca; nuovi e più efficienti sistemi di refrigerazione hanno permesso di estendere i viaggi oceanici anche al trasporto di merci deperibili come ortaggi, frutta e verdura, pesce e carni. Oggi sui banchi dei supermercati italiani è normale trovare, a seconda delle stagioni, aglio cinese, arance sudafricane o pere argentine. Mentre un tempo l'Europa importava quasi esclusivamente prodotti considerati "esotici" e coltivabili solo in particolari climi, oggi con la riduzione dei costi di trasporto e i miglioramenti nelle tecniche di conservazione si importano dagli altri continenti alimenti di tutti i tipi, anche quelli coltivabili sul posto.

● COMPLETA

1. Completa la tabella.

Dove	Allevamento
Nei Paesi sviluppati	....
Nei Paesi poco sviluppati	....

● RISPONDI

2. In quale continente si consuma la maggiore quantità di pesce?
3. Quali pericoli comporta la pesca di tipo industriale?
4. Che cosa si intende per acquacoltura?

Capitolo 4 – L'economia globale

Cittadinanza — Fame e sete, flagelli per un terzo dell'umanità

La fame

"Sradicare la povertà estrema e la fame" era il primo degli "**Obiettivi di sviluppo del millennio**", l'impegno preso nel 2000 da tutti i capi di Stato dei Paesi dell'ONU. Per la fame, in particolare, il traguardo era dimezzare, tra il 1990 e il 2015, il numero delle persone denutrite (che allora erano 1 miliardo e 200 milioni). L'obiettivo ormai è mancato. Oggi **925 milioni di persone sono denutrite**, vivono, cioè, al di sotto del livello di consumo alimentare minimo. In questa condizione di fame permanente si trova il **13% della popolazione mondiale** (era il 20% nel 1990) e si concentra soprattutto in **Africa**. Infatti, mentre si prevede che l'Asia, grazie soprattutto ai progressi di Cina, Indonesia e Filippine, riuscirà a dimezzare il numero di denutriti, in Africa, al contrario, la situazione negli ultimi anni è andata peggiorando. Chi paga il prezzo più alto sono i **bambini**: nascono sottopeso, crescono con una dieta povera, sono più facilmente vittime di malattie. Le stime parlano di 7,5 milioni di morti al di sotto dei 5 anni di età all'anno, 21.000 al giorno. La metà in soli cinque Paesi: India, Nigeria, Repubblica Democratica del Congo, Pakistan e Cina. Eppure oggi la produzione di cibo sarebbe sufficiente a coprire il fabbisogno alimentare dell'intera popolazione mondiale; per di più, come abbiamo visto, i moderni sistemi di conservazione, stoccaggio e trasporto consentono di rifornire le regioni dove il cibo scarseggia. Ma allora perché si continua a morire per fame? Perché il cibo costa troppo e i prezzi sono in aumento a causa, soprattutto, della speculazione finanziaria sulla vendita dei cereali.

I possibili rimedi

Di fronte a questa situazione l'ONU propone **rimedi** (relativamente) semplici:

- **impedire la speculazione sui cereali**, nell'ambito di un più generale controllo sulla finanza;
- **aiutare chi è in difficoltà**: gli Stati ricchi nel 2000 si erano impegnati a destinare lo 0,7% del proprio PIL per il raggiungimento degli Obiettivi del millennio. Nel 2012, però, erano ancora molto lontani da tale risultato: in media, i Paesi stanno devolvendo solo lo 0,3% (e l'Italia ancora meno: lo 0,16%);
- i cittadini delle nazioni più sviluppate sono chiamati a **evitare gli sprechi**: secondo uno studio della FAO (Food and Agriculture Organization, l'organizzazione delle Nazioni Unite per l'alimentazione e l'agricoltura), 1,3 miliardi di tonnellate di cibo vengono sperperate ogni anno. Solo per l'Italia si parla di 20 milioni di tonnellate all'anno, una quantità di cibo sufficiente a sfamare 40 milioni di persone.

Le istituzioni, oltre a promuovere campagne di sensibilizzazione, hanno iniziato a rivedere le procedure della catena industriale di produzione e distribuzione, per intervenire in modo sistematico e raggiungere risultati significativi e permanenti.

GLI OBIETTIVI DI SVILUPPO DEL MILLENNIO

Gli Obiettivi di sviluppo del millennio (*Millennium Development Goals* o MDG) sono stati fissati solennemente nel 2000 e tutti gli Stati membri dell'ONU si sono impegnati a raggiungerli entro il 2015. La "Dichiarazione del millennio delle Nazioni Unite" impegna gli Stati a:

1. sradicare la povertà estrema e la fame;
2. rendere universale l'istruzione primaria;
3. promuovere la parità dei sessi e l'autonomia delle donne;
4. ridurre la mortalità infantile;
5. migliorare la salute materna;
6. combattere l'AIDS, la malaria e altre malattie;
7. garantire la sostenibilità ambientale;
8. sviluppare un partenariato mondiale per lo sviluppo.

Per ciascun obiettivo sono descritti gli indicatori (cioè gli aspetti da considerare) e sono fissati i risultati (totali o parziali) da raggiungere entro il 2015.

Bambini sottopeso sotto i 5 anni di età (%) — 1990 / 2010
(Africa, Asia*, America latina e centrale, Oceania**, Paesi in via di sviluppo, Paesi sviluppati, Mondo)

* Escluso il Giappone
** Esclusi Australia e Nuova Zelanda

▲ Il grafico mostra la percentuale della popolazione mondiale al di sotto dei 5 anni che soffre di denutrizione.

▼ La radice di manioca è la terza più importante fonte di carboidrati e una delle principali fonti di cibo per molte popolazioni africane.

MODULO 1 – IL NOSTRO PIANETA

L'accesso all'acqua

Ancora più difficile sembra riuscire a garantire l'acqua a tutti gli abitanti della Terra, indispensabile alla vita: in base ai dati dell'OMS, l'Organizzazione Mondiale della Sanità, **900 milioni di persone non hanno accesso all'acqua potabile** e 2,6 miliardi non dispongono di servizi igienico sanitari. Anche in questo il Sud del mondo e l'Africa in particolare sono nelle condizioni più critiche. **La situazione è destinata a peggiorare**: nel Novecento il consumo di acqua è aumentato di sei volte (e la popolazione di tre); continuando così nel 2025 due terzi dell'umanità si troverà in condizioni di emergenza idrica. Secondo molti analisti, l'acqua potabile nei prossimi decenni sarà ancora più contesa del petrolio: mentre quest'ultimo può essere sostituito, l'acqua è indispensabile. Inoltre, è una **risorsa rara**: l'acqua dolce utilizzabile per i bisogni umani è meno dell'1% di quella totale. Per questo il problema dell'accesso alle risorse idriche è di **grande rilevanza politica** e costituisce una delle maggiori **cause di attrito** tra popolazioni e Stati (vedi planisfero).

Oggi circa il 40% della popolazione mondiale dipende per l'acqua da **fiumi e laghi condivisi tra più Stati** (ad esempio il Colorado, che scorre tra USA e Messico, il Giordano tra Israele e Territori palestinesi, il Gange tra India e Bangladesh). Se gli Stati a monte utilizzano senza limiti le acque, le popolazioni che vivono lungo il corso inferiore restano senza. Per evitare conflitti è indispensabile definire nuove **norme internazionali** e regolare l'uso delle acque. Anche per questo ha avuto grande rilevanza la risoluzione approvata dall'Assemblea generale delle Nazioni Unite nel luglio del 2010, dopo 15 anni di discussioni, per includere il **diritto all'acqua tra quelli fondamentali e inalienabili**.

Oggi "l'accesso a un'acqua potabile pulita e di qualità e a installazioni sanitarie di base è un diritto dell'uomo, indispensabile per il godimento pieno del diritto alla vita". Ora si tratta di mettere in pratica questa risoluzione, facendo così un passo avanti nella gestione condivisa e regolata delle risorse del pianeta che appartengono all'intera umanità.

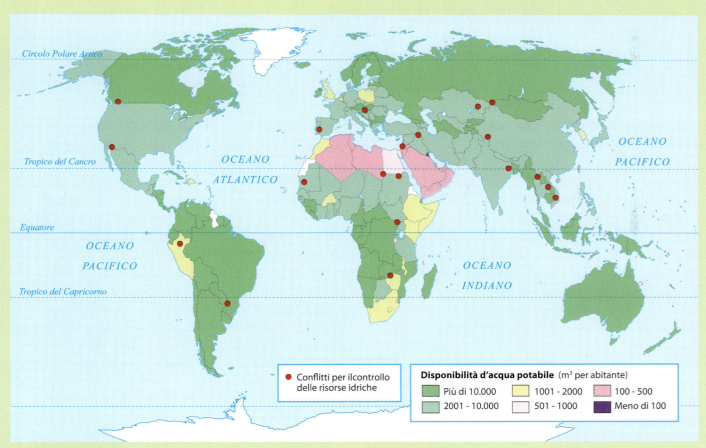

▲ Il planisfero mostra i livelli di accesso all'acqua potabile nel mondo e le regioni in cui il controllo delle risorse idriche potrebbe portare a dei conflitti. Come si può notare, i due dati sono strettamente correlati tra loro.

Attività

▶ Fai una ricerca sul Banco Alimentare, un'organizzazione che si occupa della fame nel mondo. Puoi partire dal sito www.bancoalimentare.it per scoprire come opera, se ci sono delle sedi nella tua regione e i risultati che ha ottenuto.

DELOCALIZZAZIONE E *OUTSOURCING*

La delocalizzazione consiste nello spostamento degli impianti di produzione e, quindi, di tutta la fabbrica, in Paesi dove i costi sono minori. L'impresa mantiene la proprietà degli impianti. Nel caso dell'*outsourcing*, invece, un'azienda affida ad altre, del tutto indipendenti, lo svolgimento di una determinata attività (ad esempio la gestione della contabilità o la costruzione di componenti specifiche). In questo modo l'azienda "madre" può concentrarsi sulle attività più importanti, riducendo i costi per gli impianti e aumentando o diminuendo il numero dei fornitori esterni a seconda delle richieste del mercato. In entrambi i casi, un'impresa può svolgere o far svolgere attività in Paesi diversi: con la delocalizzazione la realizza in industrie di cui è proprietaria o di cui ha il controllo, mentre con l'*outsourcing* le affida a imprese diverse. Nel primo caso, quindi, l'attività esce dai confini nazionali ma resta all'interno del gruppo industriale; nel secondo si svolge al di fuori del gruppo.

▲ Operaio cinese al lavoro in una fabbrica di automobili della Peugeot nella città di Wuhan.

4.3 LA FABBRICA GLOBALE

I rivolgimenti dell'economia mondiale: Paesi in declino e Paesi emergenti

Quarant'anni fa gran parte della produzione industriale era concentrata in **tre poli** dell'economia mondiale: **Nordamerica, Europa e Giappone**.

Nel 1976, il **G7**, ovvero il gruppo che riuniva le più importanti nazioni industrializzate, comprendeva sette Stati: **Stati Uniti, Gran Bretagna, Francia, Germania, Giappone, Italia, Canada**. I componenti del **G8** (ai sette iniziali nel 1998 si è aggiunta la **Russia**) rappresentavano oltre i due terzi della ricchezza e la metà del PIL del mondo. Oggi, i grandi vertici economici comprendono anche altre cinque nazioni: Cina, India, Brasile, Messico e Sudafrica. La **Cina**, grazie alla disponibilità di abbondante manodopera a bassissimo costo e a un enorme mercato interno, è la seconda potenza economica del mondo e la prima per esportazioni complessive. L'**India**, in virtù dell'alta qualificazione dei suoi tecnici e della padronanza della lingua inglese (retaggio coloniale), è oggi ai vertici mondiali nelle industrie di software e nella fornitura in *outsourcing* (vedi box) di servizi informatici. I due colossi asiatici sono ormai due potenze globali. Nel corso di un periodo relativamente breve, il panorama economico mondiale è stato quindi sconvolto: la Cina è diventata la **prima nazione al mondo per quantità di esportazioni** ed è seconda, dietro agli USA, per quanto riguarda le importazioni.

Fino a qualche decennio fa, al di fuori dei tre poli tradizionali, si producevano soprattutto beni di consumo locale e prodotti a basso contenuto tecnologico (abiti, alimenti, biciclette ecc.); oggi la situazione è molto più varia e diversificata. Nei Paesi che fin dagli anni Ottanta erano chiamate le **Tigri d'Oriente** (**Corea del Sud, Taiwan, Singapore e Hong Kong**) si sono sviluppate industrie ad alto valore tecnologico. In **India e Cina** sono cresciuti tutti i tipi di produzione: sia quelli manifatturieri, sia le industrie tecnologicamente più avanzate, insieme all'**industria pesante**. Anche in **America latina** si sono sviluppate diverse imprese, soprattutto in Brasile (che è un leader mondiale in campo siderurgico) e Messico.

Brasile, Messico e Sudafrica rappresentano invece potenze regionali in crescita.

La straordinaria crescita delle industrie nelle nuove potenze economiche mondiali ha provocato **enormi contraccolpi** nei tre poli storici. Interi **settori sono stati abbandonati**, perché non in grado di reggere la concorrenza internazionale di Paesi con impianti più efficienti e manodopera meno costosa; ciò è avvenuto in particolare nei comparti delle **miniere**, della **siderurgia** e del **tessile**.

In generale, nei tre poli storici si sono drasticamente **ridotti i settori tradizionali**, cioè le manifatture e le produzioni a **basso valore aggiunto**, mentre si sono mantenuti o sono cresciuti i comparti più avanzati: elettronica, telecomunica-

▲ Due operai al lavoro durante la costruzione di un ponte.

▲ Un moderno studio televisivo.

Alto e basso valore aggiunto
Indica la differenza tra il valore finale di un prodotto e il *costo delle materie necessarie per produrlo*. Nelle manifatture di beni di consumo di base (ad esempio un tessuto per abbigliamento) il valore aggiunto è basso, poiché non ci sono spese per la ricerca e la manodopera costa poco. In un prodotto ad alta tecnologia, come un pannello fotovoltaico, al contrario, le spese per la ricerca e lo stipendio di lavoratori più qualificati incidono molto di più sul prezzo finale: il valore "aggiunto" ai costi iniziali è, quindi, più grande.

Know how
L'insieme delle conoscenze tecniche e aziendali maturate nel tempo grazie alla ricerca e all'esperienza e di alto valore economico, in quanto patrimonio di una o poche persone in grado di progettare e produrre prodotti complessi.

zioni, aerospaziale, energie rinnovabili, chimica avanzata e biotecnologie e tutte le produzioni ad **alto valore aggiunto** che richiedono manodopera qualificata, elevate competenze, laboratori e centri di ricerca. Le industrie hanno cercato di reggere la concorrenza riorganizzandosi, aumentando l'**automazione** e, soprattutto, spostando la produzione nei Paesi emergenti. In molti casi, infatti, le imprese abbinano la **delocalizzazione** con l'*outsourcing* nel Nord del mondo e dove prima sorgeva la fabbrica originaria, rimangono gli uffici della direzione e, di solito, i laboratori di ricerca che utilizzano lavoro altamente qualificato e detengono il **know how**.

La crescita del terziario avanzato

Nei tre poli storici, infine, è cresciuto soprattutto il **terziario avanzato**, gran parte delle attività di **ricerca**, **attività bancarie e finanziarie**, imprese di **comunicazione, informazione e intrattenimento**.
In questo modo si attua una nuova divisione planetaria del lavoro: vi sono Paesi in cui prevalgono le attività legate allo sfruttamento delle risorse agricole e minerarie, altri in cui si collocano le industrie e altri ancora, situati nel Nord del mondo, dove prevalgono le attività terziarie e finanziarie. Tutto ciò ha pesanti ripercussioni sul piano dell'occupazione: miniere, impianti siderurgici, fabbriche di automobili ecc. hanno chiuso in Europa e negli Stati Uniti, creando un esercito di **disoccupati**.
Se è vero che la crescita del terziario produce nuovi posti di lavoro, va tenuto conto che non sempre chi ha perso l'impiego nel settore industriale può riqualificarsi in un ambito differente.

LAVORA SUL TESTO

1. Sottolinea quali sono i punti di forza economici di Cina e India.
2. Quale tipo di industria si è sviluppato nelle cosiddette Tigri d'Oriente? Sottolinea nel testo.
3. Individua le conseguenze che ha avuto lo sviluppo delle nuove potenze economiche sui tre poli storici.
4. In che modo le imprese hanno cercato di riorganizzarsi per reggere la concorrenza?

LAVORA SUL LESSICO

5. Quali sono le differenze tra *outsourcing* e *delocalizzazione*?

Capitolo 4 – L'economia globale

geostoria
LA RIVOLUZIONE INFORMATICA: DAL PERSONAL COMPUTER AI ROBOT

Un'invenzione recente e rivoluzionaria

Oggi l'**informatica** domina da protagonista la nostra esistenza e la rete Internet: i cellulari e i computer sono strumenti di informazione, svago e lavoro quotidiani.

Fino a pochi decenni fa, tuttavia, essi non esistevano. I cambiamenti intervenuti sono così ampi e profondi che molti studiosi usano l'espressione **Rivoluzione informatica** per descrivere il processo che ha investito il mondo negli ultimi decenni.

Proviamo a ripercorrerli. Nel 1946 il primo calcolatore elettronico, costruito con valvole e interruttori, occupava lo spazio di un capannone di 30 metri. Trentacinque anni dopo, stava su una scrivania ed era infinitamente più potente e più veloce. Nel dicembre 1982 la rivista americana "Time" proclamò il personal computer "**personaggio dell'anno**", per l'importanza che aveva assunto a ogni livello nella vita quotidiana e nell'immaginario collettivo. È stato il passaggio dalle valvole ai circuiti integrati, infinitamente più piccoli, efficienti, economici e duraturi a consentire questo straordinario progresso. Grazie a questo salto tecnologico, il computer da enorme è diventato "personal", uno strumento in grado di stare su un tavolo, pronto a diventare un oggetto d'uso negli uffici e nelle case.

Un nuovo modo di lavorare

Quando il personal computer è divenuto un "personaggio", aveva già contribuito a innovare profondamente il mondo del lavoro, dalla produzione ai servizi: con l'introduzione della **robotica** (l'informatica applicata ai robot) nelle fabbriche è stato possibile affidare alle macchine le operazioni più ripetitive (ad esempio l'avvitamento di parti) o pericolose (quali saldatura o verniciatura). **Robot** sempre più sofisticati sono stati costruiti e programmati in modo da impugnare attrezzi diversi e svolgere operazioni diverse.

L'utilizzo dell'**informatica nei lavori di ufficio** ha introdotto cambiamenti anche più radicali. Il personal computer ha permesso di velocizzare e automatizzare operazioni quali il calcolo, la contabilità, la gestione e l'archiviazione dei dati.

L'utilizzo delle nuove tecnologie ha richiesto però un **maggiore livello di competenze** negli addetti all'uso e alla manutenzione di queste macchine: se un buon numero di attività sono ora gestite in automatico dai programmi, i lavoratori sono però chiamati a svolgere compiti di maggiore complessità come impostare, controllare, interpretare o decidere.

Da allora è stato un crescendo: da Internet ai telefoni cellulari, fino a robot in grado di svolgere funzioni sempre più complesse grazie a sensori sofisticati che riconoscono oggetti e persone, ubbidiscono a comandi vocali e reagiscono secondo programmi in grado di riprodurre processi di decisione e di scegliere tra alternative.

> **Robot, Robotica**
> Il termine robot deriva dalla parola ceca "robota" che significa lavoro pesante; venne usato per la prima volta nel 1920.
> Il termine robotica fu invece coniato dal grande scrittore di fantascienza Isaac Asimov nel 1941.

I PRIMI ROBOT A ENTRARE IN PRODUZIONE

- **1961**: primo robot utilizzato in un'industria (portava componenti alla linea di montaggio)
- **1963**: primo robot in grado di stivare automaticamente merci negli scaffali industriali
- **1973**: primo robot industriale, con pinze snodate su sei assi
- **1975**: primo robot con un braccio interamente programmabile

▼ Robot utilizzato in una fabbrica di automobili.

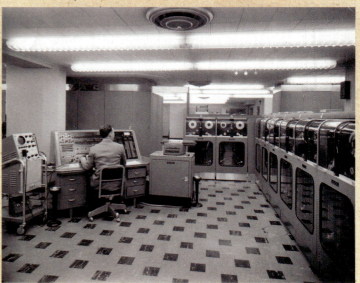
▼ L'UNIVA C1, il primo calcolatore elettronico digitale programmabile, fu messo a punto nel 1951.

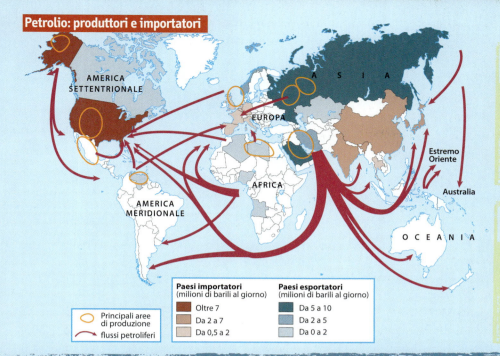

Petrolio: produttori e importatori

Paesi importatori (milioni di barili al giorno): Oltre 7; Da 2 a 7; Da 0,5 a 2
Paesi esportatori (milioni di barili al giorno): Da 5 a 10; Da 2 a 5; Da 0 a 2
○ Principali aree di produzione
→ flussi petroliferi

I PRIMI DIECI PRODUTTORI DI PETROLIO GREGGIO

1.	Russia	6.	Canada
2.	Arabia Saudita	7.	Emirati Arabi Uniti
3.	USA	8.	Iraq
4.	Cina	9.	Messico
5.	Iran	10.	Kuwait

I PRIMI DIECI IMPORTATORI DI PETROLIO GREGGIO

1.	USA	6.	Paesi Bassi
2.	Cina	7.	Italia
3.	Giappone	8.	Francia
4.	Corea del Sud	9.	Regno Unito
5.	Germania	10.	Spagna

▼ Estrazione di petrolio in Russia.

Materie prime ed energia nel mondo

Lo sviluppo dei tre poli storici dell'economia mondiale è stato favorito sia dalle ragioni storiche all'origine della rivoluzione industriale, sia dalla **grande disponibilità di risorse**.

Per lo sviluppo, infatti, sono indispensabili, oltre alle risorse umane e finanziarie, anche le **materie prime e le risorse energetiche**. Tuttavia queste ultime sono **distribuite in modo ineguale** nel pianeta. In genere sono i Paesi molto estesi a possedere i giacimenti più grandi, nonché con la maggior varietà di minerali: **Stati Uniti**, **Canada**, **Russia**, **Cina**, **Sudafrica**, **Australia e India**. Accanto a questi, che sono tra i primi produttori di moltissimi minerali, vi sono Stati più piccoli, ma collocati al centro di regioni molto ricche di particolari sostanze: **Cile e Perú** (rame), **Messico** (argento), **Indonesia** (stagno), **Kazakistan** (uranio), **Botswana**, **Zimbabwe** e **Congo** (diamanti). I combustibili fossili, cioè carbone, petrolio e gas metano, costituiscono le principali risorse energetiche: il **carbone** è quello più diffuso.

Il **petrolio**, che oggi costituisce la principale fonte di energia, è distribuito in modo molto squilibrato: nelle aree del Medio Oriente e intorno al **Golfo Persico** si concentrano oltre due terzi delle riserve mondiali.

Altre importanti riserve di petrolio e gas naturale si trovano in **Libia** e **Algeria**, nell'area a sud del **Golfo di Guinea** (Nigeria, Angola), nei territori circostanti il **Golfo del Messico** (Venezuela e Messico), oltre che in **USA**, **Russia**, **Indonesia** e nel **Mare del Nord**.

Altrettanto squilibrati sono i consumi: gli Stati dei tre poli economici (USA in testa) ne hanno bisogno per mantenere lo sviluppo già raggiunto; le nuove potenze (a iniziare dalla Cina) per alimentare la loro economia in espansione.

Inoltre, come vedremo nel prossimo capitolo, le riserve di petrolio sono destinate a esaurirsi: questo genera un'accesa **competizione** per garantirsi gli approvvigionamenti di greggio, una serie di tensioni e a volte conflitti tra gli Stati per il controllo, diretto o indiretto, delle aree di produzione e dei condotti (oleodotti e gasdotti) per il trasporto e una tendenza al **rialzo del prezzo**.

◉ COMPLETA

1. Per lo sviluppo sono indispensabili risorse .... e ....

2. Le principali fonti energetiche sono i combustibili ...., in particolare il ...., le cui riserve si trovano per due terzi nel ....

3. I maggiori consumatori di petrolio sono .... e le nuove potenze come la ....

Capitolo 4 – L'economia globale

Container pronti per essere caricati nelle grandi navi portacontainer nel porto di Taiwan.

In alto a destra: un satellite geostazionario; sotto: Wifi, acronimo di Wireless Fidelity, indica la tecnologia che consente ai terminali di collegarsi attraverso una rete locale in maniera wireless (senza fili).

4.4 LA RETE DEGLI SCAMBI

Un mercato in costante espansione

La globalizzazione ha moltiplicato enormemente i flussi degli scambi tra le varie aree del mondo; e ne ha in parte modificato la direzione. Come in passato, i **tre poli dell'economia mondiale** (Stati Uniti, Europa e Giappone) continuano a essere **grandi importatori** sia di materie prime, sia di risorse energetiche.

Questo perché in Europa scarseggiano e il Giappone ne è privo; differente, invece, il caso degli Stati Uniti che, pur avendo abbondanza di entrambe, non vogliono intaccare le proprie riserve. Assieme alle **materie prime**, i tre poli importano anche **risorse umane**: sia scienziati e ricercatori altamente specializzati da impiegare nei centri di ricerca, sia lavoratori emigrati dalle regioni più povere e disposti a svolgere compiti che nessuno vuole più fare perché considerati umili. Oggi anche le nuove potenze, a iniziare da **Cina**, **India** e **Brasile**, sono diventate importatrici delle materie prime e delle risorse energetiche, di cui hanno bisogno per alimentare le proprie industrie pesanti e di trasformazione.

Le tre grandi direttrici dei traffici commerciali

Nel corso del Novecento la costruzione di navi, aerei da carico, porti e aeroporti sempre più attrezzati per sfruttare i container ha drasticamente **diminuito** i **costi di trasporto** di tutti i prodotti.

Così una quantità crescente di merci (sia prodotti finiti, sia semilavorati) viaggia dalle fabbriche asiatiche e sudamericane verso i ricchi mercati europei e nordamericani. Le merci più ingombranti sono trasportate per lo più nelle navi portacontainer che seguono le rotte dei porti principali, da cui si diramano poi le reti stradali e ferroviarie che distribuiscono i prodotti fino alle regioni più remote. La rete mondiale degli scambi, un tempo orientata quasi esclusivamente da sud (da dove venivano le materie prime) a nord, oggi è molto più complessa e intrecciata:

- la principale **direttrice** di traffico è quella **atlantica**, che collega l'Europa occidentale con la costa orientale degli Stati Uniti;
- in rapida crescita è anche la **direttrice pacifica** tra le coste occidentali del continente americano (gli USA, ma anche il Cile e il Perú) e i porti asiatici del Giappone, della Cina e dell'India;
- di grande importanza, per i flussi di petrolio, la **direttrice del Medio Oriente**; vi sono, inoltre, gasdotti e oleodotti che collegano l'Asia centrale con l'Europa occidentale e il Giappone.

Le rotte navali e terrestri restano fondamentali per lo spostamento delle merci; oggi, tuttavia, il **trasporto aereo** è diventato altrettanto importante, tanto per lo spostamento delle persone quanto per quello delle merci deperibili.

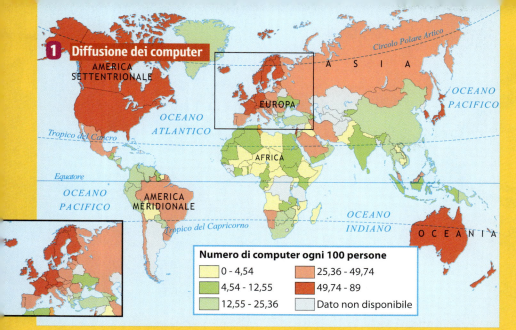

1 Diffusione dei computer

Numero di computer ogni 100 persone
- 0 - 4,54
- 4,54 - 12,55
- 12,55 - 25,36
- 25,36 - 49,74
- 49,74 - 89
- Dato non disponibile

DIGITAL DIVIDE E ACCESSO A INTERNET

I due planisferi mostrano la diffusione dei computer (1) e la percentuale di utilizzo della rete Internet (2) nel 2013.
Il Digital Divide (alla lettera: "divario digitale"), ovvero la disparità nell'accesso alle risorse informatiche e alla rete Internet tra le regioni più sviluppate del pianeta e quelle più arretrate, è stridente e l'Africa è il continente più arretrato, insieme a diversi Paesi dell'Asia (il subcontinente indiano) e dell'America latina. Nella nostra epoca l'accesso alla comunicazione è invece un fattore fondamentale di sviluppo sociale ed economico.

Digitale
Qualunque informazione che può essere trattata sotto forma numerica (dall'inglese digit, "cifra numerica") da calcolatori e apparecchi elettronici.

Satellite geostazionario
È un satellite che gira intorno alla Terra con un'orbita circolare e a una velocità tale da restare perpendicolare sempre sullo stesso punto in modo da mantenere costantemente i collegamenti con le antenne riceventi a Terra.

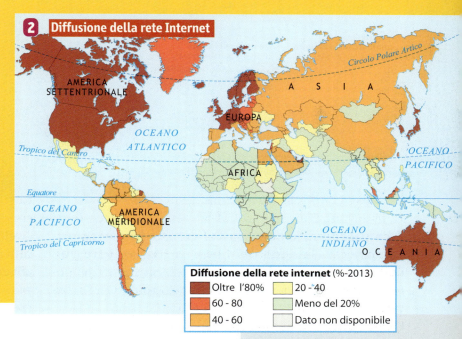

2 Diffusione della rete Internet

Diffusione della rete internet (%-2013)
- Oltre l'80%
- 60 - 80
- 40 - 60
- 20 - 40
- Meno del 20%
- Dato non disponibile

Lo sviluppo delle comunicazioni digitali

Nell'era della globalizzazione le comunicazioni sono state fortemente rivoluzionate dalle innovazioni tecnologiche. È dunque possibile scambiare in tempo reale informazioni, notizie, dati, ordini di acquisto e vendite.
A partire dal secolo scorso, lo sviluppo dei **mezzi di comunicazione di massa** (telefono, radio, televisione) ha infatti consentito la diffusione istantanea delle informazioni.
I **computer** hanno moltiplicato la possibilità di elaborare dati e informazioni: la rete **Internet** ha collegato tra loro le potenzialità di tutti questi strumenti, sviluppandoli enormemente, fino a rendere ogni tipo di comunicazione *digitale* e immediatamente accessibile in tutto il mondo a costi minimi.
Ai cavi telefonici transoceanici si sono aggiunti quelli in **fibra ottica** per il trasporto dei dati; l'intero pianeta è avvolto dalla rete dei *satelliti geostazionari* in orbita sulla Terra, che consentono lo scambio di informazioni tra i punti più lontani collegando tra loro le centrali ricetrasmittenti a terra.
Infine, lo sviluppo delle comunicazioni *wireless* (in inglese "senza fili") ha permesso a molti Stati arretrati di sviluppare le proprie reti di comunicazioni telefoniche e Internet senza bisogno di installare costose reti di cavi, riducendo così l'isolamento di comunità e aree geograficamente isolate.

COMPLETA E RISPONDI

1. Che cosa importano i tre poli dell'economia mondiale?
   a. ....
   b. ....
   c. ....

2. Quali sono le principali direttrici del commercio mondiale?
   a. ....
   b. ....
   c. ....

3. Quali sono le innovazioni che hanno cambiato le comunicazioni?

4. Che cosa ha permesso lo sviluppo delle comunicazioni anche nei Paesi arretrati?

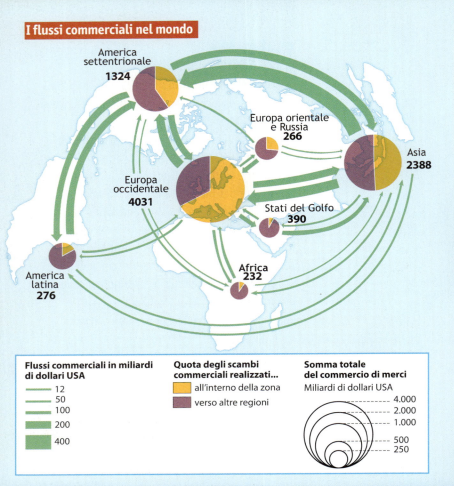

I flussi commerciali nel mondo

▲ Un supermercato Walmart. Questa catena statunitense, fondata nel 1962, è tra le prime multinazionali del mondo.

La straordinaria crescita del settore terziario

Lo sviluppo dei trasporti e delle comunicazioni ha trasformato il mondo in un **grande mercato globale** e ha moltiplicato tutte le attività di distribuzione e vendita dei prodotti, così come quelle legate alla pubblicità.

Grandi **catene commerciali** hanno esteso i punti vendita in gran parte delle regioni del pianeta: tra le prime aziende al mondo figura la catena di negozi statunitense Walmart, con 2 milioni e 200.000 dipendenti e un fatturato annuo di oltre 400 miliardi di dollari.

In Europa come in Cina, Messico e Sudafrica si moltiplicano i centri commerciali in cui è possibile non solo trovare prodotti dello stesso marchio, ma anche andare al cinema o mangiare in una delle catene diffuse a livello planetario: la statunitense Mc Donald's, per esempio, è presente in 119 Stati, con 34.000 locali e 1.700.000 addetti.

La straordinaria **crescita degli addetti al terziario**, tuttavia, non è legata solo all'incremento dei punti di vendita (che, di contro, provocano la chiusura dei piccoli negozi e, di conseguenza, la perdita di posti di lavoro) ma anche allo sviluppo di tutte le **attività di servizio alle persone e alle imprese**, quali marketing, pubblicità, contabilità, gestione informatica ecc. Contemporaneamente, la diffusione dei mezzi di comunicazione e l'innalzamento del livello di istruzione hanno determinato l'espansione delle attività legate alla **comunicazione**, all'**informazione** e al **divertimento**, soprattutto televisione, cinema e rete Internet.

Ne è un esempio la diffusione dei **programmi televisivi** in Italia. Nel 1954, quando iniziarono le trasmissioni regolari nel nostro Paese, c'era una sola emittente, con un canale, i programmi iniziavano alle 17.30 per concludersi intorno alle 22.30.

Il confronto con le centinaia di emittenti e di canali di oggi dà la misura dello sviluppo di questo settore, delle aziende coinvolte, del numero degli addetti.

Serie tv e film, documentari di informazione e format di spettacoli vengono tradotti, esportati da un Paese all'altro e diffusi a livello planetario.

In gran parte i costi di queste produzioni, come delle oltre 18.000 testate giornalistiche esistenti, sono coperti dalle entrate della pubblicità di quegli stessi prodotti che poi i consumatori ritrovano nei centri commerciali.

Tra le 500 principali imprese del mondo troviamo i giganti della **produzione cinematografica**, come Disney e Time Warner, grandi reti come la Cbs, mentre cresce il peso delle aziende del commercio elettronico come Amazon e eBay.

LA CULTURA LOCALE: MINACCIATA O PIÙ FACILMENTE DIFFUSA?

La globalizzazione non riguarda solo le merci, i cibi e i beni materiali: lo sviluppo delle comunicazioni ha reso intensissimi anche gli **scambi culturali**.

Attraverso le tv satellitari e Internet, un numero sempre crescente di persone può avere accesso a un gigantesco flusso di informazioni.

Lo stesso vale per i **modelli culturali e sociali** diffusi attraverso **film e trasmissioni televisive**. In questo modo si diffondono mode, abitudini, comportamenti e stili di vita lontani e diversi da quelli locali con tutte le conseguenze, positive e negative, che ogni contaminazione comporta. C'è chi teme che così facendo finiremo per mangiare tutti gli stessi cibi, leggere gli stessi libri, vestire nello stesso modo fino a smarrire la propria identità culturale. Ma il **pericolo dell'omologazione culturale** è solo una faccia della medaglia: è anche vero che attraverso i mezzi di comunicazione planetari passano, direttamente e indirettamente, concezioni relative ai principi fondamentali su cui si regge una società. In questo modo ogni individuo può confrontare le caratteristiche della propria cultura, misurare se e in che misura questa rispetti la dignità umana e i diritti fondamentali alla libertà e all'uguaglianza.

Internet, infine, rende più difficile alle censure dei regimi dittatoriali arginare la diffusione di critiche e proteste. Non solo: le singole culture locali hanno anche modo di farsi conoscere e apprezzare, tanto è vero che in tutti i Paesi si sono moltiplicati i movimenti che mirano a **preservare e valorizzare gli aspetti specifici dell'identità locale** e nazionale. Ad esempio, per reazione al cibo uniforme dei **fast food** è nato il movimento **Slow Food** ("cibo lento") che vuole valorizzare la cucina locale e i prodotti del territorio.

◂ *Slow Food* è un'associazione nata in Italia nel 1986 e sviluppatasi poi in tutto il mondo. Nella foto, un banco promozionale a Tokyo, in Giappone.

Fast food
Alla lettera "cibo veloce": l'espressione si usa per indicare le grandi catene di ristorazione, che tendono a proporre cibo uguale in tutto il mondo.

Azioni
Quote di proprietà di un'azienda. Se l'azienda in un anno ha realizzato un guadagno, l'azionista ha diritto a riceverne una parte proporzionata alla quota posseduta. Le azioni, inoltre, vengono acquistate e vendute.

Borsa
L'edificio in cui si comprano e vendono azioni. Il termine si usa per indicare in generale tutto il mercato finanziario di un Paese.

La finanza mondiale

Tra tutte le attività terziarie, quelle che hanno avuto il maggior sviluppo con la globalizzazione sono state quelle finanziarie. La grande finanza, infatti, è stata la prima a sfruttare le opportunità di guadagno offerte dalla possibilità di comprare e vendere **azioni** in ogni luogo del mondo, di spostare, in pochi istanti, enormi masse di capitali da uno Stato all'altro, influenzando così il valore delle azioni e i cambi delle monete. **Londra**, **New York**, **Tokyo** restano i centri principali; accanto a questi sono sempre più importanti le **Borse** delle nuove potenze asiatiche: **Shanghai**, **Hong Kong**, **Singapore**. Oggi nel mondo ogni giorno vengono spostati da un Paese all'altro **4 mila miliardi di dollari**: una massa di scambi finanziari giornalieri che equivale a quasi il doppio dell'intero PIL annuo dell'Italia. In gran parte si tratta della compravendita di azioni, senza alcuna corrispondenza in acquisti di prodotti fisicamente esistenti; questo **scambio virtuale di azioni e di denaro** ha finito con il prevalere sulla reale compravendita delle merci e può anche avere gravi conseguenze, come nel caso della **crisi** che ha colpito l'economia mondiale del 2007, aggravatasi negli anni seguenti. Nata a causa dell'eccesso di speculazione finanziaria attuata da diverse società statunitensi che nessuno è stato in grado di controllare efficacemente, essa si è poi estesa al mondo intero.

◂ Insegna luminosa con le quotazioni in Borsa in tempo reale in una strada di Hong Kong.

◉ LAVORA SUL TESTO

1. Com'è cambiato il sistema della distribuzione dei prodotti? Sottolinea nel testo.

2. Quali attività oltre il commercio hanno fatto crescere gli addetti al terziario? Sottolinea la risposta nel testo.

3. Evidenzia nel testo in quale modo la finanza ha sfruttato le possibilità offerte dalla globalizzazione.

4. Qual è stata la causa della crisi economica del 2007? Individua nel testo.

IL PESO DELLE PRIME 500 AZIENDE DEL MONDO

Il grafico evidenzia la rilevanza economica delle maggiori multinazionali. Da sole hanno il secondo PIL del mondo: il valore delle loro attività annue (in migliaia di miliardi di dollari americani) supera quello di ogni altro Stato del mondo ad eccezione degli USA.

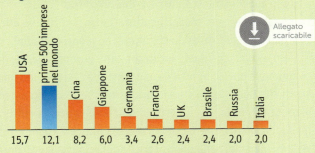

	USA	prime 500 imprese nel mondo	Cina	Giappone	Germania	Francia	UK	Brasile	Russia	Italia
	15,7	12,1	8,2	6,0	3,4	2,6	2,4	2,4	2,0	2,0

Le prime 10 imprese al mondo per fatturato

1. Walmart
2. Exxon Mobil
3. Chevron
4. Philips 66
5. Berkshire Hathaway
6. Apple
7. General Motors
8. General Electric
9. Valero Energy
10. Ford Motor

4.5 LA GLOBALIZZAZIONE

◀ Insegne illuminate in una strada della città cinese di Xi'an.

Le imprese multinazionali protagoniste della globalizzazione

La globalizzazione ha favorito la crescita delle **società multinazionali**. Si definiscono in questo modo le imprese che hanno **sedi, stabilimenti e uffici dislocati in diversi Stati** e che quindi vanno oltre la dimensione nazionale. Tuttavia questa definizione, che sottolinea gli aspetti strettamente geografici, è riduttiva poiché non tiene conto della effettiva estensione delle grandi imprese multinazionali, nonché della loro **importanza economica e politica**.

Di solito conosciamo queste società dal nome del marchio e del prodotto più noto (che si tratti di automobili o di prodotti petroliferi, di farmaci o di alimenti) ma in realtà esse possiedono imprese in diversi settori. Questo significa che un'etichetta nota, ad esempio, per i prodotti alimentari può essere proprietaria anche di aziende farmaceutiche e di cosmetici, di piantagioni e di catene di supermercati. Le maggiori multinazionali, inoltre, hanno **bilanci superiori a quelli di molti Stati** e hanno quindi un notevole peso nell'economia globale.

La prima del mondo, Walmart, una catena di supermercati statunitense, ha ricavi annui superiori al PIL di Paesi come Svezia, Grecia, Argentina e Portogallo.

Ma anche la multinazionale al centesimo posto, la francese Peugeot, supera il PIL di Stati quali Lussemburgo, Slovenia, Bulgaria o Libia. Inizialmente, le multinazionali erano originarie dei tre poli (Nordamerica, Europa e Giappone), ma oggi ve ne sono molte **cinesi, indiane, russe** e **brasiliane** in grado di comprare società europee o americane, anche se poi ne mantengono il nome originario per non disorientare i consumatori e perdere clienti. Date le dimensioni e gli interessi a livello planetario, le multinazionali sono definite anche imprese **transnazionali**, proprio per sottolineare il fatto che non sono legate a un Paese specifico, ma sono al di sopra e al di fuori della dimensione statale. In molti casi, poi, queste industrie arrivano a produrre parti diverse di uno stesso prodotto in Stati diversi al fine di sfruttare al massimo i vantaggi di ciascun Paese: quelli che hanno risorse minerarie forniscono le materie prime, quelli dove il lavoro e la manodopera costano poco producono i semilavorati o li assemblano ecc. Ne è un esempio il caso delle calzature che hai trovato nello scenario di questo capitolo.

Grazie alla loro potenza economica e alla loro ricchezza, le grandi imprese transnazionali sono inoltre in grado di **imporre le loro regole e condizionare i governi** dei Paesi dove operano.

Dalle loro scelte di aprire o chiudere stabilimenti in un Paese o in un altro dipendono il destino di centinaia di migliaia di persone e il progresso o la rovina di intere regioni. Le imprese, tuttavia, per loro natura **mirano al profitto e non al benessere dei cittadini**: a volte le due cose coincidono, ma altre volte divergono e le conseguenze possono essere catastrofiche, come è accaduto per la crisi iniziata nel 2007 nella finanza e poi estesa a tutta l'economia.

▲ Autovetture della casa cinese Chery pronte per essere vendute.

▶ Operaie al lavoro in un'industria di tessuti di seta a Hutong, nella regione cinese di Xinjian.

Dazi doganali
Le imposte che vengono messe sulle merci di importazione per alzare il loro costo e impedire che possano fare concorrenza a quanto prodotto all'interno a costi maggiori.

Nuovi equilibri mondiali...

La globalizzazione ha cambiato gli equilibri del mondo sia per quanto riguarda i singoli individui, sia a livello di intere regioni; essa ha investito ogni aspetto della vita, da quelli economici a quelli sociali, culturali e politici; ha stravolto i rapporti tradizionali sia tra i diversi Stati, sia tra regione e regione. Sconvolgimenti di questa portata presentano **vantaggi e svantaggi**, che tuttavia **non sono equamente distribuiti** tra gli individui e i territori. Negli ultimi decenni, per esempio, in Asia e in America latina milioni di persone hanno lasciato le campagne per lavorare nelle nuove industrie, ma ciò ha provocato, contemporaneamente, giganteschi processi di **de-industrializzazione nei tre poli**.
In molti Paesi nel Nord del pianeta (dove la manodopera costa di più rispetto ai Paesi dell'emisfero meridionale) numerose imprese hanno infatti chiuso o riadattato i propri stabilimenti, **riducendo** in modo drastico la **forza lavoro** dei settori tradizionali, in particolare di quelli a basso valore aggiunto.

... e nuove regole

Tutti gli Stati che hanno voluto e vogliono godere dei vantaggi della globalizzazione sono costretti anche ad accettare la **liberalizzazione** degli scambi, cioè la riduzione (almeno parziale) dei dazi doganali e di tutti i vincoli alle importazioni dall'estero. Le regole, difatti, sono reciproche: chi vuole esportare all'estero (merci o capitali) deve accettare che gli altri facciano lo stesso e deve, quindi, rassegnarsi a importare a sua volta. In questo modo **aumenta la concorrenza internazionale**: da un lato i consumatori possono trovare prodotti a prezzo più basso, ma nello stesso tempo sono minacciate le imprese di tutti i settori non in grado di reggere il confronto.
Così, ad esempio, in Messico i coltivatori di cereali su piccoli appezzamenti non hanno potuto reggere la concorrenza rappresentata dall'arrivo sul mercato interno del grano statunitense, prodotto a costi inferiori in grandi aziende, e hanno dovuto cambiare attività oppure organizzarsi con aziende su scala maggiore. Per l'agricoltura messicana ciò ha significato un indubbio progresso, ma per i singoli coltivatori una realtà drammatica.

◉ COMPLETA

1. Le società .... hanno sedi e stabilimenti sparsi in tutto il mondo; le maggiori hanno .... superiori a quelli di molti Stati. Queste imprese hanno sede per la maggior parte nei Paesi dei ...., ma stanno crescendo sempre più anche quelle ....

2. Queste società sono anche dette .... perché non sono legate a un Paese specifico. La loro importanza economica è tale che sono in grado di condizionare i .... degli Stati.

3. La globalizzazione ha portato a processi di .... nei Paesi più sviluppati, tagliando la .... nei settori tradizionali; i Paesi hanno dovuto accettare la .... degli scambi.

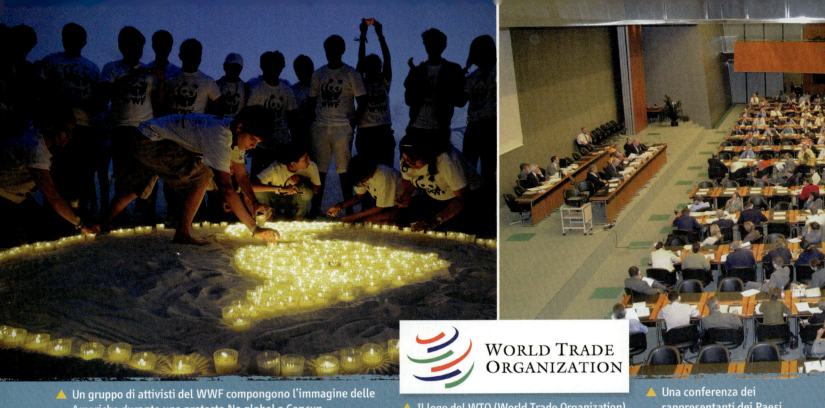

▲ Un gruppo di attivisti del WWF compongono l'immagine delle Americhe durante una protesta No global a Cancun.

▲ Il logo del WTO (World Trade Organization).

▲ Una conferenza dei rappresentanti dei Paesi aderenti al WTO.

Governare la globalizzazione: un obiettivo da raggiungere

Ogni cambiamento rischia di provocare pericolosi contraccolpi e squilibri: per questo è necessario **stabilire accordi** che riescano a conciliare i vantaggi e a ridurre i danni. Prendiamo in considerazione, per esempio, i **salari** dei lavoratori su scala mondiale: da un lato l'apertura di nuove fabbriche in Paesi con un basso costo della manodopera tende a migliorare la condizione dei lavoratori di quei Paesi, che hanno nuove possibilità di impiego; dall'altro, tuttavia, riduce la paga di chi fa lavori analoghi nei Paesi più sviluppati. Questo spiega perché, ad esempio, negli ultimi 40 anni le retribuzioni negli USA (calcolate in base al potere d'acquisto effettivo) sono rimaste sostanzialmente uguali, nonostante gli indubbi progressi dell'economia. La realtà con cui ci confrontiamo è complessa: il benessere sembra diffondersi ma nello stesso tempo **crescono le disuguaglianze** nel mondo: oggi l'1% della popolazione guadagna più del 50% dei restanti 6,3 miliardi e le 200 persone più ricche possiedono ricchezze che valgono di più di quello che metà della popolazione mondiale guadagna in un anno. Per queste ragioni, dagli anni Novanta sono nati quelli che vengono indicati come **movimenti No global**, cioè movimenti di protesta che denunciano gli effetti negativi della globalizzazione. In particolare, sottolineano il fatto che essa è **fuori dal controllo** dei governi nazionali o delle autorità internazionali e si oppongono al fatto che decisioni strategiche per il destino di milioni di persone dipendano dalle scelte di singole imprese.

Il WTO, l'organizzazione per il commercio mondiale

Per controllare le industrie e le imprese finanziarie "globali" sono necessari organismi con poteri di intervento a livello internazionale. Oggi i due organismi che hanno la possibilità di intervenire nelle scelte economiche sono il WTO e la Banca Mondiale. Il **WTO** (*World Trade Organization*, **Organizzazione per il commercio mondiale**) è, come si legge nel suo sito, "l'unica organizzazione internazionale globale che stabilisce le regole del commercio tra gli Stati". Il suo obiettivo è aiutare lo sviluppo dei commerci tra produttori di beni e servizi, esportatori e importatori; il suo funzionamento si basa sugli accordi discussi dai rappresentanti dei diversi Stati e ratificati dai loro parlamenti. Il WTO riunisce oggi **153 Stati** che rappresentano il 97% del commercio mondiale. Dall'avvio dei primi accordi (1947) a oggi, i dazi sui prodotti industriali sono passati in media dal 45% al 5% del prezzo finale: è facile quindi considerare quali vantaggi e risparmi ciò abbia comportato per i consumatori. Nello stesso tempo non si deve però dimenticare che i dazi servono anche a proteggere le economie più deboli e fragili dalla concorrenza.
Tuttavia il WTO non ha potere di imporre scelte non condivise agli Stati membri: ogni decisione è frutto di negoziati fondati sulla ricerca della **reciproca convenienza**.
È ovvio che nelle relazioni tra grandi e piccoli Stati, tra potenti multinazionali e imprese locali, i primi possono più facilmente imporre il proprio punto di vista. Anche per questo le scelte del WTO sono spesso oggetto di critiche da parte di chi contesta gli effetti negativi della globalizzazione.

LE ORGANIZZAZIONI ECONOMICHE REGIONALI

Oltre a partecipare al WTO, molti Paesi hanno stretto **accordi regionali** per favorire l'integrazione tra gli Stati di una stessa area geografica. L'**Unione Europea** ha intrapreso questa strada già nel lontano 1958. Oggi, oltre all'UE, le più importanti organizzazioni economiche regionali sono quelle del **Nafta** (Trattato di libero scambio del Nordamerica), del **Mercosur** (Mercato comune dell'America del Sud), dell'**Asean** (Associazione del Sud-Est asiatico), della **Sadc** (Comunità di sviluppo dell'Africa meridionale). Accanto a quelli regionali, gli Stati sviluppano poi anche **accordi bilaterali o multilaterali** con una o più nazioni con cui hanno rapporti commerciali per trarne reciprocamente vantaggio. I problemi che devono affrontare le organizzazioni regionali sono gli stessi posti dallo sviluppo della globalizzazione: sul lungo periodo aumentano gli scambi, si riducono le differenze tra le economie dei Paesi aderenti e aumenta il reddito complessivo, ma nell'immediato le ripercussioni sui singoli, incapaci di reggere la concorrenza, possono essere pesanti.

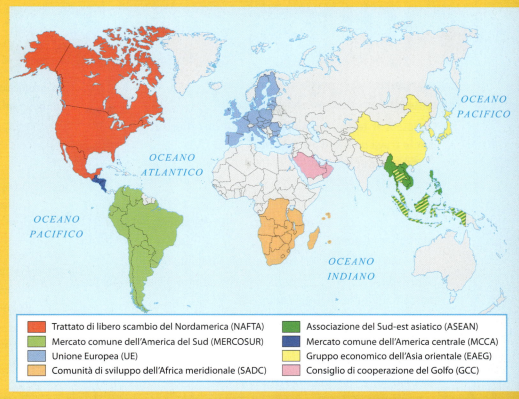

- Trattato di libero scambio del Nordamerica (NAFTA)
- Mercato comune dell'America del Sud (MERCOSUR)
- Unione Europea (UE)
- Comunità di sviluppo dell'Africa meridionale (SADC)
- Associazione del Sud-est asiatico (ASEAN)
- Mercato comune dell'America centrale (MCCA)
- Gruppo economico dell'Asia orientale (EAEG)
- Consiglio di cooperazione del Golfo (GCC)

La Banca Mondiale

La **Banca Mondiale**, istituita dall'ONU per favorire la ricostruzione all'indomani della Seconda guerra mondiale, punta oggi a favorire lo sviluppo erogando prestiti ai diversi Paesi attraverso il **Fondo Monetario Internazionale** (FMI).

Anche al FMI sono rivolte le stesse critiche avanzate nei confronti del WTO: secondo i suoi oppositori, i Paesi più potenti ne determinano le decisioni e spesso le condizioni imposte per concedere i prestiti costituiscono pesanti **intromissioni nella politica interna** dei Paesi, senza tenere conto dei loro bisogni specifici.

Un mercato globale richiederebbe un governo mondiale dell'economia; tuttavia questo è un obiettivo ancora lontano perché la comunità internazionale, nonostante la buona volontà di molti, non è ancora riuscita a creare organismi veramente in grado di guidare le scelte economiche e **coniugare il progresso economico con la difesa e l'aumento del benessere dei singoli individui**.

● RISPONDI

1. Che cosa bisogna fare per evitare squilibri tra i Paesi del mondo?
2. Quali sono gli effetti negativi della globalizzazione?
3. Quali sono i motivi della protesta dei movimenti No global?
4. Quali sono gli organismi con poteri di intervento a livello internazionale?
5. Qual è l'obiettivo del WTO? Quali sono stati i risultati?
6. Di cosa viene accusato il WTO?
7. Qual è l'obiettivo della Banca Mondiale?
8. Quali accuse le vengono rivolte?

◀ La sede della Banca Mondiale a Washington.

Capitolo 4 – L'economia globale

verifica delle conoscenze

RIORGANIZZARE LE CONOSCENZE

1. Completa il testo inserendo le parole corrette; successivamente trova un titolo per il brano.

Europa • delocalizzato • Giappone • globalizzazione • imprese • beni • dazi doganali • USA • informazioni • terziario • diminuita

La .... ha modificato il volto del pianeta e i suoi equilibri tradizionali.

Nel mondo si è avuta una maggiore disponibilità di ...., cibo, servizi, ..., notizie, anche se non distribuiti in maniera uniforme in tutti i continenti.

Nei tre poli storici dell'economia mondiale (.................., ... e ....) si è innescato un processo di deindustrializzazione, le fabbriche hanno spesso .... la produzione, l'occupazione è fortemente .... nei settori tradizionali e si è grandemente sviluppato il settore ....

Gli Stati hanno dovuto accettare la liberalizzazione degli scambi, cioè la riduzione o l'eliminazione dei ....: di conseguenza è aumentata la concorrenza internazionale tra le ....

Titolo: ....

2. Indica se le seguenti affermazioni sono vere o false.

	Vero	Falso
a. Nei Paesi più sviluppati si allevano bovini da carne o da latte, nei Paesi densamente popolati si allevano suini e pollame, nei terreni più difficili da coltivare la produzione si concentra su pecore e capre.	☐	☐
b. Per reggere la concorrenza molte imprese europee hanno spostato la produzione all'estero attraverso l'*outsourcing*, cioè l'affidamento della produzione ad aziende straniere, oppure attraverso la delocalizzazione, cioè spostando le fabbriche in un altro Paese.	☐	☐
c. I grandi importatori di materie prime e risorse energetiche non sono più solo i Paesi dei tre poli storici, ma anche Cina, India e Brasile, che negli ultimi decenni hanno avuto un grande sviluppo.	☐	☐
d. Le imprese multinazionali o transnazionali sono in grado di condizionare le scelte dei governi dei Paesi in cui operano.	☐	☐
e. Il WTO, l'organizzazione mondiale del commercio, sostiene la crescita dei Paesi più poveri, cercando di limitare il libero commercio internazionale.	☐	☐

3. La produzione agricola mondiale. Completa la tabella inserendo le informazioni mancanti.

	Agricoltura	Agricoltura estensiva	Agricoltura di piantagione	Agricoltura di sussistenza
Prodotti	Ortaggi, frutta, viti, primizie	....	....	Prodotti per l'..........
Dove	Europa, Nuova Zelanda, ..., Sudafrica	Pianure dell'America settentrionale e meridionale, Europa orientale, Asia	Zone .... (America centrale e meridionale, Africa, Asia sud-orientale)	Zone più .... di Asia, Africa e America latina

CONOSCERE LE PAROLE DELLA GEOGRAFIA

4. Collega i termini con le rispettive definizioni.

1. Automazione
2. *Know how*
3. Dazi doganali
4. Borsa
5. Digitale
6. Delocalizzazione
7. Siderurgia

a. Qualunque informazione che può essere trattata sotto forma numerica e quindi analizzata da calcolatori e apparecchi elettronici.

b. Settore dell'industria che si occupa della lavorazione dei metalli.

c. Edificio in cui si comprano e vendono azioni; il termine si usa per indicare in generale l'insieme del mercato finanziario di un Paese.

d. Utilizzo di strumenti meccanici ed elettronici in un ciclo di produzione, per ridurre l'intervento dell'uomo.

e. Insieme delle conoscenze tecniche e aziendali maturate nel tempo, grazie alla ricerca e all'esperienza, e di alto valore economico.

f. Processo che porta al trasferimento di industrie dove i costi della manodopera sono più bassi.

g. Imposte sulle merci di importazione che ne alzano il costo per impedire che facciano concorrenza ai beni prodotti all'interno.

laboratorio delle competenze

ORIENTAMENTO

1. **Orientarsi nel mondo globale.** Quali Paesi sono coinvolti nella produzione e commercializzazione di una scarpa da ginnastica? Rileggi lo scenario all'inizio del capitolo e individua nella mappa i Paesi coinvolti.

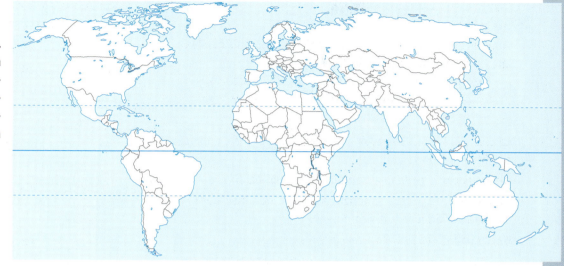

2. **I paesaggi.** Assegna a ogni immagine il nome del tipo di coltivazione a cui si riferisce.

monocoltura • coltivazione di tipo estensivo • coltivazione di tipo intensivo • coltura di sussistenza

STRUMENTI E LINGUAGGIO DELLA GEOGRAFICITÀ

3. **La produzione del caffè.** Individua sul planisfero e colora i sei maggiori produttori di caffè del mondo.

I PRIMI SEI PRODUTTORI DI CAFFÈ

1. Brasile 4. Colombia
2. Vietnam 5. Etiopia
3. Indonesia 6. India

scenario ESSERE POVERI NEL TERZO MILLENNIO

◀ Vita per le strade della città di Kolkata (Calcutta).

Uno sviluppo squilibrato

Chi vive in Italia e ha la fortuna di andare a scuola conosce per esperienza diretta quali sono le condizioni di una vita confortevole in un Paese sviluppato: la disponibilità di una casa riscaldata, con acqua corrente e luce elettrica, la possibilità di contare su servizi pubblici e assistenza in ogni fase della vita, dalla nascita alla vecchiaia, per l'istruzione come per la malattia, il lavoro e il tempo libero.
Proviamo però a immaginare la vita quotidiana di una famiglia di una zona rurale dell'**Asia**.
Innanzi tutto, la famiglia è **estesa**, cioè comprende oltre ai genitori e ai numerosi figli anche i nonni e qualche zio o zia: vivono insieme, in **una casa di una o due stanze**. Padre, madre, zio, figli maggiori lavorano tutto il giorno come contadini i campi di una grande azienda di proprietà di un latifondista che risiede in città; il **reddito annuo pro capite**, tenendo conto anche del valore del cibo che essi stessi producono per il proprio consumo, **non arriva ai 300 dollari**.
Gli adulti **non sanno né leggere né scrivere**; i bambini frequentano la scuola, ma in modo irregolare, perché è lontana, e spesso quando la raggiungono non trovano gli insegnanti.
Di solito si consuma un pasto solo al giorno, quasi sempre uguale, e comunque **il cibo non basta** per nutrire tutti a sufficienza.

In casa non ci sono né acqua corrente né elettricità. Ci si ammala spesso, ma medici e medicine sono costosi e si trovano lontani, in città, a giorni di strada. La situazione è solo apparentemente diversa se ci spostiamo in una grande città costiera dell'**America latina**: qui è solo più evidente il contrasto, perché a ridosso del mare si trovano gli edifici lussuosi dei ricchi, protetti da cancellate e sorvegliati da *vigilantes* armati.
Più arretrata, a volte a ridosso di una collina fangosa, si estende la **baraccopoli** di case in lamiera: per primo vi era migrato il capofamiglia, proveniente da una zona rurale dell'interno dove conduceva una vita non diversa da quella che abbiamo tracciato per la famiglia asiatica. Ha un lavoro, ma occasionale, non garantito né continuo. Qualche anno dopo lo hanno raggiunto moglie e figli.
I bambini sono numerosi e **frequentano la scuola in modo irregolare**, anche perché devono contribuire a guadagnare qualcosa, in qualunque modo: passano gran parte del tempo per la strada, a lavorare come lustrascarpe o come garzoni di bottega, qualcuno anche rapinando, se è il caso. Nell'insieme la famiglia raccoglie circa 1000 dollari all'anno e anche qui il **cibo è scarso**, spesso insufficiente.

▲ Un bambino brasiliano in una delle baraccopoli di Rio de Janeiro.

Capitolo 5 TEMI E PROBLEMI DEL MONDO ATTUALE

▲ Molte parti del mondo non sono ancora state raggiunte dal progresso e dalla modernità: nella foto una contadina pakistana attraversa il ponte sospeso sul fiume Humza, in parte ghiacciato.

▼ Pescatori indiani nello Stato del Tamil Nadu.

La piaga della povertà

La **povertà** ancora oggi è un problema gravissimo che coinvolge oltre il **40% della popolazione mondiale**. A essa sono connesse altre drammatiche conseguenze: in primo luogo la denutrizione e tutte le malattie che ne derivano. La mancanza di servizi e assistenza colpisce prima di tutto le fasce più deboli: i **bambini** (soprattutto le bambine) che non ricevono un'istruzione, le **donne** che vengono segregate e discriminate e non possono lottare efficacemente contro la sovrappopolazione.

Se dai casi individuali passiamo a considerare la situazione degli Stati, allora si noterà che lo **squilibrio nello sviluppo** e nella disponibilità di risorse economiche è una delle principali cause di attriti e scontri.

Le contese per l'accesso all'acqua, al cibo, alle risorse energetiche, alle ricchezze minerarie, ai terreni coltivabili hanno da sempre scatenato e continuano a scatenare **conflitti sanguinosi**. Le **contrapposizioni etniche, culturali e ideologiche** spesso alimentano e si intrecciano con la lotta per accaparrarsi le ricchezze, ma quasi mai bastano, da sole, a spiegare le guerre che insanguinano il pianeta.

Come vedremo, nel corso della sua storia l'umanità ha cercato di darsi strumenti e regole per risolvere pacificamente i contrasti e garantire a tutti i diritti fondamentali, ma per riuscirci ogni organizzazione – a iniziare dall'ONU – deve poter contare sul consenso e la consapevolezza che, a loro volta, affondano le radici in una conoscenza sempre più precisa della situazione. È quello che questo capitolo si ripromette di raggiungere, sia pure con uno sguardo semplificato, sul mondo attuale.

LA POVERTÀ SECONDO LE NAZIONI UNITE

Per poveri, secondo la definizione messa a punto dall'ONU (l'Organizzazione delle Nazioni Unite, vedi pag 109), si intendono persone che "vivono in una condizione di grave mancanza dei beni necessari comprendenti cibo, acqua potabile, servizi igienici, salute, riparo, istruzione e informazione. Questa condizione non dipende solo dal reddito, ma anche dalla possibilità di accedere ai servizi e può variare moltissimo anche all'interno di uno stesso Stato, tra zone 'centrali' e altre 'periferiche'". L'ONU ha anche cercato di quantificare la soglia economica della povertà: nel 2013 corrispondeva a un potere d'acquisto di 1,25 dollari al giorno pro capite. Questa cifra, tuttavia, è da considerarsi solo indicativa: accanto alla povertà assoluta vi è, infatti, quella relativa, che varia in base al livello di benessere di ogni nazione. Così, ad esempio, negli USA la soglia è di circa 30 dollari al giorno, mentre per l'India rurale è di soli 20 centesimi.

5 | TEMI E PROBLEMI DEL MONDO ATTUALE

Il grande porto mercantile di Hong Kong.

Anche per effetto della crisi economica mondiale, nel "Nord del mondo" aumentano la povertà e la disoccupazione.

▲ La mancanza di trasporti pubblici efficienti e capillari è un ulteriore indice di sottosviluppo: nell'immagine, un "trasporto sovraffollato" in Birmania.

5.1 | NORD E SUD DEL MONDO

Che cosa si intende per "Sud del mondo"?

Ancora oggi la povertà è una piaga diffusa: come hai letto nello scenario che ha aperto il capitolo, **circa il 40% della popolazione mondiale è composto da "poveri"**. Indigenti e benestanti esistono in ogni Paese: osservando il planisfero si nota che la maggioranza di coloro che vivono in condizioni di miseria si trova nell'emisfero meridionale, in quello che è stato definito il **Sud del mondo**.

La definizione "Sud del mondo" fu coniata nel 1980 (vedi box a pag. seguente) per evidenziare, in modo tanto sintetico quanto efficace, il fatto che la divisione tra sviluppo e arretratezza, tra benessere e povertà, correva soprattutto lungo la linea dei due emisferi: la gran parte degli **Stati più sviluppati e ricchi** si trovava in quello settentrionale, nel **Nord del mondo**, mentre in quello meridionale, il **Sud del mondo**, si concentravano quelli più **arretrati e poveri**.

La distinzione, inoltre, aveva una forte **valenza politica**: poiché tutte le ex colonie erano collocate nel Sud, in Africa, Asia e America latina, sottolineava esplicitamente il ruolo giocato dal colonialismo e dal neocolonialismo nell'assetto economico planetario e richiamava, quindi, le responsabilità dei Paesi coloniali.

Oggi, quando si dice "Sud del mondo" si pensa soprattutto all'**Africa**. Difatti, mentre nelle altre aree a sud dell'Equatore la situazione è variegata, nel continente africano la quasi totalità degli Stati si colloca **al livello più basso**: qui si concentra la gran parte dei Paesi meno industrializzati e tutti gli indicatori dello sviluppo e del benessere sono virati al rosso, al negativo.

A più di trent'anni di distanza, le espressioni Nord e Sud del mondo sono ancora utilizzate: ma guardando la carta ci si rende conto che oggi esse rispecchiano solo in parte la realtà.

Questo non solo perché in ogni caso il "Nord" comprende da sempre Stati, come l'Australia o la Nuova Zelanda, collocati nell'emisfero australe ma anche, soprattutto, perché nel "Sud" vi sono **grandi potenze economiche**, come la **Cina**, il **Brasile** e l'**India**.

Come si evince dal planisfero, anche solo considerando i dati complessivi relativi agli Stati, si nota che accanto ai **tre poli dell'economia mondiale** costituiti da **USA e Canada**, **Europa occidentale** e **Giappone** e alle grandi potenze emergenti di **Brasile, Russia, India e Cina** (indicati anche con la sigla BRIC dalle loro iniziali) vi sono altri Paesi con economie in forte ascesa nel **Sud-Est asiatico** (Vietnam e Corea) e in parte dell'**America latina** (Messico, Argentina, Cile).

La povertà nel mondo

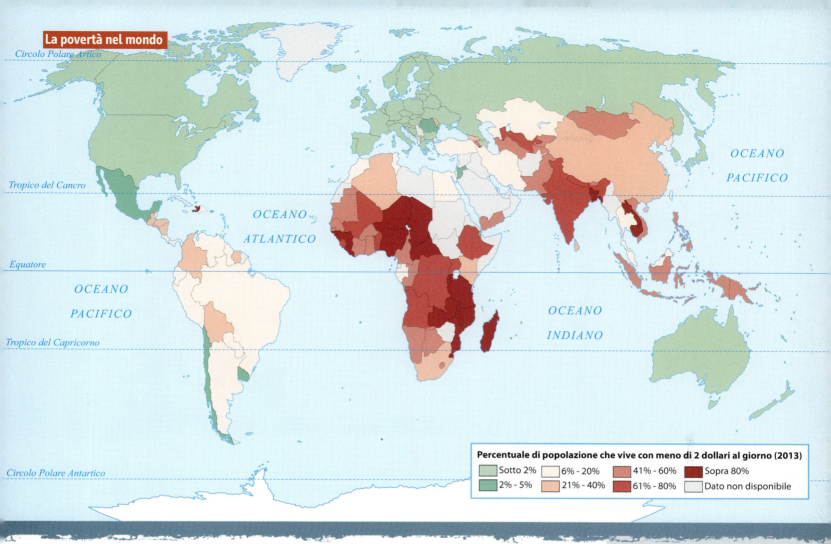

Percentuale di popolazione che vive con meno di 2 dollari al giorno (2013)
- Sotto 2%
- 2% - 5%
- 6% - 20%
- 21% - 40%
- 41% - 60%
- 61% - 80%
- Sopra 80%
- Dato non disponibile

COME SI È PASSATI DA "TERZO MONDO" A "SUD DEL MONDO"

Contenuto integrativo

Le definizioni "Nord del mondo" e "Sud del mondo" sono state introdotte nel 1980 nel rapporto redatto dalla Commissione dell'ONU sullo sviluppo internazionale, chiamato anche *Rapporto Brandt*, dal nome del cancelliere tedesco Willie Brandt che presiedeva la commissione. Queste definizioni legate a criteri geografici sostituivano quelle allora in uso, basate su criteri politici ed economici, tra cui quelle di "Terzo mondo" e di "Paesi in via di sviluppo".

Terzo mondo: fino agli anni Ottanta del Novecento, le tensioni della Guerra fredda avevano portato alla formazione di due schieramenti contrapposti. I Paesi occidentali guidati dagli USA, con un'economia di mercato e governi democratici, formavano il cosiddetto "Primo mondo". A esso si contrapponevano gli Stati con governi comunisti con un'economia pianificata guidati da URSS e Cina: il "Secondo mondo". Tutti i Paesi che non rientravano né in uno schieramento né nell'altro formavano il "Terzo mondo", che in pratica comprendeva la gran parte delle nazioni arretrate dell'Asia, dell'Africa e dell'America centro-meridionale. Proprio per questo l'espressione continuò a essere usata per indicare i Paesi più poveri, anche quando gran parte di essi entrarono nell'area di influenza dell'una o dell'altra superpotenza. **Paesi in via di sviluppo**: questa definizione veniva (e ancora viene) utilizzata per indicare gli Stati arretrati, ma è molto criticata perché ambigua: suggerisce infatti l'idea che le nazioni povere siano in corsa per svilupparsi e che le distanze tra i primi e gli ultimi siano destinate ad accorciarsi. Ciò, però, è vero solo in parte: in molti casi, al contrario, le differenze crescono anziché assottigliarsi.

RISPONDI

1. Che cosa s'intende con l'espressione "Sud del mondo"?
2. Perché la distinzione tra Nord e Sud ha una forte valenza politica?
3. Quali Paesi del Sud del mondo stanno emergendo?
4. In quale continente si trovano gli Stati più poveri?

Capitolo 5 – Temi e problemi del mondo attuale

▲ Donne al lavoro nelle risaie in Vietnam.

PIL
Il prodotto interno lordo (PIL) indica quanta ricchezza produce un Paese ogni anno nei settori di attività primario, secondario, terziario.

▲ Un contadino egiziano al lavoro nei campi in un'oasi.

Le caratteristiche del sottosviluppo...

Pur collocati a Sud, Cina e Brasile sono tra i primi dieci Paesi al mondo per quanto riguarda il Prodotto interno lordo 🅜. Sarebbe tuttavia errato dedurre che per questo presentino una situazione simile a quella, per esempio, di Giappone o Stati Uniti riguardo le effettive condizioni economiche e sociali delle popolazioni.

Per evitare generalizzazioni, sarebbe quindi più corretto parlare di **Sud *nel* mondo** per indicare che **anche nei Paesi più sviluppati vi sono sacche di povertà** ed emarginazione e che in quelli che si sono industrializzati più recentemente le situazioni positive convivono accanto a quelle di forte arretratezza.

Tuttavia l'espressione tradizionale richiama una serie di caratteristiche comuni degli Stati che fanno parte del Sud del mondo:

- la **povertà**: nel Sud del mondo non solo il reddito medio è più basso, ma soprattutto **i poveri sono una percentuale consistente** della popolazione;
- la **denutrizione**: il cibo non basta, la **fame** è una condizione non episodica ma costante nella vita di molte persone;
- le **malattie**: a quelle causate da un'alimentazione insufficiente si aggiungono quelle **epidemiche e infettive**, legate alle scarse condizioni igieniche e alla **mancata disponibilità di acqua potabile**. Ancora oggi oltre 1 miliardo e 400 milioni di persone non hanno accesso all'acqua potabile. Ciò favorisce la diffusione di malattie provocate dai parassiti e dai microbi che si trovano nell'acqua stagnante; i bambini più piccoli sono le prime vittime;
- l'**assistenza sanitaria è insufficiente**, le strutture ospedaliere sono scarse e difficilmente raggiungibili;
- la **mortalità infantile** è molto alta. Nelle famiglie più povere dei Paesi meno sviluppati le nascite sono molto numerose ma la mortalità supera il 300 per mille: su tre nati, uno muore prima di compiere un anno;
- la **percentuale degli addetti all'agricoltura** è elevata: per esempio è il 52% nell'India in piena crescita e il 70% in Nigeria. Di contro, nel Nord del mondo la media è intorno al 2%. Nei Paesi arretrati piantagioni e latifondi convivono con minifondi gestiti in modo tradizionale e resiste la pratica dell'agricoltura di sussistenza. In queste condizioni i campi non riescono a fornire risorse sufficienti per la popolazione; molti, di conseguenza, per sfuggire alla fame e alla miseria migrano verso le città, attirati dalla speranza di un lavoro, per quanto precario;
- il **tasso di urbanizzazione** è **più basso** che nel Nord, in media circa la metà (il 40% contro l'80%). Esso tuttavia è in rapida e spesso incontrollata crescita: intorno alle città principali si sviluppano **immense e caotiche baraccopoli**;
- il **livello di alfabetizzazione** è nettamente più basso e altrettanto carenti sono le possibilità di accesso all'informazione e la disponibilità della rete Internet: la cultura e la scolarizzazione sono fattori fondamentali di sviluppo;

▶ Coltivazione di tè nel Nord dell'India.

LA POPOLAZIONE MONDIALE

Nel 1950 il continente africano contava circa 230 milioni di abitanti; nel 2000 erano più di un miliardo e se la crescita continuerà ai ritmi attuali nel 2050 saranno oltre 2 miliardi. Questo significa che in mezzo secolo la popolazione dell'Africa è aumentata di quasi cinque volte: invece quella dell'Asia e delle Americhe si è triplicata, mentre quella europea è cresciuta solo di un terzo.

1950: 0,5 – 6,8 – 8,8 – 6,6 – 21,7 – 55,6
2000: 0,5 – 5,1 – 12,8 – 8,5 – 12,2 – 60,9
2050: 0,6 – 4,4 – 19,8 – 9,1 – 7,0 – 59,1

- Africa
- Asia
- Europa
- America latina
- America settentrionale
- Oceania

- in genere, poi, sono **più penalizzate le donne**, mentre lo sviluppo dipende in larga misura proprio dalla loro emancipazione;
- il Sud del mondo è molto **più popolato del Nord**: la sua popolazione, in particolare in Africa, cresce molto rapidamente;
- la forte crescita della popolazione costituisce, soprattutto per i Paesi africani già molto popolati, un **grande freno allo sviluppo**. Essa, infatti, non solo azzera gli eventuali progressi economici ma contribuisce altresì a peggiorare la situazione, poiché il numero degli abitanti cresce più rapidamente dell'economia. Gli Stati faticano quindi a garantire i servizi fondamentali quali, ad esempio, sanità e istruzione: così la distanza dai Paesi più sviluppati cresce anziché diminuire.

... e le sue cause

Per quali ragioni certe regioni e certi Stati si sono sviluppati e altri no? Capirlo è fondamentale non solo per comprendere ciò che è successo, ma soprattutto per poter progettare interventi efficaci per il futuro.

Le cause ambientali

Per spiegare il sottosviluppo dell'Africa subsahariana geografi ed economisti mettono in evidenza le numerose **cause ambientali** che fin dall'antichità hanno determinato lo svantaggio del continente. Le cause ambientali riguardano le specifiche caratteristiche di un territorio e sono determinate da parametri quali la latitudine, il **clima**, l'estensione degli **ambienti inospitali** e poco favorevoli all'insediamento, le caratteristiche della **fauna** e della **flora** nonché la stessa **posizione e conformazione** del terreno. Altrettanto importante è la **disponibilità o meno di materie prime**: sia in assoluto, sia in relazione alla fase storica in cui queste sono ricercate.

◉ COMPLETA

1. Le caratteristiche comuni dei Paesi del Sud del mondo sono:

   a. i .... sono una percentuale consistente della popolazione;

   b. le .... epidemiche e infettive sono diffuse;

   c. la mancanza di .... potabile;

   d. la .... infantile è molto alta;

   e. il fatto che la maggior parte della popolazione vive nelle ....;

   f. il basso livello di ....

Capitolo 5 – Temi e problemi del mondo attuale 97

▲ Donne afghane in una strada di Kabul.

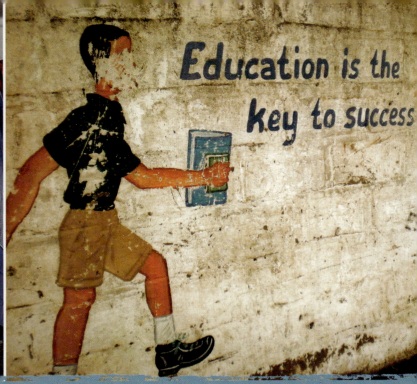

▲ "L'educazione è la chiave del successo", si legge in questo murale, in una strada di Banjul, la capitale dello Stato africano del Gambia.

Le vicende storiche

Secondo molti studiosi anche le vicende storiche hanno giocato e giocano un ruolo fondamentale nel determinare la situazione di sottosviluppo di molti Paesi. Sfruttando la propria superiorità tecnologica, organizzativa e militare, gli Europei – sino dall'età moderna, ma in particolare nel corso dell'Ottocento – hanno imposto una **dominazione coloniale**, diretta o indiretta, sul resto del mondo e hanno sfruttato a proprio vantaggio le regioni conquistate, prima depredandone le ricchezze, poi come riserva di materie prime e prodotti di piantagione; infine, con la Rivoluzione industriale, utilizzandole come mercati in cui rivendere i prodotti finiti realizzati nella madrepatria.

In numerosi Stati, soprattutto in Africa, l'indipendenza non ha però portato cambiamenti significativi: gli Stati che non avevano un'industria nazionale hanno continuato a esportare materie prime allo stato grezzo e a importare i prodotti finiti dalle regioni più sviluppate, restando così in una situazione di forte dipendenza per ogni prodotto tecnologicamente complesso.

Le ragioni politiche e culturali

Vi sono infine ragioni politiche e culturali: in uno Stato poco democratico, un gruppo ristretto di persone controlla il potere e può facilmente disporre di grandi ricchezze, anche frutto del semplice sfruttamento e dell'esportazione delle risorse esistenti, senza preoccuparsi di sviluppare il benessere generale. **Corruzione e inefficienza** spesso sono l'altra faccia di questa medaglia.

Queste condizioni, inoltre, da un lato favoriscono l'emigrazione e dall'altro scoraggiano gli investimenti stranieri. La presenza di **tensioni etniche o religiose** può portare a scontri che tendono a trasformarsi in vere e proprie **guerre civili** con conseguenze devastanti.

Un forte freno allo sviluppo, infine, può venire anche dalle tradizioni e dalle **concezioni culturali**: le culture che subordinano le donne, ne limitano l'accesso all'istruzione o le confinano nella gestione della casa, tendono a perpetuare più facilmente situazioni di arretratezza dal punto di vista sia sociale sia economico.

SCAMBIO INEGUALE E NEOCOLONIALISMO

Per molti Paesi del Sud del mondo, anche dopo l'indipendenza, il commercio con quelli più sviluppati si risolveva in uno **scambio ineguale**: le nazioni sviluppate potevano imporre i loro prezzi, giocando sul fatto che producevano i beni più complessi (come automobili o macchinari) che solo pochi Paesi industrializzati erano in grado di realizzare. Al contrario, i fornitori di materie prime erano molto più numerosi, in concorrenza tra loro e quindi costretti ad accettare prezzi bassi. Questa situazione è stata definita **neocolonialismo** per sottolineare la forte dipendenza in cui continuano a trovarsi diversi Stati, che pure sono formalmente sovrani. Tra questi, i Paesi che incontrano maggiori difficoltà sono quelli che, per scelta o necessità, hanno orientato la propria economia sull'esportazione di uno o pochi prodotti, come ad esempio il caffè o lo stesso petrolio. Essi infatti sono fortemente **esposti alle variazioni dei prezzi mondiali** e bastano cambiamenti minimi (come un calo dei prezzi per raccolti abbondanti o per un crollo dei consumi) per provocare gravi crisi economiche con conseguenze nel tempo. Molti di questi Paesi finanziano il proprio sviluppo attingendo anche a prestiti sul mercato internazionale, che non riescono poi a ripagare se le loro entrate diminuiscono, con il rischio di essere costretti a chiedere nuovi prestiti per pagare quelli vecchi e di cadere così in un circolo vizioso sempre più grave.

▲ Una conceria indiana. Molte ex-colonie esportano prodotti grezzi o semilavorati nel Paese ex-potenza coloniale che quindi continua a esercitare una profonda influenza nell'economia del Paese un tempo dominato.

Un insieme di fattori

In ogni caso, la situazione economica e sociale di uno Stato è determinata da un insieme molto complesso di fattori e per questo ogni risposta, per quanto approfondita, non può essere esaustiva. Spesso cause ambientali e storiche, ragioni antiche e recenti si intrecciano tra loro e sarebbe quindi sbagliato isolare un singolo elemento. Oggi gli studiosi preferiscono mettere l'accento sulla **complessità** e sulla **specificità** delle singole situazioni e sottolineano il fatto che **lo sviluppo si basa sulla complementarità di diversi elementi**: nessuno, da solo, è decisivo e fondamentale, ma nell'insieme assumono importanza e si rinforzano a vicenda. Si tratta quindi non solo di riconoscerli nel loro insieme, ma anche di **agire su più fronti contemporaneamente** (per esempio, affiancando alle campagne per la riduzione della natalità lo sviluppo dell'istruzione femminile). Servono dunque uno sforzo comune e un cambio di mentalità per risolvere i gravi problemi del sottosviluppo e avviare il mondo verso un progresso che sia condiviso.

RISPONDI

1. Quali cause ambientali hanno determinato lo svantaggio dell'Africa?
2. Quali vicende storiche?
3. Quali ragioni politiche?
4. Quali ragioni culturali?

COSTRUISCI UNA MAPPA DEI CONCETTI

5. Dopo aver risposto alle domande precedenti, costruisci una mappa dei concetti che riassuma le caratteristiche dei Paesi del "Sud del mondo".

L'IMPORTANZA DELLE RISORSE

La disponibilità di materie prime va considerata anche storicamente: il carbone e il ferro ampiamente presenti in Europa, ad esempio, hanno facilitato la Rivoluzione industriale.
Altre materie prime, come l'uranio di cui è ricca la Namibia, nell'Ottocento non avevano praticamente valore: solo negli ultimi decenni l'uranio è diventato una risorsa importante.

▶ Una miniera di uranio in Namibia.

geostoria — PERCHÉ L'AFRICA NON È DECOLLATA?

Contenuto integrativo

L'Africa è da ogni punto di vista il **Sud del mondo**: perché proprio l'Africa? Rispondere a questa domanda significa addentrarsi in una questione di grande complessità.

Le responsabilità del colonialismo

Una prima risposta individua la causa nella **tratta degli schiavi** prima (che ha svuotato e impoverito intere regioni delle persone più in forza) e nella **dominazione coloniale** poi. I colonialisti hanno sfruttato il continente espropriandone le risorse e successivamente hanno tracciato a tavolino dei confini che non tenevano conto della reale distribuzione delle popolazioni: questo ha portato all'esplodere di **conflitti** etnici, religiosi e sociali che ancora oggi insanguinano il continente e ne rallentano lo sviluppo. Questa spiegazione da sola non pare, però, del tutto soddisfacente: si può sempre sostenere che i coloni bianchi sono stati in grado di colonizzare l'Africa perché disponevano di una tecnologia più avanzata e che questa superiorità era il risultato di una superiorità culturale. Questa tesi, alla base di ogni teoria razzista, appare particolarmente subdola perché fonde due argomenti, l'uno vero, l'altro falso.

- È vero che **i bianchi erano tecnologicamente superiori**: disponevano di armi da fuoco micidiali e di un'organizzazione militare molto più avanzata.
- Invece è falso che questa forza dipendesse in qualche modo da una differenza (o addirittura una superiorità) culturale. Lo **svantaggio dell'Africa è indipendente dai suoi abitanti e determinato dalle difficili condizioni geografiche e biologiche** del continente.

La sfortuna di essere orientata da nord a sud

Esiste uno storico rapporto diretto tra sviluppo tecnologico, popolazione e agricoltura: nell'antichità, l'abbondanza di cibo garantita dalla Rivoluzione agricola (verificatasi nella regione della Mezzaluna fertile all'incirca nel X millennio a.C.) poté assicurare quel *surplus* di cibo indispensabile per mantenere degli specialisti, figure come artigiani, funzionari e studiosi necessari per garantire il funzionamento e il progresso degli Stati complessi. Proprio rispetto all'agricoltura l'Africa è fortemente penalizzata per il fatto che, come si può vedere nella carta sotto, il continente **è orientato prevalentemente in senso nord-sud**, come (in misura ancor maggiore) le Americhe. L'Europa, al contrario, è unita all'Asia ed è orientata in senso est-ovest: ciò consentì di diffondere facilmente e rapidamente le colture. Infatti, era molto più facile trovare alle medesime latitudini condizioni di temperatura, insolazione e precipitazione simili. In Africa, al contrario, esse si sono diffuse più lentamente, per la difficoltà (se non impossibilità) di adattare le coltivazioni a climi di altre latitudini. Inoltre il **deserto del Sahara** costituisce una barriera insuperabile.

▲ Manifesto britannico del 1930: schiavi neri caricano sacchi di arachidi in un battello diretto nel Regno Unito.

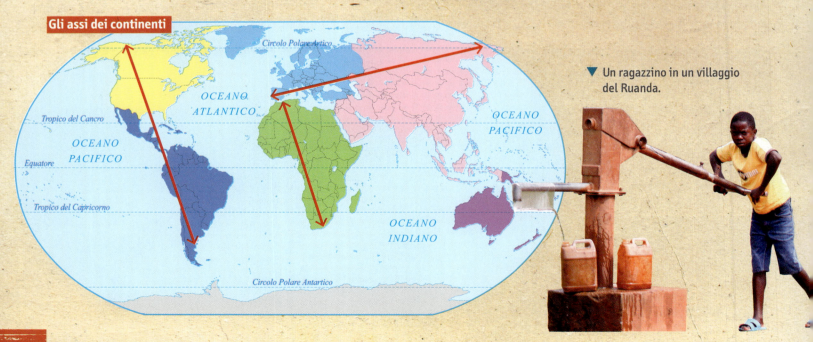

Gli assi dei continenti

▼ Un ragazzino in un villaggio del Ruanda.

MODULO 1 – IL NOSTRO PIANETA

Animali selvatici e la maledizione della mosca tse-tse

L'Africa ha uno svantaggio di partenza anche rispetto alla disponibilità di animali addomesticabili. In tutto il mondo le specie di animali di una certa dimensione (sopra i 45 kg) e utilizzabili dall'uomo per il lavoro o per l'alimentazione sono solo 14. Neanche una di queste è di origine africana. Una sola, il lama, proviene dall'America, mentre tutte le altre sono state selezionate dai progenitori selvatici presenti in Europa o Asia.

Ma perché i bovini, gli asini addomesticati nella Mezzaluna fertile e i cavalli arrivati dall'Asia attraverso l'Egitto non si sono diffusi più a sud? A differenza delle piante, infatti, questi avrebbero potuto adattarsi a climi diversi e superare la barriera del deserto del Sahara.

A impedire o rallentare la diffusione fu un altro animale, questa volta piccolissimo: il parassita della **malattia del sonno** portato dalle **mosche tse-tse** che infesta gli altopiani africani e che è micidiale per il bestiame quanto per l'uomo.

Per questo i cavalli non riuscirono mai a passare l'Equatore e si diffusero più a sud solo dopo che vennero importati dagli Europei, mentre buoi, pecore e capre raggiunsero il Sudafrica ben 8000 anni dopo la loro domesticazione.

Un ritardo dovuto alle cause ambientali

L'Africa è stata la culla dell'umanità, l'area in cui le società si sono organizzate per prime, tuttavia le caratteristiche fisiche e ambientali del continente hanno costituito uno svantaggio per il suo sviluppo. Esse hanno rallentato, se non impedito, quei processi che con la Rivoluzione agricola hanno permesso altrove la crescita della popolazione e, di conseguenza, la sua organizzazione, grazie allo sviluppo culturale e tecnologico reso possibile da un'ampia disponibilità di un surplus alimentare da mettere a disposizione di specialisti di ogni tipo.

Il ritardo dell'Africa e il diverso destino delle sue popolazioni sono quindi dovuti a differenze ambientali e non biologiche tra i popoli.

▲ Per debellare la malattia del sonno diffusa tra la popolazione, questo team di medici gira i villaggi del Ciad per somministrare le dosi di vaccino agli agricoltori e alle loro famiglie.

▲ Somministrazione del vaccino contro la malattia del sonno sul bestiame in Uganda.

◄ La mosca tse-tse.

► L'immagine satellitare dell'Africa mostra con chiarezza la barriera costituita dal deserto del Sahara.

5.2 LE FONTI DI ENERGIA

▲ A sinistra: pale eoliche nella campagna spagnola.
▲ In alto: estrazione di petrolio al largo dei Paesi Bassi nel Mare del Nord.
▲ Miniera di carbone in Asia centrale.

L'esaurimento delle risorse

Le risorse naturali non sono infinite

Fino al secolo scorso l'umanità ha utilizzato le risorse esistenti sulla Terra come se fossero disponibili in quantità illimitata.

Ma da alcuni decenni gli studiosi hanno lanciato l'allarme sul rischio dell'**esaurimento delle risorse**, a causa dello straordinario **aumento nel consumo di materie prime** connesso alla crescita della popolazione e al simultaneo sviluppo industriale.

Carbone, ferro, bauxite (da cui si ricava l'alluminio) sono presenti in grande abbondanza nella crosta terrestre e per ora non c'è rischio di esaurimento. Per altri **minerali strategici**, tuttavia, la situazione è molto più preoccupante: i più pessimisti calcolano che con i consumi attuali entro cinquanta anni siano destinate a esaurirsi le scorte di petrolio, gas, oro, argento, rame, stagno, zinco, cadmio e piombo.

Per questo fin dalla prima grande **crisi energetica** del 1973 si sono moltiplicati gli sforzi per ovviare al problema:
- una prima soluzione consiste nella continua **ricerca di nuovi giacimenti** in aree inesplorate, ad esempio sul fondo degli oceani, prima trascurate perché difficili e costose da sfruttare;
- la seconda, fondamentale, è quella del **riuso** e del **riciclo**, che permettono contemporaneamente di ridurre l'inquinamento e il degrado ambientale e di risparmiare risorse preziose reimpiegandole.

Carbone, uranio e petrolio

Il problema dell'esaurimento delle scorte si pone in modo drammatico soprattutto per i **combustibili fossili**, da cui si ricava ancora circa il 90% dell'energia utilizzata sul pianeta. Il **carbone** è abbondante, ma le centrali tradizionali sono molto inquinanti a causa delle scorie e delle emissioni gassose; il ricorso all'**uranio** per l'alimentazione di **centrali nucleari** è discusso sia per il non risolto problema dello stoccaggio delle scorie radioattive, sia per i rischi di incidenti con fughe di materiale radioattivo che potrebbero avere conseguenze disastrose.

Il **petrolio** continua a essere la risorsa energetica più importante e utilizzata: da esso oggi deriva oltre un terzo di tutta l'energia prodotta per il funzionamento delle centrali elettriche, per l'alimentazione dei motori a benzina e a gasolio e per il riscaldamento degli edifici. Tuttavia anch'esso **è una risorsa non rinnovabile**: le riserve potrebbero esaurirsi in 100 anni (50 secondo i più pessimisti) e per di più il suo uso contribuisce all'aumento dei **gas serra** e del riscaldamento globale. Di qui il moltiplicarsi degli sforzi per ridurre la dipendenza da esso. Come per altre risorse, si è cercato di **diminuire gli sprechi**, ad esempio progettando motori più efficienti ed edifici isolati meglio in modo da evitare dispersioni di calore.

▶ L'uranio è un metallo tossico e radioattivo. Viene impiegato come combustibile nei reattori nucleari e nella realizzazione di armi nucleari.

LE PRINCIPALI FONTI ENERGETICHE RINNOVABILI

Le tecniche per produrre energie da fonti alternative sono numerose. Eccone una sintesi con l'indicazione delle principali caratteristiche e dei vantaggi e degli svantaggi che presentano.

FONTE/TECNICA	CARATTERISTICHE	PRO E CONTRO
Energia eolica	Sfrutta la forza del vento con mulini (pale eoliche) di nuova concezione. Navi a vela e mulini a vento da millenni funzionano nello stesso modo.	Si può utilizzare solo nelle zone dove il vento è frequente. Le pale eoliche possono deturpare il paesaggio: si cerca quindi di collocarle in mare o in zone poco visibili.
Pompe di calore	Sfruttano il calore interno della Terra per far funzionare gli impianti di riscaldamento degli edifici.	Si possono utilizzare ovunque. Richiedono però ingenti investimenti per adeguare gli impianti esistenti.
Pannelli a cellule fotovoltaiche e solari	Sfruttano la luce del Sole per produrre energia elettrica (i fotovoltaici) o riscaldare l'acqua per ogni tipo di uso.	Occupano ampi spazi e sottraggono quindi terreno. In ogni caso l'utilizzo ottimale dipende dalle ore di insolazione.
Biocarburanti (biodiesel e bioetanolo)	Si ricavano dagli oli vegetali (biodiesel da soia, colza ecc.) o dalla fermentazione di cereali o piante zuccherine (bioetanolo da mais, grano, bietola, canna da zucchero ecc.).	Contribuiscono all'effetto serra e sottraggono terreni alle colture destinate all'alimentazione.
Idrogeno	Si utilizza per produrre energia elettrica (pile a combustibile) e per far funzionare motori elettrici su veicoli oppure direttamente in centrali a idrogeno.	È l'elemento più abbondante dell'Universo, ma la produzione per ora è ancora complessa e relativamente costosa.

Energia rinnovabile

Soprattutto, però, la ricerca scientifica si è indirizzata verso l'utilizzo di **fonti energetiche rinnovabili**, che **sfruttano i fenomeni naturali** come il vento, le maree, il calore della Terra e la luce del Sole (vedi tabella in alto).

Queste da un lato sono **praticamente inesauribili** (il Sole continuerà a splendere nella forma attuale per almeno altri 5 miliardi di anni) e dall'altro **non sono inquinanti** e non contribuiscono all'aumento dei gas serra, pericolosi per il nostro ecosistema.

In genere, però, – almeno per il momento – sono più costose del petrolio. Tuttavia, con la crescita della diffusione del loro uso i costi sono destinati a scendere, al contrario di quello del petrolio, sempre più scarso.

Per questo, secondo molti rappresentano in prospettiva la soluzione ottimale al problema energetico che affligge il mondo moderno.

Minerali strategici
Si definiscono così i minerali di fondamentale importanza economica e industriale.

Crisi energetica
Nel 1973 i produttori di petrolio, in gran parte Paesi arabi, decisero di aumentare il costo del petrolio come forma di ritorsione contro l'Occidente per la sua politica di sostegno a Israele.

● COMPLETA

1. Le risorse sono in ....
   ⇩
   per l'aumento del .... di materie prime
   ⇩
   connesso alla crescita della .... e allo ....

2. Per risolvere il problema dell'esaurimento delle risorse .... si cerca di diminuire gli ...., ma soprattutto si punta su fonti energetiche ...., come ....

LA GEOTERMIA

La geotermia è la fortuna energetica dell'Islanda, dove l'85% delle case è riscaldato con questa fonte energetica. L'isola del Nord Atlantico basa la sua esistenza sul naturale equilibrio tra la presenza di acqua calda in profondità e l'atmosfera esterna sotto zero.

▲ Central Park, nel cuore di Manhattan (New York), costituisce un polmone verde per la città. Mentre in molti Paesi del Nord del mondo negli agglomerati cittadini si trovano parchi e aree verdi, in quelli del Sud essi sono spesso assenti.

▲ Traffico a Las Vegas (USA).

Lo sviluppo sostenibile

Risorse, sviluppo e qualità della vita

Inquinamento ambientale e rischio di esaurimento delle risorse sono l'**effetto combinato** della **crescita della popolazione** e della diffusione di **stili di vita centrati sullo sviluppo industriale e sull'urbanizzazione**.

È il modello di sviluppo seguito fin dalla Rivoluzione industriale, prima da tutti i Paesi dell'Occidente e poi anche da quelli del Sud del mondo. Fino a circa il 1970 lo sviluppo tecnologico, la disponibilità di risorse praticamente senza limite, lo sfruttamento dell'ambiente hanno garantito un **progresso illimitato** e permesso di far fronte ai bisogni di una popolazione in crescita.

Tuttavia questo modello presenta gravi limiti: l'impatto dell'intervento umano rischia di causare danni irreversibili all'ambiente, mentre la crescita della popolazione e dei consumi può portare all'esaurimento di risorse che non sono illimitate. Un esempio solo può bastare: oggi in Italia ci sono più di 600 automobili ogni 1000 persone, mentre in Cina e in India ce ne sono 10. Cinesi e Indiani, che insieme sono 2,5 miliardi, avrebbero in teoria diritto di averne altrettanto, ma non ci sono abbastanza materie prime per costruire 1,5 miliardi di auto, né energia per farle funzionare. Inoltre il pianeta non può reggere l'impatto ecologico delle corrispondenti emissioni di gas e polveri. Nello stesso tempo non è né giusto né possibile limitare il legittimo diritto di ognuno a un maggior benessere. Per questo i timori per il futuro devono tenere conto delle aspirazioni di molti Stati in rapida crescita. Che fare, dunque? Sul **modello di sviluppo si confrontano posizioni diverse**: semplificando possiamo dire che da un lato ci sono coloro che puntano a **privilegiare comunque lo sviluppo**, fiduciosi che scienza e tecnica troveranno soluzioni soddisfacenti anche ai problemi che oggi sembrano non risolvibili. Dall'altro coloro che invece considerano necessario **prima di tutto salvaguardare l'ambiente** e mirano quindi alla riduzione di produzioni, consumi e crescita della popolazione. Tra questi due estremi vi è una serie di posizioni intermedie, legate anche al fatto che il punto di vista è molto diverso tra i Paesi del Nord del mondo già sviluppati e quelli del Sud che sono ancora lontani da una qualità della vita dignitosa.

Una sfida per il futuro

Le Nazioni Unite hanno elaborato il concetto di **sviluppo sostenibile**: come dice il rapporto dell'ONU, che nel 1987 ha per primo dato questa definizione, è necessario "progettare una crescita che soddisfi i bisogni delle generazioni presenti senza compromettere la possibilità di soddisfare i bisogni delle generazioni future".

Si tratta quindi di un modello di sviluppo che tenga conto **sia** delle **quantità di risorse** esistenti sul pianeta, **sia** della **qualità della vita** cui ognuno ha diritto. Concretamente ciò richiede una **valutazione dell'impatto am-**

◀ Un tram della città di Lisbona. I tram funzionano a energia elettrica.

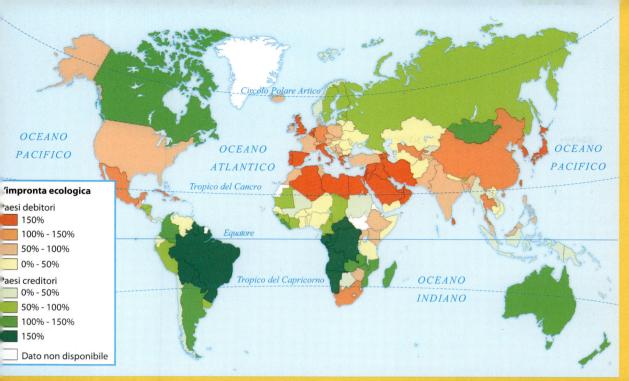

L'IMPRONTA ECOLOGICA

L'impronta ecologica è l'area della superficie del pianeta (terra e acqua) necessaria per fornirci le risorse (alimenti) che consumiamo e assorbire le emissioni di CO_2 risultanti dai consumi energetici. Diversi Stati, come si vede dalla carta, sono "debitori" verso la Terra e il resto del mondo perché si appropriano di una quantità di risorse superiore a quella che avrebbero a disposizione secondo una divisione equa.

bientale di ogni scelta pubblica e privata (ad esempio l'insediamento di un'industria, la realizzazione di una ferrovia, la costruzione di una casa ecc.), cioè un esame analitico di tutte le conseguenze che questa può avere sull'ambiente. In agricoltura si tratta di adottare tecniche di **coltivazione biologica**, per l'industria di privilegiare **numerosi piccoli impianti**, in modo da favorire una **crescita equilibrata e diffusa**. Infine è indispensabile preferire l'uso di energie rinnovabili e di tecnologie orientate al risparmio energetico, al riuso e al riciclo dei materiali. Naturalmente la questione si pone diversamente per il Nord e il Sud del mondo: oggi l'**impronta ecologica**, cioè l'impatto di ciascuno di noi sul pianeta, è molto squilibrata (vedi il planisfero sopra) e per questo gli Stati del Nord e del Sud del mondo sono chiamati a scelte diverse: i primi, ad esempio, dovrebbero puntare a **ridurre** i propri consumi (e le conseguenti emissioni di combustibili fossili) in vista di un riequilibrio complessivo. In ogni caso nessuno può pensare che nel XXI secolo si possa continuare come in passato: per tutti, al Nord come al Sud, è indispensabile anche cambiare **mentalità e comportamenti**. Lo sviluppo non può prescindere dal rispetto dell'ambiente: **acqua**, **aria**, **terra**, **energia** sono risorse **preziose** perché disponibili in quantità limitata e per questo vanno utilizzate con rispetto. Questo vale per le politiche dei governi, ma anche per ogni singolo abitante della Terra: nell'epoca globale il pianeta è la **casa dell'umanità**.

▲ Lo smaltimento dei rifiuti è uno dei grandi problemi del mondo contemporaneo.

RISPONDI

1. Quali sono le cause dell'inquinamento e del rischio dell'esaurimento delle risorse?
2. Quali sono i gravi limiti del modello di sviluppo fino a ora seguito?
3. Quali sono le due posizioni che si confrontano sul modello di sviluppo?
4. Che cosa si intende per "valutazione dell'impatto ambientale"?
5. Quali passi è necessario compiere in agricoltura? Quali nel settore industriale?
6. Quale parte del mondo dovrebbe puntare a ridurre i propri consumi?

PAESI IN GUERRA

Il planisfero mostra le regioni del mondo che sono state interessate da guerre e scontri dopo il 1989 in base agli studi del SIPRI, *Stockholm International Peace Research Institute* (Istituto internazionale di ricerche sulla pace di Stoccolma). In molte di queste zone i caschi blu dell'ONU svolgono missioni di mantenimento o costruzione della pace.

5.3 LA GUERRA E LA PACE

La minaccia della guerra e del terrorismo

Paesi in guerra

I confini delle nazioni sono, almeno in parte, frutto di **scontri tra Stati in competizione** per la **conquista dei territori**, il **controllo delle risorse e dei mercati**, lo **sfruttamento dei popoli vinti**. Ciò avviene fin dall'antichità e ancora nel secolo scorso le **due guerre mondiali** sono state combattute fondamentalmente per questo motivo. Nel secondo dopoguerra, il periodo della **Guerra fredda** fu segnato dalla contrapposizione politica, economica e militare tra le due superpotenze, USA e URSS, entrambe dotate di **armi atomiche**. Quello scontro, inoltre, si intrecciò con la **decolonizzazione**, cioè il processo con cui gli Stati dell'Asia e dell'Africa **conquistarono la libertà e l'indipendenza nazionale**, liberandosi dalla dominazione coloniale. In diversi casi ciò avvenne in modo pacifico; in altri, al contrario, fu violento, a seconda delle resistenze opposte dai colonizzatori e delle richieste dei movimenti indipendentisti. Dopo il crollo dell'URSS e con la fine della Guerra fredda, scontri e conflitti hanno continuato a martoriare diverse regioni del mondo. La globalizzazione ha visto emergere **nuove potenze**; inoltre si è ingrandito il numero degli Stati dotati di armi atomiche (**India** e **Cina** in primo luogo, ma anche molti altri, dal **Pakistan** alla **Corea del Nord**) e si sono moltiplicate le guerre civili, cioè quelle interne ai singoli Paesi. A generarle sono spesso le **aspirazioni all'indipendenza di popoli senza Stato** o le situazioni in cui in una **minoranza** (etnica, religiosa o di entrambi i tipi) non vede riconosciuti i propri diritti e si considera oppressa. In questi casi spesso gruppi più o meno consistenti decidono di ricorrere alla forza delle armi per ottenere ciò che reclamano. Di qui i numerosi focolai di tensioni oggi esistenti: il Medio Oriente, dove si trascina l'interminabile scontro tra Israeliani e Palestinesi, è il più noto, ma nel mondo i casi, come vedremo nel dettaglio approfondendo i vari continenti, sono numerosi.

Il terrorismo

Strettamente collegata all'aumento e all'inasprirsi delle guerre civili e alla diffusione di movimenti fondamentalisti è anche la **crescita del terrorismo**, cioè del ricorso ad azioni violente come sabotaggi, rapimenti, attentati e stragi anche di civili con lo scopo di diffondere paura e terrore nelle popolazioni, combattere contro gli Stati e i governi nemici, producendo danni e devastazioni pari a quelli di una guerra, pur non avendo mezzi e uomini per affrontare un conflitto aperto. Il terrorismo non è un fenomeno nuovo nella storia, ma negli anni recenti si è diffuso e si è fatto ancora più feroce e pericoloso. In diversi Paesi le minoranze etniche e religiose perseguitate ricorrono al terrorismo anche con **attentati suicidi** per raggiungere i propri obiettivi. Secondo molti governi, oggi il terrorismo costituisce **la più grave minaccia alla sicurezza globale** e tutti gli Stati impiegano forze ingenti per contrastarlo, considerandolo molto pericoloso per la pace e la stabilità internazionale. Nello stesso tempo, ogni sforzo militare sarà vano se non verranno eliminate alla radice le ragioni politiche, economiche e sociali che sembrano giustificare il ricorso alla violenza, almeno agli occhi di coloro che vivono in situazioni disperate, di oppressione e ingiustizia.

▲ Un gruppo di persone in un villaggio del Kurdistan turco. Il Kurdistan è una nazione ma non uno Stato indipendente: il territorio dei Curdi è infatti diviso in cinque Stati (Turchia, Iran, Iraq e, in minor misura, Siria e Armenia).

▲ A destra: due uomini dell'Artiglieria reale britannica verificano l'elenco dei Paesi le cui delegazioni parteciperanno alla prima conferenza dell'ONU tenutasi a Londra nel 1946.

Le Nazioni Unite e la difficile ricerca di pace e giustizia nel mondo

Per **regolare la convivenza**, difendere i diritti fondamentali e punire le ingiustizie gli uomini, nel corso dei secoli, hanno elaborato organizzazioni sociali sempre più complesse, fino ad arrivare agli attuali Stati democratici. Tuttavia questo non basta per eliminare i contrasti che portano alla guerra. Inoltre, da tempo, le principali questioni, da quelle ambientali a quelle sociali ed economiche, superano i confini nazionali, poiché hanno assunto una dimensione globale. Di qui, a partire dal Novecento, lo sforzo di creare **istituzioni internazionali** in grado di introdurre anche a livello mondiale, nei rapporti tra gli Stati, regole condivise e organizzazioni in grado di farle rispettare, come è avvenuto all'interno delle nazioni. Il tragico bilancio delle guerre mondiali ha indotto i governanti più saggi a guardare oltre i confini nazionali. Dopo la Prima guerra mondiale, nel 1919 fu creata la **Società delle Nazioni** con lo scopo di accrescere il benessere e la qualità della vita degli uomini. Il suo principale impegno era quello di prevenire le guerre, ma era priva di potere di intervento, tanto che solo vent'anni dopo l'umanità fu travolta da un conflitto ancora più esteso e devastante. Per questo, per "salvare le future generazioni dal flagello della guerra, che per due volte nel corso di una generazione ha portato indicibili afflizioni all'umanità", si legge nel testo costitutivo, nel 1945 fu creata un'altra organizzazione, l'**Organizzazione delle Nazioni Unite (ONU)**. L'ONU ormai opera da oltre settant'anni e rappresenta il più serio tentativo degli Stati del mondo di far proprie le ragioni della pace e di agire sulle ingiustizie e sulle ineguaglianze che generano le guerre.

◀ Il quattordicesimo Dalai Lama, Tenzin Gyatso, insignito nel 1989 del Premio Nobel per la Pace per la sua protesta non violenta, è impegnato a sensibilizzare l'opinione pubblica sulle condizioni dei Tibetani.

◉ LAVORA SUL TESTO

1. Sottolinea che cosa si intende per Guerra fredda e decolonizzazione.
2. Evidenzia i motivi che hanno portato al moltiplicarsi delle guerre civili dopo la fine della Guerra fredda.
3. Che cosa si intende per terrorismo e come lo si può contrastare? Sottolinea nel testo.
4. Identifica quali furono le motivazioni che portarono alla creazione dell'ONU.

Capitolo 5 – Temi e problemi del mondo attuale

▲ L'Assemblea generale dei Capi di Stato dei Paesi membri dell'ONU si tiene periodicamente nella sede di New York.

▲ Una dottoressa dell'organizzazione francese Medici Senza Frontiere presta assistenza sanitaria nel Sudan del Sud.

Le Nazioni Unite: successi e difficoltà

Alla fondazione delle Nazioni Unite gli Stati promotori erano solo 51; oggi, invece, l'**Assemblea generale**, in cui siedono i rappresentanti dei diversi governi, conta **193 Stati membri** e in pratica **riunisce tutti gli Stati del mondo**. Nel corso della sua storia l'ONU ha conosciuto importanti **successi**, ma anche difficoltà e numerosi **insuccessi** e non sempre è riuscita a imporre la propria autorità o porre fine ai conflitti in corso, tanto che oggi c'è chi ne mette in discussione il ruolo e l'organizzazione. Secondo alcuni si dovrebbe **aumentare ancora di più il suo potere di intervento** per difendere i diritti umani e le minoranze oppresse; al contrario, altri propongono di allargare la partecipazione anche a organizzazioni non governative in modo da bilanciare il peso degli Stati non democratici, che possono condizionare le decisioni dell'Assemblea. In ogni caso, è indubbio che nel tempo l'ONU è riuscita a **estendere sempre di più la propria azione** e oggi costituisce ancora l'**unico embrione di un futuro governo mondiale** in grado di regolare pacificamente conflitti e imporre in tutti gli Stati il rispetto dei diritti umani fondamentali. E se il raggiungimento di questo obiettivo è ancora lontano, esso è sempre più una necessità.

▶ A Naqura, in Libano, una soldatessa dei Caschi blu e due ragazzine dipingono un muro in occasione della giornata internazionale della pace.

I CASCHI BLU

Per far rispettare le proprie decisioni, difendere la pace, separare i contendenti in un conflitto, l'ONU ha a disposizione un esercito formato da truppe fornite dagli Stati membri: i Caschi blu. Sono chiamati così perché, per essere riconoscibili, sopra la divisa dei singoli Paesi, indossano un casco blu, il colore delle Nazioni Unite. I Caschi blu non hanno il compito di combattere, ma di verificare il rispetto delle tregue, garantire la cessazione delle ostilità, difendere i civili in attesa di trovare soluzioni di pace. Dal momento della loro costituzione (nel 1948) i Caschi blu sono intervenuti in 68 situazioni di conflitto e hanno avuto anche 3400 morti. In riconoscimento del loro ruolo, nel 1988 hanno ricevuto il Premio Nobel per la Pace. Nel 2013 i Caschi blu erano impegnati in 29 missioni di pace, che coinvolgevano oltre 100 mila persone fra militari e civili con un costo per le Nazioni Unite di oltre 7 miliardi di dollari.

Cittadinanza — L'Organizzazione delle Nazioni Unite

L'ONU, Organizzazione delle Nazioni Unite (*UN, United Nations* in inglese) è nata il 26 giugno 1945, alla fine della Seconda guerra mondiale, con il compito, dice lo statuto, "di salvare le generazioni future dal flagello della guerra [...] promuovere il progresso economico e sociale di tutti i popoli [...] il rispetto e l'osservanza universale dei diritti dell'uomo e delle libertà fondamentali, senza distinzioni di razza, di sesso, lingua o religione".
Oggi vi sono rappresentati **193 Stati**, cui se ne aggiungono due con il ruolo di osservatori: lo Stato della Città del Vaticano e quello di Palestina.
Non fanno invece parte dell'ONU alcune "nazioni" la cui indipendenza e il cui governo non sono riconosciuti in modo unanime a livello internazionale, come Taiwan (Repubblica di Cina), il Sahara occidentale e la parte Nord di Cipro, perché altri Paesi rivendicano la sovranità su quei territori.

I principali organismi

Per svolgere nel modo più efficace i compiti per cui è stata creata, l'ONU si è data una struttura che si basa su tre organismi:
- l'**Assemblea generale** che riunisce periodicamente a New York i rappresentanti di tutti gli Stati membri per prendere le decisioni più importanti;
- il **Segretario generale**, eletto dall'Assemblea su proposta del Consiglio di sicurezza, rappresenta l'ONU a ogni livello e ne amministra i programmi;

- il **Consiglio di sicurezza**, che ha il compito di difendere la pace e affrontare le crisi internazionali ed è composto da **cinque membri permanenti** — le cinque potenze vincitrici della Seconda guerra mondiale: USA, Russia, Francia, Gran Bretagna e Cina — e dai rappresentanti di altri 10 Stati scelti a rotazione.

Accanto a queste tre istituzioni fondamentali, nel corso del tempo l'ONU ha creato **diversi organismi** che hanno il compito di progettare e **organizzare gli interventi** nei campi più svariati, in pratica ovunque sia utile un coordinamento a livello globale.

I settori di intervento

Tra i principali settori di intervento vi sono:
- la lotta alla fame: **FAO**, *Food and Agricolture Organization*, Organizzazione per il cibo e l'agricoltura;
- la lotta alle malattie: **OMS**, Organizzazione Mondiale della Sanità;
- la lotta all'analfabetismo: **UNESCO**, *United Nations Educational, Scientific and Cultural Organization*, Organizzazione delle Nazioni Unite per l'educazione, la scienza e la cultura;
- la protezione dei profughi: **UNHCR**, *United Nations High Commissioner for Refugees*, Alto Commissariato delle Nazioni Unite per i Rifugiati;
- la difesa dell'infanzia: **Unicef**, *United Nations International Children's Fund*, Fondo delle Nazioni Unite per l'infanzia;
- il coordinamento delle politiche economiche: **FMI**, Fondo Monetario Internazionale.

Attività

- Quando è nata l'ONU e con quale scopo?
- Quali sono i suoi principali organismi?
- Perché, secondo te, svolge un ruolo importante?

Bambini in una scuola nelle campagne della Tanzania.

verifica delle conoscenze

RIORGANIZZARE LE CONOSCENZE

1. Completa il testo inserendo le parole corrette.

riuso • coloniale • malattie • rinnovabili • popolazione • materie prime • 40% • risorse • industriale • consumi • povertà • energetiche • denutrizione • Sud • arretrati • sviluppo sostenibile • poveri • riciclo • alfabetizzazione

a. Uno dei problemi più gravi del pianeta è costituito dalla _____, che coinvolge circa il _____ della popolazione ed è diffusa soprattutto nel cosiddetto "_____ del mondo".
L'espressione "Sud del mondo" comprende i Paesi più _____ e _____, quelli con un reddito medio-basso, nei quali sono presenti _____ e _____, la mortalità infantile è alta e il livello di _____ è basso.
I motivi di questa arretratezza sono sia ambientali (mancanza di _____, climi sfavorevoli), sia storici e culturali: la dominazione _____, in particolare, ha sfruttato le risorse di queste aree del pianeta senza crearvi sviluppo.

b. Un grande allarme dei tempi contemporanei riguarda l'esaurimento di _____ e fonti _____.
Le cause sono molteplici: tra queste, l'aumento della _____ e il forte sviluppo _____. Oggigiorno è diventato prioritario orientarsi verso il _____ e il _____ e puntare sull'utilizzo di fonti _____ di energia.
Lo _____ è basato sulla riduzione dei _____ e sul rispetto dell'ambiente.

2. Indica se le seguenti affermazioni sono vere o false.

	Vero	Falso
a. Quando si parla di "Sud del mondo" oggi ci si riferisce soprattutto ad America latina e Asia.	☐	☐
b. Con l'acronimo BRIC si fa riferimento all'istituzione che seleziona e finanzia le migliori ricerche internazionali.	☐	☐
c. La Società delle Nazioni fu creata nel 1945, è il più serio tentativo degli Stati del mondo di promuovere la pace e la lotta contro l'ingiustizia.	☐	☐
d. Oggi, nel mondo, ancora 1 miliardo e 400 milioni di persone non hanno accesso all'acqua potabile.	☐	☐
e. Le fonti energetiche alternative come vento, maree, calore della terra e luce del sole sono praticamente inesauribili.	☐	☐

3. Completa la tabella sulla produzione di energie rinnovabili e le loro caratteristiche.

Fonte	Caratteristiche	Vantaggi	Svantaggi
Energia _____	Sfrutta la forza _____ con mulini (pale eoliche) di nuova concezione.	Si può utilizzare solo nelle zone dove il vento è _____.	_____
Pannelli a _____ e solari	Sfruttano _____ per produrre energia elettrica o riscaldare l'acqua.	Si produce energia senza inquinare.	_____
Biocarburanti (biodiesel e bioetanolo)	Si ricavano da _____	Contribuiscono _____ e sottraggono terreni alle colture.	

CONOSCERE LE PAROLE DELLA GEOGRAFIA

4. Collega i termini con le rispettive definizioni.

1. Decolonizzazione

2. Minoranza

3. Denutrizione

4. Riciclo

5. Fondamentalismo

a. Processo che porta a riutilizzare materiali di scarto.

b. Indebolimento fisico dovuto a un'alimentazione troppo scarsa o povera.

c. Gruppo di cittadini di uno Stato che si differenzia dalla maggioranza per lingua, cultura o religione.

d. Processo che ha portato al raggiungimento della libertà da parte dei Paesi sottoposti al dominio delle nazioni europee.

e. Rigorismo religioso, qualunque fede religiosa vissuta in modo dogmatico e intransigente.

laboratorio delle competenze

STRUMENTI E LINGUAGGIO DELLA GEOGRAFICITÀ

1. I calici della disuguaglianza.
La distribuzione del reddito nel mondo (PNL) viene spesso rappresentata da una figura chiamata "calice della disuguaglianza". L'area all'interno del cono rappresenta la ricchezza mondiale prodotta in un anno; essa viene suddivisa in cinque gruppi, ciascuno dei quali corrisponde a un quinto della popolazione del globo. Lo strato più in basso corrisponde alla popolazione che vive nei Paesi più poveri, quello più in alto a quella dei Paesi ricchi. Questa figura dà una chiara rappresentazione della ineguale distribuzione del reddito a livello mondiale.

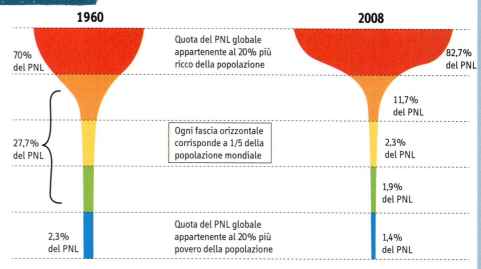

Il primo calice si riferisce al 1960, il secondo al 2008. Osservali con attenzione e rispondi alle domande.

a. A che cosa corrisponde ogni fascia?

b. Quanta parte del Prodotto Nazionale Lordo deteneva la parte più povera della popolazione nel 1960? Quanta ne detiene nel 2008?

c. Chi si è arricchito di più negli ultimi 40 anni? Quali sono le cause di questa situazione? Quali le conseguenze?

2. La distribuzione della ricchezza.
Il planisfero mostra il PIL pro capite di tutti i Paesi del mondo espresso in dollari statunitensi. Dopo averlo osservato con attenzione rispondi alle domande.

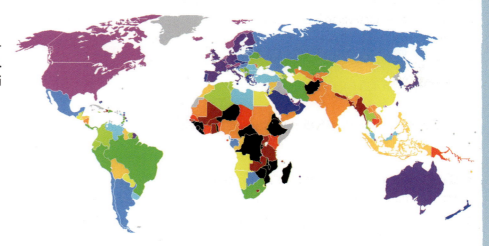

a. In quali parti del mondo si trovano i Paesi più poveri? In quali quelli più ricchi?

b. In quale continente ci sono i Paesi più poveri?

c. Traccia una linea sul planisfero che indichi la divisione tra i Paesi che appartengono al cosiddetto "Sud del mondo" e quelli che appartengono al "Nord del mondo".

Capitolo 5 – Temi e problemi del mondo attuale

MODULO 1
IL NOSTRO PIANETA

certificazione delle competenze

COMPETENZE ATTIVATE

Competenze disciplinari: Legge e analizza sistemi territoriali vicini e lontani, nello spazio e nel tempo e valuta gli effetti delle azioni dell'uomo sui sistemi territoriali alle diverse scale geografiche.

Competenze chiave europee: Competenza digitale, Competenza matematica, Competenze sociali e civiche, Comunicazione nella madre lingua, Imparare a imparare.

Drammatici squilibri, Paesi a confronto

In questo percorso ti guideremo passo passo in un **confronto tra Paesi diversi**, in una vera e propria indagine che potrai pubblicare sul sito della scuola oppure condividere con i compagni attraverso una presentazione multimediale.
Metti a confronto tre Paesi del mondo che appartengono a tre realtà socio-economiche diverse: uno che appartiene al mondo sviluppato, uno ai Paesi in via di sviluppo, i cosiddetti BRIC, e uno ai Paesi più poveri del pianeta. Partiamo dalle questioni generali.

1. LE QUESTIONI GENERALI

1. Quali sono le caratteristiche dei Paesi più sviluppati? In quali parti del mondo si trovano? Scrivi sul tuo quaderno un testo descrittivo con gli elementi che li contraddistinguono, poi evidenziali nel planisfero con un colore.

2. Quali sono le caratteristiche dei Paesi cosiddetti BRIC? Scrivi sul tuo quaderno un testo descrittivo con gli elementi che li contraddistinguono, poi individuali nella carta con un colore diverso.

3. Quali sono le caratteristiche dei Paesi poveri? Dopo averne tracciate le caratteristiche, segnali anch'essi sul planisfero scegliendo un altro colore ancora.

4. Scegli per ogni gruppo il Paese che ti sembra più rappresentativo e analizzalo completando la tabella.

Per raccogliere le informazioni puoi utilizzare il libro nella parte dedicata agli Stati del mondo; per approfondire puoi fare una ricerca su un'enciclopedia oppure in Internet, ad esempio consultando l'Atlante geopolitico Treccani (www.treccani.it/geopolitico/paesi/) che, oltre ai dati aggiornati, contiene anche schede sui singoli Paesi con informazioni generali.

Paese			
Continente di appartenenza			
Capitale			
Valuta			
Lingue parlate			
Numero di abitanti			

112 MODULO 1 - IL NOSTRO PIANETA

2. STORIA

a. Quali eventi o fenomeni hanno caratterizzato e condizionato la storia di ognuno dei Paesi che hai scelto nell'esercizio precedente negli ultimi due secoli? Seleziona i più significativi e inseriscili nella tabella.

Paese			
Evento			
Data o periodo			

b. Quali eventi hanno condizionato lo sviluppo sociale ed economico dei Paesi che hai scelto? Scrivi sul quaderno un testo argomentativo per spiegare in quale modo gli eventi storici hanno avuto un peso, e quale, sull'economia di ciascun Paese.

3. CLIMA E CONTESTO AMBIENTALE

a. Quale clima (o climi) caratterizza ognuno dei Paesi che hai scelto? È un clima favorevole o ha degli aspetti di criticità?

b. Quali ambienti naturali ci sono? ....

c. Ci sono risorse naturali significative? Se sì, quali? ....

d. Cerca tre foto che rappresentino gli ambienti naturali dei Paesi che hai scelto. Sotto ciascuna scrivi una didascalia a commento e descrizione dell'immagine.

▲ Didascalia: ....

▲ Didascalia: ....

◀ Didascalia: ....

Certificazione delle competenze

4. POPOLAZIONE: DEMOGRAFIA

a. Quali caratteristiche ha la popolazione di questi tre Paesi?
- È omogenea o ci sono molte differenze etniche?
- Ci sono tensioni interne o con altri Paesi? Quali sono i motivi? Compila la tabella.

b. Raccogli ora i dati sulla popolazione dei diversi Paesi e confrontali costruendo dei grafici. Puoi trovare i dati, come ti abbiamo consigliato, su enciclopedie o in Internet. Oltre che nell'Atlante geopolitico Treccani, puoi trovare queste informazioni all'indirizzo www.indexmundi.com, oppure su www.cia.gov/library/publications/the-world-factbook/

c. Costruisci sul tuo quaderno un istogramma con i dati che hai raccolto, per poterli confrontare più facilmente. Prendi in considerazione il tasso di incremento naturale, il tasso di fecondità e il saldo migratorio. Poi rispondi alle domande.
- In quali di questi Paesi la popolazione cresce di più?

....
....
....
....

- Quali sono i motivi di questa crescita? Sulla crescita influisce l'immigrazione? Quale Paese ha un tasso di urbanizzazione più alto? Quale al contrario ha il tasso più basso?

....
....
....
....

- Quali possono essere i motivi?

....
....
....
....

Paese			
Caratteristiche della popolazione			
Densità della popolazione			
Tasso di incremento di urbanizzazione			
Tasso di incremento naturale			
Saldo migratorio			
Tasso di fecondità (numero di figli per donna in età feconda)			
Percentuale dei cittadini stranieri			

5. SALUTE E ISTRUZIONE

a. Raccogli i dati sulla qualità della vita dei Paesi che stai analizzando e compila la tabella: questi indicatori ci dicono come si vive in un certo Paese.

Paese			
Mortalità infantile			
Speranza di vita			
Percentuale della popolazione che ha accesso all'acqua potabile			
Tasso di analfabetismo			
Tasso di abbandono scolastico			
Percentuale della popolazione che ha accesso a Internet			

b. Costruisci un istogramma che metta a confronto la speranza di vita dei tre Paesi e un altro che metta a confronto il tasso di analfabetismo. Rispondi poi alle domande.
- Che cosa emerge da questi dati? ....
- Quali considerazioni puoi fare? ....
- Che cosa significa concretamente vivere in un Paese povero? ....

6. ECONOMIA

a. Raccogli i dati sull'economia dei Paesi che hai scelto e confrontali.
b. Costruisci tre areogrammi che illustrino gli addetti per i diversi settori; che cosa puoi notare?
- Quali sono le caratteristiche dei Paesi poveri? ....
- Quali sono i motivi? ....
- Che rapporto c'è tra il PIL pro capite di un Paese povero e di uno ricco? ....
- Di quanto quello del Paese ricco è più alto? ....

Paese			
PIL e posizione nel mondo rispetto agli altri Paesi			
PIL pro capite e posizione rispetto agli altri Paesi			
Tasso di disoccupazione			
Addetti per settore			
ISU			

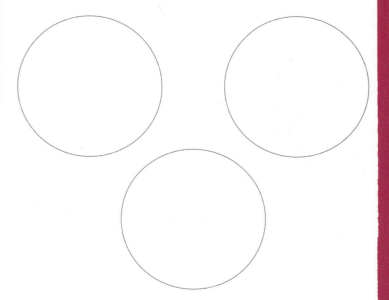

7. CONCLUSIONI

a. Come ultimo passo puoi cercare qualche articolo sui Paesi che hai studiato per capire ancora meglio come si vive e quali sono i maggiori problemi.
b. Scrivi ora una relazione che illustri i risultati della tua indagine.
Puoi seguire la seguente scaletta:
Introduzione: motivi della ricerca, Paesi scelti e perché sono stati scelti.
Descrizione del lavoro: difficoltà e problematiche emerse nella raccolta dei dati e nella loro rielaborazione.
Considerazioni: le scoperte significative, i problemi rimasti aperti. Conclusioni a cui sei arrivato dopo aver svolto le tue ricerche. Quali differenze tra i Paesi sono emerse dalla tua ricerca? Quali caratteristiche hanno i Paesi ricchi? Quali quelli poveri? Quali sono i problemi maggiori?
Valutazione dell'esperienza e considerazioni personali.

MODULO 2
GLI STATI DEL MONDO

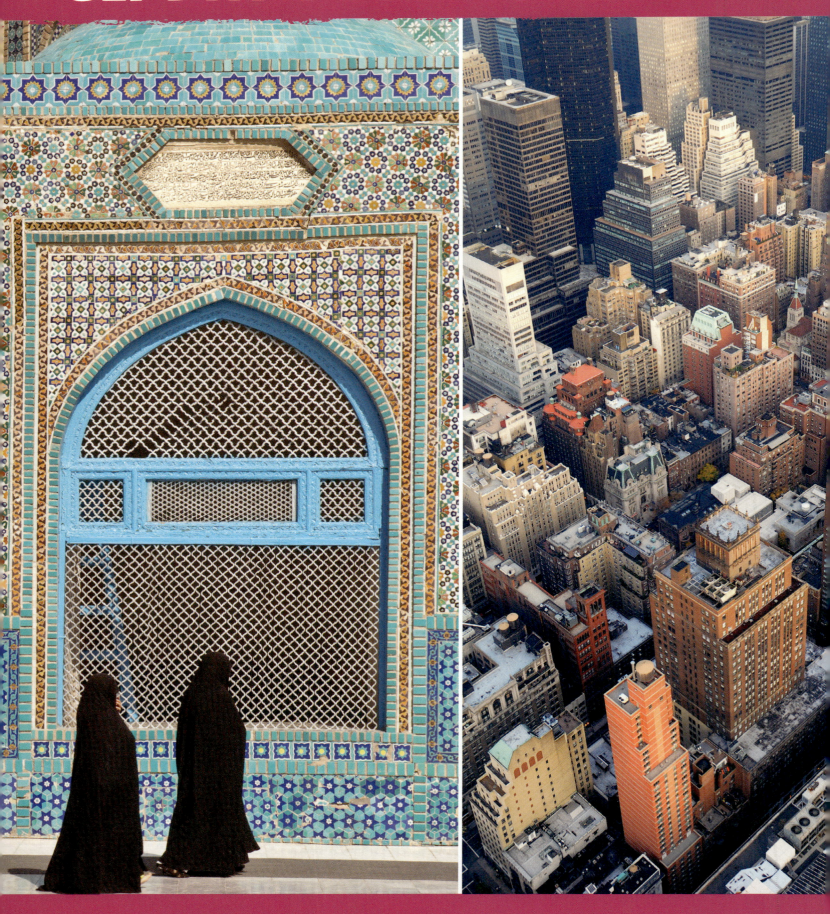

> Io non credo nei confini, nelle barriere, nelle bandiere. Credo che apparteniamo tutti, indipendentemente dalle latitudini e dalle longitudini, alla stessa famiglia che è la famiglia umana.
>
> Vittorio Arrigoni

In questo modulo si parlerà di:

- Paesaggi, climi e ambienti dei continenti.
- Popolazione, lingua, religione e società di alcuni Stati del mondo.
- Economia, sviluppo e ricchezza di alcuni Stati del mondo.
- Geostoria, per comprendere la relazione tra storia, ambiente, economia e società.

Alla fine di questo modulo saprai:

- Riconoscere le caratteristiche salienti dei continenti extraeuropei nei loro aspetti fisici e antropologici.
- Riconoscere le caratteristiche salienti di alcuni Stati del mondo nei loro aspetti fisici, economici, culturali e sociali.
- Individuare aspetti e problemi di alcuni Paesi del mondo.
- Operare confronti tra le situazioni delle diverse regioni del mondo e dei principali Stati.

ASIA

Territorio e ambiente

La posizione
L'Asia è il **continente più vasto**: con oltre 44 milioni di km² occupa da sola circa un terzo delle terre emerse. Si estende nel senso della longitudine dall'Equatore (11° S) fino quasi al Polo Nord (88°13' N). Insieme all'Europa, dalla quale è divisa a ovest dai Monti Urali, forma un'unica immensa massa continentale, detta **Eurasia**. È divisa dall'Africa dal Canale di Suez (aperto nel 1856), dall'America del Nord dallo Stretto di Bering (92 km), mentre l'arcipelago dell'Indonesia costituisce quasi un ponte verso l'Oceania. Si affaccia a nord sul **Mar Glaciale Artico**, a est sull'**Oceano Pacifico**, a sud sull'**Oceano Indiano**, che si insinua nel continente, dando vita a profondi golfi (Mar Rosso, Golfo Persico, Golfo del Bengala) ed estese penisole (arabica, indiana e indocinese).

Tre grandi regioni
Data la grande varietà geografica, climatica, antropica e culturale che caratterizza il continente, non è semplice trovare un criterio univoco in base al quale suddividerlo in zone. Adottando un sistema geografico, possiamo distinguervi tre grandi regioni:
- l'**Asia centro-occidentale**, che comprende il Medio Oriente, la Penisola arabica, l'Altopiano iraniano e la zona del Mar Caspio;
- l'**Asia orientale** con la Cina, la Mongolia, la Penisola di Corea e l'arcipelago del Giappone;
- l'**Asia meridionale e sud-orientale**, costituita dal subcontinente indiano, dalla penisola dell'Indocina, da migliaia di isole e dai grandi arcipelaghi delle Filippine e dell'Indonesia.

Il clima
All'interno di un continente così vasto è naturale trovare una grandissima varietà di climi e ambienti naturali. A ciò si aggiungono la **presenza dei rilievi più alti al mondo** e un regime di venti assai complesso: questi, insieme alla maggiore o minore distanza dal mare, contribuiscono a creare un panorama assai variegato. Possiamo individuare quattro grandi **regioni climatiche**:
- **fredda**, sulle vette delle principali catene montuose interne al continente coperte da ghiacci perenni e nelle regioni della Siberia, oltre il Circolo polare artico, con lunghi inverni ed estati brevi e fresche, in cui la **tundra** si copre di muschi e licheni;

I PRIMATI DEL CONTINENTE
- **Il monte più alto**: l'**Everest** (8848 m), al confine tra Cina e Nepal. È anche il più alto del mondo.
- **La penisola più estesa**: la **Penisola arabica**, tra il Mar Rosso, il Mare Arabico e il Golfo Persico.
- **La zona di massima depressione**: la **riva del Mar Morto** al confine tra Israele, Giordania e Cisgiordania (-395 m sotto il livello del mare). È la depressione massima anche del mondo se si escludono quelle di Antartide che però sono ricoperte dalla calotta polare e dunque non abitabili.
- **Il deserto più vasto**: il **Gobi**, tra Cina e Mongolia.
- **L'isola più grande**: la **Nuova Guinea** (785.000 km²) che amministrativamente appartiene per metà a uno Stato dell'Oceania (Papua Nuova Guinea).
- **Il lago più vasto**: il **Mar Caspio** (371.000 km²) che si trova in parte anche in Europa. È considerato un mare per l'elevata salinità delle sue acque.
- **Il fiume più lungo**: il **Chang Jiang** (5800 km) chiamato anche Fiume Azzurro.

▼ La catena himalayana.

▶ Una rafflesia, la pianta con il fiore più grande al mondo. Questa pianta si trova nelle foreste dell'Asia sud-orientale.

- **arida**, nella Penisola arabica e sugli altopiani centrali dal Caucaso al Gobi, coperti da **steppe** o da veri e propri **deserti**, a causa dell'assenza di precipitazioni;
- **monsonica**, nelle penisole indiana e indocinese, nella parte orientale della Cina e nelle isole e negli arcipelaghi dell'Oceano Pacifico e Indiano. Le zone monsoniche possono essere temperate o calde, a seconda della latitudine; esse sono caratterizzate da una lunga **stagione delle piogge** (tra luglio e ottobre) provocata dai monsoni, venti periodici che spirano dal mare e sono carichi di umidità. Le precipitazioni in quest'area possono raggiungere i 4000-5000 mm annui. Ciò favorisce la presenza di una vegetazione rigogliosa e di **foreste tropicali**;
- **mediterranea**, lungo le coste mediorientali che si affacciano sul Mediterraneo, con inverni miti ed estati calde e asciutte.

Rilievi e pianure

Le principali **catene montuose** si snodano nella fascia centrale del continente, dall'Anatolia al cuore della Cina: il **Caucaso**, l'**Hindu Kush** e il **Karakorum**, il **Kunlun Shan** e l'**Himalaya**, che insieme formano un unico vastissimo sistema montuoso, al cui interno è racchiuso l'altopiano del **Tibet**.
In questa zona si trovano **le vette più alte del mondo**, 14 delle quali superano gli 8000 m.
Pianure e **bassopiani**, solcati da rilievi di modesta entità, si estendono nella regione settentrionale della Siberia e in quella orientale della Cina, caratterizzata da vaste **pianure alluvionali**. Le tre penisole arabica, indiana e indocinese sono caratterizzate da **rilievi** più **antichi**, erosi dai venti fino ad assumere l'aspetto di piatti **tavolati**, come quello del Deccan in India.
Negli **arcipelaghi orientali**, collocati lungo la cintura del fuoco del Pacifico, si elevano catene montuose di origine vulcanica, con centinaia di **crateri attivi**.

Le coste e le isole

Le coste asiatiche si sviluppano per una lunghezza complessiva di 70.000 km e sono piuttosto varie:
- a **nord**, sul Mar Glaciale Artico, sono basse e articolate, caratterizzate da grandi insenature soprattutto in corrispondenza delle foci dei fiumi siberiani;
- a **est** e a **sud-est**, sul Pacifico, sono **irregolari**, con **lunghe penisole** (tra cui la Kamčatka, la Corea e l'Indocina) e ampi golfi, spesso fronteggiati da **isole** e **arcipelaghi**;
- a **sud**, sull'Oceano Indiano, sono **alte** e **frastagliate** in Indocina e **basse** e **sabbiose** in India e nella Penisola arabica;
- a **ovest**, sul Mediterraneo e sul Mar Nero, sono in prevalenza **alte**.

Numerose sono le **isole**: le principali formano gli **arcipelaghi** dell'**Indonesia**, delle **Filippine** e del **Giappone**.

I fiumi e i laghi

I **fiumi** si concentrano per lo più nella **pianura siberiana**, ghiacciata per molti mesi all'anno, nella **Cina orientale** (Amur, Huang He e Chang Jiang), nell'Asia meridionale (Mekong, Irawaddy, Gange e Indo) e nella **pianura mesopotamica** (Tigri ed Eufrate). I corsi d'acqua dell'Asia centro-occidentale sono per lo più endoreici: non arrivano, cioè, a sfociare nel mare, ma formano bacini e paludi interni o si inabissano nel terreno. I **laghi** principali si trovano nell'Asia centrale, tra il Caucaso e il Tian Shan: il **Caspio**, l'**Aral** e il **Balhas**, dall'elevata salinità. Il più vasto bacino di acqua dolce è il **Bajkal**, che è anche il più profondo della Terra (1637 m), nella Federazione Russa.

▼ Dune di sabbia nel deserto di Rub'al-Khali, negli Emirati Arabi Uniti.

▶ A destra: pesci e coralli nel Mare delle Andamane; sopra: reti da pesca a bilancia nelle coste meridionali dell'Unione Indiana.

Asia

ASIA FISICA

ASIA POLITICA

ASIA

Popolazione e società

Un mosaico di popoli e culture

L'Asia è anche il **continente più popolato**, con oltre 4 miliardi di abitanti (2,5 dei quali solo tra India e Cina), e il **più densamente abitato** (92 ab/km²).
La **distribuzione** della popolazione risulta fortemente **disomogenea**, soprattutto per ragioni climatiche: le zone ghiacciate della Siberia e degli altopiani centrali, i deserti dell'Arabia e del Gobi, le fitte foreste tropicali non sono luoghi adatti agli insediamenti umani. La popolazione si concentra per lo più in **sei Stati** (Cina, India, Giappone, Pakistan, Indonesia e Bangladesh) e, all'interno di questi, lungo le coste e nelle zone pianeggianti.
Una notevole varietà di popoli e culture caratterizza il continente. A **due gruppi etnici principali**, il **caucasoide** (prevalente nell'Asia centrale e sud-occidentale) e il **mongolide** (diffuso nell'Asia settentrionale e orientale), si affiancano quello **melanesiano** (negli arcipelaghi meridionali e in parte dell'India) e **arabo** (in Medio Oriente). All'interno di questi macrogruppi, le differenziazioni interne legate alla storia, alla cultura e alla religione sono numerosissime e sono spesso causa di **conflitti** e **discriminazioni**.
Anche dal punto di vista linguistico si nota una straordinaria varietà: in Asia si parlano **oltre 2000 lingue** e la più diffusa è il cinese mandarino, con oltre un miliardo di parlanti.
Infine, l'Asia è stata la culla di tutte le grandi **religioni**, nate e sviluppatesi in tempi e in regioni diverse: ebraismo, cristianesimo, islamismo, induismo, buddhismo, confucianesimo, taoismo e shintoismo.

Un'area di conflitti...

Proprio la varietà etnica e religiosa ha spesso dato luogo a contrasti e persecuzioni da parte dei gruppi maggioritari nei confronti delle minoranze. Non di rado i fenomeni di intolleranza hanno finito per scatenare conflitti armati, alimentati anche da ragioni politiche ed economiche. Alcuni di essi sono tuttora in corso, altri sono solo momentaneamente sopiti.
Tra le principali zone "calde" vi sono l'area del Medio Oriente affacciata sul Mediterraneo, che ha per epicentro lo scontro tra **Israele** e **Palestina** (in atto dal 1948) e coinvolge i Paesi vicini; il **Libano**; la **Siria**, dilaniata da una guerra civile scoppiata nel 2013; l'**Afghanistan**, dove l'intervento delle truppe ONU non è riuscito a riportare la normalità dopo le guerre civili innescate da gruppi

I PRIMATI DEL CONTINENTE

- **Lo Stato più popolato:** la **Cina**, con 1 miliardo e 348 milioni. È anche il più popolato del mondo.
- **Lo Stato più esteso:** la **Federazione Russa**, di cui una parte si trova anche in Europa (12.836.900 km², solo la zona asiatica).
- **Lo Stato meno esteso e meno densamente popolato:** le **Maldive** (298 km² di superficie e 320.081 abitanti).
- **Lo Stato più densamente popolato:** **Singapore** (5305 ab/km²).
- **Lo Stato meno densamente popolato:** la **Mongolia** (2 ab./km²).
- **La città più popolosa: Shanghai**, in Cina, con oltre 11 milioni di abitanti. Il suo agglomerato urbano ospita 37 milioni di abitanti. È anche la più popolosa del mondo.
- **Lo Stato più ricco:** il **Qatar**, con un PIL pro capite di circa 90.000 dollari USA.
- **Lo Stato più povero:** la **Corea del Nord**, con un PIL pro capite di circa 504 dollari USA.

▶ Le Torri Petronas a Kuala Lumpur, la capitale della Malesia. Con i loro 452 m di altezza, le due torri gemelle sono tra i grattacieli più alti del mondo.

▲ Una giovane donna del Rajastan, nell'India settentrionale.

estremisti islamici e alimentate da potenze straniere; l'**Iraq**, ancora instabile dopo la caduta del regime di Saddam Hussein causata dall'intervento statunitense nel 2003; il **Kashmir**, conteso tra Pakistan e India; il **Tibet**, che rivendica la propria autonomia dalla Cina. Vi sono poi alcuni Paesi, come lo **Sri Lanka**, l'**Indonesia** e le **Filippine**, in cui periodicamente si risvegliano tensioni tra gruppi religiosi o tra movimenti separatisti e governi nazionali. Cause di forte tensione internazionale sono anche i programmi di sviluppo nucleare promossi da **Iran** e **Corea del Nord**.

... e di contraddizioni

L'Asia è un continente pieno di **contrasti** anche **economico-sociali**. Accanto a **Paesi poverissimi**, come la Palestina, il Nepal, il Bangladesh, l'Afghanistan e la Corea del Nord, vi sono **Stati ricchissimi** quali il Qatar e il Bahrein. Vi sono nazioni dalla struttura industriale consolidata, come il Giappone e Israele, e altre in pieno sviluppo: Cina, India e Corea del Sud. Bisogna tuttavia tenere conto del fatto che anche all'interno degli Stati con il PIL più elevato **la distribuzione della ricchezza è molto ineguale** e l'Indice di Sviluppo Umano rimane molto basso: larghissime fasce della popolazione vivono infatti in condizioni di **povertà estrema** (meno di un dollaro al giorno), con scarso accesso alle risorse idriche e ai servizi sanitari e misure igieniche inadeguate. In numerosi Paesi i livelli di **alfabetizzazione** sono bassissimi, specialmente fra la popolazione di sesso femminile, oggetto di **discriminazioni**, **violenze** e **segregazioni**, e vi è un ampio sfruttamento del **lavoro minorile**, che si accompagna al mancato rispetto di altri diritti umani (libertà di espressione, diritti sociali ecc.).

▼ Un gruppo di yurte, tende di feltro e legno, nei pressi del Lago Bajkal, nella Federazione Russa.

CONFINI GEOGRAFICI E CONFINI POLITICI

I confini geografici dell'Asia non coincidono con quelli politici. Alcune regioni asiatiche, anche molto vaste, appartengono infatti a Stati di altri continenti. È il caso della **Siberia**, governata dalla Federazione Russa, la cui capitale, Mosca, si trova in Europa, dell'isola di **Cipro** e della **Turchia**, la prima membro dell'Unione Europea, la seconda da lungo tempo desiderosa di aderirvi. Ci sono poi la Penisola del **Sinai**, che appartiene all'Egitto, uno Stato africano, e la metà orientale dell'isola di **Nuova Guinea**, che fa parte di Papua Nuova Guinea, in Oceania.

Campi di riso in Vietnam.

▼ Una bambina di etnia Hmong nel Nord della Thailandia.

MEDIO ORIENTE E ASIA CENTRALE

▶ Un palazzo nella città vecchia a San'a, la capitale dello Yemen.

▲ Grattacieli e palazzi moderni a Dubai, negli Emirati Arabi Uniti.

▲ Le montagne del Tien Sham, in Kirghizistan.

Le regioni dell'Asia sud-occidentale e centrale sono costituite da territori assai diversi tra loro per morfologia, clima, storia e cultura. La parte sud-occidentale, detta **Medio Oriente** o **Vicino Oriente**, si estende dal Mediterraneo al Caspio e comprende **14 Stati**: Siria, Libano, Israele, Stato di Palestina, Giordania, Arabia Saudita, Kuwait, Yemen, Oman, Emirati Arabi Uniti, Bahrein, Qatar, Iraq e Iran. A nord di questi territori, tra il Caspio e il confine con la Cina, nell'area generalmente definita **Asia centrale**, si collocano altri **6 Stati**: Kazakistan, Uzbekistan, Kirghizistan, Tagikistan, Turkmenistan e Afghanistan.

Caratteristiche comuni...

Caratteristica comune a molti Stati di questa vasta area è la ricchezza di risorse energetiche, il **petrolio** nei Paesi del Medio Oriente e il **gas naturale** in quelli dell'Asia centrale. Tra Ottocento e Novecento tale abbondanza attirò l'attenzione delle potenze occidentali e della Russia, che si spartirono la regione o cercarono di porla sotto il proprio controllo: Inglesi e Francesi crearono protettorati in Medio Oriente, la Russia conquistò l'Asia centrale; in Afghanistan Gran Bretagna e Russia si affrontarono in un lunghissimo scontro che prese il nome di "Grande gioco" o "Torneo delle ombre". Soltanto nella seconda metà del Novecento – dopo la Seconda guerra mondiale per il Medio Oriente e dopo il crollo dell'URSS per l'Asia centrale – si formarono gli Stati attuali, che sono tuttora teatro di **conflitti armati** o **polveriere pronte a esplodere** per motivi politici, etnici, religiosi nonché per la contesa per l'accesso alle risorse. La regione è per lo più arida e caratterizzata dalla presenza di **deserti**, caldi e freddi, quindi **poverissima di risorse idriche**. Inoltre, pur trattandosi di Paesi a **maggioranza islamica** (tranne Israele) la forte presenza di **minoranze etniche** (i **Curdi** in Siria, Iran e Iraq, gli **Hazara** in Afghanistan) e **religiose** (musulmani **sunniti** e **sciiti**) è motivo di **tensioni** e **attentati** che spesso degenerano in conflitti.

Curdi
Popolazione mediorientale di ceppo indoeuropeo che vive tra Iran, Siria, Turchia e Afghanistan, dove è tuttora perseguitata.

Hazara
Gruppo etnico di fede sciita e lingua indoeuropea, minoritario in Afghanistan, dove è stato a lungo perseguitato e discriminato.

Sunniti
Gruppo maggioritario islamico (costituiscono oggi circa l'80% dei musulmani) che si basa sugli insegnamenti e i comportamenti di Maometto (la "sunna").

Sciiti
Gruppo islamico che agli insegnamenti del Profeta affianca quelli dei suoi successori e dei maestri religiosi contemporanei (ayatollah), venerati come inviati di Allah sulla Terra. Rappresentano la maggioranza religiosa in Iran, Siria e Libano.

... e differenti

Le differenze riguardano innanzitutto le **dimensioni** (per superficie e popolazione) degli Stati, che vanno dai piccolissimi Bahrein, Qatar e Kuwait fino agli estesi Kazakistan, Arabia Saudita e Iran. Vi sono poi Paesi ricchi di **risorse energetiche** – petrolio e gas naturale – e altri che ne sono totalmente privi, come Tagikistan, Kirghizistan, Afghanistan e lo Stato di Palestina (non a caso sono anche gli Stati più poveri della regione). Altre fondamentali differenze riguardano la distribuzione della **ricchezza** e le condizioni di vita della popolazione. Vi sono infatti Paesi con PIL pro capite e Indice di Sviluppo Umano piuttosto elevati e altri assai arretrati sul piano economico e sociale, in cui la ricchezza è concentrata nelle mani di gruppi ristretti di persone, mentre la stragrande maggioranza della popolazione vive in condizioni di miseria. Tra i primi si possono classificare **Israele**, **Qatar**, **Emirati Arabi Uniti** e **Arabia Saudita**, mentre tutti gli altri Stati rientrano nel secondo gruppo, con il **record negativo** dell'**Afghanistan**.

Contenuto integrativo

🔵 LAVORIAMO SULLE CARTE

1. Quali sono le principali penisole e isole?
   ....

2. Quali mari bagnano questi territori?
   ....
   ....

3. Quali sono i principali laghi?
   ....

4. Dov'è localizzata la principale catena montuosa?
   ....

5. Come si presenta il territorio: pianeggiante o ricco di rilievi?
   ....
   ....
   ....

Medio Oriente e Asia centrale

scenario — UNA LINGUA DI TERRA DOVE TUTTO È DIFFICILE

▶ Il pollo fritto di Kentucky Fried Chicken sotto il tunnel che collega l'Egitto con la città di Rafah, nella Striscia di Gaza.

Nel tunnel del pollo fritto: così Gaza sogna la normalità

di Fares Akram

Le patatine fritte arrivano mollicce, la croccantezza del pollo è ormai un ricordo. Un cestino da 12 pezzi costa circa 27 dollari, più del doppio di quello che costa dall'altro lato del confine, in Egitto. È fast-food, ma è tutto fuorché fast: ci sono volute quattro ore, qualche giorno fa, perché il pollo fritto ordinato al Kentucky Fried Chicken di el-Arish, in Egitto, arrivasse qui a Gaza, passando per due taxi, un confine internazionale, un tunnel sotterraneo usato per contrabbandare merce varia e un giovane imprenditore che coordina il tutto da un negozietto di Gaza chiamato Yamama (in arabo "piccione").

"Abbiamo il diritto di godere anche noi delle cose buone che mangiano nel resto del mondo", dice l'imprenditore in questione, il trentenne Khalil Efrangi, che ha avviato la sua attività qualche anno fa, con una flotta di motorini che vanno a prendere il cibo nei ristoranti di Gaza e lo recapitano a domicilio: è il primo servizio di questo genere qui nella Striscia. Nessuna delle grandi catene di fast-food ha una filiale in questo lembo di terra palestinese di 360 chilometri quadrati e 1,7 milioni di abitanti lungo la costa del Mediterraneo, dove restrizioni in entrata e in uscita rendono difficile il passaggio di merci e persone e la disoccupazione si aggira intorno al 32%. L'**isolamento** è una delle cose di cui più si lamentano gli abitanti della Striscia.

"La situazione insolita di Gaza genera un modo di pensare insolito nelle persone – spiega Fadel Abu Hin, professore di psicologia all'Università al-Aqsa di Gaza – **pensano a tutto quello che sta appena dietro il confine**, esattamente come il prigioniero pensa a tutto quello che sta oltre le sbarre". Il professor Abu Hin ricorda che quando Hamas, il gruppo islamista che controlla la Striscia di Gaza, nel 2008 aprì il confine con l'Egitto durante il momento più drammatico dell'assedio israeliano, migliaia di Palestinesi si riversarono a el-Arish per comprare medicine e prodotti alimentari di prima necessità, ma anche sigarette, dolciumi e cose di cui non avevano bisogno. Anche dopo che Israele ha allentato le restrizioni sulle importazioni, negli ultimi anni, a Rafah sono spuntati centinaia di tunnel illegali, usati per far entrare nella Striscia armi e persone, ma anche auto di lusso, materiali da costruzione e beni di consumo. E ora anche il pollo fritto.

(Da *la Repubblica*, 17 maggio 2013)

▼ Un giovane palestinese esce da un tunnel lungo il confine tra Gaza e l'Egitto, a Rafah.

Asia MEDIO ORIENTE E ASIA CENTRALE

La Striscia di Gaza è uno dei territori più tormentati, e anche più poveri, del Medio Oriente. Governato dall'Egitto tra il 1948 e il 1967, è in seguito passato sotto l'autorità di Israele fino al 2005. In questa data l'esercito israeliano si è formalmente ritirato dalla Striscia, affidandone l'amministrazione ai Palestinesi.

I rapporti tra le due entità territoriali sono molto tesi, tanto da dar spesso luogo a scontri, attentati e ritorsioni militari. Israele mantiene il controllo militare dello spazio aereo, delle frontiere terrestri e delle acque territoriali intorno a Gaza e nel tempo ha imposto severe restrizioni commerciali ai suoi abitanti, accusandoli di organizzare attentati terroristici e preparare attacchi militari.

Tunnel "artigianali"

Così, gli abitanti di Gaza, per aggirare il blocco commerciale e rifornirsi di beni di consumo, hanno iniziato a scavare **tunnel sotto il confine con l'Egitto**, attraverso cui fanno transitare **tutto ciò che non possono procurarsi altrimenti**: materiali per l'edilizia, cibo, medicine e vestiti, bestiame, benzina, computer, elettrodomestici e automobili, ma anche armi per la guerriglia contro gli Israeliani. I tunnel, con le tensioni che ne hanno determinato la nascita e che allo stesso tempo sono fomentate dalla loro presenza, sono l'emblema di una regione dilaniata da conflitti di generazioni. Se da un lato il raggiungimento della pace sembra impossibile, dall'altro gli abitanti del Medio Oriente vivono queste tensioni come uno stato di "normalità", perché non conoscono pace da decenni. In questo senso è assai rappresentativo il racconto del pollo fritto. I tunnel sono infatti anche il simbolo di una popolazione che non si arrende al conflitto, che cerca disperatamente "vie alternative" per sopravvivere e desidera ardentemente una vita "normale".

I TUNNEL IN NUMERI

La lunghezza media di un tunnel è tra i 700 e i 1500 m. Si calcola che per la costruzione di un tunnel servano 70.000 dollari, ma che i ricavi per la gestione del contrabbando siano di 170.000 dollari al giorno. Sono circa 70.000 gli abitanti della Striscia di Gaza che si guadagnano da vivere grazie ai commerci attraverso i tunnel. Nel 2011 dai tunnel sono entrate a Gaza 13.000 auto. Il costo per far arrivare un'auto dall'Egitto attraverso il tunnel è 500 dollari. Nel 2011 160 Palestinesi hanno perso la vita nei tunnel.

◀ Una giovane coppia di sposi palestinesi in uno dei tunnel che collegano la Striscia di Gaza con l'Egitto. Poiché alla ragazza, che vive in Egitto, è stato negato il permesso per passare il confine di Rafah, i due giovani sono stati costretti a utilizzare il passaggio sotterraneo per celebrare le nozze.

▲ Un gruppo di Palestinesi cerca di superare il muro di separazione israeliano a nord di Gerusalemme per recarsi alla moschea di al-Aqsa.

NOME COMPLETO Stato di Israele
CAPITALE Gerusalemme
FORMA DI GOVERNO Repubblica
LINGUA Ebraico e arabo (ufficiali)
SUPERFICIE 20.918 km²
POPOLAZIONE 7.869.900 abitanti (stima 2012)
DENSITÀ 376 ab/km²
FUSO ORARIO UTC +2
VALUTA Nuovo sciclo israeliano (sheqel)
UNITÀ DI MISURA DI LUNGHEZZA sistema metrico decimale
ISU (2011) 0,888 (17° posto)
Speranza di vita 81,5 anni
Istruzione media 11,9 anni
Popolazione urbana 91,9% (2011)
PREFISSO TEL +972
SIGLA AUTOMOBILISTICA IL
GUIDA AUTOMOBILISTICA a destra
INTERNET TLD .IL

La bandiera venne adottata nel 1948, alla nascita dello Stato di Israele. Sullo sfondo bianco corrono in orizzontale due strisce azzurre, che fanno da cornice alla stella di Davide a sei punte, al centro, anch'essa azzurra. Le strisce rendono la bandiera simile al *tallèd*, il manto tradizionale ebraico usato per la preghiera. L'inno nazionale è *HaTikva* ("Speranza"). Il testo risale al 1877 ed esprime la speranza del popolo di Israele di far ritorno nella Terra promessa, dopo esserne stato scacciato in seguito alla conquista romana nel 70 d.C.

▼ Il Mar Morto.

ISRAELE

Territorio e ambiente

La posizione e il clima

Lo Stato di Israele si sviluppa lungo una striscia di terra che si affaccia a ovest sul Mar Mediterraneo e a sud sul Mar Rosso. Confina a nord con il Libano e la Siria, a est con la Cisgiordania e la Giordania e a sud-ovest con l'Egitto. Territorio conteso e oggetto di rivendicazioni da parte dei Palestinesi, il suo stato giuridico non è riconosciuto da tutti i Paesi arabi; i confini settentrionali, conquistati in seguito a sanguinosi conflitti, sono tutt'oggi oggetto di contestazioni da parte di Libano e Siria. Al suo interno vi sono territori autonomi – la Striscia di Gaza e alcune città della Cisgiordania, tra cui Gerico, Hebron, Nablus e Betlemme – governati dall'Autorità Nazionale Palestinese (ANP).

Pur essendo un Paese relativamente poco esteso, al suo interno si trovano climi diversi: mediterraneo lungo la costa, con estati lunghe, calde e asciutte e inverni freschi e piovosi, fresco o freddo sulle alture con precipitazioni anche nevose, torrido e secco lungo la valle del Giordano e desertico nella zona del Negev.

ALLA SCOPERTA DELLA REGIONE DEL MAR MORTO

Lungo la valle del Giordano, al confine tra Israele, Cisgiordania e Giordania, si trova il Mar Morto, il punto più basso della Terra, 395 m sotto il livello del mare. L'altissimo tasso di salinità delle sue acque (33,7% contro il 3,5% del Mediterraneo) ha scoraggiato per secoli le coltivazioni e gli insediamenti nella regione. Solo dall'inizio del XX secolo i suoi terreni vengono sfruttati grazie a nuove tecniche di irrigazione e oggi l'agricoltura costituisce la maggiore attività della regione. A questa si affianca il turismo: migliaia di visitatori vi si recano infatti ogni anno da tutto il mondo per giovarsi delle proprietà curative dei fanghi ricchi di sali e sostanze minerali. Il paesaggio, inoltre, è unico: maestose scogliere, canyon, siti archeologici, zone montuose e oasi.

▲ Il deserto del Negev.

▲ Sin dal 1994 Israele ha costruito un sistema di recinzioni con sensori elettronici che corrono lungo tutto il confine con la Striscia di Gaza, per impedire l'accesso a eventuali terroristi e regolamentare i flussi di lavoratori e merci con il territorio sotto il controllo dell'ANP.

Rilievi, pianure, coste e fiumi

Il territorio israeliano è prevalentemente montuoso. Una stretta **fascia pianeggiante**, fertile e ricca di acque, corre lungo la **costa mediterranea**. La parte **centrale** è occupata invece da **colline** e **montagne**: a nord i monti dell'Alta Galilea, la cui vetta più alta, il **Meron**, raggiunge i 1208 m; scendendo verso sud si incontrano i sistemi montuosi della Samaria e della Giudea e il vasto altopiano **desertico** del **Negev**, che copre circa la metà della superficie del Paese. Grazie a modernissime tecniche di irrigazione, ampie zone dell'arido Negev sono state messe a frutto e trasformate in terreni agricoli. Il confine orientale è segnato dal **fiume Giordano**, che si immette prima nel **Lago di Tiberiade** (detto anche Mare di Galilea) e poi nel **Mar Morto**, per sfociare infine nel Mar Rosso in corrispondenza del Golfo di Aqaba. Lungo il corso del fiume il territorio forma una profonda **depressione**, il **Ghor**, la più profonda del pianeta.
Gli altri corsi d'acqua sono di modesta portata e scorrono dalle alture centrali verso il Mediterraneo, attraversando la pianura costiera. La **costa mediterranea** è **bassa** e **sabbiosa** da nord fino a sud.

◉ LAVORA SUL TESTO
1. Indica gli aspetti salienti della regione del Mar Morto.
2. Individua e sottolinea la posizione geografica e le caratteristiche climatiche di Israele.

◉ RISPONDI
3. Con quali Stati confina Israele?
4. Quali sono le caratteristiche fisiche del suo territorio?

MURI E BARRIERE TRA ISRAELIANI E PALESTINESI

Nel 2002 il governo israeliano ha avviato la costruzione di un'altra recinzione, la "**Barriera di separazione israeliana**" al confine con la Cisgiordania, annettendo però buona parte dei territori destinati alla costituzione dello Stato palestinese. A lavori conclusi la barriera sarà lunga 708 km e in diversi punti oltrepasserà il confine stabilito nel 1949 tra Giordania e Israele. La costruzione di quest'ultima barriera è stata condannata dalla comunità internazionale, in quanto "viola in modo grave i diritti dei Palestinesi che vivono nei territori occupati dagli Israeliani".

▶ Un disegno del famoso *writer* inglese Banksy realizzato sulla barriera di separazione tra Israele e Cisgiordania.

Medio Oriente e Asia centrale

▲ I moderni grattacieli di Tel Aviv.

▲ Rotolo della *Torah*, testo sacro ebraico.

▲ L'antico porto di Giaffa.

Popolazione e società

La popolazione, la lingua e la religione

Oltre il 75% della popolazione è costituita da **ebrei**, giunti qui in varie fasi e da oltre 130 Paesi del mondo, sin dalla fine dell'Ottocento. Le ondate di immigrazione più massicce si verificarono fra il 1919 e il 1939, dopo la fondazione dello Stato di Israele nel 1948 e dopo il crollo dell'URSS nel 1991.

Data la molteplicità dei Paesi di provenienza, la popolazione risulta assai variegata al suo interno: si è soliti distinguere tra ebrei **ashkenaziti**, provenienti dall'Europa centro-orientale, ed ebrei **sefarditi**, originari dei Paesi mediterranei. I loro discendenti mantengono ancora **tradizioni distinte**, anche se il processo di fusione culturale aumenta con il tempo. Il resto della popolazione è costituito da **arabi** (20%), rimasti in Israele dopo il 1948, e da altre etnie (5%).

L'**orientamento religioso** rispecchia la composizione etnica: la maggioranza della popolazione è di **fede ebraica** (75%), seguono i **musulmani** (16%), i **cristiani** (2% per lo più di etnia araba) e i seguaci di altre religioni. Le lingue ufficiali sono l'**ebraico** e l'**arabo**, mentre l'inglese è la lingua degli affari e delle relazioni esterne, usato anche per le indicazioni stradali. Oltre a esse, a causa delle recenti ondate migratorie dai Paesi dell'Est Europa, sono assai diffusi il russo, il polacco e l'**yiddish**.

Le città

Israele ha un'**altissima densità abitativa** (376 ab/km²). La popolazione si concentra per lo più nelle **città** (91,9%): le quattro principali aree urbane israeliane – Gerusalemme, Tel Aviv-Giaffa, Haifa e Rishon LeZion – ospitano circa un quarto degli abitanti del Paese.

La capitale, **Gerusalemme** (788.100 abitanti), situata nell'interno del Paese, è considerata città santa dalle tre religioni monoteistiche – ebraismo, cristianesimo e islam – e ne custodisce i principali luoghi simbolo (vedi pagina seguente). Il centro economico e finanziario del Paese è **Tel Aviv** (404.300 abitanti), moderna e cosmopolita, dove si concentrano le attività legate alla *new economy* e alle telecomunicazioni.

Fondata nel 1909 alla periferia dell'antica città di Giaffa, con altre 20 città di piccole e medie dimensioni forma oggi una vasta area metropolitana con una popolazione complessiva di 3 milioni di abitanti. La terza città per numero di abitanti è **Haifa** (270.000 abitanti) sulla costa settentrionale. Celebre scalo portuale, è oggi sede di uno dei principali poli industriali ed è all'avanguardia nel settore della ricerca e dell'innovazione tecnologica.

> **Yiddish**
> Lingua degli ebrei ashkenaziti, nata intorno al X secolo, parlata dalle comunità ebraiche dell'Europa centro-orientale e scritta in caratteri ebraici.

GERUSALEMME, CITTÀ SANTA E CONTESA

Gerusalemme è situata a un'altitudine di circa 750 m s.l.m. in una posizione strategica tra il Mar Mediterraneo (che dista 60 km) e il Mar Morto (35 km a est). È una delle più antiche città del mondo: le prime tracce di insediamento sul Monte Sion, dove sorse il nucleo originario, risalgono al III millennio a.C. Essa ha anche la caratteristica, unica al mondo, di essere **la città santa per le tre grandi religioni monoteiste**: ebraismo, cristianesimo e islam.

- Per gli **ebrei** è la capitale dell'antico Regno di Israele, scelta dal re Davide (1000 a.C.), che vi costruì un'acropoli fortificata. Suo figlio, **Salomone**, vi fece costruire il primo tempio e l'arricchì di splendidi edifici. Assediata e distrutta più volte, rimane il simbolo delle sofferenze del popolo ebraico e della speranza del ritorno nella **Terra promessa**, tanto che da secoli (e ancora oggi) l'augurio che gli ebrei di tutto il mondo si scambiano alla vigilia di Pessach, la Pasqua ebraica, è "l'anno prossimo a Gerusalemme", per augurarsi reciprocamente di poter tornare nella loro patria.

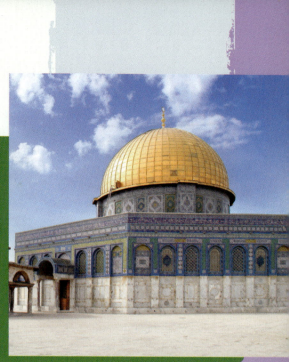

LA MOSCHEA DI OMAR
La Moschea di Omar è per i musulmani il terzo luogo santo in ordine di importanza, dopo La Mecca e la Moschea del Profeta a Medina (il luogo in cui si trova la tomba di Maometto). Il califfo Omar, nel VII secolo, fece costruire la moschea intorno alla roccia da cui Maometto si sarebbe mosso nella sua ascensione miracolosa. Proprio sulla stessa roccia, secondo la tradizione, Abramo stava per sacrificare il figlio Isacco prima che l'angelo inviato da Dio lo fermasse.

- Per i **cristiani** Gerusalemme è il luogo che ha visto la predicazione di Gesù e la sua condanna, la sua morte e la sua resurrezione: qui si trovano il luogo dove il Messia consumò l'ultima cena, l'orto degli ulivi e il Golgota, la collina dove fu crocifisso e seppellito, in cui oggi sorge la **Basilica del Santo sepolcro**. Centro del mondo nelle carte medievali, nell'XI secolo Gerusalemme cadde sotto il controllo dei Turchi selgiuchidi: per riconquistarla si batterono le armate crociate. Da secoli è la principale meta di pellegrinaggio in Terra santa.
- Per i **musulmani** è la terza città santa dopo La Mecca e Medina, perché qui Maometto fu elevato al cielo su un carro di fuoco; in quel luogo è stata costruita la **Moschea di Omar**, con la Cupola della Roccia, rivestita d'oro.

Gerusalemme è anche una **metropoli divisa e contesa**. Il piano dell'ONU per la Palestina (del 1947) prevedeva per Gerusalemme lo *status* di **città internazionale** sotto l'amministrazione delle Nazioni Unite, ma nella guerra del 1948 si trovò divisa tra la zona occidentale, occupata da Israele, e quella orientale (con la città vecchia abitata prevalentemente da Palestinesi), occupata dalla Giordania. Nel 1967, con la Guerra dei sei giorni, Israele ha annesso anche la parte orientale e nel 1980 l'ha proclamata unilateralmente "unita e indivisibile capitale di Israele", anche se tale decisione non è riconosciuta né dall'ONU né dalla maggior parte dei Paesi del mondo, che ritengono che lo *status* definitivo della città debba essere frutto di negoziati tra Israele e lo Stato di Palestina. Per questo diversi Paesi hanno evitato di stabilire la propria rappresentanza diplomatica a Gerusalemme: le ambasciate straniere si concentrano infatti a Tel Aviv.

IL MURO DEL PIANTO
Il Muro del Pianto è ciò che rimane della recinzione del Secondo Tempio (così chiamato perché sorgeva nello stesso luogo di quello precedente) costruito nel 535 a.C. quando gli ebrei tornarono in patria dopo l'esilio a Babilonia. Era il luogo più sacro per il popolo ebraico e proprio per questo fu raso al suolo nel 70 d.C. dai legionari romani agli ordini dell'imperatore Tito. Da allora non fu più ricostruito: tuttavia, da quasi duemila anni gli ebrei di tutto il mondo si recano davanti al muro a pregare.

IN GIRO per Gerusalemme

▶ Video

RISPONDI
1. Quali sono le principali differenze fra ebrei ashkenaziti e sefarditi?
2. Che percentuale della popolazione è costituita da Arabi musulmani?
3. Quali religioni considerano Gerusalemme una città santa?
4. Qual è il centro economico e finanziario di Israele?

geostoria — LA TERRA PROMESSA

Gli ebrei hanno sempre considerato la Palestina la Terra promessa al loro popolo da Dio. Vi si erano stanziati sin dal 1800 a.C. ma la loro storia fu segnata da continue migrazioni, esili e ritorni.
L'ultima distruzione di Gerusalemme e del Tempio di Salomone da parte dell'imperatore Adriano nel 135 d.C. segnò l'inizio della definitiva **diaspora**, la "dispersione" del popolo ebraico fuori dalla Palestina.

La creazione dello Stato di Israele

Il sogno di costruire uno Stato ebraico riaffiorò nel XIX secolo, sostenuto dal movimento **sionista**: con l'avvento del nazismo e durante la Seconda guerra mondiale, la Palestina divenne la meta più ambita per molti ebrei in fuga dalle persecuzioni antisemite.
Dopo che nel 1947 le Nazioni Unite stabilirono la fine del mandato britannico sulla Palestina e la creazione di due Stati nella regione – uno a maggioranza ebraica e uno a maggioranza araba –, le autorità ebraiche proclamarono la nascita dello Stato di Israele, che tuttavia non fu riconosciuto dai musulmani. Ciò costrinse a un **esilio forzato** migliaia di **profughi** di **fede islamica**.

I conflitti arabo-israeliani

Ebbe inizio allora una serie di **conflitti** tra Arabi e Israeliani, che non fecero che rafforzare la posizione territoriale di Israele, cui era stato assegnato il 56% del territorio.
Nel **1949** (**Prima guerra arabo-israeliana**) i territori destinati ai Palestinesi passarono sotto il controllo dell'Egitto (la Striscia di Gaza) e della Giordania (la Cisgiordania), ma nel **1967** Israele, sconfiggendo gli Stati arabi che gli avevano dichiarato guerra (**Guerra dei sei giorni**), occupò il settore occidentale di Gerusalemme, parte dell'Egitto (il Sinai e Gaza), della Giordania (la Cisgiordania) e della Siria (le Alture del Golan).
Le **vittorie israeliane** furono rese possibili dalla schiacciante **superiorità militare**, dovuta a **finanziamenti esteri**: americani, soprattutto, e delle comunità ebraiche di tutto il mondo.
Gli Arabi che avevano abbandonato le loro terre cominciarono a organizzarsi: già nel 1964 era nata l'**OLP** (Organizzazione per la liberazione della Palestina), guidata da **Yasser Arafat**, che rivendicava il diritto dei Palestinesi ad avere uno Stato indipendente.

Le difficili trattative di pace

Le tensioni e i conflitti con gli Stati confinanti non cessarono: solo l'Egitto e la Giordania riconobbero la legittimità dello Stato di Israele.
Nuovi conflitti scoppiarono con il **Libano**, che fu invaso da Israele nel 1982, e minacce terroristiche, attentati internazionali, autobombe, lanci di missili oltre confine, ritorsioni sui campi profughi, guerre intestine (l'intifada, o guerra delle pietre combattuta dai Palestinesi dei territori di Gaza e Cisgiordania) impedirono a lungo la ripresa delle trattative di pace.

▲ Il 13 settembre 1993 a Washington, nei giardini della Casa Bianca, alla presenza del presidente USA Bill Clinton, il primo ministro d'Israele Yitzhak Rabin e il capo dell'OLP Yasser Arafat si stringono per la prima volta la mano dopo 45 anni di ostilità, in seguito alla firma degli Accordi di Oslo sulla graduale autonomia dei territori della Striscia di Gaza e della Cisgiordania.

▼ Immigranti ebrei dell'Europa centrale e orientale in procinto di sbarcare nel porto di Haifa nel 1948.

▲ Giovani palestinesi a Ramallah, in Cisgiordania; hanno il volto dipinto con la bandiera palestinese e manifestano per commemorare l'espulsione dei rifugiati da Israele nel 1948.

contribuì ad alimentare una **catena senza fine di attacchi e ritorsioni** che in entrambi i campi rinforzarono e continuano a rinforzare le posizioni più intransigenti: le forze della destra israeliana, da un lato, e i fondamentalisti islamici di Hamas, presenti soprattutto nella Striscia di Gaza, dall'altro.

È in questo scenario di permanente stato di tensione che si collocano i lanci di missili dai Territori palestinesi verso Israele e la violentissima reazione israeliana.

Nel **2009** il governo di Gerusalemme annunciò l'**embargo** della Striscia di Gaza, cioè il blocco dei rifornimenti via terra e via mare di quella martoriata terra abitata da oltre 1.600.000 persone.

A partire dal 2011, tuttavia, i **rivolgimenti della cosiddetta "primavera araba"** hanno cambiato lo scenario mediorientale e aperto nuove prospettive per la ricerca di un accordo di pace.

A premere in questa direzione con maggiore convinzione sono anche gli Stati Uniti dopo l'elezione (nel 2009) e la rielezione (nel 2013) di **Barak Obama**: il presidente è fortemente motivato a eliminare le cause di attrito tra Occidente e mondo arabo ed è consapevole che per raggiungere questo obiettivo è indispensabile porre fine al conflitto che da troppo tempo oppone Israeliani e Palestinesi.

▼ Una donna palestinese tra le macerie della sua casa dopo i massacri compiuti dall'esercito israeliano nel 1982, nel quartiere Sabra al centro di Beirut. L'attacco fu una ritorsione contro i combattenti dell'OLP rifugiati in Libano.

La Terra promessa

Nel 1993 la fine dell'interminabile scontro sembrò avvicinarsi: il premier israeliano **Yitzhak Rabin** e il leader palestinese **Yasser Arafat** si accordarono per il **reciproco riconoscimento tra Israele e l'OLP**, in vista della creazione entro cinque anni di uno Stato palestinese sulla base del principio sostenuto dall'ONU di "**due popoli, due Stati**". Era un passo molto significativo, tanto che per questo entrambi ricevettero nel 1994 il Premio Nobel per la Pace.

Tuttavia ben presto alla speranza subentrò la delusione.

Gli ostacoli sulla strada della pace, infatti, erano ancora tanti: oltre all'ostilità degli Stati integralisti della regione (Iraq, Siria, Libia e Iran) anche tra Israeliani e Palestinesi vi erano gruppi contrari a ogni compromesso.

Le componenti israeliane più radicali continuavano a sostenere l'obiettivo di una "grande Israele" che comprendesse tutti i territori dal Giordano al mare.

Gli integralisti palestinesi, a loro volta, continuavano a considerare illegittima la stessa esistenza di Israele. In questo clima avvelenato Rabin venne ucciso da un fanatico israeliano (1995), mentre gli estremisti palestinesi ripresero l'attacco a Israele ricorrendo anche ad **attentati suicidi**, che facevano strage tra la popolazione civile.

La reazione di Israele, con la costruzione di un **imponente muro** in parte sui Territori palestinesi e con la ripresa di attacchi militari,

▲ Raffinerie di petrolio ad Haifa.

Economia

Uno sguardo generale

Con un PIL pro capite di 31.000 dollari, lo Stato di Israele è uno dei Paesi economicamente più avanzati e dinamici del Medio Oriente, insieme a Qatar, Emirati Arabi e Kuwait. Anche grazie ai cospicui aiuti statunitensi e al sostegno economico fornito dalle comunità ebraiche di tutto il mondo, Israele ha investito ingenti capitali nell'innovazione tecnologica e nella ricerca: oggi si colloca al secondo posto al mondo, dopo gli USA, per numero di *startup companies* e al primo posto per percentuale di ricercatori e tecnici sul totale degli occupati (140 ogni 10.000).
Quest'ultimo dato costituisce un forte incentivo per le multinazionali a investire nel Paese, attratte dalla disponibilità di tecnici altamente qualificati.

Risorse

Pur possedendo **giacimenti petroliferi** nel Negev e notevoli giacimenti di **gas naturale** al largo della costa mediterranea, Israele non riesce a coprire il proprio fabbisogno energetico e dipende largamente dalle **importazioni** di gas e di petrolio, soprattutto dall'Egitto.
Le tensioni con questo Paese potrebbero determinare crisi energetiche in Israele.

OCCUPATI NEI TRE SETTORI
- Primario: 1,2
- Secondario: 17,5
- Terziario: 81,3

Contenuto integrativo

Altri motivi di attrito con gli Stati confinanti derivano dall'approvvigionamento di **risorse idriche**, di cui Israele è tradizionalmente povero. La maggiore riserva di acque dolci è rappresentata dal Lago di Tiberiade, nelle Alture del Golan, occupate e annesse da Israele, ma rivendicate dalla Siria.
Per sopperire a questo problema, Israele ha da tempo investito nella costruzione di **impianti di desalinizzazione**, che dovrebbero riuscire a coprire, entro il 2050, circa la metà del consumo annuo interno.

Settore primario

L'agricoltura è praticata soprattutto sulla **costa**, più fertile e produttiva. Negli ultimi anni ampie aree di deserto sono state trasformate in terreni coltivabili grazie a moderni impianti di irrigazione e desalinizzazione.
Questo ha dato un notevole impulso alla produzione agricola che oggi riesce a coprire quasi interamente il fabbisogno (tranne che per il grano) ed è in larga parte destinata all'esportazione: soprattutto cotone, agrumi, uva, ortaggi, legumi.
Sin dalla nascita dello Stato di Israele il modello dei ***kibbutzim*** (vedi il box alla pagina seguente), cooperative agricole gestite in maniera collettiva e comunitaria, ha contribuito largamente al decollo dell'agricoltura israeliana.
Oggi, tuttavia, questo modello è in crisi.

▲ Il *kibbutz* di Nahalal. Sorto nel 1921 nella valle di Jezreel, in Galilea, fu la prima grande realizzazione agricola di Israele.

▲ Una sala del museo Yad Vashem (o Museo dell'Olocausto) a Gerusalemme. Inaugurato nel 1953, è il memoriale ufficiale di Israele delle vittime dell'Olocausto.

I KIBBUTZIM

I *kibbutzim* (plurale di *kibbutz*) rappresentano una realtà tipicamente israeliana, un modello di gestione collettiva della terra nato agli inizi del Novecento, prima ancora della fondazione dello Stato di Israele. All'inizio si trattava di piccole aziende agricole gestite da piccoli gruppi di persone, i cui membri avevano scelto di vivere in comunità e di mettere insieme guadagni e spese per coltivare la terra e avere di che sostentarsi. L'uso del denaro era bandito, perché inutile. Nel *kibbutz*, ancora oggi, tutti hanno l'obbligo di lavorare, secondo le proprie possibilità e capacità, e di partecipare alle decisioni che riguardano la vita comunitaria. Tuttavia il *kibbutz* oggi si è trasformato diversificando le proprie attività: non vi si pratica più solo l'agricoltura per l'autoconsumo, ma anche l'attività artigianale destinata al commercio e l'accoglienza turistica.

Startup companies
Imprese del settore delle nuove tecnologie (informatica, biotecnologie, ingegneria genetica ecc.), che cercano di reperire capitali per l'acquisto di strumenti necessari ad avviare i processi produttivi.

Settore secondario

L'industria rappresenta il 32,6% del PIL israeliano. Le attività tradizionali (metallurgia, chimica, petrolchimica, tessile e alimentare) sono concentrate intorno ad Haifa e a Tel Aviv-Giaffa.
Negli ultimi anni è stato dato un notevole impulso al comparto dell'**alta tecnologia** (elettronica e telecomunicazioni), che costituisce il settore trainante delle **esportazioni**, insieme ai prodotti dell'**industria bellica** (17% delle esportazioni totali del Paese) e dell'**industria diamantifera**: Israele è uno dei Paesi più importanti al mondo per il commercio di diamanti tagliati.

Settore terziario

Il terziario è il settore più sviluppato e contribuisce al PIL per circa il 65% del totale. I comparti principali sono rappresentati dal **commercio**, dalla **finanza** e dal **turismo**. Quest'ultimo, sebbene ostacolato dall'instabilità politica che caratterizza l'area mediorientale e dal rischio di attentati, fa registrare ogni anno circa 2 milioni di **visitatori**, spinti soprattutto da **motivi religiosi**.

LAVORA SULLE RELAZIONI

1. Israele non è autosufficiente energeticamente
   ⬇
   dipende dalle ...
   soprattutto dall'Egitto
   ⬇
   Le tensioni con questo Paese potrebbero ...

RISPONDI

2. Qual è uno dei principali punti di forza dell'economia israeliana?
3. A quali problemi deve far fronte il Paese per quanto riguarda le risorse idriche?
4. Quali sono i settori più importanti dell'industria israeliana?
5. Che cosa sono i *kibbutzim*?

Medio Oriente e Asia centrale

NOME COMPLETO Stato di Palestina (Territori amministrati dall'ANP)

CAPITALE Gerusalemme

FORMA DI GOVERNO Repubblica semipresidenziale

LINGUA Arabo (ufficiale), aramaico, ebraico, inglese

SUPERFICIE 6220 km²

POPOLAZIONE 4.158.000 abitanti (stima 2011)

DENSITÀ 668 ab/km²

FUSO ORARIO UTC +2

VALUTA Sciclo israeliano, dinaro giordano, dollaro USA, euro

UNITÀ DI MISURA DI LUNGHEZZA sistema metrico decimale

ISU (2011) 0,641 (114° posto)
Speranza di vita 73 anni
Istruzione media 13,5 anni

PREFISSO TEL +970

SIGLA AUTOMOBILISTICA PS

GUIDA AUTOMOBILISTICA a destra

INTERNET TLD .PS

La bandiera dello Stato di Palestina (il nome ufficiale risale al 5 gennaio 2013) fu adottata nel 1916 in occasione di una rivolta araba contro l'Impero ottomano, per poi diventare il vessillo del movimento nazionale arabo ed essere riconosciuta come bandiera dello Stato di Palestina invocato dall'OLP. Consta di tre bande orizzontali di uguali proporzioni e di colori diversi – nero, bianco e verde – e un triangolo rosso sul lato del pennone.
L'inno nazionale, adottato nel 1996 dall'Autorità Nazionale Palestinese (ANP), si intitola *Fida'i* ("La mia redenzione").

STATO DI PALESTINA

Territorio e ambiente

Il nome ufficiale di Stato di Palestina è stato adottato nel gennaio 2013 dall'**Autorità Nazionale Palestinese** (ANP), dopo che nel novembre 2012 l'ONU ne aveva riconosciuto la qualifica di Stato, ammettendolo alle sedute in qualità di "Stato osservatore non membro". Teoricamente uno Stato palestinese sarebbe dovuto nascere all'indomani della scadenza del mandato britannico sulla Palestina, sancito dall'ONU, nel 1947. Tuttavia ciò non è mai accaduto: i Palestinesi hanno visto erodere progressivamente i territori che quell'accordo aveva loro assegnato, a causa di conflitti interminabili con Israele. Nel lungo e tormentoso processo di pace, tuttora in corso, i Territori palestinesi sono stati posti sotto il controllo dell'ANP, che sin dal 1994 dispone di un sistema politico e amministrativo proprio, con un presidente, un governo e un parlamento.
Attualmente appartengono allo Stato di Palestina governato dall'ANP:
- una parte della **Cisgiordania**, una fascia di terra montuosa tra Gerusalemme e il fiume Giordano;
- la **Striscia di Gaza**, sulla costa mediterranea al confine con l'Egitto, arida e desertica.

Popolazione e società

Gli abitanti dei Territori palestinesi sono per la quasi totalità **Arabi**, per lo più **musulmani** e per una piccolissima minoranza **cristiani** (3%). Tra la Cisgiordania e Gerusalemme Est, che i Palestinesi considerano la loro capitale, risiedono stabilmente anche circa 430.000 **coloni israeliani**, che politicamente dipendono dal governo di Israele. La continua espansione di tali insediamenti da parte del governo israeliano è motivo di conflitto con i Palestinesi, che si trovano in una situazione già precaria e che si sentono ulteriormente defraudati dei loro territori. La lingua più diffusa è l'**arabo**, ma si parlano comunemente anche l'**ebraico** e l'**inglese**. La popolazione, con una **densità tra le più alte**

L'AUTORITÀ NAZIONALE PALESTINESE (ANP)

Creata nel 1994, l'ANP ha il mandato di governo sui Territori palestinesi (parte della Cisgiordania e Striscia di Gaza) per ciò che riguarda l'amministrazione civile e l'attività di polizia, non ha invece competenze in materia di politica estera e difesa. Israele gode del diritto di intervenire nei territori amministrati dall'ANP per ragioni di sicurezza. I suoi organi di governo hanno sede a Gaza e a Ramallah. Guidata fino al 2006 dal movimento di **al-Fatah** ("Movimento di liberazione nazionale palestinese"), man mano divenuto favorevole a negoziati di pace con Israele, è passata da allora sotto il controllo del gruppo estremista di **Hamas**, che non riconosce lo Stato di Israele e prevede nel proprio programma politico la sua completa distruzione. Ciò ha provocato tensioni e scontri, anche militari, con Israele e all'interno della stessa ANP: Hamas ha attualmente il controllo politico della Striscia di Gaza, mentre al-Fatah è maggioritario in Cisgiordania.

▲ Paesaggio in Cisgiordania.

▶ Un momento di pausa e di preghiera durante il lavoro: tre muratori palestinesi in Cisgiordania.

al mondo (668 ab/km²), si concentra soprattutto nelle città – Gaza City nella Striscia di Gaza, Hebron, Nablus, Betlemme, Ramallah in Cisgiordania – e circa un terzo è confinata nei **campi profughi** nati dopo la proclamazione dello Stato di Israele e l'abbandono di quei territori da parte dei residenti arabi. Oltre il 66% degli abitanti vive **sotto la soglia di povertà**. Il tasso di **incremento demografico** è molto **alto** (3%) e circa il 40% della popolazione ha meno di 14 anni, ma i giovani aspirano a **emigrare** in cerca di lavoro e di condizioni di vita migliori: il tasso di disoccupazione, infatti, è molto alto.

Economia

Dal punto di vista economico i Territori palestinesi sono fortemente **dipendenti** dagli aiuti provenienti dall'estero (**Europa** e **Stati Uniti**). Per risorse energetiche, acqua potabile e occupazione i Palestinesi **dipendono** invece da **Israele** e ogni **inasprimento** del **conflitto** o l'imposizione di nuovi **embargo** sulle merci da parte del governo israeliano provocano pesanti ricadute sulle condizioni economiche dei Territori palestinesi.
Nella Striscia di Gaza, in particolare, il tasso di disoccupazione è notevolmente cresciuto dopo la **chiusura dei valichi** verso Tel Aviv, dove lavoravano migliaia di Palestinesi. Lo stesso è accaduto dal 2002 con la **costruzione del muro al confine con la Cisgiordania**. Il settore **primario** occupa poco più del 6% della popolazione: l'**agricoltura** risente delle **difficoltà di approvvigionamento idrico**, dovute al fatto che i territori soggetti all'ANP condividono con lo Stato di Israele le fonti idriche che sono in buona parte controllate dagli Israeliani. L'**industria** è fortemente **penalizzata** dalla **mancanza** di **risorse** e di **investimenti**, dalla debolezza estrema di tutte le infrastrutture e dallo **scarso** tasso di **innovazione** tecnologica.
L'economia palestinese si basa in gran parte sul **terziario**: il **turismo**, soprattutto quello religioso diretto alla città di Betlemme, rappresenta una risorsa fondamentale, anch'essa però costantemente minacciata dalle condizioni di sicurezza.

Embargo
Provvedimento con cui uno Stato o un gruppo di Stati sospende le esportazioni di merci verso un altro Stato, generalmente per ritorsioni di natura politica.

RISPONDI

1. Che cos'è l'ANP?
2. Quali territori appartengono allo Stato di Palestina?
3. Quali sono le ragioni alla base dei conflitti fra Palestinesi e Israeliani?
4. Quali sono le gravi carenze dell'economia palestinese?

NOME COMPLETO Arabia Saudita
CAPITALE Riyadh
FORMA DI GOVERNO Monarchia assoluta
LINGUA Arabo
SUPERFICIE 2.149.690 km²
POPOLAZIONE 28.376355 abitanti (stima 2012)
DENSITÀ 13,20 ab/ km²
FUSO ORARIO UTC +3
VALUTA Riyal
UNITÀ DI MISURA DI LUNGHEZZA sistema metrico decimale
ISU (2011) 0,77 (56° posto)
Speranza di vita 73,6 anni
Istruzione media 7,8 anni
Popolazione urbana 82,3% (2011)
PREFISSO TEL +966
SIGLA AUTOMOBILISTICA KSA
GUIDA AUTOMOBILISTICA a destra
INTERNET TLD .SA

La bandiera dell'Arabia Saudita nella sua versione attuale fu adottata nel 1973. Su uno sfondo verde (il colore dell'islam) reca al centro, su entrambi i lati, una scritta in arabo – la dichiarazione di fede islamica (shahada) "Non c'è altro Dio al di fuori di Allah e Maometto è il suo Profeta" – e una spada. Proprio perché contiene il nome di Allah non può mai essere esposta a mezz'asta, neanche in segno di lutto.
L'inno nazionale saudita è *Aash Al Maleek* ("Viva il re"), adottato senza parole nel 1950; il testo fu aggiunto solo nel 1984.

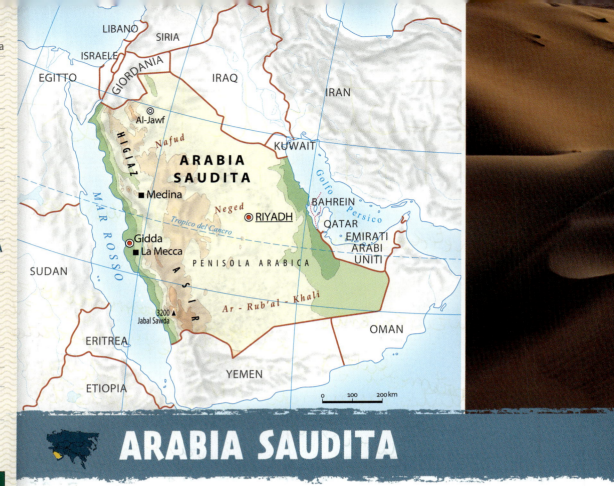

ARABIA SAUDITA

Territorio e ambiente

L'Arabia Saudita occupa circa i **quattro quinti della Penisola arabica**. A nord confina con la Giordania, l'Iraq e il Kuwait, a est per un lungo tratto si affaccia sul Golfo Persico e poi confina con gli Emirati Arabi Uniti e il Qatar, a sud con lo Yemen e l'Oman, mentre a ovest è bagnata dal Mar Rosso. All'interno del Paese si distinguono tre **aree geografiche**:
- la **zona occidentale**, interamente occupata dalle **montagne**: i Monti Higiaz a nord, tra i 600 e i 900 m di altezza, con rare punte oltre i 2000 m, e i Monti 'Asir a sud, con molte cime oltre i 2000 m (il Monte Jabal Sawda', 3200 m, è la vetta più alta del Paese);
- la **regione centrale** dominata dal **deserto**: il An Nafud ("grande duna sabbiosa") a nord, il Neged ("altopiano") pietroso al centro, lo Ar-Rub' al-Khali ("la quarta parte vuota"), il secondo deserto sabbioso per estensione al mondo, a sud;
- la **fascia orientale** occupata da un'ampia **zona pianeggiante**, in cui sono localizzati i principali pozzi petroliferi.

Il **clima** è per lo più **arido**, di tipo **desertico**, con elevate escursioni termiche giornaliere. A causa della scarsità delle precipitazioni e dei corsi d'acqua ridotti a **uidian**, il suolo è sterile, tranne che nelle oasi del Neged e della pianura orientale e nella regione sud-occidentale dell'Asir, lungo la costa del Mar Rosso.

Popolazione e società

A causa del territorio, occupato per la maggior parte dal deserto, l'Arabia Saudita ha una **densità abitativa** piuttosto **scarsa** (13,2 ab/km²). Oltre l'80% della **popolazione** è concentrato nelle **aree urbane della costa** e nelle **oasi** nel deserto. Più del 70% della popolazione è araba, vi sono però ampie comunità di **immigrati asiatici**. La **religione** ufficiale del Paese è l'**islam**, che qui ha avuto origine: in Arabia Saudita si trovano due città sante

ALLA SCOPERTA DELLA VIA DELL'INCENSO

Già nei primi secoli della nostra era, la costa orientale dell'Arabia Saudita era attraversata da una via carovaniera molto trafficata, la cosiddetta Via dell'incenso, che dalle coste degli attuali Oman e Yemen giungeva a quelle del Mediterraneo: un percorso di circa 2400 km attraverso deserti e montagne, per percorrere il quale si impiegavano dai tre ai sei mesi sfidando tempeste di sabbia, predoni, mancanza di acqua e difficoltà di orientamento. La Via dell'incenso era importante non solo perché serviva per trasportare fino al Mediterraneo le merci che arrivavano via mare dall'India e dall'Estremo Oriente (oltre al prezioso incenso, altre essenze profumate come sandalo e mirra, nonché le spezie usate per l'alimentazione e la conservazione dei cibi), ma anche perché metteva in contatto mondi lontanissimi: Europa, India, Arabia e Africa. Fu grazie a essa che La Mecca conobbe un grande sviluppo economico: ciò agevolò nel VII secolo la predicazione di Maometto e la diffusione dell'islam, che proprio in questa città ebbe il suo centro di irradiazione.

▲ Dune di sabbia nel deserto. ▶ Grani d'incenso.

Riyadh, la capitale dell'Arabia Saudita.

Uidian
Plurale di uadi o wadi, corsi d'acqua stagionali caratteristici delle zone desertiche, i cui letti sono asciutti per la maggior parte dell'anno.

per i musulmani, **Medina** e **La Mecca**. L'**islam** costituisce il fondamento giuridico delle leggi in vigore, molto restrittive: è prevista la pena di morte per omicidio, rapina a mano armata, traffico di droga, stregoneria, omosessualità e ripudio dell'islam. Alle donne sono imposti molti precetti, tra cui quello di indossare un lungo soprabito nero e il velo, e divieti come quello di guidare, di viaggiare da sole, di avere un lavoro retribuito, di accedere all'istruzione superiore o sposarsi senza l'autorizzazione di un familiare di sesso maschile. Di recente gruppi di attiviste per i diritti delle donne hanno organizzato proteste e campagne di sensibilizzazione. La **lingua** ufficiale è l'**arabo**, ma è molto parlato anche l'**inglese**, soprattutto per gli affari. La capitale, **Riyadh**, è sede delle principali banche e di una Borsa valori, che ne fanno il principale centro finanziario del Medio Oriente. La seconda città per popolazione è **Gidda** (o Jedda), una metropoli moderna, ricca di musei, edifici storici, ristoranti e negozi di artigianato locale. **La Mecca**, la città santa è meta di **pellegrinaggio** per i musulmani di tutto il mondo che, secondo quanto prescritto dal Corano, sono tenuti a recarvisi almeno una volta nella vita.

Economia

L'Arabia Saudita ha enormi riserve di **petrolio**, concentrate per lo più nella **zona orientale**: esse forniscono oltre l'80% delle entrate dello Stato. Grazie al petrolio il Paese è una delle nazioni più ricche al mondo, con un sistema di *welfare* piuttosto avanzato. La ricchezza non è tuttavia uniformemente distribuita e la qualità della vita dei comuni cittadini è bassa. L'agricoltura è praticata sulle coste e nelle oasi: i prodotti principali sono frumento e datteri (1° produttore mondiale). L'allevamento di ovini prospera nell'altopiano del Neged. L'attività industriale è legata soprattutto al **settore petrolifero**. In ascesa sono i comparti della meccanica pesante, della siderurgia e dei materiali per l'edilizia. Il settore terziario prospera per le attività finanziarie e per il **turismo religioso**: oltre 2 milioni di pellegrini si recano ogni anno a La Mecca e Medina.

LAVORA SUL TESTO

1. Delinea i confini e le tre aree geografiche dell'Arabia Saudita.
2. Sottolinea le caratteristiche del clima.
3. Quali sono le città sante per i musulmani? Evidenziale nella carta.
4. Individua quale primato spetta all'economia saudita.

COMPLETA

5. La Via dell'incenso collegava le coste di .... e .... con il .... attraversando .... e montagne. Le carovane che la percorrevano trasportavano in Europa merci pregiate quali essenze profumate e .... provenienti dall'........................... e dall'Estremo Oriente.

Medio Oriente e Asia centrale · 139

Cittadinanza: Una nuova forma di colonialismo: il *land grabbing*

La "fame" di terre fertili

La **mancanza di acqua e di terreni coltivabili** rappresenta da sempre un problema per i Paesi del Medio Oriente, aggravato altresì dall'elevato tasso di crescita demografica che caratterizza quest'area.

Per questo i governi dei Paesi mediorientali sono impegnati a cercare **soluzioni alternative** per garantire la copertura del fabbisogno alimentare necessario a una popolazione in costante aumento. Una delle soluzioni più adottate nell'ultimo decennio dai ricchi Stati del Golfo Persico – soprattutto Arabia Saudita, Qatar ed Emirati Arabi Uniti –, seguiti da altri "giganti" della crescita economica e demografica come Cina e India, è quella di investire in terreni agricoli all'estero, in particolare nei Paesi del Sud del mondo.

Si tratta di un fenomeno recente, noto come *land grabbing*, cioè "**accaparramento di terra**": vaste aree di superficie rurale irrigua e coltivabile nei Paesi poveri vengono acquistate da parte di governi stranieri – ma anche multinazionali – per produrre cibo, poi esportato negli Stati dei compratori.

Un fenomeno in ascesa

Si calcola che tra il 2000 e il 2010 siano stati acquistati in tal modo **203 milioni di ettari di terreno**, una superficie pari a 6,5 volte quella dell'Italia, la metà dei quali in **Africa**, ma anche negli altri continenti, compresa l'**Europa dell'Est** (circa 5 milioni di ettari tra Romania, Bulgaria, Ungheria, Serbia e Ucraina). La situazione è aggravata dal fatto che il *land grabbing* non è legato soltanto alla produzione alimentare, ma anche al desiderio dei Paesi industrializzati di produrre combustibili dai vegetali (alcolici, come il bioetanolo ricavato dalla barbabietola da zucchero o dal mais; oli vegetali di colza, palma, soia, girasole per il "biodiesel").

Attività

- Che cosa significa l'espressione *land grabbing*?
- Quali sono i principali Paesi che lo utilizzano? E per quale motivo?
- Perché è stato definito una forma di neo-colonialismo?

Ciò ha destato l'allarme della FAO (l'Organizzazione delle Nazioni Unite per l'alimentazione e l'agricoltura): il fenomeno, sollecitato da entrambi i "moventi" – alimentare ed energetico –, pare infatti destinato a crescere del 50% entro il 2050.

I rischi per l'ambiente e per l'uomo

La FAO denuncia il *land grabbing* come una **forma di sfruttamento** dei Paesi in via di sviluppo e, in particolare, dei piccoli agricoltori locali e delle loro comunità. Non solo non si crea occupazione, ma si sottraggono le terre migliori e più fertili, nonché i loro prodotti, a Paesi che già soffrono di deficit alimentare. Non bisogna infine dimenticare che tali coltivazioni, praticate a livello industriale, privano le popolazioni locali anche di preziose risorse idriche e minacciano la biodiversità, poiché le terre vengono utilizzate per le monocolture industriali. Per tutti questi motivi il direttore generale della FAO ha definito il *land grabbing* come una forma di **neo-colonialismo**. Le aziende di prodotti alimentari e le organizzazioni di consumatori più sensibili alle tematiche della sostenibilità ambientale, della biodiversità alimentare e dell'equità sociale hanno organizzato campagne informative su questo delicato tema, in modo da scoraggiare l'acquisto di prodotti provenienti dal *land grabbing* e stimolare i governi e le organizzazioni internazionali a promuovere leggi capaci di contrastare questo fenomeno.

▼ Coltivazione intensiva di mais nel Malawi.

NEL DESERTO IL PAESE DELLE MERAVIGLIE

Sul Golfo Persico, all'estremità della Penisola arabica, si affaccia il Paese delle meraviglie: Dubai. Per estensione (4000 km², poco meno del Molise) è il secondo dei sette Emirati che insieme formano lo Stato degli Emirati Arabi Uniti, ma per popolazione e importanza è sicuramente il primo e, insieme ad Abu Dhabi, il più noto. Più che una città, Dubai è un miraggio, una sfida continuamente rinnovata all'ambiente, al clima, ai limiti che le realizzazioni umane incontrano. Un luogo che attira immigrati da tutto il mondo che trovano qui molteplici opportunità di lavoro.

NOME COMPLETO Repubblica islamica dell'Iran
CAPITALE Teheran
FORMA DI GOVERNO Repubblica islamica
LINGUA Farsi (persiano)
SUPERFICIE 1.648.200 km²
POPOLAZIONE 74.961.702 abitanti (censimento 2011)
DENSITÀ 45,48 ab/km²
FUSO ORARIO UTC +3.30
VALUTA Riyāl
UNITÀ DI MISURA DI LUNGHEZZA sistema metrico decimale
ISU (2011) 0,707 (88° posto)
Speranza di vita 71,95 anni
Istruzione media 7,8 anni
Popolazione urbana 71% (2011)
PREFISSO TEL +98
SIGLA AUTOMOBILISTICA IR
GUIDA AUTOMOBILISTICA a destra
INTERNET LTD .IR

L'attuale bandiera venne adottata il 29 luglio 1981, dopo la rivoluzione che pose fine al governo dello scià e instaurò la repubblica. La bandiera è divisa in tre bande orizzontali di colori diversi: verde (il simbolo dell'islam), bianco (simbolo della pace) e rosso (colore del martirio). Al centro c'è un emblema rosso con quattro mezzelune, che rappresenta in forma stilizzata la parola Allah, e anche un tulipano, a ricordo di quanti sono morti per la libertà del Paese. La scritta in arabo *Allahu Akbar* ("Dio è grande"), detta *takbir*, è ripetuta 22 volte sul bordo delle strisce verde e rossa.
L'inno nazionale iraniano è *Sorud-e Melli-ye Jomhuri-ye Eslāmi-ye Irān* ("Inno nazionale della Repubblica islamica dell'Iran") adottato nel 1990.

IRAN

Territorio e ambiente

Esteso oltre 5 volte l'Italia, l'Iran si affaccia a nord sul Mar Caspio e a sud sul Golfo Persico e sul Golfo di Oman. Confina a nord con l'Armenia, l'Azerbaigian e il Turkmenistan, a est con l'Afghanistan e il Pakistan, a ovest con l'Iraq e la Turchia. È uno dei Paesi più **montuosi** al mondo. Gran parte della sua superficie è occupata da un **vasto altopiano** con altitudini medie di 1000-1500 m, al cui interno si trovano ampie **aree desertiche** o **semidesertiche**, delimitate a nord dai Monti Elburz, a ovest dai Monti Rud e dai Monti Zagros. A sud-ovest, sul Golfo Persico, si estende l'estrema propaggine della **pianura alluvionale** mesopotamica. Qui si trovano gli unici corsi d'acqua di rilievo. I laghi interni sono per lo più salati. Numerose sono le **falde acquifere**, sfruttate mediante una fitta rete di canali sotterranei. La parte settentrionale del Paese è ricoperta da fitte e piovose **foreste**, che in molti casi sono state disboscate per far spazio alle **coltivazioni**. Il **clima** è **continentale** sull'altopiano; sul litorale meridionale gli inverni sono tiepidi e le estati calde.

UN PAESE DALLA STORIA MILLENARIA

Abitato da popolazioni indoeuropee sin dal II millennio a.C., l'attuale Iran fu sede dell'Impero persiano fondato da Ciro il Grande nel VI secolo a.C. Nel corso dei secoli si succedettero sul territorio potenti dinastie, fino a quando nel 634 d.C. ebbero inizio la conquista araba e l'islamizzazione. Tra il XVI e il XXI secolo la Persia (il nome Iran fu introdotto nel 1935) fu governata da imperatori (scià), l'ultimo dei quali, Muhammad Reza Pahlavi, fu messo in fuga da una rivoluzione armata nel 1979 guidata dall'imam Khomeini che instaurò la Repubblica islamica, fondata sul Corano. Dopo una lunga guerra con l'Iraq (1980-1988), l'Iran è tuttora sotto osservazione da parte dell'ONU e degli USA che lo accusano di sobillare i terroristi islamici e di volersi dotare di armi nucleari.

◀ Le rovine di Persepoli, l'antica capitale dell'Impero achemenide edificata nel corso del IV secolo a.C. per volere del sovrano Dario I.

▲ Le montagne di Zard Kuh, nell'Iran centrale.

▲ La Moschea dello Sceicco Lotfollah nella città di Esfahan.

Popolazione e società

La popolazione è molto giovane (il 22% ha tra i 15 e i 24 anni) e composita: i Persiani rappresentano il 35%, fra le minoranze etniche molti sono gli Azeri (16%) e i Curdi (10%), concentrati al confine con Turchia e Armenia. La lingua ufficiale è il **farsi** (persiano), appartenente al ceppo indoeuropeo ma scritto in caratteri arabi, e la religione più diffusa è l'**islam sciita** (86,1%). La popolazione urbana è in costante aumento (71%), soprattutto nella capitale Teheran, che ospita oltre un decimo della popolazione del Paese.
Il rispetto dei **diritti umani** in Iran è oggetto di preoccupazione da parte dell'ONU, per l'uso della **tortura**, degli **arresti** arbitrari, del numero di **condanne a morte** (676 nel 2011 secondo Human Right Watch), della **discriminazione** contro le donne e contro le minoranze etniche e religiose, delle restrizioni della libertà di stampa, di opinione e di assemblea.

Economia

L'Iran è il quarto Paese al mondo per riserve petrolifere stimate, destinate per lo più ai consumi interni che non vengono però coperti per intero, rendendo necessarie importazioni di metano. Anche per i prodotti derivati dal petrolio il Paese dipende dalle importazioni: il suo potenziale di raffinazione è modesto, per cui il 60% del greggio viene esportato all'estero. Neppure la **produzione agricola** è sufficiente a coprire il fabbisogno nazionale a causa della scarsità d'acqua e della poca meccanizzazione. Inoltre ONU, USA e Unione Europea hanno adottato **sanzioni economiche** a danno dell'Iran, accusandolo di aver sviluppato un **programma nucleare** a scopi militari, violando così il Trattato di non proliferazione nucleare di cui è firmatario. Negli ultimi anni tuttavia i flussi commerciali iraniani sono tornati a crescere, grazie agli accordi con i Paesi asiatici, la Russia e, gli Emirati Arabi Uniti.

Sanzioni economiche
Provvedimenti con cui più nazioni interrompono o limitano i rapporti commerciali con un'altra nazione, considerata colpevole di aver violato il diritto internazionale.

RISPONDI

1. Quali climi prevalgono in Iran?
2. Qual è la lingua ufficiale?
3. Qual è la religione più diffusa?
4. Quali sono le preoccupazioni dell'ONU riguardo la violazione dei diritti umani?

LAVORA SUL TESTO

5. Evidenzia nel testo le importazioni da cui dipende l'economia iraniana.
6. Sottolinea il motivo per cui il Paese è stato colpito dalle sanzioni economiche.

NOME COMPLETO Repubblica islamica dell'Afghanistan

CAPITALE Kabul

FORMA DI GOVERNO Repubblica islamica

LINGUA Dari e pashtu (ufficiali), uzbeco

SUPERFICIE 652.864 km²

POPOLAZIONE 25.119.300 abitanti (stima 2012)

DENSITÀ 38,48 ab/km²

FUSO ORARIO UTC +4.30

VALUTA Nuovo afghani

UNITÀ DI MISURA DI LUNGHEZZA sistema metrico decimale

ISU (2011) 0,398 (172° posto)
Speranza di vita 44,65 anni
Istruzione media 3,1 anni
Popolazione urbana 23,2% (2011)

PREFISSO TEL +93

SIGLA AUTOMOBILISTICA AFG

GUIDA AUTOMOBILISTICA a destra

INTERNET TLD .AF

La bandiera dell'Afghanistan ha subìto vari cambiamenti a seguito dei rivolgimenti politici. La versione attuale, adottata nel 2004, è composta da tre bande verticali di colore nero (simbolo del passato), rosso (il sangue versato per l'indipendenza) e verde (l'islam), con al centro uno stemma che rappresenta una moschea rivolta alla Mecca sormontata dalla scritta sacra "*Non c'è altro Dio al di fuori di Allah*" e "*Maometto è il suo Profeta*". L'inno nazionale è *Milli Surood* ("Inno nazionale"), in lingua pashtu, adottato ufficialmente nel 2006.

AFGHANISTAN

Territorio e ambiente

CROCEVIA

Situato **nel cuore dell'Asia centrale**, in una zona geopoliticamente strategica al crocevia fra Cina, India, Iran e steppe del nord, l'Afghanistan confina a nord con tre ex repubbliche sovietiche (Turkmenistan, Uzbekistan e Tagikistan), a nord-est con la Cina, a est e a sud con il Pakistan, a ovest con l'Iran. Il territorio è **prevalentemente montuoso**: a nord-est si trova la catena dell'**Hindu Kush** che ha un'altitudine media di 4500 m (il monte più alto è il **Noshaq**, 7492 m) e che costituisce la propaggine occidentale del Karakorum; a nord-ovest si trova il **Paropamiso**. A sud-ovest si estendono ampie aree desertiche.

Il Paese è attraversato da numerosi **fiumi** e **torrenti stagionali** che per lo più si esauriscono nelle zone aride della parte meridionale. Il fiume principale è l'**Amu Darya**, che segna il confine nord-orientale dell'Afghanistan e sfocia nel Lago d'Aral. Il **clima** è **continentale**, con forti escursioni termiche sia diurne che stagionali. Il **paesaggio**, arido e brullo, è dominato dalla **steppa**, sfruttata a pascolo.

▶ Due bambine di etnia hazara nella città di Bamyan.

L'HAZARAJAT

La regione montuosa dell'Hazarajat, al centro dell'Afghanistan, è il centro vitale del popolo Hazara, un gruppo etnico di circa tre milioni di persone di origine mongola e per lo più di religione sciita. Tra il 1992 e il 2001, durante il regime dei talebani, fondamentalisti sunniti d'etnia pashtun, gli Hazara sono stati vittime di massacri. Erano infatti considerati alla stregua di infedeli, diversi, sia per via dei loro lineamenti asiatici, sia perché secondo i talebani non pregavano come i veri musulmani.

▲ La moschea-mausoleo di Hazrat Ali nella città afghana di Mazar-e-Sharif.

EMERGENZE UMANITARIE E DIRITTI UMANI

Dilaniato da guerre, attacchi terroristici, occupazioni militari e instabilità politica, l'Afghanistan ha un **bassissimo Indice di Sviluppo Umano e tassi altissimi di mortalità infantile** (5° Paese al mondo). Circa metà della popolazione non ha **accesso all'acqua potabile** e solo un terzo dispone di **corrente elettrica** per l'intera giornata. La **discriminazione nei confronti delle donne**, anche dopo il crollo del regime talebano nel 2001, resta radicata nella società. Ciò si riflette nei dati relativi all'**alfabetizzazione**: mentre tra la popolazione maschile la percentuale di quanti sanno leggere e scrivere si attesta intorno al 43%, tra le donne raggiunge appena il 13%.

Popolazione e società

Proprio per la sua posizione al crocevia tra regioni assai diverse, l'Afghanistan è un **mosaico di popoli**, ciascuno con una propria lingua e una propria organizzazione sociale: la maggioranza è di etnia **pashtun** (42%), vi sono poi **tagichi** (27%), **uzbeki** (9%), **hazara** (9%) e altre minoranze. Sul piano religioso, la quasi totalità della popolazione è musulmana: per l'**80% sunnita** e per il **19% sciita**. Le **lingue** ufficiali sono il **pashtu** e il **dari**, entrambe appartenenti al ceppo indoeuropeo (il pashtu adotta però caratteri arabi). La distribuzione della popolazione non è uniforme: va dai 4 ab/km² delle regioni desertiche meridionali ai circa 800 ab/km² nella provincia della capitale, **Kabul**.

Economia

L'Afghanistan è **povero di risorse** energetiche: vi sono giacimenti di **carbone** e di **gas naturale**, ma non sono sufficienti per il fabbisogno interno: il 78% dell'energia viene importato. L'economia si basa in larga parte sul **settore primario** (30%): si coltivano **cereali**, **frutta**, **cotone** destinati all'esportazione, nonostante le difficoltà legate ai frequenti periodi di siccità; l'**allevamento** è molto praticato nelle valli interne. Una coltura illegale, ma assai redditizia, è quella di **papaveri da oppio**: l'Afghanistan ha raggiunto quasi il **monopolio** mondiale nella **produzione di oppiacei** (eroina e morfina). I proventi di questo commercio sono gestiti da organizzazioni criminali.
I pochi **stabilimenti industriali** sono stati **distrutti** dalla **guerra**; proseguono alcune attività artigianali, soprattutto la produzione di **tappeti**.

LE TAPPE DELLA STORIA AFGHANA

1919	Indipendenza dalla Gran Bretagna
1973	Proclamazione della repubblica
1978	Colpo di Stato comunista
1979–1988	Guerra civile tra i filocomunisti sostenuti dall'URSS e gli estremisti islamici finanziati dagli USA
1996	Regime islamico dei talebani guidati dal mullah Omar
2001	Intervento armato USA e NATO contro i talebani
2004	Creazione di un governo autonomo sotto la tutela di USA e NATO
2011	Inizio del ritiro delle truppe USA e NATO

Talebano
I talebani sono fondamentalisti islamici che hanno governato l'Afghanistan tra il 1996 e il 2001, imponendo la legge islamica (sharia) in maniera radicale (segregazione femminile, imposizione del burqa, divieto di spettacoli televisivi, musica e danza ecc.).

◉ LAVORA SUL TESTO

1. Delinea i confini e le caratteristiche geografiche e climatiche dell'Afghanistan.
2. Sottolinea le drammatiche emergenze umanitarie del Paese.

◉ RISPONDI

3. Quale etnia prevale nel composito mosaico afghano?
4. Quale tipo di attività artigianale si distingue per l'alta qualità?

Medio Oriente e Asia centrale

NOME COMPLETO Repubblica del Kazakistan

CAPITALE Astana

FORMA DI GOVERNO Repubblica

LINGUA Kazako (ufficiale), russo, tedesco, ucraino

SUPERFICIE 2.724.900 km²

POPOLAZIONE 16.675.400 abitanti (stima 2012)

DENSITÀ 6 ab/km²

FUSO ORARIO UTC da +4 a +6

VALUTA Tenge

UNITÀ DI MISURA DI LUNGHEZZA sistema metrico decimale

ISU (2011) 0,745 (68° posto)
Speranza di vita 65,5 anni
Istruzione media 10,4 anni
Popolazione urbana 58,8% (2011)

PREFISSO TEL +7

SIGLA AUTOMOBILISTICA KZ

GUIDA AUTOMOBILISTICA a destra

INTERNET TLD .KZ

La bandiera è stata adottata nel 1992. Al centro di uno sfondo azzurro, simbolo dei popoli turchi che abitano il Paese, è rappresentata in giallo un'aquila della steppa sotto un sole dorato, simbolo dell'antico Impero mongolo di Gengis Kahn.
L'inno nazionale è *Meniñ Qazaqstanım* ("Mio Kazakistan"), adottato ufficialmente nel 2006 e ispirato a una canzone anonima del 1956.

KAZAKISTAN

Territorio e ambiente

Posto nel cuore dell'Asia centrale, di cui occupa una vastissima porzione, il Kazakistan è il nono Paese al mondo per estensione. Confina a nord e a nord-ovest con la Federazione Russa, a est con la Cina, a sud con il Kirghizistan, l'Uzbekistan e il Turkmenistan e si affaccia a ovest sul Mar Caspio. Il suo **territorio** è molto **eterogeneo** dal punto di vista morfologico: il **Nord** è **pianeggiante** e **spoglio**, anche se la maggior parte della **steppa** originaria è stata trasformata in **coltivazioni**. A **sud** il terreno diventa **sempre più arido**, fino a trasformarsi in **deserto** o in **semideserto**. A sud-est si elevano i **Monti dell'Altaj** e le propaggini settentrionali della catena del **Tian Shan**. Il Paese è percorso da numerosi **fiumi**, alcuni immissari del Lago d'Aral o del Mar Caspio, altri diretti verso nord. L'unico bacino lacustre interamente all'interno dei confini nazionali è il **Lago Balhaš**, nella parte meridionale. Il **clima** è **continentale**, con estati calde e inverni rigidi. Le **precipitazioni** sono molto **scarse**.

UN PAESE A ELEVATO RISCHIO AMBIENTALE

Il Kazakistan è soggetto a molteplici rischi ambientali, le cui origini risalgono all'epoca sovietica. Tra il 1949 e il 1989 nei suoi deserti vennero effettuati centinaia di test nucleari e ricerche per l'estrazione e lo sfruttamento dell'uranio che hanno gravemente contaminato il territorio. All'epoca sovietica risale anche il processo di prosciugamento del Lago d'Aral, oggi ridotto a un decimo dell'estensione originaria: l'indiscriminato prelievo di acqua per l'agricoltura ha prosciugato le falde, mentre l'utilizzo di pesticidi e fertilizzanti ha quasi totalmente distrutto l'ecosistema dell'area circostante. Infine, lo sfruttamento del carbone per la produzione di energia elettrica (circa il 70% del totale) rende il Kazakistan uno dei principali emissori di anidride carbonica su scala mondiale.

▶ Il relitto di una nave incagliata nella neve; prima del disastro ambientale, il bacino del Lago d'Aral si estendeva anche in questa zona, oggi desertica.

▲ La yurta, una grande tenda di legno e feltro, è l'abitazione tradizionale di molti popoli nomadi delle steppe asiatiche tra cui kazaki, uzbeki e mongoli.

▲ Il palazzo presidenziale ad Astana, la capitale del Kazakistan.

Popolazione e società

Fino al 1989 in Kazakistan erano presenti in misura più o meno identica Kazaki e Russi. Dopo il crollo dell'URSS, gran parte della popolazione di etnia russa è migrata oltre il confine settentrionale. Per contro, il governo kazako ha cercato di favorire il rimpatrio dei circa 3 milioni di Kazaki residenti nelle ex repubbliche sovietiche dell'Asia centrale, in Russia, Mongolia, Iran e Cina. Oggi la maggioranza degli abitanti del Paese è di **etnia kazaka** (63,1%); **Russi** (23,7%) e **Ucraini** (2,1%) costituiscono una minoranza concentrata per lo più nella steppa settentrionale. Ciò si riflette a livello religioso: il 70% della popolazione è di fede islamica sunnita, il 26% è cristiana ortodossa. Il tasso di urbanizzazione non è elevatissimo: il 42% dei Kazaki vive nelle **zone rurali**. La città più popolosa, nonché principale centro commerciale del Paese, è **Almaty** (1.450.300 abitanti), capitale fino al 1997, quando il governo scelse **Astana** come nuova sede politica e amministrativa. Collocata in una regione meno periferica, Astana è la seconda città kazaka per numero di abitanti ed è in forte espansione demografica.

Economia

L'economia si fonda essenzialmente sull'**estrazione di idrocarburi**. Il Paese è infatti il principale esportatore di carbone verso le repubbliche dell'Asia centrale. Possiede inoltre cospicue riserve di **gas naturale** e di **petrolio** che gli hanno garantito **elevati tassi di crescita** (il 10% medio annuo) tra il 2000 e il 2007. Con la crisi economica internazionale del 2008, anche il prezzo degli idrocarburi si è contratto: ciò ha determinato un arresto nel processo di sviluppo economico. Nel tentativo di sganciare l'economia dal mercato degli idrocarburi, il governo ha favorito la **diversificazione dei settori produttivi**. La rapida **crescita economica** ha permesso al governo di creare un **buon sistema di welfare**, potenziando i settori pensionistico, sanitario e dell'istruzione. Il crescente livello di benessere della popolazione fa spesso dimenticare il **deficit democratico** in cui vive il Paese: un unico partito è al potere dal 1991, con lo stesso premier nelle cui mani si concentrano poteri esecutivi, legislativi e giudiziari diretti. Gli oppositori politici sono perseguitati e le manifestazioni di dissenso represse con la forza militare.

LAVORA SUL TESTO

1. Sottolinea le caratteristiche climatiche del Kazakistan.
2. Evidenzia nel testo i disastri ambientali che sono stati provocati dall'uso dissennato del territorio.
3. Che cosa accadde nel 1989? Sottolinea.

RISPONDI

4. Quali sono le città più importanti del Paese?
5. Su che cosa si fonda l'economia kazaka?
6. Perché si parla di "deficit democratico"?

Medio Oriente e Asia centrale

laboratorio   GLI ORFANI DELLA SIRIA

La Siria si affaccia sul Mediterraneo orientale. Confina a nord con la Turchia, a sud con la Giordania, a est con l'Iraq, a ovest con Israele e il Libano. Il suo territorio si estende su circa 185.000 km^2, pari a poco più della metà dell'Italia. Gran parte del Paese è occupata da un altopiano desertico, attraversato dal fiume Eufrate. Il paesaggio cambia drasticamente spostandosi verso la costa, sulla quale si affaccia una sottile striscia di pianura, alle cui spalle si innalzano rilievi che arrivano a superare i 1400 m. Nella parte meridionale, al confine con il Libano, si erge la principale cima, il Monte Hermon (2814 m). La popolazione, composta in gran parte da Arabi, supera i 23 milioni di abitanti che si addensano nell'area della capitale Damasco e nelle altre città situate nei pressi della costa e nella valle dell'Eufrate. Lungo le fertili terre bagnate dal fiume si concentra anche buona parte delle terre coltivate. La Siria è formalmente uno Stato repubblicano, anche se di fatto il regime del presidente Assad ha assunto caratteri dittatoriali. Dopo l'indipendenza, ottenuta nel 1945, il Paese ha attraversato una lunga fase travagliata, che ha visto anche un grave conflitto con Israele, con cui i rapporti rimangono tutt'oggi molto tesi. Nel 2011 è iniziata una terribile guerra civile, che ha causato innumerevoli morti e un altissimo numero di profughi.

Una tragedia umanitaria che non si ferma. E che coinvolge sempre di più i bambini. "Se non agiamo in fretta, una generazione di innocenti diventerà per sempre vittima di una guerra spaventosa", ha affermato il Commissario per i Rifugiati António Guterres. Centinaia di migliaia di bambini che non vanno a scuola, migliaia senza genitori e abbandonati a loro stessi, molti mandati a lavorare ad appena sette anni di età. È questo il drammatico scenario sui bambini siriani rifugiati in Libano e Giordania, tracciato da un rapporto diffuso dall'Alto Commissariato dell'ONU per i Rifugiati (UNHCR). "Fractured Families" (famiglie distrutte), si intitola il rapporto. In oltre 70.000 famiglie di rifugiati, sottolinea il documento, non c'è il padre; più di 3700 bambini sono senza genitori. Oltre la metà non va a scuola e molti sono costretti a lavorare. Sia in Libano sia in Giordania sono stati riscontrati casi di bambini costretti a lavorare fin dall'età di 7 anni, anche "per molte ore, con una paga bassa e in condizioni di pericolo o sfruttamento". Ad esempio, la maggior parte dei 680 piccoli negozi nel campo profughi di Zaatari, in Giordania, impiega bambini. La ricerca dell'UNHCR denuncia "una vita dolorosa di isolamento, esclusione e insicurezza per molti dei bambini rifugiati". Tra gli intervistati, il 29% ha dichiarato di uscire di casa al massimo una volta alla settimana – e per "casa" si intende un appartamento stipato di gente, un rifugio provvisorio o una tenda. È emergenza anche al confine con la Turchia: nel campo di Bab al Salam sono 3000 i bambini profughi. E non solo. Quando passano il confine molti di loro non vengono registrati e rischiano di sparire e di trovarsi alla mercé di chiunque. Secondo le Nazioni Unite non sono rari infatti i casi di bambini reclutati come soldati. Gli autori del rapporto riferiscono inoltre di casi di bambini che vengono addestrati a combattere in previsione di un loro ritorno in Siria. Un altro fenomeno allarmante è la mancata registrazione all'anagrafe dei nuovi nati, che rischiano così di rimanere delle non-persone. Una recente indagine dell'UNHCR in Libano su questo aspetto specifico ha accertato che il 77% dei 781 neonati venuti al mondo nei campi profughi libanesi non aveva il certificato di nascita.

(Da Marta Serafini, in www.ilcorriere.it, 29 novembre 2013, rid. e adatt.)

▲ Siriani nel campo profughi di Atme, al confine con la Turchia.

▶ La Siria è un Paese dalla storia antichissima, di cui sono testimonianza numerosi siti archeologici. Di essi, quello di Palmyra, in un'oasi nel deserto a 240 km da Damasco, è uno dei più importanti.

ATTIVITÀ

1. Dopo aver letto attentamente il brano, rispondi alle seguenti domande, segnando con una crocetta la risposta corretta.

a. L'UNHCR è:
- ☐ un'organizzazione umanitaria siriana che tutela i diritti dei bambini
- ☐ una forza paramilitare operante in Siria
- ☐ un'organizzazione che fa capo all'ONU
- ☐ un gruppo militare filogovernativo che deve ristabilire l'ordine nel Paese

b. I campi profughi in Libano e Giordania hanno risolto i problemi dei rifugiati siriani?
- ☐ Sì, completamente
- ☐ No, per nulla
- ☐ Sì, al pari di quelli situati in Turchia
- ☐ Solo in parte, perché permangono gravi emergenze da risolvere, tra cui lo sfruttamento minorile

c. Qual è il significato del termine "profugo"?
- ☐ Persona che sceglie di trasferirsi in un altro Paese
- ☐ Emigrante
- ☐ Orfano di guerra
- ☐ Persona costretta ad abbandonare il proprio Paese in seguito a eventi drammatici (guerre, carestie ecc.)

d. In base alle indagini svolte, i neonati dei profughi siriani in Libano sono senza certificato di nascita:
- ☐ Sì, è vero, ma non più di 300 tra quelli presi in considerazione
- ☐ Sì, ma solo la minor parte
- ☐ Sì, una netta maggioranza
- ☐ Sì, ma solo 781

UN DRAMMA DI PORTATA MONDIALE

Quello dei rifugiati è un dramma di portata mondiale, che coinvolge i bambini come gli anziani, gli adulti come i giovani, gli uomini come le donne.

2. Divisi in quattro gruppi, organizzate una ricerca su questa tematica seguendo le indicazioni fornite.

- Secondo le stime, qual è il numero dei rifugiati a livello globale? Oltre a rispondere a questa domanda, aiutandosi con Internet un gruppo evidenzierà su una carta i Paesi da cui principalmente provengono (almeno i primi tre); poi riporterà brevemente i fatti più salienti che hanno caratterizzato negli anni recenti la vita politica e sociale di quelle nazioni e le principali cause di un così alto numero di rifugiati.

- Chi è esattamente un rifugiato? In base a quali criteri una persona può definirsi tale? E quali diritti gli sono riconosciuti a livello internazionale? Una Convenzione firmata a Ginevra nel 1951 riguarda proprio questo argomento. Il secondo gruppo effettuerà una ricerca su questo accordo, per capire quali regole ha fissato, quanti Stati hanno aderito ecc.

- Il problema dei rifugiati, ovvero di coloro che scappano da guerre e persecuzioni cercando rifugio all'estero, interessa anche l'Italia. Quanti sono, approssimativamente, i rifugiati nel nostro Paese? Quali Paesi europei ne ospitano di più? Per iniziare la ricerca, potere visitare i siti dell'UNHCR (www.unhcr.it) e del CIR, un'organizzazione italiana che si occupa dei rifugiati (www.cironlus.org).

- L'articolo fa riferimento più volte all'UNHCR, sigla che sta per "Alto commissariato dell'ONU per i Rifugiati". Quali sono i compiti dell'UNHCR e come agisce? Questo è il lavoro per il quarto gruppo.

▼ Una bambina siriana nel campo profughi di Za'atari, in Giordania.

ASIA MERIDIONALE E SUD-ORIENTALE

▲ I templi di Bagan in Myanmar.

PENISOLA A FORMA DI "V"

L'Asia meridionale e sud-orientale si estende tra la Cina e l'Oceania ed è suddivisa in una parte **continentale** e una **insulare**. Comprende territori morfologicamente e paesaggisticamente molto diversi tra loro: dalle catene dell'Himalaya alle pianure dell'Indo e del Gange, dai ghiacciai perenni ai deserti stepposi del Pakistan e del Nord dell'India, dalle foreste pluviali e tropicali alle isole coralline. L'intera regione comprende **18 Stati**, di cui 12 sono continentali – Pakistan, India, Nepal, Bangladesh, Bhutan, Myanmar, Thailandia, Cambogia, Laos, Vietnam, Malesia e Singapore – e 6 sono insulari: Maldive, Sri Lanka, Indonesia, Filippine, Brunei e Timor Est.

Caratteristiche comuni...

La regione si trova sul margine che separa la placca indo-australiana da quella euroasiatica ed è ad **altissimo rischio sismico**. Scosse sismiche sono molto frequenti anche sul continente e sulle isole orientali, dove sono presenti molti **vulcani attivi**.
La maggior parte degli Stati è interessata dal fenomeno dei **monsoni**, venti stagionali che spirano dal mare tra giugno e novembre, portando ingenti **piogge**, e dal continente al mare tra gennaio e maggio, determinando la **stagione secca**. Grandissima è la **varietà etnica**, **linguistica** e **religiosa**. Questa **ricchezza culturale** è però spesso motivo di **tensione**, capace di scatenare **conflitti** allorché si unisce a rivendicazioni di indipendenza da parte di **gruppi separatisti**. Tranne il Nepal, il Bhutan e la Thailandia, gli altri Stati condividono un **passato coloniale**, terminato per lo più dopo la Seconda guerra mondiale.

... e differenti

Vi sono grandi differenze per quanto riguarda l'**estensione territoriale**: il Paese più vasto, l'India, occupa una superficie di 3.287.263 km², il più piccolo è Singapore con 692,7 km². Alcuni Stati sono **ricchi di risorse energetiche** – petrolio e gas naturale – mentre altri, come Nepal, Bhutan, Laos, Cambogia, Myanmar e Sri Lanka, ne sono totalmente **privi**. In quest'area convivono **Paesi ricchi**, con un PIL pro capite tra i più elevati al mondo e un apparato industriale e finanziario assai sviluppato (**Singapore** e **Brunei**) e Paesi decisamente **arretrati** (**Nepal**, **Bangladesh**, **Myanmar**, **Cambogia**, **Laos** e **Pakistan**) con un PIL pro capite e un Indice di Sviluppo Umano bassissimi. L'**India** e l'**Indonesia**, infine, stanno vivendo una vertiginosa **ascesa economica**: tuttavia, nei due Paesi permangono fortissime **disparità sociali** e oltre il 30% della popolazione vive sotto la soglia della povertà.

 Contenuto integrativo

LAVORIAMO SULLE CARTE

1. Quali importanti paralleli attraversano questa regione?
   ....
2. Quali sono le tre principali penisole e isole?
   ....
   ....
3. Quali mari bagnano questi territori?
   ....
   ....
4. Come sono le coste: uniformi o frastagliate?
   ....
5. Dov'è localizzata la principale catena montuosa?
   ....
6. Come si presenta il resto del territorio: pianeggiante o ricco di rilievi?
   ....

Asia meridionale e sud-orientale

scenario MINATORI A CINQUE ANNI

L'India e la piaga del lavoro minorile

di Valentina Spotti

Indossano solo una maglietta e sottili pantaloni di cotone, ai piedi dei semplici stivaletti di gomma. Niente elmetti, niente cuffie di protezione. Riescono a farsi strada con una piccola torcia tenuta ferma con uno straccio sulla fronte. In India, il lavoro minorile nelle miniere è proibito dalla legge e i ragazzini di quell'età dovrebbero essere a scuola. Invece eccoli qui, mentre sfidano la morte ogni minuto della loro giornata. Negli ultimi due mesi il governo indiano ha reso effettive le parti conclusive di una legge che stabilisce che tutti i bambini di età compresa tra i 6 e i 14 anni debbano andare a scuola. Ma, secondo l'UNICEF, **28 milioni** di ragazzi indiani sono ancora costretti a lavorare. Li si trova ovunque: fanno i commessi nei negozi, lavorano nelle cucine, nelle fabbriche e nei cantieri. Si tratta forse di uno dei problemi più gravi e apparentemente irrisolvibili dell'Unione Indiana: povertà, corruzione, scuole fatiscenti e assenteismo degli insegnanti sembrano annullare gli sforzi del governo e delle associazioni umanitarie che da anni si battono per garantire un'istruzione di base a tutti i bambini del Paese. "Abbiamo delle leggi molto buone – spiega Vandana Kandhari dell'UNICEF – Il nostro problema è metterle in pratica". Non è un segreto che nelle miniere di Khliehriat lavorino dei bambini. "La maggior parte sono orfani", dice Kumar Subba, che supervisiona i lavori di cinque miniere che producono complessivamente 30 tonnellate di carbone al giorno. Subba dirige 130 operai e sa che le condizioni di lavoro sono estremamente pericolose. "La gente muore ogni giorno: fai colazione la mattina, vai al lavoro e non torni più a casa. In molti sono morti così". E poco importa se a morire è un bambino. Quanti siano esattamente non lo sa nessuno: il clima di omertà e di corruzione fa sì che il numero esatto dei minorenni che lavorano nelle miniere del Meghalaya non sia reso noto con certezza. Ma nel 2010 l'indagine di una ONG locale aveva trovato almeno 200 bambini impiegati in dieci miniere. Alcuni avevano poco più di cinque anni. Per molti si tratta dell'unica speranza per riempirsi lo stomaco almeno una volta al giorno. Come Suresh, che a 17 anni guadagna fino a 74 dollari la settimana e si sente un privilegiato, visto che i due terzi dei suoi connazionali vivono con meno di 15 dollari la settimana. "Come possiamo non lavorare? – conclude il ragazzino – Dobbiamo mangiare".

(Da http://www.giornalettismo.com, 26 febbraio 2013)

▲ Due sorelle al lavoro in una miniera di carbone nei pressi della città di Jharia, nell'India nord-orientale.

Asia ASIA MERIDIONALE E SUD-ORIENTALE

Nonostante i recenti provvedimenti legislativi e i progressi registrati negli ultimi anni, in India il fenomeno del lavoro minorile è ancora molto diffuso, con una percentuale che si aggira intorno al 12% dell'intera popolazione infantile.

Come in altre parti del mondo, i bambini vengono sfruttati come manodopera a basso costo. Sono inoltre meno coscienti dei propri diritti, più remissivi e quindi più controllabili: un vero affare per imprenditori senza scrupoli. Il fenomeno del lavoro minorile è comune alle aree più povere del pianeta, ma registra un record negativo nelle regioni dell'Asia e del Pacifico: secondo i dati dell'Organizzazione internazionale del lavoro, l'agenzia delle Nazioni Unite che si occupa del problema, qui nel 2013 erano quasi 78 milioni i bambini impiegati in attività lavorative (in tutto il mondo erano 168 milioni). È bene precisare tuttavia che le cifre esatte sono difficili da quantificare perché non tengono conto, ad esempio, dei casi di lavoro in famiglia, nei campi o in piccole imprese familiari.

LA STORIA DI IQBAL

Al problema dello sfruttamento del lavoro minorile è legato quello, se possibile ancora più drammatico, della schiavitù: spesso i bambini sono venduti dalle famiglie indebitate a padroni che impongono loro orari di lavoro massacranti (fino a 16 ore) e punizioni violente se decidono di ribellarsi o rallentano il ritmo di lavoro.

Il mondo ha aperto gli occhi su queste crudeltà nel 1992, quando Iqbal Masih, un dodicenne pakistano che dall'età di 4 anni lavorava come schiavo in una fabbrica di tappeti, si ribellò denunciando lo sfruttamento di migliaia di bambini-lavoratori come lui. Tre anni più tardi Iqbal fu ucciso dalla mafia dei tappeti. Fu un monito e un vero e proprio regolamento di conti: a causa delle sue denunce il governo del Pakistan aveva fatto chiudere numerose fabbriche-prigioni.

▶ Iqbal Masih.

CHILD LABOUR E CHILD WORK

L'UNICEF ha proposto di distinguere tra *child labour* e *child work*. Il primo sarebbe lo sfruttamento del lavoro dei minori vero e proprio: un'attività spesso pesante e faticosa o dannosa per la salute, svolta con orari disumani e che non consente di accedere all'istruzione, ostacola lo sviluppo fisico, psichico, sociale e morale dei minori coinvolti. Il secondo sarebbe invece un'attività moderata, effettuata a partire dai 12 anni, in accordo con l'età minima stabilita dalla Convenzione n. 138 dell'Organizzazione internazionale del lavoro, con orari ridotti, condizioni di lavoro e salario dignitosi, che non ostacola l'istruzione, consente al minore di partecipare all'economia familiare e non ha effetti negativi sullo sviluppo.

L'ALTRA FACCIA DELLA MEDAGLIA: LE UNIVERSITÀ INDIANE

In India il problema del lavoro minorile è strettamente legato a quello dell'istruzione primaria: si calcola che 10 milioni di bambini non frequentino la scuola a causa della povertà. Soltanto nel 2010 è stata approvata dal parlamento una legge che rende obbligatoria l'istruzione per tutti i bambini dai 6 ai 14 anni, a prescindere dal genere o dalla casta di appartenenza. Questi dati sembrano contrastare enormemente con quelli relativi al numero di laureati: dalle università indiane ogni anno escono quasi il doppio degli ingegneri rispetto agli Stati Uniti, circa 500.000 sono i laureati in materie scientifiche. Inoltre moltissimi Indiani vanno a studiare all'estero, nei migliori atenei statunitensi o britannici. La contraddizione, tuttavia, è soltanto apparente: numeri così alti non sono antitetici in un Paese con oltre 1 miliardo di abitanti.

▲ Un gruppo di studentesse in una scuola di Panaji, in India.

NOME COMPLETO Unione Indiana
CAPITALE New Delhi
FORMA DI GOVERNO Repubblica federale
LINGUA Hindi e inglese (ufficiali), bengali, marathi, tamil, telugu, hurdu
SUPERFICIE 3.287.263 km²
POPOLAZIONE 1.210.193.422 abitanti (stima 2011)
DENSITÀ 368,15 ab/km²
FUSO ORARIO UTC +5.30
VALUTA Rupia indiana
UNITÀ DI MISURA DI LUNGHEZZA sistema metrico decimale
ISU (2011) 0,547 (134° posto)
Speranza di vita 64,45 anni
Istruzione media 4,4 anni
Popolazione urbana 30,3% (2011)
PREFISSO TEL. +91
SIGLA AUTOMOBILISTICA IND
GUIDA AUTOMOBILISTICA a sinistra
INTERNET TLD .IN

La bandiera, chiamata anche *Tiranga* ("tricolore"), è formata da tre strisce orizzontali di color zafferano, bianco e verde, che simboleggiano rispettivamente il coraggio, la pace e la prosperità. Al centro della striscia bianca è posto un *chakra*, cioè una ruota, blu con 24 raggi. Inizialmente il *chakra* rappresentava la ruota di filatura di Gandhi, simbolo di autosufficienza, poi fu sostituita con la ruota di Ashoka, l'imperatore del III secolo a.C. I 24 raggi simboleggiano le 24 ore e il progresso costante. L'inno nazionale è *Jana Gana Mana* ("Tu sei il dominatore delle menti di tutti", riferito a una generica divinità suprema che guida il destino dell'India), scritto da Rabindranath Tagore, Premio Nobel per la Letteratura.

UNIONE INDIANA

Territorio e ambiente

La posizione e la morfologia

L'India occupa interamente la **grande penisola di forma triangolare** che si allunga nell'Oceano Indiano tra il Mare Arabico e il Golfo del Bengala.
È racchiusa a ovest e nord-ovest dal Pakistan, a nord dalla Cina, dal Nepal e dal Bhutan, a est dal Myanmar e dal Bangladesh.
Dal punto di vista morfologico il territorio può essere suddiviso in **tre grandi regioni**:
- a **nord** la **fascia montuosa** formata dalle catene del Karakorum e dell'Himalaya, la cui vetta più alta, il Kanchenjunga, raggiunge gli 8585 m;
- a **est** la vasta **pianura del Gange e del Brahmaputra**, il cui vasto delta si trova solo in minima parte in India;
- al **centro** e al **sud** la parte peninsulare, occupata dall'altopiano del **Deccan**, ai cui margini si elevano i sistemi montuosi dei **Ghati Orientali** e dei **Ghati Occidentali**, con rilievi massimi di 2700 m.

ALLA SCOPERTA DELLE SUNDARBANS

Al confine tra India e Bangladesh, nella zona del delta del Gange, la foresta di mangrovie delle Sundarbans occupa un'area di 10.000 km² (4000 dei quali in India). Il suo ecosistema è ricchissimo di biodiversità. Gli alberi affondano le radici tra i canali del delta del fiume, che in questo tratto si incontra con le acque dell'oceano: il terreno è dovunque caratterizzato da un'elevata salinità. La selva riveste anche un importante ruolo per gli abitanti della regione: forma infatti una sorta di barriera contro la forza dei monsoni e fornisce legname per le costruzioni. Nel terreno acquitrinoso vivono molte specie di tartarughe, serpenti, coccodrilli e mammiferi acquatici a rischio di estinzione. La foresta delle Sundarbans è il regno naturale della tigre del Bengala, una specie rarissima di cui si stima sopravvivano in questa regione tra i 250 e i 600 esemplari.

▲ Il fiume Gange tra le montagne himalayane.

▲ Il *Taj Mahal* ("Palazzo della corona") è uno dei più celebri monumenti dell'India. Fu fatto costruire ad Agra dall'imperatore moghul Shah Jahan nel 1632 in memoria della sua seconda moglie.

I fiumi

L'India è una regione **ricca di fiumi**. I maggiori sono l'Indo, il Gange e il Brahmaputra, che nascono sulle vette dell'Himalaya e sono soggetti a piene ed esondazioni in estate, quando si sciolgono le nevi vicine alle sorgenti, e nella stagione delle piogge monsoniche. L'**Indo** (3180 km) attraversa l'Unione Indiana per una minima parte del suo corso, a nord-ovest, prima di dirigersi in Pakistan. Il **Gange** (2700 km) raccoglie le acque di numerosi affluenti, formando un bacino di oltre 1 milione di km² esteso, oltre che in India, anche in Cina e in Bangladesh, dove sfocia unendosi al **Brahmaputra**. Quest'ultimo (2900 km) scorre nella regione nord-orientale dell'Assam, una delle più umide dell'India, per poi unirsi al Gange oltre il confine con il Bangladesh. Anche la zona peninsulare è attraversata da **numerosi corsi d'acqua**, che scorrono prevalentemente da ovest verso est, creando fertili valli. Essi rappresentano un'importante **rete di comunicazione**, con circa 15.000 km di vie fluviali navigabili.

Le coste e le isole

Le coste indiane, che si estendono per 7000 km circa, sono per lo più **basse** e **lineari**. Famose sono le spiagge del Kerala, nell'estremità sud-occidentale della penisola, inframmezzate da lagune. A nord-ovest, tra il Golfo di Kutch e il confine con il Pakistan, per tutta la durata del monsone estivo la linea costiera è soggetta a impaludamento stagionale che si estende per vari chilometri nell'entroterra.

Appartengono all'India **due** piccoli **arcipelaghi**: le **Laccadive**, atolli corallini situati nel Mare Arabico di fronte alla costa sud-occidentale, e le **Andamane e Nicobare**, isole di origine vulcanica, situate nell'Oceano Indiano al largo della costa sud-orientale.

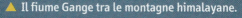
◀ Il pavone è un animale originario delle foreste dell'India.

RISPONDI

1. Quali sono le caratteristiche morfologiche delle tre grandi regioni che compongono l'India?

COMPLETA

2. I fiumi più importanti dell'India sono .... e .... Quest'ultimo si unisce al .... : i due corsi d'acqua sfociano insieme nel Golfo del ....

3. Nella zona del delta del .... la foresta di .... delle Sundarbans è il regno della .... del Bengala.

Asia meridionale e sud-orientale 155

▲ Una strada di Varanasi durante i monsoni.

▲ Un villaggio circondato dalle montagne himalayane nella valle dell'Indo.

Il clima e l'ambiente

L'India ha caratteristiche climatiche assai variabili da regione a regione. A **nord**, in corrispondenza delle grandi catene montuose, troviamo un **clima alpino**, con temperature fra i 10 e i 20 °C in estate e piuttosto rigide in inverno, quando scendono fino a −50 °C oltre i 5000 m, dove predominano i ghiacci perenni. La **regione nord-orientale** dell'**Assam** e del **Bengala**, in cui scorrono i fiumi Brahmaputra e Gange, è tra le più umide del pianeta ed è coperta di foreste tropicali.

Qui il **clima** è fortemente condizionato dalla presenza dei **monsoni**, il cui ritmo può subire alterazioni imprevedibili, provocando periodi di siccità dannosissimi per l'agricoltura o alluvioni altrettanto dannose. Il clima monsonico non tocca la **regione nord-occidentale**, verso il confine pakistano, **arida e semidesertica** nell'entroterra, dove le precipitazioni scarseggiano, bloccate dai sistemi montuosi.

Infine nell'estremità meridionale predominano un **clima** e un **paesaggio** di tipo **equatoriale**.

IN VIAGGIO con la letteratura

La **giungla indiana** ha da sempre affascinato gli scrittori di romanzi di avventura. Il nome di questa foresta tropicale a foglie decidue (cioè che cadono durante la stagione secca) deriva dall'antica lingua indiana, il sanscrito. L'originario *vangala* è diventato *jangal* in hindi e *jungle* in inglese. Da qui l'italiano *giungla*, che oggi per noi indica metaforicamente anche qualcosa di intricato, confuso, pericoloso e privo di regole.

La giungla del Madhya Pradesh, lo Stato più grande dell'India, tra le pianure del Gange a nord e i rilievi montuosi del Deccan a sud, ha ispirato lo scrittore britannico **Joseph Rudyard Kipling**, autore del *Libro della giungla*, pubblicato nel 1894 e reso ancora più famoso dal film di animazione della Disney. Kipling prese spunto da una notizia del 1831, che raccontava l'incredibile storia di un ragazzino allevato da un branco di lupi proprio nell'area boschiva del Madhya Pradesh. La giungla indiana, malese e indonesiana è anche lo sfondo delle avventure di molti romanzi dello scrittore italiano **Emilio Salgari**, quelli che hanno per protagonista **Sandokan**, una sorta di pirata gentiluomo di sangue reale, che ha il suo covo nell'isola non meglio identificata di Mompracem e combatte contro i colonizzatori inglesi che hanno sterminato la sua famiglia. Soprannominato la Tigre della Malesia, ha al suo seguito molti uomini, i Tigrotti di Mompracem, con i quali solca l'Oceano Indiano.

▶ La copertina di uno dei tanti romanzi di Emilio Salgari, ambientati nell'Asia meridionale.

▲ La città di Varanasi, lungo il Gange.

IL SISTEMA DELLE CASTE

Il sistema delle caste ha origini antiche, radicate nella tradizione dell'induismo che divideva la società in quattro gruppi principali: al livello più alto i bramini (cioè i sacerdoti), seguiti da guerrieri e prìncipi, poi artigiani e mercanti e infine contadini e servi. Ciascuna di queste categorie era poi suddivisa in numerosissime sottocaste. Al di fuori di esse vi erano i *dalit*, o "intoccabili", che svolgevano lavori considerati "impuri" (che comportano il contatto con rifiuti o con cadaveri, anche di animali). Col tempo la struttura della società rese ereditaria l'appartenenza alla casta, per cui non c'era possibilità di ascesa sociale. Condannato da Gandhi, il sistema delle caste è stato formalmente abolito dalla Costituzione indiana; tuttavia secondo l'ONU le discriminazioni nei confronti dei "fuori casta" sono ancora operanti, soprattutto nelle campagne: viene loro negato l'accesso ai servizi primari, come ospedali e scuole, o alle fonti di acqua pubblica. Le organizzazioni per i diritti umani si battono contro tali discriminazioni e per sfuggire al sistema molti *dalit*, nel corso del tempo, hanno abbandonato l'induismo, convertendosi al cristianesimo o al buddhismo.

Popolazione e società

La popolazione

L'India, con più di 1,2 miliardi di abitanti, è il **secondo Paese più popoloso** al mondo dopo la Cina. Nel 2030 si prevede che potrebbe avvenire il sorpasso demografico: l'India non ha applicato una politica di contenimento delle nascite rigida come quella cinese e, grazie al miglioramento delle condizioni igienico-sanitarie ed economiche, il tasso di **mortalità** sta **diminuendo**, mentre l'**aspettativa di vita cresce**. Inoltre è meta di una consistente **immigrazione**, sia regolare sia clandestina: per il suo rapido sviluppo industriale, attrae cospicui flussi di manodopera, ma anche milioni di **profughi**, vittime di guerre o di catastrofi naturali, come le inondazioni che sempre più di frequente colpiscono il Bangladesh.

Sikh
Seguaci del sikhismo, religione nata in India nel XV secolo. Fu fondata nel Punjab da Nānak (1469-1538) nell'intento di unire indù e musulmani nella fede in un Dio unico.

La lingua e la religione

La popolazione è **eterogenea** per lingua e religione. Nel Paese si parlano **225 lingue**, ma solo **18** sono quelle **ufficiali** dei vari Stati dell'Unione. La lingua prevalente è l'**hindi**, insieme all'**inglese**, retaggio della colonizzazione. La Costituzione, varata nel 1949, non prevede una religione ufficiale, ma ammette la piena **libertà di culto**. Le comunità religiose sono numerosissime: la maggioranza della popolazione pratica l'**induismo** (72%). Seguono i **musulmani** (12,3%), i **cristiani** (3,3%) e i **sikh** (1,9%).

◂ Un sadhu, cioè un asceta induista.

● COMPLETA

1. L'India presenta diversi climi: a SUD prevale un ambiente di tipo equatoriale, nella parte nord-orientale condizionato dalla presenza dei MONSONI. Nella parte NORD-OCCIDENTALE il clima è arido semidesertico, mentre in corrispondenza delle catene montuose a nord troviamo prevalentemente un clima di tipo ALPINO.

● RISPONDI

2. Quali sono gli aspetti più problematici della cultura e della società indiana? SISTEMA DELLE CASTE
3. Quali sono le religioni più praticate? INDUISMO, ISLAM CRISTIANESIMO E SIKHISMO
4. Quali sono le città più importanti? NEW DHELI E MUMBAI
5. Quale potenza europea impose il suo dominio coloniale nel subcontinente indiano? INGHILTERRA

Asia meridionale e sud-orientale

LE DONNE E LE DISCRIMINAZIONI DI GENERE

Lo stesso principio dell'induismo che suddivideva la società in una rigida gerarchia assegnava alle donne un posto subalterno: dalla nascita alla morte dovevano restare sotto tutela del padre o del marito. Fino al 1829, quando questa consuetudine fu vietata per legge, si prevedeva persino che alla morte del marito la vedova venisse bruciata viva sul suo rogo. Tale cerimonia era nota come *Sati*. Nonostante i provvedimenti del governo per scoraggiare discriminazioni, infanticidi femminili e la *Sati*, la condizione della donna rimane difficile, soprattutto nelle aree rurali. Le figlie femmine non vengono curate come i maschi, le donne percepiscono salari inferiori ed episodi di violenza e discriminazione nei loro confronti rimangono spesso impuniti. Il governo ha adottato provvedimenti per scoraggiare la pratica dell'aborto selettivo sulle figlie femmine, ma molto resta ancora da fare. Oggi, tra le classi benestanti queste differenziazioni sono state superate: numerose sono le donne laureate, molte delle quali rivestono incarichi di primo piano nell'economia, nella politica o nella cultura: oltre alle due donne elette primo ministro, Indira Gandhi e Sonia Gandhi, nel 2007 per la prima volta una donna, Pratibha Patil, è stata eletta presidente dell'Unione Indiana.

▲ Tempio induista a Madurai.

◀ Il risciò è il tipico mezzo di trasporto indiano.

Le città

La densità abitativa è piuttosto elevata (circa 368 ab/km²) ed è tutt'altro che uniforme all'interno del territorio. Le zone montuose del nord e quelle desertiche nel nord-ovest sono scarsamente abitate: la popolazione si concentra nelle regioni costiere del Bengala, a nord-est, del Kerala, a sud-ovest e nei villaggi lungo il corso dei fiumi. Il **tasso di urbanizzazione è basso**, anche se in forte aumento: circa il 70% della popolazione vive in zone rurali e solo il **30%** in centri urbani. Questi ultimi sono caratterizzati da un'**altissima densità abitativa**: **New Delhi** (oltre 31.000 ab/km²) e **Mumbai** (più di 29.000 ab/km²) sono le città più densamente popolate al mondo, seguite da Calcutta (cioè Kolkata, 27.000 ab/km²), **Chennai** (più di 24.000 ab/km²) e **Ahmadābād** (oltre 19.000 ab/km²). Alle periferie dei grandi agglomerati urbani si trovano gli *slum*, baraccopoli prive di reti idriche e fognarie, in cui si calcola che vivano almeno 150 milioni di Indiani; 8 milioni circa sono i senzatetto.

Le comunicazioni e i trasporti

In India la gestione del **traffico** all'interno delle città rappresenta un vero problema: caotiche e sovraffollate, le metropoli sono perennemente intasate da **ingorghi**. Molto sviluppata è la **rete ferroviaria**, la cui costruzione fu avviata durante la colonizzazione inglese: attualmente è **la più estesa dell'Asia** (circa 64.000 km) e tra le prime al mondo.

Nel 2012 è stato completato un sistema di moderne **autostrade** di circa 6000 km definito "Quadrilatero d'oro", che congiunge le quattro maggiori aree urbane del Paese: Delhi, Kolkata, Chennai e Mumbai. Importanti, soprattutto per il trasporto delle merci, sono i **percorsi fluviali**, con i loro 15.000 km navigabili. In crescita il **traffico aereo** interno.

LE MAGGIORI CITTÀ INDIANE

	abitanti			abitanti
1. Mumbai	12.478.447	6.	Kolkata	4.486.679
2. New Delhi	11.007.835	7.	Surat	4.462.002
3. Hyderābād	6.809.970	8.	Bangalore	4.292.223
4. Ahmadābād	5.570.585	9.	Pune	3.115.431
5. Chennai	4.681.087	10.	Jaipur	3.073.350

▲ Una "strada" della baraccopoli alla periferia di Mumbai.

New Delhi, la capitale, ha circa 11 milioni di abitanti (22 milioni considerando l'agglomerato urbano) ed è nata a ridosso dell'antica capitale degli imperatori Moghul. Edificata dagli Inglesi tra il 1912 e il 1931, ha un impianto europeo, con viali alberati e grandi giardini. È un importante polo commerciale e culturale, con università, musei, biblioteche e attrae immigrati da ogni parte del Paese. Povertà, mancanza di infrastrutture e traffico affliggono questa città come le altre grandi metropoli indiane.

Varanasi o Benares, nella pianura del Gange, è la città sacra per gli induisti, che vi si recano in pellegrinaggio per immergersi nelle acque del grande fiume, considerato sacro anch'esso, o per disperdervi le ceneri dei propri defunti.

Mumbai, Bombay ("Buona baia") come era chiamata fino a qualche anno fa, è tra le città più popolose dell'India: con i suoi numerosi sobborghi forma un agglomerato urbano di circa 16 milioni di abitanti. Grazie al suo porto, è diventata il maggiore polo economico e commerciale. È la città più cosmopolita e quella più vivace dal punto di vista culturale. L'industria del cinema indiano (Bollywood) è nata qui.

Kolkata o Calcutta conta oltre 4 milioni di abitanti e fu capitale dell'India Britannica tra il 1858 e il 1912. Situata su un ramo del delta del Gange, è il secondo scalo commerciale e il principale polo finanziario e commerciale della regione orientale. È una delle città più contraddittorie, segnata da un visibile stato di degrado, con una massiccia presenza di poveri, reti elettriche, idriche e fognarie inadeguate e servizi sanitari insufficienti.

IN GIRO per Mumbai

Bangalore, situata nell'entroterra del Deccan, è considerata la Silicon Valley indiana, perché sede del principale distretto dell'alta tecnologia e centro scientifico d'eccellenza.

Chennai, l'antica Madras, è la più grande metropoli della costa sud-orientale e un importante centro commerciale e industriale. Gli edifici del centro storico rivelano le tracce del suo passato coloniale: prima il dominio portoghese e poi quello britannico.

LAVORA SUL TESTO

1. Sottolinea dove si concentra la maggioranza della popolazione indiana.
2. Quali sono le percentuali di coloro che vivono in campagna e in città? Evidenziale nel testo.
3. Sottolinea che cosa si intende per *slum*.
4. Indica quali sono i problemi delle città da un punto di vista dei trasporti.

Asia meridionale e sud-orientale

▼ Uomini trapiantano il riso.

▼ Spezie indiane.

OCCUPATI NEI TRE SETTORI
- Primario: 48,9
- Secondario: 24,3
- Terziario: 26,8

Contenuto integrativo

Economia

Un gigante dell'economia mondiale

Le **contraddizioni** che caratterizzano la società indiana sono evidenti anche a livello economico. L'India rappresenta oggi uno dei Paesi con il più **alto tasso di crescita**: negli ultimi dieci anni il PIL è aumentato in media dell'8% all'anno, nonostante la crisi globale del 2008. Questo, però, non ha influito sulle condizioni di vita della maggior parte della popolazione, oppressa dalla fame e dalla mancanza di mezzi di prima necessità. Secondo le stime più recenti, infatti, quasi metà della ricchezza nazionale è nelle mani di una ristretta élite (il 10% della popolazione), mentre il **29%** degli Indiani vive **sotto la soglia di povertà**. Di recente il governo ha varato una serie di provvedimenti per garantire a tutti i cittadini l'accesso alle cure sanitarie, all'istruzione e all'acqua potabile, ma resta ancora molto da fare.

La rapida crescita demografica ed economica ha avuto un forte impatto sull'ambiente: l'**inquinamento** dell'acqua e dell'aria è un'altra delle sfide da affrontare.

Risorse energetiche

Il sottosuolo è ricco di risorse minerarie ed energetiche. L'India è tra i maggiori produttori di **carbone**, il quarto dopo Cina, Stati Uniti e Australia. E proprio il carbone rappresenta la **principale fonte di energia** interna, seguita da petrolio e gas naturale, presenti nel sottosuolo in quantità però insufficienti a coprire il fabbisogno interno. Il boom economico ha comportato una rilevante **crescita dei consumi energetici**: nel 2011 l'India era il quarto consumatore mondiale di energia, dopo Cina, Stati Uniti e Federazione Russa.

Ciò ha determinato un'**impennata delle importazioni** di carbone, petrolio, gas naturale e la creazione di accordi con i Paesi dell'area asiatica per la realizzazione di **gasdotti** provenienti dal Turkmenistan e dal Myanmar. Per rendersi in parte autonoma, l'India sta potenziando i propri impianti termonucleari, che passeranno dagli attuali 20 a 27.

Settore primario

L'agricoltura è l'attività prevalente nelle aree rurali, dove tuttavia è ancora praticata con **mezzi arretrati** e destinata ai mercati locali.

Tra le **colture industriali**, destinate all'esportazione e concentrate soprattutto nella pianura del Gange, vi sono il **riso**, il **frumento**, il **cotone**, le **arachidi** (2° produttore mondiale), la **iuta**, il **tè**, il **caffè** (3° produttore mondiale) e la **canna da zucchero**. Importante è anche la produzione di **spezie**, molto usate nella cucina indiana e anche molto richieste all'estero.

▲ Un call center di Bangalore riceve chiamate da tutto il mondo, così una serie di orologi riporta l'ora di tutti i fusi orari del pianeta.

▲ La locandina del film *Jodhaa-Akbar*, del 2008.

BOLLYWOOD
L'industria cinematografica è forse il simbolo più evidente della crescita economica e culturale dell'India. Il nome con cui è nota nel mondo, *Bollywood*, nasce dalla fusione dei termini Bombay (Mumbai) e Hollywood, il distretto americano del cinema. Si tratta del comparto industriale che ha fatto registrare il più alto tasso di crescita (+17%) negli ultimi anni, nonché un fortissimo aumento delle esportazioni (pari al 60%). Caratteristiche irrinunciabili della produzione cinematografica indiana sono la presenza di canti, danze e musica, parti integranti della tradizione culturale.

Le foreste forniscono legni pregiati quali **teak**, **legno di rosa**, **sandalo** e **bambù**, utilizzato nella fabbricazione della carta. L'India è al primo posto anche per l'allevamento di **bovini**, considerati sacri dalla religione induista e quindi utilizzati non per la macellazione, ma per il lavoro nei campi e per la produzione di **latte**. La **pesca** occupa un posto importante per lo sviluppo economico (2° produttore di pesce di acqua dolce e 8° di pesce di mare), anche per il suo indotto: l'industria di trasformazione alimentare e il flusso di esportazioni.

Settore secondario
Il settore industriale contribuisce solo per il 26,4% al PIL nazionale, ma è in forte aumento. L'India è la capitale mondiale dell'*outsourcing*: moltissime multinazionali hanno trasferito qui i loro impianti e impiegano manodopera locale. I comparti più rilevanti sono il **siderurgico** e il **tessile**. Sono in forte crescita le **industrie meccanica** ed **elettromeccanica**, per la produzione di automobili e motoveicoli leggeri come risciò e biciclette. In espansione anche l'**alta tecnologia**, elettronica e informatica e le biotecnologie, che hanno i loro centri nella regione di Bangalore. Altri settori importanti sono quelli della carta, della gomma e dello zucchero. L'**industria cinematografica** è al primo posto nel mondo per numero di film prodotti.

Settore terziario
Anche per il terziario l'India è il più grande bacino al mondo di *outsourcing*: molte grandi aziende europee, statunitensi e asiatiche vi hanno trasferito i loro centri di elaborazione dati, call center, servizi legali ecc. È inoltre uno dei colossi mondiali del **commercio**: negli ultimi anni, sul modello cinese, sono state create **Zone economiche speciali** (ZES), in cui sono garantite esenzioni fiscali ai prodotti destinati all'esportazione.

⦿ LAVORA SUL TESTO
1. Evidenzia nel testo le percentuali dei poveri e di quella parte della popolazione che detiene la ricchezza. Che cosa ne deduci?

⦿ RISPONDI
2. Perché l'India, pur ricca di materie prime, è costretta a importarle?
3. Che cosa significa che l'India è la capitale mondiale dell'*outsourcing*?

Cittadinanza — Il microcredito

Nel sistema delle banche tradizionali chi non ha proprietà (come case o terreni) da offrire come garanzia raramente riesce a ottenere un prestito da una banca; è dunque difficile, se non impossibile, per chi non ha mezzi avviare un'attività imprenditoriale. Per questo un geniale economista, **Muhammad Yunus**, ha "inventato" il sistema del microcredito: "micro" perché vengono prestate piccole somme di denaro ad aziende o a singoli individui che lo investono per avviare un'attività lavorativa o potenziarla.

Yunus e la Grameen Bank

Tutto ebbe inizio nel 1974, quando Yunus, professore universitario bengalese, in visita con i suoi studenti alle zone del Bangladesh colpite da una carestia, prestò 27 dollari a un gruppo di donne che producevano ceste e mobili di bambù. Con i loro guadagni riuscivano a malapena a comprare la materia prima necessaria di volta in volta, senza la possibilità di aumentare le vendite.

Non potevano rivolgersi alle banche, che non erano interessate a progetti su scala ridotta, incerti e soprattutto gestiti da donne, considerate incapaci negli affari ed escluse dai circuiti economici tradizionali. Grazie al prestito del professor Yunus, invece, la loro attività poté espandersi e generare profitti. Il prestito fu interamente restituito.

Alcuni anni più tardi Yunus fondò la **Grameen Bank** ("banca del villaggio" in lingua bengali), che oggi ha filiali sparse in tutto il mondo con oltre 8 milioni di clienti. Dato il suo successo, il modello del microcredito si è diffuso e ha generato migliaia di iniziative simili, promosse da organizzazioni no-profit e persino da banche "tradizionali".

Quello che inizialmente appariva come un progetto visionario ha provocato un cambiamento di mentalità generalizzato.

Dal Nobel alle critiche

Il microcredito è diventato uno degli strumenti di finanziamento usati in tutti i continenti per promuovere lo sviluppo economico e sociale.

Nel 2006 Yunus è stato insignito del Premio Nobel per la Pace, con la motivazione che "una pace duratura non può essere conseguita se non facendo sì che riescano a superare la povertà ampi strati della popolazione". Negli ultimi anni, tuttavia, non sono mancate le critiche alla Grameen Bank e al modello del microcredito; stando a uno studio del governo indiano, infatti, questo non sempre aiuterebbe l'emancipazione dei poveri delle società asiatiche.

In alcuni casi, addirittura, peggiorerebbe le loro condizioni, spingendoli a indebitarsi ancora di più e per motivi diversi dallo sviluppo di attività imprenditoriali, ad esempio per spese per matrimoni, funerali o per saldare vecchi debiti.

Microcredito ed emancipazione femminile

Tantissimi comunque sono stati e continuano a essere i casi di successo, soprattutto per quanto riguarda la clientela femminile. Il progetto di Yunus è sempre stato diretto in particolare alle donne, da un lato perché sono loro le escluse dai circuiti di finanziamento tradizionali e dall'altro perché, secondo la sua esperienza, si sono dimostrate più affidabili nella restituzione dei prestiti. Ancora oggi le donne rappresentano oltre il 90% dei soggetti finanziati dalla Grameen Bank e dalle organizzazioni di microfinanza.

▲ Un gruppo di donne del Bangladesh ricevono l'assegno per iniziare la loro attività commerciale da un impiegato della Grameen Bank.

Attività

- Perché è difficile iniziare un'attività imprenditoriale per chi non ha proprietà?
- Fai una ricerca sul sistema del microcredito in Italia. Esiste? Se sì, a chi si rivolge?
- Che cosa fece Yunus nel 1974? Quale fu l'effetto della sua azione?
- Quali furono le critiche mosse al sistema del microcredito?
- Perché il suo progetto si rivolge soprattutto alle donne?

geostoria — GANDHI E LA MARCIA DEL SALE

L'India, "perla" dell'Impero britannico

Nel XVIII secolo il subcontinente indiano (gli attuali Stati di India, Pakistan e Bangladesh) divenne un *dominion* britannico, controllato dapprima attraverso la **Compagnia delle Indie Orientali** e poi direttamente dalla **monarchia inglese**.

La Gran Bretagna introdusse nella regione elementi di **modernizzazione**, intraprese la costruzione di **ferrovie**, riformò il **sistema postale** e realizzò le prime **linee telefoniche**. Le **scuole** e le **università** fondate dai Britannici contribuirono alla formazione di una nuova classe intellettuale.

Tuttavia, lo sfruttamento delle risorse locali, lo sradicamento delle tradizioni e le repressioni militari alimentarono dalla fine dell'Ottocento un'**insofferenza** nei confronti del dominio coloniale.

Gandhi guida la lotta per l'indipendenza

Nacque così un **movimento nazionalista** che ebbe il suo capo più carismatico in Mohandas **Gandhi**, un avvocato che aveva maturato una dura esperienza per la tutela dei diritti civili dapprima in Sudafrica e poi in India.

Egli seppe promuovere un'opposizione pacifica alla dominazione, basata sui principi della **non violenza**, della **resistenza passiva** e della **disobbedienza civile**. Dopo aver viaggiato per tutto il subcontinente, in modo da "conoscerne l'anima", toccando con mano le difficoltà e le miserevoli condizioni di vita dei propri connazionali, cominciò a organizzare azioni di disobbedienza civile tra i contadini sfruttati e rovinati dalle ripetute carestie.

Migliaia di Indiani si unirono alle sue proteste e lo soprannominarono **Mahatma** ("grande anima" in sanscrito).

La Marcia del sale

Esemplari del suo sistema della non violenza furono le azioni di **boicottaggio** delle merci britanniche. La più celebre è la **Marcia del sale**, una dimostrazione pacifica che coinvolse diverse migliaia di persone in un percorso di 380 km da Ahmenabad a Dandi, sulla costa del Mare Arabico. La corona inglese aveva infatti imposto ai locali di acquistare il **sale** dalla **madrepatria** a un **costo elevato**, anziché produrlo in proprio, e questo danneggiava soprattutto le classi più povere.

Dopo aver scritto al viceré per sottoporgli la questione senza averne ricevuto risposta, il 12 marzo 1930 Gandhi si mise in marcia con 78 persone verso la costa.

Dopo 24 giorni, il gruppo, che era diventato un vero esercito non violento, raggiunse il mare e ne **raccolse il sale dalle acque**, lasciandolo asciugare al Sole.

Con questa **azione** essi **infransero** la **legge**, che vietava di procurarsi sale che non fosse prodotto dalla madrepatria: oltre 60.000 persone furono **incarcerate** con Gandhi e alcuni membri del suo partito, ma non reagirono alle percosse e all'evidente ingiustizia.

L'arcolaio, simbolo dell'indipendenza

Gandhi riteneva che l'indipendenza dell'India dovesse essere al contempo politica, economica e spirituale: il colonialismo stava mettendo il Paese in ginocchio, privando la gente delle proprie risorse, della libertà e della capacità produttiva. Per questo uno dei **simboli** della sua **protesta** fu l'**arcolaio**, lo strumento per filare il cotone: Gandhi propose a tutti di indossare abiti in *khadi*, il tessuto tradizionale filato a mano con l'arcolaio, in modo da boicottare le stoffe e gli abiti inglesi.

Ciò avrebbe permesso di dare lavoro a migliaia di persone, includendo anche le donne nel movimento di indipendenza. Lo stesso Gandhi filava e indossava sempre un abito in *khadi* bianco, che divenne l'"uniforme" del Partito del Congresso, da lui guidato. Tale fu la potenza simbolica dell'**arcolaio** che l'India, una volta raggiunta l'indipendenza nel 1947, lo inserì nella propria **bandiera**.

▲ Gandhi intento a filare.

▼ Gandhi durante la Marcia del sale.

NOME COMPLETO
Repubblica Islamica del Pakistan

CAPITALE Islāmābād

FORMA DI GOVERNO Repubblica

LINGUA Urdu (ufficiale), inglese

SUPERFICIE 796.096 km²

POPOLAZIONE 177.100.000 abitanti (stima 2011)

DENSITÀ 222,46 ab/km²

FUSO ORARIO UTC +5

VALUTA Rupia pakistana

UNITÀ DI MISURA DI LUNGHEZZA sistema metrico decimale

ISU (2011) 0,504 (145° posto)
Speranza di vita 67,2 anni
Istruzione media 4,9 anni
Popolazione urbana 36,9% (2011)

PREFISSO TEL. +92

SIGLA AUTOMOBILISTICA PK

GUIDA AUTOMOBILISTICA a sinistra

INTERNET TLD .PK

La bandiera del Pakistan è verde (colore dell'islam) con una banda bianca sul lato dell'asta, a simboleggiare le minoranze non musulmane. Al centro della parte verde sono presenti una mezzaluna e una stella a cinque punte, entrambe bianche, che rappresentano l'islam o il progresso e la luce della conoscenza.
L'inno nazionale è *Pak sarzamin shad bad* ("Benedetta sia la terra santa"), adottato nel 1953.

▼ Soldati indiani controllano la frontiera tra l'Unione Indiana e il Pakistan.

PAKISTAN

Territorio e ambiente

Il Pakistan si colloca tra il 37° parallelo nord e il Tropico del Cancro, lungo il bacino dell'**Indo**. Si affaccia a sud sul Mare Arabico, a nord-est confina con la Cina, a est e a sud-est con l'India, a sud-ovest con l'Iran, a nord-ovest con l'Afghanistan.
Nella regione settentrionale si elevano le catene montuose dell'**Hindu Kush**, del **Karakorum**, con la vetta del **K2** (8611 m), e le estreme propaggini occidentali dell'**Himalaya**, con un altro dei cosiddetti "ottomila", il **Nanga Parbat** (8126 m).
Le **montagne** caratterizzano anche la regione occidentale, il **Belucistan**, mentre a oriente si estende la **pianura alluvionale** dell'Indo e dei suoi affluenti: questa è la zona più fertile e più popolata del Paese. Il **clima varia molto**: **freddo** nelle regioni montuose del **nord**, **arido** negli altopiani **occidentali** e **umido** nella **regione nord-orientale**; quest'ultima è caratterizzata da **temperature** molto **elevate** durante l'estate e da **piogge intense** provocate dai monsoni (luglio-settembre) che spesso causano **inondazioni devastanti**.

IL KASHMIR, TERRA CONTESA

Il Kashmir è una regione situata tra le montagne himalayane, divisa tra Pakistan e India, che se ne contendono la piena sovranità dal 1947, quando, ottenuta l'indipendenza dalla Gran Bretagna, i due Paesi si separarono. Da allora il Kashmir è stato oggetto di ripetuti conflitti armati, protrattisi fino al 2004. La questione è ancora aperta e in quella regione non vi è un confine ufficiale, ma solo una "linea di controllo" (LOC) provvisoria, che i due Stati si sono impegnati a rispettare. Il Pakistan rivendica il possesso di tutta l'area, che è a maggioranza musulmana, mentre l'India non ha intenzione di cedere la sua parte, ricca di fiumi, che il vicino potrebbe deviare a suo danno con delle dighe. Gruppi insurrezionali favorevoli all'indipendenza del Kashmir o alla sua annessione al Pakistan hanno organizzato nel corso degli anni proteste, attentati e scontri armati contro il governo indiano. Anche per questo, a partire dal 1990 l'India ha iniziato a costruire dal suo lato della "linea di controllo" una barriera di separazione.

▲ La catena del Karakorum.

▲ Un uomo legge il Corano in una moschea del Punjab.

Popolazione e società

Con circa 180 milioni di abitanti, il Pakistan è il sesto Stato più popoloso al mondo ed è assai **eterogeneo** dal punto di vista **etnico** e **linguistico**. La lingua ufficiale, insieme all'**inglese**, retaggio del passato di colonia britannica, è l'**urdu**, parlato però solo dall'8% della popolazione. Assai più diffuso è il **panjabi** (45%), la lingua del **Punjab**, la regione lungo il fiume Indo più densamente popolata. La religione ufficiale è l'islam, professato dal 95% della popolazione, con una preponderanza di musulmani sunniti (75%) e una minoranza di sciiti (20%). La presenza di sette estremiste e gruppi fondamentalisti fa sì che il Pakistan viva sotto la costante minaccia del **terrorismo** (islamico e separatista), più grave nelle province del **Belucistan** e nelle regioni al **confine con l'Afghanistan**, controllate da tribù indipendenti e da gruppi di talebani provenienti da oltre frontiera.
La **maggior parte** della popolazione (63%) vive in **aree rurali**, ma il tasso di urbanizzazione è in costante crescita. La città più popolosa è **Karāchi** (12.130.000 abitanti nel 2007), sulla costa, capitale fino al 1960 e principale centro finanziario, industriale ed economico. L'attuale capitale, **Islāmābād** (1.875.000 abitanti nel 2009), costruita tra il 1960 e il 1966, si trova invece nel Nord-Est e ha un impianto assai moderno. Altissimi sono i tassi di **analfabetismo**, che in alcune aree rurali raggiunge il 90%. Circa il 60% della popolazione vive **sotto la soglia di povertà**, con meno di 2 dollari al giorno.

◀ Secondo la tradizione, il giorno prima del matrimonio le donne si dipingono le mani con l'henné, creando composizioni simili ad arabeschi.

◉ RISPONDI

1. Quali sono le principali catene montuose del Pakistan?
2. Qual è la zona più fertile e popolata?
3. Quali sono le città più importanti?
4. Indica i principali problemi sociali ed economici del Paese.

◉ COMPLETA

5. Il Kashmir è una regione divisa tra .... e ...., che se ne contendono la piena sovranità dal .... quando, ottenuta l'indipendenza dalla ...., i due Paesi si separarono.

Asia meridionale e sud-orientale

Cittadinanza — Il diritto (negato) all'istruzione

Tra gli **Obiettivi di sviluppo del millennio**, che i 191 Stati membri delle Nazioni Unite si sono impegnati a raggiungere entro il 2015, vi è l'**accesso all'istruzione primaria universale**: entro quella data tutti i ragazzi del mondo dovrebbero essere messi in grado di terminare la scuola primaria.

È un obiettivo giusto ma ambizioso: nel 2013, 57 milioni di bambini e 71 milioni di adolescenti non avevano ancora alcuna possibilità di accedere all'istruzione. **Quelli che non frequentano la scuola, che l'hanno abbandonata oppure ci vanno ma senza riuscire** realmente ad acquisire le competenze di base sarebbero addirittura **250 milioni**, il 40% dei bambini in età scolare di tutto il mondo. È tuttavia difficile riuscire ad avere numeri precisi, specialmente nei Paesi dilaniati da guerre: le cifre reali potrebbero essere più alte.

Uno dei diritti fondamentali dell'uomo

Eppure l'**istruzione è uno dei diritti fondamentali dell'uomo**, così come stabilito dall'articolo 26 della **Dichiarazione universale dei diritti umani** del 1948:

1. «Ogni individuo ha diritto all'istruzione. L'istruzione deve essere gratuita almeno per quanto riguarda le classi elementari e fondamentali. L'istruzione elementare deve essere obbligatoria. L'istruzione tecnica e professionale deve essere messa alla portata di tutti e quella superiore deve essere accessibile a tutti sulla base del merito».
2. «L'istruzione deve essere indirizzata al pieno sviluppo della personalità umana e al rafforzamento del rispetto dei diritti e delle libertà fondamentali. Essa deve promuovere la comprensione, la tolleranza, l'amicizia fra le Nazioni, i gruppi razziali e religiosi e deve favorire l'opera delle Nazioni Unite per il mantenimento della pace».

Il diritto all'istruzione è uno **strumento fondamentale** per la realizzazione personale. L'istruzione è la **via d'accesso** principale allo **sviluppo economico** di un Paese e al pieno **godimento** di molti **altri diritti umani**, perché rende gli individui consapevoli delle proprie responsabilità e capacità.

Istruzione e differenze di genere: la storia di Malala

A essere escluse dal diritto all'istruzione sono soprattutto le **bambine** che a livello globale rappresentano il **57% degli esclusi**: in alcune regioni, come il Medio Oriente, l'Asia centrale e meridionale e molti Paesi africani, la percentuale raggiunge **cifre ancora più elevate** (66%). Il **simbolo** dell'impegno per l'istruzione dei bambini e l'emancipazione femminile è una ragazzina pakistana, **Malala Yousafzai**, che nel 2012, a quindici anni, è stata **vittima di un attentato** da parte dei **talebani** mentre tornava da scuola. Il suo impegno era cominciato nel 2009 quando aveva iniziato a scrivere un diario online per la BBC **denunciando** le intimidazioni e le **discriminazioni** messe in atto dai talebani ai danni delle studentesse della sua provincia, al confine con l'Afghanistan. Guarita dopo una complicata operazione chirurgica, il 12 luglio 2013 Malala ha tenuto un discorso all'Assemblea delle Nazioni Unite. L'ONU ha dichiarato tale data il "Malala Day". Nel 2014 Malala è stata insignita del premio Nobel per la Pace.

▼ Studenti pakistani manifestano a Karāchi nel "Malala Day".

▼ Malala Yousafzai.

Attività

▶ Fai una ricerca sulla storia di Malala utilizzando Internet e scrivi su di lei un breve testo.

ARTE IN MOVIMENTO

Colorati come tappeti: i camion che si incontrano sulle strade del Pakistan sembrano spesso opere d'arte in movimento. La tradizione di decorare i veicoli risale ai tempi del dominio inglese e nasce dal desiderio da parte di coloro che percorrevano le interminabili strade sterrate dell'Asia centrale di riprodurre nei "carri" i loro ricordi, per non sentire la nostalgia dei colori e delle storie di casa. Questa tradizione non ha mai smesso di essere coltivata: i camionisti arrivano a spendere dai 3000 ai 5000 dollari per far dipingere i loro mezzi.

▲ Una giovane ragazza pakistana al lavoro nei campi, nel villaggio di Moza Sabgogat, nella regione del Punjab.

▲ Venditori di tappeti in un bazar della città di Peshawar.

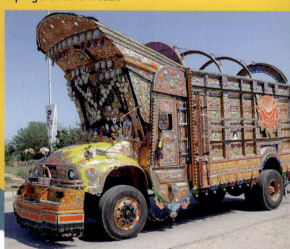

Economia

L'**instabilità politica** che perdura da anni limita lo sviluppo economico di un'area che soffre anche della **mancanza di infrastrutture** e reti di trasporto adeguate, nonché della **scarsa** disponibilità di **energia elettrica**.
Il Pakistan, infatti, ha pochi giacimenti di idrocarburi e per il rifornimento dipende in larga misura dalle **importazioni**.
Negli ultimi anni è stata potenziata la produzione di energia proveniente sia da **fonti rinnovabili** (soprattutto **idroelettrica**) sia da **impianti nucleari**. Il Pakistan, inoltre, è al centro di due progetti di **gasdotti regionali**: l'IPI, che collegherà l'Iran all'India, e il TAPI, dal Turkmenistan all'India, che potrebbero assicurargli in futuro cospicui rifornimenti di gas naturale.
Un'importante voce nelle entrate dello Stato è costituita dalle **rimesse** dei circa 7 milioni di Pakistani **emigrati** all'estero (5% del PIL), unite agli **aiuti economici internazionali**, in particolar modo provenienti dagli Stati Uniti, che contano sull'appoggio della nazione asiatica per combattere il terrorismo islamico.
L'**agricoltura** costituisce il maggior settore di impiego (circa il 65% della popolazione).
L'**industria** ha il suo punto di forza nel **tessile**, i cui prodotti sono destinati soprattutto all'esportazione.
Il settore **terziario** contribuisce al 55% del PIL: il Pakistan si sta rapidamente specializzando nel settore della **tecnologia informatica**.
Nonostante le ripetute denunce da parte di organismi internazionali, non accenna a diminuire la piaga dello sfruttamento del **lavoro minorile**: circa il 10% dei bambini tra i 5 e i 14 anni lavora in condizioni di schiavitù in fabbriche di tappeti, mattoni, palloni di cuoio e altri oggetti, con orari sfiancanti e stipendi bassissimi.

RISPONDI

1. Quali elementi limitano lo sviluppo economico del Pakistan?
2. Quali iniziative sono state messe in atto in campo energetico?
3. Da dove arrivano le più importanti entrate nelle casse dello Stato?
4. Qual è il settore con il maggior numero di occupati?
5. In quale campo è sviluppato il secondario? E il terziario?
6. Quale grave ingiustizia condiziona l'economia?

NOME COMPLETO Repubblica delle Filippine

CAPITALE Manila

FORMA DI GOVERNO Repubblica

LINGUA Inglese e filippino (ufficiali), francese, spagnolo

SUPERFICIE 300.000 km²

POPOLAZIONE 94.852.030 abitanti (stima 2011)

DENSITÀ 316,17 ab/km²

FUSO ORARIO UTC +8

VALUTA Peso filippino

UNITÀ DI MISURA DI LUNGHEZZA sistema metrico decimale

ISU (2011) 0,644 (112° posto)
Speranza di vita 72,3 anni
Istruzione media 8,9 anni
Popolazione urbana 49,1% (2011)

PREFISSO TEL. +63

SIGLA AUTOMOBILISTICA RP

GUIDA AUTOMOBILISTICA a destra

INTERNET TLD .PH

La bandiera delle Filippine fu adottata nel 1898, allorché raggiunse l'indipendenza dalla Spagna. Consta di due bande orizzontali, blu (a indicare la pace) e rossa (il patriottismo), e di un triangolo bianco dalla parte del pennone (uguaglianza). All'interno di quest'ultimo è rappresentato un sole a otto raggi (le otto province in cui era originariamente diviso lo Stato) e tre stelle agli angoli (i tre gruppi di isole dello Stato). Il tutto rimanda all'idea di unione tra popoli e culture diverse all'interno di un'unica nazione.
L'inno nazionale è *Lupang Hinirang* ("Amato Paese"), adottato nel 1898.

FILIPPINE

Territorio e ambiente

Le Filippine sono un **arcipelago** composto da oltre 7000 isole e isolotti, situato nell'Oceano Pacifico, a sud di Taiwan. Le 11 isole maggiori, che da sole costituiscono il 92% del territorio, sono **prevalentemente montuose**. La vetta più elevata, il Monte Apo (2954 m), si trova sull'isola di Mindanao. Situate sulla cosiddetta "**cintura del fuoco**" del Pacifico, ospitano numerosi **vulcani attivi**, che hanno prodotto eruzioni anche in anni recenti; le isole sono caratterizzate da un'intensa attività sismica. Per la loro posizione fra il Tropico del Cancro e l'Equatore godono di un **clima tropicale caldo-umido**. I **monsoni estivi** che spirano da sud-ovest provocano tra giugno e ottobre la stagione delle **piogge**, spesso violente e associate a **uragani** e **tifoni**. Le isole più grandi sono ricoperte di **foreste pluviali**, un vero e proprio patrimonio di **biodiversità**, che oggi rischia di scomparire per l'intenso disboscamento: sono oltre 13.000 le specie vegetali endemiche, tra cui rari tipi di orchidee e piante carnivore, ma anche bambù e alberi dal legno pregiato (teak, ebano e mogano).

Popolazione e società

Le Filippine sono uno Stato **molto giovane**: un terzo della popolazione ha meno di quattordici anni e più della metà degli abitanti non supera i venticinque anni d'età. La crescita demografica è però controbilanciata dalla fortissima **emigrazione**: circa 10 milioni di persone lavorano all'estero, 134.000 in Italia. La **distribuzione** della popolazione **non è uniforme**: delle oltre 7000 isole, solo 150 sono abitate in maniera permanente e circa la metà della popolazione vive sull'isola di Luzon, dove si trova la capitale, Manila. La **composizione etnica** è assai **varia** e riflette la storia delle migrazioni e delle colonizzazioni che hanno interessato queste terre: la maggior parte degli abitanti è di origine **austronesiana** e si differenzia soprattutto su base linguistica, vi sono poi minoranze di **Ispanici** (discendenti degli Spagnoli che qui governarono tra il 1565 e il 1898), di

ALLA SCOPERTA DELLE CHOCOLATE HILLS

Uno dei paesaggi più straordinari delle Filippine si trova sull'isola di Bohol: le Chocolate Hills, le "Colline di cioccolato", così chiamate perché al termine della stagione secca la vegetazione che le ricopre assume un colore bruno che ricorda appunto il cioccolato. Le colline, circa 1200 e alte non più di 500 m, hanno una forma conica, la punta arrotondata e occupano una superficie di circa 50 km². Secondo una leggenda ebbero origine dalla lotta fra due giganti che combatterono a colpi di pietre, massi e sabbia, stravolgendo così il terreno. L'isola di Bohol è anche l'habitat naturale del tarsio, un piccolo primate di circa 15 cm con una coda altrettanto lunga. I suoi grandi occhi da predatore notturno sono sproporzionati rispetto al minuscolo corpo e gli conferiscono un aspetto singolare.

▲ Il vulcano Taal nell'isola di Luzon.
▲ Una donna in abito tradizionale.
▶ Le Chocolate Hills.

Americani (la dominazione coloniale statunitense durò dal 1903 al 1946) e di Asiatici provenienti dal continente. Le **lingue ufficiali** sono il **filippino** e l'**inglese**, ma sono assai diffusi anche lo spagnolo e numerosi idiomi regionali riconosciuti dalla Costituzione come lingue ausiliarie valide per i documenti e le pratiche burocratiche.
La maggioranza dei Filippini (oltre l'80%) è di religione **cattolica**, eredità della colonizzazione spagnola; vi sono poi cristiani di confessione **protestante** (5%) e **musulmani** (4%), presenti soprattutto nell'isola di Mindanao.

Economia

Le Filippine sono uno degli Stati più poveri dell'Asia, con enormi disparità nella distribuzione della ricchezza.
Emigrazione, **instabilità politica** e **mancati investimenti** tra il 1946 e il 2000 ne hanno indebolito la struttura produttiva, che soltanto nell'ultimo decennio ha cominciato a risollevarsi. Le **rimesse** degli emigrati rappresentano oltre il **10% del PIL**.
Il settore primario occupa circa un terzo della popolazione. L'**agricoltura** è praticata soprattutto nella piana di Manila, dove si coltivano prodotti destinati all'**esportazione**: cocco, banane, ananas, canapa, caffè e cacao. Dalle foreste si ricavano legnami pregiati e caucciù, di cui le Filippine sono tra i maggiori produttori mondiali. L'industria sta vivendo una fase di sviluppo, soprattutto nei settori agroalimentare, elettronico, petrolchimico e tessile. Solo in tempi relativamente recenti il Paese ha cominciato a sfruttare le proprie riserve minerarie di cromo, nichel, rame, oro e ferro, che attualmente rappresentano il 4% delle esportazioni. Lo stesso vale per i **giacimenti petroliferi** al largo dell'isola di Palawan, sfruttati appieno a partire dal 2007 e giunti a coprire il 10% del fabbisogno energetico interno. Contemporaneamente il governo ha potenziato gli investimenti per lo sviluppo dell'**energia geotermica** (di origine vulcanica e abbondante sulle isole) e **idroelettrica**, che hanno contribuito a diminuire le importazioni energetiche dall'estero.

LAVORA SUL TESTO

1. Sottolinea i caratteri geografici e climatici di questo arcipelago.
2. Perché nelle Filippine vi è una forte attività sismica?
3. Indica da che cosa è controbilanciata la crescita demografica.
4. Metti in luce le gravi carenze e le prospettive di sviluppo dell'economia.

Asia meridionale e sud-orientale

NOME COMPLETO
Repubblica di Indonesia

CAPITALE Giacarta

FORMA DI GOVERNO Repubblica

LINGUA Bahasa Indonesia (ufficiale), giavanese

SUPERFICIE 1.910.931 km²

POPOLAZIONE 242.325.638 abitanti (stima 2012)

DENSITÀ 126,81 ab/km²

FUSO ORARIO UTC da +7 a +9

VALUTA Rupia indonesiana

UNITÀ DI MISURA DI LUNGHEZZA sistema metrico decimale

ISU (2011) 0,617 (124° posto)
Speranza di vita 71,5 anni
Istruzione media 5,8 anni
Popolazione urbana 44,6% (2011)

PREFISSO TEL. +62

SIGLA AUTOMOBILISTICA RI

GUIDA AUTOMOBILISTICA a sinistra

INTERNET TLD .ID

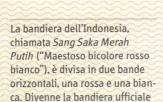

La bandiera dell'Indonesia, chiamata *Sang Saka Merah Putih* ("Maestoso bicolore rosso bianco"), è divisa in due bande orizzontali, una rossa e una bianca. Divenne la bandiera ufficiale al momento dell'indipendenza dai Paesi Bassi, nel 1945.

L'inno nazionale è *Indonesia Raya* ("Grande Indonesia"), adottato ufficialmente nel 1945.

INDONESIA

Territorio e ambiente

Con le sue oltre 17.000 isole, l'Indonesia si estende a cavallo dell'Equatore tra l'Oceano Indiano e l'Oceano Pacifico, formando una sorta di ponte fra l'Asia sud-orientale e l'Oceania. Le isole principali sono cinque: **Sumatra**, **Giava**, **Borneo** (la cui regione settentrionale è divisa tra Malesia e Brunei), **Sulawesi** (chiamata Celebes in epoca coloniale) e **Nuova Guinea** (la cui parte orientale appartiene alla Papua Nuova Guinea). Il loro territorio, come quello delle piccole isole della Sonda, è caratterizzato dalla presenza di **rilievi montuosi** (con molte vette che superano i 3000 m) e di **oltre 100 vulcani attivi**, ai quali è connessa una frequente attività sismica. Numerosi sono i **corsi d'acqua**, spesso navigabili per lunghi tratti. Il **clima** è **equatoriale**, caldo-umido, senza variazioni stagionali della temperatura e con precipitazioni abbondanti tutto l'anno. Giava e le piccole isole della Sonda sono interessate dal fenomeno delle **piogge** stagionali provocate dai **monsoni**. Le **foreste pluviali**, che un tempo ricoprivano la maggior parte del territorio, stanno progressivamente scomparendo per far posto a insediamenti umani o a terreni agricoli.

▲ Noce moscata.

ALLA SCOPERTA DELLE MOLUCCHE, LE "ISOLE DELLE SPEZIE"

Tra i gruppi di isole appartenenti all'Indonesia, le Molucche erano le più ambite durante l'epoca coloniale, essendo la terra d'origine delle rinomate spezie orientali, che in Europa si pagavano a peso d'oro. In particolare dalle Molucche giungevano gli odorosi chiodi di garofano e la noce moscata, cui si attribuivano poteri farmacologici eccezionali, non ultimo quello di guarire dalla peste. A far arrivare le spezie sui mercati europei erano stati inizialmente i mercanti indiani e arabi: nel Cinquecento le isole furono raggiunte dai navigatori portoghesi, spagnoli e poi olandesi che, grazie alla loro superiorità militare, si garantirono il monopolio del commercio delle spezie. Agli indigeni non restava che tentare la via del contrabbando: tracce di quella lotta sono ancora visibili nei resti di fortezze e fortini costruiti dagli Europei sulle coste per controllare i porti e le rotte marittime.

▲ Una spiaggia nell'isola di Flores.

▲ Due bambine studiano il Corano.

▼ Un tempio nell'isola di Bali.

Popolazione e società

Con oltre 240 milioni di individui, è il **quarto Paese più popoloso** al mondo. Gli Indonesiani sono distribuiti in maniera tutt'altro che uniforme: solo 7000 delle oltre 17.000 isole sono abitate e più di metà della popolazione risiede a Giava, che pure occupa meno del 7% dell'intero territorio. Il processo di **urbanizzazione**, cominciato alcuni anni fa, è in costante aumento e contribuisce alla nascita di **baraccopoli** nelle periferie delle grandi città: oltre alla **capitale Giacarta**, Bandung, Surabaya e Medan. La **popolazione** è assai variegata: si distinguono al suo interno circa **300** diversi **gruppi etnici** e più di **300 lingue** e **dialetti**. È il **primo Paese** al mondo per **numero** di fedeli **musulmani** (87%, pari a oltre 200 milioni). Nella sua Costituzione non vi è riferimento alcuno alla religione: piena libertà di culto è concessa a cristiani, induisti e buddhisti, ma negli ultimi anni si sono verificati numerosi **scontri** per **motivi religiosi**, oltre che **etnici**.

Economia

Dotata di notevoli risorse minerarie quali **stagno**, **rame**, **oro**, **carbone** e **petrolio**, l'Indonesia si è di recente affermata anche come uno dei principali esportatori mondiali di **gas naturale** liquefatto, proveniente da giacimenti **off-shore**. Il governo ha varato un piano per potenziare la produzione di **energia geotermica** ricavata dai numerosi vulcani. La crescita demografica e lo sviluppo economico hanno però causato seri problemi di **inquinamento**. L'**agricoltura** è assai sviluppata, soprattutto quella di prodotti di **piantagione** destinati all'**esportazione**: si coltivano cacao, riso, caffè, patate dolci, arachidi, mais, tè, frutta e tabacco. L'**industria** è in crescita, in particolare per i comparti chimico, petrolchimico, siderurgico e metallurgico. Nel **settore terziario** il **turismo** sta acquistando un peso rilevante, soprattutto per le isole di Bali e Giava che attirano visitatori da tutto il mondo.

LAVORA SUL TESTO

1. Sottolinea quali sono le isole principali tra le molte che compongono l'arcipelago indonesiano.
2. Dove risiede la maggior parte della popolazione? Evidenzialo nel testo e nella carta.

RISPONDI

3. Qual è la religione maggiormente praticata? Che cosa prevede la Costituzione riguardo ai culti religiosi?
4. Che cosa si intende per energia geotermica? Da dove si potrebbe ricavare in Indonesia?
5. Quali prodotti di piantagione sono molto sviluppati?

Off-shore
Al largo, in mare aperto.

Asia meridionale e sud-orientale

Cittadinanza — I cicloni tropicali

Un fenomeno, tanti nomi
Sempre più spesso negli ultimi anni piogge intense e improvvise sono causa di devastanti alluvioni.
Nella fascia tropicale fenomeni **meteorologici** di violenta intensità sono ricorrenti: ogni anno si formano in media 90 **vortici atmosferici** causati da venti che corrono a velocità superiori ai 120 km/h.
Si tratta di **cicloni tropicali** di portata distruttiva, eventi che vengono chiamati **tifoni** (nell'area del Pacifico nord-occidentale) o **uragani** (il nome è ufficialmente utilizzato per le tempeste nell'Atlantico e nel Pacifico nord-orientale).

Come si formano i cicloni
I cicloni tropicali si formano nella **stagione estiva**, quando la temperatura delle acque oceaniche supera i 30 °C: allora si scatenano violenti **scontri** fra le **masse d'aria calda** che si creano sulla superficie dell'oceano e la **bassa temperatura** della troposfera, cioè la fascia dell'atmosfera a diretto contatto con la superficie terrestre, intorno ai 50 ° sotto lo zero.
Questa **differenza termica crea dei vortici** che si avvitano a spirale attorno a un punto centrale, detto **occhio del ciclone**. Nel loro **moto ascensionale** i vortici, che si muovono a una velocità di oltre 300 km/h, portano in alto l'aria umida: questa si condensa e si trasforma in violentissime ondate di pioggia.
Il ciclone, che può avere un diametro di oltre 500 km, si forma in mare aperto e qui scatena il massimo della sua energia. Quando giunge sulla terraferma tende a esaurirsi, ma è proprio allora che crea i danni più gravi. Infatti, sulle coste e nelle immediate vicinanze si concentrano gli insediamenti umani, che possono venire travolti, letteralmente spazzati via o sommersi dalle inondazioni.

▲ Le devastazioni causate a New Orleans (USA) dall'uragano Katrina nel 2005.

Moto ascensionale
Moto diretto verso l'alto.

▼ Una casa distrutta dall'uragano Katrina.

▼ Tornado nelle isole Canarie.

I cicloni e il cambiamento climatico

I cicloni vengono **classificati in base alla loro intensità** e alla velocità dei venti che li generano (vedi tabella). Negli ultimi anni il loro numero non sembra aumentato, ma ne è cresciuta la potenza distruttiva. Una delle aree più colpite da questi fenomeni atmosferici è l'Asia meridionale e sud-orientale. Il **tifone Haiyan** che ha travolto le Filippine nel novembre del 2013, causando oltre 6000 vittime accertate, più di 27.000 feriti e quasi 2000 dispersi, aveva un'intensità 5 (la più alta) della scala Saffir-Simpson, con venti intorno ai 320 km/h.

Le abitazioni colpite dal tifone hanno superato il milione, circa la metà delle quali sono andate completamente distrutte, così come l'aeroporto di Tacloban. Cicloni di una simile violenza si sono verificati nel secolo scorso in media una volta ogni 10 anni: dall'inizio del nuovo millennio la loro frequenza è più che raddoppiata. È vero anche che lo sviluppo incontrollato dell'urbanizzazione costiera ha incrementato notevolmente il numero delle persone e delle infrastrutture a rischio.

Oggi la maggior parte degli scienziati attribuisce la causa dell'aumento dei cicloni classificati come "catastrofici" al **riscaldamento globale** dovuto all'inquinamento, poiché è proprio l'elevata temperatura delle acque oceaniche a scatenarli.

L'INTENSITÀ DEI CICLONI: LA SCALA SAFFIR-SIMPSON

CATEGORIA	VENTI	CARATTERISTICHE
1	119-153 km/h	vento molto pericoloso, produce alcuni danni
2	154-177 km/h	vento estremamente pericoloso, provoca danni consistenti
3	178-208 km/h	danni devastanti nelle zone costiere
4	209-251 km/h	danni catastrofici fino a 10 km dalla costa
5	252-km/h e oltre	danni catastrofici fino a 16 km dalla costa

▲ Fotografia aerea del tifone Haiyan, scattata il 7 novembre 2013.

Attività

▶ Svolgi una ricerca sul tifone Haiyan, che ha sconvolto le Filippine nel 2013.

▶ Quali politiche dovrebbero essere messe in atto nei Paesi a "rischio tifone"? Per esempio edifici più sicuri, allarmi tempestivi per la popolazione... Discutine coi compagni sotto la guida dell'insegnante.

CHI ASSEGNA I NOMI AGLI URAGANI

I fenomeni atmosferici negli ultimi anni vengono indicati con un nome proprio di persona: Cleopatra, Attila, Nerone... Per i cicloni tropicali questa usanza è cominciata nel 1953, quando la World Meteorological Organization (WMO) stabilì di chiamare gli uragani con nomi di donna, con iniziali a rotazione in ordine alfabetico. Dal 1979, per le proteste delle organizzazioni femministe americane, furono aggiunti anche nomi maschili, in alternanza con quelli femminili. Ogni area geografica colpita da cicloni tropicali (Pacifico nord-orientale, centrale, nord-occidentale, regioni australiane, Oceano Indiano, Oceano Atlantico) ha la sua autorità competente, che redige una lista di nomi da assegnare ogni anno. Ogni sei anni vengono riutilizzati gli stessi nomi, con esclusione di quelli dei cicloni particolarmente violenti (ad esempio Katrina, l'uragano che distrusse la città statunitense di New Orleans nel 2005). L'usanza di attribuire nomi ai fenomeni atmosferici in Italia non fa capo a nessuna autorità ufficiale: si tratta di un'iniziativa indipendente di un sito web di previsioni meteorologiche.

laboratorio
L'ENIGMA "DELL'ANNO SENZA ESTATE"

In Indonesia ci sono circa 150 vulcani attivi, un primato mondiale in questo campo. La ragione risiede nel fatto che nell'area dove sorgono le molte isole del Paese si incontrano tre placche tettoniche: quella eurasiatica, quella pacifica e quella australiana. Per lo stesso motivo, la regione è interessata da un'intensa attività sismica. I vulcani indonesiani non raggiungono quote particolarmente elevate: nessuno di essi rientra tra i primi venti del pianeta, che sono situati in gran parte in America latina. Tuttavia, sono proprio alcuni vulcani dell'Indonesia ad aver generato le più potenti eruzioni esplosive di cui si abbia notizia.

Otto volte più forte dell'esplosione del Krakatoa nel 1883, dieci volte più potente di quella del Tambora del 1815, che nell'anno successivo cancellò l'estate nell'emisfero nord. Non si sapeva quale vulcano avesse provocato la più grande eruzione degli ultimi 7 mila anni. Tanti erano i "sospettati": El Chichón in Messico, Quilotoa in Ecuador, Okataina in Nuova Zelanda. Finora nessuno era stato in grado di puntare il dito e accusare "al di là di ogni sospetto" un edificio vulcanico. Ora, dopo trent'anni di indagini, un gruppo internazionale guidato da Franck Lavigne, docente di geografia fisica all'Università Parigi-1, ha identificato il "responsabile": è il Samalas, sull'isola di Lombok, in Indonesia. E c'è anche una data precisa del "delitto": tra maggio e ottobre 1257. È dall'inizio degli anni Ottanta che i vulcanologi, studiando il contenuto delle carote di ghiaccio estratte in Groenlandia e in Antartide, si erano accorti che in corrispondenza della metà del XIII secolo si verificava un'anomala concentrazione di solfati nell'atmosfera, segnale di un'enorme eruzione, che aveva causato anche una brusca diminuzione delle temperature. Sul posto i ricercatori hanno trovato le conferme del gigantesco scoppio: la datazione degli alberi carbonizzati ha consentito un'esatta attribuzione temporale. Inoltre, le ceneri vulcaniche raccolte sono risultate identiche nella composizione chimico-mineralogica a quelle contenute nelle carote di ghiaccio

▲ La distribuzione dei vulcani in Indonesia.

polare. L'esplosione del Samalas ha portato alla nascita di una caldera lunga 8 chilometri e larga 6, ora occupata da un lago. Gli studiosi sono stati in grado di ricostruire gli avvenimenti che hanno portato all'immane esplosione e alle sue conseguenze. Il Samalas, che sorge accanto al Monte Rinjani, era alto 4200 m e aveva un diametro di 8-9 km. Aveva già subito almeno due eruzioni esplosive violente nel suo passato, ma a poco a poco il cono si era ricostruito e nella camera magmatica sotterranea si erano accumulati 40 km cubi di magma ricco di gas. La pressione del gas ha innescato l'eruzione esplosiva, esattamente come era avvenuto con quella del Vesuvio del 79 d.C. che seppellì Pompei ed Ercolano. Secondo Jean-Christophe Komorowski, dell'Istituto di fisica della Terra di Parigi e co-autore dello studio, la colonna di ceneri si alzò fino a 43 km di altezza e provocò valanghe incandescenti di pomici e gas che arrivarono fino a 25 km di distanza. L'isola venne devastata (con strati di pomice e cenere alti fino a 35 metri), il cielo si oscurò per settimane, forse per mesi. Decisivo è stato poi il rinvenimento del Babad Lombok, un testo giavanese scritto su foglie di palma del XIII secolo che narra di "un'eruzione fenomenale" durata una settimana, con terremoti, valanghe di materiale ardente dai fianchi della montagna e che causò un altissimo numero di vittime. Gli effetti dell'eruzione del Samalas si fecero sentire anche in Europa. Delle recenti scoperte di sepolture di massa a Londra e risalenti alla metà del XIII secolo fanno infatti pensare che la morte di quasi un terzo della popolazione della capitale inglese non fu causata da un'epidemia di peste, ma dalla carestia derivata dall'anno senza estate del 1258.

(Da Paolo Virtuani, in www.ilcorriere.it, 28 ottobre 2013, rid. e adatt.)

◀ Il vulcano Rinjani e il Lago Segara Anak.

ATTIVITÀ

1. Dopo aver letto attentamente il brano, rispondi alle seguenti domande, segnando con una crocetta la risposta corretta.

a. L'esplosione del Samalas ha causato per la prima volta un "anno senza estate"?
- ☐ Sì, è corretto
- ☐ No, si era già verificato due volte, dopo l'eruzione dei vulcani Krakatoa e Tambora
- ☐ No, si era già verificato varie volte, per esempio dopo l'eruzione dei vulcani Quilotoa, Okataina e Tambora
- ☐ No, si era già verificato dopo l'esplosione del vulcano Tambora

b. La potentissima eruzione del Samalas causò in seguito:
- ☐ un forte innalzamento delle temperature medie sulla Terra
- ☐ una brusca diminuzione delle temperature
- ☐ una brusca diminuzione delle temperature, ma solo in Indonesia
- ☐ un innalzamento delle temperature, soprattutto in Europa

c. In seguito all'esplosione del Samalas, le ceneri hanno raggiunto un'altezza:
- ☐ pari a circa dieci volte l'altezza dello stesso vulcano
- ☐ pari a circa cento volte l'altezza del vulcano
- ☐ di poco inferiore all'altezza del vulcano
- ☐ pari a circa 25 km

d. In base a quanto è scritto nell'articolo non si può affermare che:
- ☐ l'eruzione del Samalas è stata più potente di quella del Vesuvio del 79 d.C.
- ☐ il Vesuvio è un vulcano di tipo esplosivo
- ☐ l'eruzione di un vulcano può avere effetti anche in regioni molto lontane dal luogo in cui si verifica
- ☐ lo studio dei ghiacci polari non serve a comprendere accadimenti di epoche passate

 Contenuto integrativo

TERRA DI VULCANI

Affascinato dalla storia dell'eruzione del vulcano Samalas? Ora ti guideremo, insieme ai tuoi compagni, alla scoperta di questi straordinari fenomeni.

2. Divisi in quattro gruppi, seguite le istruzioni e diventerete degli esperti vulcanologi!

- Sulla Terra esistono centinaia di vulcani: in alcuni continenti, sono tra le montagne più alte. Aiutandosi con Internet (e anche con Google Earth), il primo gruppo andrà a verificare il Paese in cui sono situati i vulcani riportati di seguito e ne segnerà la posizione su una carta geografica. Successivamente, indicherà la loro altezza e la confronterà con quella dei tre più alti vulcani indonesiani. Un suggerimento: quando in Internet non si ottengono informazioni in italiano, si possono inserire nel motore di ricerca le parole in inglese, per esempio "highest volcanoes".

    Ojos del Salado • Llullaillaco • Chimborazo • Cotopaxi • Kilimangiaro

- Che aspetto ha oggi il vulcano Samalas (o, meglio, quello che ne rimane)? Il paesaggio è brullo o, viceversa, sulle sue pendici crescono alberi e foreste? Quanto è alto il suo cratere e in quale settore raggiunge la massima altezza? Come si chiama e quanto è lungo il lago che si trova al suo interno? Servendosi di Google Earth, il secondo gruppo proverà a rispondere a queste domande. Un suggerimento: effettuate la ricerca non con il nome Samalas, ma inserendo il nome della montagna situata a fianco, citata nel testo: Rinjani.

- In Europa, l'Italia è il Paese con il maggior numero di vulcani attivi (se si escludono le isole Azzorre, situate nell'Oceano Atlantico e appartenenti al Portogallo). Quali sono questi vulcani? In che cosa si differenziano tra loro? Qual è il più attivo e quale il più pericoloso? Questo è il lavoro per il terzo gruppo.

- Oltre a quello causato dall'eruzione del Samalas, l'articolo fa riferimento a un altro "anno senza estate", quello successivo all'eruzione del vulcano Tambora, anch'esso in Indonesia. Essendo molto più recente, se ne conoscono meglio anche le caratteristiche e le conseguenze sulla popolazione, tanto in Europa quanto in Nordamerica. Il quarto gruppo effettuerà una breve ricerca sul 1816, un anno dalle caratteristiche climatiche davvero eccezionali.

▲ La vetta innevata del Kilimangiaro, il punto più alto dell'Africa (5895 m).

Asia meridionale e sud-orientale | 175

ESTREMO ORIENTE

L'**Estremo Oriente**, la regione più orientale dell'Asia, si estende dalla catena del Karakorum fino all'Oceano Pacifico e comprende 6 Stati: Repubblica Popolare Cinese, Giappone, Mongolia, Corea del Nord, Corea del Sud e Repubblica di Cina (isola di Taiwan). Questa regione occupa circa **un quarto** della **superficie** dell'**intero continente** e ospita **un quarto della popolazione mondiale**.

Caratteristiche comuni...

Il **territorio** è prevalentemente **montuoso** con **elevatissimo rischio sismico** e risente infatti dei movimenti di tre grandi zolle continentali che si saldano lungo le coste orientali: la placca euroasiatica, quella del Pacifico e quella delle Filippine. Dal punto di vista **antropico**, i 6 Stati sono caratterizzati da una notevole **omogeneità etnica**: le razze maggioritarie, con percentuali variabili tra l'80,5 e il 99,5%, appartengono tutte al **gruppo mongolide**. Sotto il profilo **culturale** la regione, a eccezione della Mongolia, risente profondamente dell'**influenza esercitata dalla civiltà cinese** tra il VI e il XII secolo, di cui oggi rimane traccia soprattutto nell'uso di un sistema comune di scrittura, basato su **ideogrammi**.

... e differenti

L'Estremo Oriente è una delle **aree più popolate al mondo**, ma la **distribuzione** degli abitanti non è affatto omogenea: si passa infatti da una densità media di 2 ab/km² della Mongolia ai 647 ab/km² di Taiwan. La popolazione si concentra per lo più sulle fasce costiere, dove si trovano i principali insediamenti urbani, mentre le zone interne sono scarsamente abitate. La **superficie** degli Stati è fortemente **disomogenea**: la Repubblica Popolare Cinese occupa da sola l'80% dell'intera regione. Altre differenze riguardano poi le **condizioni economiche**: al **Giappone**, già da vari decenni tra i Paesi **economicamente più sviluppati**, si sono affiancati più di recente **Taiwan** e la **Corea del Sud**. La Cina nel 2010 si è affermata come la seconda potenza economica mondiale, mentre **Mongolia** e **Corea del Nord** sono **le aree più arretrate** del continente.

Contenuto integrativo

LAVORIAMO SULLE CARTE

1. Quale importante parallelo attraversa questa regione?
2. Quali sono le principali penisole e isole?
3. Quali mari bagnano questi territori?
4. Come sono le coste: uniformi o frastagliate?
5. Dov'è localizzata la principale catena montuosa?
6. Come si presenta il resto del territorio: pianeggiante o ricco di rilievi?
7. Quali sono i tre principali corsi d'acqua?

DUE COREE E DUE CINE

Forti tensioni caratterizzano alcuni Stati di questa regione. La Corea del Nord è dominata da una dittatura comunista ed è una delle aree più militarizzate del pianeta. Dotata di missili balistici e di armi atomiche, rigidamente chiusa cosicché è impossibile ottenere dati certi su ciò che avviene entro i suoi confini, conduce una politica estera aggressiva. Minacce di attacchi nucleari sono rivolte alla Corea del Sud, che ottenne l'indipendenza dal Nord con la Guerra di Corea (1950-53), agli Stati Uniti e all'Occidente in generale. Altro motivo di tensione è rappresentato dal rapporto tra Repubblica Popolare Cinese e Repubblica di Cina (Taiwan), separatesi nel 1949: la prima considera la seconda una sua provincia ribelle e ne contrasta l'indipendenza, al punto che, sulla costa prospiciente l'isola, la Cina tiene schierati più di 1000 missili a corto raggio e centinaia di migliaia di soldati. Nel 2010, tuttavia, i due Paesi hanno siglato un accordo commerciale, segno di una parziale distensione.

▼ Il tempio zen Jisho-jia Kyōto, in Giappone. ▶ Veduta di Taipei, la capitale di Taiwan.

scenario SEMPRE PIÙ GRATTACIELI

▲ Un esempio della nuova urbanizzazione cinese alla periferia di Pechino.

La Cina e la lunga marcia verso le città

di Matteo Pretelli

La Cina cambia faccia. Per fronteggiare il "rallentamento" della crescita economica, le autorità cinesi hanno pensato a un **massiccio piano di urbanizzazione**, che nell'arco di un decennio porterebbe a spostare 250 milioni di contadini dalle campagne alle città. L'obiettivo è raggiungere 900 milioni di cittadini inurbati (cioè il 70% della popolazione totale) che con i propri consumi possano contribuire a dare un nuovo slancio all'economia nazionale.

Si tratta di un grandioso progetto: si pensi che, in base alle stime delle Nazioni Unite, nel 2010 i migranti in tutto il mondo sono stati 214 milioni. Questo enorme programma di mobilità si inserisce in un processo di urbanizzazione forzata di comunità rurali già iniziato da un paio di anni dal governo cinese.

Non mancano, però, le critiche, tanto che il piano avrebbe dovuto essere annunciato a marzo, ma il lancio è stato rimandato all'autunno per valutare meglio costi e opportunità. Fra gli economisti, i **favorevoli** ritengono che i 600 miliardi di dollari stimati per la realizzazione dei quartieri e delle infrastrutture di accoglienza delle nuove comunità non dovranno essere pagati interamente dal governo, bensì in parte saranno coperti dal **circolo virtuoso innescato dal lavoro** e dal **consumo** dei "nuovi" cittadini. Molti sono però gli **scettici**, dal momento che i progetti di urbanizzazione sono e saranno per lo più portati avanti dalle autorità locali, che hanno spesso risorse limitate e che dipendono in ogni caso dai trasferimenti centrali dello Stato. Per sopperire alle difficoltà si sta cercando di **coinvolgere investitori privati** o aziende statali, ma in questa fase le banche non sono così desiderose di finanziare progetti infrastrutturali. I fallimentari esperimenti di urbanizzazione in Brasile e Messico aumentano le perplessità. Prioritarie sono inoltre le **questioni sociali e culturali**. Per costruire

▲ La complessa rete stradale di Shanghai.

i nuovi quartieri, infatti, le ruspe spazzano via antiche comunità rurali con le loro tradizioni e i templi, causando le **proteste** di chi è costretto ad abbandonare la propria casa e le proprie abitudini. I trasferimenti in città causano poi **disorientamento**: le nuove residenze concesse dal governo sono piccoli appartamenti in anonimi palazzoni lontani dal posto di lavoro.

Spesso a partire sono i giovani nati nel quindicennio 1980-1995, ragazzi con poca istruzione, scarsa esperienza agricola ma con il desiderio di migliorare la propria condizione di vita in città. Una volta arrivati, molti invece sono costretti ad accettare lavori pericolosi, sporchi e umilianti, e vanno a ingrossare le fila di una massa inesauribile e facilmente sfruttabile di lavoratori privi di diritti. Appare quindi evidente come per Pechino la grande **sfida** futura dei progetti di mobilità sia legata a un **urbanizzazione "sostenibile"**, che favorisca l'inclusione dei migranti nei nuovi contesti sociali garantendo loro diritti e lavoro.

(Da http://temi.repubblica.it/limes/la-cina-e-la-lunga-marcia-verso-le-citta/49748, 18 luglio 2013)

Asia ESTREMO ORIENTE

Negli ultimi decenni le città cinesi sono cresciute a ritmi vertiginosi e sembrano non doversi arrestare mai.

Si calcola infatti che ogni cinque giorni, dal 2013 al 2023, nel vasto territorio della Repubblica Popolare verrà completata la costruzione di un grattacielo: gli edifici di oltre 25 piani – questa è la condizione per essere qualificati come grattacieli – passeranno da 350 a 800 nel giro di dieci anni. La crescita inarrestabile delle città è conseguenza anche delle politiche del governo cinese, che intende portare il tasso di urbanizzazione dal 47% del 2013 al 70% nell'arco di un decennio. L'**esplosione edilizia** dovrebbe contribuire alla **crescita economica** del Paese. Il PIL cinese continua infatti a salire, ma a ritmi meno vertiginosi rispetto all'ultimo ventennio: da una media del +10% nel 2013 si è passati al +7,5% (a fronte, per avere un termine di paragone, di una media europea del +0,6%). Un così vasto fenomeno di urbanizzazione determina tuttavia sia dei problemi di spaesamento per le masse di persone che abbandonano il loro ambiente per trasferirsi nelle anonime periferie metropolitane, sia costi altissimi in termini di **inquinamento**.

L'esponenziale aumento del traffico e il costante proliferare di industrie causano una produzione di emissioni nocive difficilmente controllabile.
Anche per questo la qualità della vita nelle metropoli cinesi sta diventando sempre più bassa e i rischi per la salute sono ormai una realtà concreta e indubitabile: nella sola Pechino negli ultimi dieci anni i casi di cancro ai polmoni sono aumentati del 50%.
Nei quartieri più ricchi le scuole sono protette da enormi "bolle" dentro le quali l'aria è purificata, per consentire ai bambini di fare sport e uscire dalle classi. La sede del governo è dotata di potenti purificatori d'aria. Ma il resto della capitale, il Nord-Est del Paese (un'area fortemente industrializzata) e molte altre città hanno un'**aria sempre più irrespirabile**.
Il Paese si trova dunque di fronte a una scelta difficile, tra sviluppo e tutela della salute e dell'ambiente. Il piano per diminuire l'inquinamento del 25% richiede una spesa di circa 30 miliardi di euro.
E intanto chi può se ne va in cerca di luoghi più salubri in cui vivere: accanto alla migrazione interna dei contadini verso le città, infatti, la Cina è interessata anche da un altro fenomeno migratorio, diretto all'estero e riguardante i ceti sociali più elevati.

UNA CORTINA DI SMOG

Le città cinesi sono spesso avvolte da cortine di smog, così fitte e scure che non è possibile vedere a 50 metri di distanza. Si tratta di una nebbia tossica fatta di micro-particelle inquinanti rischiosissime per la salute dell'uomo. Secondo l'Organizzazione Mondiale della Sanità, queste micro-particelle non dovrebbero superare i 25 microgrammi per metro cubo: in alcune metropoli cinesi se ne registra una concentrazione di 1000 per metro cubo. Questo è dovuto al fatto che la maggior parte dell'energia della Cina deriva dal carbone, un combustibile fossile altamente inquinante per l'aria.

▼ Una strada nel centro di Hong Kong.

NOME COMPLETO
Repubblica Popolare Cinese

CAPITALE Pechino

FORMA DI GOVERNO
Repubblica popolare

LINGUA Cinese (ufficiale), coreano, dialetti tibetani, kazako, mongolo, uiguro

SUPERFICIE 9.572.900 km²

POPOLAZIONE 1.347.565.324 abitanti (stima 2011)

DENSITÀ 140,77 ab/km²

FUSO ORARIO UTC +8

VALUTA Yuan renminbi

UNITÀ DI MISURA DI LUNGHEZZA sistema metrico decimale

ISU (2011) 0,687 (101° posto)
Speranza di vita 73,55 anni
Istruzione media 7,5 anni
Popolazione urbana 47,8% (2011)

PREFISSO TEL. +86

SIGLA AUTOMOBILISTICA VRC

GUIDA AUTOMOBILISTICA a destra

INTERNET TLD .CN

La bandiera della Repubblica Popolare Cinese, chiamata anche *Bandiera rossa a cinque stelle*, fu scelta nel 1949 dopo un concorso cui parteciparono circa 3000 artisti. Sullo sfondo rosso, simbolo del sangue versato per la creazione della repubblica, si stagliano nel quadrante in alto a sinistra una stella grande, emblema del Partito comunista cinese, e quattro più piccole. Queste ultime, secondo l'interpretazione popolare, rappresentano le quattro classi sociali del Paese: operai, contadini, studenti e soldati. L'inno nazionale è la *Marcia dei Volontari*, composta nel 1935 come motivo conduttore di un film patriottico e adottata nel 1949 come inno ufficiale.

REPUBBLICA POPOLARE CINESE

Territorio e ambiente

La posizione

La Repubblica Popolare Cinese è il terzo Stato al mondo per superficie, dopo la Federazione Russa e il Canada. Vasta poco meno dell'intera Europa, occupa gran parte dell'Asia orientale, dai Monti del Karakorum fino all'Oceano Pacifico, che lungo le sue coste forma una serie di bacini: il Mar Giallo, il Mar Cinese Orientale e il Mar Cinese Meridionale. Confina con 14 Stati: Russia e Mongolia a nord, Corea del Nord a est, Vietnam, Laos, Myanmar, India, Bhutan e Nepal a sud, Pakistan, Afghanistan, Tagikistan, Kirghizistan e Kazakistan a ovest. Questo vastissimo territorio può essere diviso in **due regioni geografiche**:
- quella **occidentale**, incuneata nell'entroterra del continente asiatico, montuosa, arida e poco popolata, detta **Cina esterna**;
- quella **orientale**, più vicina all'oceano, ricca di pianure, fiumi e abitata da oltre il 90% della popolazione, detta **Cina interna**.

▶ I pinnacoli calcarei della Foresta di pietra.

ALLA SCOPERTA DELLO YUNNAN

Lo Yunnan è una delle province del Sud della Cina, al confine con Myanmar, Laos e Vietnam. In questo vasto territorio si alternano spettacolari paesaggi montani, con vette superiori ai 6000 m, gole profonde oltre 3000 m, verdi vallate percorse da fiumi, foreste di bambù giganti, boschi di pini, laghi e sterminate risaie. Lungo il corso del Fiume Azzurro (Chang Jiang), a quota 2500 m, si trova uno dei canyon più profondi al mondo, il Salto della Tigre, racchiuso tra montagne alte 5500 m. Uno dei paesaggi naturalistici più spettacolari è la Foresta di pietra, Patrimonio UNESCO dell'Umanità, una distesa di pinnacoli di roccia calcarea erosi da vento e pioggia. Lo Yunnan è anche la provincia con il più alto numero di minoranze etniche di tutta la Cina, ben 26, che abitano sia in villaggi dalle costruzioni tradizionali di paglia e argilla, sia nelle grandi città.

▲ La vetta del Monte Everest (8848 m).

IL DESERTO DEL GOBI

Il deserto del Gobi, con i suoi circa 2 milioni di km², è il secondo deserto al mondo per estensione. Quasi completamente circondato da monti altissimi, ha un'altitudine media di 1000 m. Anche per questo, oltre che per la posizione a cavallo del 40° parallelo nord, in inverno e durante la notte le temperature possono scendere fino a – 40 °C e non è infrequente trovare la brina, o addirittura la neve, sulle sue aride rocce e sulle dune sabbiose. È dunque considerato un deserto freddo. In estate, al contrario, durante il giorno le temperature superano i 40 °C. Abitato da piccoli gruppi nomadi di Mongoli, è oggi una delle zone più inospitali del pianeta, ma nella Preistoria non doveva essere così. I paleontologi infatti hanno scoperto in questa regione sorprendenti resti di dinosauri: uova non ancora dischiuse, resti dei piccoli appena nati e persino lo scheletro di un velociraptor.

▼ Le dune di Khongoryn-els nel Gobi.

Rilievi e pianure

Morfologicamente il territorio risulta assai vario: vi si trovano montagne altissime e profonde depressioni, deserti e fertili pianure. La **maggior parte** del Paese è tuttavia **montuosa**: solo il 30% della superficie, localizzata soprattutto nella regione orientale, si trova a un'altitudine inferiore a 1000 m.
Nella **Cina interna** si trovano **rilievi** di modesta altezza, **colline** e **vaste pianure alluvionali** situate lungo il corso dei fiumi e vicino alla costa.
Nella Cina esterna svettano le catene montuose più alte della Terra: l'**Himalaya** con il **Monte Everest** (il più alto al mondo, 8848 m), il **Karakorum** con il **K2** (la seconda vetta del pianeta, 8611 m), il **Kunlun Shan**, il Tian Shan, il Qilian Shan. A queste si aggiungono **vasti altopiani**: il **Tibet** è il più esteso del pianeta, con un'altitudine media di 4000 m.
Qui si trovano anche vaste aree desertiche: il **deserto di Taklamakan** a ovest e il **deserto del Gobi**, il secondo maggiore deserto dopo il Sahara, al confine con la Mongolia. Racchiusa tra le alture del Tian Shan e del Tulun Shan si trova poi la depressione di Turpan (–154 m), la seconda del pianeta per profondità dopo quella del Mar Morto e la zona più calda di tutta la Cina: qui le temperature massime raggiungono i 49 °C.

▶ Il fiume Li, nella regione di Guilin.

LAVORA SUL TESTO

1. Qual è il fiume più importante della provincia dello Yunnan? Evidenzialo nel testo.
2. Sottolinea quali mari bagnano le coste orientali del Paese.
3. Evidenzia le aree desertiche presenti in Cina.

COMPLETA

4. Le due catene montuose più alte della Terra sono ....;

RISPONDI

5. Quali sono i principali caratteri geografici della Cina esterna e della Cina interna?
6. Qual è l'altitudine media dell'altopiano del Tibet?

Estremo Oriente 181

Il panda gigante, mammifero originario della Cina centrale, vive nelle regioni montuose del Sichuan. Il panda è diventato un emblema nazionale in Cina, ed è attualmente il simbolo del WWF.

Fiume endoreico
Fiume interno, le cui acque non hanno sbocco verso il mare, ma defluiscono in specchi d'acqua o si inabissano nel terreno perdendosi in falde sotterranee.

▶ La Diga delle Tre gole sul Chang Jiang è l'impianto con la maggiore capacità di produzione idroelettrica mai realizzato (potenziale annuo 104 TWh). Per la creazione del bacino sono stati sommersi più di 1300 siti archeologici e molti centri urbani, obbligando al trasferimento circa 1,4 milioni di abitanti.

Fiumi, canali e laghi

Anche per l'idrografia vale la distinzione tra Cina interna ed esterna. La vasta parte nord-occidentale, occupata dalle montagne, è attraversata da fiumi endoreici, le cui acque si perdono nelle sabbie dei deserti. In Tibet hanno origine i maggiori fiumi asiatici: il Chang Jiang, o **Fiume Azzurro**, e lo Huang He o **Fiume Giallo**, che scorrono interamente nel territorio cinese e con i loro affluenti formano fertili pianure alluvionali per poi sfociare nel Mar Giallo con ampi delta, l'**Indo** e il **Brahmaputra**, che dirigono il loro corso oltre il confine con l'India, il **Mekong** e il **Fiume Rosso** che sfociano in Vietnam.
I due maggiori fiumi, oltre a costituire una **risorsa idrica fondamentale** per l'agricoltura, rappresentano anche importanti vie di comunicazione, potenziate attraverso la costruzione di canali artificiali. Il governo ha di recente avviato progetti di sfruttamento delle acque per la produzione di **energia idroelettrica**, con la costruzione di imponenti **dighe**.
I laghi si concentrano soprattutto sull'altipiano del Tibet e nella regione sud-orientale; molti sono anche i **laghi artificiali**. Un tempo i laghi cinesi erano più numerosi e più estesi: negli ultimi cinquant'anni tuttavia i bacini hanno cominciato a ridursi sia per quantità che per portata d'acqua a causa della **siccità** e della **desertificazione**, dei cambiamenti climatici e dell'utilizzo intensivo del suolo.

Coste, isole e penisole

Le coste si estendono per circa 18.000 km dal confine con la Corea del Nord a quello con il Vietnam. A **nord**, fino alla foce del Chang Jiang le coste sono **basse**, ad eccezione di quelle peninsulari che racchiudono il **Golfo di Bo Hai**, che sono rocciose. A sud di Shanghai invece diventano molto più **frastagliate**. Numerosissime sono le isole: la maggiore è **Hainan** (34.000 km²) a sud.

Clima

Data la sua vasta estensione in senso longitudinale e a causa dell'estrema varietà morfologica, la Cina è caratterizzata da condizioni climatiche assai diverse da una regione all'altra. All'**interno** prevale un **clima continentale**, spesso **arido**, che sugli altopiani e sulle montagne diventa decisamente **alpino**, con ampie zone coperte da **ghiacciai perenni**. Più a nord, nelle zone del Taklamakan e del Gobi, prevale il clima desertico, con fortissime escursioni giornaliere e stagionali: le temperature raggiungono i 40 °C d'estate e i –50 °C in inverno, e la pioggia è pressoché assente.
Il **settore sud-orientale** presenta invece un **clima tropicale e subtropicale umido**, caratterizzato dai **monsoni**, che provocano un'intensa piovosità nei mesi estivi. Frequenti sono anche i tifoni, che causano mareggiate e inondazioni lungo le coste.

▲ Un'affollata strada di Shanghai.   ▶ Una donna tibetana.

IL TIBET

Dal 1950, quando le truppe cinesi lo invasero, il Tibet fa parte della Repubblica Popolare Cinese. La vastissima regione (1.221.600 km²) è quasi disabitata (2 ab/km²), a causa dell'altitudine e dei ghiacciai perenni che ne ricoprono gran parte del territorio. Tra il VII e il IX secolo l'area fu sede di un fiorente impero e vide nascere una spiritualità ispirata al buddhismo, che attrasse migliaia di pellegrini. Vi fiorirono monasteri e scuole. A guidare l'impero furono vari monaci che assunsero il titolo di *Dalai Lama* ("Oceano di saggezza"). I Tibetani non hanno mai accettato l'occupazione cinese e molti di loro, Dalai Lama compreso, dopo una rivolta repressa nel sangue da parte dell'esercito nel 1959, si sono trasferiti in India, dove è stato creato un governo tibetano in esilio (mai riconosciuto dalla Repubblica Popolare Cinese) che ha lo scopo di sostenere i profughi in arrivo dalla Cina e di promuovere la cultura tibetana, fortemente minacciata dalla politica di Pechino. Ancora oggi nella regione si verificano scontri e tensioni: le rivendicazioni di indipendenza non cessano, e le manifestazioni di dissenso, represse spesso con la forza, costituiscono una spina nel fianco per la Cina, che appare come un Paese intollerante e autoritario agli occhi dell'opinione pubblica mondiale. Secondo il governo i Paesi che vogliono mantenere buone relazioni con Pechino non dovrebbero accogliere né omaggiare il Dalai Lama, benché questi dal 2010 abbia rinunciato a tutte le cariche politiche ufficiali presentandosi unicamente come capo spirituale.

Popolazione e società

La popolazione

La Cina, con oltre 1 miliardo e 347 milioni di abitanti, è il **Paese più popolato al mondo**. La popolazione non è tuttavia distribuita in maniera uniforme: oltre il 90% degli abitanti risiede nella Cina interna, e in particolare nell'area compresa tra Pechino e Shanghai e lungo la costa, dove si concentrano le maggiori aree urbane. Oltre la metà dei Cinesi (55%) vive in villaggi e insediamenti sparsi e non nelle grandi città: il tasso di urbanizzazione è piuttosto basso, ma in costante crescita. **Oltre il 90%** degli abitanti sono di **etnia Han**, numericamente la più rappresentata al mondo, ma nel Paese risiedono **56 minoranze etniche**, concentrate per lo più nella Cina esterna. Tra esse solo quella degli **Zhuang** supera l'1%; **Manciù**, **Tibetani** e **Mongoli**, con percentuali comprese tra lo 0,5 e lo 0,8%, risiedono nelle regioni della Manciuria, del Tibet e al confine con la Mongolia.

La politica del figlio unico

L'**alto tasso di incremento demografico**, raggiunto dopo la fondazione della Repubblica Popolare nel 1949, negli anni Settanta del Novecento aveva fatto allarmare il governo, che temeva un eccessivo **squilibrio** tra popolazione e risorse. Venne allora introdotta una rigorosa politica di **contenimento delle nascite**, nota come "politica del figlio unico": le famiglie cinesi potevano mettere al mondo un solo figlio, se non volevano incorrere in salatissime sanzioni economiche. **A partire dal 2013 il governo ha cominciato a ripensare a queste norme.** La predilezione per una discendenza maschile ha incrementato il fenomeno dell'aborto selettivo o addirittura dell'infanticidio, soprattutto femminile. Statisticamente, infatti, il rapporto fisiologico tra neonati maschi e femmine è pari a 105/100, in Cina invece, da decenni, è di 124/100: ciò provocherà a lungo andare, secondo gli studiosi, squilibri sociali tra i quali anche la difficoltà di creare nuove famiglie, per un "eccesso" di uomini.

RISPONDI

1. Quali sono i maggiori fiumi asiatici e dove si trovano le loro sorgenti?
2. Come vengono impiegati?
3. Quali climi caratterizzano il vasto territorio cinese?
4. Quando fu invaso il Tibet? Com'è la situazione nel Paese, attualmente?

COMPLETA

5. La Cina è il Paese più popoloso del ....: gli abitanti sono ....
   ....
   La maggior parte della popolazione risiede ....
   .... L'etnia prevalente è quella ....

Estremo Oriente

LA VIA DELLA SETA

 Contenuto integrativo

La seta, morbido e sottile tessuto originario della Cina e ammirato in Europa già in epoca romana, ha dato il nome a un vastissimo fascio di strade che dalle coste del Mediterraneo portano all'Estremo Oriente: la Via della seta appunto. Il primo viaggio documentato lungo la Via della seta fu compiuto da ambasciatori cinesi che nel II secolo a.C. si recarono in Iran, attraversando le montagne del Pamir. Da allora, si aprirono strade che consentirono un continuo scambio tra Oriente e Occidente. La Via della seta, nelle sue innumerevoli ramificazioni, fu percorsa soprattutto da mercanti, ma anche da soldati, monaci, geografi e studiosi. Fu attraverso di essa che intorno alla metà del I secolo d.C. il buddhismo fece il suo ingresso in Cina. Nelle città collocate lungo il percorso si vendeva ogni tipo di mercanzia: oltre alle spezie, sete e altri tessuti, giada, coralli, gioielli, piatti e vasi di ceramica, statuette e vetri lavorati. Questi oggetti, assai ricercati in Occidente, raggiungevano i porti del Mediterraneo orientale, per poi essere venduti in tutta Europa. La mediazione commerciale tra Asia ed Europa era in mano ai carovanieri arabi e solo nel 1245, a quanto sappiamo, un europeo si avventurò lungo le pericolose e impervie vie dell'Asia: Andrea di Longjumeau, inviato dal papa come ambasciatore presso i Mongoli. Lo seguirono, nello stesso anno, i francescani Giovanni Pian del Carpine e Guglielmo da Rubruck, che nelle loro relazioni di viaggio raccontarono la potenza e la ferocia delle popolazioni degli altopiani. Vent'anni dopo fu la volta dei fratelli Polo: nel secondo viaggio portarono con loro il giovane Marco, che narrò le meraviglie dell'Oriente nel suo *Milione*.

▲ Marco Polo entra a Pechino, da una miniatura del *Milione*.

La lingua e la religione

La lingua ufficiale è il **cinese** nella sua variante dialettale del **mandarino** standard, ma l'idioma è variegato e vi sono moltissimi dialetti diversi tra loro: la **lingua wu**, lo shanghainese, il **cantonese** ecc.

Il mandarino standard, derivato dall'idioma parlato nella zona di Pechino, è diventato la lingua comune (*putonghua*) della Cina, quella che viene insegnata nelle scuole ed è usata dai mass media. È inoltre la più diffusa al mondo (oltre 830 milioni di persone), in quanto parlata ufficialmente anche a Taiwan, Malesia e Singapore.

Sebbene formalmente da ormai 40 anni il governo garantisca la **libertà religiosa**, in realtà vi sono ancora molte restrizioni. Fino al 1978, infatti, nel Paese **qualsiasi culto era vietato** e molte tradizioni religiose sono scomparse, tanto che ancora oggi quasi la **metà dei Cinesi** si dichiara **atea**. **Taoismo** e **confucianesimo** rappresentano insieme i culti tradizionali più seguiti (28%); vengono poi il **cristianesimo** (10%), diffuso soprattutto nelle grandi città, il **buddhismo** (8%), che rappresenta la religione maggioritaria in Tibet, e l'**islam** (1,5%), presente soprattutto nella regione dello Jiangxi.

▼ Un tempio buddhista nella provincia dello Yunnan.

Cittadinanza: La censura: dalla stampa a Internet

Libertà di stampa e di espressione: un diritto dell'uomo

La libertà di opinione e di espressione è uno dei diritti fondamentali dell'uomo, riconosciuto dall'Assemblea delle Nazioni Unite nella **Dichiarazione universale dei diritti umani**, approvata il 10 dicembre 1948. Nell'**articolo 19** si legge infatti: *«Ogni individuo ha diritto alla libertà di opinione e di espressione, incluso il diritto di non essere molestato per la propria opinione e quello di cercare, ricevere e diffondere informazioni e idee attraverso ogni mezzo e senza riguardo a frontiere»*.

L'articolo precisa che queste libertà possono essere **esercitate attraverso qualsiasi mezzo espressivo**: oralmente, per iscritto, attraverso la stampa, in forma artistica e, oggi, con Internet, il mezzo di comunicazione più rapido e globale. Tuttavia non è ovunque così: ci sono Stati che impongono severe limitazioni a queste libertà.

> **LA LIBERTÀ DI STAMPA IN ITALIA**
> In Italia la libertà di stampa è tutelata dall'articolo 21 della Costituzione: "Tutti hanno diritto di manifestare liberamente il proprio pensiero con la parola, lo scritto e ogni altro mezzo di diffusione. La stampa non può essere soggetta ad autorizzazioni o censure. Si può procedere a sequestro soltanto per atto motivato dell'autorità giudiziaria nel caso di delitti, per i quali la legge sulla stampa espressamente lo autorizzi, o nel caso di violazione delle norme che la legge stessa prescriva per l'indicazione dei responsabili".

La censura in Cina

È il caso della **Cina**, che nelle classifiche mondiali sulla libertà di stampa figura tra i Paesi "meno liberi": nel 2013, secondo Reporter senza frontiere, era **al 173° posto** (su 179), con il più alto numero di giornalisti, scrittori, blogger e "cyberdissidenti" in carcere. Ha fatto scalpore l'assegnazione del Premio Nobel per la Pace nel 2010 all'attivista per i diritti umani **Liu Xiaobo**, incarcerato nel 2008 per aver sottoscritto il documento "Charta 08", un grande appello alla libertà di espressione. Ogni anno molti altri intellettuali, artisti e giornalisti cinesi vengono arrestati per le loro rivendicazioni in favore di una maggiore libertà di espressione.

Il *Great Firewall* cinese

Dal 1996 il governo ha progettato un sistema di **sorveglianza dei siti Internet** chiamato *Great Firewall* ("Grande muraglia digitale") che **filtra i risultati** nelle ricerche (parole come "Tibet", "raduno", "protesta", ma anche i nomi dei politici o delle grandi opere sono soggetti a filtro) e blocca l'accesso ad alcuni siti internazionali, come quelli del *Wall Street Journal* e del *New York Times*, o ai social network più utilizzati, come Facebook e Twitter. Il web è monitorato 24 ore su 24 da uno speciale **dipartimento di polizia informatica** che spesso cambia anche i contenuti degli articoli: il governo teme infatti critiche e contestazioni, desiderando al contrario piena coesione e uniformità di vedute all'interno della nazione, per garantire il raggiungimento degli obiettivi economici e politici internazionali. La negazione di ogni dissenso, la censura delle opinioni diverse, il divieto di una libera informazione, metodi tipici dei governi autoritari, attirano sulla Cina la condanna delle organizzazioni internazionali per la difesa dei diritti umani. L'impossibilità di usare Internet liberamente rappresenta poi una grave penalizzazione della creatività e della libertà di ricerca e di confronto: a lungo andare rischia quindi di isolare la Cina dal resto del mondo.

Attività

▸ Che cos'è il *Great Firewall* cinese?

▸ Perché il governo cinese impone una censura di Internet? Che cosa teme? Come ha reagito la comunità internazionale?

RISPONDI

1. Qual è la lingua più comunemente parlata?
2. Quali religioni sono sopravvissute ai divieti in vigore fino al 1978?

◂ Manifestazione per la liberazione di Liu Xiaobo di fronte al consolato cinese di Los Angeles.

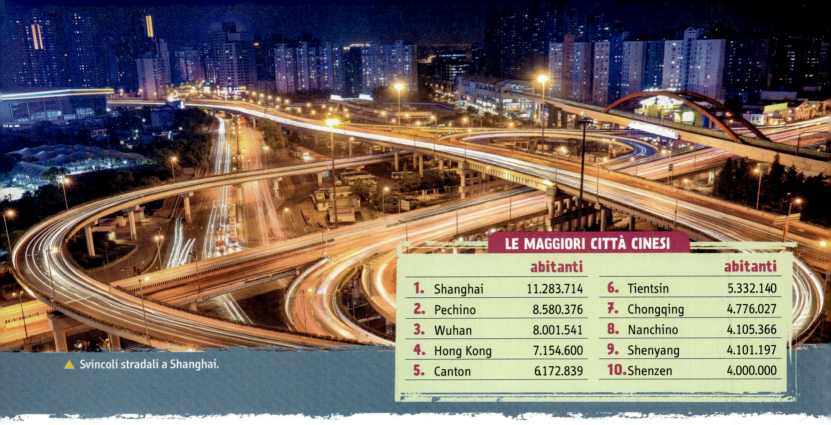

▲ Svincoli stradali a Shanghai.

LE MAGGIORI CITTÀ CINESI

		abitanti			abitanti
1.	Shanghai	11.283.714	6.	Tientsin	5.332.140
2.	Pechino	8.580.376	7.	Chongqing	4.776.027
3.	Wuhan	8.001.541	8.	Nanchino	4.105.366
4.	Hong Kong	7.154.600	9.	Shenyang	4.101.197
5.	Canton	6.172.839	10.	Shenzen	4.000.000

Le città

Negli ultimi anni il tasso di urbanizzazione ha registrato nel Paese una forte crescita: la rapida industrializzazione favorisce infatti la **migrazione interna** dai villaggi rurali verso i centri urbani, situati prevalentemente lungo la costa. Se attualmente circa il 47% della popolazione vive in città, si calcola che nel 2050 la percentuale sarà salita al 75%. Ciò provocherà e sta già provocando dei **rivolgimenti urbanistici**: i tradizionali edifici residenziali vengono abbattuti per essere sostituiti con moderni grattacieli e si deve provvedere alla costruzione di porti, aeroporti, tunnel, reti stradali e ferroviarie. Si tratta di una colossale opera di cementificazione dall'enorme impatto economico, oltre che ambientale, sia per l'altissimo impiego di risorse (già oggi la Cina consuma oltre un quarto dell'acciaio prodotto nel mondo e circa la metà del cemento) che per i problemi di **inquinamento** (nel 2012 tra le 20 città più inquinate del pianeta 16 erano cinesi) e di approvvigionamento idrico, elettrico e alimentare.

I trasporti

Date le grandi distanze da coprire, la Cina sta potenziando tutta la rete viaria nazionale. I trasporti avvengono principalmente mediante **la rete ferroviaria**, su cui viaggia il 40% delle merci e il 45% dei passeggeri e che è in continua espansione, soprattutto per le linee ad alta velocità. Il 45% delle merci viene poi trasportato lungo le **vie d'acqua**. Il **sistema stradale** è sviluppato soprattutto nelle regioni costiere orientali, dove le maggiori città sono collegate da autostrade.

PIAZZA TIENANMEN

Con i suoi 440.000 m², piazza Tienanmen, nel cuore di Pechino, è la più vasta piazza al mondo. Il suo nome deriva dalla *Porta della Pace Celeste*, che la separa dalla Città Proibita, antica residenza degli imperatori. È oggi un simbolo della Cina comunista: qui fu proclamata nel 1949 la Repubblica e qui si trovano il Monumento agli eroi del popolo e il Mausoleo di Mao Zedong. Agli occhi degli occidentali la piazza è legata soprattutto alle manifestazioni del 1989, guidate da studenti e intellettuali che chiedevano una maggiore apertura democratica del Paese e riforme politiche ed economiche. Nel timore che la rivolta degenerasse, nel governo prevalsero le posizioni intransigenti e le proteste furono represse nel sangue. Ancora oggi il 4 giugno, giorno in cui furono uccisi alcuni manifestanti, è ricordato come un giorno di lutto, sebbene in maniera clandestina, perché il governo preferisce cancellare il ricordo di quel tragico giorno.

▼ Veduta dell'immensa piazza di Tienanmen.

Nanchino (Nanjing, "Capitale del Sud", circa 4 milioni di abitanti), antica capitale della dinastia dei Ming nel XIV secolo, è oggi il secondo polo commerciale della Cina orientale dopo Shanghai e negli ultimi anni ha visto una costante crescita di tutti i settori economici, dall'industria, soprattutto *high tech*, al commercio e all'urbanistica. Il suo porto è uno dei principali scali commerciali del Paese.

Pechino (Bejing, "Capitale del Nord") è la capitale; la sua area urbana conta circa 17 milioni di abitanti. Oltre a essere il principale centro politico, amministrativo e culturale, è anche sede di un polo industriale in piena espansione. Nel centro della città si trova la Città Proibita, che fu il palazzo imperiale delle dinastie Ming e Qing.

Canton, ex colonia portoghese, ha assunto il nome di Guangzhou nel 1918. Nella sua area urbana risiedono oltre 16 milioni di abitanti. Situata nel cuore di una delle regioni più popolate, è tra le città più ricche grazie alla presenza di fiorenti industrie manifatturiere e di prodotti *high tech*.

IN GIRO per Pechino

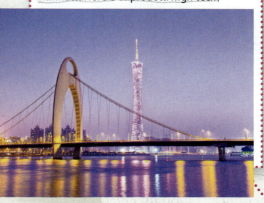

Tientsin ("Guado del fiume sul paradiso"), la sesta città per numero di abitanti, è divenuta di recente uno dei principali nodi economici del Nord della Cina, sede di impianti siderurgici e meccanici e di numerose multinazionali.

RISPONDI

1. Quali sono i motivi del forte tasso di urbanizzazione?
2. Quali sono le rischiose conseguenze di questo fenomeno?

Hong Kong ("Porto profumato"), ex colonia britannica, nel 1997 è tornata sotto il controllo della Repubblica Popolare Cinese, che ne ha fatto una "Regione amministrativa speciale", impegnandosi a conservare per 50 anni il sistema economico e sociale in vigore sotto l'amministrazione britannica. In quanto area di libero scambio, è diventata uno dei principali centri finanziari internazionali e i suoi abitanti vantano un PIL pro capite tra i più alti del pianeta. Caratteristica della città è lo sviluppo verticale, con grattacieli elevatissimi, dovuta alla conformazione geografica del luogo, stretto fra le montagne e il mare.

Shanghai ("Sul mare") è la città più popolata ed è in continua espansione. Situata sul delta del Chang Jiang, il suo porto è il primo del Paese. Definita la "Perla d'Oriente", rappresenta oggi il principale centro economico e finanziario: qui hanno sede la Borsa valori e le filiali delle principali banche internazionali. Per attrarre le multinazionali si sta dotando delle più moderne infrastrutture, di servizi informatici e finanziari innovativi; qui vengono realizzati i progetti più avveniristici, dai grattacieli ai complicati intrecci di strade sopraelevate per alleggerire il traffico. La città ospita anche alcune delle più prestigiose università cinesi e il suo sistema di istruzione è considerato un'eccellenza a livello internazionale.

Estremo Oriente

▲ Risaie nello Yunnan.

▲ Deposito di carbone.

OCCUPATI NEI TRE SETTORI
- Primario: 34,8
- Secondario: 29,5
- Terziario: 35,7

Economia

Il gigante dell'economia mondiale

Negli ultimi anni la Cina ha conosciuto un enorme sviluppo economico, con un tasso di **crescita annua del PIL tra il 7% e il 10%** che ha portato il Paese nel 2010 ad attestarsi come **seconda potenza economica mondiale**, dopo gli USA. Con le riforme del 1978 e l'apertura ai mercati internazionali, la Cina è stata capace di attirare **investimenti** sempre più cospicui da parte delle **multinazionali**, attratte dai bassi costi della manodopera e dalle semplificazioni offerte dal mercato del lavoro. Quella che grazie alla delocalizzazione era considerata la **"fabbrica del mondo"** negli ultimi anni è diventata il primo partner commerciale di moltissimi Stati di ogni continente. Entrata nel **WTO** nel 2001, tra il 2002 e il 2007 ha visto crescere il volume delle sue esportazioni mediamente del 29%. È inoltre da rilevare il fatto che la Cina è attualmente il **primo detentore del debito pubblico statunitense**.

Risorse energetiche

Il ricchissimo sottosuolo garantisce al Paese il primato nella produzione di **ferro, piombo, zinco, stagno, oro, sale e fosfati**, e il secondo posto per quella di **argento e bauxite**. Inoltre, con quasi il 50% delle estrazioni globali, la Cina è il **primo produttore** mondiale di **carbone**. In aumento è l'**estrazione di petrolio** (5° produttore al mondo), che tuttavia copre una quantità irrisoria rispetto al fabbisogno nazionale: nel 2013 la Cina ne è diventata il **primo importatore**, e i consumi sono destinati ad aumentare. La rapida crescita economica del Paese, infatti, comporta un altrettanto colossale aumento della **domanda di energia**, che attualmente è superiore a quella di qualsiasi altro Stato. Per questo si sta cercando di attingere a **fonti alternative** e meno inquinanti, come l'energia **idroelettrica**, in cui la Cina ha raggiunto un altro primato mondiale dopo la costruzione di imponenti dighe, e l'energia **atomica**: dal 2020 dovrebbero essere attivi circa 46 reattori nucleari. Ciò permetterà probabilmente di **abbassare il livello di emissioni di anidride carbonica**, in cui la Cina detiene un record negativo, con tutte le conseguenze in termini di desertificazione, esaurimento delle risorse idriche, inquinamento dell'aria ed emissioni di CO_2.

Settore primario

Dopo le riforme della proprietà agraria iniziate nel 1978 e l'avvio di una graduale meccanizzazione, la redditività agricola è aumentata notevolmente e rappresenta ancora un settore importante (10% del PIL), nel quale trovano impiego più di 300 milioni di persone. La coltura principale è il **riso** (1° produttore mondiale), diffusa nelle regioni meridionali, mentre nel Nord prevalgono il **frumento** e altri cereali. La Cina è il primo produttore mondiale di **tè, tabacco, arachidi, cotone e lino**, destinati anche alle esportazioni. L'**allevamento** di suini, ovini, caprini, volatili e animali da cortile fornisce carni, uova, lana e latte. In molte province è diffusa la **bachicoltura** per la produzione della seta. Assai praticata è anche la **pesca**: la Cina produce **un terzo del pescato mondiale**.

▲ Impianto di lavorazione dei polli a Dehui, nella provincia di Jilin.

▲ Lo stadio di Pechino, costruito in occasione delle Olimpiadi del 2008. La Cina è uno dei Paesi più visitati del mondo soprattutto dopo che ha ospitato le Olimpiadi.

Settore secondario

Dal settore **secondario** deriva il 46% del PIL; il **tessile** copre la quota predominante della produzione industriale, ma **tutti i settori** sono in fortissima **ascesa**.

Questo anche grazie alla creazione di **Zone economiche speciali (ZES)**, volute dal governo dalla fine del Novecento, per attrarre investimenti stranieri. È grazie a esse che aziende straniere e multinazionali hanno deciso di trasferire la loro produzione in Cina, godendo di vantaggi economici.

Oggi il Paese gode dei risultati di quella immensa crescita industriale, delle competenze acquisite, grazie alle quali è possibile rilanciare autonomamente ulteriori piani di sviluppo e addirittura **acquistare aziende straniere**. Non c'è nessun comparto in cui la Cina non tenti di raggiungere i vertici della produzione, avvantaggiata anche dalla forte espansione del mercato interno più vasto del pianeta.

Tra i settori che vantano la crescita più rapida vi sono quello dei prodotti ad **alta tecnologia** e i comparti della **meccanica** e dell'**elettromeccanica**: macchinari per l'industria automobilistica, macchinari agricoli, ferroviari, aeromobili, **autovetture**, veicoli industriali. Inoltre, accanto all'**industria pesante**, del **cemento**, **petrolchimica** e **alimentare**, rivestono ancora un ruolo importante le aziende di **manufatti tradizionali** come il vetro, la porcellana, la lacca, gli ombrelli di carta e i ventagli.

Settore terziario

Commercio, finanza e **turismo** sono i principali comparti del terziario cinese. L'ingresso nel WTO ha favorito la crescita del volume degli scambi e la creazione di accordi commerciali internazionali.

Attualmente è l'Unione Europea il maggiore partner commerciale della Cina, seguita da USA, Giappone e Corea del Sud. Anche il **sistema bancario** e le **Borse valori** di Shanghai e Shenzhen hanno acquisito rilievo a livello mondiale.

Il comparto turistico ha visto un'inarrestabile crescita negli ultimi anni, sia per quanto riguarda il turismo interno, sia per quello internazionale.

LA CINA E I BRICS

BRICS è l'acronimo (cioè una parola formata con le lettere iniziali di altre parole) con cui ormai si è soliti indicare **Brasile, Russia, India, Cina** e **Sudafrica**: i cinque Paesi che, secondo le stime, dovrebbero raggiungere i maggiori livelli di sviluppo economico al mondo nel 2050. La Cina, per numero di abitanti e per capacità e rapidità di crescita, dovrebbe rappresentare il mercato più ampio e l'economia più avanzata del gruppo ed è quindi considerata la protagonista assoluta dei nuovi scenari economici mondiali.

◉ LAVORA SUL TESTO

1. Perché le multinazionali investono in Cina? Evidenzia nel testo.
2. Quale record negativo detiene la Cina? Con quali conseguenze?
3. Sottolinea quali Paesi fanno parte dei BRICS.

geostoria — UNA STORIA MILLENARIA

Contenuto integrativo

Una civiltà antichissima
La civiltà cinese è una delle più antiche del mondo: già nel VII millennio a.C. lungo le rive dello Huang He erano stanziate popolazioni dedite all'agricoltura. Col tempo, dalle prime civiltà urbane si crearono vari regni, che nel 221 a.C. furono riuniti in un unico dominio dal principe Qin Shi Huang, il **primo imperatore** della **Cina**. Il suo nome è oggi legato soprattutto ai lavori di consolidamento e ampliamento della Grande Muraglia lungo la frontiera settentrionale del Paese, e allo straordinario Esercito di terracotta, posto a guardia della sua tomba. La sua opera di unificazione si estese a ogni ambito: dall'esercito alla legge, dalla burocrazia alla moneta fino alla scrittura.

Il celeste impero
Nei suoi oltre duemila anni di storia l'Impero cinese conobbe fasi alterne di splendore e decadenza, frammentazione e unificazione; numerose dinastie, anche straniere, si susseguirono al potere, come i Mongoli discendenti di Gengis Khan che regnarono dal 1279 al 1368. Intorno al 1000, con la **dinastia Song**, fu creato un nuovo apparato burocratico centralizzato, i cui funzionari destinati ad amministrare le vaste province (**mandarini**) venivano selezionati mediante un rigorosissimo concorso pubblico. Fu inoltre promossa la **ricerca scientifica e tecnologica**, che portò al perfezionamento dell'uso della **bussola** magnetica, della **polvere da sparo** e della **stampa** a caratteri mobili.

▲ Una raffigurazione di Buddha, VIII secolo.

Dalla chiusura allo scontro con l'Occidente
Al contrario di quanto era avvenuto fino ad allora, le dinastie che dominarono il Paese tra il 1368 e il 1911, i **Ming** e i **Qing**, chiusero la Cina a qualsiasi contatto con il mondo esterno. Sin dal XIX secolo, però, le potenze europee cercarono con la forza delle armi di rompere l'isolamento, per crearvi basi commerciali. Sconfitti nella **Guerra dell'oppio** (1839-1842), i Cinesi furono costretti ad aprire i loro porti agli stranieri. La Gran Bretagna ottenne così la città di Hong Kong (restituita alla Cina solo nel 1997).

La fine dell'impero e la Lunga marcia
Nel **1911** l'antichissimo impero fu abbattuto da una **rivoluzione** guidata da Sun Yat-sen e sostituito da una repubblica fondata sui "tre principi del popolo": nazionalità, democrazia, benessere. La sua debolezza nei confronti delle potenze straniere, che stavano penetrando sempre più nel territorio, portò alla rinascita di **sentimenti nazionalisti**. Nacque così il **Partito nazionalista**, guidato da **Chiang Kai-shek**. Nel 1921 fu fondato il **Partito comunista**, ispirato al modello rivoluzionario della Russia. Dopo un'iniziale alleanza, tra comunisti e nazionalisti si scatenò una guerra civile. Nel 1934, accerchiati dai nazionalisti nel Sud e nell'Est del Paese, i comunisti furono costretti a rifugiarsi nelle inospitali regioni del Nord, affrontando a piedi un percorso di circa 12.500 km passato alla storia con il nome di **Lunga marcia**.

▼ La Grande Muraglia è una lunghissima serie di mura edificate a partire dal III secolo a.C. Doveva servire a contenere le incursioni dei popoli confinanti, in particolare dei Mongoli, ma non si rivelò molto efficace, perché gli invasori riuscivano spesso a sfruttare i punti deboli rappresentati dalle porte che, giocoforza, la muraglia doveva avere.

▼ Uno degli oltre 6000 guerrieri che compongono l'Esercito di terracotta.

◀ Un'elegante fibbia in bronzo e argento del III secolo a.C.

Le due Cine

Dopo una breve tregua, durante la quale la Cina subì l'invasione giapponese (1937) e i conseguenti massacri di soldati e civili nei quali persero la vita milioni di persone, la guerra tra nazionalisti e comunisti riprese e si concluse con la vittoria di questi ultimi, sotto la guida di **Mao Zedong** e grazie anche al sostegno dell'Unione Sovietica. Il 1° ottobre 1949 nacque la **Repubblica Popolare Cinese**; i nazionalisti, sconfitti, si ritirarono sull'isola di Taiwan e vi proclamarono la Repubblica della Cina Nazionale sotto la protezione degli Stati Uniti.

La Cina comunista

Il governo di **Mao Zedong** durò fino al 1976. I suoi primi provvedimenti furono la distribuzione di terra ai contadini e la nazionalizzazione di banche e industrie. In seguito la proprietà privata fu abolita, ogni attività economica statalizzata, gli oppositori duramente repressi o uccisi, in nome di ricorrenti campagne politiche come quella del **Grande balzo in avanti** che puntava all'autosufficienza economica del Paese. Nell'ottobre 1950 l'esercito invase il Tibet indipendente riaffermando la sua sovranità su quella che tra il 1799 e il 1911 era stata una provincia del celeste impero. Nel **1966** con la **Rivoluzione culturale** Mao rilanciò il proprio programma politico e inasprì i provvedimenti contro gli oppositori, confinati nei campi di lavoro e di rieducazione nelle campagne.

L'inarrestabile ascesa economica

Dopo la morte di Mao, nel 1976, il suo successore alla guida del partito **Deng Xiaoping** avviò delle riforme economiche, reintroducendo gradualmente la proprietà privata e una differenziazione degli stipendi, in modo da stimolare l'iniziativa personale. Con la creazione delle Zone economiche speciali (ZES) aprì agli investimenti stranieri, avviando un formidabile processo di **modernizzazione** e **industrializzazione** che agli inizi del XXI secolo ha trasformato la Cina in **una delle prime potenze economiche mondiali**.

La **libertà di espressione** rimase (e rimane) tuttavia fortemente **limitata**. L'esempio più eclatante fu la sanguinosa repressione di piazza Tienanmen nell'aprile 1989 (vedi pag. 186). Molti intellettuali, tra cui il Premio Nobel per la Pace 2010 Liu Xiaobo, continuano a denunciare il deficit democratico: la Cina è il Paese con il maggior numero di condannati a morte (in mancanza di cifre ufficiali, le stime vanno da alcune centinaia a 5000 esecuzioni all'anno), e le organizzazioni internazionali denunciano **violazioni dei diritti umani** nei confronti delle minoranze etniche e religiose e dei dissidenti politici. Scarsamente garantiti da tutele sono poi i **lavoratori**: lo Stato, ufficialmente, ne assicura i diritti, ma per gli **orari massacranti**, per le condizioni disumane e per l'enorme quantità annua di **morti bianche**, la Cina è stata a più riprese denunciata dalle organizzazioni umanitarie.

> **Morte bianca**
> Morte dovuta a un incidente sul lavoro, causato dal mancato rispetto delle norme di sicurezza. L'aggettivo "bianco" allude all'assenza di una persona direttamente responsabile dell'incidente.

▼ Manifesto propagandistico del tempo della Rivoluzione culturale.

▼ La città di Shanghai.

NOME COMPLETO Giappone
CAPITALE Tōkyō
FORMA DI GOVERNO Monarchia costituzionale
LINGUA Giapponese
SUPERFICIE 377.950 km²
POPOLAZIONE 127.799.000 abitanti (stima 2011)
DENSITÀ 338 ab/km²
FUSO ORARIO UTC +9
VALUTA Yen
UNITÀ DI MISURA DI LUNGHEZZA sistema metrico decimale
ISU (2011) 0,912 (10° posto)
Speranza di vita 83,1 anni
Istruzione media 11,6 anni
Popolazione urbana 67% (2011)
PREFISSO TEL. +81
SIGLA AUTOMOBILISTICA J
GUIDA AUTOMOBILISTICA a sinistra
INTERNET TLD .JP

La bandiera del Giappone, chiamata *Nisshōki* ("Bandiera del segno del sole") o *Hinomaru* ("Disco del sole"), rappresenta, su uno sfondo bianco, un grande disco rosso, che simboleggia il Sole. Il Giappone infatti è detto anche il Paese del Sol Levante e lo stesso imperatore, secondo la tradizione, discenderebbe dalla dea del Sole.
L'inno nazionale è *Kimi ga yo* ("Il regno dell'imperatore") il cui testo, leggermente modificato, riprende un'antichissima poesia giapponese. La musica risale invece al 1880.

▼ Katsushika Hokusai, *Il fiume Tama e il Monte Fuji.*

Lo skyline di Yokohama.

GIAPPONE

Territorio e ambiente   CINTURA DI FUOCO

La posizione e il clima

Il Giappone è un arcipelago di **oltre 3000 isole** disposte ad arco lungo la costa orientale dell'Asia, nell'Oceano Pacifico, tra la Russia e Taiwan. Le **quattro isole principali**, Hokkaidō, Honshū, Kyūshū, Shikoku, costituiscono da sole il 97% della superficie totale. La sua collocazione sulla cosiddetta "cintura di fuoco" che percorre ad arco il Pacifico lo rende una **zona a elevatissima sismicità**: frequenti sono infatti i **terremoti**, accompagnati da **maremoti** e **tsunami**; rilevante è la presenza di **vulcani** (circa 160).
Il clima è vario, sia per la notevole estensione in longitudine sia per la presenza di **monsoni** e **correnti marine**. In generale il versante rivolto all'Oceano Pacifico è più caldo di quello che guarda all'Asia. Nell'isola di **Hokkaidō** e nel nord dell'isola di **Honshū** gli **inverni** sono **rigidi** (–5 °C), con frequenti precipitazioni nevose, mentre le **isole del sud** hanno un **clima subtropicale**, con inverni caldi ed estati torride, caratterizzate dalla presenza di **tifoni**.

ALLA SCOPERTA DEL MONTE FUJI

Il Monte Fuji, chiamato rispettosamente Fujisan ("Signor Fuji") dai Giapponesi, è la cima più elevata dell'arcipelago (3776 m); è un vulcano o meglio uno stratovulcano, formatosi dalla sovrapposizione di strati di lava, cenere e detriti. È considerato ancora attivo, ma la sua ultima eruzione risale al XVIII secolo. Venerato come montagna sacra, è meta di pellegrini, ma anche di alpinisti. Gli antichi samurai vi si recavano in ritiro per allenarsi nella lotta, i monaci buddhisti per la preghiera. Inserito nella lista del Patrimonio Mondiale dell'Umanità dall'UNESCO nel 2013, è uno dei simboli tradizionali del Paese. Le immagini del suo profilo, onnipresente nell'arte giapponese, sono state diffuse in Occidente soprattutto grazie alla serie delle *36 vedute del Monte Fuji* dell'artista Hokusai (1760-1849).

▲ Il Monte Fuji.

▲ Una foresta di bambù.

Rilievi, pianure, coste e fiumi

Il Giappone è prevalentemente **montuoso**: i **rilievi** occupano circa il **75% del territorio**, segnando un arco che corre longitudinalmente lungo le quattro isole principali. Le vette più elevate, compresa la più alta in assoluto (il **Monte Fuji**, 3776 m), si situano sull'isola di Honshū. Qui è presente anche la pianura più estesa, Kantō, tra le baie di Ise e di Wakasa, e il fiume più lungo, lo Shinano (367 km). Le altre zone pianeggianti si collocano per lo più lungo la linea costiera, in prossimità degli sbocchi dei fiumi.

Questi hanno corsi brevi e assai ripidi a causa della presenza di rilievi: proprio per questo sono sfruttati per la produzione di energia elettrica. I laghi sono numerosi ma poco estesi, quasi tutti di origine vulcanica. Le coste si presentano meno articolate sul versante occidentale e più mosse e frastagliate, ricche di golfi, promontori e insenature, sul lato rivolto all'Oceano Pacifico, in conseguenza dell'azione erosiva delle maree e delle tempeste.

> **Tsunami**
> Termine giapponese che letteralmente significa "onda contro il porto", oggi usato come sinonimo di maremoto, ovvero di un violento spostamento delle acque marine provocato da un terremoto in prossimità della costa o sul fondale oceanico. Si manifesta con onde alte oltre 20 m, capaci di travolgere la costa e di sommergere ampie superfici dell'entroterra.

FRA TRADIZIONE E MODERNITÀ

Il Giappone appare un Paese profondamente contraddittorio: legato da un lato a tradizioni secolari e proiettato dall'altro verso il futuro dell'innovazione e della tecnologia più avanzate. Gli aspetti più legati alle tradizioni millenarie e ancora oggi in uso sono la cerimonia del tè (*Cha no yu*), le feste celebrate presso gli antichissimi templi buddhisti, l'uso del kimono (abito tradizionale femminile) e dei sandali, i giardini zen. Assolutamente futuristiche sono invece le città con i loro grattacieli, le ferrovie sospese sul mare o sottomarine, le isole artificiali, i ponti avveniristici.

▶ La cerimonia del tè.

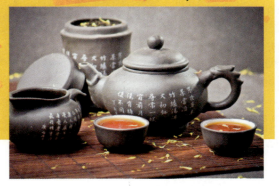

▣ LAVORA SUL TESTO

1. Perché in Giappone sono frequenti i terremoti?
2. Indica le caratteristiche climatiche e le cause della grande varietà di biomi del Paese.
3. Sottolinea le caratteristiche delle coste.

▣ LAVORA SUL LESSICO

4. Che cosa significa il termine *tsunami*?

Estremo Oriente

geostoria
HIROSHIMA E NAGASAKI, CITTÀ MARTIRI DELLE BOMBE ATOMICHE

Il cielo era terso sulla città, la mattina del **6 agosto del 1945**, e il bombardiere americano partito sei ore prima dalla base di Tinian, nelle isole Marianne, aveva una visione perfetta del bersaglio scelto per il primo bombardamento atomico di una città: il ponte Aioi, situato più o meno al centro di Hiroshima e facilmente riconoscibile dall'alto per la sua caratteristica forma a T. Alle 8.15, ora locale, **la bomba esplose sulla città** a un'altitudine di 580 m, sprigionando tutto il devastante effetto della reazione atomica, migliaia di volte più distruttiva di un comune esplosivo.

La città e i suoi abitanti furono investiti prima da un **lampo accecante**, poi dal **calore** e da un'**onda d'urto** in grado di distruggere ogni cosa nel raggio di chilometri e chilometri, mentre le radiazioni contaminavano l'intera area.

Hiroshima aveva poco meno di 300.000 abitanti: 90.000 morirono all'istante; molti altri nei giorni, mesi e anni successivi per effetto delle radiazioni. Tre giorni dopo la stessa sorte toccò alla città di **Nagasaki**, che contò oltre 80.000 vittime su una popolazione complessiva di circa 260.000 abitanti. Attraverso quali vicende si giunse a sganciare la bomba? E perché furono colpite proprio quelle due città?

La decisione

Nell'estate del **1945 la guerra in Europa era finita**, con la sconfitta dei fascisti italiani e la resa senza condizioni della Germania. Nel Pacifico, invece, il Giappone resisteva ancora. Un anno prima, nel 1944, i *marines* americani avevano riconquistato le isole Marianne, a 2500 km di distanza dalle coste nipponiche, di fondamentale importanza strategica.

Dalle basi di Tinian, Guam e Saipan, situate sull'arcipelago, i giganteschi bombardieri B29, chiamati le "superfortezze volanti", potevano infatti raggiungere le principali città del Giappone, sottoporle a bombardamenti e fare ritorno agli aeroporti di partenza, al sicuro da eventuali attacchi nemici. Tra la fine del 1944 e il 1945 **gli attacchi si fecero sempre più intensi**: gli Stati Uniti volevano la resa del Giappone senza dover ricorrere a un'invasione che, secondo i calcoli, avrebbe causato fino a un milione di vittime. Per questo, quasi tutte le città dell'Impero del Sol Levante furono colpite da **bombardamenti a tappeto**, a iniziare dalla capitale: nella sola notte tra il 9 e il 10 marzo 1945 Tōkyō subì un violentissimo attacco.

Tuttavia il governo giapponese non aveva intenzione di arrendersi.

▲ Il disegno di un sopravvissuto all'esplosione di Hiroshima.

▼ Hiroshima rasa al suolo dopo l'esplosione atomica.

6 agosto 1945: la bomba su Hiroshima

Tra le poche città che non subirono attacchi, oltre alla capitale storica Kyōto, c'era **Hiroshima**.
La città, con i suoi 300.000 abitanti, era stata fino ad allora risparmiata perché i comandi statunitensi volevano disporre di un luogo ancora intatto per sperimentare l'effettiva potenza distruttiva della bomba atomica.
La città era la **prima nella lista degli obiettivi potenziali** perché, tragicamente, aveva una serie di caratteristiche geostrategiche ritenute fondamentali:
- la grandezza, con un diametro del centro urbano di almeno 5 km, ideale per sfruttare appieno la potenza della bomba atomica;
- una popolazione numerosa;
- importanti e significative installazioni militari.

Hiroshima aveva anche la particolarità di essere composta prevalentemente da **edifici in legno** (sia abitazioni sia capannoni industriali), quindi facilmente infiammabili, e di sorgere alle spalle di una collina, che avrebbe aumentato i danni dell'esplosione impedendo l'espansione della gigantesca onda d'urto generata dalla reazione atomica. Ecco perché venne **scelta come bersaglio**.

9 agosto 1945: è la volta di Nagasaki

Nagasaki fu ancora più sfortunata: l'obiettivo predestinato era un altro, ma le condizioni di visibilità erano sfavorevoli e l'aereo con la bomba all'ultimo momento deviò sul secondo bersaglio per importanza: il **porto di Nagasaki** con le sue **fabbriche di armi**.
Ancora oggi storici e studiosi discutono sull'opportunità militare di quel bombardamento: i sostenitori della bomba fanno notare che permise di evitare la morte di diverse centinaia di migliaia di soldati da entrambe le parti e di altrettanti civili giapponesi.
Gli oppositori, anche quelli che non contestano questi dati, mettono in dubbio la moralità di una simile strage e l'uso delle armi atomiche.
I **Giapponesi celebrano ogni anno la ricorrenza di quell'evento**, per ricordare il dolore subito e per rinnovare di fronte al mondo l'appello a fare di tutto perché questo non si ripeta.

▼ Il fungo atomico su Nagasaki, 9 agosto 1945.

▲ Hiroshima, il Memoriale della pace. Di questo edificio, che ospitava la fiera della città, dopo l'esplosione della bomba è rimasto il rudere: i Giapponesi lo hanno conservato nelle stesse condizioni, come monito contro la guerra. Dal 1996 è incluso tra i luoghi Patrimonio dell'Umanità dell'UNESCO.

▲ La statua di Buddha nel Tempio di Nara, pagoda Tōdai-ji. Il Grande Buddha (*Daibutsu*) di Nara è una statua in bronzo dorato alta 15 m per 500 tonnellate di peso, che risale al 752.

▲ Il quartiere di Shinjuku, a Tokyo.

Popolazione e società

La popolazione

Il Giappone è tra i primi Paesi al mondo per **densità demografica**: su una superficie totale di poco superiore a quella italiana (377.950 km²) vive un numero di abitanti più che doppio rispetto all'Italia (127.799.000); la densità media è di 338 ab/km². La popolazione non è distribuita in maniera uniforme, ma si concentra maggiormente nelle aree temperate e subtropicali: si va dai 450 ab/km² dell'isola di Honshū, ai circa 70 di Hokkaidō. Più di un terzo risiede nella **Grande area di Tōkyō**, l'area metropolitana **più abitata al mondo** (37 milioni di individui, con una densità di circa 2600 ab/km²) e che comprende anche Yokohama e Kawasaki.

I Giapponesi hanno una **speranza di vita altissima** (83 anni), ma anche l'età media più elevata al mondo (45 anni), il che rende la **popolazione la più vecchia di tutto il pianeta**. Il tasso di fecondità è per contro tra i più bassi (1,4 figli per donna) e non è compensato neppure da fenomeni di immigrazione, per cui la popolazione tra il 2005 e il 2010 ha fatto registrare una **contrazione** dello 0,07%, e per i prossimi decenni si prevede un **decremento** ancora più rapido con **conseguenze sociali** ed **economiche**.

La cultura, la lingua e la religione

La popolazione è molto **omogenea** dal punto di vista etnico e linguistico: il 98,4% è infatti **giapponese**, gli stranieri residenti sono poco più dell'1,5% e provengono per lo più dalla Corea del Sud e dalla Cina.
L'unico **gruppo etnico e linguistico** distinto è quello degli **Ainu**, che conta circa 25.000 persone ed è concentrato sull'isola di Hokkaidō e sulle isole Curili. La **lingua** ufficiale è il **giapponese**, mentre l'**inglese** è molto diffuso per i rapporti di affari.
Anche per quanto riguarda la **religione** si riscontra una grande omogeneità: accanto allo shintoismo, radicato in Giappone sin da epoche remote, si pratica il buddhismo, senza che tra le due forme di culto sia avvertita alcuna incompatibilità o contraddizione. **Shintoismo** e **buddhismo** insieme rappresentano il 90,4% dei culti praticati, mentre il **cristianesimo** conta solo l'1,7% dei fedeli, seguito da altre religioni minoritarie.

Le città

La maggior parte delle città con oltre 1 milione di abitanti è situata nell'isola di Honshū, lungo la costa orientale. La **capitale**, **Tōkyō**, quasi completamente ricostruita in seguito a un **terremoto** nel 1923, è una città modernissima, ricca

LO SHINTOISMO

Lo **shintō** ("la via degli dei") è una forma di politeismo naturale, che vede una forza divina, i **Kami**, nascosta in ogni fenomeno naturale, cosa, essere o persona. È la religione tradizionale del Giappone, in cui ha grande rilievo anche il culto degli antenati. In passato lo shintoismo ha fornito la base religiosa della sacralità della dinastia imperiale, che si ricollegava al Sole quale forza divina superiore alle altre (il concetto di divinità del sovrano è oggi abbandonato), e ha ispirato il nazionalismo nipponico, in quanto religione originaria ed esclusiva del Paese.

◀ La pagoda di Kiyomizu-Dera a Kyōto.

▲ Veduta della città di Yokohama.

▲ Il moderno e superveloce "treno proiettile".

Ainu
Gruppo etnico originario dell'arcipelago giapponese, ritiratosi nelle isole settentrionali all'arrivo dei Mongoli provenienti dalla Corea. Da sempre discriminati, sono stati riconosciuti ufficialmente dal parlamento giapponese come minoranza etnica solo nel 2008.

di grattacieli edificati in base a rigorosissime norme antisismiche. È il principale centro industriale, commerciale e culturale e da sola conta oltre 13 milioni di abitanti; con le città confinanti, **Kawasaki** e **Yokohama**, nella pianura di Kantō, forma una gigantesca area metropolitana, la più vasta al mondo. L'antica capitale (fino al 1868) **Kyōto** con le città di **Ōsaka** e **Kōbe** forma la seconda gigantesca **conurbazione** (oltre 17 milioni di abitanti): qui si concentra il 30% delle industrie nipponiche. Altro centro densamente abitato sull'isola di Honshū è **Nagoya**, sede delle principali industrie automobilistiche (Toyota, Mitsubishi), aerospaziali e della robotica.
La principale città dell'isola di Hokkaidō è invece **Sapporo**, importante polo dei servizi e del turismo: è una meta assai frequentata per gli sport invernali e per i viaggi estivi.
Sull'isola di Kyūshū sorgono infine le città di **Fukuoka** e **Kitakyūshū**, che formano la quarta conurbazione per dimensioni.

I trasporti

Sin dal 1988 l'arcipelago è stato trasformato in una sorta di terra unica, grazie a un sistema di ponti, viadotti e tunnel sottomarini che collegano tra loro le principali isole. Una rete di **trasporti ad altissimo livello** è d'altronde una necessità per un Paese caratterizzato da un elevatissimo tasso di **pendolarismo**.
A questo scopo è stata realizzata una delle più efficienti **ferrovie** al mondo, che collega le quattro isole principali con treni ad altissima velocità, come lo *Shinkansen*, il "treno proiettile" che raggiunge i 400 km/h. Anche le **metropolitane** urbane sono molto ramificate e funzionali. Le merci sono invece trasportate via mare, attraverso una **struttura portuaria** di circa un migliaio di scali.

L'organizzazione dello Stato

Il Giappone è una **monarchia costituzionale** ereditaria, in cui l'imperatore ha funzioni unicamente rappresentative, ma agli occhi dei Giapponesi è il simbolo dell'unità nazionale. Il potere legislativo è esercitato dalla **Dieta nazionale**, composta da due camere; l'esecutivo da un governo guidato da un primo ministro. Dopo la sconfitta nella Seconda guerra mondiale, il Giappone ha adottato una linea pacifista: l'articolo 9 della sua Costituzione, approvata nel 1947, non solo condanna gli atti di aggressione militare, ma prevede la rinuncia alla costituzione di un esercito autonomo. Ufficialmente non dispone dunque di forze armate, ma solo di una forza di autodifesa, che tuttavia con il tempo è diventata sempre più simile a un esercito nazionale.

RISPONDI

1. Qual è l'area più abitata del mondo? Perché ha una densità demografica così alta?
2. Quali sono le religioni più diffuse?
3. Da quali città è composta la più vasta conurbazione del mondo?
4. Che cosa è lo *Shinkansen*?
5. Qual è la forma dello Stato giapponese?

▲ Una fabbrica Toyota, la multinazionale giapponese che produce autoveicoli.

▲ Coltivazioni di tè nell'isola di Honshū; sullo sfondo si scorge la vetta innevata del Monte Fuji.

OCCUPATI NEI TRE SETTORI
- Primario: 3,6
- Secondario: 25,0
- Terziario: 71,4

Economia

Uno sguardo generale

Fino al 2009 il Giappone era secondo solo agli USA sul piano economico internazionale; in seguito le conseguenze della crisi finanziaria mondiale del 2008 lo hanno travolto, determinando il sorpasso da parte della Cina. A causa della **bassa natalità** e delle **limitazioni poste all'immigrazione**, non si prevede in futuro una rapida ripresa, per la quale sarebbe necessario un considerevole aumento della forza lavoro. Inoltre il **debito pubblico** supera attualmente il 200% del PIL, ed è il **più alto al mondo**. Nonostante questi problemi rimane uno dei Paesi con il più alto PIL pro capite, anche per il suo **primato** nel campo dell'**innovazione tecnologica**, grazie agli ingenti investimenti nei settori della **ricerca** e dello **sviluppo**.

Risorse energetiche

Quanto alle risorse energetiche è quasi completamente dipendente dalle **importazioni**: i giacimenti di carbone sono ormai in via di esaurimento e sempre meno sfruttati, mentre i giacimenti di petrolio e di gas naturale non riescono a coprire che una minima parte del fabbisogno di un Paese che è al terzo posto al mondo per consumo di petrolio, dopo Cina e USA. Per ridurre la dipendenza energetica dall'estero il Giappone ha potenziato la **produzione di energia nucleare**. Attualmente i **50 reattori** nipponici producono circa un quarto dell'energia necessaria. Tuttavia dopo i danni causati alla **centrale di Fukushima** dal sisma del 2011 (vedi pag. 200), con la fuoriuscita di sostanze radioattive, si è aperto un dibattito sulla sicurezza e l'opportunità di incrementare la produzione di energia nucleare.

Settore primario

Anche per quanto riguarda la produzione alimentare non risulta autosufficiente, nonostante l'impiego di **tecniche agronomiche avanzate**: la **superficie coltivabile** è infatti molto **limitata**. Circa il 68% del suolo è occupato da foreste, dalle quali si ricava pregiato legname. La coltura principale è il **riso** (la base dell'alimentazione, cui viene riservata la metà del suolo coltivato), seguito da frumento, soia, patata e patata dolce. Il **tè**, la bevanda nazionale, è coltivato sui pendii montuosi delle isole meridionali. L'**allevamento** di **bovini** e **suini** è in forte crescita, soprattutto nell'area di Kōbe, quello di **bachi da seta** risulta fondamentale per l'industria tessile. Per quanto riguarda la **pesca** è ai primi posti nel mondo per quantità di pescato; un ambito controverso è quello della caccia alle balene (vedi box alla pagina seguente).

Settore secondario

Il Giappone è uno dei Paesi più industrializzati al mondo. Oltre ai comparti tradizionali della siderurgia, della metallurgia, della chimica, della meccanica, i settori di punta sono la **meccanica di precisione**, l'**elettronica**, la **microelettronica** e l'**informatica**. È infatti leader, oltre che nella produzione di auto, anche in quella di **computer**, **prodotti elettronici** e della **robotica**. Questi prodotti rappresentano le voci principali della bilancia delle **esportazioni**.

LA CACCIA ALLE BALENE

La tradizione culinaria nipponica prevede nel suo menù piatti a base di carne di balena: tra gli anni Cinquanta e Sessanta del Novecento questa era la fonte primaria di proteine. In seguito, con la diffusione dell'allevamento di suini e bovini e una più stretta regolamentazione internazionale sulla caccia ai cetacei, la carne di balena è diventata un prodotto di nicchia. Nel 1986 la Commissione internazionale per la caccia alle balene ha vietato questa pratica a fini commerciali, consentendola solo a scopi di ricerca. Tuttavia con questo pretesto il Giappone, insieme a Islanda e Norvegia, ha continuato a uccidere balene. Molte proteste si sono levate da parte delle organizzazioni animaliste, che lamentano una catastrofica riduzione del numero di cetacei nei mari del Sud. Addirittura l'Australia nel 2010 ha presentato ricorso alla Corte internazionale di giustizia, accusando il Giappone di danneggiare i suoi interessi economici nel Mare Antartico: il turismo legato all'osservazione delle balene porta infatti allo Stato australiano entrate pari a circa 300 milioni di dollari all'anno. Una ricerca tuttavia mostra che gli stessi Giapponesi sono diventati sensibili al problema. La carne di balena rimane invenduta: nel 2011 circa tre quarti del totale sono rimasti sui banchi dei supermercati.

▲ Una balena nel Mar del Giappone.

Settore terziario

Le principali attività del terziario riguardano la **finanza** (la Borsa di Tōkyō è la più importante in Asia e la terza al mondo per volume di scambi dopo New York e Londra), i **trasporti**, le **telecomunicazioni** e il **commercio**.
I primi partner commerciali per le esportazioni sono Cina e Stati Uniti, seguiti dalla Corea del Sud, mentre per le importazioni la Cina detiene il primato assoluto.
Nonostante il coinvolgimento economico, i rapporti tra questi due Paesi sono ambigui: le tensioni nascono dalla rivendicazione da parte di entrambi della sovranità sulle isole Senkaku-Diaoyu, nel Mar Cinese Orientale, in cui sono state individuate ingenti riserve di idrocarburi.
Nei confronti degli Stati Uniti, che hanno occupato il Paese tra il 1945 e il 1952 e lo hanno avviato verso un modello economico e culturale di tipo occidentale, il Giappone ha invece rivendicato nel tempo un grado sempre maggiore di indipendenza.

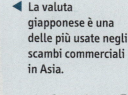
◄ La valuta giapponese è una delle più usate negli scambi commerciali in Asia.

IL GIAPPONE E LA TUTELA AMBIENTALE

A Kyōto si è tenuto nel 1997 l'incontro delle maggiori potenze mondiali che hanno varato una serie di misure per la riduzione delle emissioni di gas serra, dando origine al Protocollo di Kyōto.
Nonostante gli impegni assunti, il Giappone, come molti altri Stati, non è riuscito a raggiungere gli obiettivi prefissati: se si considerano le emissioni di CO_2, osservando i dati assoluti, con oltre un miliardo di tonnellate emesse ogni anno, il Giappone risulta il quinto produttore di anidride carbonica al mondo.
A ciò contribuisce la larghissima diffusione di automobili in una delle nazioni con la più alta densità di popolazione al mondo.

LAVORA SUL TESTO

1. Sottolinea gli aspetti negativi e quelli positivi dell'economia giapponese.
2. Evidenzia nel testo quali sono le colture e le attività principali nel settore primario.

RISPONDI

3. Quale nazione asiatica ha sorpassato il Giappone sul piano economico? Quando e perché?

Estremo Oriente

Cittadinanza — Rischi e vantaggi del nucleare: il caso Fukushima

L'impulso del nucleare

Stando ai dati della International Energy Agency (IEA, Agenzia Internazionale dell'Energia), **il Giappone è il terzo Paese al mondo per numero di impianti nucleari attivi** (50), dopo Stati Uniti (100) e Francia (58).
Relativamente povero di risorse energetiche rispetto agli elevati consumi richiesti dal suo imponente apparato industriale, il Paese deve ricorrere alle importazioni per l'84% del proprio fabbisogno energetico. Sin dal 1966, per cercare di emanciparsi dalla dipendenza dall'estero e diversificare le fonti energetiche, il Giappone ha avviato un programma di sfruttamento dell'energia nucleare. Nel 2010 le centrali nipponiche fornivano circa il **25% dell'energia elettrica**: avevano permesso cioè di ridurre le importazioni di petrolio del 25% rispetto a quindici anni prima, nonostante la crescita della produzione industriale e della domanda di energia.
Per questo il governo di Tōkyō aveva programmato la costruzione di altri 14 reattori entro il 2030, con l'obiettivo di arrivare a coprire circa il 50% del fabbisogno totale.

Il terremoto del 2011

Nel 2011 però qualcosa è cambiato. Il **terremoto** di magnitudo 9,1 dell'11 marzo, e il conseguente *tsunami* che ha investito la costa nord-orientale con onde alte oltre 10 metri e una velocità di circa 750 km/h, hanno provocato un **incidente nucleare di proporzioni incalcolabili**: quattro dei sei reattori della **centrale di Fukushima Daiichi** sono stati gravemente danneggiati, provocando una fuoriuscita di materiali radioattivi. L'area circostante è stata pesantemente contaminata: le autorità locali hanno ordinato di evacuare la zona nel raggio di 30 km dalla centrale e più di 180.000 persone hanno dovuto abbandonare le loro case. A seguito del disastro ambientale, le cui conseguenze continuano a manifestarsi, l'incidente di Fukushima ha riaperto il dibattito a livello internazionale sulla sicurezza degli impianti nucleari e sul rapporto tra **vantaggi e svantaggi dell'energia atomica**. Tra i principali problemi lasciati aperti dall'utilizzo di questo tipo di fonte energetica infatti vi sono le terribili **conseguenze sull'ambiente e sull'uomo in caso di incidente** (come è stato ampiamente dimostrato anche a Chernobyl nel 1986), il rischio connesso al trasporto di materiali radioattivi e la difficoltà di **smaltire le scorie**, che rilasciano radioattività per tempi lunghissimi, nell'ordine di migliaia di anni. D'altronde i sostenitori dell'energia nucleare ne rivendicano lo status di **energia "pulita"**, perché non provoca emissioni di anidride carbonica e gas serra, e ricordano che permette di raggiungere una certa autonomia nella produzione dell'energia elettrica, senza dover dipendere dalle fluttuazioni del mercato del greggio. Le centrali nucleari hanno altissimi costi iniziali e di manutenzione degli impianti, ma poi producono energia a ciclo continuo per 40-60 anni e la ricerca sta facendo passi da gigante nel perfezionare impianti di nuova generazione, più sicuri e con una produzione di scorie notevolmente inferiore. Così, due anni dopo il disastro di Fukushima, 44 nazioni, tra cui 18 che in precedenza non avevano impianti, prevedono di potenziare la produzione di energia da centrali atomiche, costruendo 61 nuovi impianti entro il 2030. Segno che la fiducia nella tecnologia supera la paura di incidenti.

▲ La fuga di gas dal reattore 3 della centrale di Fukushima Daiichi.

▼ Impianti nucleari in Giappone.

Attività

- Svolgi una ricerca sul terremoto che ha devastato il Giappone nel 2011, sullo *tsunami* che ne è seguito e sulle sue conseguenze sugli impianti nucleari del Paese.

- Estendi la tua ricerca all'anno 2013, quando le fuoriuscite di acqua radioattiva dalla centrale hanno di nuovo tenuto i Giapponesi con il fiato sospeso. Che cosa è successo? Quali contromisure sono state prese?

IN VIAGGIO con i fumetti

I MANGA

I manga, che all'estero si identificano con uno stile particolare di fumetto giapponese, nel Paese del Sol Levante indicano ogni genere di *cartoon*. La loro storia è un eccezionale esempio di scambio, continuo e vicendevole, tra la cultura nipponica e quella occidentale, in particolare statunitense.

Il fumetto fu infatti introdotto in Giappone dagli Americani a metà dell'Ottocento e fu immediatamente imitato. Per definirlo fu utilizzato il termine adottato dall'artista **Hokusai** per designare le proprie libere creazioni: manga, cioè **"immagini capricciose"**.

In seguito gli stessi fumetti e i cartoni animati occidentali hanno assunto caratteristiche tipiche dei manga, creando una sorta di contaminazione.

I manga prendono nomi diversi a seconda del destinatario, dei protagonisti o del contenuto: *shōnen manga* per ragazzi, *shōjo manga* per ragazze, *seinen* destinati a un pubblico più adulto, *jidaimono* racconti storici ambientati nel Giappone medievale, *kodomo* con temi che si rivolgono ai bambini.

Esistono manga incentrati sullo sport (baseball, calcio, wrestling, pallavolo, golf ecc.), sulla fantascienza, sui robot, sugli alieni, sui fantasmi, sui ladri celebri ecc.; altri sono dedicati al mondo del lavoro, con protagonisti che svolgono normali professioni.

Molti elementi delle trame **riflettono la psicologia, le tradizioni e le abitudini dei Giapponesi**: in quasi ogni storia emerge la volontà di affermarsi contrapposta alla "vergogna" di non avercela fatta. A volte la volontà di riuscire è collettiva e i protagonisti uniscono le loro forze per ottenere il successo (proprio come si educa a fare nelle aziende nipponiche), così le singole persone creano un gruppo e diventano invincibili. Solidarietà, lealtà e rispetto sono infatti valori fondamentali per i Giapponesi, mentre l'egoismo è considerato il peggior difetto.

▲ I manga fanno parte della cultura giovanile giapponese. Nell'immagine, un'affollata strada di Shibuya, uno dei quartieri più amati dai giovani.

▼ Katsushika Hokusai, *La grande onda di Kanagawa*.

Inoltre i manga hanno **legami con l'arte e il teatro tradizionale**: quando un personaggio si arrabbia, grida o si trova in una situazione imbarazzante, cambia spesso dimensione e proporzioni, così come negli spettacoli teatrali tradizionali le emozioni dei protagonisti erano sottolineate dall'uso di maschere grottesche. Leggere i manga, oggi assai diffusi anche in Italia, rappresenta dunque un modo per entrare in contatto con questo Paese, a partire dall'impaginazione dei fumetti, che nelle edizioni più rigorose segue un ordine inconsueto per un lettore occidentale, dall'alto verso il basso e da destra verso sinistra, sul modello di scrittura tradizionale del giapponese.

◄ Le copertine di due *shōjo manga*, i manga per ragazze.

Estremo Oriente

laboratorio — CINA IRRESPIRABILE: SHANGHAI CHIUDE PER INQUINAMENTO

La Cina non è solo il Paese più popoloso del mondo: grazie all'impressionante crescita degli ultimi vent'anni, è diventata anche la seconda potenza economica mondiale, dietro solo agli Stati Uniti.

Per molti aspetti, però, non si è trattato di una crescita equilibrata, tutt'altro: innanzitutto permangono fortissimi squilibri nella distribuzione della ricchezza; inoltre, il Paese sta pagando un prezzo altissimo in termini di inquinamento. Oggi, infatti, la Cina è lo Stato più inquinato al mondo: l'aria delle metropoli è irrespirabile e l'acqua dei fiumi raggiunge picchi di inquinamento paurosi. Oggi il governo cinese cerca di correre ai ripari, ma l'inversione della rotta richiederà molti anni: un sistema produttivo, per giunta gigantesco come quello cinese, non si può cambiare da un giorno all'altro.

Aria pesante in Cina, e non è né una metafora né un modo di dire. Dopo l'annuncio relativo a Pechino, anche la metropoli di Shanghai, che con i suoi circa 20 milioni di abitanti è una delle più grandi città del mondo, rischia di chiudere per l'inquinamento atmosferico. Shanghai non è una qualsiasi megalopoli cinese: è la capitale economica della Cina, la città più occidentale e la più moderna con i suoi nuovissimi grattacieli e i suoi locali alla moda dove scorrono fiumi di denaro. Una città vetrina delle potenzialità di un sistema politico ed economico contraddittorio, ma comunque in crescita impressionante. Ed è quindi particolarmente spiacevole dover adottare proprio qui misure di emergenza che testimoniano la gravità della situazione per la salute pubblica. Ma tant'è. Venerdì il governo di Shanghai ha annunciato che, qualora la qualità dell'aria in città continuasse a peggiorare e sfondasse il limite mai raggiunto di quota 300 nell'indice di qualità dell'aria (AQI), sarà necessario chiudere le scuole, le fabbriche e i cantieri: è praticamente l'annuncio di una paralisi generale.

Da tener presente che in molti Paesi il livello di allarme è fissato a quota 20. Il capitolo delle misure da prendere per cercare di contrastare un inquinamento killer che fa impennare l'incidenza di malattie respiratorie e cardiache è affidato, in perfetto stile maoista, a un piano quinquennale. Quello in vigore prevede che a Shanghai debba essere ridotta di un quinto entro il 2017 la densità nell'atmosfera delle particelle inquinanti di diametro inferiore a 2,5 micrometri (un micrometro equivale a un milionesimo di metro), polveri sottili tra le più pericolose, perché in grado di penetrare nei polmoni. Per incoraggiare l'impiego di automobili elettriche, inoltre, verranno installate cinquemila apposite stazioni di ricarica. 46 km² di nuove aree verdi contribuiranno a rendere più respirabile l'aria in città e al tempo stesso si cercherà con nuove leggi di incoraggiare la costruzione di edifici ecocompatibili. Ma ci vorranno decenni per invertire la tendenza. La città dall'aria più irrespirabile della Repubblica Popolare Cinese è Shijazhuang, con uno spaventevole AQI di 217, ma anche Baoding, con 190, non scherza. Pechino si ferma a 119, il che ne fa la quattordicesima città più impestata del Paese. La stampa denuncia ampiamente la gravità della situazione, ma forse più dei dati fanno impressione le fotografie pubblicate, che mostrano città immerse in nebbie nerastre che il Sole non riesce a penetrare e camini che vomitano fumi di carbone densi e nerissimi.

(Da Roberto Fabbri, in www.ilgiornale.it, 20 ottobre 2013, rid. e adatt.)

▲ Sono sempre più numerosi gli abitanti di Pechino che indossano una mascherina per proteggersi dall'inquinamento.

▲ Inquinamento industriale nella contea di Yutian.

ATTIVITÀ

1. Dopo aver letto attentamente il brano, rispondi alle seguenti domande, segnando con una crocetta la risposta corretta.

a. Shanghai rischia "di chiudere per l'inquinamento atmosferico" significa che:
- ☐ forse tutti gli abitanti dovranno abbandonare presto la metropoli
- ☐ il governo sta pensando di fermare molte attività
- ☐ molti abitanti stanno lasciando in fretta la città
- ☐ Shanghai sta diventando una "città fantasma"

b. Che cosa significa "megalopoli"?
- ☐ Una città molto moderna
- ☐ Un'area molto vasta e urbanizzata
- ☐ Una città con oltre 1 milione di abitanti
- ☐ Una zona fortemente industrializzata

c. In relazione ai valori indicati nel testo, il piano attualmente in vigore per ridurre l'inquinamento:
- ☐ porterà l'indice di qualità dell'aria a valori accettabili e non pericolosi per la salute
- ☐ sarà un passo avanti, ma insufficiente rispetto alla gravità del problema
- ☐ risolverà definitivamente il problema dell'inquinamento atmosferico
- ☐ renderà Shanghai una delle città meno inquinate della Cina

d. Il governo di Shanghai si sta impegnando per risolvere il problema dell'inquinamento?
- ☐ No
- ☐ No, e non intende fare nulla
- ☐ Sì, e ormai ha quasi risolto il problema
- ☐ Sì, ma ci vorranno molti anni per risolvere il problema

Verifica interattiva

LAVORIAMO SULL'INQUINAMENTO

L'inquinamento non è un problema solo cinese. Tutto il mondo moderno deve affrontare (e si spera risolvere) le importanti questioni ambientali che esso pone.

2. Divisi in quattro gruppi, svolgete una ricerca sui temi dell'inquinamento atmosferico.

- Nell'aria di alcune città della Cina si registrano le maggiori concentrazioni di particelle inquinanti al mondo. I picchi possono essere addirittura molto più alti di quelli riportati nell'articolo, perfino inimmaginabili in Italia. A quali valori massimi si sono spinti nelle metropoli più inquinate? Aiutandosi con Internet, un gruppo proverà a rispondere a questa domanda.
- Quello dell'inquinamento atmosferico è un problema che attanaglia molti Stati, ma oggi è particolarmente accentuato nei Paesi in via di sviluppo. Per quali motivi? Un gruppo svolgerà un'indagine al riguardo e porterà qualche altro esempio di Paesi (e relative metropoli), oltre alla Cina, in cui l'inquinamento dell'aria è a livelli altissimi.
- Anche in Italia esiste il problema dell'inquinamento causato dalle polveri sottili, sebbene sia molto meno grave rispetto alla Cina. Un gruppo approfondirà questo argomento e risponderà alle seguenti domande: qual è l'area del Paese in cui questo fenomeno è più rilevante? Si manifesta in modo omogeneo durante l'anno, oppure soprattutto in una stagione? Nel secondo caso, si proverà a spiegarne brevemente le ragioni.
- Per indicare l'inquinamento da polveri sottili si utilizzano diverse sigle: il testo fa riferimento all'AQI (in inglese, Air Quality Index), mentre in Italia i mass media ricorrono spesso ad acronimi come PM10 e PM2,5. Un gruppo approfondirà il significato di queste sigle.

◀ Una via di Pechino immersa nello smog.

Estremo Oriente 203

AFRICA

I PRIMATI DEL CONTINENTE

- **Il monte più alto**: il **Kilimangiaro** (5895 m), in Kenya.
- **L'isola più grande**: il **Madagascar** (587.000 km²).
- **Il deserto più esteso**: il **Sahara** (circa 9 milioni di km²) che è anche il più vasto del mondo.
- **Il lago più vasto**: il **Vittoria** (68.100 km²), suddiviso tra Kenya, Tanzania e Uganda.
- **Il fiume più lungo**: il **Nilo** (6671 km), che si forma dall'unione del Nilo Azzurro (che nasce dal Lago Tana in Etiopia) e del Nilo Bianco (che nasce dal Lago Vittoria nei pressi di Jinja in Uganda). Dalle sorgenti alla foce il Nilo attraversa sette Stati (Burundi, Ruanda, Tanzania, Uganda, Sudan del Sud, Sudan, Egitto) e sfocia nel Mar Mediterraneo.
- **Il punto più meridionale**: Capo Agulhas, a sud del Capo di Buona Speranza, in Sudafrica. È il luogo in cui si incontrano le acque dell'Oceano Atlantico e dell'Oceano Indiano.

Territorio e ambiente

La posizione

L'Africa si estende a cavallo dei Tropici e dell'Equatore fra le latitudini 37°21' N e 34°51' S. È divisa dall'Asia a nord-est dal **Canale** artificiale **di Suez** (225 m di larghezza), dal **Mar Rosso** e dallo **Stretto di Bab el-Mandeb** (27 km), mentre il **Mar Mediterraneo** e lo **Stretto di Gibilterra** la separano a nord dall'Europa. Si affaccia a ovest sull'**Oceano Atlantico** e a est sull'**Oceano Indiano**, le cui acque si incontrano a sud del continente, presso il Capo Agulhas.

Tre grandi regioni

Seguendo le linee dei paralleli fondamentali, possiamo dividere il continente in tre grandi regioni:
- l'**Africa settentrionale o mediterranea**, fra il Tropico del Cancro e il Mar Mediterraneo (di cui abbiamo già parlato nel vol. 2);
- l'**Africa centrale**, che comprende gli Stati a cavallo dell'Equatore, fra il Tropico del Cancro e il bacino fluviale del Congo;
- l'**Africa meridionale**, con gli Stati a sud del bacino fluviale del Congo e l'isola di Madagascar.

Il clima

La posizione del continente determina un **clima** in prevalenza **caldo**, con poche eccezioni rappresentate dai rilievi più elevati della regione orientale, sulle cui cime si trovano le nevi perenni. Per il resto possiamo individuare:
- due fasce a clima **mediterraneo**, collocate lungo le **coste settentrionali** affacciate sul Mediterraneo e lungo le **coste meridionali** intorno al Capo di Buona Speranza, con inverni miti e umidi ed estati calde e secche;
- due fasce a clima **tropicale arido**, coperte dai deserti sabbiosi del **Sahara**, intorno al Tropico del Cancro, e del **Namib e del Kalahari** intorno al Tropico del Capricorno, caratterizzate dalla quasi totale assenza di piogge in ogni stagione dell'anno e da forti escursioni termiche diurne;
- due fasce a clima **tropicale umido**, a nord e a sud dell'Equatore, tra il deserto e le foreste pluviali, coperte dalla savana, in cui si alternano la stagione secca e quella delle piogge;
- una fascia **equatoriale**, nelle regioni affacciate sul Golfo di Guinea e lungo il bacino fluviale del Congo, con **temperature elevate** e **abbondanti piogge** durante tutto il corso dell'anno.

▲ Dall'alto: il vulcano Kilimangiaro (5895 m) in Tanzania; una grande acacia nella savana africana.

Rilievi e pianure

La maggior parte del territorio è costituito da altopiani con un'altitudine media piuttosto elevata (750 m).
Le **catene montuose** sono rare: le più alte si snodano nella fascia orientale, lungo la **Rift Valley**; qui si trovano le vette più alte del continente, che superano i 5000 m, il **Kilimangiaro**, il **Kenya** e il **Ruwenzori**, tutti di origine vulcanica e coperti da nevi perenni. Nella zona nord-orientale si eleva il massiccio dell'Atlante, mentre nella zona del Sahara centrale sono presenti altri gruppi montuosi isolati: l'**Hoggar**, il **Tibesti**. Nell'Africa meridionale troviamo infine i **Monti dei Draghi** e il **Gran Karoo**. Le **pianure** si estendono lungo il corso dei fiumi principali e lungo le coste.

Le coste e le isole POCHE

Le **coste** sono per lo più **lineari** e prive di approdi: golfi e promontori sono rari, ad eccezione del Golfo di Guinea che si insinua profondamente nella costa atlantica, del Golfo della Sirte in Libia e della penisola somala, o Corno d'Africa, che forma con la costa arabica il Golfo di Aden. Le coste sono spesso **pianeggianti**, **basse** e **sabbiose**: in Libia, Egitto, Mauritania, Somalia e Namibia il **deserto** giunge sino al mare. Lungo il litorale del Golfo di Guinea e in Mozambico, **paludi e acquitrini** rendono difficoltosa la navigazione. L'isola più vasta, il **Madagascar**, è situata nell'Oceano Indiano al largo del Mozambico e ospita al suo interno una notevole varietà di climi e ambienti. Vi sono inoltre piccoli arcipelaghi nell'Oceano Atlantico: **Madeira** e le **Canarie**, che dal punto di vista politico appartengono rispettivamente al Portogallo e alla Spagna, **Capo Verde** al largo del Senegal e **São Tomé e Principe** nel Golfo di Guinea. Nell'Oceano Indiano si trovano le isole **Seychelles**, le **Comore** e le **Mascarene**, queste ultime appartenenti per lo più allo Stato di **Mauritius**, ad eccezione di Réunion, che costituisce un dipartimento d'oltremare della Francia.

I fiumi e i laghi

I principali fiumi africani hanno le loro sorgenti nella regione equatoriale e contribuiscono a rendere fertili le terre che circondano il loro corso: il più lungo è il **Nilo** (6671 km), che attraversa sette Stati prima di sfociare con un grande delta nel Mar Mediterraneo.
Vi è poi il **Congo** (4200 km) che con i suoi affluenti forma un vastissimo bacino a cavallo dell'Equatore, per poi sfociare nell'Oceano Atlantico; e infine il **Niger** (4160 km) che scorre a sud del Sahara, da ovest verso est, e si getta nel Golfo di Guinea. L'area nordafricana è priva di corsi d'acqua di rilievo oltre al Nilo, mentre nell'Africa meridionale scorrono lo **Zambesi**, il **Limpopo** e l'**Orange**. I laghi principali si trovano nell'area equatoriale, soprattutto nella zona della Rift Valley (vedi cap. 2): **Vittoria**, che è il più esteso, **Turkana**, **Alberto**, **Tanganica** e **Malawi**. Vi sono poi il **Lago Volta** in Ghana e il **Ciad**, a sud del Sahara centrale, la cui estensione negli ultimi anni si è notevolmente ridotta per l'eccessivo prelievo idrico.

▼ Una famiglia di ghepardi.

▼ Le cascate Vittoria al confine tra Zambia e Zimbabwe.

AFRICA FISICA

Contenuto integrativo

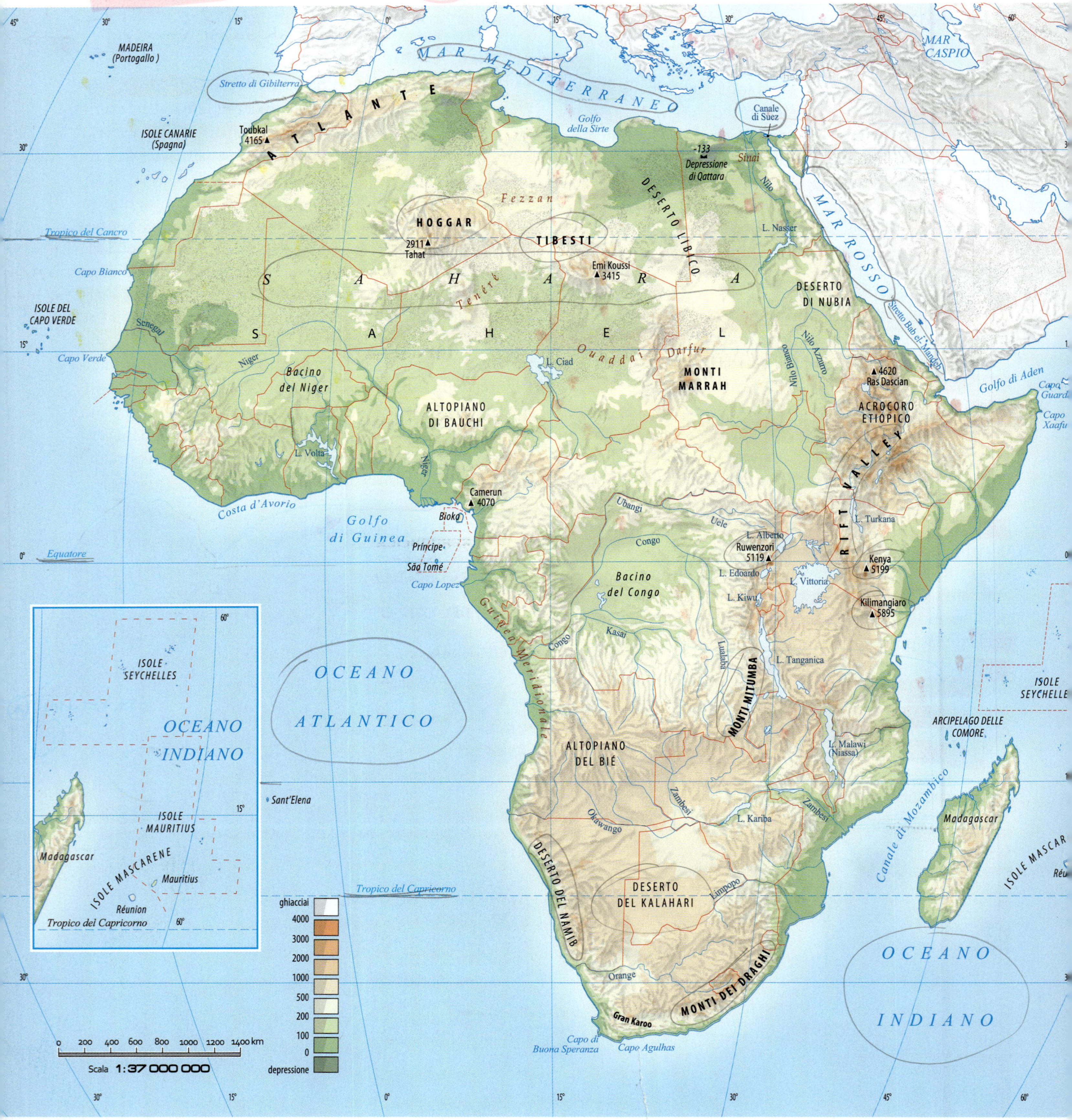

AFRICA POLITICA

I confini sono netti perché nell'800 fu spartita con la linea e la squadra

AFRICA

Popolazione e società

Molti gruppi etnici e linguistici

Nonostante la presenza di **vaste aree inospitali** – oltre ai deserti del Sahara, del Namib e del Kalahari, anche la savana e la foresta equatoriale sono inadatte agli insediamenti umani – l'Africa, con oltre un miliardo di abitanti, è il secondo continente più popolato al mondo. Il **tasso** di **crescita demografica** è molto **alto** (2,5%), ed è contrastato solo in parte dall'elevata **mortalità** (più bassa nei Paesi dell'Africa mediterranea, con punte del 17% negli Stati del resto del continente a causa dei conflitti, della diffusione dell'AIDS, della malaria e di altre malattie mortali) e dalla forte **emigrazione**. La **popolazione** è molto **giovane** – circa il 40% degli abitanti ha meno di 15 anni – e variegata dal punto di vista etnico e culturale. Nell'Africa settentrionale, ai **Berberi**, originari abitanti di questa regione, si sono affiancate popolazioni di origine araba, giunte in seguito alla conquista islamica iniziata nel VII secolo: queste ultime si sono imposte a livello culturale, linguistico e religioso. Nell'Africa subsahariana prevalgono gruppi etnici **Nilotici**, **Sudanesi** e **Bantu** (kikuyu, zulu, xhosa, tonga...); nel Corno d'Africa, **Etiopi** e **Arabi**. Nell'Africa meridionale alle popolazioni indigene – appartenenti alle etnie **Khoi** e **San** (o Boscimani) – si sono invece affiancati nel corso dell'Ottocento **coloni europei** e **asiatici** (soprattutto **indiani**) richiamati dagli Inglesi. A una così variegata suddivisione etnica corrisponde un'altrettanto grande varietà linguistica:

I PRIMATI DEL CONTINENTE

- **Lo Stato più popolato**: la **Nigeria**, con oltre 160 milioni di abitanti.
- **Lo Stato più esteso**: l'**Algeria** (2.381.741 km²).
- **Lo Stato meno esteso e meno densamente popolato**: le **Seychelles**, con 445 km² di superficie e 87.500 abitanti.
- **Lo Stato più densamente popolato**: le **Mauritius** (circa 600 ab./km²).
- **Lo Stato meno densamente popolato**: la **Namibia** (3 ab./km²).
- **La città più popolosa**: **Lagos**, in Nigeria, con oltre 12 milioni di abitanti.
- **Lo Stato più ricco**: le **Seychelles**, con un PIL pro capite di circa 25.000 dollari USA.
- **Lo Stato più povero**: la **Somalia**, con un PIL pro capite di 115 dollari USA.
- **Lo Stato con la popolazione più giovane**: l'**Uganda**, in cui circa il 60% degli abitanti ha meno di 16 anni. È anche il Paese più giovane del mondo.

oltre all'arabo parlato nei Paesi dell'Africa mediterranea, gli studiosi hanno individuato **mille lingue**, spesso usate da ristrette comunità di individui. Molti Stati, una volta ottenuta l'indipendenza dalle potenze coloniali, hanno adottato come idioma ufficiale una **lingua veicolare** come l'**inglese** o il **francese**, oppure **lingue** derivate completamente o in parte da quelle dei colonizzatori, come l'**afrikaans** in Sudafrica e Namibia. La popolazione è per lo più di **religione islamica**, soprattutto negli Stati settentrionali e dell'Africa subsahariana.
Nei Paesi a cavallo e a sud dell'Equatore la maggioranza è **cristiana** (protestante o cattolica), ma sono ancora diffusi i **riti tradizionali**, di tipo **animistico**.

▼ Venditrici di datteri in Egitto.

Lingua veicolare
Lingua usata per la comunicazione, soprattutto a livello ufficiale, per la burocrazia, i media e l'insegnamento, tra persone di lingua materna diversa.

Animismo
I culti animistici attribuiscono qualità divine ad animali, oggetti e fenomeni naturali.

▲ La grande moschea di Djenné, in Mali, costruita in terra cruda.

Un'area di conflitti e di povertà diffusa

La convivenza di popolazioni diverse per **cultura**, **lingua** e **religione** all'interno di confini tracciati a tavolino dalle potenze coloniali ha causato e continua a causare **conflitti**, che non di rado si intrecciano a lotte per il controllo delle terre più fertili e più ricche di risorse minerarie e idriche.

A causa degli scontri etnici e religiosi, molti Stati sono **politicamente instabili** quando non in perenne battaglia e ciò provoca **esodi** in massa delle minoranze discriminate e oppresse. Inoltre, anche laddove la situazione politica è stabile, la distribuzione delle ricchezze non è equilibrata: a fronte di ristrette élite benestanti, larghissime fasce della popolazione vivono al di sotto della soglia della povertà. Soprattutto in Africa centrale il **mancato accesso all'acqua** e ai **servizi sanitari**, le **scarse condizioni igieniche** e la **fame** sono causa di migliaia di morti ogni anno.

Si calcola che **due bambini su cinque** nell'intero continente – ovvero 60 milioni di persone, pari all'intera popolazione italiana – soffrano di **malnutrizione cronica**. A ciò si aggiunge la piaga delle **malattie** infettive, come il colera, il tifo e l'AIDS, o parassitarie, come la malaria, aggravate dalla mancanza di strutture sanitarie adeguate.

Il livello di istruzione della popolazione è insufficiente. Nell'Africa subsahariana 32 milioni di bambini sono **analfabeti** e questo non può che creare un allarme per lo sviluppo futuro di questi Paesi: l'istruzione è la condizione fondamentale per il miglioramento delle condizioni economiche e sociali.

Le cause del mancato sviluppo

L'Africa è il **continente più povero**: qui si concentrano gli Stati con il più **alto debito estero** e, al contempo, con il PIL e l'ISU più bassi, nonostante il sottosuolo sia generalmente ricco di materie prime, idrocarburi, metalli e pietre preziose. I motivi del mancato sviluppo sono molteplici. In particolare, la colonizzazione da parte delle potenze europee ha lasciato tracce profonde: la maggior parte dei terreni coltivabili è ancora oggi impiegata per **colture di piantagione**, i cui prodotti sono destinati all'esportazione. Lo stesso accade per le risorse minerarie: imprese **multinazionali** sfruttano petrolio, cobalto, diamanti, oro e rame estratti nei Paesi africani. Le popolazioni indigene non godono dunque delle ricchezze delle loro terre. Un'altra causa del sottosviluppo è l'**arretratezza tecnologica**: l'agricoltura locale è praticata con mezzi antiquati e inadeguati (agricoltura di sussistenza) e non garantisce la copertura del fabbisogno alimentare, in quanto soggetta a siccità e carenza di concimi; l'industria, ad eccezione di quella estrattiva e quella della trasformazione alimentare, non riesce a decollare, a causa di **mancati investimenti**, per cui i Paesi africani sono costretti a importare manufatti di ogni tipo. Un potenziale fattore di sviluppo, il **turismo** – con i grandi parchi naturali, i siti archeologici, le spiagge e i fondali oceanici – è limitato dalla **carenza** di **infrastrutture**, di **collegamenti aerei** e di **efficienti mezzi di trasporto interni**, nonché dall'instabilità politica e dalla diffusione di criminalità e malattie. In questo panorama esistono delle eccezioni: le Seychelles e Mauritius, ad esempio, e il Sudafrica, pur con le sue contraddizioni.

AFRICA CENTRALE

L'Africa centrale è una vasta regione che si estende fra il Tropico del Cancro e il 10° parallelo sud.
Comprende paesaggi e climi molto diversi tra loro, che possiamo suddividere in quattro zone:
- una zona **arida** ai margini meridionali del deserto del Sahara, detta **Sahel** e da dove, scendendo verso sud, si incontra la **savana**;
- una zona **umida**, coperta di **foreste tropicali** e solcata dai fiumi, in corrispondenza della **costa occidentale** e del **Golfo di Guinea**;
- una zona **equatoriale**, **calda** e **piovosa** per tutto l'anno, intorno al bacino del **fiume Congo**;
- una zona **montuosa**, a **oriente**, che proprio per l'altitudine elevata gode di un **clima temperato** nonostante si trovi sulla linea dell'Equatore.

Caratteristiche comuni...

L'Africa centrale è unita da un passato comune: quello della **colonizzazione** europea (Francia, Gran Bretagna, Belgio, Germania, Italia). Una volta raggiunta l'indipendenza politica, nei 35 Stati in cui attualmente è divisa la regione sono iniziati **conflitti etnici** e **rivendicazioni di indipendenza** da parte delle minoranze che si sono susseguiti nel tempo o sono tuttora in corso. Nella regione si pratica ancora su vasta scala un'**agricoltura di piantagione**, con **monocolture** destinate all'**esportazione**, mentre la produzione locale, condotta con mezzi arretrati e scarse risorse idriche (**agricoltura di sussistenza**), non riesce a coprire il fabbisogno alimentare interno. Lo stesso vale per le risorse minerarie, gestite da **multinazionali straniere**. Questi Paesi sono caratterizzati da un'**alta natalità**, una **speranza di vita molto bassa** e un **bassissimo indice di sviluppo umano**: povertà, fame, malattie, carenza di servizi sanitari, difficoltà di accesso alle risorse idriche e conflitti sono le cause degli esodi migratori; inoltre, questi Stati dipendono in larga misura da aiuti economici internazionali.

... e differenti

Oltre alle diverse caratteristiche fisiche, climatiche e ambientali, tra i Paesi vi sono differenze culturali, religiose ed economiche. Dal punto di vista **religioso**, vi sono Stati a **maggioranza islamica**, mentre altri hanno una popolazione prevalentemente **cristiana**. Un'altra differenza riguarda il **tasso di urbanizzazione**, sotto la soglia del 24% in Niger, Etiopia, Eritrea, Uganda, Ruanda e Burundi, e sopra il 50% in Gabon, Camerun, Nigeria, Capo Verde, São Tomé e Principe, Gambia e Ghana, che sono anche gli Stati con l'ISU e il PIL pro capite più alti. Per **Capo Verde**, **Kenya** e **Tanzania** (con l'isola di **Zanzibar**) il **turismo** è una risorsa importante ma **non sfruttata appieno** e, soprattutto, è affidata alla gestione di operatori stranieri, per cui le ricadute economiche sulla popolazione locale sono pressoché nulle.

▲ Una bambina kenyota.

 Contenuto integrativo

LAVORIAMO SULLE CARTE

1. Quali importanti paralleli attraversano questa regione?
2. Quali mari bagnano questi territori?
3. Dov'è localizzata la principale catena montuosa?
4. Come si presenta il resto del territorio: pianeggiante o ricco di rilievi?
5. Quali fiumi attraversano la regione?

Africa centrale

scenario: COME INTERNET STA CAMBIANDO L'AFRICA

In un continente segnato dalla fame, dalla denutrizione, dalle guerre, dall'instabilità politica e dalle malattie, si intravedono timidi segnali di speranza. Uno di questi riguarda i dati relativi allo sviluppo e alla diffusione delle nuove tecnologie.

▲ Ingegneri cinesi e operai angolani in un momento di pausa del lavoro in un cantiere edile in Angola.

Africa, la nuova frontiera della tecnologia

di Maria Elena Viggiano

▼ La telefonia mobile è uno dei principali fattori di cambiamento in Africa.

La crescita del PIL intorno al 6%, una popolazione giovane in aumento, la ricchezza delle risorse minerarie con un'alta concentrazione di oro, diamanti e rame, oltre che giacimenti di petrolio, di gas naturale e di carbone. Con questi requisiti, l'Africa si candida a **giocare un ruolo chiave** nell'economia mondiale e l'innovazione è destinata ad avere un impatto positivo sulla crescita della società. Sì, l'Africa. Lo stesso continente che fino a qualche anno fa era nominato solo per gli innumerevoli aiuti umanitari in sostegno della diffusa povertà, per la corruzione dilagante e per l'instabilità politica. I problemi non sono stati risolti completamente, ma il continente nero sta subendo un processo di profonda trasformazione, suscitando di conseguenza l'attenzione delle grandi multinazionali mondiali del settore delle tecnologie, che hanno deciso di investire lì milioni e in alcuni casi addirittura miliardi. La Cina è stata la prima a comprendere il potenziale di crescita dell'Africa, che ha così smesso di essere considerato solo una terra da "salvare" per diventare anche un continente con cui instaurare un rapporto basato su reciproci interessi e vantaggi, da un punto di vista economico e politico. In questi ultimi anni IBM (una delle maggiori ditte statunitensi di informatica), per esempio, ha aperto uffici in Tanzania, Senegal e Angola ed è ora presente in 20 Stati africani. L'obiettivo è diffondere l'informatizzazione in 16 Paesi e raggiungere 100 milioni di utenti. In più, IBM è convinta che l'Africa possa diventare uno dei principali centri per l'innovazione; per questo ha aperto un laboratorio di ricerca in Kenya, in collaborazione con il governo locale. La strategia è di utilizzare il Kenya come uno snodo per poi espandersi in altre nazioni e trovare soluzioni per migliorare i servizi alla popolazione, soprattutto per quanto riguarda la qualità dell'acqua e dei trasporti.

(Da www.lettera43.it, 9 marzo 2013)

Africa AFRICA CENTRALE

Un mercato giovane ma in espansione

Solo un decennio fa era impensabile che l'Africa potesse essere un terreno fertile per la tecnologia informatica. Il continente era il fanalino di coda delle nuove tecnologie e della diffusione della rete Internet; era piuttosto il regno del Digital-Divide (vedi cap. 4, par. 4.4, *La rete degli scambi*). Oggi invece, nonostante le difficoltà, la situazione sta lentamente migliorando, soprattutto grazie ai telefoni cellulari di ultima generazione. Le aziende hanno tentato di lanciare sul mercato **dispositivi elettronici a prezzi contenuti**, accessibili a un'ampia fascia della popolazione. I maggiori colossi dell'High-Tech come IBM vedono nell'Africa – il secondo continente per ampiezza e per numero di abitanti – il mercato del prossimo futuro.

Un mercato, certo, appena nato, ma anche per questo in fortissima espansione, nel quale le multinazionali sono pronte a lanciarsi, diffondendo strumenti e saperi che contribuiranno ad aumentare il bacino di utenti e, quindi, di acquirenti.

I vantaggi della comunicazione

A partire dal nuovo millennio la **telefonia mobile** ha profondamente cambiato le abitudini degli Africani, sia degli abitanti delle grandi città sia di quelli dei piccoli villaggi rurali. Spesso nei Paesi della fascia subsahariana la mancanza di una rete stradale adeguata crea barriere incolmabili e rende impossibili le comunicazioni e i contatti con il mondo esterno.

Il cellulare ha aperto la via a nuove possibilità, grazie alla creazione di applicazioni informatiche per smartphone: dalle app che consentono il pagamento e il trasferimento di denaro via sms a quelle che promuovono l'educazione a distanza, grazie alla condivisione dei contenuti digitali, dalle applicazioni che permettono ai cittadini di individuare l'ospedale più vicino a quelle che permettono di consultare un manuale di pronto soccorso.

Una "rivoluzione", tuttavia, che è appena iniziata. Nel 2012 i cavi a fibra ottica posti sul fondo degli oceani hanno completato il perimetro del continente e ormai offrono a quasi tutti i Paesi africani i vantaggi della banda larga, ovvero una connessione Internet veloce e a basso costo. Vi sono però ancora ampie zone, all'interno dei singoli Stati, in cui Internet e le tecnologie digitali sono pressoché sconosciuti. Nella Repubblica Democratica del Congo, ad esempio, su una popolazione di 67 milioni di abitanti, solo 1 milione usa Internet; in Etiopia appena l'1,1% ha modo di connettersi. D'altronde in alcuni Stati, prima ancora che contro la lentezza della connessione e l'impossibilità di accedere alla rete, è necessario combattere contro la fame, la povertà, le malattie e l'analfabetismo che ostacolano qualsiasi progresso.

SILICON SAVANNAH

Il Kenya si prepara a diventare il maggior centro di sviluppo tecnologico dell'Africa sub-sahariana, un'area che fino a pochi anni fa era considerata impenetrabile alle nuove tecnologie e che oggi invece sta facendo passi da gigante.

A 60 km dalla capitale Nairobi è stata inaugurata una nuova culla dell'High-Tech. Si chiama Konza Technology City (il centro tecnologico più importante degli USA), ma è meglio nota come Silicon Savannah, in omaggio alla Silicon Valley californiana. Il progetto verrà completato nel 2030 e prevede lo sviluppo, in un'area di 2000 ettari di savana, di un polo tecnologico innovativo con università, centri di ricerca, alberghi e oltre 35.000 abitazioni ecosostenibili e autosufficienti dal punto di vista energetico.

◀ Progetto di una nuova area a Konza Technology City, in Kenya.

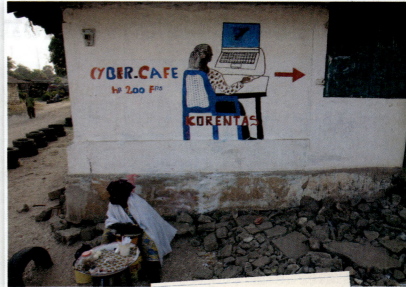

▲ Un Internet point nella città senegalese di Ziguinchor.

> **High-Tech**
> "Alta tecnologia"; il termine inglese indica la tecnologia al momento più avanzata. Non esiste una classe di apparecchiature High-Tech, perché queste variano con il passare del tempo, seguendo la tecnologia che progredisce.

Africa centrale

NOME COMPLETO
Repubblica Federale di Nigeria

CAPITALE Abuja

FORMA DI GOVERNO
Repubblica federale

LINGUA Inglese (ufficiale), dialetti sudanesi (hausa, ibo, yoruba)

SUPERFICIE 923.769 km²

POPOLAZIONE 162.470.737 abitanti (stima 2011)

DENSITÀ 175,88 ab/km²

FUSO ORARIO UTC +1

VALUTA Naira

UNITÀ DI MISURA DI LUNGHEZZA sistema metrico decimale

ISU (2012) 0,459 (156° posto)
Speranza di vita 48,4 anni
Istruzione media 5,2 anni
Popolazione urbana 50,5% (2011)

PREFISSO TEL. +234

SIGLA AUTOMOBILISTICA WAN

GUIDA AUTOMOBILISTICA
a destra

INTERNET TLD .NG

La bandiera fu adottata nel 1960 e consiste di tre bande verticali: due esterne verdi, a simboleggiare le foreste e la fertilità del Paese, e una centrale bianca, a indicare la pace.
L'inno nazionale è *Arise, O compatriots* ("Sorgete, o compatrioti") e fu adottato nel 1978. Il testo è il frutto della combinazione di parole e frasi tratte dagli inni giudicati migliori all'interno di una competizione nazionale.

NIGERIA

Territorio e ambiente

La Repubblica Federale di Nigeria si affaccia sul Golfo di Guinea, nell'Africa centro-occidentale, tra il 14° e il 4° parallelo nord. Confina a ovest con il Benin, a nord con il Niger, a nord-est con il Ciad, a est con il Camerun. Il territorio è per la maggior parte pianeggiante: gli unici rilievi si trovano al centro (**altopiano di Jos**), con vette che non superano i 1600 m, e a ovest dove i **monti del Camerun** toccano i 2000 m. **Pianure aride** coprono la parte settentrionale, mentre lungo il bacino del **Niger** e dei suoi affluenti e in prossimità della **costa**, solcata dal delta del fiume e da numerosi altri corsi d'acqua, si estende una **pianura** più **fertile**. Verso occidente la fascia costiera, bassa e sabbiosa, è orlata da **lagune**. Il **Lago Ciad** a nord-est e il **Kainji** a ovest rappresentano i bacini idrografici principali. Una notevole varietà di climi caratterizza il Paese, ed è determinata soprattutto dal **regime delle piogge**, che crea un'alternanza di stagioni secche e stagioni umide. Nel **Nord** i venti che spirano dall'oceano carichi di umidità non riescono a penetrare e il **clima** è **arido**, mentre la regione del **delta del Niger** ha un **clima equatoriale**, con piogge omogeneamente distribuite nel corso dell'anno.

▼ Una capanna di sterpaglia nel Sahel.

▲ Giovane donna nigeriana.

ALLA SCOPERTA DEL SAHEL

La regione settentrionale della Nigeria, ai confini con il Niger, rientra in quella zona dell'Africa a sud del Sahara che i geografi indicano come Sahel. Si tratta di una fascia arida – stepposa a nord, più fertile a sud – compresa tra il 18° e il 12° parallelo nord che corre lungo tutto il continente dall'Oceano Atlantico al Mar Rosso e attraversa, oltre alla Nigeria, altri 10 Stati. Il Sahel è stato a lungo un crocevia commerciale, che collegava il Nordafrica alle coste del Golfo di Guinea dove i mercanti arabi acquistavano oro, avorio e schiavi da rivendere sulle sponde del Mediterraneo. Oggi è una delle regioni più povere al mondo. La sua economia si basa sull'allevamento, praticato in forme nomadi o seminomadi nelle aree settentrionali, e sull'agricoltura di sussistenza in quelle meridionali. L'area è minacciata dalla siccità e dall'avanzare del processo di desertificazione (vedi pag. 217); l'aumento della popolazione, unito alla scarsità di risorse idriche e alimentari, ha provocato in quest'area una crisi umanitaria.

LE GUERRIGLIE NEL DELTA DEL NIGER

La regione del delta del Niger è ricchissima di giacimenti petroliferi e gas naturale, ed è anche fertile e pescosa. Da tempo ormai, le attività agricole e le risorse ittiche sono minacciate dall'inquinamento prodotto dagli impianti di estrazione e raffinazione del petrolio.
Questo ha fomentato lo scontento della popolazione locale: la maggior parte dei ricavi dell'industria estrattiva vengono infatti assorbiti dalle multinazionali proprietarie degli impianti. Dagli anni Novanta del Novecento in questa regione sono nati gruppi di guerriglieri in lotta con le compagnie petrolifere e con l'amministrazione. Rapimenti di lavoratori stranieri e attacchi alle infrastrutture sono i metodi usati per attirare l'attenzione internazionale. Nel 2009, dopo ripetuti attentati e rivendicazioni, il governo ha tentato la via dell'accordo, impegnandosi a investire in servizi di base in favore delle popolazioni del delta e ad assicurare il 10% dei ricavi petroliferi alle comunità locali.

▲ Una donna vende stoffe colorate in un mercato di Abuja, la capitale della Nigeria.

Popolazione e società

▶ Busto africano in ottone del XVI secolo che ritrae una regina madre. Dal Regno del Benin (Nigeria).

La popolazione

Con più di 160 milioni di abitanti, la Nigeria è il Paese più popoloso dell'Africa. **Centinaia di etnie** convivono sul territorio. Il modello federale cerca di tener conto dei diversi gruppi etnici; l'assegnazione delle maggiori cariche istituzionali avviene con una sorta di alternanza tra i principali gruppi etnici, che si distinguono anche per appartenenza religiosa e provenienza geografica: nel **Nord** la popolazione è costituita in prevalenza da **Hausa e Fulani**, di religione **musulmana**, nel **Sud** vivono invece gli **Yoruba** e gli **Ibo**, in larga maggioranza **cristiani**. La **popolazione** è **giovanissima**: circa la metà ha meno di 15 anni. La **speranza di vita** è **bassa** (meno di 50 anni), a causa dell'alta incidenza dell'**AIDS**, dell'alto tasso di mortalità infantile e della malnutrizione. Nonostante le ingenti risorse naturali, il 54% degli abitanti vive sotto la soglia di **povertà**, con meno di un dollaro al giorno.
La lingua ufficiale è l'**inglese**, eredità della colonizzazione britannica (durata fino al 1960), ma per la comunicazione quotidiana si utilizzano le lingue dei diversi gruppi etnici. Il 50% degli abitanti è di **religione musulmana**, concentrati nel **Nord**, e l'altra **metà** è **cristiana**, protestanti e cattolici che vivono soprattutto nel **Sud**. Le **tensioni** religiose, sommate agli **scontri etnici**, danno spesso luogo ad **attentati** e **stragi** da parte di gruppi fondamentalisti islamici ai danni dei cristiani. Questi conflitti, uniti al malgoverno e alla corruzione, creano una forte **instabilità politica**.

Le città

Più di metà della popolazione vive in **aree rurali**, tuttavia il processo di **urbanizzazione** è in forte ascesa: la crescita dei nuclei urbani è spesso caotica, con la conseguente proliferazione di aree periferiche degradate. Dal 1991 la **capitale** è stata trasferita da Lagos, sulla costa, ad **Abuja**, nel centro del Paese, ma la città non ospita attività economiche rilevanti. **Lagos** (oltre 11 milioni di abitanti) rimane infatti il principale centro economico e industriale. Qui si trovano alcune delle più importanti università, un tempo all'avanguardia ma decadute negli anni delle guerre civili, e istituti specializzati nel settore delle ricerche minerarie, finanziati da investitori stranieri.

🔘 RISPONDI

1. Dove si trova la pianura più fertile?
2. Qual è il clima nella regione del delta?
3. Quali differenze ci sono tra le popolazioni del Nord e quelle del Sud?

Africa centrale **215**

▲ Lavorazione dell'olio di palma.

▲ In Nigeria vi sono circa 6 autovetture ogni 1000 abitanti (in Italia quasi 700): la circolazione automobilistica si concentra a Lagos, dove il traffico è caotico, mentre crolla nelle campagne.

Economia

Risorse energetiche

Grazie alle risorse di **petrolio**, concentrate al largo della costa e nella regione del delta del Niger, la Nigeria è la seconda economia del continente dopo il Sudafrica. Il petrolio è destinato soprattutto all'estero – rappresenta circa il **95% delle esportazioni nazionali** –, ma ciò non garantisce stabilità economica al Paese, essendo il prezzo del greggio esposto a notevoli fluttuazioni. Importanti sono anche le riserve di **gas naturale**, localizzate per lo più nella regione costiera, mentre nell'entroterra e sull'altopiano di Jos si estraggono carbone, stagno, piombo e zinco. Fondamentale fonte di approvvigionamento di energia è la **centrale idroelettrica** presso la diga di **Kainji**, sul fiume Niger, che copre circa il 25% del fabbisogno nazionale.

Settore primario

L'agricoltura, scarsamente meccanizzata, occupa il 70% della popolazione attiva e rappresenta la voce principale del bilancio nazionale. La resa del suolo risulta tuttavia scarsa a causa dell'uso di **tecniche arretrate** e di una eccessiva **parcellizzazione** delle proprietà. A ciò si aggiungono i lunghi periodi di **siccità**, la crescente **desertificazione** delle aree centro-settentrionali e l'altissimo tasso di inquinamento dovuto alla mancanza di adeguate politiche ambientali e allo sfruttamento intensivo delle risorse. L'arretratezza del settore agricolo, unita alla crescita demografica, ha costretto la Nigeria, a partire dal 1960, a **importare prodotti agricoli**.

IL CINEMA NIGERIANO: NOLLYWOOD

Il termine Nollywood, modellato su Hollywood, indica l'industria cinematografica nigeriana. Avviata nei primi anni Sessanta del secolo scorso, è cresciuta considerevolmente negli ultimi anni, fino a sorpassare per quantità di film prodotti l'industria cinematografica statunitense. Oggi impiega il maggior numero di dipendenti dopo il settore agricolo. Il segreto del successo del cinema nigeriano è rappresentato dalla miscela di originalità e tradizione delle trame. I film sono incentrati sui grandi temi della società della Nigeria contemporanea: il lavoro, la famiglia, la convivenza tra fedi diverse, l'emigrazione, il ruolo della donna, le credenze tradizionali e la corruzione. La lingua utilizzata è l'inglese, che garantisce la massima diffusione, anche all'estero: questi film, infatti, non solo sono popolarissimi tra le comunità africane emigrate in Europa e negli Stati Uniti, ma sono anche presenti alle rassegne cinematografiche internazionali.

Settore secondario

Il comparto **industriale** che assorbe il maggior numero di occupati è quello legato all'**estrazione** e alla **raffinazione** del greggio, gestito però soprattutto da multinazionali straniere. Lo sviluppo degli altri settori è fortemente penalizzato dalla **corruzione** e dalla **carenza di infrastrutture**, oltre che dalle tensioni politiche ed etnico-religiose.

Settore terziario

Nel settore dei servizi, il **commercio** rappresenta il comparto più importante: i principali partner della Nigeria sono **Stati Uniti** e **Cina**. Un settore in forte ascesa è quello dell'industria cinematografica, la cosiddetta **Nollywood** (vedi box).

Cittadinanza: Deserto e desertificazione

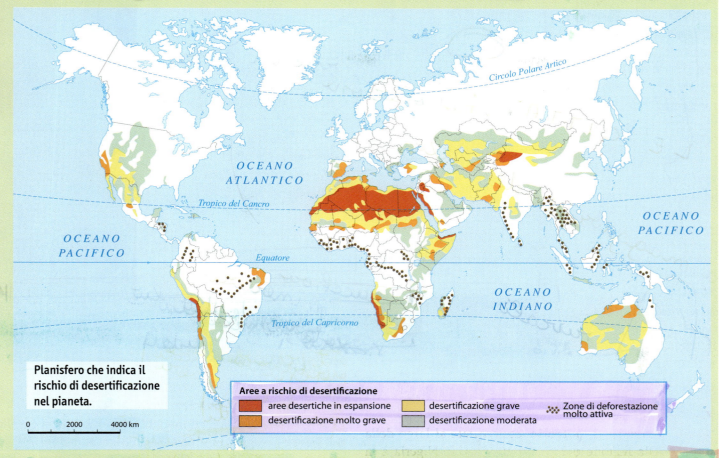

Planisfero che indica il rischio di desertificazione nel pianeta.

Aree a rischio di desertificazione
- aree desertiche in espansione
- desertificazione molto grave
- desertificazione grave
- desertificazione moderata
- Zone di deforestazione molto attiva

Che cos'è la desertificazione

A partire dagli anni Settanta del secolo scorso gli studiosi hanno posto l'accento sul **rischio** di un **progressivo estendersi delle zone aride** e sulla distruzione del potenziale biologico del terreno che può condurre a condizioni desertiche anche in regioni distanti dal deserto vero e proprio. La **desertificazione** è un fenomeno complesso che si manifesta con la diminuzione e addirittura il completo **annientamento delle proprietà fisiche**, chimiche e biologiche **di un terreno** e la conseguente **scomparsa**, protratta nel tempo, **della vegetazione** o l'incapacità di produrne di nuova. Le aree soggette a desertificazione possono dunque anche essere geograficamente lontane dalle fasce tropicali in cui si concentrano i deserti.

Quali sono le cause

Tra le **cause naturali** vi sono:
- le variazioni climatiche, come la diminuzione delle precipitazioni e l'aumento delle temperature medie stagionali;
- la siccità, dovuta a insufficiente disponibilità di risorse idriche;
- l'erosione del suolo causata dagli agenti atmosferici.

Tra le **cause antropiche**, cioè dovute all'azione dell'uomo, vi sono:
- un utilizzo sconsiderato delle risorse idriche, sia di superficie che sotterranee;
- gli incendi;
- il disboscamento di intere regioni;
- pratiche agricole scorrette o non sostenibili;
- lo sfruttamento dei terreni a pascolo in maniera intensiva;
- la creazione di discariche o miniere, con la contaminazione dei terreni circostanti;
- l'urbanizzazione sfrenata, a discapito delle aree fertili;
- la cementificazione del suolo a scopo turistico.

Si è calcolato che tra il 1900 e il 1970 in Europa i terreni degradati siano aumentati del 40%. Oggi si stima che le zone soggette a desertificazione crescano di circa 6 milioni di ettari all'anno, una superficie pari a un quinto di quella dell'Italia. Maggiormente minacciati dalla desertificazione sono i **Paesi africani**, dove il 73% delle terre coltivate è interessato dal degrado; anche in **Asia** e in **America latina** il rischio coinvolge aree molto vaste.

La desertificazione ha pesanti **ripercussioni** non solo sull'ecosistema, ma anche sulle condizioni di vita delle popolazioni che sono sempre più soggette alla **povertà** e alla **fame** e, per questo, spesso costrette a migrare.

Il degrado ambientale diventa così motivo di tensioni politiche, economiche e sociali. Per cercare di porre un freno a questo grave problema, nel 1994 cinquanta Stati hanno firmato la **Convenzione delle Nazioni Unite per la lotta alla siccità e alla desertificazione** per sensibilizzare i governi all'adozione di normative efficaci ad arginarne il degrado.

NOME COMPLETO
Repubblica Democratica del Congo

CAPITALE Kinshasa

FORMA DI GOVERNO Repubblica

LINGUA Francese (ufficiale), kikongo, kituba, lingala, kiswahili

SUPERFICIE 2.344.858 km²

POPOLAZIONE 67.757.577 abitanti (stima 2011)

DENSITÀ 28,90 ab/km²

FUSO ORARIO UTC da +1 a +2

VALUTA Franco congolese

UNITÀ DI MISURA DI LUNGHEZZA sistema metrico decimale

ISU (2012) 0,286 (187° posto)
Speranza di vita 53,95 anni
Istruzione media 3,5 anni
Popolazione urbana 62,5% (2011)

PREFISSO TEL. +243

SIGLA AUTOMOBILISTICA CD

GUIDA AUTOMOBILISTICA a destra

INTERNET TLD .CD

L'attuale bandiera è stata adottata nel 2006, a seguito dell'approvazione della nuova Costituzione repubblicana. Lo sfondo blu cielo è attraversato da una striscia rossa orlata da due righe gialle, a indicare le sofferenze patite sotto il colonialismo. In alto a sinistra si staglia una stella gialla, simbolo della luce della civiltà.
L'inno nazionale è *Debout Congolais* ("In piedi Congolesi") e fu adottato nel 1960, anno dell'indipendenza del Paese dal Belgio.

▼ Il fiume Congo.

REP. DEMOCRATICA DEL CONGO

Territorio e ambiente

La Repubblica Democratica del Congo si estende nel cuore dell'Africa centrale, a cavallo dell'Equatore, lungo il **bacino del fiume Congo**. Confina a nord con la Repubblica Centrafricana e il Sudan del Sud, a est con l'Uganda, il Ruanda, il Burundi e la Tanzania, a sud con lo Zambia e l'Angola, a ovest con il Congo e si affaccia per un breve tratto sull'Oceano Atlantico. Il territorio è costituito da una **vasta pianura alluvionale** formata dal Congo e dai suoi affluenti. Questa è racchiusa a nord, a est e a sud da una serie di **altipiani** che verso i confini orientali si congiungono ai **Monti Mitumba** e, più a nord, alla catena del **Ruwenzori**. Nella zona, collocata lungo la sezione orientale della Rift Valley, sono presenti anche **vulcani attivi**. Lungo i confini orientali si trovano i principali laghi, il più vasto dei quali è il **Tanganica**. A ovest lungo il corso del Congo si trova invece il **Lago Stanley Pool** sul quale si affaccia la capitale Kinshasa. Il bacino del Congo è ricoperto dalla **foresta equatoriale**, che da anni subisce **disboscamenti** incontrollati. Ai margini della foresta si estende la **savana**, mentre una **vegetazione** di tipo **montano** domina sugli altipiani del Sud. Il **clima** è **equatoriale**, con abbondanti piogge, **temperature** medie **elevate** ed escursioni annue contenute. Nelle zone più lontane dall'Equatore si alternano una **stagione secca** e una **umida**. Sui rilievi le temperature sono più miti.

TROPICALE

ALLA SCOPERTA DEL BACINO DEL CONGO

La storia delle esplorazioni del fiume cominciò nell'Ottocento, in epoca coloniale: fu il Belgio a conquistare la regione e ad avviarvi le prime campagne esplorative. Affascinante, misterioso, per decenni impenetrabile, il bacino del Congo con la fitta foresta che lo circonda ha ispirato alcuni celebri romanzi: *Cuore di tenebra* dell'inglese Joseph Conrad, il thriller *Congo*, di Michael Crichton. Oggi il fiume e i suoi affluenti formano una straordinaria rete fluviale navigabile, lunga oltre 14.500 km. Questo ramificato percorso è molto più agevole delle vie terrestri ed è fondamentale per l'economia. Nei suoi 3.690.000 km² vivono molte specie di primati: i gorilla di montagna, gli scimpanzé e i bonobo, e anche altri animali quali rinoceronti bianchi, leopardi, ippopotami, zebre, elefanti, spesso prede di cacciatori di frodo.

▲ Una capanna di fango e paglia in un villaggio congolese.

▲ Il campo profughi di Mugunga.

UN PAESE SENZA PACE

Dopo essere stato per quasi ottant'anni un dominio coloniale del Belgio, il Paese è diventato indipendente nel 1960. Da allora entro i suoi confini si sono susseguiti numerosi conflitti tra le varie etnie, gruppi secessionisti che rivendicano il controllo sulle regioni più ricche, esercito regolare e forze armate rivoluzionarie. Tra il 1996 e il 2003 la Repubblica è stata teatro di due guerre, che hanno coinvolto anche altri Paesi africani e hanno provocato l'esodo oltreconfine di centinaia di migliaia di Congolesi. Ancora oggi, dal momento che la situazione di guerriglia nelle regioni orientali non accenna a migliorare, ondate di profughi cercano di raggiungere Uganda e Ruanda. Nonostante l'intervento dei Caschi Blu dell'ONU dal 1999, questo Stato non sembra destinato a trovare soluzioni stabili ai conflitti che lo dilaniano.

Popolazione e società

La popolazione

Nella Repubblica Democratica del Congo vivono oltre **200 etnie** diverse e spesso **in conflitto fra loro**. Nessun gruppo ha infatti una maggioranza assoluta a livello nazionale, ma soltanto all'interno delle rispettive regioni di provenienza. La popolazione è molto giovane: oltre il 60% degli abitanti ha meno di 24 anni. La **speranza di vita** è **bassa** (circa 50 anni) a causa dei **conflitti**, in cui vengono impiegati anche bambini-soldato, della diffusione dell'**AIDS**, di malattie tropicali quali la **malaria**, e dell'alto tasso di **mortalità infantile**. I servizi sanitari sono scarsi, soprattutto al di fuori delle grandi città, e ancora oggi la maggior parte della popolazione (64%) non ha accesso all'acqua potabile.

La lingua e la religione

La lingua nazionale è il **francese**, eredità della colonizzazione belga durata fino al 1960. Sono tuttavia riconosciuti come idiomi ufficiali i quattro dialetti più diffusi tra gli oltre 700 presenti nel Paese: il **lingala**, il **kikongo**, il **kituba** e il **kiswahili**. La **maggioranza** della popolazione è di religione **cristiana** (80%), divisa tra un 50% di cattolici, un 20% di protestanti e un 10% di fedeli delle Chiese indipendenti africane. I **musulmani** rappresentano il 10% della popolazione, che per il restante 10% rimane legata a **riti tradizionali**.

Le città

La maggior parte della popolazione vive nelle **aree rurali** (65%), tuttavia l'urbanizzazione è in forte ascesa. La **capitale**, **Kinshasa**, fondata nel 1881, conta oltre 8 milioni di abitanti, ma probabilmente la cifra è sottostimata perché non tiene conto degli abitanti delle baraccopoli periferiche, sorte in maniera spontanea e caotica e prive di servizi.
Le altre città principali sono: **Mbuji-Mayi**, centro dell'industria diamantifera insieme a **Kananga**, e **Lubumbashi**.

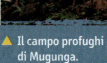

◀ Un bambino-soldato.

RISPONDI

1. Che tipi di vegetazione e di clima prevalgono?
2. Quando sono iniziate le esplorazioni del bacino del Congo? Su iniziativa di quale Stato europeo?
3. Quali sono la lingua nazionale e la religione più diffusa?
4. Qual è la capitale e quanti sono i suoi abitanti?

▲ Impianto per la raffinazione del petrolio, costruito in mezzo alla savana.

▲ Mercato su piroghe.

Economia

Risorse energetiche

Il Paese è ricchissimo di **risorse minerarie** di pregio, soprattutto nella regione meridionale del Katanga: oro, diamanti, rame, cobalto, uranio, radio, tantalio, cadmio, tungsteno. Giacimenti di **petrolio** si trovano al largo della costa. Nonostante ciò rimane uno dei Paesi più poveri al mondo, fortemente dipendente dagli **aiuti internazionali**, che rappresentano circa un quarto del PIL. Il controllo delle risorse minerarie è stato all'origine non solo della corsa alla **colonizzazione**, a fine Ottocento, ma anche di **guerre intestine**, scatenatesi subito dopo l'indipendenza e tuttora in corso in alcune regioni del Paese.

Settore primario

L'agricoltura assorbe oltre la metà della forza lavoro nazionale (56%). Nel fertile bacino del fiume Congo si coltivano in maniera estensiva (**agricoltura di piantagione**) prodotti quali **caffè**, **palma da olio**, **cotone**, **zucchero**, **tè** e **cacao**, destinati all'esportazione. Le colture riservate invece al consumo locale sono il miglio, il mais, la manioca, la patata, la patata dolce, la banana, il riso. Dalle vaste foreste, oggetto di un disboscamento indiscriminato negli anni passati, si ricavano **legnami pregiati** e **caucciù**. L'**allevamento**, diffuso soprattutto nelle regioni nord-orientali, non è sufficiente a soddisfare il fabbisogno alimentare interno. Grande rilievo ha la pesca, praticata nei laghi orientali e nei fiumi.

Settore secondario

L'**industria** è ancora assai **arretrata** ed è stata fortemente penalizzata dall'instabilità politica e dalla mancanza di infrastrutture e reti viarie. Vi trova impiego circa un quarto della popolazione locale. Gli impianti industriali sono concentrati nella zona di **Kinshasa** e nel **Katanga**. I comparti principali sono quelli **estrattivo** e **metallurgico**, cui si affiancano l'industria **chimica** e del **cemento**, quella **tessile** e quella della **trasformazione alimentare**.

Settore terziario

Il terziario **non** è molto **sviluppato**. Il commercio è sfavorito dall'alto tasso di **corruzione** (154° posto su 183 per l'indice di corruzione percepita), dall'**inadeguatezza** e dall'**insicurezza** dei **trasporti**. I principali partner commerciali del Paese sono Belgio, Sudafrica e Cina.

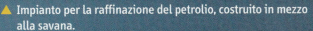
◀ Gorilla di montagna nel Parco nazionale di Viruga.

Cittadinanza — Il commercio equo e solidale

Oggi è ormai facile trovare sugli scaffali di un supermercato prodotti definiti "equo solidali": confezioni di caffè, tè, zucchero, cioccolato, confetture che non riportano sull'etichetta il nome di aziende famose, bensì la scritta **fair trade** (un termine inglese che significa "commercio equo"). Questo marchio indica che il prodotto in questione proviene da Paesi in via di sviluppo e che rispetta dei criteri volti a proteggere i diritti dei **piccoli produttori** di quelle aree e a garantire loro un **profitto** e **condizioni di lavoro dignitose**.

Gli obiettivi

Le organizzazioni del commercio equo e solidale si prefiggono, in particolare, i seguenti obiettivi:
- garantire ai lavoratori una **giusta retribuzione** per il lavoro svolto;
- favorire l'autonomia e l'efficienza dei produttori;
- assicurare **pari opportunità** lavorative e salariali a uomini e donne;
- coinvolgere i **minori** solo in progetti non dannosi per la salute e la crescita, che non interferiscano con l'**istruzione** e lo **svago**;
- sostenere progetti eco-compatibili;
- creare, laddove possibile, un mercato interno per i beni prodotti.

Questi risultati vengono raggiunti creando dei canali commerciali alternativi a quelli tradizionali e basati essenzialmente sulla **"filiera corta"**, cioè un percorso produttivo relativamente breve, fatto di tre o quattro passaggi al massimo: produzione, trasporto, stoccaggio nei magazzini degli importatori e vendita al dettaglio. Eliminando ulteriori passaggi e intermediari, si evitano costi aggiuntivi: così il guadagno finale dei produttori risulta maggiore. Inoltre, con la filiera corta il consumatore è informato sull'origine del prodotto, che risulta altresì tracciabile in ogni sua fase. In **Africa** i progetti fair trade sono attivi in molti Paesi, tra cui Camerun, Etiopia, Burkina Faso, Ghana, Kenya, Mozambico, Nigeria, Sudafrica, Tanzania e Uganda; oltre a prodotti alimentari (tra i quali uno dei principali è il **caffè**, che è anche il primo a essere stato certificato come prodotto equo e solidale) vi sono anche **manufatti artigianali**.

Lo scopo delle organizzazioni di commercio equo non è la massimizzazione del profitto, bensì la **lotta allo sfruttamento** e alla povertà, legate a cause economiche, politiche o sociali. Per questo esse si impegnano a garantire ai produttori dei Paesi in via di sviluppo una **continuità nelle relazioni commerciali e negli ordini**, in modo che i produttori possano avviare progetti di respiro sempre più ampio.

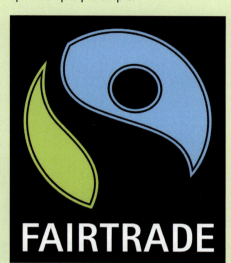

◀ Il logo fair trade.

◀ Tè e infusi del commercio equo e solidale.

Attività

▶ Svolgi una ricerca sulle origini del commercio equo e solidale (quando è nato, dove, dove si è sviluppato).

▶ Nel luogo dove vivi esistono delle botteghe dedicate a questi prodotti? Se sì, che cosa commerciano?

◀ Una donna lavora in una piantagione equo solidale di tè.

Africa centrale

NOME COMPLETO Sudan
CAPITALE Khartoum
FORMA DI GOVERNO Repubblica federale
LINGUA Arabo
SUPERFICIE 1.844.797 km²
POPOLAZIONE 33.975.593 abitanti (stima 2011)
DENSITÀ 18,42 ab/km²
FUSO ORARIO UTC +3
VALUTA Sterlina sudanese
UNITÀ DI MISURA DI LUNGHEZZA sistema metrico decimale
ISU (2012) 0,504 (145° posto)
Speranza di vita 58,85 anni
Istruzione media 3,1 anni
Popolazione urbana 40,8% (2011)
PREFISSO TEL. +249
SIGLA AUTOMOBILISTICA UD
GUIDA AUTOMOBILISTICA a destra
INTERNET TLD .SD

La bandiera è stata adottata nel 1970 e consiste di un tricolore rosso, bianco e nero, con un triangolo verde sul lato del pennone. L'inno nazionale è *As-salam Al-jamhuri: Nahnu Jund Allah Jund Al-watan* ("Siamo i soldati di Allah e della nostra madrepatria"), già in uso presso la Forza di Difesa Sudanese, un corpo militare creato nel 1925 per difendere i confini di quella che allora era una colonia britannica (il Paese ottenne l'indipendenza nel 1956).

Terreno spaccato dall'aridità in Sudan. Nel Paese il 45% della popolazione non ha accesso all'acqua potabile.

IL SUDAN DEL SUD

Nell'aprile del 2011 gli abitanti del Sud del Sudan hanno manifestato con un referendum la volontà di dar vita a uno Stato indipendente: la decisione ha ottenuto più del 98% dei consensi. La capitale è Juba e il territorio si estende su una superficie di 619.745 km²; ha una popolazione di circa 12.000.000 abitanti e una densità di 13,4 ab/km². Ricchissimo di giacimenti petroliferi e foreste, risorse idriche e minerarie, a differenza del resto del Paese a maggioranza musulmana, il Sudan del Sud è abitato da una popolazione non arabizzata, fedele ai culti tradizionali africani o convertita al cristianesimo.

SUDAN

Territorio e ambiente

Il Sudan si colloca tra il Tropico del Cancro e il 9° parallelo nord, sulla **costa orientale dell'Africa**. Confina a nord con l'Egitto e la Libia, a est con l'Eritrea e l'Etiopia, a sud con il Sudan del Sud, a ovest con Ciad e Repubblica Centrafricana, e si affaccia per circa 850 km sul Mar Rosso. Il Paese è tagliato in due dal corso del **Nilo**, che qui si riunisce in un unico bacino a partire dai due rami del Nilo Azzurro e del Nilo Bianco, e che con i suoi affluenti forma una **piana alluvionale** ricca di **pascoli** e **aree coltivabili**. A est e a ovest di essa si trovano ampi deserti, in cui la bassissima quantità di precipitazioni e l'assenza di oasi rendono impossibile qualsiasi forma di insediamento stabile. Al confine con il Ciad si elevano i **monti** del **Darfur**, con la vetta massima del Monte **Jabal Marrah** (3088 m); altri **rilievi** sorgono lungo la **costa**, con altitudini fino a 2700 m. Il **clima** è **desertico** al Nord, con elevate escursioni termiche giornaliere, e **tropicale** in prossimità della confluenza tra Nilo Azzurro e Nilo Bianco, con **piogge stagionali** concentrate tra aprile e novembre.

IL TERRITORIO DEL DARFUR

Prevalentemente arido e desertico, il Darfur è situato nella fascia orientale del Sudan, al confine con il Ciad. È ricco di risorse minerarie, tra cui petrolio, ed è abitato da popolazioni africane di etnia fur, zaghawa e masalit convertite all'islam in epoca remota. La regione ha fortemente risentito dei mancati investimenti in infrastrutture e servizi da parte del governo centrale, che ha concentrato le sue risorse nell'area della capitale. A ciò si aggiungono problemi legati all'economia agricola (le coltivazioni locali risentono dei lunghi periodi di siccità con conseguenti carestie) e alle vicende etnico-sociali (antiche rivalità dividono le popolazioni di ascendenza africana e quelle di origine araba). Tutto questo ha dato luogo a scontri degenerati nel 2003 in una guerra tra la popolazione "indigena" e guerriglieri di etnia araba sostenuti dal governo centrale. Nel conflitto, ufficialmente concluso nel 2006, ma in realtà mai sopito, sono morte circa 300.000 persone, mentre oltre 2 milioni sono state costrette a fuggire. Una missione di pace congiunta ONU-Unione Africana opera sul territorio dal 2008, ma l'esodo continua, in seguito alle violenze perpetrate dai soldati delle due opposte fazioni.

▶ Due donne trasportano taniche d'acqua in un campo profughi nel Darfur meridionale.

Contenuto integrativo

▲ Le piramidi di Meroe, dal 2011 Patrimonio dell'Umanità dell'UNESCO.

Popolazione e società

La **popolazione** è **giovane** (oltre il 40% ha meno di 15 anni) e in forte crescita, anche se l'alta natalità è bilanciata da una massiccia **emigrazione** e da un alto tasso di **mortalità infantile**.

La compresenza di **varie etnie** è motivo di ripetuti conflitti: la maggioranza degli abitanti (39%) è di **origine araba**, discendente degli antichi conquistatori provenienti dall'Egitto. Tuttavia nelle province orientali (Darfur) vi è una prevalenza di **gruppi di origine africana**, che rivendicano una maggiore rappresentanza politica o, addirittura, la secessione. La lingua ufficiale è l'**arabo**, è diffuso anche l'**inglese** a cui si affiancano numerosi dialetti. La religione ufficiale è l'**islam**, ma nelle regioni orientali sono molto diffusi i **culti tradizionali**. I cristiani, dopo la secessione del Sudan del Sud, sono una piccolissima minoranza. Le città più rilevanti sono la capitale, **Khartoum**, una delle più moderne dell'Africa centrale e Omdurman.

Economia

La secessione del Sudan del Sud ha privato il Sudan di oltre il 70% dei giacimenti di **petrolio**, la principale voce nella bilancia delle esportazioni. Questo, unito all'aumento dell'**inflazione**, al perdurare di **conflitti** nel Darfur e in altre regioni non lascia prevedere margini di ripresa nei prossimi anni e costituisce una grave limitazione anche per lo sviluppo di industria e terziario. Rimangono fondamentali gli **aiuti economici internazionali** e le **rimesse** degli emigrati.

La maggior parte della popolazione (circa il **70%**) è impiegata nell'**agricoltura**, praticata però con metodi arretrati e condizionata da periodi di siccità che non permettono l'autosufficienza alimentare della nazione che deve importare cibo. Tra le colture destinate all'esportazione la più diffusa è il **cotone**, seguito da arachidi, datteri, banane, canna da zucchero. Nelle regioni occidentali è praticato l'allevamento di ovini, bovini e cammelli.

● COMPLETA

1. Il Sudan confina con ....
   ....
   ....

2. Il clima a nord è ....
   e alla confluenza del
   Nilo Azzurro e Bianco è
   ....

3. L'alto tasso di natalità è
   controbilanciato da ....
   ....

4. La lingua ufficiale è ....

5. L'agricoltura è praticata
   con metodi ....
   ed è condizionata dalla ....
   ....

6. Tra le colture destinate
   all'.., la
   più diffusa è il ....

Africa centrale

laboratorio
IN VIAGGIO NEL PAESE PIÙ NUOVO DEL MONDO

Il Sudan del Sud è lo Stato più "nuovo" del mondo: è nato infatti nel luglio del 2011, quando la parte meridionale del Sudan si è definitivamente staccata dal resto del Paese, dando vita appunto a un nuovo Stato. La separazione è avvenuta dopo decenni di conflitti tra le popolazioni del Nord e quelle del Sud, sfociati in due guerre civili che hanno provocato un altissimo numero di vittime, stimate in oltre 2 milioni: uno dei più gravi disastri umanitari avvenuti dopo la Seconda guerra mondiale. L'instabilità politica e sociale, che è ripresa nel 2013 facendo precipitare ancora il Paese nella violenza, e le guerre sono anche all'origine dell'estrema povertà del Paese: il reddito pro capite è tra i più bassi dell'intero pianeta. Da un punto di vista geografico, a differenza del Sudan, il cui territorio è in gran parte costituito da deserto, steppa e savana, il Sudan del Sud è occupato soprattutto da foreste tropicali in cui sopravvive un gran numero di specie animali.

RAF Royal Air Force, l'aviazione militare britannica.

▲ Una bambina sventola la bandiera del Sudan del Sud.

Ci troviamo nel punto più elevato della catena Imatong, nel governatorato dell'Equatoria Orientale, la regione nel Sudan del Sud attraversata dal Nilo Bianco. Siamo il primo gruppo di un viaggio organizzato a scalare il monte più alto del Paese più giovane del mondo. Il tour organizzato da Secret Compass non è privo di rischi. Il Sudan del Sud, una nazione nata il 9 luglio del 2011, resta un luogo imprevedibile. Tom Bodkin, il capo della nostra spedizione, è un ex parà. Insieme al suo socio, Lev Wood, porta piccoli gruppi di escursionisti, noi siamo in dieci, nelle regioni più inesplorate del mondo. "Vogliamo dimostrare che questa zona, prima considerata inaccessibile e pericolosa, in realtà può essere esplorata se ci si comporta in modo responsabile", dice Tom.
Il nostro viaggio è cominciato cinque giorni fa a Juba, la nuova capitale. Da quando è stata dichiarata l'indipendenza dal Nord, Juba è diventata una città molto dinamica. Le infrastrutture faticano a tenere il passo: ministeri e ambasciate sono alloggiati all'interno di rudimentali edifici di lamiera e ci sono pochissime strade asfaltate. Tutto è coperto da uno strato di polvere e rifiuti. Ma è anche una città piena di speranza e fermento. Passiamo l'unica notte in città in un posto chiamato Campo dei beduini, dove ci sistemiamo in un container da trasporto riconvertito: una soluzione bizzarra ma obbligata, vista la precarietà degli alloggi in città. Abbiamo due obiettivi: scalare la montagna più alta del Paese e fare rafting sui punti più inviolati del Nilo, lungo il tratto di fiume che dal Parco nazionale Nimule, vicino al confine meridionale con l'Uganda, ci riporterà a Juba. Il giorno dopo partiamo in direzione sud-est, a bordo di un furgone dismesso della **RAF**. Attraversiamo una landa desolata piena di cespugli marroni e alcuni villaggi di capanne di fango, che un tempo appartenevano ai simpatizzanti dell'Esercito popolare di liberazione del Sudan, il braccio militare del movimento politico di ribelli che ha combattuto contro il governo di Khartoum. La seconda guerra civile per l'autonomia del Sud è andata avanti per 22 anni. Un trattato firmato nel 2005 ha portato a un referendum (nel gennaio 2011) in cui il 98% dei votanti si è espresso a favore della secessione. Dopo due guerre civili le strade sono in pessimo stato: per percorrere i 150 chilometri fino a Torit impieghiamo più di tre ore. Durante una pausa lungo il tragitto ci consigliano di non allontanarci dalla strada, perché ci sono ancora molte mine inesplose.

(Da Celia Topping, *The Independent*, trad. Fabrizio Saulini, in *Internazionale* n. 978, 7 dicembre 2012, rid. e adatt.)

◀ Bestiame per le strade di Juba, la capitale del Sudan del Sud.

ATTIVITÀ

1. **Dopo aver letto attentamente il brano, rispondi alle seguenti domande, segnando con una crocetta la risposta corretta.**

   a. Il Sudan del Sud è lo Stato più giovane del mondo, perché:
      - [ ] la popolazione è mediamente molto giovane
      - [ ] viaggiando nel Paese si incontrano poche persone anziane
      - [ ] tra gli Stati esistenti è il primo ad avere ottenuto l'indipendenza
      - [ ] è uno Stato nato molto recentemente, dopo anni di sanguinose guerre

   b. Un viaggio nel Sudan del Sud presenta dei pericoli, perché:
      - [ ] nel Paese i turisti vengono sempre sequestrati
      - [ ] il Paese è uscito da poco da un lungo periodo di guerre civili
      - [ ] il territorio è occupato in prevalenza da deserti
      - [ ] Juba, la capitale, è piena di mine inesplose

   c. Un sinonimo di "secessione" potrebbe essere:
      - [ ] unione
      - [ ] separazione
      - [ ] frantumazione
      - [ ] avvicinamento

   d. Il Paese ha ottenuto definitivamente l'indipendenza tramite:
      - [ ] accordi tra le varie tribù
      - [ ] la vittoria nell'ultima battaglia contro il Nord
      - [ ] un accordo internazionale
      - [ ] un referendum popolare

Verifica interattiva

UN VIAGGIO DA ESPLORATORI

Immaginate di essere voi a compiere un viaggio come quello del brano appena letto, in una regione così remota, in buona parte ancora inesplorata dagli Occidentali.

2. **Con l'aiuto dell'insegnante dividetevi in quattro gruppi e immaginate di organizzare una spedizione nel Sudan del Sud, percorrendolo a bordo di un veicolo da nord a sud in tutta la sua lunghezza.**

- Il primo gruppo proverà a capire come si può raggiungere un Paese rimasto "fuori dal mondo" così a lungo: ci sono aerei che partono direttamente dall'Italia o si devono fare scali in altri aeroporti? Quanto può durare un viaggio come questo? Un suggerimento: usate un motore di ricerca in Internet, per esempio inserendo "Sudan del Sud" e "voli".
- Il secondo gruppo si incaricherà di raccogliere informazioni sulle condizioni climatiche e ambientali e di stabilire qual è la stagione migliore per partire, nonché quale abbigliamento e quale attrezzatura potrebbero essere necessari.
- Il terzo gruppo, sempre utilizzando Internet, cercherà di capire a quali pericoli sanitari (malattie infettive, per esempio) si potrebbe andare incontro e penserà a cosa fare per prevenirli. A questo proposito, è molto utile il sito www.viaggiaresicuri.it del nostro Ministero degli Affari Esteri.
- Il quarto gruppo, infine, composto da aspiranti naturalisti, cercherà di capire quali specie animali si potrebbero incontrare. Anche qui un suggerimento: mettete in un motore di ricerca il nome del Paese e "animali" e fate la vostra ricerca.

▶ Un gruppo di escursionisti verso la vetta del Monte Kineti.

AFRICA MERIDIONALE

▲ Bambini in una scuola nello Zimbabwe.

▲ In alto: tramonto nel deserto del Kalahari, in Namibia.

La regione dell'Africa meridionale comprende **14 Stati**, 4 insulari e 10 sul continente, situati tra il 10° parallelo sud e Capo Agulhas, il punto più meridionale del continente. Al suo interno si trovano climi e ambienti molto diversi: dai deserti del Namib e del Kalahari alle vette dei Monti dei Draghi, dalle isole coralline delle Seychelles alla savana, dalla macchia mediterranea alle praterie sudafricane (*veld*).

Caratteristiche comuni...

I 14 Stati condividono un **passato coloniale**, al pari degli altri Paesi africani: Portoghesi, Olandesi, Francesi, Tedeschi e Inglesi occuparono questi territori a partire dal XVI secolo fino agli anni Sessanta e Settanta del Novecento. Anche per le condizioni ambientali più miti, la **presenza di Europei**, discendenti degli antichi coloni, è qui più marcata rispetto all'Africa centrale. La convivenza tra coloni e popolazioni locali ha però dato origine a terribili **conflitti**, soprattutto in seguito alla **segregazione razziale** attuata dagli Europei ai danni dei "non bianchi". In alcuni Stati – Sudafrica, Namibia e Zimbabwe – ancora oggi il processo di armonizzazione delle varie componenti etniche dei Paesi non si è del tutto concluso: la **povertà**, le **malattie**, la **mancanza di accesso all'acqua** e **all'istruzione** riguardano di più i neri e i meticci che i bianchi. Negli Stati dell'Africa australe è molto diffuso l'**AIDS**, che in alcuni Stati colpisce fino al 24% della popolazione adulta. Un importante passo verso la cooperazione politica e l'integrazione socio-economica è stato compiuto con la fondazione della SADC (*Southern African Development Community*, "Comunità per lo sviluppo dell'Africa meridionale"); un accordo, cui ha aderito anche la Repubblica Democratica del Congo, che prevede la definizione di una linea di **politica estera** e di una **politica economica comuni**, al fine di promuovere la **pace** e la **sicurezza**, ma anche il **lavoro** e l'**utilizzo delle risorse regionali** nel rispetto della sostenibilità ambientale.

... e differenti

Profonde differenze distinguono gli Stati insulari da quelli continentali.
Le isole **Mauritius** e le **Seychelles** hanno enormi **potenziali turistici**, che garantiscono cospicue entrate finanziarie. Ciò non accade in Madagascar ormai da alcuni anni, a causa della sua instabilità politica. Anche alcuni degli Stati continentali sono riusciti a sfruttare il potenziale turistico offerto dalla loro ricchezza faunistica e paesaggistica: si tratta della **Namibia** e dello **Zimbabwe**, i cui **grandi parchi naturalistici** richiamano un numero sempre più ampio di visitatori da tutto il mondo. Vi sono Paesi molto **poveri** e **arretrati**, come l'**Angola** o il **Mozambico**, e altri, come il **Sudafrica** e il **Botswana**, che sono riusciti a sviluppare un **sistema produttivo autonomo** ed **efficiente**, grazie soprattutto ai proventi delle risorse minerarie (diamanti, pietre preziose, oro, carbone, ferro, uranio, gas naturale). Il **Sudafrica** rappresenta l'**economia più sviluppata** del continente ed è l'unico Paese della regione a possedere un settore industriale articolato e moderno, centri universitari e di ricerca tra i migliori del continente, e un terziario all'avanguardia.

Contenuto integrativo

⦿ LAVORIAMO SULLE CARTE

1. Quale importante parallelo attraversa questa regione?
2. Quali sono le principali isole?
3. Quali oceani bagnano questi territori?
4. Come sono le coste: uniformi o frastagliate?
5. Dov'è localizzata la principale catena montuosa?
6. Quali sono i principali fiumi della regione?
7. Quali sono i laghi principali?

scenario — DONNE, SVILUPPO E LAVORO

▲ Una donna trasporta due taniche d'acqua in Sudan. Spesso le donne si fanno carico anche dei lavori più pesanti.

▲ Seppure ostacolate dalla tradizione, anche le donne africane si stanno emancipando.

Le donne cambieranno l'Africa

di Francesco Caselli

L'Africa è donna. E il suo futuro è legato al ruolo che le donne avranno nei settori generalmente considerati maschili. Per rendere l'idea, basti pensare che il 70% della forza agricola del continente è in mano alle donne, le stesse che producono l'80% delle derrate alimentari gestendone la vendita per il 90%. Il dato interessante è che la percentuale di donne salariate nel settore non agricolo è dell'8,5%, anche se, soprattutto nel Sud, si sta affermando la figura della donna manager. Secondo un'opinione comune, le Ceo (termine inglese che designa l'amministratore delegato di un'azienda) di sesso femminile sanno gestire meglio gli affari, sono meno corruttibili e meno corruttrici, più previdenti e sensibili all'uguaglianza sociale. Tuttavia sono diverse le ragioni del **ruolo marginale delle donne** nell'economia della regione subsahariana: prime tra tutte le difficoltà di accesso che hanno sin da piccole alle risorse di base, a iniziare dall'educazione e dalle cure mediche. L'analfabetismo è una piaga difficile da debellare: il tasso di scolarizzazione delle bambine (con riferimento alla frequentazione delle elementari) è del 67%; solo il 15% delle donne sopra i 15 anni sa leggere e scrivere, contro il 67,1% degli uomini. La mortalità materna è ancora molto alta: appena poco più della metà delle partorienti beneficia di assistenza sanitaria da parte di personale qualificato. Esistono altri ostacoli all'affermazione socio-economica delle donne. In tante nazioni secondo il codice famigliare, le ragazze non possono ottenere l'eredità e in caso di scioglimento del matrimonio non hanno autorità sui figli. Inoltre, ancora oggi capita che i matrimoni vengano combinati; il 28% delle donne si sposa prima di compiere 20 anni.

In Africa, è **la donna** che **genera reddito** all'interno della propria famiglia. Nelle zone rurali è lei a occuparsi del nutrimento dei figli, dell'assistenza agli anziani, del lavoro nei campi, della vendita dei prodotti al mercato, della raccolta dell'acqua e della cura degli animali domestici. Ma c'è un'altra faccia della medaglia. Alcune donne, una minoranza che sta tuttavia crescendo giorno dopo giorno, sono diventate vere e proprie **top manager** che muovono milioni di dollari e danno lavoro a centinaia di impiegati. È il caso di Réki Moussa, 39 anni, che dal 2008 regna su metà del mercato della microfinanza a Niamey, in Niger. Come lei Maria Ramos, alla testa di Absa Bank, o Tina Eboka, direttrice di Standard Bank, prima banca del Sudafrica, o le manager del gruppo Ecobank di Lomé (nel Togo) che compongono il 33% dell'intero staff dirigenziale. Si può parlare di rivoluzione? Vent'anni fa, ad eccezione della donna commerciante con risme di tessuti sulla testa o con il carretto della frutta, in Africa non c'erano donne d'affari. Un cammino in divenire non facile, perché il pregiudizio e l'idea della donna come leva dell'economia è ancora in una fase buia. e donne sono la spina dorsale che sorregge l'Africa, in tutti i settori della vita, dalla casa all'infanzia, dall'economia alla politica, dall'arte all'impegno ambientale. Figure come Réki, Maria o Tina rappresentano una goccia nell'oceano nella valorizzazione delle capacità e dell'impegno che la donna può dare, oggi, in un continente ricco di risorse e potenziale cambiamento. Ecco perché oggi non è pensabile un futuro dell'Africa senza un loro contributo sostanziale.

(Da www.frontierenews.it/2011/05/le-donne-che-cambieranno-lafrica, 25 maggio 2011)

Africa AFRICA MERIDIONALE

"Siamo abituati a vedere le donne africane stanche e affamate che portano sulle spalle bambini altrettanto stanchi e affamati, ma l'Africa non è solo questo, le donne non sono solo così".

È quanto ha giustamente affermato la liberiana Leyham Gbowee, un'attivista per la pace che per il suo impegno ha ricevuto il Premio Nobel per la Pace nel 2011.
È difficile parlare di condizione femminile in Africa, perché si cade inevitabilmente in generalizzazioni che non tengono conto delle differenze esistenti fra i vari Paesi, fra diverse regioni di uno stesso Stato (ad esempio aree urbane o rurali) e fra i vari livelli sociali di appartenenza.
Negli ultimi anni in Africa sono stati compiuti **notevoli progressi** per quanto riguarda la condizione femminile. E sono progressi che balzano ancora di più agli occhi perché le condizioni di partenza erano tremendamente arretrate, tanto da non lasciar presupporre miglioramenti sulla breve distanza. Oggi invece le donne africane sono universalmente considerate le vere **protagoniste** del cambiamento e **dell'emancipazione** sociale e politica. Nel 2011 è stato addirittura proposto di candidare le donne africane nel loro complesso al Premio Nobel per la Pace, proprio per il loro ruolo di collante della società, anche nei Paesi spaccati da guerre e lotte tribali o religiose.
Secondo la Banca Mondiale, il continente africano ha maggiori probabilità di un tempo di avviarsi verso lo sviluppo economico, proprio grazie all'ingresso delle donne nei settori chiave della politica, della finanza, del commercio e dell'imprenditoria. Già da tempo il lavoro agricolo è gestito dalle donne. Esse costituiscono una forza indispensabile per la crescita del continente. Solo per fare un esempio, è interessante notare che nei Paesi dell'Africa subsahariana la media delle donne elette nei parlamenti è del 22%, mentre gli Stati Uniti, la Francia e il Giappone si fermano al 19% e in Italia sono il 17%. Le donne sono protagoniste dell'ascesa finanziaria e tecnologica dell'Africa: non solo manager e banchiere, ma anche fondatrici di aziende di successo nel campo della moda, delle energie rinnovabili o dei trasporti. Certo, rimane ancora molto da fare. In numerosi Paesi africani le donne sono ancora le principali vittime dell'arretratezza culturale e sanitaria, della miseria, dell'AIDS, della carenza di istruzione, dei matrimoni forzati e di altre ingiustizie e soprusi, dagli stipendi più bassi a parità di lavoro all'impossibilità di accedere alle risorse e di ereditare beni.
È normale che, in un panorama generale così arretrato, le storie di successo di donne che "ce l'hanno fatta" risultino ancora più straordinarie e beneauguranti per il futuro.

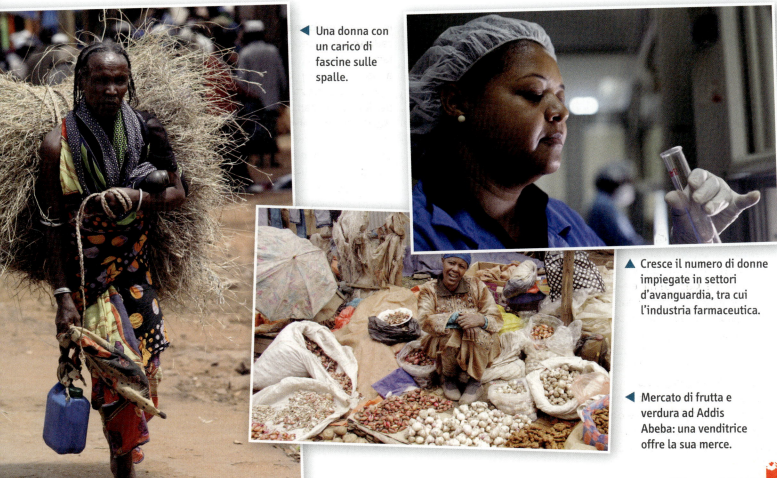

◀ Una donna con un carico di fascine sulle spalle.

▲ Cresce il numero di donne impiegate in settori d'avanguardia, tra cui l'industria farmaceutica.

◀ Mercato di frutta e verdura ad Addis Abeba: una venditrice offre la sua merce.

Africa meridionale

NOME COMPLETO
Repubblica del Sudafrica

CAPITALE Pretoria

FORMA DI GOVERNO Repubblica

LINGUA Inglese, afrikaans, isiNdebele, isiXhosa, isiZulu, sePedi, seSotho, seTswana, siSwati, tshivenda e xitsonga (ufficiali)

SUPERFICIE 1.220.813 km²

POPOLAZIONE 50.586.757 abitanti (censimento 2011)

DENSITÀ 41,44 ab/km²

FUSO ORARIO UTC +2

VALUTA Rand sudafricano

UNITÀ DI MISURA DI LUNGHEZZA sistema metrico decimale

ISU (2012) 0,619 (123° posto)
Speranza di vita 57 anni
Istruzione media 8,5 anni
Popolazione urbana 62,2%

PREFISSO TEL. +27

SIGLA AUTOMOBILISTICA ZA

GUIDA AUTOMOBILISTICA a sinistra

INTERNET TLD .ZA

La bandiera fu adottata nel 1994 ed è composta da due bande orizzontali (rossa in alto e blu in basso) separate da una sorta di ipsilon verde; sul lato dell'asta è collocato un triangolo nero, bordato di giallo. La ipsilon rappresenta il sentiero che unisce i vari gruppi etnici verso un futuro comune.
L'inno nazionale, adottato nel 1997, deriva dall'unione di due composizioni diverse, in uso durante la colonizzazione e il regime di apartheid: *Nkosi Sikelel' iAfrika* in lingua xhosa ("Dio protegga l'Africa") e *Die Stem van Suid-Afrika* ("Il richiamo del Sudafrica") in afrikaans. In quattro sole strofe l'inno utilizza cinque delle lingue più parlate del Paese (quelle ufficiali sono 11): isiXhosa, isiZulu, seSotho, afrikaans e inglese.

SUDAFRICA

Territorio e ambiente

La posizione e il clima

Il Sudafrica occupa l'estremità meridionale del continente ed è circondato dalle acque su tre lati: l'Oceano Atlantico a ovest e quello Indiano a sud e a est.
A nord invece confina con il Botswana, a nord-est con Zimbabwe, Mozambico e Swaziland, a nord-ovest con la Namibia. All'interno del suo territorio, verso sud-est, è racchiuso lo Stato del Lesotho. Il **clima** è per lo più **temperato e subtropicale**, ma varia molto da zona a zona a seconda della distanza dal mare, dell'altitudine e della latitudine.
Il regime dei venti, inoltre, determina una maggiore o minore umidità: la costa orientale è raggiunta dagli alisei carichi di umidità provenienti dall'Oceano Indiano, che favoriscono abbondanti precipitazioni e rendono la regione molto fertile. Nell'interno, soprattutto verso ovest, i venti oceanici non riescono a penetrare e le precipitazioni diminuiscono notevolmente, fino a cessare quasi del tutto nell'**area desertica** del **Kalahari**.
La costa sud-occidentale, in corrispondenza di Città del Capo, gode di un clima che si può paragonare a quello mediterraneo: freddo e piovoso durante l'inverno e caldo e secco in estate.
Anche la vegetazione varia con il clima: si va dalla **foresta tropicale** alla **savana**, dalla **prateria** tipica delle pianure (*veld*) alla **macchia mediterranea**.

Rilievi, pianure, coste e fiumi

Il territorio è prevalentemente occupato da altopiani, orlati da nord-est fino a sud-ovest da catene montuose di origine vulcanica: i Monti **Lebombo**, i **Monti dei Draghi** (con cime oltre i 3000 m) e il **Gran Karoo** o Grande Scarpata, a ridosso di Città del Capo. Le **pianure** occupano una **ristretta** fascia di territorio, chiusa fra la **costa**, generalmente **bassa** e **regolare**, e i monti.
I corsi d'acqua sono di lunghezza limitata e di regime irregolare, ad eccezione del **Vaal**, del **Limpopo**, che segna a nord il confine con il Botswana e lo Zimbabwe per poi sfociare nel territorio del Mozambico, e dell'**Orange**, che attraversa tutto il Paese, dai Monti dei Draghi fino al confine con la Namibia, formando numerose **cascate**.

▲ Il Gran Karoo.

▲ Veduta di Città del Capo.

> **Afrikaans**
> Lingua parlata in Sudafrica, Namibia e Zimbabwe, sviluppatasi a partire da una base di olandese con l'apporto di altre lingue europee (soprattutto inglese e tedesco) e del malese.
>
> **Townships**
> Quartieri-ghetto edificati alla periferia delle grandi città in cui abitavano esclusivamente i non-bianchi, ovvero neri e *coloured*.

Popolazione e società

La popolazione, la lingua e la religione

La popolazione sudafricana viene ancora censita considerando i quattro gruppi etnici che caratterizzarono gli anni della segregazione razziale. I **neri**, suddivisi in varie etnie per lo più di lingua **bantu**, rappresentano l'**80%**. Il resto della popolazione è costituito dai *coloured* (9%), dai **bianchi** (9%), discendenti dagli storici coloni olandesi e inglesi e dai più recenti immigrati tedeschi, francesi e italiani, e **asiatici** (2%). La Costituzione riconosce **11 lingue ufficiali**, tra cui l'**inglese** e l'**afrikaans**. La maggior parte della popolazione è **cristiana** (70%), i **culti animistici** sono ancora diffusi (9%), mentre **islam** (2,5%) e **induismo** (2,4%) sono praticati da minoranze. Il Sudafrica ha un tasso di fecondità basso (2,5 figli per donna) e un incremento demografico dell'1,2%. Questi dati, uniti a quelli economici, permettono di affiancarlo ai Paesi più avanzati. Se invece si guarda alla speranza di vita (57 anni) o al tasso di mortalità infantile (37,9‰), rientra tra quelli meno sviluppati. È soprattutto l'enorme diffusione dell'**AIDS**, che colpisce circa il 18% della popolazione adulta, a influire sul tasso di mortalità; ma al risultato negativo contribuiscono anche i problemi relativi all'**accesso ai servizi sanitari**, all'**acqua potabile** e alle **cure mediche** da parte delle popolazioni rurali o dei residenti delle *townships*, fino ad alcuni anni fa prive dei servizi essenziali.

Le città

Il 62,2% della popolazione vive nelle **aree urbane** concentrate nella **parte orientale**, e sulla **costa meridionale**. Le regioni nord-occidentali, desertiche e semi-desertiche, sono invece pressoché disabitate. Cuore economico è **Johannesburg**, la metropoli più grande (5 milioni di abitanti circa). Nella sua struttura urbanistica sono ancora evidenti le tracce dell'apartheid: al centro, elegante e moderno, si affiancano i sobborghi, o *townships*, tra cui Soweto, cuore delle proteste antiapartheid negli anni Settanta del Novecento. **Città del Capo** è la seconda città per numero di abitanti: situata sulla costa sud-occidentale, rappresenta il **principale porto**, grazie all'approdo naturale garantito dal promontorio del Capo di Buona Speranza. **Pretoria**, la capitale amministrativa, è la sede del governo e delle ambasciate straniere. **Bloemfontein** è la capitale giudiziaria, dove ha sede la Corte di Giustizia.

◉ COMPLETA

1. Il Sudafrica è circondato dagli oceani .... e .... Il clima e la vegetazione sono ....

2. Nonostante l'abolizione dell'........................... la popolazione è ancora suddivisa in quattro gruppi etnici: i neri di lingua ...., i meticci *coloured*, i .... discendenti dai coloni .... e inglesi, gli ....

3. Nelle *townships*, nate come quartieri-ghetto per .... e meticci *coloured*, permangono problemi relativi all'accesso ai servizi sanitari, all'acqua potabile e alle ....

Africa meridionale

geostoria
UN LUNGO PROCESSO DI EMANCIPAZIONE

Contenuto integrativo

La colonizzazione
Abitato da tribù nomadi fin da epoche remote, il Sudafrica fu raggiunto dai **Portoghesi** (1487) e in seguito dagli **Olandesi** (nel XVII secolo).
Questi ultimi crearono i primi insediamenti coloniali; in seguito iniziò un afflusso di immigrati europei attratti dalla disponibilità di terreni agricoli e da pascolo: si trattava dei **boeri**, "contadini", che sfruttavano il lavoro degli schiavi neri importati da altre zone. Dalle unioni degli schiavi con gli indigeni e con i coloni nacque l'etnia che oggi viene chiamata *coloured*. L'indebolimento della potenza olandese all'inizio dell'Ottocento favorì gli **Inglesi**, che nel **1820** conquistarono la colonia e ne trasformarono la fisionomia: affrancarono gli schiavi e abolirono i lavori forzati.

L'apartheid
Dopo la fine della Prima guerra mondiale, cui il Sudafrica partecipò al fianco della Gran Bretagna, furono applicate le prime leggi discriminatorie nei confronti dei neri, dei *coloured* e degli asiatici che avrebbero dato origine al regime di segregazione razziale, **apartheid, instaurato nel 1948**. Bianchi e non bianchi dovevano abitare, lavorare, pregare, studiare, viaggiare in luoghi separati.
I non bianchi furono espropriati dei loro beni e confinati in zone rurali isolate, dette **bantustan**, prive di infrastrutture e senza attività produttive. Alle proteste e alle rivolte dei neri e dei *coloured* seguirono feroci repressioni, incarcerazioni e massacri da parte dei bianchi. I capi delle rivolte, tra cui **Nelson Mandela**, furono rinchiusi in carcere, a Robben Island di fronte a Città del Capo.
Le **violenze** e le **violazioni** dei **diritti umani** provocarono l'indignazione e la riprovazione della comunità internazionale, che condannò duramente il regime di apartheid e comminò pesanti **sanzioni economiche** al Sudafrica che, espulso dal Commonwealth, era nel frattempo diventato una **Repubblica indipendente** (1962).

Il processo di pacificazione
Le pressioni internazionali e le continue ribellioni interne spinsero il governo ad aprirsi al confronto con i principali movimenti di opposizione. Il Presidente **De Klerk** decise di smantellare il regime segregazionista e di chiamare al suo fianco Nelson Mandela, capo dell'African National Congress (ANC), dopo averlo scarcerato (1990). I due furono insigniti del Premio Nobel per la Pace.
Nel 1994 furono indette le prime libere elezioni, cui tutti poterono partecipare, indipendentemente dal colore della pelle. Fu così che, grazie all'appoggio della popolazione nera, Nelson Mandela fu eletto Presidente della Repubblica. Una nuova **Costituzione**, nel 1996, ha **abolito la segregazione razziale**, garantendo la convivenza multietnica e la tutela delle minoranze. Il processo di ricomposizione del conflitto tra bianchi e neri è stato lungo e doloroso.
I responsabili dei massacri e delle violenze più atroci ai danni dei non bianchi sono stati condannati in regolari processi, ma nonostante la fine dell'apartheid le differenze tra i vari gruppi etnici che compongono la nazione risultano ancora molto evidenti, soprattutto a livello di benessere economico e accesso ai servizi essenziali: i neri sono meno istruiti, più poveri, più colpiti dall'AIDS e da altre malattie. La strada per la piena integrazione razziale è ancora lunga.

LA SCOMPARSA DI NELSON MANDELA
Il padre della lotta contro l'apartheid, Nelson Mandela, si è spento il 5 dicembre 2013 all'età di 95 anni. A Johannesburg i grandi della Terra si sono riuniti per la commemorazione ufficiale. Alla presenza di centinaia di capi di Stato, 4500 Sudafricani hanno reso omaggio al grande leader e primo presidente eletto dopo la fine del regime segregazionista.

▲ Nelson Mandela.

▼ Il Sudafrica durante l'apartheid: bianchi e uomini di colore dovevano percorrere scale separate.

▲ Un minatore lavora in una miniera d'oro nei pressi di Carletonville.

▲ Una vasta piantagione di caffè nella regione di Kiambu.

Economia

Uno sguardo generale

L'economia del Paese è la più avanzata del continente: è uno dei pochissimi Paesi industrializzati dell'Africa nera a far parte del WTO e dal 2010 è entrato nei BRICS, il gruppo delle economie emergenti. La stabilità raggiunta a livello macroeconomico non è però ancora sufficiente ad assicurare una migliore distribuzione del benessere all'interno della popolazione: la disoccupazione colpisce soprattutto i neri e i *coloured*, così come la difficoltà di accedere all'istruzione superiore e, quindi, di migliorare la propria posizione sociale ed economica.

OCCUPATI NEI TRE SETTORI
- Primario: 4,6
- Secondario: 24,3
- Terziario: 71,1

Contenuto integrativo

Risorse energetiche

Il suolo è ricco di risorse naturali, tra cui **oro**, **platino**, **ferro** e **diamanti**, ma anche **uranio**, **manganese**, piombo, zinco, stagno, rame e nichel. Nonostante l'assenza di petrolio, il **carbone**, di cui è l'ottavo produttore al mondo, ha permesso al Paese di godere di una certa autonomia nella produzione energetica. Tuttavia, con l'aumento dei consumi dovuto allo sviluppo economico e sociale, è costretto a **importare petrolio**, che serve a coprire circa il 17% del fabbisogno energetico nazionale. Il governo sta tentando di potenziare la produzione di energie rinnovabili (soprattutto idroelettrica e solare), oltre al nucleare.

I settori economici

L'**agricoltura** occupa solo il 4,6% della popolazione, e grazie all'impiego di macchinari è praticata su larga scala con una **produttività** molto **elevata**, soprattutto nelle zone sud-orientali, più fertili. Tra le principali coltivazioni vi sono mais, frumento e **frutta**. Nella zona di Città del Capo si coltiva l'uva per la produzione vinicola.
Nell'**industria**, i settori principali sono il **siderurgico**, **metallurgico**, **chimico** e **petrolchimico** (il petrolio viene importato grezzo e raffinato nel Paese). Uno dei comparti in cui si sta registrando una cospicua crescita è quello **automobilistico**. Circa il 75% della popolazione sudafricana lavora nel **terziario**, il più sviluppato del continente. Grazie alla realizzazione di importantissimi accordi commerciali, regionali e internazionali, il settore del **commercio estero** rappresenta oggi l'area più dinamica e promettente dell'economia del Paese. Anche il **settore finanziario** è in ascesa: la borsa valori di Johannesburg (JSE) è la più importante dell'Africa e tra le prime 20 al mondo. Il commercio ha avuto un grande impulso dopo la fine del regime di apartheid, incoraggiato dalla stabilità politica e dagli standard europei nel settore ricettivo e dei trasporti.

🔵 LAVORA SUL TESTO

1. Quali problemi colpiscono l'economia sudafricana? Sottolinea nel testo.
2. Individua e sottolinea le ricche risorse naturali sudafricane.
3. Evidenzia gli aspetti positivi dell'agricoltura.
4. Che tipo di agricoltura viene praticata? Sottolinea nel testo.

NOME COMPLETO Repubblica di Namibia
CAPITALE Windhoek
FORMA DI GOVERNO Repubblica
LINGUA Afrikaans, inglese e tedesco (ufficiali), bantu, herero, nama, oshivambo
SUPERFICIE 825.615 km²
POPOLAZIONE 2.104.900 ab. (censimento 2011)
DENSITÀ 43 ab/km²
FUSO ORARIO UTC +1
VALUTA Dollaro namibiano
UNITÀ DI MISURA DI LUNGHEZZA sistema metrico decimale
ISU (2012) 0,625 (120° posto)
Speranza di vita 61,9 anni
Istruzione media 6,2 anni
Popolazione urbana 42,1%
PREFISSO TEL. +264
SIGLA AUTOMOBILISTICA NAM
GUIDA AUTOMOBILISTICA a sinistra
INTERNET TLD .NA

La bandiera è stata adottata per la prima volta nel 1990, quando la Namibia ha ottenuto l'indipendenza dal Sudafrica. È divisa in due da una banda diagonale rossa delimitata da due strisce bianche; l'angolo inferiore destro è verde, quello superiore sinistro è blu con al centro un sole giallo a 12 raggi, simbolo della vita e dell'energia del Paese.
L'inno nazionale è *Namibia, Land of the Brave* ("Namibia, patria dei coraggiosi"), scelto mediante un concorso nazionale nel 1990.

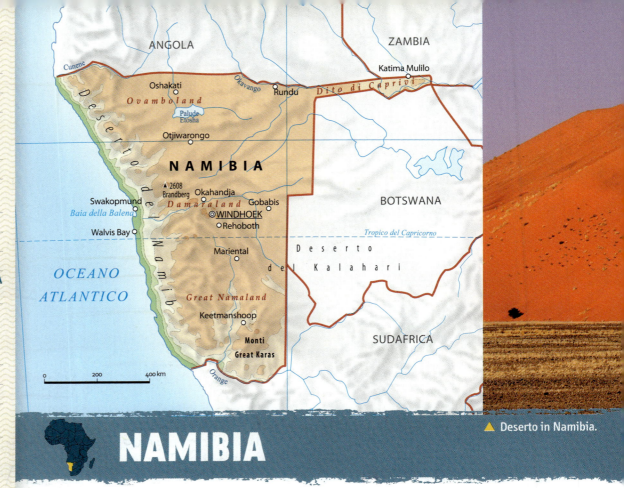

▲ Deserto in Namibia.

NAMIBIA

Territorio e ambiente

La Namibia si affaccia sulla costa atlantica dell'Africa meridionale, a cavallo del Tropico del Capricorno. Confina a nord con l'Angola, a nord-est con lo Zambia e lo Zimbabwe, a est con il Botswana, a sud-est e a sud con il Sudafrica. All'interno del suo territorio si distinguono quattro regioni:
- la **fascia costiera**, occupata dal **deserto del Namib**, sabbioso nelle vicinanze del mare e per il resto prevalentemente roccioso;
- la regione **centrale** dominata da una serie di **altopiani rocciosi**, ai cui margini occidentali si elevano cime superiori ai 2000 m, tra cui quelle del Brandberg (2608 m);
- la grande **conca desertica** del Kalahari a **est**, verso il confine con il Botswana e il Sudafrica;
- la **regione settentrionale, pianeggiante**, che comprende la distesa salina dell'Etosha Pan e la pianura alluvionale del fiume Okavango, l'area più verde del Paese.

Prevalentemente **desertica** e **semi-desertica**, la Namibia ha **pochi corsi d'acqua regolari**, come il Cunene e l'Orange, che ne segnano rispettivamente il confine settentrionale e meridionale: per la maggior parte i fiumi hanno carattere endoreico (cioè non raggiungono il mare ma si fermano nei bacini interni). Il clima è **tropicale arido**.

Popolazione e società

La Namibia è caratterizzata da una grande **varietà etnica** e **linguistica**: la maggior parte della popolazione è di origine **africana** (87,5%), divisa in molteplici gruppi tribali parlanti lingue diverse; i bianchi, discendenti dei colonizzatori, rappresentano solo il 6% e sono concentrati per lo più nella capitale e negli altri centri urbani, così come i *coloured* (6,5%). Ex colonia tedesca, dopo la Prima guerra mondiale passò sotto l'amministrazione del Sudafrica che impose anche qui l'**apartheid**: ciò ha acuito i conflitti etnici e ha rallentato

ALLA SCOPERTA DEL "DITO DI CAPRIVI"

Il Dito di Caprivi è una lunga e sottile striscia di terra che si protende per 450 km tra le frontiere di Zambia, Botswana, Zimbabwe e Angola, fino a raggiungere il fiume Zambesi. Si tratta di una delle tracce più evidenti a livello cartografico del passato coloniale dell'Africa: fu creata a tavolino il 1° luglio del 1890 mediante un accordo tra Gran Bretagna e Germania. Quest'ultima, infatti, non voleva rinunciare allo sbocco sullo Zambesi, fondamentale per collegarsi via fiume all'Oceano Indiano dalla sua colonia dell'Africa Sud-Orientale (l'attuale Namibia). Il territorio prese il nome del cancelliere tedesco Leo von Caprivi, ma nel 2013 il governo namibiano ha deciso di ribattezzare l'area "Zambesi". Si tratta di un modo di cancellare le sofferenze subite dalla nazione nel periodo della colonizzazione tedesca con il massacro di 65.000 indigeni herero per fame e sopraffazione.

▲ Il fiume Zambesi.

il processo di integrazione anche dopo l'indipendenza ottenuta nel 1990. Come in molti altri Paesi africani, il tasso di crescita della popolazione è fortemente limitato dall'**elevata mortalità infantile** (29,3‰) e dalla **diffusione dell'AIDS**, che riguarda il 13% della popolazione adulta. La **speranza di vita** è piuttosto **bassa** (61,9 anni). Per ragioni climatiche, la popolazione è distribuita in maniera irregolare e nel Namib è del tutto assente.
Il tasso di urbanizzazione è basso (42,1%) e l'unica vera città è la capitale, **Windhoek** (oltre 300.000 abitanti). Le lingue ufficiali sono l'**afrikaans**, l'**inglese** e il **tedesco**; gli idiomi più parlati dalla popolazione sono il **bantu** e l'**herero**, eredità della dominazione sudafricana.
La religione prevalente è il **cristianesimo**, con una maggioranza di protestanti (51,4%), seguiti da cattolici (16,5%) e anglicani (5,5%), il resto della popolazione pratica **culti animisti tradizionali**.

Economia

Ricca di **risorse minerarie**, soprattutto diamanti, uranio, argento, oro, zinco (che rappresentano circa il 70% delle esportazioni), è costretta a **importare** il 50% del proprio fabbisogno di **cereali**, per la scarsa redditività del terreno. Questo ne rende molto **fragile l'economia**, legata alle **variazioni dei prezzi** del **mercato internazionale**.
L'**allevamento** è molto diffuso, soprattutto nelle regioni nord-orientali, e alimenta le **esportazioni** di **carne** e di **lana**. Il **settore industriale** è **poco sviluppato** ed è in larga parte collegato alla trasformazione dei prodotti agricoli e all'attività mineraria. La struttura produttiva è gestita dalla sola componente bianca della popolazione.
Il terziario è il settore in cui è impegnata la maggior parte degli abitanti (65,9%): grazie a un ambiente ancora integro, alla presenza di numerosi **parchi naturali** e alla stabilità politica, il **turismo** è in forte crescita e costituisce una voce importantissima del PIL nazionale.

RISPONDI

1. Quali sono le caratteristiche delle quattro regioni geografiche?
2. Quale potenza europea, fino alla Prima guerra mondiale, teneva la Namibia sotto il suo dominio coloniale?
3. Quali sono i problemi della popolazione, anche dopo l'indipendenza dal Sudafrica, ottenuta nel 1990?
4. Quali sono i punti forti e quali le carenze dell'economia del Paese?

I PARCHI DELL'AFRICA MERIDIONALE

L'Africa conta un numero elevatissimo di Parchi nazionali, riserve forestali e marine, concentrati per lo più nelle regioni centrali e meridionali del continente. La cultura della tutela del paesaggio e dell'ambiente è un'acquisizione abbastanza recente in queste aree, fino al secolo scorso meta soprattutto di ambiziose battute di caccia (che venivano chiamate "caccia grossa") ad animali maestosi, come elefanti e leoni. La tendenza oggi prevalente degli Stati africani è quella di **preservare aree sempre più vaste dei loro territori** da interventi umani, lasciando che siano gli animali a dominare foreste incontaminate, deserti aridi e savane.

Parco nazionale Etosha, Namibia

Il cuore dell'Etosha National Park, è occupato da un deserto salino che, per il caratteristico colore del suolo, dà il nome al parco: *Etosha* significa infatti "grande luogo bianco". La **vegetazione qui è scarsa**: alcune specie di acacia spinosa, arbusti e l'albero mopane, dalle foglie carnose a forma di farfalla. Vi abitano zebre, giraffe, gnu, gazzelle e antilopi e oltre 300 specie di uccelli.

Parco nazionale di Andasibe-Mantadia, Madagascar

Il Parco, è una vasta area coperta dalla lussureggiante vegetazione tipica delle **foreste pluviali**: alberi di diverse altezze, felci, liane, piante medicinali e orchidee. Ospita la maggior parte delle specie endemiche del Madagascar, animali che nella grande isola hanno avuto un'evoluzione indipendente.

Central Kalahari Game Reserve, Botswana

Nel cuore del deserto del Kalahari, è una delle riserve **più selvagge e incontaminate**. È il regno dei leoni e delle giraffe, ma anche dei rettili e degli scorpioni.

Parco nazionale Matobo, Zimbabwe

Patrimonio dell'Umanità dell'UNESCO dal 2003, questo parco si estende intorno alle colline di Matobo, celebri per i "giganti" di granito: enormi massi rotondeggianti sovrapposti, che sembrano essere stati disposti dalla mano di un'artista per formare "sculture" preistoriche. Nel parco si trovano numerose caverne che conservano antiche **pitture rupestri**. Il parco ospita una **grandissima varietà di specie**: oltre al più numeroso gruppo di aquile reali del pianeta, vi sono rinoceronti bianchi, antilopi, zebre e giraffe, gnu, gazzelle, leopardi, iene, ghepardi, ippopotami, facoceri, linci, coccodrilli, scimmie e babbuini.

Parco nazionale Kruger, Sudafrica

È il più celebre e più antico parco nazionale del Sudafrica. Si estende per 20 milioni di km² ed è il paradiso degli animali della savana, i cosiddetti *big five*. Con le riserve naturali del Mozambico e dello Zimbabwe, forma il Great Limpopo Transfrontier Park, cioè un'area protetta nella quale i confini nazionali sono stati aboliti: per questo, il Kruger è considerato un "parco della pace".

Big five

I "cinque grandi", cioè leoni, rinoceronti, leopardi, bufali ed elefanti, un tempo le prede più ambite per i cacciatori e oggi i più ricercati dagli amanti della natura selvaggia.

Moremi Game Reserve, Okavango delta, Botswana

Il delta dell'Okavango si trova **in mezzo al deserto**: le acque del fiume non sfociano nel mare ma nelle sabbie del Kalahari, formando un labirinto di canali, paludi e isole. La **vegetazione rigogliosa** che ricopre quest'area attrae innumerevoli specie di uccelli. Qui vivono grandi mammiferi – oltre ai *big five* anche antilopi, gazzelle, ippopotami, zebre, gnu, giraffe –, rettili, coccodrilli lunghi sino a sei metri, pesci e anfibi.

laboratorio
L'ACQUA È UN DIRITTO, MA NON PER I BOSCIMANI

Il Botswana è situato a nord del Sudafrica, con il quale confina. È un Paese piuttosto vasto, con una superficie pari a quasi il doppio di quella dell'Italia. Privo di sbocchi sull'oceano, il territorio è costituito in gran parte da un altopiano, situato a circa 1000 metri d'altezza. A sud-ovest, verso il confine con il Sudafrica e la Namibia, si trova il deserto del Kalahari, che occupa una buona parte del Paese; spostandosi verso nord prevale invece la savana. Il Botswana conserva una natura eccezionale, che ha il suo fiore all'occhiello nel vasto delta del fiume Okavango, un'immensa palude ricchissima di mammiferi, uccelli e rettili. Con circa 1,6 milioni di abitanti, il Paese ha una densità di popolazione bassissima. La composizione etnica vede prevalere il ceppo Bantu, ma sono presenti minoranze costituite da Boscimani e Ottentotti. Il Botswana è un ex possedimento britannico, indipendente dal 1966. La forma di governo è quella della Repubblica. A differenza di quanto è accaduto in altri Stati dell'Africa meridionale, come in Sudafrica, in Botswana la convivenza tra la popolazione bantu e quella bianca di origine europea è stata in genere pacifica.

L'Alta Corte del Botswana ha negato ai Boscimani il diritto all'acqua. Una fine giuridica. I giudici hanno vietato loro il diritto di accedere al pozzo esistente nelle loro terre. E, come se questo non bastasse, non potranno nemmeno costruirne uno nuovo all'interno della Central Kalahari Game Reserve, una delle regioni più aride del mondo: la loro terra da sempre. Insomma vengono presi per sete, come molti temevano che accadesse, visto che nella zona esistono enormi interessi di estrazioni minerarie (diamanti prima di tutto) e turistici, entrambi in contrasto con la presenza della popolazione indigena. La decisione era attesa da tempo e c'erano stati anche alcuni interventi dell'ONU affinché si garantissero i diritti di un popolo che non vuole lasciare la sua terra. Il caso era stato discusso alla presenza di molti Boscimani, che avevano affrontato un lungo viaggio per raggiungere il tribunale. Poi un nuovo rinvio. La sentenza, fa sapere Survival International, un'associazione che tutela le tradizioni dei popoli indigeni di tutto il mondo, infligge un'enorme ferita ai Boscimani, che lottano per sopravvivere senz'acqua già dal 2002, quando il governo sigillò il pozzo per indurli ad abbandonare le terre ancestrali. Ma nel 2006 l'Alta Corte definì illegali e incostituzionali gli sfratti forzati operati dal governo e, da allora, centinaia sono ritornati nella riserva. Nel 2005 una donna indigena, Xoroxloo Duxee, è morta per disidratazione. Nonostante la sentenza, il governo proibì ai Boscimani di riaprire il pozzo. Survival International ha poi anche rilevato che allo stesso tempo è stata autorizzata l'apertura di un complesso turistico di lusso della Wilderness Safaris, dotato di bar e piscina per i turisti, e lo scavo di nuovi pozzi per abbeverare animali selvatici con i soldi della Fondazione Tiffany & co. Inoltre la Gem Diamonds ha ottenuto il nulla osta ambientale per aprire una miniera di diamanti nella riserva, ma solo a condizione che non sia fornita acqua ai Boscimani. Negli ultimi anni, il Botswana è diventato uno dei luoghi più ostili del mondo per i popoli indigeni, ha dichiarato Stephen Corry, direttore generale di Survival che ha dichiarato: "Se ai Boscimani viene negata l'acqua nelle loro terre mentre viene fornita liberamente ai turisti, agli animali e alle miniere di diamanti, allora gli stranieri dovrebbero chiedersi seriamente se possono accettare di sostenere questo regime visitando il Paese e acquistando gioielli nei suoi negozi".

(Da www.ilcorriere.it, 22 luglio 2010, rid. e adatt.)

◀ Una donna boscimane con il suo bambino nel bush.

▼ Un branco di antilopi nel Central Kalahari Game Reserve, un Parco nazionale del Botswana.

ATTIVITÀ

1. Dopo aver letto attentamente il brano, rispondi alle seguenti domande, segnando con una crocetta la risposta corretta.

a. Ai Boscimani è stato negato il diritto di accedere all'acqua, perché:
- ☐ vivono in una regione molto arida e loro ne utilizzavano troppa
- ☐ ci sono altre etnie che la devono utilizzare
- ☐ la loro presenza è ritenuta in contrasto con interessi di tipo economico
- ☐ il governo del Paese vuole conservare l'acqua per le proprie necessità

b. Alla luce dei fatti l'intervento dell'ONU si è rivelato:
- ☐ efficace
- ☐ inefficace, perché il governo ha proseguito sulla propria strada
- ☐ efficace, ma solo in parte
- ☐ inefficace, a causa della compagnia mineraria Gem Diamonds

c. Nella vicenda a cui si riferisce il brano che hai letto, Survival International difende:
- ☐ gli interessi economici dei potenti
- ☐ i diritti dei popoli indigeni
- ☐ il governo del Paese
- ☐ nessuno di questi

d. Il direttore di Survival International mette in dubbio l'opportunità per i turisti di visitare il Paese, in quanto:
- ☐ il turismo è una risorsa di scarsa importanza per il Botswana
- ☐ i turisti darebbero implicitamente il loro sostegno alle politiche del governo
- ☐ i turisti sottrarrebbero la poca acqua presente alla fauna selvatica
- ☐ il governo deve trovare altre fonti di entrata di valuta pregiata

DIRITTI NEGATI, INTERESSI ECONOMICI, ACCESSO ALL'ACQUA: TRE TEMATICHE IMPORTANTI

L'articolo mette in evidenza alcune problematiche di grande attualità, che si presentano in forma simile in varie regioni del mondo: la guerra per l'acqua, bene preziosissimo e raro in vaste aree del pianeta; i diritti spesso calpestati delle minoranze etniche nei Paesi in via di sviluppo; la subordinazione del potere politico ai grandi interessi economici; l'esigenza di pensare a una forma di "turismo etico" o "turismo responsabile", che si ponga in primo luogo il problema di non portare denaro ai Paesi i cui governi non rispettano i diritti civili della popolazione o di una parte di essa.

2. Dividetevi in quattro gruppi e, partendo da questi temi, svolgete il lavoro proposto.

- Un gruppo realizzerà una ricerca con lo scopo di portare altri esempi di regioni del mondo in cui l'acqua è fonte di conflitti di vario tipo (almeno due casi).
- L'acqua è così importante che in alcuni casi ci si riferisce a essa chiamandola "oro blu". Alla maggior parte degli abitanti dei Paesi del Primo mondo sembra normale poter disporre di acqua, ma in molte aree del pianeta non è così. Aiutandosi con Internet un gruppo cercherà di rispondere a queste domande: quanta parte dell'umanità, approssimativamente, non dispone di acqua potabile a sufficienza? Dove se ne consuma di più pro capite? In Italia esiste il problema della carenza di acqua? In caso affermativo, in quali regioni?
- Nell'articolo si fa riferimento ai diamanti, per la cui ricerca viene calpestato il diritto dei Boscimani di accedere all'acqua. Alcune regioni dell'Africa ne sono ricche ma, quasi sempre, la loro presenza si traduce in una fonte di conflitti. Un gruppo approfondirà questo tema, evidenziando su un planisfero le nazioni nelle quali si sfrutta questa risorsa del sottosuolo.
- Siete turisti responsabili e, dovendo pianificare un viaggio, volete escludere gli Stati in cui si calpestano palesemente i diritti umani. Un gruppo indicherà cinque di questi Paesi e spiegherà brevemente le motivazioni che hanno portato alla scelta.

▶ Un gruppo di Boscimani intenti ad accendere il fuoco.

AMERICHE

Territorio e ambiente

La posizione
Interamente circondato dalle acque, il continente americano è bagnato a nord dal **Mar Glaciale Artico**, a ovest dall'**Oceano Pacifico**, a sud dal **Mar Glaciale Antartico** e a est dall'**Oceano Atlantico**, che si insinua profondamente nel continente dando vita al **Golfo del Messico** e al **Mar delle Antille** (o dei Caraibi), in corrispondenza dell'istmo dell'America centrale. Lo **Stretto di Bering** separa l'America dall'Asia a nord-ovest, mentre lo **Stretto di Drake** la separa dall'Antartide a sud.

Tre grandi regioni geografiche
Dal punto di vista della **geografia fisica** si è soliti suddividere il continente in **tre grandi regioni**:
- **America del Nord**, la massa continentale comprendente Canada, Stati Uniti e Messico;
- **America centrale**, costituita dall'istmo che collega il Messico e la Colombia, dalle isole e dagli arcipelaghi delle Grandi e Piccole Antille e dalle isole Bahamas;
- **America del Sud**, il vasto territorio di forma triangolare che si estende dalla Colombia fino alla Terra del Fuoco, nell'estremità meridionale.

Il clima
Proprio per la sua vastissima **estensione** in senso **longitudinale**, in America si trovano **tutti i climi**. Su questi esercitano una grande influenza anche le correnti oceaniche e la presenza di rilievi. Abbiamo dunque un clima:
- **polare** e **subpolare** nelle estreme regioni del nord, oltre il Circolo polare artico, con vaste estensioni di terreno coperte dai **ghiacci** per la maggior parte dell'anno;
- **continentale freddo** nella zona del Canada, con vaste foreste di **conifere** e **latifoglie**;
- **continentale temperato** nella fascia nord-orientale degli Stati Uniti e in una ristretta zona dell'America del Sud, con **zone più aride** occupate da **steppe** e **praterie**;
- **mediterraneo** sulle coste sud-occidentali degli Stati Uniti, con una vegetazione simile alla **macchia mediterranea**;
- **tropicale caldo-umido** nel Golfo del Messico e nell'America centrale, con abbondanti piogge estive e una vegetazione rigogliosa che dà luogo a **foreste tropicali**;
- **desertico** nella zona centro-occidentale degli Stati Uniti e del Messico, con i **deserti caldi** di **Sonora** e di

I PRIMATI DEL CONTINENTE

- **Il monte più alto dell'America settentrionale**: il **Mc Kinley** (6194 m), in Alaska.
- **Il monte più alto di tutto il continente**: l'**Aconcagua** (6962 m), nella Cordigliera delle Ande, tra Argentina e Cile.
- **L'isola più estesa**: la **Groenlandia** (2.166.086 km²). Geograficamente è situata all'interno del continente americano anche se politicamente appartiene alla Danimarca.
- **Il lago più vasto**: il **Lago Superiore** (84.131 km²). Appartiene al sistema dei cinque Grandi Laghi, al confine tra Canada e Stati Uniti.
- **Il fiume più lungo**: il **Rio delle Amazzoni** (6281 km insieme al Rio Ucayali, il suo principale affluente). È anche il più lungo del mondo.
- **Il vulcano attivo più alto**: l'**Ojos del Salado** (6880 m, è anche il più alto del mondo). Si trova nella Cordigliera delle Ande, tra Argentina e Cile.
- **La foresta più vasta**: l'**Amazzonia**, la pianura lungo il bacino del Rio delle Amazzoni e dei suoi affluenti. Si estende per circa 7.000.000 di km² e il 65% della sua superficie si trova in Brasile, mentre il restante 15% è suddiviso tra Colombia, Perù, Venezuela, Ecuador, Bolivia, Guyana, Suriname e Guyana francese.
- **La cascata con la maggior portata**: il **Salto del Angel** (972 m), nel fiume Orinoco, in Venezuela.

▶ Una sula dai piedi azzurri, specie diffusa nell'America centrale e soprattutto nelle isole Galapagos (Ecuador).

▲ Pinnacoli nel Parco nazionale di Bryce Canyon (Arizona, USA). Questi pinnacoli, chiamati *hoodoos*, sono prodotti dall'erosione dovuta all'azione di acqua, vento e ghiaccio.

Chihuahua, e nella fascia costiera del Cile, con il **deserto freddo** di Atacama, il luogo più asciutto e secco del mondo;
- **equatoriale** vicino all'Equatore, con **foreste pluviali**, soprattutto in Amazzonia;
- **alpino** sulle cime più alte dell'America settentrionale e della catena delle Ande a sud.

Rilievi e pianure

Le principali catene montuose si snodano da nord a sud lungo la costa occidentale: le **Montagne Rocciose** e la **Catena Costiera** nell'America del Nord, la **Sierra Madre Occidentale** e **Orientale** in Messico e la catena delle Ande a sud, in cui si trovano le vette più elevate (oltre i 6000 m) e moltissimi **vulcani attivi**. La fascia orientale è invece occupata da montagne più antiche e quindi più basse: i **Monti Appalachi** nell'America del Nord, il **Massiccio della Guyana** e l'**altopiano del Brasile** nell'America del Sud. La zona collocata tra queste due fasce montuose è occupata da **vaste pianure**, solcate da ampi **fiumi**.

Le coste e le isole

Le **coste** sono caratterizzate da profonde insenature come la **Baia di Hudson** a nord, il **Golfo del Messico**, il **Golfo di California** e quello di **Panama** nell'America centrale. Numerose anche le **isole**, soprattutto in Alaska (le Algonchine), nel Mar Glaciale Artico (la Groenlandia e la Terra di Baffin) e nel Mar delle Antille (Grandi Antille, Piccole Antille e Barbados). Oltre a queste, nel Pacifico, in corrispondenza dell'Equatore, vi sono le isole Galapagos, parco naturale con flora e fauna uniche al mondo, le **Falkland-Malvinas**, appartenenti politicamente alla Gran Bretagna, e la **Terra del Fuoco**, nell'Oceano Atlantico, all'estremità meridionale.

I fiumi e i laghi

Numerosi e abbondanti sono i fiumi e i laghi, distribuiti in maniera uniforme, a eccezione dell'America centrale, dove le montagne a ridosso delle coste non permettono lo sviluppo di fiumi di ampia portata. Tra i principali **fiumi** dell'America settentrionale vi sono: lo **Yukon** tra Canada e Alaska, il **Mackenzie** e il **San Lorenzo** in Canada, il **Mississippi-Missouri**, lo **Snake**, il **Colorado** e il **Rio Grande** negli Stati Uniti. La parte settentrionale dell'America del Sud è dominata dai fiumi **Orinoco** e **Rio delle Amazzoni**. Più a sud scorrono il **Paraná-Paraguay** e l'**Uruguay**, che confluiscono in un unico grande estuario: il Rio de la Plata. I **bacini lacustri** più importanti si trovano in Canada (**Gran Lago degli Schiavi**, **Gran Lago degli Orsi**, **Lago Winnipeg**) e al confine tra Canada e Stati Uniti (i cinque **Grandi Laghi**). Nell'America meridionale, il lago principale è il **Titicaca** al confine tra Perú e Bolivia, situato a un'altitudine di 3812 m.

UN CONTINENTE ASSAI VARIEGATO

Il continente americano, pur non essendo il più vasto (primato che spetta all'Asia), è **il più esteso nel senso della longitudine**: a nord arriva quasi al Polo e a sud quasi al Circolo polare antartico. Al suo interno si trovano una grandissima **varietà di climi** e di **ambienti naturali**.
La sua storia inoltre ha fatto sì che vi siano **enormi differenze** tra la regione a nord del Tropico del Cancro e quella che si estende a sud di esso e fin quasi all'Antartide, sotto i profili **economico**, **politico**, **antropico**, **linguistico** e **culturale**.

▼ Il Rio delle Amazzoni in Brasile.

▲ Tucano.

▼ Il ghiacciaio Perito Moreno in Argentina.

Americhe 241

AMERICA FISICA

AMERICA POLITICA

Americhe 243

AMERICHE

Storia, popolazione e società

America anglosassone e America latina

Se fisicamente nel continente americano si individuano tre grandi regioni, osservando l'America dal **punto di vista storico-culturale** ed **economico-politico** si è soliti distinguere **due aree**:
- **America anglosassone**, comprendente Stati Uniti e Canada, ex colonie britanniche in cui la prima lingua è l'inglese;
- **America latina**, comprendente tutti gli altri Paesi, in cui la lingua ufficiale è per lo più di origine neolatina: il portoghese per il Brasile e lo spagnolo per la maggior parte degli altri Stati continentali (tranne il Belize, che fino al 1981 è stato colonia britannica e in cui si parla inglese, e il Suriname dove si parla l'olandese).

Un'area a sé è quella delle **isole caraibiche**, in cui alla dominazione spagnola si sono avvicendate quelle francese, olandese e britannica: la maggior parte delle isole sono oggi Stati indipendenti e hanno come lingue ufficiali l'inglese (Giamaica e altri minori) o il francese (Haiti); i Paesi europei conservano tuttavia ancora alcuni territori d'oltremare (ad esempio Martinica, Guadalupa e Bermuda).

La colonizzazione europea

A partire dall'arrivo di Colombo nel 1492, il continente americano fu meta di esplorazioni e conquiste da parte degli Stati europei.
Mentre il **Portogallo** occupò il **Brasile**, la **Spagna** si impossessò di tutta l'**America centrale e meridionale**.
Tra il XVI e il XVII secolo il **nord** del continente fu meta della **colonizzazione inglese**, che subentrò a quelle francese e olandese in queste regioni.
I colonizzatori importarono nei territori conquistati **modelli** di **sviluppo economico** profondamente **diversi**:
- i coloni **spagnoli** e **portoghesi** erano quasi esclusivamente interessati allo **sfruttamento delle ricchezze minerarie e di materie prime del continente** a vantaggio delle aziende della madrepatria;
- i coloni **britannici**, in cerca di **autonomia economica e libertà religiosa**, dettero vita a **fiorenti attività imprenditoriali** sfruttando le terre e le ricchezze del Nuovo continente.

Si trattava di una diversità di vedute così radicale che i suoi effetti sono evidenti ancora oggi.

I PRIMATI DEL CONTINENTE

- **Lo Stato più popolato**: gli **Stati Uniti**, con 308 milioni di abitanti.
- **Lo Stato meno popolato**: Saint Kitts and Nevis, con 46.111 abitanti.
- **Lo Stato più esteso**: il **Canada** (9.897.170 km²).
- **Lo Stato meno esteso**: Saint Kitts and Navis (261 km²).
- **Lo Stato più densamente popolato**: le **Barbados** (636 ab/km²).
- **Lo Stato meno densamente popolato**: il **Canada** (3 ab/km²).
- **La città più popolosa del continente**: San Paolo, in Brasile. Nella sua area urbana conta circa 20 milioni di abitanti.
- **La città più popolosa dell'America settentrionale**: New York, con circa 8 milioni di abitanti (oltre 19 milioni se si considera l'intera area urbana).
- **Lo Stato più ricco**: gli **Stati Uniti**, con un PIL pro capite di circa 50.000 dollari USA.
- **Lo Stato più povero**: **Haiti**, con un PIL pro capite di 738 dollari USA.

▲ La raccolta del caffè in una piantagione portoghese del Brasile nel XVIII secolo.

▶ La raccolta del caffè in una piantagione contemporanea del Brasile.

Una popolazione composita...

A causa della sua storia di colonizzazione e immigrazione pressoché costanti dal 1492 in poi, la popolazione americana è quanto di più variegato si possa immaginare. Pochi sono ormai i **discendenti delle popolazioni indigene** (**Inuit**, indiani d'America, **amerindi** o **indios**), decimati dalle malattie importate dai conquistatori e dalle guerre per il controllo del territorio. Moltissimi sono i **neri**, **discendenti degli schiavi africani** deportati in America per lavorare nelle piantagioni di cotone, tabacco e caffè. Vi sono poi i **bianchi**, che rappresentano la maggior parte della popolazione dell'America anglosassone – **discendenti dei conquistatori europei** e degli immigrati giunti nel Nuovo continente tra l'Ottocento e la metà del Novecento – e gli **Asiatici**, di più recente immigrazione. **Meticci**, **mulatti** e **creoli** sono il risultato della fusione tra questi gruppi etnici. Si tratta, come si può ben comprendere, di una **società** fortemente **multietnica**, in cui i problemi di integrazione e sviluppo sono stati solo in parte risolti: le minoranze etniche e linguistiche (oltre alle lingue europee, sopravvivono ancora quelle parlate dagli indigeni, anche se a forte rischio di estinzione) non vengono tutelate in tutti gli Stati americani e non ovunque hanno ottenuto piena parità di diritti.

... distribuita in maniera diseguale

Gli oltre 850 milioni di persone che abitano nel continente americano sono distribuiti in maniera assai poco uniforme, sia per **ragioni climatiche** sia per ragioni **economiche**. Tra le aree **meno densamente popolate** vi sono il **Canada**, il cui territorio settentrionale è ricoperto dai **ghiacci** per molti mesi all'anno, le **aree desertiche** di **Stati Uniti** e **Cile** e l'**Amazzonia**, inadatte agli insediamenti umani. La popolazione, fortemente urbanizzata in tutto il continente, si concentra soprattutto **lungo le coste**, nella regione dei **Grandi Laghi** tra Canada e Stati Uniti e sugli altipiani andini. Qui si trovano anche i principali insediamenti e **megalopoli** tra le più grandi al mondo.

Inuit
Definiti in passato Eschimesi ("mangiatori di carne cruda"), sono gli abitanti delle terre polari canadesi. Il loro nome significa "gli uomini".

Amerindi
Abitanti originari del continente americano.

Indios
Indigeni dell'America centrale e meridionale.

Meticci
Nati dall'unione di bianchi e indios.

Mulatti
Nati dall'unione di bianchi e neri.

Creoli
Figli e discendenti dei coloni europei nell'America latina.

▲ Sopra: una discendente inca in Perú. Sotto: i grattacieli di Chicago (USA).

▼ Un villaggio lungo il Rio delle Amazzoni;

AMERICA ANGLOSASSONE

Imperialismo
Politica con cui uno Stato tende a imporre il proprio predominio, diretto o indiretto, su altre nazioni, attraverso la conquista militare e anche con lo sfruttamento economico o l'egemonia politica e culturale.

▲ Il Lago Two Jack e le Montagne Rocciose canadesi.

▲ Monumento nel Monte Rushmore, South Dakota. Nella roccia granitica sono scolpiti i volti di quattro famosi presidenti americani: George Washington, Thomas Jefferson, Theodore Roosevelt e Abraham Lincoln, scelti come simboli rispettivamente della nascita, della crescita, dello sviluppo e della conservazione degli Stati Uniti.

Caratteristiche comuni...

L'America anglosassone comprende i due Stati più estesi dell'America del Nord, che vanno da un oceano all'altro e che occupano circa il 46% dell'intero continente. Si tratta di due ex colonie britanniche in cui ancora oggi la lingua predominante è l'inglese: **Canada** e **Stati Uniti**. I due Paesi sono accomunati dal **passato coloniale**, dalla **lingua predominante**, da uno **sviluppo economico e sociale** assai simile e dal fatto di essere storicamente **terre di immigrazione**. Canada e Stati Uniti rappresentano **l'area economicamente più sviluppata del pianeta** (gli USA sono la prima potenza economica mondiale, il Canada si colloca tra le prime otto): sono tra i Paesi **più industrializzati al mondo**, sedi delle principali multinazionali, tra i maggiori esportatori di prodotti alimentari e di materie prime, leader dello **sviluppo** tecnologico e della ricerca scientifica. Sono altresì ai primi posti per l'**indice di sviluppo umano** e per l'avanzamento del **settore terziario**, in particolare dei servizi finanziari. Sono anche tra le nazioni che hanno il più **alto livello di consumo energetico** al mondo e, di conseguenza, anche di emissioni di anidride carbonica e gas inquinanti. Canada e Stati Uniti sono inoltre legati da un **trattato di libero scambio** (NAFTA, *North America Free Trade Agreement*, accordo nordamericano per il libero scambio) che comprende anche il Messico e garantisce ai tre Paesi membri vantaggi economici e commerciali.

... e differenti

Questi due Paesi sono anche divisi da profonde differenze. La prima è il **peso demografico**: il Canada, pur avendo una maggiore estensione territoriale, ha circa un decimo degli abitanti degli Stati Uniti. Il Canada è ancora molto legato alla Gran Bretagna: pur essendo indipendente, riconosce nel sovrano d'Inghilterra il proprio capo di governo, sia pure con mansioni puramente formali. Gli Stati Uniti tendono a presentarsi come la **prima potenza economica**, **politica**, **militare** e **culturale** e in questi settori la loro influenza è molto più rilevante rispetto a quella del Canada. Gli USA hanno sviluppato un sistema di alleanze e di basi militari in tutto il mondo per la difesa dei loro obiettivi strategici; inoltre, intervengono autorevolmente nelle questioni finanziarie e politiche delle varie nazioni, in virtù della loro potenza economica e militare.
A livello **culturale**, poi, gli USA si pongono come un **modello**: l'***American Dream***, il "Sogno americano", l'idea tipicamente statunitense in base alla quale attraverso il duro lavoro, il coraggio, la determinazione sia possibile raggiungere il successo e la prosperità economica, ha affascinato per decenni i giovani di tutto il mondo, attratti anche dalle mode e dagli stili di vita che l'industria culturale statunitense diffonde attraverso film e canzoni. L'atteggiamento di **superiorità culturale**, oltre che **economica e militare**, dimostrato dagli Stati Uniti soprattutto nel secondo dopoguerra, ha tuttavia alienato molte simpatie al Paese: la sua politica *imperialista* nei confronti degli Stati dell'America centrale, di molti Stati africani e asiatici ha suscitato pesanti **critiche**, quando non **rifiuto** e **disprezzo**.

Contenuto integrativo

◉ LAVORIAMO SULLE CARTE

1. Quale importante parallelo attraversa questa regione?
2. Quali sono le tre principali penisole e isole?
3. Quali oceani bagnano questi territori?
4. Dov'è localizzata la principale catena montuosa?
5. Come si presenta il resto del territorio: pianeggiante o ricco di rilievi?

scenario: LE CITTÀ FANTASMA DEL TERZO MILLENNIO

▼ Una strada di Detroit negli anni Venti del secolo scorso.

◀ Una strada di Detroit oggi.

Detroit, una ghost city
di Gabriele Tagliaventi

Non c'è bisogno di un disastro nucleare per immaginare come potrà essere una città post-atomica. Basta andare a Detroit. Vuoti urbani a perdita d'occhio. Case che navigano isolate in un mare di verde selvaggio. Enormi strade vuote. Grattacieli in rovina. Stazioni ferroviarie in rovina. Hotel abbandonati, cani randagi per le strade, intere facciate senza più finestre. Vetri rotti ovunque. Scuole abbandonate.

Niente più bambini per le strade. I dati forniti dal **Census** americano fotografano una realtà apocalittica: la città di Detroit è scesa al livello demografico che aveva prima che la Ford avviasse la produzione del **Modello T**. Con un crollo drastico – del 25% in 10 anni –, la popolazione di Detroit è tornata a un livello pre-industriale, ottocentesco. Da 1.850.000 abitanti del 1950 ai 713.000 del 2011. Spettacolare.

Degno di un film di fantascienza. **La gente abbandona Detroit**. Fugge.
Le case vengono lasciate vuote, poi distrutte dalla polizia per paura che diventino preda della criminalità.
I grattacieli sono abbandonati. Le facciate sembrano crivellate dai colpi di una guerra civile.
Ci sono più di 50.000 cani randagi in giro per le strade. I vuoti urbani dentro l'area municipale di Detroit sono talmente estesi da poter ospitare l'intera città di San Francisco!
La città è sull'orlo della **bancarotta** e il sindaco cerca disperatamente di trovare una soluzione: **trasformare le aree vuote in terreni agricoli**. L'agricoltura dopo l'industria. Un disastro ambientale senza l'impiego di nessuna testata nucleare.
Detroit era una fantastica città negli anni Trenta del secolo pas-

▲ Un'autovettura Ford Modello T del 1917 circa.

sato: nel 1950 raggiunse il suo massimo splendore. Poi, è iniziato il declino.
Oggi la sua immensa area urbanizzata è ingestibile. Le spese per la manutenzione di strade concepite per una città di 2 milioni di abitanti non sono più sopportabili per una città tornata ai livelli pre-industriali.

(Da http://magazine.quotidiano.net/ecquo/tagliaventi/2011/03/30/la-citta-dopo-il-nucleare-detroit-insegna-come-la-bassa-densita-uccide/)

Bureau of the Census
(Ufficio del Censimento) È un organismo governativo degli Stati Uniti incaricato di effettuare un censimento ogni 10 anni e raccogliere statistiche riguardo alla nazione, ai suoi abitanti e all'economia.

Ford Modello T
È stata la prima vettura prodotta in grande serie utilizzando la tecnica della catena di montaggio, nel 1908.

Americhe AMERICA ANGLOSASSONE

Oggi Detroit ha più di 30.000 case vuote e l'amministrazione cittadina ha deciso di dichiarare inabitabili alcuni quartieri, sospendendo in quelle zone perfino l'erogazione dell'acqua, del gas e della luce.

Non può infatti mantenere un sistema di servizi pubblici adeguato a 2 milioni di cittadini quando ne rimangono poco più di un terzo: appena 700.000. Il sindaco Dave Bing sta promuovendo un piano per abbattere il maggior numero possibile di vecchi edifici.

Gli Stati Uniti del Terzo Millennio sono costellati di **ghost towns**, città fantasma. Sono centri urbani dal passato economicamente glorioso, come Detroit, la città dell'industria automobilistica, oggi rimasti pressoché deserti, spopolati, come dopo un esodo di massa o una catastrofe naturale.

Il fenomeno è definito dagli esperti di urbanistica con il nome di *shrinking cities*, "**città che si restringono**", ed è la conseguenza della crisi economico-finanziaria iniziata nel 2008, ma anche della facilità degli Americani a spostarsi, caratteristica tipica di un Paese di pionieri e immigrati pronti a traslocare in cerca di condizioni di vita migliori o di un lavoro più redditizio.

LA CITTÀ DEI MOTORI

Detroit era il centro della produzione di auto in America all'inizio del XX secolo. I "**Big Three**", cioè le tre maggiori case produttrici automobilistiche – Chrysler, Ford e General Motors –, avevano creato "**Motor City**," la città dei motori.

Detroit ha potuto vantare a lungo un'incredibile crescita economica: negli anni Venti si costruirono centinaia di grattacieli, grandi magazzini e cinema; il numero di abitanti salì da 285.700 a 1.850.000 tra il 1900 e il 1950. Verso il 1950 la crescita di Detroit terminò improvvisamente.

In seguito, con la crisi petrolifera del 1973 e la crescente competizione dei produttori esteri, Chrysler, Ford e General Motors subirono enormi perdite e decisero di chiudere le loro fabbriche per aprire nuovi stabilimenti in Paesi dove gli stipendi erano più bassi: nel decennio tra il 1970 e il 1980 Detroit perse 208.000 posti di lavoro.

In molti casi il declino delle grandi città era cominciato prima della crisi, ma quest'ultima ha dato il colpo di grazia a metropoli come **Phoenix** in Arizona, **Youngstown**, **Cleveland** e **Dayton** in Ohio, che hanno perso circa il 60% della popolazione rispetto al picco raggiunto negli anni Cinquanta. Dal 2011 l'economia statunitense è di nuovo in attivo, il mercato del lavoro si sta riprendendo e l'occupazione cresce. Si tratta, però, di una ripresa "a due velocità": c'è un'America in pieno risveglio e un'altra America che arranca e che non riesce a tornare a investire. Dalla crisi sono nate idee alternative per il recupero di quartieri urbani degradati e spopolati: cooperative di architetti e di agricoltori urbani hanno tentato di **trasformare immensi spazi cittadini in giardini e orti**, destinati a prodotti biologici. Alcune agenzie di viaggi organizzano persino visite nelle città simbolo dell'archeologia industriale degli anni Cinquanta e nei loro quartieri fantasma.

▲ Agricoltura urbana a Seattle, nella contea di King County (Stato di Washington).

◀ Stabilimenti Ford, 1920 circa.

NOME COMPLETO
Stati Uniti d'America

CAPITALE Washington

FORMA DI GOVERNO Repubblica federale

LINGUA Inglese (ufficiale), spagnolo

SUPERFICIE 9.371.219 km²

POPOLAZIONE 308.745.538 abitanti (censimento 2010)

DENSITÀ 33 ab/km²

FUSO ORARIO da UTC −5 a −10

VALUTA Dollaro USA

UNITÀ DI MISURA DI LUNGHEZZA sistema metrico decimale

ISU (2011) 0,910 (4° posto)
Speranza di vita 79,5 anni
Istruzione media 13,3 anni
Popolazione urbana 82,6%

PREFISSO TEL +1

SIGLA AUTOMOBILISTICA USA

GUIDA AUTOMOBILISTICA a destra

INTERNET LTD .US .UM .EDU .GOV .MIL

La bandiera degli Stati Uniti d'America, chiamata anche *Stars and Stripes*, "stelle e strisce", consiste di 13 strisce orizzontali rosse e bianche alternate e 50 piccole stelle bianche su un fondo blu rappresentano gli attuali 50 Stati federati degli Stati Uniti. Le 13 strisce ricordano le 13 colonie che ottennero l'indipendenza dall'Inghilterra (1776). Alla bandiera è dedicato l'inno nazionale, *The Star-Spangled Banner* ("La bandiera adorna di stelle"), adottato nel 1931.

STATI UNITI D'AMERICA

Territorio e ambiente

La posizione

Gli Stati Uniti d'America (o USA, *United States of America*) sono la quarta nazione al mondo per superficie. 48 dei 50 Stati che compongono la federazione si collocano nella fascia territoriale del Nordamerica, che si estende tra l'Oceano Pacifico (a ovest) e l'Oceano Atlantico (a est), delimitata a nord dal Canada e a sud dal Messico e dal Golfo del Messico. Vi sono poi **due Stati non contigui**:
- l'**Alaska**, all'estremità nord-occidentale del continente americano, confinante con il Canada;
- le isole **Hawaii**, nell'Oceano Pacifico, situate a oltre 4000 km a sud-ovest dalla costa della California.

Il vulcano Halea Kala, nelle isole Hawaii.

ALLA SCOPERTA DELLE ISOLE HAWAII

L'arcipelago delle Hawaii è l'ultimo Stato a essere entrato nella confederazione degli Stati Uniti d'America, nel 1959, anche se era sotto il protettorato statunitense sin dal 1876. Formato da 8 isole maggiori e oltre 100 isole minori, isolotti e scogli, si colloca geograficamente in Oceania. La capitale è Honolulu, nell'isola di Oahu, dove si trova anche Pearl Harbour, la base militare americana attaccata dai Giapponesi nel 1941: tale attacco spinse gli Stati Uniti a partecipare alla Seconda guerra mondiale. Grazie al clima mite e tiepido, caratterizzato da temperature intorno ai 27 °C per gran parte dell'anno, alla bellezza dei paesaggi e delle coste, le Hawaii basano la loro economia sul turismo: circa 7 milioni sono i visitatori che vi si recano ogni anno.

▲ Il faro Hyannis Harbor nella penisola di Cape Cod, Massachusetts.

▲ Onde di roccia sull'altopiano del Colorado.

Rilievi e pianure

Dal punto di vista morfologico il territorio degli Stati Uniti è caratterizzato da quattro grandi regioni, che si susseguono da est a ovest:
- a est, la **pianura costiera** che si affaccia sull'Atlantico;
- alle sue spalle, la catena dei **Monti Appalachi**, dalle vette modeste e dal profilo arrotondato, che si allungano in direzione nord-est/sud-ovest;
- al centro, le **Grandi Pianure centrali**, solcate dai fiumi Missouri e Mississippi e punteggiate solo da qualche rilievo collinare;
- a ovest, il **grande sistema montuoso occidentale**, che occupa circa un terzo dell'intero territorio statunitense ed è formato da rilievi di dimensioni e caratteristiche diverse: le **Montagne Rocciose**, le cui vette superano i 4000 m; una serie di altipiani, aridi e semidesertici, tra cui il **Gran Bacino** e l'**altopiano del Colorado**, con cime tra i 1200 e i 4000 m; la **Sierra Nevada**, con montagne più giovani e più elevate, la **Catena Costiera**, che digrada dolcemente fino alla costa del Pacifico. I rilievi più imponenti sono il Monte McKinley (6194 m), il Monte Sant'Elias (5489 m) e il Monte Foraker (5304 m) tutti in Alaska.

◀ Bisonte selvaggio.

RISPONDI
1. Quali Stati confinano a nord e a sud con gli Stati Uniti?

COMPLETA
2. Scrivi le quattro regioni in cui si suddividono gli USA da un punto di vista morfologico:
   a. a ovest ....
   b. a est ....
   c. a est (più al centro) ....
   d. al centro ....

▲ Due gru coronate.   ▲ Il ponte Mackinac, sul Lago Michigan, in una mattina invernale.

Fiumi, canali e laghi

Tranne pochi fiumi di breve corso e interrotti da rapide e cascate che hanno origine sugli Appalachi e si dirigono verso l'Atlantico (Connecticut, Hudson, Delaware, Potomac, Savannah), la maggior parte dei corsi d'acqua statunitensi nasce dalle **Montagne Rocciose**. Tra essi, i fiumi che si dirigono verso la costa occidentale hanno percorsi brevi e tortuosi (**Columbia**, **Sacramento** e **Colorado**, che sfocia in Messico). Quelli che sfociano nel **Golfo del Messico** sono molto più lunghi e hanno maggiore portata d'acqua: il **Rio Grande**, che segna a sud il confine con il Messico e, soprattutto, il **Mississippi**, che insieme al suo affluente **Missouri** forma il secondo corso d'acqua per lunghezza al mondo. I **laghi** si concentrano soprattutto nella regione nord-orientale, al confine con il Canada: i **Grandi Laghi**, uniti tra loro, formano la più vasta estensione d'acqua dolce del continente nonché un formidabile sistema di comunicazione che, grazie a canali artificiali collegati con il fiume San Lorenzo, giunge fino all'Atlantico. A ovest si trova invece il **Gran Lago Salato**, residuo di un vasto bacino preistorico in gran parte prosciugato, la cui componente salina è superiore a quella dell'acqua di mare.

La regione dei Grandi Laghi

La regione dei **Grandi Laghi** è una vasta area geografica, politicamente divisa tra Canada e Stati Uniti, caratterizzata da **cinque ampi bacini lacustri** comunicanti fra loro (i laghi Superiore, Michigan, Huron, Erie e Ontario), per una superficie complessiva di quasi 250.000 km². L'area è tra le più densamente popolate, sia sul versante canadese che su quello statunitense, non solo per la disponibilità di acqua potabile, ma anche per ragioni climatiche ed economiche. Il **clima** è notevolmente **mitigato** dalla presenza dei laghi (le sponde dei laghi Erie e Ontario sono note per i loro frutteti) e, grazie alla presenza di **canali** e **dighe**, la regione rappresenta uno snodo **strategico** dal punto di vista **economico**, formando un ramificato ed efficiente sistema di comunicazione attraverso il quale transitano circa 150 milioni di tonnellate di merci all'anno.
Dal 1959 questo territorio comunica con l'Atlantico grazie alla *Saint Lawrence Seaway*, che immette nel fiume San Lorenzo, e di qui all'oceano. Inoltre, i Grandi Laghi alimentano potenti centrali idroelettriche.

Coste, isole e penisole

I circa 20.000 km di coste sono assai variegati: le **coste atlantiche** sono **frastagliate** e orlate di **isole** fino a Cape Fear.
Su una di esse, Long Island, sorge parte della città di New York. Procedendo verso **sud** il **litorale** diventa **basso** e **sabbioso**, fino a diventare **paludoso** in **Florida** e lungo il Golfo del Messico.
Le coste occidentali sono più regolari: quelle della **California** sono basse e sabbiose, caratterizzate da grandi baie. In **Alaska** le coste sono caratterizzate da fiordi e fronteggiate da isole che ospitano vulcani attivi.

IL MISSISSIPPI

Il Mississippi attraversa dieci Stati americani, riceve le acque di numerosi affluenti e sfocia nel Golfo del Messico con un enorme delta.
Nel corso dei secoli il fiume è cambiato sensibilmente in seguito all'intervento dell'uomo: vi sono stati costruiti dighe, chiuse e argini mobili per regolare il flusso, irrigare i campi, costruire centrali idroelettriche e ridurre i pericoli dovuti alle inondazioni.
Lungo le sue sponde si trovano sterminate aree coltivate a cereali, cotone e soia.

◀ Un ponte lungo il corso del Mississippi.

Clima

Se si eccettuano l'Alaska, dalle caratteristiche climatiche subpolari, e le **Hawaii**, tipicamente tropicali, gli Stati Uniti hanno un clima di tipo prevalentemente **continentale**, anche se con aspetti assai variabili da zona a zona, a seconda della distanza dal mare, delle correnti marine, della latitudine, dell'altitudine e della disposizione dei rilievi e con le significative eccezioni delle due regioni della California e della Florida. Lungo le **coste** della **California** il clima è di tipo **mediterraneo**, con estati calde e inverni miti. **Oltre la Catena Costiera**, invece, si estendono larghe **zone desertiche**, con precipitazioni scarsissime ed escursioni termiche diurne elevatissime. Le **Montagne Rocciose**, le cui vette godono di un clima **alpino**, rappresentano una barriera pressoché insormontabile per le masse d'aria oceaniche, che non arrivano a mitigare il clima della **regione delle Grandi Pianure**: in questa zona il clima è **continentale a nord**, mentre spingendosi a sud, verso il **Golfo del Messico**, diventa **tropicale** ed è caratterizzato da piogge improvvise capaci di provocare grandi alluvioni e uragani, come quello denominato Katrina, che distrusse la città di New Orleans nel 2005. La **costa atlantica** è invece caratterizzata da un **clima oceanico**, abbastanza piovoso, almeno fino alle coste della Georgia.

COMPLETA

1. I fiumi più lunghi del Paese sono il .... e il Mississippi; entrambi sfociano nel ....

2. I laghi si trovano soprattutto nella parte settentrionale, ai confini con il ....: sono i cosiddetti Grandi Laghi.

3. La zona dei Grandi Laghi è densamente popolata. In questa vasta area vi è una disponibilità di .... e il clima è ....; inoltre, essa è al centro di un articolato .... di notevole importanza economica.

4. Il clima prevalente negli USA è quello ....

IL GRAND CANYON

Il fiume Colorado lungo il suo tratto statunitense, prima di varcare il confine con il Messico, attraversa una gola lunga 446 km, larga fino a 29 km e profonda fino a 1600 m, scavata dalle sue stesse correnti: il Grand Canyon. Si tratta di un paesaggio unico al mondo, intorno al quale è stato creato un parco nazionale, visitato da circa 5 milioni di turisti ogni anno.

◀ Grand Canyon (Arizona): Horseshoe Bend e il fiume Colorado.

America anglosassone

geostoria: DAI PRIMI COLONI ALL'INTEGRAZIONE RAZZIALE

La colonizzazione
I primi coloni giunsero negli Stati Uniti nel Seicento: gli **Spagnoli**, risalendo il continente dal Messico, si stabilirono nelle regioni meridionali, i **Francesi** nella zona dell'attuale Louisiana, gli **Inglesi** in Virginia (1607).

Da qui, in poco meno di due secoli, il **controllo britannico** si espanse fino a comprendere tutta la **costa orientale**, occupata in precedenza anche da Olandesi e Svedesi: nacquero così le **tredici colonie** britanniche. Nel 1770 le colonie avevano superato i 2 milioni di abitanti e rivestivano ormai un ruolo determinante per l'impero commerciale inglese, grazie alla coltivazione di tabacco, riso, grano e all'esportazione di pellicce e legname.

I rapporti con la madrepatria, a questo punto, si guastarono, a causa delle crescenti tasse imposte ai coloni: le proteste sfociarono in una rivolta scoppiata a Boston (il cosiddetto **Boston Tea Party**, 1773), dalla quale ebbe origine la **Guerra di indipendenza americana**.

L'indipendenza
Il **4 luglio 1776** il Congresso delle colonie, con la **Dichiarazione d'indipendenza**, dette vita agli **Stati Uniti d'America**. Nel 1783 la Gran Bretagna fu sconfitta, al termine di una lunga guerra contro i coloni (considerati "ribelli"), e si vide costretta a riconoscere l'autonomia agli Stati Uniti. Nel 1787 fu approvata la Costituzione degli Stati Uniti d'America, una **repubblica federale**, il cui primo presidente fu il generale **George Washington**.

Ottenuta l'indipendenza, le tredici colonie avviarono un processo di espansione verso ovest, la cosiddetta **conquista del West**, che avvenne a danno dei nativi americani, costretti a cedere il passo ai bianchi più numerosi, armati di fucili e militarmente meglio organizzati.

Un altro conflitto segnò la storia degli Stati Uniti tra il 1861 e il 1865: la **Guerra di secessione**, che portò all'**abolizione della schiavitù**, perno dell'economia delle colonie del Sud, basata sulle piantagioni e sull'uso di manodopera schiavile di origine africana.

Il lungo cammino verso l'uguaglianza
Il 13° emendamento alla Costituzione americana, che nel 1865 metteva fuori legge la schiavitù, era tuttavia solo il primo passo di un cammino verso l'uguaglianza e l'emancipazione destinato a durare oltre un secolo e mezzo e in atto ancora oggi. Fin dall'inizio, infatti, gli schiavi liberati non avevano i diritti civili e ci vollero cinque anni solo per riconoscere loro il **diritto di voto** (nel **1870**). Nel frattempo, tuttavia, venute meno le tensioni del conflitto, tutti gli Stati del Sud si organizzarono per impedire ai neri di accedere al diritto di voto, attraverso leggi che richiedevano determinati livelli di reddito, di istruzione o di residenza, inventando contemporaneamente espedienti per consentire il voto ai bianchi nelle stesse condizioni.

In questo modo, di fatto, la minoranza nera si trovò senza rappresentanti nei governi dei diversi Stati e fu sottoposta a forme di discriminazione altrettanto gravi di quelle subite in precedenza. In gran parte degli Stati, infatti, fu attuato un regime di vera e propria **segregazione razziale** (la separazione tra le diverse "razze"), basata sulla dottrina **"separati ma uguali"**.

In questo modo gli afroamericani furono obbligati a usufruire di servizi pubblici – quali mezzi di trasporto, ristoranti, scuole e ospedali – separati da quelli dei bianchi e, di fatto, di qualità inferiore. Alle discriminazioni razziali ratificate dalla legge si aggiungeva la **violenza omicida** sistematica, praticata dai gruppi più razzisti, come il tristemente noto **Ku Klux Klan**, per mantenere la minoranza nera sottomessa e in una permanente condizione di ansia e terrore. I numeri di questa strage sono impressionanti e secondo alcuni storici oltre 20.000 afroamericani sono stati uccisi in questo modo tra il 1890 e il 1940.

Dalla fine della Seconda guerra mondiale a Kennedy
All'indomani della Seconda guerra mondiale il problema della segregazione razziale si pose con molta maggior forza, anche perché in stridente contrasto con quegli stessi ideali di libertà e uguaglianza tra tutte le razze che avevano opposto le democrazie occidentali ai regimi dittatoriali di Germania, Italia e Giappone.

Per questo, sotto la spinta di un **movimento** sempre più esteso e radicato **per l'uguaglianza**, tra il 1954 e il 1959 la Corte suprema intervenne, ponendo pian piano fine alle consuetudini segregazioniste.

▲ George Washington mentre attraversa il fiume Delaware.

Le sentenze che lentamente demolirono le barriere segregazioniste furono soprattutto il risultato dello scalpore sollevato da azioni di protesta e campagne di sensibilizzazione pacifiche, condotte da leader storici come il reverendo Martin Luther King.
La definitiva abolizione della segregazione e della discriminazione razziale avvenne nel 1964 con l'approvazione del Civil Right Act ("Legge sui diritti civili") promosso dal presidente John Fitzgerald Kennedy che chiedeva una legge "che desse a tutti gli Americani il diritto di essere serviti in strutture aperte al pubblico, alberghi, ristoranti, teatri, negozi e simili" nonché "maggiore tutela per il diritto di voto" e aboliva ogni discriminazione basata sulla "razza, il colore, la religione o l'origine nazionale".

L'elezione di Obama e il permanere delle differenze

Il processo di piena integrazione razziale sembra davvero essersi compiuto con l'elezione di Barack Obama a presidente degli Stati Uniti d'America nel 2008 (riconfermato nel 2012).
Con lui, primo afroamericano a ricoprire la più alta carica statunitense, si è realizzata l'idea di un'America che "diventa una", superando le distinzioni etniche, secondo quanto affermato in uno dei suoi discorsi pubblici: "Non esistono un'America nera e un'America bianca, un'America latina e un'America asiatica: ci sono gli Stati Uniti d'America".
Alla definitiva affermazione dell'uguaglianza legale non corrisponde, tuttavia, anche un'uguaglianza sociale ed economica. Nonostante tutte le politiche attuate per favorire l'integrazione, ancora oggi gli afroamericani rappresentano, insieme ai nativi, il gruppo più svantaggiato: rispetto ai bianchi sono mediamente più poveri, meno istruiti, meno pagati a parità di mansioni, con una percentuale molto più alta di disoccupati. La mortalità infantile è doppia rispetto a quella dei bianchi e l'aspettativa di vita di 4 anni inferiore (74 anni contro i 78 dei bianchi). Il disagio sociale si traduce anche in un più alto tasso di criminalità: pur essendo il 12,6% della popolazione sono ben il 38% dei carcerati e la probabilità che un giovane afroamericano finisca in prigione sono sette volte quelle di un coetaneo bianco. Insomma, la marcia per il definitivo superamento di ogni disuguaglianza deve ancora continuare.

▼ Il reverendo Martin Luther King.

LA SFIDA DI ROSA PARKS

Rosa Parks, figura simbolo del movimento per i diritti civili statunitense, famosa per aver rifiutato nel 1955 di cedere il posto su un autobus a un bianco e per questo arrestata. La sua azione diede origine a un'ampia protesta della comunità afroamericana (guidata da Martin Luther King) e al boicottaggio dei mezzi pubblici di Montgomery, la capitale dello Stato dell'Alabama. La protesta durò 381 giorni: dozzine di pullman rimasero fermi per mesi finché non fu rimossa la legge che legalizzava la segregazione.

◄ Un ritratto del presidente americano Barack Obama, il primo afroamericano ad aver raggiunto la più alta carica dello Stato.

America anglosassone 255

IN GIRO per i Parchi degli Stati Uniti occidentali

Contenuto integrativo

La tutela degli ambienti naturali ha una lunga tradizione negli Stati Uniti: proprio qui, nel 1872 fu istituito il primo parco nazionale del pianeta. Si tratta di **Yellowstone**, negli Stati di Wyoming e, in piccola parte, Montana e Idaho. Oggi negli Stati Uniti ci sono **58 parchi nazionali**, molti dei quali dichiarati dall'UNESCO Patrimonio dell'Umanità. La maggioranza si trova in **California**, cui seguono **Utah** e **Colorado**. Oltre a Yellowstone, tra i più conosciuti e visitati ci sono il **Grand Canyon** (Arizona), lo **Yosemite** e il **Sequoia** (entrambi in California), il **Great Smoky Mountains** (il più visitato, negli Stati orientali della Carolina del Nord e del Tennessee), **Arches** (Utah) e **Death Valley** (California e Nevada). Anche in Alaska ci sono alcuni importanti parchi, tra i quali **Wrangell St. Elias**, famoso per i suoi ghiacciai. Nelle isole Hawaii c'è il **Parco nazionale dei vulcani** delle Hawaii.

Yellowstone occupa un'ampia zona delle Montagne Rocciose ed è famoso per i suoi oltre 300 geyser, che emettono getti di vapore che possono raggiungere i 50 m di altezza.

Il Parco del **Grand Canyon**, uno dei primi a essere istituiti, si trova in Arizona. Era la terra degli indiani Navajo che, dopo numerosi conflitti contro i bianchi, nel 1868 vennero definitivamente sconfitti e cacciati. Nel parco si trova il Grand Canyon, una gola del fiume Colorado, considerata una delle meraviglie naturali del mondo. La gola è lunga circa 446 km e profonda fino a 1600 m.

Il Parco di **Yosemite** si trova in California, sulla catena montuosa della Sierra Nevada. Visitato ogni anno da più di 3,5 milioni di persone, Yosemite è costellato di altissime rupi, cascate spettacolari, alberi giganti e torrenti.

Il Parco nazionale di **Arches**, nello Utah, sorge nell'altopiano del Colorado e si caratterizza per le particolari formazioni geologiche: una varietà di archi (più di 2000), guglie, rocce in equilibrio e monoliti erosi che compongono forme spettacolari.

Il Parco della **Death Valley** è situato in California e in piccola parte nel Nevada. La valle è una depressione che si estende in senso longitudinale da nord a sud, è lunga 225 km e larga in media 40 km; al centro si trova il punto più basso dell'America settentrionale (86 m sotto il livello del mare). Questa zona, abitata da tribù di nativi americani sin da tempi antichi, nel corso del XIX secolo fu percorsa dai pionieri diretti a ovest e dai cercatori d'oro.

I paesaggi del Parco di **Monument Valley** sono tra i più singolari degli Stati Uniti: su un ampio bassopiano arido e stepposo di origine fluviale, a cavallo tra Utah e Arizona, sorgono bizzarre formazioni di pietra arenaria, consistenti in monoliti di altezza variabile tra i 300 e i 600 m. Queste guglie rocciose, celebri in tutto il mondo come icone del West, sono formate da roccia e sabbia e hanno la forma di torri dal colore rossastro (causato dall'ossido di ferro). La zona fa parte della Navajo Nation Reservation, dove vive ancora una tribù indiana.

La Statua della Libertà all'entrata del porto sul fiume Hudson, al centro della Baia di Manhattan, si trova sulla Liberty Island ed è il simbolo di New York e dell'intero Paese.

Popolazione e società

La popolazione

Gli Stati Uniti sono il **terzo Paese più popoloso al mondo**, dopo Cina e India e, a differenza di gran parte delle nazioni economicamente più sviluppate, registrano un **tasso di crescita demografica positivo**, intorno all'1% annuo, cui contribuiscono anche i costanti flussi di immigrazione. In linea con le tendenze dei Paesi più industrializzati, circa l'82% della popolazione vive nelle città. A livello etnico, gli Stati Uniti sono estremamente **compositi**. Le popolazioni **indigene** (i nativi americani) sono oggi ridotte a un'esigua **minoranza** (l'1%), mentre il resto della popolazione è costituito da:

- **bianchi** (64%), discendenti dei coloni britannici, francesi e olandesi, giunti a partire dal 1600, e degli immigrati europei stabilitisi a partire dal 1840;
- **neri** (13%), discendenti degli schiavi africani deportati tra il XVII e il XIX secolo e immigrati giunti in tempi più recenti dall'Africa;
- **ispanoamericani** (17%), provenienti per lo più dal Messico (64%) e dall'America centrale;
- **asiatici** (5%).

Gli **ispanici** rappresentano attualmente la minoranza etnica con il più forte tasso di crescita, sia per l'alto numero di nascite sia per il continuo afflusso di immigrati, anche clandestini, che giungono attraverso la frontiera messicana. Il peso economico e politico rivestito dai vari gruppi etnici negli Stati Uniti non è identico.
A detenere il potere è stata a lungo una **ristretta élite di bianchi**, definiti dall'acronimo **WASP** che significa *white, anglo-saxon, protestant*, cioè "bianco, anglosassone, prote-

I NATIVI AMERICANI

Prima dell'arrivo dei colonizzatori europei il territorio degli attuali Stati Uniti era abitato da popolazioni indigene, che i nuovi arrivati chiamarono indiani o "pellerossa", dalla sfumatura di colore della pelle. Oggi si usa la denominazione di amerindi o nativi americani. Divisi in tribù e appartenenti a più di 80 etnie diverse, i nativi americani erano nomadi e praticavano la caccia e la pesca. I primi contatti con gli Europei, stanziatisi sulle coste orientali dal XVI secolo, furono pacifici, anche se le epidemie cominciarono da subito a decimarli. A partire dal XVIII secolo, i coloni presero a espandersi verso ovest. I vasti terreni lasciati incolti dalle tribù di cacciatori attiravano i coloni, che desideravano impadronirsene per coltivarli o perché vi erano stati scoperti dei giacimenti d'oro; così vennero sistematicamente sottratti ai nativi con la violenza, attraverso espropri forzati e poi legalizzati con "trattati" unilaterali. Per tutto l'Ottocento si susseguirono guerre e scontri armati, che provocarono la morte di circa 30.000 amerindi. Tra i momenti più cruenti del conflitto vi furono la battaglia di Little Bighorn (1876), la cattura del capo apache Geronimo (1886) e l'eccidio di Sioux a Wounded Knee (1890), che pose fine alla resistenza dei nativi. Alla fine del conflitto gli amerindi, decimati, furono deportati nelle riserve istituite dal governo. Solo nel 1924 i nativi ottennero la cittadinanza statunitense e il pieno riconoscimento dei diritti civili.

▼ Il capo tribù degli Apache, Geronimo. Il suo popolo occupava, nel 1884, il Nuovo Messico e l'Arizona.

stante": questi sono stati i requisiti tradizionalmente ritenuti indispensabili per chi volesse far parte dei ceti dominanti. Nonostante i progressi, i dati statistici mostrano che le **comunità di colore** e quelle **ispaniche** sono ancora caratterizzate da livelli di istruzione più bassi della media e da **condizioni di vita meno agiate**, con tassi di mortalità infantile quasi doppi rispetto a quello dei bianchi: in questo senso il processo di integrazione è ancora lungo da compiere.
Gli Stati Uniti hanno sempre considerato la loro società come una fusione di razze o **melting pot**, in cui ciascun gruppo o individuo abbandona la propria identità etnica per diventare pienamente "americano", ma in realtà alcuni gruppi etnici non si sono fusi ed esistono tuttora attriti e motivi di scontro.

I 50 STATI

Gli USA sono una **repubblica federale** di tipo **presidenziale**, composta da **50 Stati**, più il **Distretto Federale** della capitale, Washington D.C. (District of Columbia). Al governo federale spettano le decisioni in materia di **politica estera**, di **difesa**, di **commercio interno** ed **esterno** e il diritto di fissare ed esigere **imposte federali**, di emettere **moneta** e gestire il **debito pubblico**.
Tutti i poteri non delegati espressamente al potere federale dalla Costituzione sono di competenza dei singoli Stati: ciascuno ha una propria Costituzione e gode di ampia autonomia, anche legislativa. Può accadere così che uno Stato ammetta la pena di morte, oppure l'aborto o i matrimoni tra persone dello stesso sesso e altri no, che in uno Stato si possa prendere la patente a 14 anni e in altri a 15 o a 16. A livello federale, il potere **esecutivo** è esercitato dal **presidente**, con il supporto di **ministri**. Il potere **legislativo** spetta al **Congresso**, composto da due Camere elette a suffragio universale: la **Camera dei rappresentanti** e il **Senato federale**, che ha competenza esclusiva per quanto riguarda la politica estera. Il potere **giudiziario** è esercitato dalla **Corte suprema**.

Il Campidoglio, sede del Congresso.

La lingua e la religione

Gli Stati Uniti non hanno una lingua che per Costituzione sia stata definita ufficiale, sebbene di fatto quella utilizzata a livello istituzionale sia l'**inglese**. Il 12% della popolazione parla però spagnolo e alcuni Stati hanno adottato nel proprio sistema educativo il **bilinguismo**, a seconda delle minoranze che li caratterizzano: in Louisiana, ad esempio, accanto all'inglese è usato il francese, nel New Mexico lo spagnolo è la seconda lingua. Solo le Hawaii hanno due lingue ufficiali: l'inglese e l'hawaiano.
Dal punto di vista religioso, il Paese è molto più omogeneo: circa l'**80%** della popolazione è di fede **cristiana**, con una prevalenza dei **protestanti** (50%) divisi in varie Chiese (battisti, anabattisti, anglicani, quaccheri e amish) e **cattolici** (23%); importante è la **comunità ebraica**, che tocca appena il 2,1% della popolazione ma in valori assoluti raggiunge la cifra di oltre 6,5 milioni di persone ed è superiore alla comunità ebraica presente nello Stato di Israele, mentre i **musulmani** non superano lo 0,6%.

Bambine ad Harlem, un quartiere di New York.

● LAVORA SUL TESTO

1. Perché gli ispanici rappresentano la minoranza a più alto tasso di crescita? Sottolinea nel testo.

● RISPONDI

2. Qual è la seconda lingua parlata negli USA?
3. Perché la comunità ebraica è particolarmente importante?

● LAVORA SUL LESSICO

4. Individua le definizioni di WASP e di melting pot.

America anglosassone

▲ Un ranch nello Stato del Montana.

▲ Veduta del distretto finanziario di Houston, Texas.

al-Qā'ida
Organizzazione terrorista fondata dal miliardario saudita Osama Bin Laden per promuovere la guerriglia islamica contro gli Stati Uniti e l'Occidente in generale, visti come nemici del mondo arabo.

Le città

La densità abitativa degli Stati Uniti è piuttosto bassa (intorno a 33 ab/km²) ma la popolazione non è ripartita in maniera uniforme all'interno del territorio.
Le **regioni più popolate** si trovano:
- a **est**, lungo la costa atlantica, **tra Boston e Washington**, le cui aree urbane formano l'immensa megalopoli detta *BosWash*, che ingloba Boston, New York, Filadelfia, Baltimora e Washington;
- a **ovest**, sulla costa della California, **tra Los Angeles, San Diego e San Francisco**, unite a formare la megalopoli detta *SanSan*;
- nella **regione dei Grandi Laghi**, sulla costa del Michigan, tra Milwaukee, Chicago, Detroit, Cleveland e Pittsburgh (*ChiPitts*).

Accanto a queste grandi e frenetiche metropoli, vi è poi un'America fatta di **ranch**, **fattorie** e **piccoli villaggi rurali**. Vi sono infine **regioni decisamente poco popolate**, che si collocano prevalentemente nelle aree **montuose** e **desertiche** dell'ovest e in **Alaska**, lo Stato meno popolato.
Quasi tutte le grandi città degli USA si sono sviluppate negli ultimi due secoli e non a partire da insediamenti preesistenti come i "centri storici" europei.
Per questi motivi, esse sono simili nell'impianto urbano, con una netta divisione tra le **funzioni** assegnate ai vari **quartieri**: il **centro** (*downtown*) destinato agli **uffici** e ai **servizi**, l'estrema **periferia** riservata alle **zone industriali** e lo spazio **in mezzo alle due aree** occupato dai quartieri **residenziali**. Sulla costa orientale si trovano la **capitale Washington D.C.**, **New York**, la città più popolosa, e **Boston**, uno dei principali poli culturali del Paese.
Chicago e **Detroit**, nella parte nord-orientale, si trovano nella regione dei Grandi Laghi.
La seconda è stata un importante polo economico: fino agli anni Settanta era la capitale dell'industria automobilistica statunitense. Lungo la costa pacifica si trovano **San Francisco** e **Los Angeles**, la seconda città per popolazione.

LE MAGGIORI CITTÀ STATUNITENSI

		Popolazione			Popolazione
1.	New York City	8.336.697	6. Phoenix		1.488.750
2.	Los Angeles	3.857.799	7. San Antonio		1.382.951
3.	Chicago	2.714.856	8. San Diego		1.338.348
4.	Houston	2.160.821	9. Dallas		1.241.162
5.	Filadelfia	1.547.607	10. San José		982.765

▼ Il World Trade Center Memorial a Ground Zero.

GROUND ZERO E L'11 SETTEMBRE

L'11 settembre 2001 ha segnato una profonda ferita nella storia degli Stati Uniti: prima di allora il Paese non aveva mai subito attacchi diretti sul proprio territorio continentale. I due aerei che furono dirottati dai terroristi islamici sulle torri del World Trade Center di New York e l'aereo che si schiantò sul Pentagono a Washington dimostrarono

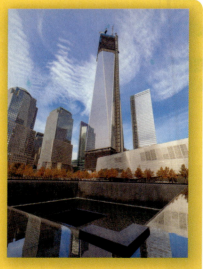

che gli Stati Uniti non erano inviolabili né invulnerabili. L'attacco, rivendicato dal gruppo terrorista di al-Qā'ida, provocò oltre 3000 vittime e acuì il conflitto con il fondamentalismo islamico. Immediata fu l'invasione dell'Afghanistan (2001), cui seguì quella dell'Iraq (2003). Sul luogo del disastro, denominato Ground Zero, cioè "livello zero", è stata progettata la costruzione di un grattacielo di 1776 piedi (pari a 541 metri) in ricordo dell'anno dell'indipendenza degli Stati Uniti, circondato da altre strutture commemorative: il 9/11 Memorial&Museum, un parco di 400 alberi e il Memorial Plaza.

Chicago, sul Lago Michigan (nello Stato dell'Illinois), è la terza città statunitense per numero di abitanti e un importante centro finanziario e industriale. Ospita inoltre uno dei maggiori centri fieristico-espositivi mondiali. Il suo centro è dominato da numerosissimi grattacieli, una tipologia costruttiva che ha avuto origine proprio qui verso la fine dell'Ottocento.

San Francisco, in California, è il maggiore porto per gli scambi con l'Oriente e, nel quartiere di Chinatown, ospita la comunità cinese più vasta al mondo al di fuori dell'Asia. Caratterizzata da edifici architettonicamente assai eterogenei, è anche una meta turistica per chi vuole fare un tuffo nel passato della cultura hippie degli anni Sessanta del Novecento.

Washington D.C. è la capitale degli Stati Uniti. Qui si trovano le sedi istituzionali del Paese: la Casa Bianca, residenza del presidente, il Campidoglio, sede del Congresso, e il Pentagono, sede del ministero della Difesa. A Washington si trovano anche le sedi di organizzazioni internazionali quali la Banca Mondiale e il Fondo Monetario Internazionale. Nell'immagine, una statua del presidente Lincoln.

Boston, nel Massachusetts, sorta alla confluenza di due fiumi, grazie al suo porto divenne presto un importante centro commerciale e marittimo. Oggi nella sua area sorgono circa 50 college e università, tra cui la prestigiosa Harvard (nella foto).

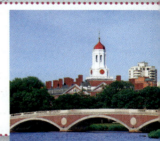

Los Angeles, in California, è la seconda città statunitense per popolazione ed è un centro economico di primaria importanza, soprattutto per i settori dell'industria cinematografica (Hollywood è uno dei suoi quartieri), aeronautica e aerospaziale. Location di numerosi film e fiction tv, attrae numerosi turisti, affascinati anche dal quartiere vip di Beverly Hills, dalle spiagge e dai parchi tematici come Disneyland.

New York City, nello Stato di New York, è la città più popolosa e il simbolo della nazione, nonché uno dei più importanti centri economici e finanziari internazionali. Vi hanno sede la Borsa, a Wall Street, e molte delle maggiori banche d'affari del mondo. Vivacissima dal punto di vista culturale, è ricca di musei (circa 150), teatri (concentrati soprattutto a Broadway), gallerie d'arte, scuole per artisti e musicisti tra le più celebri al mondo, università, centri di ricerca ed enti di produzione cinematografica.

● **COMPLETA**

1. Le regioni più popolate degli USA si trovano: a est, lungo la ....; a ovest lungo la costa della ...., a nord nella ....

2. Il centro delle grandi città americane è destinato a ...., poi sorgono i ...., all'estrema periferia vi sono le ....

3. Le sedi istituzionali degli Stati Uniti si trovano a ....; la città più popolosa, centro direzionale e finanziario di importanza mondiale, è ....; la metropoli dove si trova la più importante industria cinematografica del mondo è ....

▲ Una fattoria nello Stato del Wisconsin.

▲ Uffici nella *Silicon Valley*, in California.

Economia

La prima economia mondiale

Gli Stati Uniti sono la prima economia al mondo, hanno una **capacità produttiva elevatissima**, sono al **primo posto** nel **settore agricolo** e **industriale**, rappresentano il **principale polo finanziario** del pianeta. Possiedono il **più vasto ed efficiente settore terziario** per occupati, livello di sviluppo e capacità di innovazione: le imprese e lo Stato devolvono importanti finanziamenti alla ricerca scientifica.

Tuttavia, la crisi economica e finanziaria internazionale del 2008 ha avuto origine proprio qui, con il fallimento di una delle maggiori società finanziarie, la Lehman Brothers e tuttora il **debito pubblico federale**, che si aggira intorno al 105% del PIL, è **in crescita**. Ciò ha rappresentato un fattore di debolezza, perché l'economia statunitense è divenuta con il tempo sempre più dipendente da altri Paesi, in particolare dalla Cina, che possiede la quota più ampia del **debito** statunitense.

Risorse energetiche

Gli Stati Uniti possiedono **risorse minerarie vastissime e diversificate**: miniere di rame, ferro, piombo, mercurio (2° produttore al mondo), oro, argento, uranio oltre a bacini di estrazione di carbone, petrolio e gas naturale. Nonostante questa enorme ricchezza del sottosuolo e la presenza di 102 **centrali nucleari** attive (che forniscono il 20% dell'energia elettrica) e di numerose **centrali idroelettriche**, gli USA, dati i loro elevatissimi consumi di energia, non sono indipendenti per l'approvvigionamento di risorse energetiche: il Paese è il maggiore importatore di petrolio al mondo.

Questa tendenza si sta pian piano invertendo, grazie alla crescente **produzione domestica di idrocarburi non convenzionali**, cioè di gas naturale e petrolio ricavato da **scisti bituminosi**: si tratta della cosiddetta *American energy revolution* basata sull'**innovazione tecnologica**.

OCCUPATI NEI TRE SETTORI
- Primario
- Secondario
- Terziario

78,8 / 20,1 / 1,1

Scisto bituminoso: Sedimento di roccia nera particolarmente ricco di bitume, da cui è possibile, mediante processi chimici, ricavare un olio minerale simile al petrolio grezzo (olio di scisto).

Settore primario

L'agricoltura, pur rappresentando solo l'1% del PIL, è la prima al mondo: essa è **altamente produttiva** e all'avanguardia nell'**applicazione delle tecniche moderne**, come le biotecnologie.

Gli Stati Uniti sono il **primo esportatore al mondo di beni alimentari**: producono da soli il 40% di tutto il mais e la soia mondiali. Le colture statunitensi vengono suddivise in ***belt*** (in inglese "cinture" o "fasce"): la ***weath belt***, la fascia del grano, nella zona centrale del Paese; la ***corn belt***, la fascia del granturco, negli Stati dal clima più mite (Iowa, Illinois, Nebraska, Indiana, Minnesota, Ohio, Wisconsin); la ***cotton belt***, la fascia del cotone, situata nella regione meridionale delle Grandi pianure centrali. In California è molto sviluppata la produzione ortofrutticola e, da qualche decennio, quella vinicola. Le grandi estensioni di foreste delle Montagne Rocciose collocano gli Stati Uniti anche tra i maggiori produttori al mondo di legname e carta. Grande rilevanza ha l'**allevamento** di bovini, suini e volatili, praticato nelle vaste praterie centro-occidentali e nella zona delle Montagne Rocciose. L'**industria casearia** è concentrata nella fascia dei latticini (***dairy belt***), negli Stati del Nord-Est, tra gli Appalachi e i Grandi Laghi. Infine gli Stati Uniti sono ai primi posti nel mondo anche per la **pesca**.

▲ L'ingresso della Borsa di New York a Wall Street.

Settore secondario
Nel comparto industriale gli Stati Uniti rappresentano tuttora il primo Paese in termini di produzione. A guidare il settore secondario sono l'**industria automobilistica**, concentrata nell'area metropolitana tra Chicago e Detroit, quella dell'**alta tecnologia** (soprattutto informatica ed elettronica), per cui è celebre la cosiddetta *Silicon Valley* in California, quella delle **telecomunicazioni** e l'**industria aerospaziale**. Grande importanza rivestono anche le industrie farmaceutica e chimica, che realizzano circa un terzo dell'intera produzione mondiale.

Settore terziario
Il settore terziario rappresenta quasi l'80% del PIL totale degli USA. In particolare, si distinguono i **settori bancario**, **delle assicurazioni** e **finanziario**; quest'ultimo impiega circa 5 milioni di persone, pari al 5% di tutta la forza lavoro attiva. New York è sede della **Borsa valori** più importante al mondo, Wall Street, e del principale **mercato dei titoli tecnologici** (NASDAQ), mentre Chicago ospita la maggiore **Borsa merci** del mondo. Sono inoltre notevolmente sviluppati il comparto dei **servizi**, quello del **commercio**, il settore **immobiliare** e i **trasporti**. Negli ultimi anni, la cosiddetta *new economy*, basata sull'uso della rete Internet e dello spazio virtuale quale "piazza finanziaria e commerciale", è cresciuta notevolmente. Infine, per quanto riguarda i trasporti, la **rete autostradale statunitense** è la più estesa al mondo, mentre il trasporto ferroviario non è particolarmente efficiente se non per i pendolari attorno alle grandi conurbazioni. Il mezzo più usato per percorrere le grandi distanze che caratterizzano il Paese è l'**aereo**, mentre per le **merci**, grazie alla rete idrica naturale e ai canali artificiali che collegano i due grandi sistemi dei Grandi Laghi e del Mississippi, le **vie d'acqua** sono molto utilizzate.

L'AMERICAN WAY OF LIFE
Gli Stati Uniti non sono solo la prima potenza economica mondiale, ma rappresentano anche un punto di riferimento culturale per gran parte degli abitanti del pianeta. I prodotti delle loro industrie, anche culturali (come cinema e musica), hanno contribuito alla creazione del mito americano e alla diffusione dell'*American way of life*, il "modo di vivere americano", in tutto il mondo. La Coca-Cola, gli hamburger, i marchi di abbigliamento (Nike, Levi's), le catene di negozi e di fast food (Apple, McDonald's, Burger King), i film, i telefilm e i cartoons americani sono presenti e apprezzati ovunque.

IMPORT/EXPORT
La maggior parte dei prodotti esportati dagli USA è diretta in Canada e Messico. È questo l'effetto degli accordi di libero commercio nell'area nordamericana (NAFTA) siglati nel 1994. Canada e Messico sono anche i primi due fornitori di petrolio. Per quanto riguarda il totale delle importazioni, invece, il primo partner commerciale degli USA è la Cina, da cui proviene quasi il 20% delle merci importate.

RISPONDI
1. Quali sono gli elementi di debolezza dell'economia americana?
2. A livello energetico che cosa importano gli Stati Uniti?
3. Di quali prodotti agricoli gli USA sono i maggiori esportatori mondiali?
4. In quali zone si concentra la produzione di automobili? E quella di prodotti ad alta tecnologia?
5. Che cosa si intende per *new economy*?

◀ Andy Warhol, *Cinque bottiglie di Coca-Cola* (1962).

NOME COMPLETO Canada
CAPITALE Ottawa
FORMA DI GOVERNO Stato federale
LINGUA Inglese (ufficiale), francese
SUPERFICIE 9.897.170 km²
POPOLAZIONE 33.476.688 abitanti (censimento 2011)
DENSITÀ 3 ab/km²
FUSO ORARIO da UTC −3.30 a −8
VALUTA Dollaro canadese
UNITÀ DI MISURA DI LUNGHEZZA sistema metrico decimale
ISU (2011) 0,908 (6° posto)
Speranza di vita 81 anni
Istruzione media 12,3 anni
Popolazione urbana 80,7%
PREFISSO TEL +1
SIGLA AUTOMOBILISTICA CDN
GUIDA AUTOMOBILISTICA a destra
INTERNET TLD .CA

La bandiera del Canada, chiamata popolarmente *Maple Leaf Flag*, ossia "bandiera della foglia d'acero", è divisa in tre fasce verticali: le due laterali sono rosse, quella centrale, più ampia, è bianca e ha al centro una foglia d'acero stilizzata con undici punte, anch'essa rossa. La bandiera fu adottata nel 1965, al posto della *Union Flag* del Commonwealth britannico (cui il Canada appartiene).
L'inno nazionale è *O Canada*, il testo fu composto nel 1880 in francese e fu una canzone patriottica molto diffusa nelle regioni francofone del Paese. Nel 1908 vide la luce una nuova versione in inglese, adottata ufficialmente nel 1980. Prima di allora, per le funzioni ufficiali venivano utilizzate altre composizioni musicali come il britannico *God Save the Queen*, in onore della regina d'Inghilterra (che è tuttora formalmente capo di Stato del Canada), o *The Maple Leaf Forever*, ispirato alla bandiera.

CANADA

Territorio e ambiente

La posizione e il clima

Il Canada è il **secondo Stato al mondo per estensione**, dopo la Russia, ed è circondato dal mare su tre lati: l'Oceano Pacifico a ovest, il Mar Glaciale Artico a nord e l'Oceano Atlantico a est. A sud e a nord-ovest confina con gli Stati Uniti. Il suo territorio comprende **moltissime isole** tra cui Baffin a nord, Terranova e la Nuova Scozia a est.
Il **clima** è per lo più **continentale**, con inverni lunghi, rigidi e nevosi. La regione lungo la **costa occidentale è meno fredda**, grazie all'azione mitigatrice delle correnti del Pacifico, mentre nella **parte orientale** il clima è **subartico**, con temperature invernali sotto lo zero ed estati fresche con valori che raramente superano i 20 gradi. A **nord** il clima è **artico** e il paesaggio è quello della tundra, con muschi e licheni che sostituiscono le conifere. Le precipitazioni, generalmente nevose da novembre ad aprile, sono abbondanti per tutto l'anno.

Rilievi, pianure, fiumi e coste

Dal punto di vista morfologico il territorio canadese può essere suddiviso in **tre grandi regioni**:
- la zona delle **Montagne Costiere** e delle **Montagne Rocciose** a **ovest**;
- una vasta zona pianeggiante al **centro**, occupata dalle **Pianure Centrali**, che circondano a ferro di cavallo la vasta Baia di Hudson;
- una zona di antichissime montagne, ormai smussate dall'erosione, a **nord-est** (lo **Scudo Canadese**).

▲ Paesaggio autunnale in Canada.

▶ Foto d'epoca di una famiglia inuit.

ALLA SCOPERTA DI NUNAVUT

Nunavut, "la nostra terra" nella lingua degli Inuit – termine che ha sostituito la vecchia dicitura di "Eschimesi", cioè "mangiatori di carne cruda", avvertito come dispregiativo –, è il più vasto e più recente territorio federale del Canada: si estende per un'area di circa 2,1 milioni di km² tra terre emerse e acque del Mar Glaciale Artico. Circa l'84% della popolazione è composta da Inuit; il capoluogo è Iqaluit, nell'isola di Baffin. Nato nel 1999 come territorio autonomo, Nunavut testimonia la volontà del governo canadese di tutelare le minoranze etniche e le popolazioni indigene, la loro lingua e le loro tradizioni. Ricca di miniere, la regione è meta degli amanti del turismo "estremo" e della natura più selvaggia: vi si possono ammirare iceberg, vasti spazi ghiacciati, igloo, lupi bianchi, volpi, trichechi, balene e caribù.

Il Canada è il Paese con la più vasta superficie lacustre del mondo: sul suo territorio si contano circa **250.000 laghi**, i più grandi dei quali sono concentrati nella regione dei **Grandi Laghi** al confine con gli Stati Uniti: Lago Superiore, Ontario, Huron, Erie. Altri laghi di notevoli dimensioni sono il Winnipeg, il Gran Lago degli Orsi e il Gran Lago degli Schiavi. Questa enorme massa d'acqua ha un profondo influsso sul clima, mitigandone la rigidità. Inoltre, agevola l'agricoltura: la regione intorno ai Grandi Laghi è infatti tra le più coltivate. Ai laghi sono collegati numerosi **fiumi** tramite una fitta rete idrica: più brevi e interrotti da cascate quelli che sfociano sulla costa pacifica, come il **Fraser**, più lunghi e regolari quelli che sfociano sulle coste atlantica e artica, come il **Mackenzie** e il **San Lorenzo**. Questi ultimi, seppur gelati nei mesi invernali, sono caratterizzati da portata regolare e abbondante in quanto i Grandi Laghi esercitano una significativa funzione regolatrice. I **ghiacci perenni** del Canada racchiudono la terza riserva mondiale di acque dolci dopo Antartide e Groenlandia. Il Paese vanta la **linea costiera più lunga al mondo**: estremamente frammentate e solcate da profonde insenature, fiordi e baie, le coste canadesi si sviluppano per oltre 28.000 km, isole escluse.

◉ COMPLETA

1. Il clima canadese è per lo più ....; la regione a occidente è .... mentre quella orientale presenta un clima di tipo ....

2. Il Canada è il Paese con la maggiore presenza di .... del mondo. Essi concorrono a mitigare il ...., agevolano l'agricoltura e rappresentano, grazie alla presenza di numerosi canali, un'ottima via di ....

3. I fiumi più lunghi sono il .... e il ....

◀ Bow Lake, nello Stato di Alberta.

America anglosassone

▲ Due giovani donne in un caffè di Montréal.

▲ L'hockey su ghiaccio è nato in Canada ed è lo sport nazionale del Paese.

▲ Abitanti di Ottawa sul Rideau Canal ghiacciato.

Popolazione e società

La popolazione, la lingua e la religione

A causa del clima rigido delle regioni settentrionali, il Canada ha una **densità abitativa molto bassa** (3 ab/km²). La popolazione supera di poco i 33 milioni di **abitanti**, **concentrati** per lo più **nel Sud del Paese**, lungo la striscia di territorio che da un oceano all'altro segna il confine con gli Stati Uniti, e nelle **aree urbane**.
Anche grazie al costante **flusso migratorio** (oltre 250.000 immigrati all'anno, molti dei quali di origine asiatica), il Canada ha un **tasso di crescita demografica positivo**. La popolazione è per la maggior parte di **origine britannica** o **francese**; gli indigeni delle terre artiche, gli **Inuit**, rappresentano solo lo 0,2% e sono concentrati nel territorio di Nunavut. Importanti comunità di immigrati irlandesi, tedeschi, italiani e asiatici si sono stabilite nelle maggiori città, contribuendo a rendere il Paese un mosaico culturale. Le **lingue** ufficiali sono **inglese** e **francese**, quest'ultimo parlato dal 24% degli abitanti circa, concentrati per lo più nel Québec. A esse si affiancano le lingue delle **popolazioni indigene**, tutelate dalla Costituzione, e quelle delle comunità di **immigrati** che nel corso degli anni si sono stabilite nella regione. La Costituzione non prevede alcuna religione ufficiale ma garantisce il **pluralismo religioso**, in linea con il carattere multiculturale del Paese. Dal punto di vista amministrativo, il Canada è uno **Stato federale** costituito da 10 province e 3 territori.
Ex colonia britannica e **membro del Commonwealth**, il Paese ottenne l'indipendenza dal Regno Unito dopo un lungo processo di emancipazione iniziato nel 1931 e durato fino al **1982**, anno in cui il Paese si dotò di una propria **Costituzione**.
Il Canada riconosce come capo dello Stato il sovrano del Regno Unito: si tratta però di un potere di rappresentanza che non interferisce con le effettive decisioni in materia politica del governo, guidato dal primo ministro canadese.

PERCHÉ IL CANADA È BILINGUE?

Dal 1534, grazie alle esplorazioni di Jacques Cartier, i Francesi presero possesso del Canada, fondandovi nel 1604 la città di Québec, principale centro della colonia della Nuova Francia, che comprendeva anche le attuali province di Ontario e New Brunswick. Presto si scatenò un conflitto con la Gran Bretagna che, possedendo la Nuova Scozia, la Baia di Hudson e Terranova, oltre alle 13 colonie americane, aveva interessi territoriali contigui. In seguito a ripetuti scontri, la Francia perse i possedimenti canadesi: la cultura e la lingua francesi erano però ormai radicate nel territorio.
Oggi il Québec, provincia canadese che ammette il solo francese come lingua ufficiale, è animato da un vivace dibattito tra chi vorrebbe maggiore autonomia dal governo federale e chi rivendica l'indipendenza politica dal resto del Canada.
La maggioranza dei cittadini ha però rifiutato quest'ultima opzione in due referendum popolari, nel 1980 e nel 1995.

▶ Indicazioni in francese a Montréal.

Vancouver, sulla costa del Pacifico, è il terzo polo di produzione cinematografico del Nordamerica, nonché sede di importanti industrie di alta tecnologia e videogiochi. Con l'arrivo di nuovi e ricchi immigrati, la città ha velocemente iniziato a espandersi, anche in senso "verticale": dal 1997 al 2004 è stata costruita un'enorme quantità di grattacieli commerciali e residenziali.

Calgary è la terza città canadese per popolazione e la prima per ricchezza. Sorge nei pressi delle Montagne Rocciose ed è un importante polo dell'industria petrolifera.

Montréal, nella provincia francofona del Québec, è uno dei poli culturalmente più vivi e attivi del Paese, sede di manifestazioni internazionali di teatro, editoria, cinema e nominata nel 2006 Capitale mondiale del Libro.

Toronto, affacciata sul Lago Ontario, detiene il primato del numero di abitanti. Principale polo economico e industriale del Paese, la città è meta di un'abbondante immigrazione (nella foto: una strada del quartiere cinese).

IN GIRO per Toronto
▶ Video

● LAVORA SUL TESTO

1. In quale parte del Paese si concentra la maggior parte della popolazione? Perché? Sottolinea nel testo.

2. Individua i passaggi che hanno portato all'indipendenza e il ruolo del sovrano d'Inghilterra.

3. Sottolinea le informazioni relative agli indigeni presenti in Canada.

Ottawa è la quarta città per popolazione. Capitale del Canada dal 1857, è sede del parlamento federale, che sorge sulla Collina del Parlamento (nella foto). L'edificio fu costruito in stile gotico sul modello del parlamento londinese di Westminster tra il 1860 e il 1876, quando il Canada era una colonia inglese.

America anglosassone

▲ Le cascate del Niagara rappresentano un'enorme riserva di energia idroelettrica.
▲ Campi di zucca nella Columbia britannica.

Economia

Uno sguardo generale

Il Canada è uno dei Paesi più sviluppati al mondo: si colloca al nono posto per PIL pro capite e al sesto posto dell'ISU, grazie ai suoi avanzatissimi livelli di alfabetizzazione, qualità della vita, libertà civili ed economiche.
Membro di numerosi organismi internazionali, come il G8, **è tra i pochi Stati ad aver mantenuto il livello di benessere** che aveva prima della crisi nel 2008. Il PIL è in costante crescita grazie alle accorte politiche finanziarie del governo e alla disponibilità di risorse energetiche e minerarie.

Risorse energetiche

Il Paese ha un sottosuolo ricchissimo di metalli e idrocarburi: è al primo posto per l'estrazione di **uranio** e al secondo per quella di **zinco** e **nichel**, possiede giacimenti di diamanti, petrolio, carbone e gas naturale. La produzione di energia per il consumo interno è affidata soprattutto allo **sfruttamento del** grande **potenziale idroelettrico**. Vi sono poi 18 **centrali atomiche** e numerose **centrali termiche**.

Settore primario

La produttività agricola è molto elevata grazie all'ampio uso di **macchinari**. Si coltivano prevalentemente **frumento**, **avena**, **orzo**, **mais** e **segale** oltre a patate, tabacco, lino, soia, colza e barbabietole da zucchero.

OCCUPATI NEI TRE SETTORI
77,9
19,9
2,2
Primario
Secondario
Terziario

ACERO

Le ampie distese di **foreste**, che coprono circa un terzo del territorio canadese, forniscono **legname** in abbondanza, sfruttato secondo criteri di sostenibilità e destinato sia all'industria nazionale del legno sia all'esportazione.
Nella zona delle Pianure Centrali è molto praticato l'**allevamento intensivo** di bovini e suini.
La **pesca** ha un ruolo economico rilevante: le coste del Pacifico sono ricche di salmoni, quelle dell'Atlantico di aragoste e merluzzi, nelle acque dei laghi si trovano trote, storioni e lucci.
L'**allevamento** e la **caccia** degli **animali da pelliccia** sono invece in declino, contrastati dalle associazioni ecologiste e animaliste.

Settore secondario

Nell'industria, i settori tradizionali sono quelli legati allo sfruttamento delle risorse naturali: **industrie metallurgica** e **chimica**, raffinerie, cartiere e impianti per la produzione di cellulosa.
Di recente il Canada ha vissuto un enorme **sviluppo tecnologico** legato al boom delle industrie informatiche, elettroniche e aerospaziali, delle biotecnologie e delle telecomunicazioni.

LE MINIERE DEL CANADA

Le miniere canadesi, tra le più ricche al mondo, offrono talvolta paesaggi spettacolari, come mostra la foto della miniera Diavik nei **territori del Nord-Ovest**, da cui si estraggono 8 milioni di carati di diamanti all'anno. Il Canada è il quarto Paese al mondo per l'estrazione dei diamanti.

◀ La miniera Diavik.

Settore terziario

Il Canada è tra i protagonisti del **commercio su scala internazionale**. Nel 1994 ha siglato un accordo commerciale di libero scambio con Messico e Stati Uniti, il **NAFTA** (*North America Free Trade Agreement*) che, eliminando le barriere per le importazioni, facilita gli scambi fra i tre Paesi. Inoltre, nell'ottobre del 2013, ha firmato un'intesa per il libero scambio con l'Unione Europea, che prevede l'abbattimento della maggior parte dei dazi doganali e ha in corso trattative per accordi simili con altri 60 Paesi nel mondo. Le **esportazioni**, dirette per circa il **75% verso gli USA**, sono costituite principalmente da legnami da costruzione, pasta di legno, carta, diamanti grezzi, uranio.
Il Paese importa soprattutto automobili, macchinari industriali, prodotti chimici e alimentari.
Negli ultimi anni anche il settore del **turismo** ha avuto un grande impulso; il settore **finanziario** ha retto alla crisi del 2008-2009, grazie a una gestione prudente del credito bancario. Il centro finanziario principale è Toronto, sede della terza Borsa valori per importanza del continente americano.

◉ COMPLETA LA TABELLA

1. Completa.

	Prodotti e risorse principali
Risorse energetiche e materiali	....
Settore primario	....
Settore secondario	....
Settore terziario	....

LA CORSA ALL'ORO

La regione dei **fiumi Klondike e Yukon**, nel Canada occidentale, fu meta di una febbrile e impressionante migrazione tra il 1897 e il 1910, quando si sparse la notizia che degli avventurieri avevano trovato notevoli quantità di oro lungo quei bacini fluviali. In queste terre fredde e inospitali si riversarono circa **100.000 cercatori** provenienti per lo più dagli Stati Uniti: erano improvvisati, poveri, armati solo della rozza padella (*pan*) usata per setacciare le sabbie. Tra loro vi era anche lo scrittore statunitense **Jack London**, che dall'esperienza lungo lo Yukon trasse materia per scrivere racconti e romanzi poi diventati dei classici della letteratura: *Nelle terre del Grande Nord*, *Il richiamo della foresta*, *Zanna Bianca e altre storie*.
La maggior parte dei cercatori sbarcava in Alaska e da lì raggiungeva via terra, con un estenuante viaggio tra i ghiacci, **Dawson City**. Questo minuscolo villaggio nel periodo d'oro dei cercatori si ampliò fino ad accogliere 30.000 abitanti, diventando il più grande centro urbano del Canada nord-occidentale. Oggi è un centro turistico che attrae chi vuole rivivere le atmosfere dei cercatori d'oro: Dawson City ospita il museo del *Gold Rush*, "la corsa all'oro".

▼ Foto d'epoca che ritrae tre cercatori d'oro, lungo la riva del fiume Klondike.

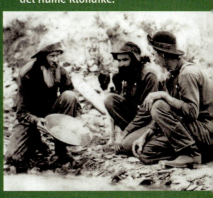

America anglosassone

Cittadinanza: Mosaico culturale e *melting pot*

Due società a forte componente multietnica

Stati Uniti e Canada sono entrambi storicamente fondati sulla **convivenza** di popolazioni diverse per etnia, cultura, lingua e religione e sono caratterizzati da un costante **afflusso di immigrati**. I due Paesi, tuttavia, hanno adottato atteggiamenti assai diversi per quanto riguarda l'integrazione e la gestione delle differenze etnico-culturali.

Il *melting pot* statunitense

L'immigrazione negli USA è stata regolata da **leggi molto restrittive fin dal 1920**, quando furono addirittura stabilite delle **quote fisse** di visti da rilasciare **su base nazionale** (legge poi abolita nel 1965): circa il 70% dei permessi regolari era riservato a cittadini provenienti dal Regno Unito, dall'Irlanda e dalla Germania, perché si riteneva che avessero abitudini simili a quelle americane e fossero quindi più facilmente integrabili.

L'ideale statunitense di convivenza tra popolazioni diverse per etnia, cultura, lingua e religione è tradizionalmente basato sul concetto di **melting pot**, cioè **"crogiolo"** (il recipiente usato per fondere i metalli), nel quale ogni individuo o gruppo di immigrati **abbandona la propria cultura d'origine** per assumere quella dominante nel Paese in cui è giunto. L'idea di fondo è quella per cui dell'immigrato non conta chi fosse o cosa facesse prima di giungere negli Stati Uniti: una volta stabilitosi nel nuovo Paese ci si aspetta che adotti e segua lo stile di vita americano. Un simile modello è basato sull'**assimilazione culturale**, che prevede alla lunga la cancellazione delle differenze.

Negli ultimi anni tuttavia negli Stati Uniti il **modello** del *melting pot* è andato **in crisi**: intere comunità, in particolare quelle **cinesi** e **latino-americane**, rimangono fieramente attaccate alle proprie tradizioni culturali, alla lingua e alla religione, finendo per **non assimilarsi**.

Ciò ha spinto i conservatori a reclamare leggi sempre più restrittive per controllare e limitare i flussi migratori.

Il mosaico culturale canadese

La politica di integrazione canadese si contrappone a quella adottata nei vicini Stati Uniti. Il **Canada**, infatti, sin dal 1971, si è orientato verso un modello definito **multiculturale**, che garantisce a tutti i cittadini il diritto di **mantenere** e condividere **la propria cultura d'origine**, considerata una ricchezza e un arricchimento per la società intera. Per questo la società canadese può essere definita come un **mosaico culturale**, cioè un **insieme organizzato di culture** che risulta dall'**unione di tante "tessere" diverse** ciascuna delle quali contribuisce, proprio con la sua diversità, a formare un **disegno armonico**.

La convinzione di fondo è che tutti traggano beneficio dallo scambio culturale, in un vero e proprio **processo di interazione**. Le diverse comunità etniche e culturali presenti nel Paese aiutano i nuovi arrivati ad ambientarsi e nello stesso tempo evitano che la ricchezza di esperienze, conoscenze e saperi che ognuno porta con sé venga sprecata. Spetta poi al governo verificare periodicamente il sistema, affinché non vi siano comunità che si isolano o prevalgono sulle altre.

▼ Il mercato di Mulberry Street, nella zona di Little Italy a New York, nei primi del Novecento.

▼ La popolazione multiculturale del Canada contemporaneo.

Critiche e problemi aperti

I due modelli naturalmente non sono esenti da critiche né sono applicabili con la più totale rigidità. Nessuno dei due è inoltre capace di eliminare alla radice o di risolvere i problemi da sempre connessi con la convivenza di popolazioni caratterizzate da culture, lingue, religioni e tradizioni diverse.
Si tratta di modelli, appunto, dalla cui applicazione pratica dipendono la stabilità e la pacifica convivenza tra culture ed etnie diverse all'interno di un unico Paese.
In questo senso è attesissima la riforma dell'immigrazione annunciata dal presidente statunitense Obama, la cui azione politica aspira a superare le differenze etniche, per rilanciare l'ideale di appartenenza a **"una sola nazione, un solo popolo"**, unito non dal colore della pelle o dalla comune origine, ma dal fatto «che tutti gli uomini sono creati uguali e hanno diritti inalienabili».

Attività

1. Su quale concetto fondamentale si basa il *melting pot* statunitense?
2. L'immigrazione negli Stati Uniti è un tema ampiamente trattato in letteratura e nel cinema. Scegli un romanzo o un film che affronti questa tematica e svolgi una breve ricerca: quali erano le condizioni di partenza degli emigranti? Che cosa succedeva al loro arrivo? Quali tipi di lavori svolgevano?

▼ L'immagine, della prima metà del secolo scorso, mostra un gruppo di immigrati a Ellis Island, in attesa di superare i controlli per poter entrare a New York.

▲ Celebrazioni per l'inizio del nuovo anno lunare nel quartiere cinese di San Francisco.

America anglosassone

laboratorio
YOSEMITE PARK E GLI INCENDI, UNA STORIA SECOLARE

Negli Stati Uniti ci sono decine di parchi nazionali, creati per proteggere una natura incredibilmente varia e ricca. I più importanti, che sono anche i più famosi, si trovano nell'Ovest (il "selvaggio West" dei pionieri); quello di Yellowstone, istituito nel 1872, è il più antico del mondo. Altri parchi nel West sono il Sequoia e lo Yosemite (che tutelano splendide montagne e le sequoie, i più grandi alberi del pianeta), il celebre Grand Canyon, la Death Valley e Arches, in cui si possono ammirare centinaia di spettacolari archi naturali di roccia. Dalla parte opposta del Paese, è famoso il Parco delle Everglades, in Florida, che protegge vaste paludi popolate dagli alligatori.

Quello che sta interessando un'area dello Yosemite National Park da dieci giorni è uno degli incendi più estesi nella storia della California: le fiamme hanno già raso al suolo 55.000 ettari.
Lo Yosemite National Park conosce il fuoco fin troppo bene. A partire dai nativi americani, che vivevano nella Yosemite Valley e che appiccavano incendi per promuovere la crescita di alcune piante, fino ai fuochi controllati, accesi dai guardiaparco. Per ora l'incendio è confinato a una sezione piuttosto remota del parco, quella nord-occidentale. Ma è comunque abbastanza vicino a due boschi di giganteschi alberi di sequoie: il Tuolumne Grove e il Merced Grove. Proprio questo rischio ha spinto i responsabili del parco a posizionare alcuni irrigatori intorno ai boschi. Lo Yosemite, che si trova nella Sierra Nevada californiana (240 km a est di San Francisco), è rinomato per le sue bellezze naturali. Come le altissime vette di granito, le cascate, la fauna selvatica. Senza contare le

▲ Sequoie nel Parco di Yosemite.

centinaia di chilometri di sentieri escursionistici. Il parco attira circa 4 milioni di visitatori ogni anno. Yosemite non è nuovo agli incendi. I fulmini, ad esempio, scatenano incendi naturali. I nativi americani che una volta vivevano nella valle accendevano fuochi di proposito per favorire la crescita di alcune piante che utilizzavano come cibo o medicinali o per procurarsi il materiale per fare cesti, corde e costruirsi dei ripari. Queste pratiche tradizionali sono poi state fermate, per fare spazio a politiche volte alla soppressione degli incendi, quando il presidente Abraham Lincoln firmò, nel 1864, un accordo che diede vita a quello che oggi conosciamo come Parco di Yosemite. Questa concessione, chiamata Yosemite Grant, affidò la Yosemite Valley e il Mariposa Grove (il gigantesco bosco di sequoie) alla California. Per la prima volta il governo federale dedicò una parte di terra specificatamente alla salvaguardia e all'uso pubblico. Nel 1890 il Congresso approvò una legge che designava tutta l'area intorno alla Yosemite Valley e al Mariposa Grove a Parco nazionale dello Yosemite. Nel 1970, gli scienziati capirono che le politiche di soppressione degli incendi che erano state adottate nello Yosemite facevano più male che bene. Infatti, la totale assenza di incendi naturali causati dai fulmini faceva sì che le foreste crescessero troppo e diventassero malsane, oltre che molto vulnerabili a incendi più estesi e pericolosi. Come conseguenza, il Parco di Yosemite ha condotto, negli scorsi 40 anni, una politica di "incendi prestabiliti" per ripulire i pericolosi accumuli di legna e per ristabilire l'equilibrio ecologico.

(Da Ker Than, in www.nationalgeographic.it, 28 agosto 2013, rid. e adatt.)

▶ Pinnacoli di roccia (*hoodoos*) nel Parco di Bryce Canyon, in Colorado.

ATTIVITÀ

1. Dopo aver letto attentamente il brano, rispondi alle seguenti domande, segnando con una crocetta la risposta corretta.

a. Quello degli incendi è un fenomeno recente nel Parco di Yosemite?
- ☐ Sì, perché solo ai giorni nostri si incendiano i boschi
- ☐ Sì, perché i fuochi vengono accesi dai guardiaparco
- ☐ No, perché gli incendi dei boschi sono solo un fenomeno naturale
- ☐ No, perché già i nativi americani (cioè i pellerossa) appiccavano incendi

b. In quale Stato degli USA si trova il Parco di Yosemite?
- ☐ Nevada
- ☐ Mariposa Grove
- ☐ California
- ☐ Nessuno di questi

c. Il Parco oggi è importante anche sul piano economico, perché:
- ☐ favorisce la crescita di piante utilizzate per scopi medicinali
- ☐ con il taglio delle sequoie si produce molto legname
- ☐ attira milioni di turisti ogni anno
- ☐ le sue montagne di granito sono sfruttate dall'industria mineraria

d. Gli incendi fanno male a un parco?
- ☐ Sì, sempre
- ☐ No, non sempre, ma devono essere pianificati e ben controllati
- ☐ Sì, ma solo gli incendi naturali
- ☐ Il testo non lo specifica

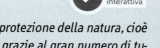
Verifica interattiva

I PARCHI SALVANO LA NATURA DEL MONDO

I parchi nazionali, diffusi in tutto il mondo, hanno avuto e hanno tuttora un ruolo molto importante nella protezione della natura, cioè della fauna e della flora, e degli ambienti che li ospitano. Non solo. I parchi creano ricchezza, soprattutto grazie al gran numero di turisti che ogni anno li visitano. Inoltre e di conseguenza, producono posti di lavoro. Proteggere la natura, quindi, fa bene all'economia!

2. Con l'aiuto dell'insegnante, divisi in quattro gruppi, organizzate una ricerca sui parchi seguendo le indicazioni.

- Un gruppo traccerà una breve storia dei parchi nazionali, per esempio per capire in quali continenti e in quali Paesi si sono diffusi prima e in quali epoche.
- Un gruppo utilizzerà una carta degli Stati Uniti per segnare la posizione di almeno dieci dei più famosi parchi nazionali americani: in quale area si concentrano e in quali Stati si trovano?
- Gli Stati Uniti sono grandi oltre trenta volte l'Italia. Anche i loro parchi sono più grandi rispetto ai nostri? E, se sì, di quanto? Un gruppo provi a confrontare l'estensione dei tre più grandi parchi degli USA con quella di tre parchi nazionali "storici" italiani: il Gran Paradiso, lo Stelvio e quello d'Abruzzo, Lazio e Molise.
- Gli incendi dei boschi costituiscono un problema molto grave: in California, certo, ma anche in Italia, in altri Paesi mediterranei come la Grecia e poi nelle regioni tropicali. In quasi tutti i casi, gli incendi sono provocati dall'uomo e creano danni enormi. Il brano appena letto accenna però al fatto che, in qualche caso particolare, un incendio programmato e controllato può essere addirittura utile. Servendosi di Internet, un gruppo cercherà di capire bene i motivi di questa apparente assurdità e li spiegherà ai compagni.

▶ Stambecco nel Parco nazionale del Gran Paradiso (Valle d'Aosta).

competenze attive

AMERICA LATINA

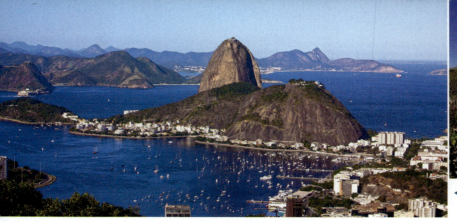
◀ Veduta di Rio de Janeiro con il "Pan di zucchero".

▲ La vetta innevata del vulcano Cotopaxi (5872 m), in Ecuador.

L'America latina si estende in senso longitudinale per oltre 10.000 km dal confine meridionale degli Stati Uniti alla punta estrema dell'America del Sud. Comprende **paesaggi e climi molto diversificati**: dagli altipiani andini alle coste caraibiche, dai deserti ai ghiacciai perenni, dalla foresta equatoriale alle steppe argentine. Anche dal punto di vista politico ed economico la regione è molto varia, giacché comprende i **21 Stati** dell'**America centrale** e i **12** dell'**America meridionale**, oltre ad alcuni possedimenti statunitensi, francesi, olandesi e britannici.

Riti sincretici
Riti che derivano dall'unione di credenze, pratiche e rituali di diverse religioni, in questo caso il cristianesimo e le religioni tradizionali africane, come il voodoo e la macumba.

Caratteristiche comuni...

L'America latina è unita da una **storia comune**: quella **antica**, delle grandi **civiltà precolombiane** – in particolare Maya, Aztechi e Incas – che qui crearono potenti città-stato e imperi, e quella **più recente**, della **colonizzazione** spagnola e portoghese, dal XVI al XIX secolo, che ha fatto largo uso di schiavi neri deportati dall'Africa per i lavori nelle miniere e nelle piantagioni. Questo passato comune ha lasciato tracce evidenti a livello etnico, linguistico, religioso ed economico. La **popolazione** è costituita da un **variegato mosaico etnico** di bianchi, amerindi, neri (presenti soprattutto nelle isole: 94% della popolazione ad Haiti, 77% in Giamaica), meticci e mulatti. Nella maggior parte degli Stati si parla lo **spagnolo**, il **portoghese** è la lingua del Brasile (il Paese più popoloso, con quasi la metà degli abitanti di tutta la regione), ma accanto a esse vi è un'ampia varietà di **lingue indigene**. Altre lingue europee sono parlate solo nel Belize (colonia inglese fino al 1981), in alcune isole delle Grandi Antille (il francese ad Haiti, l'inglese in Giamaica) e nei territori d'oltremare inglesi, francesi e olandesi. La popolazione è in larga maggioranza **cattolica**, con minoranze **protestanti**, ma sopravvivono ancora i **culti indigeni** e **riti sincretici** caratteristici degli **afroamericani**. Il passato coloniale ha lasciato tracce anche nello sfruttamento delle risorse economiche di questi Paesi, la cui agricoltura è per lo più di piantagione, con monocolture destinate all'esportazione, e le cui risorse minerarie sono spesso gestite da multinazionali straniere e anch'esse dirette ai mercati esteri. Inoltre, anche nei Paesi più sviluppati dell'America latina permangono enormi **squilibri** nella **distribuzione della ricchezza** e ampie fasce della popolazione vivono **sotto il livello di povertà**.

▶ Pappagallo dell'Amazzonia.

... e differenti

Le differenze che caratterizzano questa regione riguardano innanzitutto le **dimensioni** (per superficie e popolazione) degli Stati: più piccoli quelli dell'area istmica e delle isole caraibiche, più grandi il Messico e gli Stati dell'America del Sud. Un'altra importante differenza riguarda il loro **peso economico-politico** sullo scenario internazionale: il Messico, il Brasile, l'Argentina e il Venezuela, più **ricchi** di **risorse minerarie** e **agricole**, hanno avuto la possibilità, dopo l'indipendenza politica, di sviluppare un **sistema produttivo autonomo** o di incrementare il proprio PIL grazie alle esportazioni di materie prime in tutto il mondo. Gli **Stati dell'area istmica** e molte **isole caraibiche**, al contrario, hanno **condizioni sociali** ed **economiche molto instabili** che li avvicinano agli Stati del **Sud del mondo**. Haiti è il Paese più povero di tutto il continente: qui, a una situazione già fortemente disagiata si sono aggiunti gli effetti disastrosi del sisma che ha colpito l'isola nel gennaio 2010.

LAVORIAMO SULLE CARTE

1. Quali importanti paralleli attraversano questa regione?
2. Quali sono le tre principali penisole?
3. Quali mari bagnano questi territori?
4. Dov'è localizzata la principale catena montuosa?
5. Come si presenta il resto del territorio: pianeggiante o ricco di rilievi?

scenario L'ISTMO DI PANAMA E I SUOI RIVALI

Il Canale di Panama fu ultimato nel 1914: i finanziamenti per la colossale opera giunsero dagli Stati Uniti.

▲ Il Canale di Panama oggi.

◀ 25 settembre 1913: il primo rimorchiatore attraversa il Canale.

▲ Il presidente americano Roosevelt seduto su una escavatrice durante i lavori di scavo del Canale di Panama, nel 1906.

Uno snodo fondamentale per il commercio internazionale

di Enrico Franceschini

La Cina si appresta a costruire un canale dall'Oceano Atlantico al Pacifico attraverso il **Nicaragua**, che diventerà un **rivale del Canale di Panama**.

Sulla carta il progetto si presenta come una delle imprese più ambiziose mai tentate dall'uomo: pur sfruttando l'ampio bacino d'acqua del Lago Nicaragua nella parte orientale del Paese, il canale dovrebbe essere scavato attraverso pianure e montagne per circa **150 chilometri di lunghezza**. Si calcola che sarebbero necessari undici anni, circa 30 miliardi di euro e 40.000 operai per completare i lavori, dunque non potrebbe essere pronto prima del 2024. Una volta terminato, il nuovo canale transoceanico potrebbe conquistare immediatamente il 4,5% del traffico navale mondiale per poi continuare a crescere, **rivaleggiando con il Canale di Panama** più a sud, che è più corto. Secondo le autorità locali, il canale potrebbe istantaneamente raddoppiare il Prodotto interno lordo del Nicaragua. Tuttavia non è ancora chiaro quale sarebbe il percorso esatto del canale, né da dove verrebbe la quota di finanziamenti del progetto da parte del governo.

Non tutti gli esperti sono convinti che il Centroamerica abbia bisogno di due canali rivali di questo genere e che il traffico navale sia sufficiente a sostenere finanziariamente entrambi, specie tenuto conto che il Canale di Panama sta già facendo dei lavori di ampliamento per essere in grado di ospitare il passaggio di nuove navi container di enormi dimensioni.

(Da *la Repubblica*, 12 giugno 2013)

Americhe AMERICA LATINA

Il **Canale di Panama** è un canale artificiale che attraversa l'Istmo di Panama. Lungo 81,2 km, unisce l'Oceano Atlantico con il Pacifico evitando alle navi il lungo tragitto intorno al Sudamerica: attraverso un sistema di chiuse, infatti, le imbarcazioni superano un dislivello di 26 m tra le due coste oceaniche in otto-dieci ore. La sua costruzione iniziò nel 1881 ma giunse poi a un punto d'arresto. Solo l'intervento degli Stati Uniti, che finanziarono l'impresa, ne permise il completamento. In cambio ottennero la concessione di una striscia di terra larga 16 km attraverso l'istmo, la cosiddetta **Zona del Canale**. Solo nel 2000 la Zona è tornata in possesso dello Stato di Panama: oggi, gli ingenti incassi derivanti dai **pedaggi** per il transito delle navi costituiscono la principale fonte dell'economia dello Stato. Nel 2006 il governo di Panama ha progettato un **ampliamento** del canale, per permettere il passaggio alle giganteshe navi portacontainer di nuova generazione (12.600 container contro i 5000 delle navi più piccole).
Proprio grazie ai lavori di ampliamento, Panama nel 2012 è stato il Paese con il tasso di crescita più alto dell'America latina e il quarto a livello mondiale (10,5%).

Dai progetti antichi...

Già i **conquistadores spagnoli** nel Cinquecento avevano intuito il **potenziale economico** di un canale che tagliasse l'Istmo di Panama, permettendo così un accesso più agevole alle ricchezze del Nuovo continente. Fino al 1914 le navi che dall'Atlantico volevano raggiungere l'Asia dovevano circumnavigare l'America del Sud, oppure scaricare le merci per trasbordarle via terra fino alla costa opposta. Attualmente il traffico attraverso l'**istmo** rappresenta il 5% del commercio mondiale di merci e il canale costituisce un punto di **collegamento fondamentale** tra la costa orientale americana e il mercato asiatico, in fortissima espansione.

Proprio la Cina è uno dei primi partner commerciali di molti Stati latino-americani, oltre che degli Stati Uniti e del Canada, verso i quali esporta manufatti e dai quali importa ingenti quantitativi di petrolio e risorse minerarie. Oggi la Cina si colloca al secondo posto nella classifica degli utilizzatori del Canale di Panama, subito dopo gli Stati Uniti.

... ai nuovi scenari geopolitici

Non solo: la **Cina** figura tra i **finanziatori** dei **progetti** avanzati da alcuni Paesi latino-americani per far **concorrenza al Canale di Panama**.
L'area dell'istmo centroamericano è infatti tanto strategica dal punto di vista economico e politico (e quindi anche militare) da spingere non solo all'ampliamento del Canale di Panama, ma anche alla realizzazione di una nuova apertura in Nicaragua; a questi progetti si aggiungono poi quelli per la creazione di collegamenti terrestri, in particolare gasdotti, oleodotti, strade ad alta velocità e ferrovie tra i due oceani. Il **Canale di Nicaragua** consentirebbe alla Cina di moltiplicare il suo volume di affari in America latina, minando il ruolo privilegiato degli Stati Uniti nell'area. E visto che un passaggio alternativo a quello di Panama consentirebbe di ridurre drasticamente il costo del trasporto di materie prime energetiche dall'America latina verso la Cina, anche la Colombia si è offerta di affidare a imprese cinesi la sua porzione di istmo per la realizzazione di una rete ferroviaria di 212 km per il trasporto di merci da una sponda all'altra. Il Pacifico, su cui si affaccia la Cina, è il cuore dei traffici mondiali, ma Europa e costa orientale degli USA continuano a essere la destinazione privilegiata delle merci: di qui la necessità di collegamenti sempre più efficienti e diretti tra Oriente e Occidente... e la fortuna dei Paesi che si affacciano sui due oceani.

▼ Nella carta sono segnati, con colori diversi, i percorsi proposti per il nuovo Canale del Nicaragua.

▶ Nella carta si può vedere il percorso del Canale di Panama e la sezione longitudinale che evidenzia i dislivelli che lo caratterizzano.

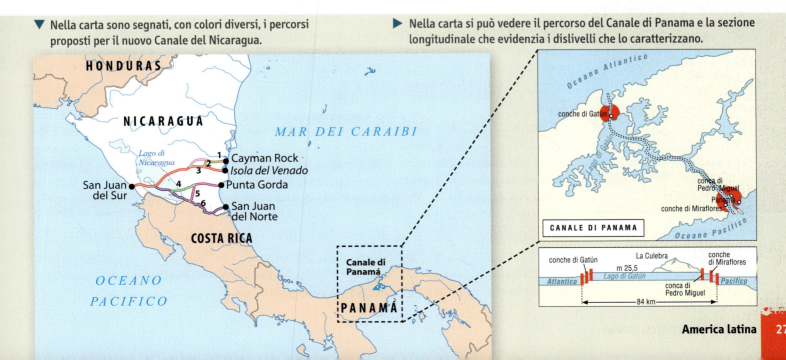

America latina 277

NOME COMPLETO
Stati Uniti del Messico

CAPITALE Città del Messico

FORMA DI GOVERNO
Repubblica federale

LINGUA Spagnolo (ufficiale), idiomi amerindi (náhuatl, maya, mixteco)

SUPERFICIE 1.964.375 km²

POPOLAZIONE 112.336.538 abitanti (censimento 2010)

DENSITÀ 58 ab/km²

FUSO ORARIO da UTC −6 a −8

VALUTA Peso messicano

UNITÀ DI MISURA DI LUNGHEZZA
sistema metrico decimale

ISU (2011) 0,770 (57° posto)
Speranza di vita 76,75 anni
Istruzione media 8,5 anni
Popolazione urbana 78,1%
(censimento 2011)

PREFISSO TEL +52

SIGLA AUTOMOBILISTICA MEX

GUIDA AUTOMOBILISTICA
a destra

INTERNET TLD .MX

La bandiera messicana venne introdotta nel 1821 come tricolore verde, bianco e rosso. Due anni dopo vi fu aggiunto lo stemma centrale, che richiama le origini azteche del Paese. Nella versione attuale, del 1968, un'aquila posata su un cactus stringe nel becco un serpente, a simboleggiare la vittoria del bene sul male.
Le parole e la musica dell'*Himno Nacional Mexicano*, noto anche come *Mexicanos, al grito de guerra* ("Messicani, al grido di guerra"), furono scelte attraverso un concorso indetto nel 1853 dal governo e adottate a partire dall'anno seguente. La versione ufficiale è in spagnolo, ma dal 2005 il governo ha autorizzato traduzioni ufficiali in sei lingue indigene.

MESSICO

Territorio e ambiente

La posizione e il clima

Il Messico occupa la punta meridionale dell'America del Nord, ma da un punto di vista storico-culturale appartiene all'America latina, cui lo accomunano la lingua spagnola e la religione cattolica.
Confina a nord con gli Stati Uniti e a sud-est con il Belize e il Guatemala, è bagnato a est dall'Oceano Atlantico e a ovest da quello Pacifico.
All'interno del suo vasto territorio (pari a sei volte e mezzo l'Italia), si possono distinguere **tre regioni climatiche**, corrispondenti ad altrettante fasce altimetriche:
- le **"terre calde"**, fino a 700-800 m di quota, dove la temperatura media annua supera i 23 °C e l'umidità è elevata;
- le **"terre temperate"**, fino a 2000 m, in cui le medie oscillano tra i 15 e i 22 °C, gli inverni sono secchi e le estati generalmente umide;
- le **"terre fredde"**, oltre i 2000 m, con medie inferiori ai 15 °C e una forte escursione termica giornaliera.

Nelle **zone interne** del **Messico settentrionale**, dove le correnti di origine oceanica non riescono ad arrivare, si registrano **lunghi periodi di siccità**, mentre nel **Centro-Sud**, soprattutto sulle coste del Golfo del Messico, le **piogge** sono frequenti e abbondanti e spesso assumono il carattere di **tempeste tropicali**.

Il vulcano Popocatépetl.

ALLA SCOPERTA DELLA PENISOLA DELLO YUCATÁN

Situata nella regione sud-orientale del Paese, la penisola dello Yucatán separa il Golfo del Messico dal Mar delle Antille. Prevalentemente pianeggiante, il suo terreno calcareo è punteggiato da *cenotes*, grotte o crateri (quando il soffitto è collassato) colmi d'acqua dolce e circondati da una rigogliosa vegetazione. Le coste dello Yucatán sono basse e sabbiose e a est presentano insenature e baie contornate da spiagge d'incanto. Qui si trovano le principali località turistiche del Messico: Cancún e Tulum. Nell'entroterra, dominato dalla giungla, sono stati scoperti i principali siti archeologici maya, in particolare le rovine della città di Chichén Itzá: la Piramide di Kukulkán, dalle gradinate alte circa 25 metri, l'osservatorio astronomico (il *Caracol*), il Tempio dei guerrieri e il campo per il gioco sacro della *pelota*, o palla messicana, uno sport molto simile al basket e praticato da Maya e Aztechi.

▼ Una spiaggia messicana affacciata sul Golfo del Messico.

▶ Il *cenote* Ik-Kil a Chichén Itzá. Il *cenote* è una grotta contenente un piccolo lago di acqua dolce.

Rilievi, pianure, coste e fiumi

Il territorio messicano è prevalentemente montuoso: le **pianure** si sviluppano unicamente **lungo le coste** e nella penisola dello **Yucatán**, mentre le **montagne** si snodano da nord a sud formando due grandi catene, la **Sierra Madre Occidentale**, di origine vulcanica e con cime oltre i 3000 m, e la **Sierra Madre Orientale**, meno elevata. A **nord** esse racchiudono **altipiani semidesertici**, intercalati da rilievi segnati dall'erosione.

Nel **Centro** del Paese le due catene convergono, dando origine al tavolato della **Meseta Centrale**, un'area geologicamente più giovane e dall'intensa attività sismica.

Qui si trovano i monti più elevati, che sono anche vulcani attivi: il Pico de Orizaba (5610 m), il Popocatépetl (5452 m) e l'Iztaccíhuatl (5286 m). A **sud-ovest**, infine, si estendono la **Sierra Madre del Sud** e l'altopiano del **Chiapas**. Le **coste** sono **basse**, generalmente sabbiose e ricche di insenature. Lungo quella del Pacifico, a nord, si estende la **penisola di California**, che crea il profondo Golfo di California, punteggiato da isole. I **fiumi** sono generalmente piuttosto **brevi** e dal **percorso irregolare**, con frequenti salti di pendenza che non permettono di utilizzarli come vie di comunicazione e di trasporto. Il più lungo è il Rio Bravo del Norte (o Rio Grande, 3034 km) che segna il confine con gli Stati Uniti da Ciudad Juárez fino al Golfo del Messico. Il versante pacifico, per la vicinanza delle catene montuose alla costa, non presenta corsi d'acqua di grande importanza, ad eccezione del Rio Grande di Santiago e del Rio Balsas, entrambi nel centro del Paese.

COMPLETA

1. Da un punto di vista storico e culturale, il Messico appartiene all'............................ .... perché si parla la lingua .... e si pratica la religione ....

2. Nel Paese si distinguono tre regioni climatiche a seconda dell'...................................: una zona ...., una ...., una terza ....

3. I monti più elevati, tutti di origine ...., si trovano nella ....

4. Le pianure si trovano nella penisola dello .... e lungo ....

5. I fiumi sono ...., il più lungo è il ....

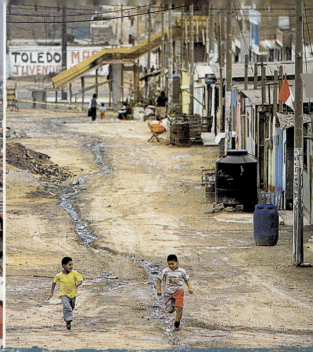

▲ I *mariachi* sono gruppi musicali tipici dell'Ovest del Messico.

▲ Città del Messico.

▲ Abitazioni precarie e fognature a cielo aperto alla periferia di Città del Messico.

Popolazione e società

La popolazione

Il Messico, con 112 milioni di abitanti, è il **terzo Paese più popolato delle Americhe**, dopo Stati Uniti e Brasile; rispetto a questi ultimi ha senza dubbio la **popolazione più giovane**: quasi il **30%** ha **meno di 14 anni**.
Gli abitanti si concentrano soprattutto nelle terre temperate della Meseta Central e nelle aree urbane, dove vive il 75% circa dei Messicani. Il processo di inurbazione è ancora in corso, con un continuo afflusso della popolazione dalle campagne verso gli agglomerati urbani, nelle cui periferie si creano spesso **baraccopoli** precarie e abusive.
Dal punto di vista della **composizione etnica**, il Messico è il risultato dell'unione di "**tre culture**": i **bianchi**, discendenti dei conquistatori spagnoli, rappresentano il 15% della popolazione, gli **amerindi**, concentrati soprattutto nella regione del Chiapas, sono il 18%, mentre circa il 64% della popolazione è **meticcia**, frutto della mescolanza tra bianchi e amerindi. Al contrario di altri Paesi americani, dopo il massiccio arrivo dei *conquistadores* nel XVI secolo, il Messico non ha attratto grandi masse di immigrati dall'Europa.
Molto intensa è stata e continua a essere invece l'**emigrazione verso gli Stati Uniti**, dove la popolazione di origine messicana supera i 30 milioni.

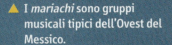

▶ Un paio di maracas, strumento tipico del Messico.

La lingua e la religione

La lingua ufficiale è lo **spagnolo**, ma circa sei milioni di cittadini parlano una **lingua indigena** (per lo più náhuatl o maya). Anche per questo recentemente il parlamento messicano ha approvato la *Legge dei diritti linguistici dei popoli indigeni* (2003), in base alla quale alle lingue indigene viene riconosciuta pari dignità con lo spagnolo per gli usi amministrativi e per il rilascio dei documenti. Per quanto riguarda la **religione** vi è una maggiore uniformità: la popolazione è quasi interamente **cristiana**, con una grande maggioranza **cattolica** (oltre l'80%) e una minoranza **protestante** (quasi l'8%).

Le città

La capitale, **Città del Messico**, sorge sulle rovine della **capitale azteca** Tenochtitlán, a 2240 m s.l.m. A causa del ridotto quantitativo di ossigeno dovuto all'altitudine, degli altissimi livelli di smog causati dal caotico traffico cittadino e dalle emissioni degli stabilimenti industriali – è il principale polo produttivo del Paese –, è una delle **città più inquinate del mondo**. Gigantesca e caotica, la sua **area metropolitana** supera i 20 milioni di abitanti ed è in **continua espansione**, soprattutto nelle periferie, dominate da **baraccopoli**. Città del Messico ospita le maggiori istituzioni culturali del Paese, l'Università e i musei principali.
Le altre città sono molto più piccole e solo un piccolo gruppo supera il milione di abitanti: **Guadalajara**, secondo polo per importanza economica, soprattutto per lo sviluppo del settore terziario (commerci e turismo); **Monterrey**, di origine coloniale e oggi importante centro industriale; **Veracruz**, centro portuale sul Golfo del Messico.

Cittadinanza: Il confine "poroso" con gli Stati Uniti

Il sogno americano

Gli Stati Uniti rappresentano il sogno di molti latino-americani: Messicani, Guatemaltechi, Honduregni, Salvadoregni ogni anno tentano di varcarne i confini in cerca di lavoro e di condizioni di vita migliori. Per chi viene da sud il passaggio obbligato è il **confine messicano, lungo oltre 3000 km**. Gli Stati Uniti, che hanno leggi molto restrittive sull'immigrazione, vedono quella linea di frontiera come una minaccia, un punto di ingresso di criminali e narcotrafficanti. Nel corso degli anni, per limitare l'accesso di immigrati clandestini, sono state prese misure repressive molto severe. Uno dei provvedimenti di maggiore impatto è stata la costruzione di varie **barriere** di acciaio e cemento, per una lunghezza totale di oltre 1200 km, intervallate da barriere "virtuali": tratti di strada controllati da illuminazione ad altissima intensità, sensori a raggi infrarossi e strumenti per la visione notturna e un sistema di sorveglianza ininterrotto, effettuato con veicoli ed elicotteri armati da un corpo speciale di guardie di frontiera. Nonostante ciò si stima che **mezzo milione di immigranti clandestini** (*indocumentados*, cioè "senza visto d'ingresso") attraversino illegalmente il confine **ogni anno**. E molti perdono la vita prima di raggiungere la meta. Oltre ai pericoli naturali rappresentati dal deserto, con il rischio di disidratazione e di insolazione, ci sono quelli legati agli uomini. Dopo aver intascato le cifre pattuite per fare da "traghettatori", infatti, capita che i trafficanti di immigrati clandestini li abbandonino in zone impervie. Vi sono poi agenti di polizia corrotti, che non di rado chiedono tangenti e usano violenza agli emigranti. La zona è resa ancora più pericolosa dai trafficanti di droga messicani che gestiscono circa il 70% delle sostanze stupefacenti dirette verso gli Stati Uniti e considerano la zona di loro proprietà. Circa 5600 persone sono morte nel tentativo di attraversare il confine tra il 1998 e il 2012.

Muri e recinti per controllare le frontiere

Di recente il Senato statunitense ha approvato una legge che prevede di raddoppiare il numero degli agenti di frontiera – che diverranno così circa 40.000 – e di costruire altri 1100 km di **recinzioni** al confine col Messico. Il governo federale vorrebbe addirittura utilizzare la tecnologia militare – radar e droni – per controllare le frontiere e bloccare eventuali nuovi passaggi di immigranti illegali. D'altro canto, la stessa legge **concede** ai circa 11 milioni di **immigrati irregolari** presenti negli Stati Uniti, in maggioranza latino-americani, la possibilità di acquisire la cittadinanza. Dopo 13 anni di residenza, e dopo aver superato un esame per verificare la loro conoscenza dell'inglese e dei fondamenti della storia americana, dovrebbero ricevere finalmente la cittadinanza. Fortemente voluta dal presidente Obama e dal Partito democratico, questa riforma è però osteggiata dai repubblicani: il dibattito parlamentare è ancora aperto.

▲ Il confine tra Messico e Stati Uniti a Tijuana.

▼ Il Muro di Tijuana decorato con bare per ricordare le centinaia di emigranti che ogni anno perdono la vita nel tentativo di attraversare il confine.

Attività

▶ Anche nel nostro Paese le leggi sull'immigrazione sono oggetto di dibattito politico, in particolare sul tema relativo alla cittadinanza. Sicuramente avrai sentito parlare di *ius soli* (diritto del suolo) e di *ius sanguinis* (diritto del sangue). Spiegane il significato; fai una ricerca per scoprire dove vengono applicati ed esprimi la tua opinione su entrambi. Confronta poi il tuo lavoro con i compagni.

RISPONDI

1. Quali culture e quali etnie sono presenti in Messico?
2. Qual è la lingua ufficiale? Quante e quali altre lingue vengono parlate?
3. Quali sono le caratteristiche negative della capitale?

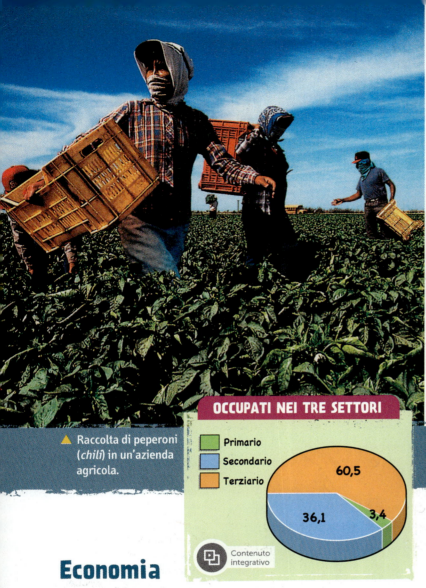

▲ Raccolta di peperoni (*chili*) in un'azienda agricola.

▲ Grotta di cristallo nella miniera di Naica.

OCCUPATI NEI TRE SETTORI
- Primario: 3,4
- Secondario: 36,1
- Terziario: 60,5

Contenuto integrativo

Economia

Uno sguardo generale

Grazie alla crescita degli ultimi due decenni, all'accordo di libero scambio siglato con Canada e Stati Uniti (NAFTA) e a trattati commerciali con altri cinquanta Paesi, tra cui l'Unione Europea e il Giappone, il Messico è oggi la **quattordicesima potenza economica** mondiale. Dal 2010 la ripresa delle **esportazioni**, soprattutto verso gli Stati Uniti (che da soli ne assorbono oltre il 70%), ha sostenuto la crescita economica.
Tuttavia, l'alto tasso di **corruzione** e la diffusione di **attività illegali**, in particolare legate al narcotraffico (traffico di droga), scoraggiano l'insediamento di nuove attività economiche e gli investimenti da parte di società straniere.

Risorse energetiche

Il Messico è ricco di **risorse minerarie**, soprattutto **petrolio e gas naturale**, che vengono esportati per lo più verso gli Stati Uniti, ma anche argento, oro, piombo, zinco e carbone.
Oltre alle **centrali alimentate da idrocarburi**, a Veracruz sono presenti **centrali nucleari** che forniscono circa il 3,6% dell'energia elettrica nazionale.

Negli ultimi anni il governo ha deciso di investire nelle energie "pulite" ottenute da fonti rinnovabili (eolica, idroelettrica, geotermica e solare) che entro il 2024 dovrebbero arrivare a coprire il 35% del fabbisogno energetico interno.

Settore primario

L'**agricoltura** è **fiorente**: si producono soprattutto **mais** e **fagioli**, che costituiscono la base dell'alimentazione locale, frumento e orzo per il consumo interno, **caffè**, **cacao**, **banane e tabacco** per l'**esportazione**. Importante anche l'allevamento di **bovini** e di **suini** per la produzione di carne. Data l'ampia estensione costiera, la **pesca** è molto praticata, soprattutto sardine, tonni, crostacei e sogliole.

Settore secondario

L'**industria** occupa circa un terzo della popolazione lavorativa e ha i suoi **settori di punta** nel **metallurgico** e nel **chimico**, sviluppati soprattutto a Città del Messico, il principale polo industriale del Paese, e nell'area di Monterrey e Guadalajara. Vicino alla frontiera con gli Stati Uniti, in particolare nelle città di Tijuana, Ciudad Juárez e Matamoros, numerose imprese nordamericane hanno impiantato filiali a capitale statunitense o misto dette ***maquiladoras***, che operano nei settori tessile, elettrico, elettronico e automobilistico, assemblando componenti fabbricati negli Stati Uniti.

▲ Bambole in vendita in un mercato turistico.

▲ Lavorazione di sigari in un piccolo laboratorio messicano.

Gli investitori statunitensi traggono vantaggio dall'utilizzo di manodopera a minor costo e con minori diritti rispetto a quelli in vigore nel loro Paese, mentre i Messicani trovano impiego all'interno dei propri confini, senza dover emigrare. Di recente sono nate anche imprese interamente a capitale messicano.

Settore terziario

Il terziario è il settore più sviluppato, grazie soprattutto alla costante crescita dei traffici **commerciali** e del comparto turistico. Il **turismo**, con oltre 20 milioni di visitatori all'anno – attratti dalle località balneari delle coste (Cancún, Acapulco e Zihuatanejo), dai siti archeologici precolombiani e dalle città d'epoca coloniale – costituisce una risorsa economica fondamentale per il Paese.
Molto importanti per l'economia interna sono le **rimesse**, cioè il denaro inviato dagli emigrati residenti all'estero e in particolare negli Stati Uniti.

> *Cartelli della droga*
> Organizzazioni criminali che gestiscono il traffico delle droghe, in particolare cocaina, a livello nazionale e internazionale.

IL NARCOTRAFFICO

Il Messico è oggi uno dei Paesi con il tasso di criminalità legato al traffico di droga più elevato.
Sin dagli anni Ottanta del Novecento è stato uno dei principali luoghi di transito della cocaina e delle droghe prodotte negli Stati dell'America del Sud (Colombia soprattutto, ma anche Bolivia e Perú) e dirette verso gli Stati Uniti. Dal 1989 i trafficanti di droga messicani (**narcotrafficanti** o *narcos*) si sono organizzati formando dei gruppi criminali, i "**cartelli della droga**".
Per proteggere i loro traffici internazionali – che raggiungono guadagni stimabili fra i 13,6 miliardi e i 48,4 miliardi di dollari l'anno – i *narcos* non si fanno scrupolo di eliminare uomini politici, cittadini, poliziotti e giornalisti che tentano di documentarne i misfatti: tra il 2007 e il 2011 le vittime di attentati e crimini riconducibili alla cosiddetta "**guerra della droga**" sono state oltre 50.000.
Nonostante la campagna antidroga, nella quale sono oggi coinvolti 45.000 soldati, oltre alle forze di polizia statali e federali, la piaga del narcotraffico in Messico è ben lontana dall'essere sanata.

◉ LAVORA SUL TESTO

1. Sottolinea i motivi che hanno portato alla crescita economica del Messico.
2. Individua le principali fonti di energia.
3. Perché gli Statunitensi investono in Messico? Quali sono i vantaggi per i Messicani? Sottolinea nel testo le risposte.

◉ LAVORA SUL LESSICO

4. Che cosa si intende per *maquiladoras*?
5. Sottolinea che cosa sono le rimesse.

America latina 283

NOME COMPLETO
Repubblica del Perú

CAPITALE Lima

FORMA DI GOVERNO Repubblica

LINGUA Aymará, quechua e spagnolo (ufficiali)

SUPERFICIE 1.285.216 km²

POPOLAZIONE 29.797.694 abitanti (stima 2011)

DENSITÀ 23 ab/km²

FUSO ORARIO UTC −5

VALUTA Nuovo sol

UNITÀ DI MISURA DI LUNGHEZZA sistema metrico decimale

ISU (2011) 0,725 (80° posto)
Speranza di vita 73,75 anni
Istruzione media 8,7 anni
Popolazione urbana 77,3% (2011)

PREFISSO TEL +51

SIGLA AUTOMOBILISTICA PE

GUIDA AUTOMOBILISTICA a destra

INTERNET TLD .PE

La bandiera del Perú fu adottata nel 1825, successivamente alla raggiunta indipendenza dalla Spagna. Consta di tre bande verticali di uguali proporzioni: rosse quelle esterne e bianca quella interna. La bandiera ha al centro lo stemma peruviano: uno scudo che rappresenta i tre regni naturali (minerale con la cornucopia, vegetale con una pianta di quinoa, l'alimento base per le popolazioni andine, animale con la vigogna, mammifero simile al lama), circondato da un ramo di palma e uno di alloro intrecciati. L'inno nazionale è *Somos libres, seámoslo siempre* ("Siamo liberi, dobbiamo esserlo sempre"), scelto con un concorso nazionale nel 1821.

PERÚ

Territorio e ambiente

Il Perú si colloca tra l'Equatore e il 18° parallelo sud, sulla costa occidentale dell'America meridionale. Confina a nord con l'Ecuador e la Colombia, a est con il Brasile e la Bolivia e a sud con il Cile, mentre a ovest e a sud-ovest si affaccia sull'Oceano Pacifico.
Vi si distinguono tre aree geografiche:
- la **lunga e stretta fascia costiera**, arida e pianeggiante;
- la **regione centrale** dominata dalla **Cordigliera delle Ande**, che percorre il Paese da nord a sud in tre catene parallele (Cordillera Occidental, Central e Oriental) con vette che superano spesso i 6000 m (il monte più alto è l'Huascarán, 6768 m) ed elevati coni vulcanici. Qui si trova anche il lago più esteso (8330 km²), il Titicaca, al confine con la Bolivia;
- la **regione orientale**, pianeggiante, ricoperta dalla **foresta amazzonica** e percorsa da numerosi fiumi, tutti affluenti del Rio delle Amazzoni; tra essi l'Ucayali, che con il Rio delle Amazzoni forma il bacino idrografico più lungo al mondo.

Popolazione e società

La **popolazione** è molto **composita**: oltre la metà sono **amerindi**, di etnia **quechua** (47%) e **aymará** (5,4%); vi sono poi **meticci** (31,9%) e **bianchi** (12%), mentre il 10% vive nei villaggi di montagna, oltre i 3800 m. Il Perú ha **tre lingue ufficiali**: lo **spagnolo** e le lingue locali **quechua** e **aymará**. Dal punto di vista della **religione** vi è maggiore uniformità: oltre l'80% della popolazione è **cattolica**, il 12,5% **protestante**.
La maggior parte della popolazione (circa il 77%) si concentra nelle **città**, dislocate soprattutto **lungo la costa**. La capitale, **Lima**, ospita da sola oltre un quarto degli abitanti del Perú.
L'urbanizzazione ha coinciso con l'industrializzazione del Paese, ma non di rado le **periferie** dei maggiori centri sono costituite da **baraccopoli** prive di servizi e reti fognarie.

▲ Un tratto della Cordillera Blanca, nella parte settentrionale delle Ande.

ALLA SCOPERTA DELL'*INCA TRAIL* (IL "CAMMINO DEGLI INCA")

Tra il XIII e il XVI secolo gli Inca crearono un vasto impero in Sudamerica, lungo la fascia costiera dall'Ecuador al Cile, con capitale a Cuzco, in Perù. Per controllarne i territori costruirono un'ampia rete stradale, il Cammino Reale degli Inca, lungo circa 20.000 km, che collegava il deserto alle montagne, la giungla alle città e consentiva un fitto e fiorente commercio.
A intervalli regolari vi si incontravano luoghi di ristoro e di approvvigionamento; il Cammino Reale era percorso dai *chasqui*, corrieri incaricati del servizio postale e informativo dell'impero. Oggi il tratto più noto del Cammino è quello di 42 km che raggiunge il sito di Machu Picchu, attraversando importanti centri archeologici inca quali Huayllabamba, Runkuracay e Intipunku.

▲ Il sito archeologico di Machu Picchu, situato a 2340 m di altitudine, approdo finale dell'*Inca Trail*.

Economia

Il Paese è **ricco di risorse minerarie**, e l'economia si basa soprattutto sull'esportazione di prodotti dell'industria estrattiva (petrolio, gas naturale, rame, argento, zinco, ferro); i principali acquirenti sono gli Stati Uniti e la Cina. Negli ultimi anni la costruzione di miniere, spesso affidate in gestione a **multinazionali straniere**, ha suscitato le proteste delle comunità indigene, costituendo un motivo di instabilità politica per il Paese. Anche i **prodotti agricoli**, coltivati con **mezzi industriali lungo la costa**, sono in gran parte destinati all'**esportazione**: cotone, canna da zucchero, caffè, riso, patate dolci e frutta. L'agricoltura praticata nella **sierra** è invece destinata prevalentemente a soddisfare il **fabbisogno alimentare interno**: il frumento è coltivato fino ai 2600 m, il mais fino ai 3300 m, le patate e l'orzo nelle zone più elevate. L'**allevamento di ovini e bovini** è molto praticato, ma risulta insufficiente a coprire il fabbisogno nazionale di **carne** e di **latte**. L'**alpaca**, un mammifero simile al lama, viene invece allevato per la produzione della **lana**, assai pregiata. Grande rilievo ha la pesca. L'**industria** è orientata prevalentemente alla **raffinazione** del petrolio e alla **lavorazione** dei minerali destinati all'esportazione. Seguono per importanza l'industria tessile e quelle alimentare, del cemento, del tabacco, della gomma. Il settore terziario si basa soprattutto sul **commercio** e sul **turismo** diretto prevalentemente a Cuzco, Machu Picchu, verso la foresta amazzonica e il Lago Titicaca.

▲ Miniera a Cerro de Pasco, nell'ovest del Paese. È il centro minerario più importante del Perù; vi si estraggono piombo, zinco, argento e carbone.

Nel Paese è diffusa la coltivazione della coca, le cui foglie sono utilizzate tradizionalmente dalle popolazioni andine a scopo terapeutico, per alleviare la fame, la sete, il dolore e la fatica e per contrastare una serie di malattie, dai crampi al mal di denti fino al mal di montagna, che può colpire chi lavora quotidianamente ad altitudini superiori a 4000 m. Dalla coca si ricava però anche la cocaina, una pericolosa droga, principale fonte di guadagno dei narcotrafficanti: per questo i governi del Perù e di altri Paesi latino-americani cercano di disincentivarne la coltivazione, sostituendola con altre colture.

🔵 RISPONDI

1. Quali sono le caratteristiche geografiche della stretta fascia costiera? Quali quelle delle regioni centrale e orientale?
2. Dove vive la maggior parte della popolazione?
3. Che cos'è il Cammino Reale?

America latina · **285**

geostoria — LE ANTICHE CIVILTÀ DELLE AMERICHE

Contenuto integrativo

Circa 40.000 anni a.C. i ghiacci erano molto più estesi di oggi e lo Stretto di Bering, che divide l'Asia dall'America, era emerso e percorribile a piedi: lungo quel passaggio le popolazioni provenienti dall'Asia giunsero nel continente americano e poi, lentamente, si spinsero sempre più a sud, fino a popolarne gran parte delle aree adatte all'insediamento umano. Quando i ghiacci si ritirarono, intorno al 10.000 a.C., le acque tornarono a dividere l'Alaska dall'Asia: quelle popolazioni, rimaste isolate, ebbero un'**evoluzione separata** da quella del resto del mondo, a differenza di quanto avvenne per i popoli di Asia, Africa ed Europa, che poterono sempre avvantaggiarsi di contatti reciproci.

Scrittura, arte e astronomia

Nelle Americhe si svilupparono **civiltà complesse**, che avevano un'organizzazione sociale ed economica molto articolata, conoscevano la **scrittura**, praticavano un'**arte raffinata** e possedevano grandi conoscenze nel campo dell'**astronomia**. Tuttavia presentavano anche **limiti** rispetto ai loro contemporanei da cui li separavano gli oceani Atlantico e Pacifico: sebbene fossero costruttori di strade e palazzi, non avevano scoperto la tecnica dell'arco; pur lavorando i metalli preziosi non avevano sviluppato né la metallurgia né la lavorazione del ferro e utilizzavano soprattutto attrezzi in pietra. Inoltre, nonostante fossero agricoltori, non conoscevano né l'aratro (usavano il bastone da scavo) né le applicazioni pratiche della ruota. Nel continente **non vi erano animali da tiro**: il mammifero più grande, il **lama**, può trasportare solo piccoli carichi (25 kg al massimo) ed è molto lento (percorre circa 15 km al giorno). Queste civiltà presentavano quindi un **diverso sviluppo tecnologico** rispetto al resto del mondo e anche per questo crollarono allorché vennero attaccate dai *conquistadores* europei.

I nativi americani del Nordamerica

Gli ambienti delle Americhe sono molto vari e hanno profondamente condizionato l'evoluzione dei diversi gruppi umani.
L'America settentrionale era la sede di **popoli divisi in tribù nomadi** che vivevano prevalentemente di caccia e raccolta: gli **Eschimesi (Inuit)** dell'Alaska e i **nativi americani** delle praterie, che sfruttavano gli immensi spazi del continente e vivevano seguendo le migrazioni stagionali delle mandrie di bisonti.

La civiltà dei Maya fiorita nello Yucatán nel primo millennio d.C.

Nell'**America centrale** e lungo la **Cordigliera delle Ande** si erano insediati popoli che **praticavano l'agricoltura** e svilupparono civiltà complesse e raffinate.
I **Maya** occupavano la fertile regione dello Yucatán, oggi Messico e Guatemala. Alla base della loro economia vi era la coltivazione del **mais**: è a loro che si deve la selezione di questa pianta alimentare fondamentale, poiché richiede poche giornate di lavoro e ha un'alta resa. Ai contadini spettava il compito di eseguire i lavori collettivi richiesti dai nobili e dai sacerdoti: la coltivazione delle loro terre e, soprattutto, la costruzione di grandiose opere pubbliche quali templi, strade, canali e acquedotti. I Maya erano divisi in città-stato indipendenti, governate da nobili e sacerdoti-scienziati dediti all'osservazione astronomica: come molti altri popoli, la loro religione era basata sul culto del Sole e sullo studio dei cicli astronomici. Per questo avevano elaborato un **calendario** estremamente preciso.

▼ Le rovine del sito maya Chichén Itzá nella penisola messicana dello Yucatán.

L'Impero azteco sull'altopiano del Messico

I Maya raggiunsero il massimo splendore tra il III e il X secolo d.C., ma poi declinarono sotto l'urto degli **Aztechi**: giunti dal nord, questi ultimi si insediarono sull'altopiano del Messico, occupando il territorio dei Maya. Nel XV secolo l'area da loro controllata era estesa dall'Atlantico al Pacifico. La capitale, **Tenochtitlán** (oggi Città del Messico), contava 300.000 abitanti e vantava un sistema di strade, canali e distribuzione di acqua corrente che nessuna città europea del tempo eguagliava. Nell'Impero azteco, oltre all'agricoltura, erano fiorenti il **commercio** e l'**artigianato**. Come i Maya, anche gli Aztechi professavano il **culto del Sole** e, per timore di perderne il favore, cercavano di propiziarselo con cerimonie e sacrifici, anche umani.

L'Impero inca lungo la Cordigliera delle Ande

Ancora più grande di quello Azteco fu l'Impero degli **Inca**, che si era formato a partire dal XII secolo e che si estendeva lungo tutta la Cordigliera delle Ande, attraverso le attuali regioni del Perú, della Bolivia e di buona parte del Cile.
Il nome "Inca" era quello della famiglia regnante e del re stesso (così come gli imperatori romani si chiamavano "Cesare"); l'Inca risiedeva nella capitale **Cuzco** e governava uno Stato immenso, con circa **25 milioni di abitanti**, in maggioranza contadini, per mezzo di un'efficiente organizzazione militare, burocratica ed economica. La capitale era collegata alle varie regioni attraverso un esteso **sistema stradale**; lungo la rete di strade e ponti sospesi viaggiavano sia le notizie e gli ordini dei messaggeri del re, sia le merci trasportate sulla groppa dei lama. Lo Stato stesso organizzava gli scambi e la redistribuzione in tutte le regioni dei prodotti della costa (pesce e cotone), dell'altopiano (mais, patate e tabacco, di cui fumavano le foglie) e della montagna (i lama stessi).

◀ Miniature, tratte da un codice del XVI secolo, che raffigurano la semina, la coltivazione e la raccolta del mais in America centrale, effettuate secondo i metodi tradizionali maya e aztechi.

▼ Una stele maya nel sito archeologico di Copán, in Honduras.

▼ Un antico calendario azteco.

America latina

NOME COMPLETO
Repubblica Federale del Brasile

CAPITALE Brasilia

FORMA DI GOVERNO
Repubblica federale

LINGUA Portoghese (ufficiale), idiomi amerindi

SUPERFICIE 8.502.728 km²

POPOLAZIONE 192.379.287 abitanti (stima 2011)

DENSITÀ 23 ab/km²

FUSO ORARIO da UTC −2 a −4

VALUTA Real

UNITÀ DI MISURA DI LUNGHEZZA sistema metrico decimale

ISU (2011) 0,718 (84° posto)
Speranza di vita 72,95 anni
Istruzione media 8,7 anni
Popolazione urbana 86,9%

PREFISSO TEL +55

SIGLA AUTOMOBILISTICA BR

GUIDA AUTOMOBILISTICA
a destra

INTERNET TLD .BR

La bandiera del Brasile è verde con un rombo giallo al centro. All'interno del rombo è posto un cerchio blu punteggiato di 27 stelle bianche e attraversato da una fascia su cui è scritto il motto del Paese: *Ordem e Progresso* ("Ordine e progresso"). Il cerchio rappresenta il cielo sopra Rio de Janeiro il 5 giugno 1889, quando venne proclamata la Repubblica, mentre le stelle, raggruppate in costellazioni realmente esistenti, indicano i 27 Stati federali del Paese.
L'*Hino Nacional Brasileiro* ("Inno nazionale del Brasile") fu composto in due tempi: la melodia risale al 1831, le parole al 1909.

BRASILE

Territorio e ambiente

La posizione e il clima

Situato tra l'Equatore e il Tropico del Capricorno, il Brasile è il quinto Paese del mondo per estensione: occupa da solo quasi metà del Sudamerica. A est è bagnato dall'Oceano Atlantico, a nord confina con la Guyana francese, il Suriname, la Guyana, il Venezuela e la Colombia, a ovest con il Perú, la Bolivia, il Paraguay e a sud con l'Argentina e l'Uruguay. Data la sua estensione, il Brasile presenta **variazioni climatiche** significative tra nord e sud e tra le regioni costiere e quelle interne:
- la **regione settentrionale** dell'Amazzonia ha un **clima equatoriale**, con scarse variazioni stagionali, temperature elevate (27 °C) e un altissimo tasso di precipitazioni e umidità;
- sugli **altopiani del sud** e sulle **coste centrali** il clima è **tropicale umido**: le differenze stagionali diventano più significative, c'è meno umidità, in estate le piogge sono frequenti;
- le **coste meridionali** hanno un clima **temperato**: la temperatura è mitigata dalla presenza dell'oceano.

Rilievi, pianure, coste e fiumi

Dal punto di vista morfologico il Brasile può essere diviso in **quattro** grandi **regioni**:
- la regione del confine settentrionale, occupata dal **Massiccio della Guyana**, con il Pico da Neblina, il monte più alto del Brasile (3014 m);
- scendendo poco più a sud l'ampio **bassopiano dell'Amazzonia**, solcato dal **Rio delle Amazzoni** e dai suoi affluenti e ricoperto di **foreste pluviali**;
- la **regione centrale e meridionale**, occupata dagli **altopiani del Mato Grosso e del Brasile**, anch'essi solcati da ampi corsi d'acqua e ricchi di giacimenti minerari;
- l'estremo **sud**, al confine con Argentina e Paraguay, **pianeggiante** e ricoperto di sconfinate **praterie**.

IL RIO DELLE AMAZZONI

Il Rio delle Amazzoni, primo fiume al mondo per portata d'acqua e per lunghezza, attraversa tutta la parte settentrionale del Brasile, ingrossandosi progressivamente verso la foce. Nel suo percorso si divide in più rami formando centinaia di grandi isole e aree paludose. In corrispondenza della foce si apre in un gigantesco delta, con un ramo maggiore, altri minori e in mezzo la grande isola di Marajó.
Lungo il suo corso sorgono insediamenti umani: dai piccoli centri isolati, raggiungibili solo navigando e abitati dai *caboclos* meticci dell'Amazzonia, a città importanti, come Manaus, Santarém, Macapá e Belém. Molti affluenti minori sono ancora inesplorati, così come alcuni tratti della foresta che li circonda: qui si sono ritirate le ultime tribù indios per timore di essere private delle loro tradizioni così come è successo ad altre popolazioni amazzoniche (vedi pag. 296).

▲ Il Rio delle Amazzoni.

I **fiumi** coprono quasi interamente il territorio brasiliano e hanno da sempre rappresentato le principali vie di comunicazione tra una regione e l'altra, permettendo di penetrare dalle coste verso l'interno, specialmente nella regione amazzonica.
Oltre al **Rio delle Amazzoni**, che riceve le acque di migliaia di affluenti, i principali sono il **São Francisco**, che attraversa l'altopiano del Brasile e la zona arida del Sertão, e il **Rio de la Plata**; in corrispondenza del confine con Argentina e Paraguay si formano le famose cascate dell'**Iguaçu**, meta di migliaia di visitatori. La **zona costiera**, lunga circa 7500 km, è **ampia** e **pianeggiante** a nord-est, per poi restringersi in corrispondenza della regione degli altipiani, diventare **alta** e **scoscesa** tra Vitória e Porto Alegre, e tornare **bassa**, **sabbiosa** e addirittura **paludosa** fino al confine meridionale.

ALLA SCOPERTA DEL PANTANAL

All'interno della regione del Mato Grosso, nel cuore del Brasile occidentale, si estende il Pantanal: un'area di 100.000 km² con la più ampia varietà faunistica dell'intero Sudamerica. I fiumi ospitano oltre 250 tipi di pesci, tra cui giganteschi pesci-gatto, piranha, rari esemplari di pesce *dourado*; le foreste accolgono circa 700 specie di uccelli – jaribú, simili a grandi cicogne, pappagalli, aironi, ibis, tucani, quero quero –, mammiferi e rettili, come il jacaré (caimano di piccola-media taglia) e l'anaconda, un serpente acquatico di enormi dimensioni che stritola le sue prede. Migliaia di turisti ogni anno visitano questa regione incontaminata, spostandosi a piedi, a cavallo o sul fiume, a bordo di battelli.

◀ Un tucano nel Pantanal.

COMPLETA

1. Completa la tabella inserendo il clima corretto:
   equatoriale • temperato • tropicale umido

Regione	Clima
Regione settentrionale	
Altopiani del sud	
Coste meridionali	

2. I fiumi più importanti sono il ...., il .... e il ....
....

America latina 289

geostoria
LA LUNGA STORIA DEL BRASILE: DALLA COLONIZZAZIONE ALLA DEMOCRAZIA

La colonizzazione portoghese

Il primo europeo a raggiungere le coste del Brasile nel **1500** fu il portoghese **Pedro** Álvares **Cabral**, che ne prese possesso in nome del re Manuel I.

Nel 1494, infatti, le due principali potenze navali dell'epoca, Spagna e Portogallo, avevano siglato il **Trattato di Tordesillas**, con il quale si spartivano le rispettive aree di influenza nel mondo ancora da esplorare e conquistare: la linea di spartizione corrispondeva approssimativamente al meridiano 46°37' O.

Le terre a est di questa linea sarebbero appartenute al Portogallo e quelle a ovest alla Spagna. La punta più orientale del Brasile rientrava dunque nell'area di influenza portoghese.

A differenza degli Spagnoli, i Portoghesi si limitarono inizialmente a occupare le **coste** dei territori conquistati, creando avamposti per il controllo dei commerci, e solo nel **XVII secolo** cominciarono la **conquista** armata dell'entroterra per sfruttare i giacimenti d'**oro e argento** individuati da alcuni avventurieri.

Quando i Portoghesi si avventurarono nell'interno del Paese iniziarono violenti **scontri** con le popolazioni **locali** per il possesso dei terreni.

I conquistatori crearono delle aziende basate su un'**economia di piantagione**, che prevedeva lo sfruttamento del terreno agricolo con **monocolture** destinate al **mercato europeo**: tabacco, cotone e soprattutto zucchero, il principale prodotto da esportazione fino al XVIII secolo.

Per farli lavorare nelle piantagioni furono **importati schiavi dall'Africa**, dove il Portogallo possedeva importanti basi commerciali: il modello portoghese fu poi applicato anche dalle altre potenze coloniali europee. Ancora oggi la popolazione brasiliana (e dell'intero continente americano) riflette questa storia di colonialismo e di schiavismo, con una massiccia presenza di discendenti degli schiavi africani e di mulatti.

▲ Il Brasile in una carta del 1519.

IL COMMERCIO TRIANGOLARE

La tratta degli schiavi africani si inseriva in un vasto sistema commerciale detto **commercio triangolare** che, a partire dal XVII secolo, collegava i tre continenti affacciati sull'Atlantico: le navi partivano dall'Europa alla volta dell'Africa, dove, in cambio di prodotti tessili e artigianali, venivano acquistati gli schiavi da rivendere nei territori americani. Qui venivano prelevate materie prime – soprattutto cotone e canna da zucchero – da rivendere nei mercati europei.

L'indipendenza

Nel **1822** il Brasile si rese **indipendente** dal Portogallo e divenne un impero autonomo, sotto la guida di Pietro I, figlio del re lusitano, che nel 1888 abolì la schiavitù.

Nel **1889** una rivoluzione incruenta trasformò il Brasile in una repubblica. I governi che si susseguirono da allora favorirono gli interessi dei grandi proprietari terrieri, i **latifondisti** di origine europea, che si opposero con tenacia ai tentativi di riforme agrarie e si disinteressarono completamente delle masse dei contadini e delle popolazioni locali. Solo negli **anni Settanta del Novecento**, grazie al sindacalista **Chico Mendes**, che fu poi ucciso nel 1988 in un attentato, furono avanzate le prime **rivendicazioni sociali** in favore degli **indios** scacciati dai loro territori in seguito alla deforestazione e alla creazione di nuove piantagioni da parte dei grandi proprietari terrieri.

La democrazia

Dopo una lunga **dittatura militare**, tra il 1964 e il 1985, il Brasile è tornato alla democrazia, con una nuova Costituzione, approvata nel 1988, e un nuovo piano di investimenti che hanno portato il Paese alla rinascita, anche economica, a livello internazionale.

In particolare con l'elezione di **Inácio Lula da Silva**, leader del Partito dei lavoratori, nel 2002, e nel 2011 di **Dilma Rousseff**, sua compagna di partito, il governo brasiliano ha dedicato maggiore attenzione ai problemi sociali e ambientali: si stima che oltre il 20% della popolazione viva ancora in situazioni di assoluta povertà.

Dal 2003 è stato istituito un reddito minimo, la *bolsa familia*, per i più indigenti ed è stato lanciato un piano per contrastare la dispersione scolastica nelle aree più disagiate.

▼ Un villaggio del Brasile verso il 1505.

▼ La Dichiarazione di indipendenza da parte del futuro sovrano Pietro I nel 1888.

Una figurante al carnevale a Rio de Janeiro.

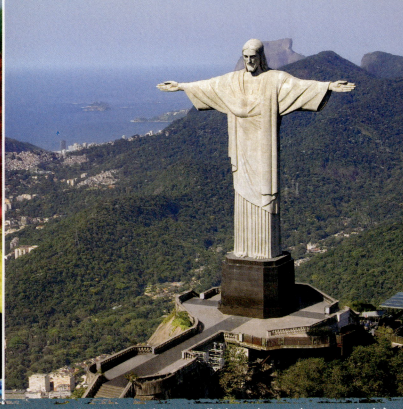
Il simbolo di Rio de Janeiro è la statua di Cristo redentore, che sovrasta la città dal Monte Corcovado. La baia di Rio è dominata dal Monte Pan di Zucchero, ai piedi del quale si trovano le celebri spiagge di Copacabana e Ipanema.

Popolazione e società

La popolazione

Il Brasile mostra, nell'attuale composizione della popolazione, lo stratificarsi di complesse vicende storiche, fatte di conquista coloniale, genocidi, schiavitù. Della **popolazione autoctona** non rimangono che poche centinaia di migliaia di individui, concentrati lungo il Rio delle Amazzoni, nel Mato Grosso e sugli altopiani centrali. Sterminati dalle epidemie e dalle guerre di conquista all'arrivo dei colonizzatori portoghesi, i **discendenti degli indios** non rappresentano oggi che lo **0,3% della popolazione**, anche se è difficile averne stime esatte, dal momento che alcune tribù vivono in condizioni di deliberato isolamento ed evitano qualsiasi contatto con il mondo esterno.

I **neri**, discendenti degli schiavi africani, deportati per lavorare nelle miniere e nelle piantagioni a partire dal XVI secolo e fino all'abolizione della schiavitù (1888), sono oggi quasi il **7%** della popolazione e la loro presenza è concentrata soprattutto nelle aree di **Salvador** e di **Rio de Janeiro**. La maggioranza della popolazione è rappresentata dai **bianchi** (48%) discendenti dei primi conquistatori portoghesi e degli immigrati europei che sono giunti in Brasile tra Ottocento e Novecento.

Vi sono poi **meticci** e **mulatti**, frutto dell'unione fra bianchi e amerindi e fra bianchi e neri, che insieme superano il **43%**.

A differenza di quanto accaduto altrove, in epoca moderna in Brasile la convivenza di popolazioni ed etnie diverse non ha dato luogo a fenomeni di razzismo. Tuttavia le disuguaglianze economiche hanno generato **tensioni sociali**: sono infatti quasi sempre neri, meticci e mulatti a vivere in condizioni di povertà e di disagio, mentre i bianchi appartengono generalmente alle classi più agiate, hanno livelli di istruzione più alti e tassi di mortalità infantile più bassi. Una ferita aperta per il Paese è rappresentata dalla condizione degli **indios**, i cui territori, soprattutto in Amazzonia, vengono costantemente minacciati dall'avanzare delle coltivazioni e dagli espropri per la costruzione di dighe o miniere (vedi pag. 296). La **popolazione** è **concentrata nelle città** (86,9%), soprattutto sulla **costa sud-orientale**, tra i centri di Rio de Janeiro, San Paolo e Belo Horizonte. La massiccia immigrazione urbana dalle campagne ha generato una crescita disordinata e disorganizzata delle periferie, con la nascita di interi quartieri di edifici precari: le *favelas*, i cui abitanti vivono in condizioni di estrema povertà.

Una donna kayapó.

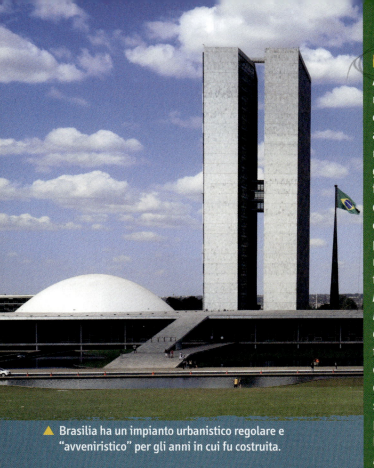

▲ Brasilia ha un impianto urbanistico regolare e "avveniristico" per gli anni in cui fu costruita.

LE FAVELAS E I MENINOS DE RUA

A partire dagli anni Settanta del Novecento le città brasiliane cominciarono a espandersi, con l'arrivo in massa della popolazione delle campagne, in cerca di lavoro e di condizioni di vita migliori. Le città non erano preparate ad accogliere migliaia di nuovi abitanti, che si sistemarono come poterono nelle periferie, costruendo abitazioni precarie. Col tempo queste aree si ingrandirono, creando gigantesche baraccopoli prive di acqua potabile, di reti fognarie e di servizi: le *favelas*. Oggi vi sono *favelas* in tutte le principali città del Paese: la sola Rio de Janeiro ne conta circa 700. Spesso costruite sui fianchi delle colline, su terreni franosi, le costruzioni vengono spazzate via dalle piogge più abbondanti. Caratterizzate da un'estrema povertà, sono un terreno fertile per le attività criminali. La condizione dei bambini delle *favelas* è terribile: costretti dalle famiglie a lavorare, si danno spesso a furti, formano *baby gang* pericolose, oppure vivono per strada. Sono chiamati per questo *meninos de rua* ("bambini di strada"), sopravvivono di espedienti, fanno uso di droghe sintetiche per resistere alla fame e sono esposti a pericoli costanti: denutrizione, sfruttamento sessuale, rapimenti da parte dei trafficanti di organi e violenza da parte degli "squadroni della morte": poliziotti statali o assoldati da privati che li considerano una piaga sociale da eliminare. Il governo ha stimato in circa 24.000 i *meninos de rua*, ma secondo altre fonti le cifre sono molto più alte, fino al milione.

▲ Una bambina in una *favela* di Rio de Janeiro.

Lingue e religioni

La **lingua** ufficiale è il **portoghese**, eredità del passato coloniale, che lo distingue dagli altri Paesi dell'America latina. Si tratta di un portoghese fortemente **influenzato dalle lingue africane e indigene** e che quindi presenta notevoli differenze rispetto a quello parlato in Portogallo. Nel censimento del 2010 sono state inoltre contate ben 274 lingue diverse, parlate dalle 305 tribù di indios censite dal governo. La maggioranza della popolazione è di religione cristiana, **cattolica** (65%) o **protestante** (12,7%). Analogamente a quanto accaduto per la lingua, anche il cristianesimo brasiliano ha **inglobato** elementi della **religione degli indios** e di vari **culti africani**.

Le città

Il Brasile è una Repubblica federale di **26 Stati** più il distretto di **Brasilia**, la **capitale**. Brasilia fu edificata nel 1960 nel Mato Grosso, nell'interno del Paese, per cercare di coinvolgere le regioni più periferiche nella vita politica ed economica. Concepita secondo un piano urbanistico moderno e funzionale, Brasilia ha la forma di un aeroplano. Secondo le statistiche è la città del Brasile con il più alto indice di sviluppo umano, mentre per numero di abitanti è soltanto quinta.

La città più popolosa è **San Paolo**, con circa 20 milioni di abitanti. Sorge a circa 50 km dal mare ed è il principale centro economico, finanziario e culturale, sede delle principali industrie, di banche, università e centri di ricerca. **Rio de Janeiro**, capitale fino al 1960, affacciata sulla costa sud-orientale, è la seconda città per numero di abitanti (circa 12 milioni), nonché la più moderna e vivace.

Più a nord, sempre lungo la costa, **Salvador** è una delle città più antiche, punto di approdo dei conquistatori e dei mercanti di schiavi: ancora oggi rappresenta l'area in cui si concentra il maggior numero di neri. Altri importanti centri urbani sono **Belo Horizonte**, nell'interno, in una regione ricca di miniere e, sulla costa meridionale, **Porto Alegre** e **Curitiba**.

RISPONDI

1. Perché la popolazione autoctona è una piccolissima minoranza?
2. Qual è l'origine della popolazione nera? E di quella bianca?
3. Quali sono i motivi delle tensioni sociali?

LAVORA SUL TESTO

4. Sottolinea che cosa si intende per meticci e mulatti.

America latina

▲ Piantagione di banane.

▲ La diga Itaipú, lungo il fiume Paraná.

OCCUPATI NEI TRE SETTORI
- Primario: 15,3
- Secondario: 21,9
- Terziario: 62,8

Economia

Uno sguardo generale

Il Brasile è attualmente **tra le prime dieci potenze economiche mondiali** e con Russia, India, Cina e Sudafrica appartiene al gruppo dei **BRICS** (vedi pag. 189). Dopo un vero e proprio balzo in avanti tra il 2001 e il 2008-2009, la crisi economica mondiale ne ha frenato la crescita, e dal 2010 la ripresa è stata più lenta di quanto previsto. Nonostante gli sforzi del governo per sostenere lo sviluppo industriale nei settori avanzati, la riforma agraria e lo sviluppo delle infrastrutture, all'interno del Paese permangono **gravi disparità nella distribuzione della ricchezza** e oltre il 20% della popolazione vive sotto la soglia della povertà. A questo sono dovuti i moti di protesta scatenatisi nel 2013, contro gli sprechi e gli eccessivi investimenti governativi per l'organizzazione di eventi sportivi internazionali (i Campionati del mondo di calcio del 2014 e le Olimpiadi del 2016).

Risorse energetiche

Il Paese possiede rilevanti giacimenti di **petrolio**, sia sulla terraferma sia in mare aperto, e riserve di **gas naturale** e di **carbone**: una parte di essi è destinata all'esportazione e alle raffinerie, il resto serve a coprire circa il 17% del fabbisogno energetico. Esiste poi una **centrale nucleare**, con due reattori attivi e un terzo in costruzione, che produce circa il 2% dell'energia necessaria al Brasile. Ma è soprattutto grazie agli **impianti idroelettrici** sui fiumi Paraná e Tocantins che il Paese è pressoché autosufficiente per il consumo energetico: queste strutture producono infatti il 74% del fabbisogno totale. Infine dalle miniere, diffuse soprattutto nell'area del Mato Grosso, si estraggono rilevanti quantità di bauxite, manganese, ferro, oro e diamanti.

Settore primario

L'agricoltura è praticata in maniera estensiva ed è prevalentemente basata su monocolture destinate all'esportazione (**agricoltura di piantagione**). Il Brasile è uno dei maggiori produttori ed esportatori mondiali di **derrate agricole**: in particolare **caffè** e **canna da zucchero** (1° produttore mondiale), **soia**, **banane** e **tabacco** (2° produttore mondiale), **cacao** e **cotone** (5° produttore mondiale). Destinati soprattutto al **consumo interno**, in quanto costituiscono la base dell'alimentazione nazionale, sono il **mais**, il **riso**, la **manioca**, i **fagioli secchi** e le **patate**. Le immense **foreste**, che sono state già in larga parte intaccate per trasformarne il terreno in arativo o in pascolo, ma coprono comunque oltre il 60% del Paese, forniscono **legnami** pregiati, **caucciù**, **palme da olio e da cera**. L'**allevamento**, in prevalenza di **bovini**, si concentra nelle praterie del Sud, nell'altopiano centrale e nella regione del *Nordeste*. La **pesca** costituisce un'altra attività di rilievo, ed è praticata sia in mare che lungo il Rio delle Amazzoni e i suoi affluenti.

▲ Donne al lavoro in una fabbrica di sigari nella città di São Felix.

▲ Bambini setacciano le sabbie aurifere nella regione del Pará. Il lavoro di setacciamento, più leggero di quello di scavo, viene di norma affidato ai ragazzi.

Settore secondario

Negli ultimi due decenni il Brasile ha raggiunto i **vertici della produzione mondiale**, grazie a una moderna e diffusa industria di base: **siderurgica**, **metallurgica** e **chimica**, oltre a quella della raffinazione del petrolio. È in forte crescita il comparto **meccanico ad alta tecnologia**, soprattutto **aeronautico** e **automobilistico**. Molte aziende sono tuttavia gestite da **multinazionali** e non da imprenditori locali. Altre industrie importanti sono quelle della **gomma**, della **carta**, del **cemento** e delle **costruzioni navali**, del **tessile** e dell'**agroalimentare**. I principali distretti industriali sono concentrati nell'area di Rio de Janeiro, San Paolo e Porto Alegre.

Settore terziario

Oltre il 60% della forza lavoro opera nel terziario, in particolare nel **commercio** e nella **finanza**, oltre che nei servizi pubblici. Il Brasile è membro del **MERCOSUR** e ha stretto **accordi economici** con l'**Unione Europea**, la **Cina** e gli **Stati Uniti**. Il **turismo**, nonostante le enormi potenzialità, costituisce ancora oggi una voce di poco conto nell'economia brasiliana.

LO STATO DI MINAS GERAIS, RICCO DI MINIERE E DI STORIA

Lo Stato di Minas Gerais, grande più o meno come la Francia, occupa parte di un vasto altopiano nel cuore del Brasile. Nel corso del XVII secolo fu protagonista di una sfrenata corsa all'oro e ancora oggi da qui si estrae il 95% delle pietre preziose di tutto il Paese. Sulle sue colline, avventurieri e colonizzatori fondarono numerosi villaggi e cittadine, che attrassero artisti e architetti e che oggi sono mete turistiche e siti protetti dall'UNESCO. È il caso dell'antica capitale dello Stato, Ouro Preto ("oro nero"), nata dalla fusione di piccoli insediamenti sorti lungo il profilo collinare, in cui candidi edifici formano un agglomerato urbano irregolare che segue i contorni del paesaggio.

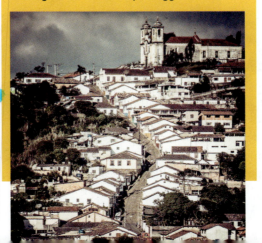

MERCOSUR
Acronimo di *Mercado Común del Sur* ("Mercato comune del Sud [America]"), un'organizzazione commerciale istituita nel 1991 da Argentina, Brasile, Paraguay e Uruguay cui si sono poi aggiunti come partner tutti gli altri Paesi dell'America del Sud, nata per liberalizzare i commerci tra gli Stati membri e per adottare politiche comuni su alcuni importanti temi quale la difesa dell'ambiente.

▶ RISPONDI
1. Qual è il principale problema economico del Brasile?
2. Quale risorsa energetica rende il Paese autosufficiente?
3. Che tipo di agricoltura è prevalente?
4. Da chi sono gestite molte imprese brasiliane?
5. Quali sono i principali partner commerciali del Paese?

◀ Ouro Preto.

Cittadinanza: Gli indios e l'Amazzonia

L'incontro con i colonizzatori

Nei 500 anni trascorsi dall'arrivo degli Europei, gli indigeni dell'America centro-meridionale sono stati oggetto di **discriminazioni**, **sfruttamento**, **massacri**. Inizialmente, subito dopo la "scoperta" di Colombo vi fu persino un dibattito fra i teologi sul fatto se dovessero essere considerati esseri umani oppure no. I nativi persero il possesso delle loro terre, furono costretti a **lavorare nelle piantagioni** e nelle **miniere**, **obbligati a convertirsi** e ad **adottare lingua e usi europei**. L'alternativa era essere **emarginati** o **uccisi**.

I diritti degli indios

Negli anni Ottanta del XX secolo, la questione amerindia fece irruzione sulla scena internazionale: allora, le prime organizzazioni di indios, insieme a quelle di altre minoranze etniche del mondo, ottennero l'attenzione delle Nazioni Unite. Il risultato di questa mobilitazione è la *Dichiarazione sui popoli indigeni della Terra*. Questo importante documento fu ratificato dall'Assemblea generale dell'ONU nel 2007 e riconosce importanti diritti alle popolazioni indigene di tutto il mondo, tra cui il diritto a **non** essere sottoposti all'**assimilazione forzata** o alla **distruzione della loro cultura**, a **non essere espulsi dai loro territori** (art. 8) e a conservare e tramandare la propria lingua, cultura e tradizioni (art. 13). La Dichiarazione ricorda l'importanza dell'ambiente naturale per i popoli indigeni della Terra (artt. 25-29) e vieta agli Stati di svolgere azioni militari nei territori indigeni salvo in casi eccezionali di salvaguardia della sicurezza nazionale e comunque con il consenso degli stessi popoli indigeni (artt. 30-33). Secondo il documento, dunque, gli indios, come tutti gli altri popoli indigeni, hanno il diritto di **decidere come sfruttare** il proprio **territorio**, e se e come utilizzare le risorse minerarie o di altro genere in esso presenti.

La difficile condizione delle tribù amazzoniche

Quest'ultimo punto pare oggi il meno rispettato, in particolare per i popoli **indigeni dell'Amazzonia**, i cui **territori** nascondono ricchezze che i governi latinoamericani vogliono mettere a frutto a ogni costo: dal **petrolio** al **legname**, dall'**acqua** al **gas**. Di qui manifestazioni, marce di protesta, occupazioni delle terre dalle quali gli indios sono stati cacciati per fare spazio a multinazionali e latifondisti. Negli ultimi anni l'America latina ha visto moltiplicarsi le proteste ma gli indios, che sono un'esigua minoranza, continuano a essere **poco tutelati**, se non **discriminati**.

Il caso del **Brasile** è esemplare: il governo ha avviato la costruzione di una **diga** per la produzione di energia idroelettrica a **Belo Monte**, nella regione nord-orientale, la terza al mondo per dimensioni, che dovrebbe coprire fino al 50% del fabbisogno energetico del Paese. La realizzazione di quest'opera, secondo le organizzazioni ambientaliste, causerà danni irreparabili all'ecosistema della zona: il progetto è destinato a modificare l'assetto idrografico del fiume Xingu e a **cancellare circa 4000 km² di foresta amazzonica**, costringendo così gli **indigeni** della zona – circa 40.000, della tribù dei **Kayapó** – ad **abbandonare i loro territori**. Il governo brasiliano, fortemente interessato ad accrescere la produzione di energia elettrica, non ha ascoltato la dura **opposizione delle tribù dell'Amazzonia**, cui si sono unite le proteste dei pescatori della zona e di migliaia di attivisti di tutto il mondo. È, questa, una delle tante dimostrazioni di come il diritto degli indios al possesso delle loro terre, pur tutelato dalla Costituzione brasiliana (art. 231), venga tuttora negato.

L'Amazzonia, polmone verde del pianeta

L'Amazzonia ospita la **più vasta foresta pluviale** del pianeta: si estende su un'area di circa 6 milioni di chilometri quadrati appartenenti a nove Stati del Sudamerica. Da sola rappresenta **un terzo di tutte le foreste del mondo** e l'**ecosistema più ricco** di **biodiversità**, con circa 60.000 specie di piante, 1000 specie di uccelli e oltre 300 specie di mammiferi. Molto di questo immenso patrimonio è ancora da scoprire e classificare: gli scienziati stimano che solo il 40% degli insetti presenti in Amazzonia sia conosciuto. Questo immenso **"polmone verde" assorbe** enormi quantità di **anidride carbonica** e **produce** da solo il 20% dell'**ossigeno** della nostra atmosfera. Per questo ogni intervento sul suo fitto manto rappresenta una minaccia all'equilibrio del pianeta e del suo clima.

◀ Il leader della Nazione Kayapó, Akyboro Kayapó, durante la prima Conferenza nazionale dei popoli indigeni tenutasi a Brasilia nel 2006.

▲ Veduta aerea della Foresta Amazzonica durante la stagione delle piogge nella Riserva Naturale Rio Negro in Brasile.

▲ Scimmia *Cebus capucinus*.

Una terra nel mirino economico

A partire dagli anni Settanta del Novecento, sono cominciate grandi opere di **deforestazione** che hanno progressivamente **ridotto la superficie della Foresta Amazzonica**: in circa quarant'anni ne sono stati distrutti più di 550.000 km², l'equivalente di un'area vasta quanto la Francia. Le **ragioni** di questa progressiva erosione sono **di carattere economico**: da un lato vi sono infatti gli **interessi delle industrie di legname**, dall'altro il **bisogno di terre** da sfruttare per l'**allevamento** di bovini, per la coltivazione di prodotti destinati all'esportazione o per aprire il passaggio a **nuove vie di comunicazione, oleodotti, dighe**.

Negli anni Novanta del Novecento, poi, la scoperta di **miniere d'oro** e di **giacimenti di idrocarburi** nel cuore della foresta hanno incrementato il degrado ambientale dell'area.

Tutto ciò ha spinto a trascurare i danni ecologici a livello mondiale che un simile impoverimento può determinare.

Fermare la deforestazione

Dall'inizio degli anni Duemila l'allarme per il riscaldamento globale, martellanti **campagne internazionali di sensibilizzazione** in difesa dell'ambiente e le proteste degli indios dell'Amazzonia hanno fatto sì che i tassi di deforestazione diminuissero.

I governi degli Stati "amazzonici", e in particolare il Brasile che ne possiede l'area più vasta, si sono dotati di **leggi più severe per la tutela del territorio**.

Dal 2010, tuttavia, i dati circa la deforestazione dell'Amazzonia sono tornati a essere allarmanti, anche a causa della **crisi**, che spinge alcuni Stati a **vendere le proprie risorse più preziose** per far fronte agli esorbitanti aumenti del proprio debito pubblico o a chiudere un occhio nei confronti delle attività di **deforestazione illegale**.

Così, ad esempio, il governo dell'**Ecuador**, attratto dalle offerte degli investitori stranieri, ha messo all'asta 30.000 km² di foresta alle compagnie petrolifere straniere, suscitando le **proteste** degli **indios** e delle **organizzazioni ambientaliste internazionali**. Le **foreste**, infatti, sono un **patrimonio dell'intera umanità**, e non solo dei Paesi in cui si trovano: continuare a distruggerle in maniera irresponsabile causa un **danno** irreparabile.

Attività

▶ Uno dei più grandi interventi compiuti negli anni Settanta del Novecento è stata la costruzione della **strada Transamazzonica**, che si snoda per 2320 km nella foresta. Cerca in Internet informazioni relative alla strada Transamazzonica e prepara una ricerca che segua la scaletta che ti proponiamo:
- Quali Paesi attraversa (segna il suo percorso su una carta e cercalo anche su Google Earth).
- Quali ripercussioni ha avuto sulla popolazione amazzonica (indios).
- Le reazioni contrarie alla sua costruzione e le ragioni dei suoi sostenitori.
- Lo stato della strada Transamazzonica oggi.

NOME COMPLETO Repubblica Argentina
CAPITALE Buenos Aires
FORMA DI GOVERNO Repubblica federale
LINGUA Spagnolo (ufficiale), guaicurú, quechua, tehuelche
SUPERFICIE 2.780.400 km²
POPOLAZIONE 40.764.561 abitanti (stima 2011)
DENSITÀ 15 ab/km²
FUSO ORARIO UTC −3
VALUTA Peso argentino
UNITÀ DI MISURA DI LUNGHEZZA sistema metrico decimale
ISU (2011) 0,797 (45° posto)
Speranza di vita 75,8 anni
Istruzione media 9,3 anni
Popolazione urbana 92,6% (2011)
PREFISSO TEL +54
SIGLA AUTOMOBILISTICA RA
GUIDA AUTOMOBILISTICA a destra
INTERNET TLD .AR

La bandiera fu adottata nel 1812 e consiste di tre bande orizzontali, due esterne azzurre e una centrale bianca, con al centro il *Sol de Mayo*, il "Sole di maggio". Questo simbolo rimanda a Inti, il dio del Sole inca definito "di maggio" in ricordo della rivoluzione che si svolse dal 18 al 25 maggio 1810 e che segnò l'inizio del processo di indipendenza dalla Spagna.

L'*Himno Nacional Argentino* ("Inno nazionale argentino"), noto anche come *Canción Patriótica* ("Canzone patriottica"), fu adottato nel 1813, tre anni dopo la guerra di indipendenza dalla Spagna. Dal 1900 ne è stata creata una versione ridotta, priva dei toni più antispagnoli, ritenuti incompatibili con le relazioni internazionali di amicizia con il Paese europeo.

▲ Le vette innevate del Monte Fitz Roy (3359 m).

ARGENTINA

Territorio e ambiente

La posizione e il clima

L'Argentina si estende per circa 3400 km tra il 22° e il 55° parallelo sud del continente americano. Confina a est con l'Uruguay, a sud e a ovest con il Cile, a nord con la Bolivia, a nord-est con Paraguay e Brasile, a est si affaccia sull'Oceano Atlantico. Sia per la sua notevole estensione in latitudine, sia per la varietà di ambienti – montano, pianeggiante, costiero –, l'Argentina è caratterizzata da condizioni climatiche estremamente varie. Si va da un clima **subtropicale umido** a **nord** a un clima **temperato** nella **regione centrale**, fino a un clima **subdesertico** a sud, in **Patagonia**, con inverni assai rigidi, escursioni termiche molto alte e precipitazioni scarsissime. Ancora più a sud, nella **Terra del Fuoco**, le piogge aumentano e le temperature si abbassano sensibilmente. Le **zone montuose** della Cordigliera delle Ande hanno climi assai rigidi. Anche sulle coste il clima è assai vario, per l'influsso di due diverse **correnti oceaniche**: quella del Brasile, calda, e quella delle Falkland-Malvinas, fredda.

ALLA SCOPERTA DELLA TERRA DEL FUOCO

La Terra del Fuoco è un arcipelago situato all'estremo sud del continente americano, oltre lo Stretto di Magellano. Il comandante Ferdinando Magellano, vedendo quelle terre dalla sua nave, nel 1520, vide innalzarsi numerosi fuochi, accesi dagli indigeni, e pensò di chiamarle *Tierra del Humo*, "Terra del Fumo". Fu l'imperatore Carlo V che le ribattezzò, in modo più affascinante, Terra del Fuoco. Oltre a cascate, ghiacciai millenari, vette innevate e fitte foreste, vi si trovano moltissimi animali, tra cui diverse specie rare: non a caso il territorio è stato dichiarato dall'UNESCO Riserva della Biosfera. Nella metà argentina si trova Ushuaia, la città più a sud del mondo, oltre la quale si estendono solo i ghiacci dell'Antartide.

▲ Il faro del Canale Beagle, all'estremità della Terra del Fuoco.

Una colonia di pinguini a Sounders Island, nelle Falkland.

LE ISOLE FALKLAND-MALVINAS

Le isole Falkland, chiamate dagli Argentini Malvinas, appartengono politicamente alla Gran Bretagna, che sin dal 1833 vi aveva costruito una base militare, ma sono oggetto di rivendicazione territoriale da parte dell'Argentina. La controversia per il loro possesso portò nel 1982 a un conflitto militare, vinto dal Regno Unito. Il governo argentino non si è mai arreso a questa sconfitta, neppure dopo che il 10 marzo 2013, con un referendum, il 99,8% degli abitanti delle isole – per lo più di origine scozzese, ma provenienti da 60 nazioni diverse – ha espresso la volontà di rimanere sotto il governo britannico. La contesa è acuita dalla recente scoperta di giacimenti petroliferi nei fondali marini delle isole.

Rilievi, pianure, fiumi e coste

◀ Un condor.

All'interno del territorio argentino si possono distinguere tre regioni:
- la **zona montuosa** a ovest, occupata dalla **Cordigliera delle Ande**, con cime che oltrepassano i 6700 m di altezza (Aconcagua, 6962 m, Mercedario, 6770 m);
- la **zona pianeggiante** al centro e sulla costa, che comprende il **Gran Chaco**, percorso da fiumi, la bassa e paludosa **Mesopotamia argentina** e la **Pampa**, sterminata distesa pianeggiante, con clima temperato, ricoperta da una steppa di graminacee oggi sostituita in parte con colture di cereali;
- l'**altopiano della Patagonia**, dal fiume Rio Colorado fino alla Terra del Fuoco, coperto di steppe verso la costa e di laghi e ghiacciai sul versante andino.

I principali fiumi scorrono nella pianeggiante regione centro-settentrionale: tra i maggiori si distinguono il **Paraguay**, l'**Uruguay**, il **Rio Salado** e il **Paraná**, che è il più grande e insieme all'Uruguay forma il vasto **estuario** del **Rio de la Plata**, su cui sorge la capitale, Buenos Aires. A eccezione del **Mar Chiquita**, tra i più grandi laghi salati al mondo, i principali **laghi** si trovano in Patagonia (il Lago Argentino, il Nahuel Huapi). Esistono inoltre numerosi **bacini artificiali** creati da dighe. La **linea costiera**, lunga oltre 4000 km, alterna **spiagge basse** e **sabbiose** a ripide **scogliere**. Vi sono ovunque golfi e profonde insenature, soprattutto in corrispondenza degli estuari dei fiumi. Le uniche **isole** argentine sono quelle dell'arcipelago della **Terra del Fuoco**, tra cui l'**Isola Grande** e l'**Isola degli Stati**. Per proteggere un **ambiente** così vasto e **variegato**, popolato di **specie uniche al mondo** – caimani (o yacaré), puma, guanachi (simili ai lama), nandú (simili agli struzzi), condor, fenicotteri, svariate specie di mammiferi marini e uccelli rarissimi, piante delle foreste vergini pluviali, cactus fioriti e foreste di araucaria –, sono stati istituiti **ventidue parchi nazionali**.

● COMPLETA

1. Il clima dell'Argentina è molto .... a causa della notevole estensione in .... del Paese. Si va, infatti, da un ambiente .... a nord a uno .... più a sud; nella vasta Patagonia il clima è di tipo ....

2. La zona occidentale è .... ed è occupata dalle ....; la costa e la parte centrale sono in prevalenza ....: qui si trova la .... che è un vasto altopiano coperto di steppe.

America latina

▲ In alto: due emigranti italiani davanti al loro ristorante a Rosario a metà del Novecento. Sotto: le case colorate del quartiere La Boca a Buenos Aires.

▲ Villaggio su palafitte nell'isola di Chiloe, in Patagonia.

Popolazione e società

La popolazione

Con solo il **3,4% di popolazione amerindia** e il **6,5% di meticci**, nati dall'unione tra indios e colonizzatori spagnoli, l'Argentina è il Paese dell'America latina con la più alta percentuale di **abitanti di origine europea** (86,4%), frutto di un'**immigrazione** relativamente **recente**, avvenuta a partire **dal 1870** e intensificatasi nel secolo successivo. Si stima che fra il 1869 e il 1971 siano giunti in Argentina più di 9 milioni di immigrati, oltre 3 milioni dei quali **italiani**. Oggi gli Argentini di origine italiana rappresentano circa un terzo della popolazione: papa Francesco (Jorge Mario Bergoglio), eletto nel 2013, il primo pontefice nella storia proveniente dal continente americano, è nato da una famiglia di immigrati italiani. In seguito alla crisi economica degli anni Settanta del Novecento, i flussi migratori si sono invertiti e ha avuto inizio una consistente **emigrazione** dall'Argentina, diretta principalmente verso l'Europa e gli Stati Uniti, e costituita in massima parte da tecnici e professionisti.

La lingua e la religione

Proprio a causa della forte immigrazione europea tra Ottocento e Novecento, dopo lo **spagnolo**, che è la **lingua ufficiale**, l'**italiano** è la **seconda lingua più parlata**, seguita dal tedesco. La **religione** prevalente è quella **cattolica** (76%), seguita da quella **protestante** (8%). Circa l'11% della popolazione non aderisce invece a nessun culto.

Le città

Il **tasso di popolazione urbana** dell'Argentina è tra i più **elevati** del mondo. La città principale è la **capitale Buenos Aires**, affacciata sul grande estuario del Rio de la Plata ed emblema della fusione di tradizioni culturali diverse. Grande metropoli (la sua area urbana ospita da sola più di un terzo della popolazione del Paese), riunisce in sé le principali mode urbanistiche di ogni tempo: edifici in stile coloniale convivono accanto a grattacieli modernissimi, cattedrali neogotiche accanto a costruzioni barocche. Anche i *barrios* (i quartieri) hanno ciascuno un'impronta etnico-culturale diversa. Tra essi si distingue per la sua storia il quartiere del Boca, sin dal 1882 sede di una grandissima comunità genovese, oggi celebre per la sua squadra di calcio, il Boca Juniors. Tra le altre città argentine vi sono **Córdoba**, importante centro manifatturiero e sede di università, i porti fluviali di **Rosario** e **Santa Fe**, **Mar del Plata**, centro di villeggiatura sulla foce del Río de la Plata, **Salta**, celebre per gli edifici in stile coloniale, e **Mendoza**, centro agricolo ai piedi delle Ande.

◄ Il tango è un ballo originario della regione del Rio de la Plata (tra Argentina e Uruguay).

geostoria: LA DITTATURA MILITARE E IL DRAMMA DEI *DESAPARECIDOS*

Il tempo della dittatura

Come molti altri Paesi dell'America latina – gli Stati dell'istmo, il Cile, il Brasile, il Paraguay, l'Uruguay –, nel secondo dopoguerra l'Argentina ha vissuto anni terribili sotto una spietata **dittatura militare**, durata sette anni. Nel 1976 il generale **Jorge Rafael Videla** prese il potere in seguito a un colpo di Stato, dando il via a una feroce **repressione** di tutti gli oppositori e a costanti **violazioni dei diritti umani**: si calcola che sotto il suo governo siano state assassinate 30.000 persone. Molti di essi furono arrestati e deportati in campi di prigionia, torturati e uccisi senza che di loro si sapesse più nulla; i corpi furono fatti sparire gettandoli in fosse comuni o lanciandoli dagli aerei nelle acque dell'oceano.

I *desaparecidos*

Le vittime di questi orrori furono definite **desaparecidos** ("persone fatte scomparire"). Molti neonati, figli di oppositori, furono sottratti alle loro madri e affidati a famiglie di militari o di persone comunque favorevoli al regime. La dittatura militare ebbe fine solo nel 1983, in seguito alla sconfitta nella guerra con il Regno Unito per il possesso delle isole Falkland-Malvinas. Ancora oggi le **Madri** e le **Nonne** (**Abuelas**) **di Plaza de Mayo**, due associazioni di donne argentine, si ritrovano nell'omonima piazza di Buenos Aires ogni giovedì pomeriggio: per mezz'ora la percorrono in senso circolare, a ricordare in maniera simbolica gli orrori compiuti dalla repressione militare e la scomparsa di decine di migliaia di persone. Il loro emblema è un **fazzoletto bianco** annodato sul capo: sono le fasce con cui avvolgevano i loro figli neonati, scomparsi durante il regime militare.

▼ Le sagome delle vittime della dittatura argentina in Plaza de Mayo a Buenos Aires.

▲ Fotografie di *desaparecidos* in Plaza de Mayo.

◀ La madre di un *desaparecido* mostra la foto del figlio in Plaza de Mayo.

LAVORA SUL TESTO

1. Sottolinea il motivo per cui in Argentina c'è un'alta percentuale di abitanti di origine europea.
2. Qual è la seconda lingua più parlata nel Paese?
3. Quali sono le caratteristiche architettoniche della capitale Buenos Aires?

America latina 301

▲ In alto: salina.   ▲ Campi di girasole.   ▲ Imbarcazione carica di container in partenza dal porto di Ushuaia.

Economia

Uno sguardo generale

L'Argentina è stata colpita duramente da crisi economiche, soprattutto tra il 1999 e il 2002, quando il Paese accumulò un ingente **debito estero**, gli investitori internazionali ritirarono i loro capitali, le **esportazioni crollarono** e il governo fu costretto a dichiarare **fallimento**. La **disoccupazione** salì alle stelle e nella sola area di Buenos Aires il 40% delle fabbriche cessò la produzione. La **ripresa** fu lenta, ma fu favorita dalla **svalutazione della moneta nazionale**, che scoraggiava le importazioni e rendeva appetibili i prodotti argentini sul mercato internazionale. Negli anni successivi il Paese ha visto crescere rapidamente il proprio PIL, proprio grazie all'**aumento delle esportazioni**. La **crisi** economica mondiale del **2008-2009** ha tuttavia **frenato la crescita** e la situazione finanziaria è ancora piuttosto fragile.

Risorse energetiche

L'Argentina è quasi autosufficiente nel settore energetico grazie alla presenza di **ricchi giacimenti petroliferi**, dislocati sia nella regione settentrionale, sia lungo la catena andina e nella Terra del Fuoco, e allo sfruttamento di **fonti di energia rinnovabili** (soprattutto idroelettrica, geotermica ed eolica). Anche la produzione di gas naturale è discreta. Sul territorio sono presenti inoltre miniere di carbone, rame, alluminio, argento e oro.

Settore primario

L'**agricoltura**, grazie anche ai recenti **incentivi statali**, è praticata in maniera **estensiva** e con ottimi risultati, soprattutto per quanto riguarda la coltivazione di frutta e di piante oleose come soia, girasole e mais, i cui derivati sono destinati all'esportazione. Nella regione settentrionale si coltivano cotone, tabacco, tè, canna da zucchero, nella pianura centrale la vite, per la produzione di vini di ottima qualità, e la frutta (mele, pesche e pere). Nella pampa e in Patagonia, le vastissime estensioni di terreno sono destinate all'**allevamento brado** di bovini, cavalli, ovini e caprini: l'Argentina è uno dei maggiori produttori al mondo di carne, latte, burro, formaggi e lana.

Settore secondario

L'industria ha subito un crollo vertiginoso tra il 1999 e il 2002, ma grazie agli incentivi statali a sostegno della produzione interna, soprattutto di beni destinati al commercio **estero**, negli anni successivi è stato dato nuovo impulso ai settori del **petrolchimico**, del **cemento**, **siderurgico** e **metallurgico** e agli impianti per la produzione di piombo, zinco, alluminio.

La ripresa ha trainato anche l'industria **meccanica** per la produzione di aeroplani, trattori e autoveicoli, materiale ferroviario e **cantieri navali**. Anche il settore **alimentare** ha raggiunto ottimi livelli, soprattutto per la produzione di vino, oli commestibili, conserve e pasta.

▲ Un gaucho nella pampa con le sue pecore.

▲ Un alpinista nelle montagne della Patagonia.

Settore terziario

Il terziario è assai sviluppato, soprattutto per quanto riguarda il comparto **commerciale** e il **turismo**. L'Argentina è **tra i primi esportatori mondiali** di **prodotti agricoli** e **alimentari**, che da soli costituiscono oltre il 50% dell'intero ammontare delle vendite all'estero, seguiti da **petrolio** e derivati, **automobili**, **prodotti chimici** e **metalli**. I principali partner commerciali sono il Brasile e gli altri Paesi dell'America latina, legati dagli accordi del **MERCOSUR**. Negli ultimi anni ha assunto un peso sempre più rilevante la **Cina**, seguita dagli **Stati Uniti** e dalla **Spagna**. Il **turismo** rappresenta una delle attività **di punta** per l'economia argentina, con oltre 5 milioni di visitatori all'anno, attratti dalla vivacità della capitale, dalla Cordigliera delle Ande, dalle spiagge atlantiche, dalle cascate dell'Iguaçu, al confine con il Brasile, e dai paesaggi dell'estremo sud: la Patagonia e la Terra del Fuoco.

OCCUPATI NEI TRE SETTORI
- Primario: 1,2
- Secondario: 23,8
- Terziario: 75,0

RISPONDI

1. Quando e perché lo Stato fu costretto a dichiarare fallimento?
2. Quali furono le conseguenze?
3. Che cosa riuscì a favorire la ripresa economica?
4. Quali coltivazioni danno i migliori risultati?
5. Che cosa esporta maggiormente l'Argentina?
6. Quale altro settore del terziario è di punta?

◀ Le cascate Iguaçu, una delle principali mete turistiche dell'Argentina.

laboratorio
RIO DE JANEIRO: LUSSO E *FAVELAS*

Il Brasile è oggi un gigante demografico ed economico: nel 2013 la popolazione ha raggiunto per la prima volta i 200 milioni di abitanti (oltre il triplo rispetto all'Italia); grazie alla fortissima crescita della produzione avvenuta negli anni Duemila, il Paese è recentemente entrato a far parte delle prime dieci potenze economiche mondiali. Tuttavia, non è tutto oro quello che luccica: la crescita economica non è stata accompagnata da un adeguato progresso in campo sociale, tutt'altro. Uno dei problemi più gravi è quello della distribuzione della ricchezza, che è ancora molto squilibrata. Così, accanto a una minoranza della popolazione che gode di condizioni molto agiate, una moltitudine di persone vive in condizioni miserabili, tra squallide baracche, sempre alla ricerca disperata del minimo indispensabile per sopravvivere. In questo clima di miseria estrema si impone spesso la legge della violenza.

A mezzogiorno del 27 luglio, mentre un temporale minacciava di squarciare il cielo invernale caldo e umido di Rio de Janeiro, una squadra del Bope (il battaglione per le operazioni speciali della polizia) ha fatto irruzione nella *favela* di Quitanda, nella zona settentrionale della città. Gli agenti, armati fino ai denti, si muovevano con la solita cautela attraverso i vicoli, quando alcuni cecchini nascosti nelle strette trombe delle scale e sopra i tetti delle case li hanno attaccati. Analiza Rodrigues Ribeiro, una donna di 37 anni, ha sentito il trambusto ed è uscita dal suo chiosco per capire cosa stesse succedendo: il "Grande teschio", com'è chiamato il blindato del Bope, si faceva strada sparando. Il soprannome del blindato si riferisce allo stemma ufficiale del battaglione: un teschio davanti a due pistole incrociate e un pugnale infilzato nel cranio.
Analiza stava chiudendo il negozietto dove, insieme alla figlia Bruna di dieci anni, vende spuntini. "Le ho gridato di non tornare indietro perché l'avrei raggiunta, ma non mi ha sentito", ha raccontato. In quel momento un proiettile ha colpito la bambina. Bruna è morta in ospedale otto ore dopo. Non è ancora stato stabilito se la pallottola fatale sia stata sparata da uno degli agenti del Bope o da qualcuno a cui stavano dando la caccia. Ma non importa: quando si spara in un posto così densamente popolato, prima o poi ci andrà di mezzo un innocente. L'operazione che ha portato alla morte di Bruna era cominciata all'inizio della settimana in un'altra zona chiamata Complexo do Alemão, che comprende tredici *favelas*. Alemão si estende per alcuni chilometri sulle colline, anche se la maggior parte del suo territorio è vicina a quartieri eleganti come Copacabana, Ipanema e Leblon. A differenza delle *townships* sudafricane, che sono quasi tutte a qualche chilometro di distanza dal centro delle città, molte delle novecento *favelas* di Rio confinano con le zone residenziali più prestigiose del Brasile. Alcune baraccopoli sono arrampicate sulle montagne che si levano a poche centinaia di metri dalle favolose spiagge della città.

Il nome *favela* secondo alcuni deriva da quello di una pianta particolarmente resistente che riesce a sopravvivere nell'arido nord-est del Paese (da dove proviene la maggior parte degli abitanti delle baraccopoli). Non solo le sue spine affilate la proteggono dai predatori, ma le foglie, se ingerite, possono uccidere perché contengono un veleno che ha un effetto simile al cianuro.

(Da Misha Glenny, *Financial Times*, trad. Bruna Tortorella, in *Internazionale* n. 977, 30 novembre 2012, rid. e adatt.)

▲ La spiaggia di Ipanema, una delle zone più ricche di Rio de Janeiro.

▶ Case addossate le une alle altre in una *favela* di Rio de Janeiro.

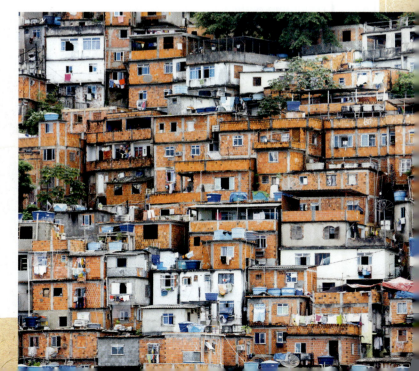

ATTIVITÀ

1. **Dopo aver letto attentamente il brano, rispondi alle seguenti domande, segnando con una crocetta la risposta corretta.**

a. Il Bope è:
- ☐ un gruppo di soldati dell'esercito brasiliano
- ☐ un gruppo di criminali che agisce nelle *favelas* di Rio de Janeiro
- ☐ una squadra di poliziotti
- ☐ una formazione di guerriglieri rivoluzionari

b. La piccola Bruna è stata uccisa:
- ☐ perché la polizia voleva sicuramente eliminarla
- ☐ per sbaglio, durante un intervento della polizia
- ☐ perché era un pericoloso delinquente della favela
- ☐ perché è stata colpita da un proiettile sparato dai cecchini della *favela*

c. Che cosa indica il termine "*favela*"?
- ☐ una baraccopoli
- ☐ un quartiere abitato dal ceto medio
- ☐ un'area degradata lontana dalle zone più prestigiose della metropoli
- ☐ un quartiere degradato situato prevalentemente in pianura

d. *Favela* e *township* si possono considerare sinonimi?
- ☐ Sì, senz'altro
- ☐ No, assolutamente
- ☐ Sì, ma in parte, perché non sono esattamente la stessa cosa
- ☐ Sì, ma molte *favelas* confinano con le residenze più lussuose

Verifica interattiva

ALLA SCOPERTA "DELL'ALTRA" RIO

Immaginate di trascorrere una settimana a Rio de Janeiro. Non in vacanza sulle sue famose spiagge, però, bensì vivendo in una delle tante favelas *di questa enorme metropoli. Un'esperienza dura e sicuramente choccante, ma che per molti adolescenti come voi è la realtà quotidiana.*

2. Dividetevi in quattro gruppi e organizzate una ricerca seguendo le indicazioni.

- Utilizzando Internet, un gruppo raccoglierà informazioni e immagini per far capire bene (e per mostrare ai compagni) che cos'è esattamente una *favela*.
- Il secondo gruppo raccoglierà invece informazioni e fotografie dell'"altra" Rio de Janeiro, quella opposta, fatta di quartieri residenziali di lusso e di spiagge affollate di turisti. Al termine della ricerca le due situazioni verranno poste a confronto.
- Un terzo gruppo proverà a scoprire se e come si può raggiungere una *favela*: ci sono mezzi pubblici? Si può pensare di muoversi in sicurezza da soli o serve una guida del posto? Un suggerimento: provate a cercare nel sito www.dentroriodejaneiro.it.
- Il quarto gruppo utilizzerà invece Google Earth per cercare la *favela* di Rocinha, una delle più grandi di Rio, e spiegherà a grandi linee dov'è situata, com'è fatta ("zoomando" si possono osservare anche i dettagli) e descriverà ciò che si può vedere nei dintorni. Non mancheranno scoperte sorprendenti.

◀ Una strada della *favela* Santa Marta, una delle prime che sono sorte attorno a Rio de Janeiro.

OCEANIA

▲ A sinistra: la Baia di Sydney, al centro della quale si erge la celebre Opera House.

▲ In alto: Taupo Bay, nell'Isola del Nord, Nuova Zelanda.

Caratteristiche comuni...

L'Oceania è un **continente** interamente **insulare**, situato fra Asia e America, nelle acque dell'Oceano Pacifico. Le enormi distanze che lo separano dagli altri continenti hanno fatto sì che rimanesse isolato fino alla fine del Settecento, quando gli Europei giunsero a queste latitudini: allora gli Inglesi dettero l'avvio a un processo di colonizzazione, sottraendo le terre ai nativi. Le terre emerse che fanno parte dell'Oceania sono accomunate dal fatto che la densità abitativa è tra le più basse al mondo: in media circa 4 abitanti per km², concentrati soprattutto lungo le coste. La maggior parte delle isole ha una superficie ridotta e frammentata, tra isola e isola le distanze sono enormi, molte sono disabitate. Oltre all'**Australia**, che da sola costituisce l'86% della massa continentale, vi sono altre quattro **grandi isole**: la **Tasmania**, la **Nuova Guinea** e le due isole della **Nuova Zelanda**. I geografi suddividono le circa 10.000 isole più piccole che fanno parte del continente in tre raggruppamenti:

- la **Melanesia** ("isole dei neri"), a nord-est dell'Australia, di cui fanno parte Nuova Guinea, le isole dell'Ammiragliato, Salomone, Bismarck, Figi, Nuova Caledonia e altre;
- la **Micronesia** ("piccole isole"), a nord della Melanesia, con Palau, Caroline, Marianne, Marshall, Gilbert;
- la **Polinesia** ("molte isole"), nella parte più orientale del Pacifico, con Kiribati, Samoa, Cook, Sporadi equatoriali, Tuamotu, Marchesi e moltissime altre.

... e differenti

A livello economico le disparità tra le varie regioni sono enormi. Lo Stato più grande e popolato, oltre che più ricco, è l'**Australia**. Vi è poi la **Nuova Zelanda**, che ha un altissimo livello di sviluppo economico. Poche sono le isole ricche di **risorse minerarie**; l'economia dei piccoli arcipelaghi è basata in larga parte sul **turismo** e sulla **pesca**; le condizioni di vita degli abitanti non sono floride.

Contenuto integrativo

🔲 LAVORIAMO SULLE CARTE

1. Quali sono le isole più grandi?

   ....

   ....

2. Come si presenta il territorio: pianeggiante o ricco di rilievi?

   ....

3. Qual è il monte più alto?

   ....

Oceania **307**

scenario SANDY ISLAND ESISTE?

▲ Sandy Island, qui chiamata Ile de Sable, in una mappa francese di fine Ottocento.

L'isola che non c'è (davvero)

di Mario Berra

Può un'isola scomparire? No, certamente.
Eppure a qualcuno è venuto il dubbio quando, arrivando in prossimità di un'isola che fa la sua comparsa su **Google Earth** e su molte carte geografiche, non è stata trovata. Un gruppo di ricercatori dell'Università di Sydney aveva il compito di rilevare l'area in prossimità della Nuova Caledonia, per studiare i fondali marini e le terre emerse staccatesi dall'Australia nel suo movimento verso nord-est degli ultimi 100 milioni di anni. Imbarcati a bordo della nave *Southern Surveyor*, i ricercatori hanno studiato un'area di circa 14.000 chilometri quadrati. Maria Seton, una dei partecipanti alla spedizione, racconta: "Eravamo particolarmente interessati a **Sandy Island** perché le mappe mostrano che il mare tutt'attorno è profondo circa 1500 metri. Siamo rimasti allibiti quando, una volta giunti nel punto in cui ci doveva essere l'isola, questa non esisteva". Che fine ha fatto l'isola? I ricercatori hanno trovato soltanto fondali marini a oltre 1400 metri di profondità: questo demolisce l'ipotesi, avanzata da alcuni, che l'isola esistesse in passato e sia "sprofondata" di qualche decina di metri come nel caso dell'**isola Ferdinandea** al largo della Sicilia (vedi volume 1, pagg. 26-27).
Il mistero c'è, non vi sono dubbi, ma la spiegazione potrebbe essere meno fantascientifica di quel che si sarebbe portati a pensare. **È possibile**, infatti, **che l'isola non ci sia mai stata**. È probabile che qualcuno abbia avuto tra le mani degli appunti di marinai che erroneamente avevano creduto di osservare un'isola in quell'area: una volta segnata la sua esistenza su una carta, essa si è **trascinata** nel tempo. Un'ipotesi avallata anche dalla scoperta di Shaun Higgins, bibliotecario dell'Auckland Museum della Nuova Zelanda, che ha rispolverato dagli archivi la carta nautica del 1908 dove appare per la prima volta Sandy Island. I dati per la redazione di quella carta vennero ripresi da annotazioni di marinai imbarcati sulla *Velocity*, una nave che salpò a caccia di balene tra il 1876 e il 1877 nell'area dell'isola misteriosa e che "scoprì" Sandy Island nel 1876. Alcuni anni dopo il ritorno della *Velocity*, in un documento del dipartimento idrografico australiano risultava che dalla nave si osservarono – nel punto in cui su Google Earth è stata segnata Sandy Island – **imponenti scogliere** e lì vicino delle **isole sabbiose**. Poiché calcolare coordinate precise non era allora facile (i naviganti avevano a disposizione unicamente bussola e **sestante**) è probabile che la nave si trovasse più a ovest rispetto alle isole sabbiose. L'errore, però, era fatto: da allora Sandy Island è stata riportata su numerose mappe, fino a Google Earth.
Quindi, se prendete queste coordinate: **19°13'28" S e 159°56'190" E** e cercate su Google Earth, **troverete l'isola che non c'è**.

(Da http://www.milesmagazine.it/index.php/speciali/dropline-menu/item/1737-lisola-che-non-c%C3%A8-davvero.html)

> **Sestante**
> Strumento utilizzato per calcolare l'angolo di elevazione di un oggetto celeste rispetto all'orizzonte. Da tale misurazione si ricava la posizione geografica (in termini di latitudine e longitudine) mediante complesse procedure matematiche.

OCEANIA

L'area dell'Oceania ha da sempre rappresentato un caso particolarmente difficile da mappare, sia per le grandi distanze che separano le terre emerse, sia per il loro altissimo numero.

Ancora oggi non si è riusciti a definire il numero esatto delle migliaia di isole che costituiscono questo continente in cui, come dice il nome stesso, l'oceano non rappresenta un confine naturale, ma parte integrante della massa continentale.

Oltre all'Australia e alle altre quattro grandi isole – Nuova Guinea, Tasmania e le due isole della Nuova Zelanda –, in un'area di 175 milioni di km² vi sono infatti oltre 10.000 isole piccole e piccolissime, atolli corallini e scogli, banchi di sabbia disabitati e isole piene di foreste.

Queste ultime, di origine generalmente corallina, vengono classificate come "**isole basse**", sono piccole, distanziate fra loro e spesso disabitate.

A esse si contrappongono le "**isole alte**", di origine vulcanica, con un suolo più fertile che consente all'uomo di insediarsi stabilmente. Le isole alte appartengono per lo più alla **Melanesia**, la più popolosa delle tre regioni in cui si è soliti suddividere gli arcipelaghi dell'Oceania, mentre **Micronesia** e **Polinesia** sono costituite principalmente da isole basse.

Qualcuno ha definito questa regione l'ultimo angolo di paradiso terrestre, molti sognano di poterla visitare prima che l'uomo comprometta gli angoli più incontaminati o che l'innalzamento del livello degli oceani dovuto al riscaldamento globale cancelli (davvero!) parte delle sue splendide isole.

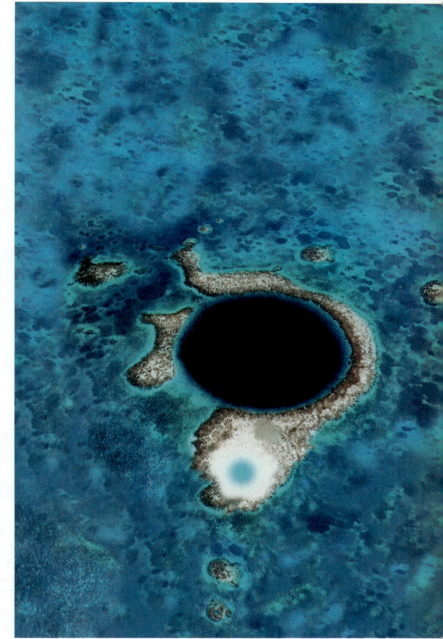

▶ Un piccolo atollo della Polinesia.

AL LARGO DELL'AUSTRALIA

L'immagine di Google Earth riporta la localizzazione di Sandy Island, tra l'Australia e la Nuova Caledonia, alle coordinate 19°13'28" S e 159°56'190" E.

Tuttavia, i ricercatori non hanno individuato nessuna isola nel luogo indicato dalle mappe. Si tratta probabilmente di un errore che si è trascinato nel tempo, dalla prima mappatura di quel tratto di oceano alla fine dell'Ottocento.

OCEANIA

▲ Le formazioni rocciose di Devil's Marble, dai tipici colori rossastri, nei territori nel nord dell'Australia.

▲ L'isola di Tahiti, nella Polinesia francese.

Territorio e ambiente

I rilievi

Le aree del continente presentano caratteristiche morfologiche assai diverse tra di loro. La regione geologicamente più antica è costituita dall'Australia e dalla Tasmania, caratterizzate da un ampio tavolato roccioso il cui profilo nel corso di migliaia di anni è stato progressivamente addolcito e livellato dall'erosione. Qui si ergono catene montuose di vasta estensione ma poco elevate: il monte più alto è il **Kosciuszko** (2228 m). Di formazione più recente sono invece le terre emerse della Nuova Zelanda e della Nuova Guinea, dove si concentrano i rilievi più significativi: rispettivamente il **Monte Cook** (3764 m) e il **Monte Wilhelm** (4509 m), oltre al **Jaya** (5030 m), situato nella parte indonesiana della Nuova Guinea. I rilievi dell'Isola del Nord della Nuova Zelanda, delle Hawaii e della Micronesia hanno per lo più **origine vulcanica**: sono molto elevati (il Mauna Kea alle Hawaii è alto 4205 m), sono interessati da **fenomeni vulcanici** primari, dati i molti vulcani attivi, e secondari, come i geyser in Nuova Zelanda, oltre che da un alto **rischio sismico**. Altre isole sono **vette emerse** di grandi catene sottomarine, altre ancora sono **atolli**, che hanno un'altitudine massima di appena pochi metri: questo le sottopone al rischio di essere sommerse dalle acque dell'oceano, che negli ultimi anni fanno registrare un costante e progressivo innalzamento.

I fiumi e i laghi

Fiumi e laghi sono rari in Oceania: si trovano quasi esclusivamente nelle isole più grandi, mentre per quelle più piccole l'unica risorsa di acqua dolce è costituita dalle piogge. Il sistema fluviale più lungo è costituito dal **Murray** e dal suo affluente **Darling**, in **Australia**. Qui si trova anche il **lago** più esteso, l'**Eyre**, le cui acque sono salmastre, come quelle della maggior parte dei laghi australiani. In Nuova Zelanda si trovano invece numerosi piccoli laghi di origine glaciale.

I climi e gli ambienti

La maggior parte degli arcipelaghi dell'Oceania è situata fra i due Tropici, per cui vi prevale un **clima tropicale**, con piogge abbondanti per circa quattro mesi all'anno e temperature elevate, mitigate dalla vicinanza del mare.
Questo clima caratterizza anche le coste settentrionali dell'Australia, nelle cui zone interne troviamo invece **ambienti aridi** e **continentali**. Nelle isole a cavallo dell'Equatore le piogge sono presenti tutto l'anno e l'escursione termica diurna e stagionale è molto bassa.

◀ Due koala australiani.

▲ Corallo rosso nel mare delle isole Figi.

◄ Un vombato.

RISPONDI

1. Qual è la regione dell'Oceania geologicamente più antica?
2. Qual è l'origine dei rilievi della Nuova Zelanda?
3. Qual è il rischio che corrono gli atolli?

COMPLETA

4. Il fiume più lungo dell'Oceania è il .... e si trova in ....
5. In Oceania prevale un clima di tipo ....

La varietà dei climi si riflette sugli ambienti, che vanno dal **deserto** delle regioni al centro dell'Australia alle **foreste pluviali** delle Figi e della Nuova Guinea, ai **ghiacciai** e alle **foreste di conifere** dei rilievi neozelandesi.

Flora e fauna sono molto ricche di **specie endemiche**: è il caso dei canguri e dei koala australiani, del kiwi della Nuova Zelanda, del diavolo della Tasmania o di animali meno noti come l'echidna, il dingo, l'ornitorinco, il wallaby e il vombato.

Atollo
Piccola isola a forma di anello irregolare che racchiude una laguna interna circondata da barriere coralline.

Specie endemiche
Piante e animali caratteristici esclusivamente di un certo territorio.

▼ Le isole Caroline sono un piccolo atollo disabitato dell'Oceano Pacifico appartenente alla Repubblica di Kiribati. Fanno parte dell'arcipelago delle Sporadi equatoriali. Nel 1995 la linea del cambiamento di data è stata spostata in direzione orientale: da allora le isole Caroline sono il primo luogo al mondo in cui si festeggia il Capodanno.

KIRIBATI, UN ARCIPELAGO DESTINATO A SPROFONDARE SOTTO L'OCEANO?

 Contenuto integrativo

Alcune delle migliaia di isole del Nuovissimo continente rischiano di scomparire. Non si tratta solo degli atolli formati dai coralli, ma di veri e propri arcipelaghi destinati a essere inghiottiti dall'oceano. È il caso di Kiribati, a cavallo dell'Equatore, le cui 33 piccolissime isole (di cui solo 21 abitate) hanno un'altezza media di appena 2 m sul livello del mare. Secondo il governo locale l'innalzamento globale della temperatura e il conseguente scioglimento dei ghiacci potrebbero provocare, nei prossimi 30-60 anni, la scomparsa dell'intero Paese sotto le acque dell'oceano. Per questo il presidente Anote Tong sta predisponendo un piano d'emergenza, che prevede l'esodo dei circa 100.000 abitanti di Kiribati verso l'isola di Vanua, nelle Figi. In molti, però, sospettano che dietro questo allarme ambientale, su cui gli scienziati sono tutt'altro che concordi, vi sia il tentativo, da parte del governo di Tong, di ottenere attenzione mediatica e fondi dalle organizzazioni internazionali.

▲ Un uomo di etnia papua.
▶ Il boomerang fu inventato dagli aborigeni australiani.
▲ Arte aborigena: pittura rupestre nelle grotte di Nourlangie, nella parte settentrionale dell'Australia.
▼ Danzatori durante una festa tradizionale in Papua Nuova Guinea.

Aborigeni
Termine usato dai coloni inglesi per indicare gli abitanti originari dell'Australia, i nativi, che erano lì sin dalle origini (dal latino *ab origine*, "fin dall'origine").

Pidgin
Idioma nato dall'incontro fra una lingua locale e l'inglese. Solitamente la grammatica è quella delle lingue locali, mentre dall'inglese deriva gran parte del vocabolario.

Popolazione e società

Un continente scarsamente popolato

Con una media di soli 4 abitanti per km², l'Oceania è il continente con la densità di abitanti più scarsa al mondo, se si esclude l'Antartide. Lo Stato con la densità più bassa è proprio il più esteso, l'Australia, mentre quello con il maggior numero di abitanti per km² è il più piccolo, Nauru. Molte isole conservano uno *status* di **colonie** o di **possedimenti "d'oltremare"** alle dipendenze di Francia (Polinesia francese e Nuova Caledonia), Regno Unito (Pitcairn), USA (oltre alle Hawaii, che dal 1959 sono il 50° Stato federale, anche le Marianne, le Marshall, Guam e parte di Samoa). Un caso a sé è rappresentato dalla **Nuova Guinea**, la cui metà occidentale appartiene politicamente all'Indonesia e viene considerata quindi tra le entità politiche dell'Asia.

Una società multietnica

L'Oceania è un mosaico di etnie, soprattutto nelle piccole isole. Australia e Nuova Zelanda sono oggi abitate in misura maggioritaria dai discendenti dei primi coloni europei e da immigrati che continuano ad arrivare dall'Europa e dall'Asia. La popolazione indigena degli aborigeni australiani ha subìto un drastico crollo in seguito alle epidemie – causate dall'arrivo dei coloni, portatori di malattie per le quali essi non possedevano anticorpi – ma soprattutto alle persecuzioni e ai massacri da parte dei nuovi arrivati.

In **Nuova Zelanda** la popolazione è costituita solo per il 15% dai discendenti dei nativi, i **Maori**, mentre in **Nuova Guinea** oltre l'80% degli abitanti è di etnia **papua**.
Le popolazioni indigene delle altre isole si distinguono convenzionalmente in tre grandi gruppi, corrispondenti ai raggruppamenti geografici: i **Melanesiani**, i **Micronesiani** e i **Polinesiani**, differenziati al loro interno da tradizioni e lingue diverse.

Lingue e religioni

A causa del passato coloniale del continente, la lingua ufficiale di molti Paesi è l'**inglese**, a cui si affianca il francese nelle ex colonie e nei domini francesi.
La religione più diffusa è il **cristianesimo**, soprattutto di confessione protestante. Le **tradizioni** e i **culti locali**, tuttavia, sono rimasti e sono stati spesso **assimilati dalla religione cristiana**, creando varianti peculiari delle singole regioni. In molti arcipelaghi le numerosissime lingue locali (solo a Papua Nuova Guinea ne esistono oltre 800) si sono fuse con l'inglese dando origine a lingue ibride dette **pidgin**.

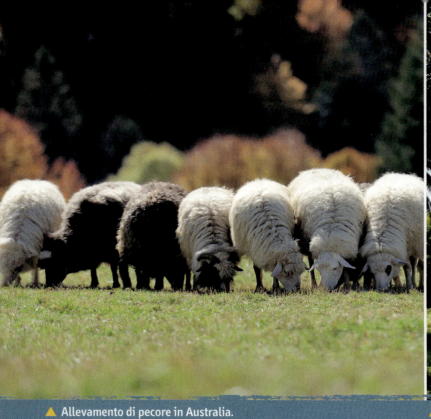
▲ Allevamento di pecore in Australia.

▲ Palmeto ad Aitutaki, nelle isole Cook.

▶ Il kiwi è originario della Nuova Zelanda.

Economia

Un continente ricco di disparità economiche e sociali

A livello economico il continente oceanico presenta un aspetto eterogeneo e variegato, dovuto soprattutto alla presenza o meno di risorse minerarie e alla possibilità di sfruttare il suolo a fini agricoli.
Soltanto l'**Australia** e la **Nuova Zelanda** hanno raggiunto alti livelli di sviluppo economico e sociale, classificandosi tra i primi Paesi al mondo per il loro indice di sviluppo umano, secondo il più recente rapporto delle Nazioni Unite. I due Stati rappresentano una meta privilegiata di **immigrazione** non solo per gli abitanti dell'Oceania, ma anche per quelli dell'Europa e dell'Asia.
Al loro successo ha certamente contribuito la **ricchezza delle risorse minerarie**, ma anche l'adozione di un **efficace modello produttivo e imprenditoriale**. Un settore importante è rappresentato tutt'oggi dall'agricoltura e dall'allevamento, con la produzione di cereali, canna da zucchero, cotone, ortofrutticoli, ovini, bovini; l'industria e il terziario sono in costante ascesa. Nelle **isole minori** l'**economia** è per lo più **di sussistenza**, basata sulla pesca e la raccolta di frutti spontanei. In alcuni casi, si è sviluppata un'agricoltura volta all'**esportazione** di **prodotti tropicali**: palma da cocco, canna da zucchero, caffè, cacao, cotone, tè e banane.
Alcune isole sono riuscite a sfruttare le proprie riserve minerarie per incrementare le esportazioni: è il caso di Nauru per i fosfati, di Vanuatu e delle Figi per il manganese e della Nuova Caledonia, tra i massimi produttori al mondo di nichel. Di recente Papua Nuova Guinea ha cominciato a immettere sul mercato internazionale il rame, l'oro e l'argento delle proprie miniere.
Per i Paesi poveri di minerali e con terreni inadatti alla produzione agricola, una valida prospettiva di sviluppo potrebbe essere l'**attività turistica**; questa, tuttavia, troppo spesso è gestita da tour operator internazionali interessati allo sfruttamento delle risorse naturali e non allo sviluppo locale.

⦿ LAVORA SUL TESTO

1. Qual è l'origine della maggior parte degli abitanti dell'Oceania? Sottolinea nel testo.

⦿ RISPONDI

2. Qual è la lingua ufficiale di molti Stati dell'Oceania? Perché?

⦿ COMPLETA

3. Il successo economico di .... e Australia è dovuto principalmente alle .... e a un efficace modello .... e .... Nelle isole minori l'economia è di .... o basata sulle esportazioni di prodotti .... L'attività .... è un'importante prospettiva di sviluppo.

Oceania 313

NOME COMPLETO
Commonwealth of Australia
CAPITALE Canberra
FORMA DI GOVERNO
Stato federale
LINGUA Inglese (ufficiale)
SUPERFICIE 7.687.658 km²
POPOLAZIONE 21.505.063 abitanti
(censimento 2011)
DENSITÀ 3 ab/km²
FUSO ORARIO da UTC +8 a +10.30
VALUTA Dollaro australiano
UNITÀ DI MISURA DI LUNGHEZZA
sistema metrico decimale
ISU (2011) 0,929 (2° posto)
Speranza di vita 81,5 anni
Istruzione media 12 anni
Popolazione urbana 89,3%
PREFISSO TEL. +61
SIGLA AUTOMOBILISTICA AUS
GUIDA AUTOMOBILISTICA
a sinistra
INTERNET TLD .AU

La bandiera dell'Australia fu adottata per la prima volta nel 1904, tre anni dopo l'indipendenza dal Regno Unito; solo nel 1954 divenne la bandiera ufficiale dello Stato federale, dopo avere a lungo convissuto con la *Union Jack* britannica. Quest'ultima è comunque presente, nel quadrante in alto a sinistra. Lo sfondo è blu. Nel quadrante in basso a sinistra una grande stella a sette punte rappresenta i sei Stati federati australiani al momento dell'indipendenza e i territori interni ed esterni. Nella metà destra della bandiera è rappresentata la costellazione della Croce del Sud, con una piccola stella a cinque punte e quattro più grandi a sette punte. L'inno nazionale è *Advance Australia Fair* ("Avanza bella Australia"), che solo nel 1977 ha sostituito definitivamente *God Save the Queen*, l'inno nazionale della Gran Bretagna.

AUSTRALIA

Territorio e ambiente

La posizione e il clima

L'Australia è il sesto Stato al mondo per superficie. Attraversata dal Tropico del Capricorno, si estende tra il 10° e il 43° parallelo sud. Le sue coste orientali e settentrionali sono bagnate dall'Oceano Pacifico, quelle meridionali e occidentali dall'Oceano Indiano. Dal punto di vista climatico può essere suddivisa in tre grandi zone:
- la **regione settentrionale**, a **clima tropicale**, con temperature elevate e precipitazioni concentrate nei mesi estivi dell'emisfero australe (dicembre-marzo);
- la vasta **zona centrale**, **arida e asciutta**, caratterizzata dalla forte escursione termica diurna tipica delle aree desertiche;
- le **coste sud-orientali**, con un **clima temperato**, di tipo mediterraneo, con una vegetazione che richiama quella della macchia mediterranea. In questa zona dal clima mite si concentrano i principali insediamenti.

▼ Ayers Rock.

AYERS ROCK

Uno dei simboli più noti dell'Australia è **Uluru** (così lo chiamano gli aborigeni) o **Ayers Rock** (come lo battezzò il primo esploratore inglese che ne scalò la vetta), un grande blocco di roccia arenaria lungo oltre 3 km che si innalza di 350 m circa rispetto alla deserta pianura circostante. Per gli aborigeni si tratta di un luogo sacro, al centro di miti e leggende. La colorazione della roccia, tendente al rosso, è dovuta ai minerali ferrosi che la compongono; a seconda della luce del giorno, assume sfumature che vanno dall'ocra al viola. Uluru si trova oggi all'interno del Parco nazionale Uluru-Kata Tjuta ed è tra i siti protetti dall'UNESCO, sia per le sue caratteristiche ambientali sia per il suo valore culturale.

A SPASSO PER L'OUTBACK

Gli enormi spazi interni e desertici dell'Australia costituiscono quello che gli Australiani chiamano l'*outback*, il "luogo dell'oltre", del "nulla", uno spazio privo di confini precisi. Una zona disabitata e selvaggia che si trova al di là dei *black stumps*, i "paletti" con cui i coloni segnalavano i confini dei territori abitati e l'inizio delle aree prive di ogni traccia di civiltà. Le sostanze ferrose che ne compongono i terreni donano loro la tipica colorazione rossastra: per questo la regione dell'*outback* viene anche definita *Red Centre*, il cuore rosso dell'Australia, ed è meta di turisti in cerca di una natura selvaggia e incontaminata.

▲ La falesia di Razorback nel Port Campbell National Park.

▲ L'*outback*, lo sterminato entroterra aspro e selvaggio dell'Australia.

Rilievi, pianure, coste e fiumi

Terra geologicamente molto antica, l'Australia ha un'altitudine media di soli 210 m s.l.m.; il suo monte più alto, il Kosciuszko, misura 2228 m. Morfologicamente vi si possono distinguere tre grandi regioni:
- la **zona centro-occidentale**, occupata dall'altopiano del Grande Scudo Australiano, sul quale si stagliano rilievi isolati, tra cui l'**Ayers Rock**, simbolo dell'Australia, e si aprono vasti deserti (il Gran Deserto Vittoria, il Gibson, il Simpson e il Gran Deserto Sabbioso);
- la **depressione centrale**, tra il Golfo di Carpentaria e la città di Adelaide, caratterizzata da bassi rilievi e dalla depressione del Gran Bacino Artesiano, nelle cui profondità si nasconde la maggiore riserva d'acqua potabile dell'isola;
- la **Grande Catena Divisoria**, che si snoda lungo tutta la costa orientale, dalla quale la separa una stretta pianura litoranea.

I circa 34.000 km di **coste** presentano lunghi tratti lineari su cui si aprono ampie insenature, che costituiscono veri e propri **porti naturali**: le principali sono la Gran Baia Australiana e il Golfo di Spencer a sud e il Golfo di Carpentaria a nord.
Di fronte alla costa orientale, alta e rocciosa, si estende la **Grande Barriera Corallina**, mentre a sud si trova l'isola di **Tasmania**, la più grande dello Stato.
I **fiumi** sono pochi e per lo più privi di sbocco al mare: si disperdono in conche interne nel Gran Bacino Artesiano. I principali sono il **Murray** e il suo affluente **Darling**, che formano un unico sistema idrico e sfociano nei pressi di Adelaide.
Il **lago** più esteso è l'**Erye**, che si trova a circa 15 m sotto il livello del mare: è il punto più basso di tutto lo Stato.
È alimentato da fiumi a carattere torrentizio, con portata massima nel periodo delle piogge e quasi asciutti per il resto dell'anno.

COMPLETA LA TABELLA

	Climi
Regione settentrionale	
Regione centrale	
Coste sud-orientali	

COMPLETA

2. L'Australia è divisa in tre grandi zone:
   a. ....
   b. ....
   c. ....

3. L'isola più grande è la ...., il principale fiume è ...., il lago più esteso è l' ....

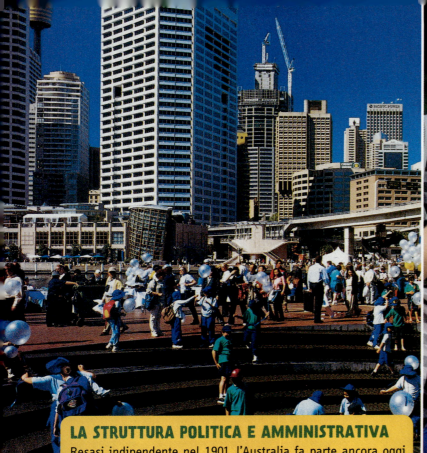

LA STRUTTURA POLITICA E AMMINISTRATIVA

Resasi indipendente nel 1901, l'Australia fa parte ancora oggi del Commonwealth britannico e riconosce come capo del proprio Stato federale il sovrano del Regno Unito. Costui nomina un governatore generale, con compiti per lo più cerimoniali.

Il potere esecutivo è esercitato dal primo ministro e dal governo, che si basa sulla fiducia del parlamento federale.

L'Australia è dunque una monarchia costituzionale di tipo federale, detta Commonwealth of Australia. Ne fanno parte sei Stati federati (Australia settentrionale, Australia Meridionale, Nuovo Galles del Sud, Queensland, Victoria e Tasmania), nati dalle sei colonie che la Gran Bretagna aveva fondato sull'isola.

◀ Un'affollata piazza di Sydney.   ▲ Un gruppo di ragazzi australiani.

Popolazione e società

La popolazione

Con solo 3 abitanti per km², l'Australia è, dopo la Mongolia, il Paese con la più bassa densità di popolazione al mondo. Il dato, tuttavia, non deve ingannare: infatti circa il 90% degli abitanti risiede nelle città e il tasso di **urbanizzazione** è dunque tra i più elevati al mondo.

Negli ultimi anni la crescita demografica è stata dell'1,7%, un livello alto rispetto alla media dei Paesi industrializzati. A favorire tale incremento sono stati da un lato le politiche statali a sostegno delle famiglie e dall'altro i **flussi migratori**, aumentati in seguito al crescente sviluppo economico. L'immigrazione, infatti, pur regolamentata da leggi severe che limitano la concessione dei visti in base ai reali bisogni economici dell'isola, fornisce un apporto di manodopera specializzata e di tecnici altamente qualificati fondamentali per lo sviluppo del Paese.

Dal punto di vista etnico la popolazione è prevalentemente composta da **bianchi** (90,2% circa), sia discendenti dei primi coloni sia immigrati giunti più recentemente; il 7,5% è rappresentato da **asiatici** immigrati nella seconda metà del Novecento. Gli **aborigeni** rappresentano ormai appena il 2% della popolazione; nonostante un processo di riavvicinamento e di integrazione avviato dal governo negli ultimi decenni, vivono in condizioni di povertà ed emarginazione e persino la loro speranza di vita è di circa 15 anni inferiore rispetto a quella del resto della popolazione.

La lingua e la religione

La lingua ufficiale è l'**inglese**. La religione più professata è il **cristianesimo**, nelle sue varie confessioni: i cattolici sono la maggioranza, seguiti da anglicani e ortodossi. Tra gli aborigeni è ancora diffuso l'**animismo**, mentre gli immigrati di origine asiatica hanno introdotto in tempi più recenti il buddhismo, l'islam e l'induismo. Il livello di sviluppo umano dell'Australia è altissimo: lo Stato si colloca al secondo posto nella graduatoria stilata dall'ONU nel 2013, dietro alla Norvegia. L'aspettativa di vita è pari a 81,5 anni (come quella italiana), il sistema scolastico è tra i più avanzati al mondo, la spesa sanitaria in linea con quella dei Paesi più sviluppati.

Adelaide, nata come colonia di liberi cittadini alla fine dell'Ottocento, conserva un impianto regolare in cui è facile orientarsi. Il fulcro della sua economia oggi si basa sul terziario, anche se vi sono importanti industrie per la produzione di acciaio e componenti elettronici. È forse la città australiana più nota per la cultura enogastronomica, arricchita dalle tradizioni culturali dei migranti giunti qui da ogni parte d'Europa e dall'Asia.

Brisbane, situata presso la foce del fiume omonimo, conserva, accanto ai più moderni grattacieli, le costruzioni ottocentesche, edificate su un piano rialzato e simili a palafitte, per evitare l'umidità. Il suo porto è il terzo in Australia, dopo Sydney e Melbourne, per transito di merci. La città ospita numerose iniziative culturali, tra cui un festival cinematografico internazionale.

Perth, la principale città sulla costa occidentale, è caratterizzata da un clima mediterraneo ed è stata a lungo la meta preferita degli immigrati italiani.

Melbourne, sulla costa meridionale, è la seconda città del Paese. È un grande centro commerciale e industriale, oltre che sede di importanti centri di ricerca e di numerose università, meta di studenti provenienti da tutto il mondo. La vita culturale è vivace grazie alla presenza di musei, teatri e gallerie. Il settimanale inglese *The Economist* l'ha nominata per tre volte "Città più vivibile al mondo" nella propria classifica annuale.

RISPONDI

1. In quale percentuale gli Australiani vivono nelle città?
2. Da che cosa è stato favorito l'aumento della popolazione?
3. Quale città ospita un festival cinematografico internazionale?
4. Quale città è sede della Borsa?
5. Qual è la capitale?
6. Quale città era la preferita dagli immigrati italiani?
7. Quale città è stata considerata la più vivibile al mondo?

Canberra, la capitale dell'Australia. A differenza delle altre principali città, che sono situate lungo la costa, Canberra sorge nell'entroterra sud-orientale: fu costruita all'inizio del Novecento, dopo l'indipendenza, affinché le sedi del parlamento (nella foto) e del governo federale si trovassero in una città di nuova fondazione per evitare rivalità tra quelle esistenti.

IN GIRO per Sydney — Video

Sydney è la città più grande dell'Australia. Nata alla fine del Settecento come colonia penale, costituisce oggi il maggior polo industriale, commerciale e finanziario del Paese: è sede della Borsa, una delle principali nell'area del Pacifico. È anche uno dei più vivaci centri culturali: vi si trovano tre università, teatri e l'Opera House (nella foto), con la caratteristica copertura a vele bianche, divenuta il simbolo della città.

Oceania 317

Cittadinanza — Le "generazioni rubate" agli aborigeni d'Australia

L'arrivo dei coloni

Circa 40.000 anni fa giunsero in Australia i primi abitanti: da allora e fino al 1770, quando il capitano inglese James Cook sbarcò sul continente, furono i padroni di quegli spazi sterminati. Dal momento in cui la Gran Bretagna decise di fare dell'isola una colonia penale e poi di fondarvi insediamenti di cittadini liberi, la vita degli indigeni cambiò radicalmente. Gli aborigeni, come vennero chiamati dagli Inglesi, furono inizialmente utilizzati come guide per fornire indicazioni su quel territorio sconfinato. Ben presto ebbero inizio l'emarginazione e gli espropri delle terre, basati sul principio della "terra di nessuno": per i coloni gli aborigeni erano dei selvaggi e, poiché non sfruttavano la terra, questa poteva essere legittimamente occupata dagli Europei.

Espropri e massacri

Le malattie importate dagli Europei, per le quali i nativi non avevano anticorpi, i massacri per i tentativi di ribellione e l'allontanamento forzato dai territori ridussero drasticamente il numero dei nativi. Nel corso di poco più di un secolo la popolazione aborigena fu decimata: oggi, conta non più di **450.000 individui**.

Il periodo delle "generazioni rubate"

Dalla fine dell'Ottocento ai massacri si sostituì una politica di sopraffazione più sottile e solo apparentemente meno violenta: i bambini aborigeni venivano sottratti ai genitori per essere affidati a famiglie di bianchi o a collegi missionari dove venivano "educati" alla cultura occidentale, per cancellare ogni traccia della loro cultura e della loro lingua.
Fu il periodo delle "generazioni rubate": generazioni di bambini strappati alle loro radici in nome della presunta superiorità della civiltà occidentale.

Dal diritto di voto alla "riconciliazione"

Solo a partire dagli anni Sessanta l'opinione pubblica australiana ha preso coscienza delle ingiustizie compiute nei confronti degli aborigeni ai quali, dopo pressanti campagne di sensibilizzazione, furono riconosciuti alcuni **diritti fondamentali**. Nel 1967 furono loro concessi la **piena cittadinanza** e il **diritto di voto**; dal 1991 è in atto un processo di riconciliazione tra bianchi e aborigeni: tuttavia, ha raggiunto solo in parte i suoi obiettivi.
Nel 2008 il premier Kevin Rudd ha chiesto ufficialmente perdono per le sofferenze inflitte alle "generazioni rubate". Le scuse sono state ripetute nel 2013 dal nuovo primo ministro Julia Gillard, che ha ribadito la necessità che "gli Australiani capiscano che le culture e la storia indigena sono motivo di fierezza per tutti".
Nonostante i passi avanti **gli aborigeni sono tuttora emarginati** e il governo australiano è stato più volte accusato dalle organizzazioni internazionali per i diritti umani di continuare a legittimare le discriminazioni, alimentando così il razzismo.

▲ Una donna aborigena con il suo bambino in una fotografia del 1890 circa.

▼ Manifestazione di bambini in occasione delle scuse ufficiali nei confronti delle "generazioni rubate".

Attività

Il testo afferma che ancora oggi le popolazioni aborigene sono oggetto di discriminazione.
Collegati a Internet e svolgi una breve ricerca seguendo la scaletta che ti proponiamo:
- in quale parte del territorio australiano si concentrano le popolazioni aborigene
- Che cosa rimane della loro identità culturale.
- Quali attività svolgono prevalentemente gli aborigeni e quale è il loro livello di istruzione
- Quali interventi devono essere ancora messi in atto perché questa parte della popolazione veda completamente riconosciuti i propri diritti.

geostoria: L'AUSTRALIA NELLA SECONDA GUERRA MONDIALE

Al fianco della Gran Bretagna, **l'Australia partecipò sia alla Prima sia alla Seconda guerra mondiale**. Le truppe australiane furono inviate nel Nordafrica, in Medio Oriente e presero parte a operazioni belliche in Francia, subendo gravi perdite in entrambi i conflitti.

Nel corso della Seconda guerra mondiale la grande isola divenne inoltre teatro di scontri armati diretti: dopo l'attacco giapponese alla base militare statunitense di Pearl Harbour (1941), nelle Hawaii, infatti, i soldati australiani furono richiamati in patria per difendere l'area del Pacifico. I **porti settentrionali** del Paese fungevano da **ricovero** e **base di supporto per la flotta britannica e statunitense**: per questo il Giappone, con una mossa tanto audace quanto imprevista, decise di attaccarli. Il primo a essere colpito fu Port Darwin, nel nord dell'isola.

L'attacco giapponese a Port Darwin

Come racconta anche il film *Australia* di Baz Lurhmann, il 19 febbraio 1942, 188 aeroplani giapponesi compirono il primo raid, che uccise 243 dei 2000 abitanti di Port Darwin e affondò 8 delle 35 navi, militari e mercantili, ancorate nel porto. Disorganizzati e privi di mezzi, i soldati alloggiati nella cittadina fuggirono insieme ai civili verso sud, nell'entroterra. Al primo attacco seguirono ben 64 raid aerei giapponesi, fino al giugno 1943. La popolazione era decimata, ma il governo australiano minimizzava le perdite, diffondendo dati falsati sul numero delle vittime.

Il piano giapponese di occupazione dell'Australia non riuscì, grazie all'arrivo delle armi e dei rinforzi statunitensi. Messi in fuga i Giapponesi, le truppe australiane sostenero la flotta statunitense nella **liberazione delle Filippine** e parteciparono all'**occupazione del Giappone** dopo lo sgancio delle due atomiche su Hiroshima e Nagasaki. In virtù di questo suo fondamentale apporto, l'**Australia fu uno dei 51 Stati fondatori delle Nazioni Unite** nel 1945 (l'Italia fu ammessa dieci anni dopo).

▼ Aereo da guerra australiano in volo sopra il porto di Sydney nel 1944.

▼ Donne al lavoro in un'industria bellica.

◄ Truppe della Sesta divisione in partenza dal porto di Sydney nel 1940.

▲ Miniera di uranio.

OCCUPATI NEI TRE SETTORI
- Primario: 2,9
- Secondario: 20,8
- Terziario: 76,3

Economia

Risorse minerarie ed energetiche

L'Australia è ricchissima di risorse minerarie ed energetiche, che non solo riescono a soddisfare il fabbisogno interno, ma vengono altresì esportate.
Nel sottosuolo si trovano riserve di piombo (il 13% del totale delle riserve mondiali), di ferro (12%), di bauxite (11%) e di zinco (10%); non mancano rame, nichel, oro, argento e diamanti.
Tra le fonti di energia vi è il gas naturale, destinato per circa la metà al consumo interno e per il resto venduto ai Paesi industriali asiatici.
Nella regione del Queensland, sull'isola di Barrow e nello Stretto di Bass si estrae il petrolio, anch'esso destinato all'esportazione, mentre nella regione orientale si trovano miniere di carbone.
L'Australia dispone infine di circa un terzo di tutte le riserve di uranio del mondo.

Agricoltura e allevamento

L'agricoltura è molto diversificata, anche se l'arativo occupa solo il 6% degli sterminati territori dell'isola.
Nonostante ciò l'Australia è uno dei maggiori esportatori mondiali di prodotti agricoli, soprattutto di frumento.
Coltivazioni estensive di canna da zucchero, tabacco, cotone e lino si concentrano nelle immediate vicinanze delle coste orientale e occidentale, a sud prevalgono invece la vite, gli alberi da frutto e gli agrumi, favoriti dal clima di tipo mediterraneo.
Settore di punta per l'economia australiana è l'allevamento, in particolare quello di ovini, (il Paese ha il primato mondiale di produzione della lana), e di bovini, il cui latte è destinato in buona parte all'esportazione.
La pesca, invece, non riveste un ruolo fondamentale per l'economia australiana.

Settore secondario e terziario

Oltre alle industrie estrattive e siderurgiche, sono da segnalare l'industria meccanica, in particolare quella aeronautica, automobilistica e navale.
Altre importanti industrie di trasformazione sono quelle alimentare (soprattutto conserviera e saccarifera), tessile e della carta.
Il settore terziario vanta il maggior numero di occupati e contribuisce per oltre il 70% al PIL.
La gran parte di questo primato è dovuta ai servizi bancari, assicurativi e finanziari: l'Australian Stock Exchange, che ha sede a Sydney, è una delle principali Borse valori dell'area del Pacifico.
Il commercio internazionale si indirizza soprattutto verso i Paesi asiatici: il principale partner commerciale australiano è la Cina, seguita dal Giappone.

▲ Vigneti nella Yarra Valley, una regione situata nella parte sud-orientale dell'isola a ridosso dell'Oceano Pacifico. In questa zona il clima è fresco e particolarmente adatto alla viticoltura.

▲ La metropolitana leggera di Sydney.

Anche i **trasporti** sono efficienti, sia quelli su rotaia che quelli aerei, fondamentali date le enormi distanze tra le varie località: l'Australia ha un sistema aeroportuale molto articolato, con circa 400 scali. Di ciò si avvale anche il **turismo**, in costante ascesa grazie alle campagne sostenute dal governo per promuovere il patrimonio ambientale e culturale e all'efficienza dell'organizzazione locale. Il Paese esercita una forte attrazione soprattutto per i visitatori provenienti dal Giappone, dall'Europa e dagli USA.

ALLA SCOPERTA DELLA GRANDE BARRIERA CORALLINA

Lungo la costa nord-orientale dell'Australia, dallo Stretto di Torres a Brisbane, per oltre 2000 km si estende la barriera corallina più grande del mondo, inserita dal 1981 tra i siti del Patrimonio dell'Umanità UNESCO. In realtà non si tratta di un'unica barriera continua, ma dell'insieme di 2900 diverse formazioni coralline, costituite dagli scheletri calcarei dei coralli e da centinaia di isolotti. La Grande Barriera Corallina è l'ecosistema marino più ricco al mondo in termini di biodiversità: ospita più di 1500 specie di pesci, circa 360 specie di coralli duri, 5000 specie di molluschi e più di 175 specie di uccelli, oltre a una grande varietà di spugne, anemoni, vermi marini e crostacei.
È il luogo ideale per la riproduzione delle balene e le tartarughe marine vi trovano cibo in abbondanza.
È però un ambiente dall'equilibrio ecologico fragilissimo e molto sensibile all'inquinamento. Si stima che abbia perso più di metà dei suoi coralli negli ultimi 27 anni; in molti casi, la colorazione rossa si è andata sbiancando a causa del riscaldamento globale degli oceani.

◀ La Grande Barriera Corallina.

COMPLETA

1. L'Australia possiede importanti risorse energetiche come ....
2. Da un punto di vista agricolo, l'Australia è uno dei maggiori esportatori .... di ....
3. Il clima mediterraneo al Sud favorisce la coltivazione di ....
4. Il maggior numero di occupati si trova nel settore ....
5. I principali partner economici sono .... e ....

Oceania 321

NOME COMPLETO New Zealand, Aotearoa
CAPITALE Wellington
FORMA DI GOVERNO Monarchia costituzionale
LINGUA Inglese e maori
SUPERFICIE 269.652 km²
POPOLAZIONE 4.027.947 abitanti (stima 2011)
DENSITÀ 16 ab/km²
FUSO ORARIO UTC +12
VALUTA Dollaro neozelandese
UNITÀ DI MISURA DI LUNGHEZZA sistema metrico decimale
ISU (2011) 0,908 (6° posto)
Speranza di vita 80,71 anni
Istruzione media 12,5 anni
Popolazione urbana 86,2%
PREFISSO TEL. +64
SIGLA AUTOMOBILISTICA NZ
GUIDA AUTOMOBILISTICA a sinistra
INTERNET TLD .NZ

La bandiera della Nuova Zelanda contiene la *Union Jack* perché fino al 1931 il Paese è appartenuto all'Impero britannico. A destra, quattro stelle a cinque punte rappresentano la costellazione della Croce del Sud. La bandiera fu creata a fine Ottocento ma fu adottata ufficialmente solo dopo l'indipendenza.
L'inno nazionale è *God Defend New Zealand* ("Dio difenda la Nuova Zelanda"), in lingua inglese. Ne esiste anche la versione ufficiale in lingua maori, intitolata *Aotearoa* (così suona il nome della Nuova Zelanda in maori), cioè "la terra dalle lunghe nuvole bianche".

NUOVA ZELANDA

Territorio e ambiente

La Nuova Zelanda è il terzo Paese dell'Oceania per estensione. Si trova a circa 2000 km di distanza dalle coste orientali dell'Australia ed è completamente circondato dalle acque dell'Oceano Pacifico. È un arcipelago formato da due isole maggiori, l'Isola del Nord e l'Isola del Sud, separate dallo Stretto di Cook, e da numerose isole minori: allo Stato neozelandese appartengono anche le isole Cook, le Tokelau e Niue, situate nel Pacifico a circa 3000 km a nord-est rispetto all'Isola del Nord. Le due isole principali sono prevalentemente montuose e hanno coste ricche di insenature e porti naturali. L'**Isola del Nord** è caratterizzata da un **altopiano**, su cui si stagliano i coni di tre **vulcani attivi**. Questo la rende ricca di **geyser** e **sorgenti termali**. Al centro si trova il **Lago Taupo**, il più grande dell'arcipelago. Verso la costa il paesaggio è caratterizzato da una fitta foresta di latifoglie, sostituita da arbusti man mano che ci si avvicina al mare. L'**Isola del Sud** presenta rilievi più marcati, le **Alpi Neozelandesi**, le cui cime sono ricoperte da ghiacciai. A ovest, dove le montagne scendono a picco sul mare, le coste sono alte e frastagliate. A est, invece, tra la montagna e la costa si estende la **pianura** più vasta del Paese, i **Canterbury Plains**. Il **clima**, temperato e mitigato dalle acque dell'oceano, **varia con l'altitudine**, così come il paesaggio, ed è caratterizzato da un'abbondante presenza di piogge nel corso di tutto l'anno.

Popolazione e società

Rispetto alla media dei Paesi dell'Oceania la Nuova Zelanda presenta una maggiore densità di abitanti (16 ab/km²). Il tasso di urbanizzazione è molto elevato (87% circa), come nei Paesi industrializzati: gli abitanti si concentrano per lo più nelle aree urbane dell'Isola del Nord, dove si trovano la capitale, Wellington, e la città più popolosa, Auckland, che è anche il principale polo commerciale e industriale. Dal punto di vista etnico, il gruppo prevalente è rappresentato dai **bianchi**, discendenti dei primi immigrati europei, giunti all'inizio dell'Ottocento e cresciuti nel corso degli ultimi due secoli. Gli abitanti originari, i **Maori**, rappresentano oggi solo il 14% della popolazione, seguiti da Asiatici e Polinesiani.

▲ Laghetto di origine glaciale nel Parco nazionale Aoraki Monte Cook, nell'Isola del Nord.

▲ In alto a sinistra, la città di Auckland, a destra gli All Blacks. In basso a sinistra, pecore al pascolo e una sorgente termale nell'Isola del Nord.

Il **cristianesimo** è la **religione** più diffusa, nelle forme confessionali anglicana, protestante e cattolica. Il contatto con la cultura maori ha creato singolari commistioni tra riti indigeni e cristianesimo. Le **lingue** ufficiali sono l'**inglese** e il **maori**, riscoperto e rivalutato soprattutto grazie alla presa di coscienza nazionale dei Maori e alle politiche culturali recentemente promosse dal governo. A livello internazionale il popolo maori e la sua cultura trovano una cassa di risonanza anche grazie alla fama della Haka, la danza rituale resa celebre dalla Nazionale di rugby neozelandese (All Blacks) accompagnata da un ritornello di incitamento.

Economia

La Nuova Zelanda è al 6° posto nella classifica mondiale in base all'ISU e si colloca quindi nel gruppo dei Paesi caratterizzati da un alto livello di sviluppo umano.
Povera di risorse minerarie, riesce comunque a coprire i propri fabbisogni energetici grazie alla produzione di **energia geotermica** (per la presenza di geyser) e allo sfruttamento dei bacini idrici come fonte di **energia idroelettrica**. L'**allevamento**, soprattutto di **ovini**, rappresenta il settore trainante dell'economia e fa della Nuova Zelanda il terzo produttore di lana al mondo. L'agricoltura è praticata soprattutto per il consumo interno e le principali coltivazioni sono quelle di **cereali**, **ortaggi** e **frutta** (agrumi, mele, uva e kiwi). Una risorsa importantissima è il **legname**, soprattutto delle foreste dell'Isola del Sud. L'**industria** ha il suo settore di punta nell'agroalimentare, ma sono in forte sviluppo anche l'**industria informatica** e quella delle **costruzioni navali**. Nel settore terziario prospera il **commercio**, grazie alla collocazione geografica della Nuova Zelanda ai bordi del Pacifico: ciò ha favorito l'ingresso del Paese nell'**area di libero scambio trans-pacifica** creata nel 2005 dagli accordi siglati con Cile, Singapore e Brunei, in base ai quali i prodotti di questi Paesi possono beneficiare di un trattamento tariffario agevolato. Negli ultimi anni nell'arcipelago si sta affermando il **turismo**, rilanciato dal governo neozelandese. I visitatori sono in aumento, affascinati dalla natura resa celebre anche dai film cui ha fatto da set, in particolare dalla trilogia del *Signore degli Anelli*.

RISPONDI

1. Dove si trovano le Alpi neozelandesi?
2. Come si chiama la pianura più estesa del Paese?
3. Qual è il clima prevalente?

LAVORA SUL TESTO

4. Sottolinea qual è il gruppo etnico prevalente e perché.
5. In che modo la Nuova Zelanda copre i propri bisogni energetici? Individua nel testo.

laboratorio
L'ECONOMIA AUSTRALIANA: UNA STORIA DI SUCCESSO

Le particolarità dell'Australia sono davvero molte, al punto che è impossibile elencarle tutte. Volendo ricordarne alcune tra le principali, dovremmo citare l'enorme estensione, il territorio per la gran parte aridissimo e inospitale, lo scarso popolamento, la fauna molto peculiare, l'alta qualità della vita e, in campo economico, il fatto di essere uno dei rarissimi Paesi avanzati dell'emisfero meridionale. Riguardo a quest'ultimo aspetto, va detto che l'Australia ha una struttura economica così particolare e robusta che è rimasta l'unica nazione, tra quelle sviluppate, a non essere coinvolta nella grave crisi globale partita negli Stati Uniti nel 2007. Gli ingredienti alla base di questo successo sono diversi, ma se ne possono ricordare alcuni particolarmente importanti: la trasparenza e l'efficienza nelle attività imprenditoriali, che contribuiscono ad attrarre nel Paese una grande quantità di investimenti dall'estero; la presenza di molta manodopera altamente qualificata e, forse soprattutto, l'enorme ricchezza di materie prime, in termini di risorse minerarie. Se a tutto ciò si aggiunge che in questo grande Stato-continente vive una popolazione poco più che doppia rispetto a quella della sola Lombardia (che però è circa 320 volte più piccola!), si comprende perché l'Australia ha raggiunto una situazione economica che è invidiata da gran parte del mondo.

Oltre due secoli di storia per passare da colonia penale a economia avanzata a prova di crisi globale. Un percorso senz'altro non agevole e spensierato, per di più se calato in un contesto ambientale tra i meno ospitali del pianeta. Ma, sarà per la determinazione e la voglia di riscatto ereditata dal passato o, magari, per gli scorci mozzafiato che solo la sua natura sa regalare, fatto sta che le asperità di questo lungo tragitto non sembrano aver fiaccato l'animo degli Australiani; al contrario, gli odierni abitanti della leggendaria Terra Australis Incognita[1] sono tra i pochi rimasti, nei Paesi industrializzati, a poter guardare con ragionevole ottimismo al futuro. Negli ultimi 20 anni, infatti, l'Australia è cresciuta con tassi ben superiori a quelli registrati nel resto delle economie sviluppate e, finora, è l'unica fra i Paesi OCSE a non aver affrontato periodi di recessione o stagnazione durante gli anni bui della crisi finanziaria. Ricco di risorse naturali e contraddistinto da un alto dinamismo economico, a partire dagli anni Ottanta il Paese è stato teatro di una coraggiosa azione governativa capace di realizzare significative riforme strutturali. Un intervento, per nulla cosmetico, in grado di trasformare l'economia nazionale da protetta e poco competitiva in aperta e proiettata all'export. Grazie a questo cambio di passo, l'Australia è riuscita a collocarsi al tredicesimo posto fra i Paesi più avanzati per dimensione del PIL nominale e all'undicesimo posto in termini di PIL pro capite: posizioni ragguardevoli per una nazione che, malgrado l'immenso territorio, conta poco più di 20 milioni di abitanti. Nonostante Canberra venda prodotti non lavorati e importi beni finiti, presentando così un'elevata vulnerabilità alle fluttuazioni dei prezzi mondiali e all'inflazione nei partner economici, grazie al forte tessuto sociale e alle oculate politiche nel Paese si è andata strutturando un'economia moderna e sofisticata. Gli standard di vita della popolazione locale sono decisamente elevati, paragonabili a quelli di Canada, Giappone e Paesi del Nord Europa. Pur essendo il maggior produttore al mondo di uranio impoverito, il Paese ha deciso di non investire nel nucleare come fonte d'energia. Avendo a disposizione le grandi risorse prima accennate, si è preferito puntare sul carbone pulito, sul solare e sull'eolico. Nonostante la necessità di importare petrolio, la bilancia commerciale energetica australiana è stabilmente in attivo, grazie all'autosufficienza raggiunta ormai da anni e alle sempre maggiori esportazioni. Nel comparto alimentare la situazione è per molti aspetti simile: l'Australia, oltre a essere autosufficiente per i generi alimentari, è una grandissima esportatrice di frumento, carni, latticini e lana, grazie a un settore primario altamente meccanizzato.

▲ Melbourne, nella parte sud-orientale del Paese, è la seconda città più popolosa dell'Australia.

▼ L'area desertica di Coober Pedy, nell'Australia meridionale. La regione è famosa per l'opale: questo minerale è infatti presente in grande quantità; nell'area vi sono 70 campi di estrazione.

1. Sconosciuta Terra Australe, è il nome con cui veniva indicato sulle carte geografiche attorno al XVI secolo un continente australe di cui si ipotizzava l'esistenza.

(Da Alessio Manfreda, tratto dall'*Archivio documenti della CCIAA* di Parma, rid. e adatt.)

ATTIVITÀ

1. Dopo aver letto attentamente il brano, rispondi alle seguenti domande, segnando con una crocetta la risposta corretta.

a. L'Australia è un Paese con un'economia moderna e avanzata, in cui le aspre condizioni ambientali:
- ☐ non hanno mai rappresentato in alcun modo un ostacolo allo sviluppo
- ☐ si sono rivelate alla lunga un ostacolo insormontabile
- ☐ sono state superate, ottenendo appunto brillanti risultati sul piano economico
- ☐ hanno frenato fino a oggi lo sviluppo, ma la situazione sta nel complesso migliorando

b. "Un intervento per nulla cosmetico" significa che:
- ☐ si è trattato di un intervento molto concreto
- ☐ l'intervento è stato più di forma che di sostanza
- ☐ l'intervento non ha inciso in modo strutturale sull'economia
- ☐ l'azione governativa sull'economia ha tralasciato il settore della cosmetica

c. L'Australia è riuscita a collocarsi al 13° posto fra i Paesi più avanzati per dimensione del PIL nominale: è un risultato davvero notevole soprattutto se si considera che:
- ☐ l'Australia è ricchissima di risorse naturali
- ☐ l'Australia è un grande continente
- ☐ come numero di abitanti l'Australia è il Paese più piccolo tra quelli sviluppati
- ☐ il numero di abitanti è modesto rispetto a molti altri Paesi, sviluppati e non

d. La bilancia commerciale energetica australiana è stabilmente in attivo. Ciò significa precisamente che:
- ☐ l'Australia esporta molte risorse energetiche
- ☐ le risorse energetiche esportate superano in valore quelle importate
- ☐ le importazioni di risorse energetiche hanno un valore modestissimo
- ☐ l'Australia ha deciso di non importare nessuna risorsa energetica

Verifica interattiva

LE ECCELLENZE DELL'AUSTRALIA

Il testo che ti abbiamo presentato mette in luce come l'economia australiana si sia "salvata" dalla crisi che ha colpito tutti i Paesi avanzati negli ultimi anni. Per saperne di più su questo Paese lontano e capire come sia stato possibile non solo resistere alla crisi globale ma divenire una delle più consolidate economie del mondo, svolgi il lavoro che ti proponiamo.

2. Divisi in quattro gruppi, con l'aiuto dell'insegnante, seguite le indicazioni.

- Il brano proposto fa riferimento all'OCSE, un'importante organizzazione internazionale di cui anche l'Australia fa parte. Scopriamo che cos'è e di che cosa si occupa. Un gruppo effettuerà una ricerca sull'OCSE, per scoprire quali ne sono stati i Paesi fondatori, quanti Stati vi aderiscono ai giorni nostri e quali sono i suoi obiettivi principali. Dal 2010, inoltre, è cambiato il logo (cioè il simbolo) dell'organizzazione: com'è fatto e che cosa rappresenta?

- Tra settore minerario e allevamento, l'Australia vanta alcuni primati a livello mondiale. In altri casi non è proprio in vetta, ma si colloca comunque sul "podio", ossia nei primi tre posti. Un gruppo svolgerà una ricerca al riguardo, indicando per quali risorse/prodotti (almeno cinque) l'Australia si posiziona tra i primi tre produttori mondiali.

- Il brano che avete letto spiega che, al contrario di molti altri Paesi avanzati, l'Australia non è stata colpita dalla crisi economica e finanziaria mondiale iniziata tra il 2007 e il 2008 e non è mai entrata in recessione. Con l'ausilio di Internet, il terzo gruppo svolgerà una ricerca allo scopo di evidenziare gli aspetti più salienti dell'economia australiana negli anni Duemila, di cui farà un breve resoconto.

- L'Australia è molto dotata anche di risorse energetiche; attualmente, però, il fabbisogno di elettricità è soddisfatto in larghissima parte dal carbone e dal gas naturale. Anche se oggi il Paese punta molto sulle energie rinnovabili, al momento, nonostante i vastissimi spazi assolati, la produzione di energia solare è piuttosto modesta. Il quarto gruppo realizzerà una semplice ricerca sul tema dell'energia solare, per scoprire quali sono i principali produttori al mondo, in quale posizione si colloca l'Australia, rispetto per esempio al nostro Paese (la cui estensione è pari a 1/25 di quella australiana). Disegnerà inoltre un grafico con istogrammi, riportando i Paesi che sono i primi 10 produttori mondiali.

TERRE POLARI

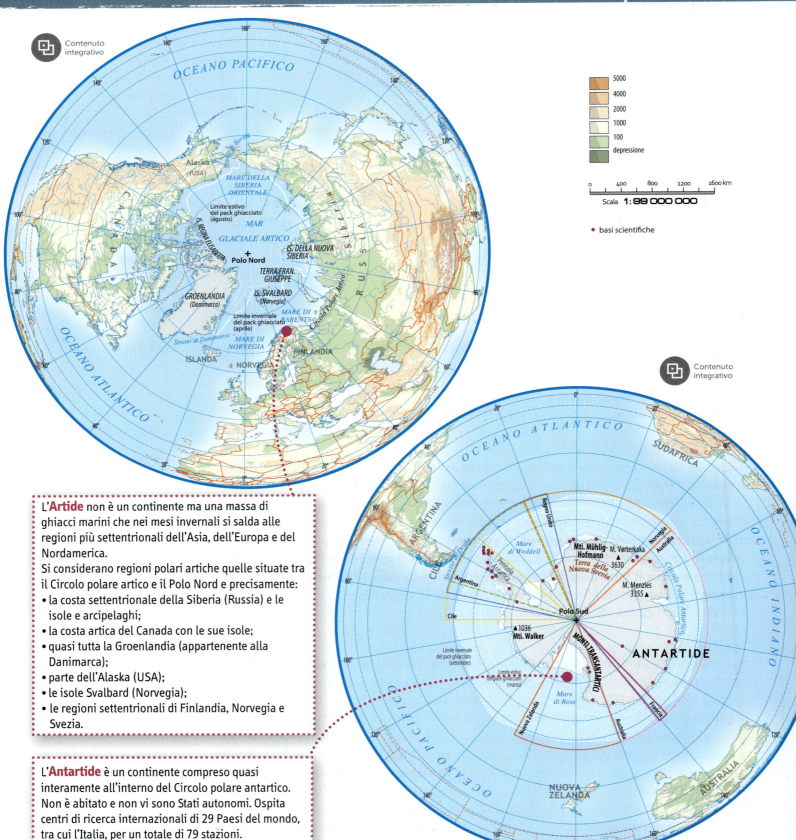

L'**Artide** non è un continente ma una massa di ghiacci marini che nei mesi invernali si salda alle regioni più settentrionali dell'Asia, dell'Europa e del Nordamerica.
Si considerano regioni polari artiche quelle situate tra il Circolo polare artico e il Polo Nord e precisamente:
- la costa settentrionale della Siberia (Russia) e le isole e arcipelaghi;
- la costa artica del Canada con le sue isole;
- quasi tutta la Groenlandia (appartenente alla Danimarca);
- parte dell'Alaska (USA);
- le isole Svalbard (Norvegia);
- le regioni settentrionali di Finlandia, Norvegia e Svezia.

L'**Antartide** è un continente compreso quasi interamente all'interno del Circolo polare antartico. Non è abitato e non vi sono Stati autonomi. Ospita centri di ricerca internazionali di 29 Paesi del mondo, tra cui l'Italia, per un totale di 79 stazioni.

▲ Sculture di ghiaccio: iceberg in Antartide.   ▼ Villaggio in Islanda.   ▲ Un'orca al largo dell'Alaska, nel Mar Glaciale Artico.

▲ Abitante della Lapponia circondato dalle renne. Situata nella parte settentrionale della penisola scandinava, la Lapponia è una vasta regione politicamente suddivisa tra Norvegia, Svezia, Finlandia e Russia.

Caratteristiche comuni...

Le regioni artiche e antartiche sono accomunate dal fatto di trovarsi a **latitudini estreme**, **vicino ai Poli**: tra il Circolo polare artico e il Polo Nord l'Artide, tra il Circolo polare antartico e il Polo Sud l'Antartide. Oltre che la latitudine, ad accomunare queste regioni è il **clima**, di tipo polare, con precipitazioni molto scarse e temperature medie inferiori allo zero. Vi si alternano solo **due stagioni**, di **sei mesi** ciascuna: l'estate, caratterizzata dalla presenza di luce fino a 24 ore al giorno man mano che ci si avvicina al Polo, e l'inverno, in cui invece regna il buio della **notte polare** (che al Polo dura 179 giorni). Condizioni climatiche simili rendono molto difficile la sopravvivenza di specie vegetali e animali e, soprattutto, dell'uomo.

... e differenti

L'Artide non è un continente. L'area del Polo Nord non è infatti occupata da terre emerse, ma prevalentemente dalle acque del **Mar Glaciale Artico**, la cui superficie a causa delle bassissime temperature è perennemente ghiacciata; nei mesi invernali, l'area dell'Artide si salda alle regioni più settentrionali dei continenti americano, europeo e asiatico e alle loro isole. Queste zone, poste oltre il Circolo polare artico, sono abitate, seppure con densità bassissime, da **popolazioni indigene** che si sono adattate alla rigidità del clima e all'ambiente estremamente inospitale. L'**Antartide**, invece, è un **continente**: il quarto per estensione e quello scoperto ed esplorato in epoca più recente. Non vi sono popolazioni indigene, ma solo **residenti temporanei**, tecnici e scienziati giunti da tutto il mondo a scopo di ricerca. L'Antartide è infatti un luogo ideale da cui ricavare informazioni fondamentali sul clima passato e presente della Terra e per studiare l'evoluzione degli ecosistemi su scala globale.

⦿ LAVORIAMO SULLE CARTE

1. Quali mari bagnano l'Artide?

2. Quali sono i continenti più vicini all'Artide?

⦿ RISPONDI

3. Quante sono le stagioni ai Poli? Quanto durano?

⦿ COMPLETA

4. Individua le differenze tra Artide e Antartide.
   a. L'Artide non è un

   b. L'Antartide è un

   c. Nell'Antartide non ci sono

Terre polari 327

scenario IL PAESAGGIO SI TRASFORMA

L'immagine è una ricostruzione tridimensionale dei rilievi del continente antartico, "nascosti" sotto la coltre di ghiaccio. Lo spessore medio del ghiaccio è di 2200 m, con massimi di oltre 4700 m nelle zone più interne.
Per effettuare tali ricerche, gli scienziati della University of Arizona di Tucson hanno utilizzato speciali radar, immagini satellitari e sofisticati macchinari a risonanza.

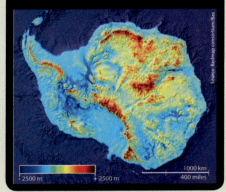

▲ Stazione di ricerca in Antartide.

L'Antartide senza veli

di Luigi Bignami

Esiste un'immensa area della Terra grande 45 volte l'Italia che nessun uomo ha mai potuto osservare con i propri occhi: quest'area è la superficie dell'Antartide.
Da oltre 30 milioni di anni è rivestita da una spessa coltre di ghiacci. Ma com'era prima che questi lo ricoprissero quasi interamente? Da studi passati sappiamo che l'area era una grande pianura che a un certo punto è stata erosa, trasformandosi in un **paesaggio con lunghe catene montuose intervallate da profonde gole percorse da fiumi**. Recentemente è stata realizzata la mappa tridimensionale dell'Antartide: il paesaggio è davvero variegato. C'è una domanda alla quale i geologi non riescono a dare una risposta: **quando questo mondo è stato così fortemente modellato?**
Una risposta è arrivata dallo studio condotto sulle sabbie marine, che sono il risultato dell'erosione che ha originato la valle chiamata **Lambert Graben** nell'Antartide orientale, sede del più grande ghiacciaio del mondo.
Graben in geologia identifica un abbassamento della crosta terrestre per cause tettoniche e geologiche: Lambert Graben è una splendida gola molto profonda e larga dove, prima che arrivassero i ghiacci, scorreva un fiume dalle acque tranquille.
Studiando le sabbie nella baia di fronte a tale fiume, la Baia Prydz, il geologo Stuart Thomson della University of Arizona (USA) ha potuto stabilire che esse derivano dalla valle in questione quando fu modellata dai ghiacciai in un'epoca compresa tra 34 e 24 milioni di anni fa, poco prima che il continente venisse ricoperto interamente dai ghiacci.
80 milioni di anni fa l'Antartide si trovava più a nord rispetto a oggi: quando la **Pangea** si spezzò, il movimento della zolla a cui esso appartiene lo portò verso sud.
Avvicinandosi alle aree più fredde del pianeta, iniziarono dapprima a formarsi ghiacciai che si muovevano e che scavavano il continente: quando arrivò alla posizione attuale, l'Antartide venne ricoperto interamente da una **calotta di ghiacci** che in certi punti supera i **4000 m di spessore**.

Pangea
"Tutta terra", è il "supercontinente" che in epoca preistorica comprendeva le terre emerse, ipotizzato da Wegener, creatore della teoria della deriva dei continenti (vedi cap. 1).

Tutto quello che era stato plasmato, come **fiumi**, **laghi** e **vallate** rimase **imbrigliato dal ghiaccio** che ora ci nasconde un mondo estremamente affascinante.

(Da http://blog.focus.it/effetto-terra/2013/03/08/lantartide-senza-veli/)

TERRE POLARI

Grazie alla tecnologia e alle numerose spedizioni a scopo di ricerca, oggi conosciamo meglio il continente più freddo del mondo e possiamo fare ipotesi più sicure non solo sul passato, ma anche sul futuro dell'intero pianeta.

Studiare i ghiacci polari ci aiuta a comprendere gli effetti del **cambiamento climatico** e del surriscaldamento globale. Dal momento che l'Antartide è rivestito da un'imponente massa di ghiaccio, è importante sapere se essa si sta sciogliendo e a quale velocità, anche per valutare i possibili effetti sull'innalzamento del livello delle acque oceaniche in tutto il pianeta. È stato calcolato che se si sciogliessero i ghiacci antartici il livello delle acque crescerebbe di circa 58 m. Inoltre, studiare **campioni di ghiaccio estratti in profondità** attraverso speciali trivelle, dette "carotieri", può fornire dati importanti sul clima di epoche passate e, quindi, aiutare gli scienziati a comprendere quello presente. Questi studi, infatti, possono indicare quanto il clima del presente si discosta da quello del passato e, quindi, quanto è stato ed è determinante l'intervento dell'uomo (con la produzione di anidride carbonica e gas inquinanti) sulle modificazioni climatiche. Il campione di ghiaccio – la "carota" – più lungo estratto finora in Antartide misura 3270 m e conserva all'estremità inferiore precipitazioni nevose di 800.000 anni fa!

Ma il fascino dell'Antartide non attrae oggi soltanto esploratori e scienziati: da alcuni decenni **il continente è diventato anche meta di avventurosi** (oltre che facoltosi) **visitatori** in cerca di esperienze "estreme", lontane dalle consuete mete turistiche.

Per questo i tour operator organizzano crociere e percorsi di trekking per avvistare le balene o osservare la muta delle penne dei pinguini adulti che popolano la costa del continente nei mesi estivi (da dicembre a marzo). La maggior parte dei visitatori viaggia su navi rompighiaccio costeggiando il continente; alcuni si avventurano anche sulla terraferma, accompagnati da biologi e guide naturalistiche; pochissimi osano affrontare le spedizioni sciistiche che in circa due mesi raggiungono il Polo Sud.

Per affrontare questo viaggio sono richieste esperienza certificata e perfette condizioni di salute, ottime capacità di adattamento e attrezzature professionali, per resistere in condizioni ambientali proibitive e prive di qualsiasi infrastruttura.

◀ Nave rompighiaccio nel mare dell'Antartide.

▼ La base antartica italiana Mario Zucchelli, nella Baia di Terra Nova.

◀ Un turista fotografa un pinguino in Antartide: il turismo ha ormai raggiunto anche i ghiacci polari.

Il fiordo di Uummannaq in Groenlandia.

IL CONSIGLIO ARTICO E LA BASE ITALIANA

Attualmente a tutelare l'area dell'Artico è il **Consiglio artico**, un forum per la cooperazione internazionale costituito dagli otto Stati che si affacciano sul Mar Glaciale Artico (Canada, Russia, Stati Uniti, Norvegia, Finlandia, Svezia, Islanda e Danimarca) e dai popoli indigeni. A questi si aggiungono degli osservatori permanenti (tra cui anche l'Italia) e occasionali che partecipano alle assemblee ma non hanno poteri decisionali. Nel 1997 l'Italia ha inaugurato una base di ricerca a Ny-Ålesund (78°55' N, 11°56' E) nelle isole Svalbard, appartenenti alla Norvegia. Qui gli scienziati italiani gestiscono e supportano numerosi progetti di ricerca nazionali e internazionali. La base è stata chiamata "Dirigibile Italia" in ricordo della spedizione del generale Umberto Nobile che nel 1928 raggiunse il Polo Nord con il dirigibile *Italia*.

▼ La base italiana nelle isole Svalbard.

ARTIDE

Territorio e ambiente

L'area dell'Artide è occupata dal **Mar Glaciale Artico**, punteggiato da alcune isole e coperto da uno spesso strato di ghiaccio, detto **pack**.
Nella stagione invernale, in cui il Sole non si alza mai al di sopra della linea dell'orizzonte e le temperature raggiungono i –50 °C, il ghiaccio polare si salda alle regioni più settentrionali di Europa, Asia e America. In estate invece, dal momento che il Sole illumina queste zone, il ghiaccio si ritira o si sgretola in blocchi, liberando ampi tratti di mare che tornano a essere navigabili. Allora, le terre emerse poste alle latitudini minori si ricoprono di uno strato di **muschi**, **licheni** e **arbusti** dalle radici corte che riescono a sopravvivere nel terreno perennemente ghiacciato in profondità, il **permafrost** (vedi cap. 2). Questa è la vegetazione tipica della **tundra**. Nei mesi estivi, quando la temperatura può raggiungere i 10 °C, queste regioni sono meta delle migrazioni di alcune specie animali, soprattutto in Canada: buoi muschiati, caribù, piccoli roditori, lupi, volpi artiche, ermellini, oche e anatre. Le coste sono invece popolate da orsi bianchi, balene, foche e trichechi.

Popolazione ed economia

Le terre emerse oltre il Circolo polare artico sono scarsamente abitate: le popolazioni indigene degli **Inuit** canadesi, dei **Lapponi** scandinavi e dei **Ciukci** siberiani, un tempo nomadi, sono oggi quasi tutte sedentarie e hanno abbandonato per lo più le loro attività tradizionali per abbracciare uno stile di vita moderno. Da alcuni decenni le grandi potenze industriali hanno rivolto il loro interesse alle regioni del Polo Nord e hanno iniziato una corsa per accaparrarsi i diritti di sfruttamento delle **ingenti risorse minerarie** che vi si trovano: secondo alcune stime sotto i ghiacci del Polo Nord è custodito circa un quarto delle riserve mondiali di **petrolio** e **gas naturale**.
Inoltre, con il riscaldamento globale e lo scioglimento dei ghiacci, attraverso il Mar Glaciale Artico **si aprono rotte** in grado di collegare **luoghi fino a qualche decennio fa inaccessibili**. Ciò creerà in futuro enormi opportunità per i trasporti, i commerci e lo sfruttamento delle risorse naturali. Per questo anche Paesi geograficamente lontani dal Polo Nord come Cina, India, Brasile e Giappone cercano di estendervi la loro influenza.

▶ Un orso polare.

Pack
Ghiaccio marino, in italiano banchisa. Blocchi di pack possono saldarsi tra loro e imprigionare le navi.

Cittadinanza — Il buco nell'ozono

L'atmosfera terrestre, oltre alla funzione di non disperdere il calore delle radiazioni solari consentendo alla Terra di mantenere temperature favorevoli allo sviluppo della vita, **agisce** anche **da filtro delle radiazioni solari nocive**, come i raggi ultravioletti (UV). Questa funzione è svolta in particolare dall'**ozonosfera** (vedi cap. 1), la fascia della stratosfera così chiamata perché formata da un gas detto ozono. A partire dagli anni Ottanta del Novecento, gli scienziati hanno rilevato che lo strato di ozono si era enormemente assottigliato in corrispondenza dell'Antartide, fino a creare nell'atmosfera un vero e proprio "buco" che lasciava filtrare i raggi ultravioletti più nocivi. Le conseguenze potevano essere terribili: i **raggi UV** non solo hanno effetti cancerogeni sulla pelle, ma impediscono anche la fotosintesi clorofilliana, provocando così una minore crescita delle piante e un'inferiore produzione negli oceani di fitoplancton (che costituisce il nutrimento di varie specie di pesci e delle balene).

I governi mondiali già nel 1987 cercarono di prendere provvedimenti, **vietando l'uso dei clorofluorocarburi** (CFC), gas utilizzati negli impianti dei frigoriferi e dei condizionatori, nelle bombolette spray e nei solventi chimici e ritenuti responsabili dell'assottigliamento dell'ozono. Tali divieti però non sempre furono rispettati e non dettero quindi subito risultati apprezzabili: tra la fine degli anni Ottanta e gli anni Novanta il "buco nell'ozono" si è ingrandito sempre più, al punto di raggiungere nel 2000 l'estensione record di 29,9 milioni di km^2, un'area grande quasi cento volte l'Italia. Negli ultimi due anni la situazione è andata migliorando e il "buco" sopra l'Antartide sembra essersi rimpicciolito. Tuttavia, nel 2011 un nuovo "buco" nell'ozono si è aperto nella zona artica, destando l'allarme degli scienziati.

▼ L'inquinamento industriale è una delle cause del buco nell'ozono.

LO STRATO DI OZONO

Lo strato di ozono si trova fra i 20 e i 50 km di altezza sulla superficie terrestre e protegge la Terra dai raggi ultravioletti più nocivi, responsabili di tumori della pelle, malattie agli occhi e al sistema immunitario. La loro progressiva diminuzione, dopo il divieto stabilito nel 1987, ha dato i primi risultati visibili dopo il 2006. Gli scienziati stimano che il buco si richiuderà fra 50-60 anni, quando i CFC si saranno definitivamente dispersi nell'atmosfera.

▲ Mappa della Terra ripresa da un satellite. Le aree di colore rosa e viola indicano il buco nello strato di ozono.

COMPLETA

1. Lo spesso strato di ghiaccio che ricopre i Poli è detto ....
2. Muschi, licheni e arbusti sono la vegetazione tipica della ....
3. Le popolazioni indigene Inuit vivono in ...., i Lapponi in .... e i Ciukci in ....
4. Le potenze industriali sono interessate al Polo Nord per sfruttare le sue risorse .... e ....

Attività

▶ I "problemi" della Terra dipendono quasi sempre dall'uomo, che con la sua attività ha modificato le condizioni di acqua, terra e aria. Non solo le grandi industrie o i governi devono intervenire per ridurre, controllare o eliminare i comportamenti nocivi. Ciascuno di noi ha il dovere di fare qualcosa, anche partendo dai piccoli gesti quotidiani. Prova a immaginare come potresti "inquinare" di meno adottando comportamenti più ecologici: puoi cominciare analizzando i tuoi vestiti (dove sono stati fabbricati? In che modo sono giunti nel negozio in cui li hai acquistati?), gli alimenti di cui ti cibi (per esempio il tuo frutto preferito è un frutto tropicale?), il modo in cui viaggi con la tua famiglia (vi muovete in treno o in automobile?) o ti rechi a scuola. Esiste un'alternativa più "rispettosa" dell'ambiente? Quale? Elenca tutti i comportamenti che potrebbero migliorare la "salute" del pianeta.

SUPERFICIE 14.000.000 km² di cui 13.720.000 km² coperti da ghiacci e 280.000 km² liberi da ghiacci

POPOLAZIONE È costituita dal personale delle stazioni scientifiche permanenti: in estate 4000 persone circa, in inverno 1000 persone circa

ALTITUDINE MEDIA 2500 m

CIMA PIÙ ELEVATA Monte Vinson, 4897 m

MASSIMO SPESSORE DEI GHIACCI 4776 m

TEMPERATURA MINIMA REGISTRATA −89,2 °C (Base Vostock)

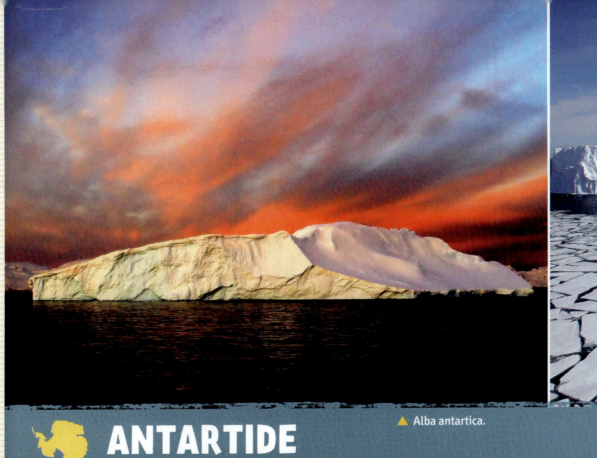

▲ Alba antartica.

ANTARTIDE

Territorio e ambiente

Mari, ghiacci e coste

Il continente antartico, racchiuso quasi interamente dal 66° parallelo sud, ha il suo centro al Polo Sud ed è **circondato** dalle acque di **tre oceani** – Indiano, Atlantico e Pacifico –, che lo separano dalle estreme regioni meridionali dell'America del Sud, dell'Africa e dell'Oceania. Questo sterminato territorio, grande quasi 44 volte l'Italia, è coperto per **oltre il 97%** da **ghiacci perenni**, con uno spessore medio di 2200 m e picchi fino a oltre 4700 m, che costituiscono la più importante riserva d'acqua dolce del nostro pianeta (circa l'80% del totale). Le sue **coste** sono **frastagliate**, ricche di fiordi e insenature, soprattutto nell'Antartide occidentale. Vi sono poi moltissime **isole** e una **lunga penisola**, la penisola **antartica**, a ovest, che si allunga verso la punta meridionale dell'America del Sud. Molte insenature, come le Barriere di Amery, di Ross, di Larsen, di Ronne e di Filchner, sono ricoperte da **piattaforme di ghiaccio** che galleggiano sul mare ma sono saldate alla terraferma; a differenza della banchisa, sono di acqua dolce, perché generate da veri e propri fiumi di ghiaccio continentale. Da esse in estate si staccano montagne di ghiaccio, gli **iceberg**.

▼ Pinguini Adelia in Antartide.

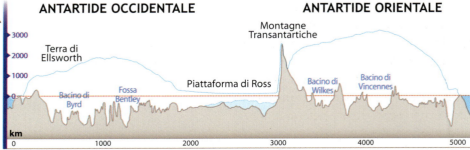

▲ Rilievi e depressioni del continente antartico.

▲ Iceberg e lastroni di ghiaccio del pack costiero nel Mare di Ross.

▲ La vetta del vulcano Erebus (3794 m), il più alto dell'Antartide.

Rilievi e depressioni

Considerando anche la calotta di ghiaccio che lo ricopre quasi interamente, l'**altitudine media** del continente (2500 m) è molto superiore a quella di tutte le altre terre emerse. Sotto la coltre di ghiaccio si celano **catene montuose** lunghe migliaia di chilometri, profonde **depressioni**, estesi **altopiani** e **laghi subglaciali**. Il monte più alto è il Vinson (4897 m secondo la misurazione effettuata nel 1980 con i dispositivi GPS), mentre il punto più depresso di tutto il continente, 2538 m sotto il livello del mare, si trova nel bacino subglaciale Byrd, nell'Antartide occidentale. Gli scienziati hanno individuato sotto la spessa coltre dei ghiacci marini anche **12 vulcani attivi**, il più alto dei quali è il **Monte Erebus**, nella Piattaforma di Ross.

Flora e fauna

La vegetazione dell'Antartide è scarsa, concentrata lungo le coste e durante i mesi estivi, quando i ghiacci superficiali si sciolgono. La **fauna**, soprattutto quella **marina**, è al contrario ricchissima, perché le acque che circondano il continente contengono in quantità elevata **sali minerali** e **sostanze nutritive**, portate in superficie dalle impetuose correnti oceaniche. Vi è dunque abbondanza di plancton e di piccoli crostacei denominati krill, che costituiscono il nutrimento ideale di **balene**, orche, elefanti marini e altre specie di pesci e molluschi. È però il **pinguino** l'animale simbolo dell'Antartide, che ne ospita ben otto specie.

I GHIACCI MARINI IN INVERNO E IN ESTATE

Nei mesi estivi, da ottobre a marzo, l'estensione dei ghiacci marini antartici tocca il suo minimo e si formano ampie distese di ghiaccio sgretolato in blocchi compatti, mentre dalle barriere si staccano gli iceberg. Nei mesi invernali, tra aprile e settembre, l'estensione dei ghiacci marini tocca il suo limite massimo, avvicinandosi ai 55° di latitudine sud e raggiungendo una superficie superiore a quella continentale.

▼ Iceberg.

LE VALLI SECCHE

Il 2,4% circa della superficie continentale è libero dai ghiacci e gode di un clima più mite, probabilmente dovuto allo "schermo" rappresentato dalle pareti rocciose o da barriere di ghiaccio, oltre che all'influsso delle correnti oceaniche.
In estate queste aree appaiono brulle e rossastre, simili a quelle dei deserti rocciosi.

◉ LAVORA SUL TESTO

1. Perché sono importanti i ghiacci perenni dell'Antartide? Sottolinea nel testo.
2. Sottolinea il motivo per cui le piattaforme di ghiaccio sono di acqua dolce.
3. Che cosa si nasconde sotto la calotta di ghiaccio? Sottolinea.
4. Individua il motivo per cui la fauna marina è ricchissima.

▲ Base di ricerca argentina in Antartide.

▲ Due gatti delle nevi attraversano i ghiacci dell'Antartide, diretti verso il centro del continente.

Popolazione ed economia

Un continente disabitato...

A causa delle bassissime temperature, che nelle zone interne raggiungono i –90 °C in inverno, delle dure condizioni ambientali e dell'assenza di acqua allo stato liquido, l'Antartide è l'unico continente disabitato. I soli residenti, infatti, sono i **ricercatori** e i **tecnici** che lavorano nelle **basi scientifiche** disseminate lungo le coste e nell'interno. Si tratta di geologi, glaciologi, biologi, climatologi e astronomi per i quali l'Antartide costituisce un laboratorio naturale ideale: questa regione è un luogo perfetto per uno studio globale del pianeta grazie al suo isolamento, alla straordinaria limpidità dell'atmosfera, alla lontananza da ogni forma di inquinamento umano e alla presenza di meteoriti, fossili e forme di vita imprigionate sotto i ghiacci da centinaia di migliaia di anni.

... ma molto ambìto

Non sono solo gli scienziati ad apprezzare l'isolamento del continente antartico, ma anche le **grandi potenze mondiali** e alcune **multinazionali dell'energia**: il Polo Sud è ricco di **minerali**, **idrocarburi** e **risorse ittiche**, nonché dell'80% circa dell'**acqua dolce** di tutto il globo terrestre.
Quando si è avuta certezza di questo, si è scatenata una vera e propria **gara per il controllo di questo continente** e dei **mari** che lo circondano.

Già nel **1934** Gran Bretagna, Norvegia, Australia, Nuova Zelanda e Francia, che rivendicavano il primato nelle esplorazioni del continente, si accordarono per una **spartizione politica** delle terre antartiche, sollevando però l'opposizione delle altre potenze. Nel **1959** i contrasti cessarono e fu firmato il **Trattato Antartico**, con cui dodici Paesi si impegnavano ad abbandonare ogni rivendicazione territoriale e a svolgere sul suolo artico solo attività pacifiche e di ricerca scientifica, astenendosi da ogni tipo di esperimento nucleare e collaudo di armi. Col tempo ai Paesi iniziali si sono aggiunte numerose altre nazioni, tra cui l'Italia, mentre le norme per la tutela ambientale sono state rese più severe.

▼ Elicottero italiano del Programma Nazionale di Ricerche in Antartide.

geostoria: DALLE ESPLORAZIONI ALLA COLLABORAZIONE SCIENTIFICA

Il primo esploratore ad avvistare il continente, oltre ai cacciatori di foche e di balene, fu il russo **Thaddeus von Bellingshausen** nel 1820. Fu poi la volta del francese **Dumont d'Urville**, che sbarcò su un'isola vicina all'Antartide nel 1837. Solo con l'inglese **James Ross**, nel 1841, fu esplorata per la prima volta la costa del continente affacciata sul mare che da lui prese il nome. Alla nuova terra fu dato il nome di Terra Vittoria in onore della regina d'Inghilterra.

Il 14 dicembre 1911 l'esploratore norvegese **Roald Amundsen** raggiunse per primo il Polo Sud. In competizione con il capitano inglese **Robert Scott**, Amundsen segnalò il proprio primato innalzando una tenda in cui lasciò due lettere: una per il rivale e l'altra, simbolica, per il re di Norvegia. Scott giunse al Polo un mese più tardi, il 17 gennaio 1912: dopo aver piantato la bandiera britannica accanto a quella norvegese, non poté nascondere l'enorme delusione di essere arrivato alla meta, stremato, soltanto per secondo. Tutti i membri della spedizione Scott morirono sulla via del ritorno.

Le esplorazioni proseguirono per tutto il Novecento, avvalendosi di mezzi tecnologicamente sempre più avanzati. Dopo la Seconda guerra mondiale entrarono in scena anche gli USA con navi, sommergibili, aerei ed elicotteri. Si trattava ormai di una corsa alla conquista che solo il Trattato Antartico del 1959 trasformò in una collaborazione pacifica e a scopo di ricerca.

LE SPEDIZIONI SCIENTIFICHE ITALIANE

L'Italia ha partecipato e finanziato campagne di ricerca in Antartide sin dal 1968. Oggi i progetti sono coordinati dal Programma Nazionale di Ricerche in Antartide (PNRA), attivo in due basi operative: la **Stazione Mario Zucchelli** (MZS), sulla costa della Baia Terra Nova (74°42' S e 164°07' E), a 15 m s.l.m., e la più piccola **Stazione italo-francese Concordia**, nell'interno, a 3233 m s.l.m. Gli ambiti di ricerca in cui sono coinvolti gli scienziati italiani sono vari: dallo studio della biodiversità a quello dei ghiacci, dal monitoraggio dell'atmosfera e della ionosfera alle misurazioni astronomiche e agli studi del paleoclima e dei laghi subglaciali. Nella Stazione Concordia, che può ospitare un massimo di 32 persone, i ricercatori vivono in completo isolamento per mesi, lavorando anche all'esterno, con temperature che arrivano a −80 °C.

Se vuoi seguire i loro lavori puoi consultare il sito www.italiantartide.it.

▼ La base italo-francese Concordia.

▲ L'esploratore norvegese Roald Amundsen in Antartide.

RISPONDI

1. Per quali ragioni l'Antartide è il luogo ideale per la ricerca?
2. Quali sono le ricchezze dell'Antartide?
3. Quando finirono i contrasti tra le nazioni?

laboratorio
GROENLANDIA, UN'ISOLA DI GHIACCIO

La Groenlandia è un'isola enorme: con oltre 2 milioni di km² di superficie, è la più grande isola della Terra. Poiché si trova a una latitudine molto elevata (nell'emisfero nord), gran parte della sua superficie è ricoperta dal ghiaccio, con uno spessore però molto variabile. Sotto il profilo politico, l'isola appartiene alla Danimarca, anche se, grazie a un referendum del 2008, la popolazione gode di un'autonomia molto ampia. L'ambiente terribilmente ostile ha fatto sì che l'isola sia rimasta in larghissima parte disabitata: in Groenlandia ci sono solo 57.000 abitanti, più o meno gli stessi che abitano città come Olbia, Savona, Matera. La popolazione è costituita in larga parte da Inuit e da Europei, questi ultimi provenienti soprattutto dai Paesi scandinavi.

Nonostante le condizioni climatiche estreme, anche la Groenlandia è interessata dal turismo, che è andato crescendo in tempi recenti.

▲ Iceberg al largo della Groenlandia.

Il maestro di cerimonie è un thailandese gentile. "Benvenuti al banchetto polare", dice, come ogni giovedì sera. "Prima di augurarvi buon appetito, lasciate che vi presenti le nostre specialità: sushi di narvalo, stufato di balena, carpaccio di beluga e carne secca d'orso bianco". Gli ospiti si precipitano sul buffet, contenti di potersi rimpinzare con un menu in cui compaiono quasi tutte le specie animali dell'Artico protette dalle convenzioni internazionali. "Solo una volta, tanto per provare", si giustifica una signora di Berlino, "so quanto è importante proteggere le balene".

La scena si svolge nella sala da pranzo dell'albergo Hvide Falk ("Il falcone bianco"), uno dei quattro hotel di Ilulissat, principale centro del Grande Nord groenlandese, che da qualche anno vive un vero e proprio boom turistico.

"Siamo venuti qui per vedere con i nostri occhi il riscaldamento globale e ammirare gli iceberg. Tra dieci anni non ci sarà più nulla", dice un turista francese mentre si serve una generosa porzione di mataq, il caviale locale: piccoli cubetti crudi e appiccicosi di colore grigio scuro, ricavati dallo strato esterno dell'epidermide delle balenottere. L'Artico è uno strano posto dove passare le vacanze, ma da quando i ghiacci hanno ricominciato a sciogliersi accoglie sempre più turisti. La più grande isola del mondo in passato è stata esplorata solo dai viaggiatori più intrepidi, ma oggi in Groenlandia non ci sono solo gli Inuit e i coloni danesi. Nel 2008 i visitatori sono stati circa 50.000, qualcuno in meno dell'anno precedente per via della crisi economica, ma quattro volte di più rispetto al 2000.

"Quando sono arrivato, alla fine degli anni Ottanta, ero l'unico straniero", racconta Silverio Scivoli. Scivoli è un italiano di Carrara e suonava l'organo sulle prime navi da crociera che si sono avventurate fino a queste latitudini. Un giorno ha fatto scalo a Ilulissat, si è innamorato del posto e di una donna Inuit. Da allora è diventato un groenlandese. "Quando ho aperto la mia agenzia di viaggi, dieci anni fa, c'era poco movimento: era più un passatempo che un lavoro vero e proprio. Ma con il tempo è diventato un vero affare". Lo spettacolo di questi ospiti frettolosi ha qualcosa di paradossale: i turisti arrivano qui per assistere alle conseguenze più spettacolari del riscaldamento globale, soprattutto lo scioglimento dei ghiacci, ma per farlo emettono enormi quantità di CO_2, il gas serra responsabile dei cambiamenti climatici. A dire il vero, i primi a visitare la Groenlandia, in modo ancora più sbrigativo e con l'accompagnamento di giornalisti e telecamere, sono stati i leader politici.

▲ La cittadina di Ilulissat.

(Da Serge Enderlin, trad. Andrea De Ritis, in *Internazionale* n. 820, 6 novembre 2009, rid. e adatt.)

ATTIVITÀ

1. Dopo aver letto attentamente il brano, rispondi alle seguenti domande, segnando con una crocetta la risposta corretta.

a. Narvalo, beluga, orso polare, sono specie animali:
- ☐ cacciabili, in quanto la loro carne è commestibile
- ☐ protette, ma solo in Groenlandia, anche se nei ristoranti se ne mangia la carne
- ☐ protette a livello internazionale
- ☐ non protette, perché la loro carne attrae i turisti nei ristoranti

b. Che cosa significa "convenzioni internazionali"?
- ☐ Progetti che vedono coinvolti alcuni Paesi del mondo
- ☐ Dispute internazionali
- ☐ Accordi con i quali gli Stati regolano questioni di comune interesse
- ☐ Accordi per regolamentare il turismo nelle regioni polari

c. Perché un turista francese afferma che "tra dieci anni non ci sarà più nulla"?
- ☐ Perché gli animali della Groenlandia stanno scomparendo, a causa della caccia
- ☐ Perché i ghiacciai stanno scomparendo per colpa del riscaldamento globale
- ☐ Perché con lo scioglimento dei ghiacci l'isola sarà presto sommersa
- ☐ Perché il turismo in Groenlandia sta scomparendo

d. Negli anni Duemila il numero di turisti che hanno visitato la Groenlandia:
- ☐ è sempre aumentato
- ☐ è diminuito
- ☐ è aumentato molto, ma ha subito un po' gli effetti della crisi
- ☐ è rimasto stabile

Verifica interattiva

ALLA SCOPERTA DI UN'ISOLA IMMENSA E SELVAGGIA

La Groenlandia è un'isola straordinaria sotto molti aspetti. La sua superficie è davvero enorme e lo strato di ghiaccio che la ricopre raggiunge in alcune aree uno spessore pari anche a 3 km. Può apparire curioso, quindi, che il nome Groenlandia significhi in danese "Terra verde"; anche in inglese, del resto, si chiama Greenland, "Terra verde", appunto.

2. Con l'aiuto dell'insegnante dividetevi in cinque gruppi e organizzate un lavoro di classe per saperne di più su questo affascinante Paese.

- Un gruppo si incaricherà di "prendere le misure" dell'isola, per verificare quanto è lunga e quanto è larga nel punto di maggiore ampiezza. Per farlo, utilizzerà il righello di Google Earth (si ottiene dal menu strumenti). Le stesse misurazioni verranno prese per l'Italia e i dati così ottenuti verranno posti a confronto.

- Il territorio della Groenlandia si trova in larga parte a una quota paragonabile a quella di molte nostre montagne, a causa dell'alto spessore del ghiaccio. Il clima quindi, già molto rigido per via della latitudine, è reso ancora più aspro dall'altitudine. Un gruppo si procurerà una cartina della Groenlandia e, sempre utilizzando Google Earth, segnerà sulla carta almeno una ventina di punti, distribuiti sia all'interno sia sulle coste, al nord, al centro e al sud, indicando le relative quote. Un suggerimento: per vedere la quota fate scorrere il puntatore del mouse sull'isola e guardate in basso a destra. Inoltre verificherà dove si trovano i punti più elevati e quale quota raggiungono (non tutta la Groenlandia è ghiacciata).

- Un terzo gruppo proverà a scoprire quali sono le aree sgombre dal ghiaccio, dove sono situate e, aiutandosi con un'enciclopedia (come Wikipedia) o altro materiale, spiegherà per quali motivi le aree non ricoperte dal ghiaccio hanno una collocazione ben precisa.

- "Terra verde": sembra paradossale un nome come questo per un'isola quasi completamente bianca. Come sappiamo, però, il clima cambia e non solo per causa dell'uomo. Un gruppo cercherà di spiegare, con una ricerca sulla storia dell'isola, per quale ragione un'isola di ghiaccio ha ricevuto questo nome.

- Abbiamo visto che, nonostante sia una terra estrema, la Groenlandia è diventata meta di turismo. Ma quanto dista dall'Italia? (ricordarsi il righello di Google Earth...). Da quale aeroporto si può partire per raggiungere Nuuk, la minuscola capitale? Quanti scali si devono fare? E quanto può durare il viaggio? È la ricerca di cui si occuperà il quinto gruppo.

competenze attive

▲ Una lepre artica.

Terre polari 337

MODULO 2 - GLI STATI DEL MONDO
certificazione delle competenze

COMPETENZE ATTIVATE

Competenze disciplinari: Legge e analizza sistemi territoriali vicini e lontani, nello spazio e nel tempo e valuta gli effetti delle azioni dell'uomo sui sistemi territoriali alle diverse scale geografiche.

Competenze chiave europee: Competenza digitale, Competenza matematica, Competenze sociali e civiche, Comunicazione in lingua straniera, Imparare a imparare.

Geografia viva

Ti proponiamo un progetto molto interessante che metterà alla prova molte delle abilità e competenze che hai sviluppato in questi anni.

Grazie alla geografia, hai conosciuto molti luoghi del mondo, Paesi e popolazioni, probabilmente solo su "carta", leggendo i testi presenti nel libro o guardando immagini e carte geografiche.

Ora puoi **approfondire questa conoscenza instaurando relazioni concrete** con persone che vivono in un Paese diverso dal tuo. Attraverso Internet è tutto molto più facile; sarà l'occasione per conoscere nuovi amici, mettere alla prova le tue conoscenze linguistiche, **imparare la geografia in modo più coinvolgente**.

Con l'aiuto del tuo insegnante puoi metterti in contatto con gli studenti di una classe di un altro Paese dell'Europa o del mondo e iniziare con loro uno scambio attraverso la Rete.

Esistono infatti due siti molto importanti grazie ai quali i tuoi insegnanti possono dare inizio in modo semplice a questa fantastica esperienza: il progetto eTwinning e il portale ePals.

Ecco gli indirizzi:
www.etwinning.net/it/pub/index.htm
http://etwinning.indire.it/home.php
www.epals.com/

In questi siti è possibile scegliere una classe di un Paese straniero che è disponibile a usare la lingua che stai studiando (inglese, francese, tedesco e molte altre).

Una volta instaurato il contatto tra insegnanti è possibile iniziare lo scambio tra gli studenti delle varie classi attraverso mail, chat e videochat…

Prima di iniziare un vero e proprio scambio con coetanei lontani, è però necessario intraprendere un **percorso di approfondimento sul Paese scelto**, per conoscere ogni aspetto della realtà in cui vivono le persone con cui entrerai in contatto: è meglio essere preparati prima di iniziare un'esperienza così importante!

Il lavoro preliminare che ti proponiamo può essere svolto individualmente oppure in gruppo. Se il lavoro è svolto in gruppo, l'insegnante attribuirà a ciascun gruppo un argomento tra quelli proposti da analizzare.

1. LA CARTA D'IDENTITÀ

Costruisci la carta d'identità del Paese: innanzitutto individua lo Stato scelto nel planisfero, poi indica la capitale posizionandola correttamente nella carta; infine completa la tabella sottostante. Per raccogliere le informazioni che ti servono puoi utilizzare il libro nella parte dedicata agli Stati del mondo oppure ricercarle su un'enciclopedia aggiornata oppure ancora in Rete, per esempio consultando l'Atlante geopolitico Treccani (www.treccani.it/geopolitico/paesi/) che, oltre ai dati aggiornati, contiene anche schede sui singoli Paesi con informazioni generali.

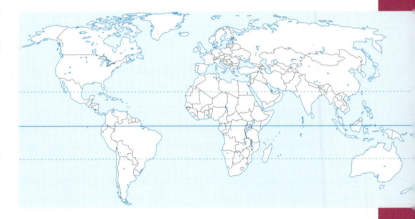

Nome del Paese			
Continente di appartenenza			
Capitale			
Valuta			
Lingue parlate			
Numero di abitanti			

2. LA NATURA E IL CLIMA

È anche importante conoscere la **natura del territorio**, il suo **clima**, le sue **caratteristiche**. Anche per questo puoi aiutarti con le informazioni contenute nel libro oppure reperire informazioni in Rete. Interessanti sono le potenzialità offerte da uno strumento come Google Earth; potrai viaggiare "sopra" lo Stato che hai scelto e avvicinarti quanto ti piace, alla scoperta dei suoi segreti. Compila la tabella con le informazioni richieste.

Natura	Clima	Caratteristiche principali

3. LA POPOLAZIONE

Cerca ora informazioni su **popolazione, demografia, salute, istruzione** ed **economia**. Organizzale in tabelle come quelle che hai trovato nella chiusura del modulo 1: puoi copiarle sul tuo quaderno e compilarle.

4. DALLO STATO ALLA CITTÀ

A questo punto ti sarai fatto un'idea abbastanza precisa delle caratteristiche della nazione in cui vivono i tuoi futuri amici: è arrivato quindi il momento di cercare **informazioni sulla città** in cui vivono. Procurati una carta dettagliata dello Stato e individua la città sulla carta. Puoi usare dei programmi in Rete, per esempio Google Earth o Google Maps, che ti aiuteranno a individuare esattamente il luogo (nel caso si trattasse di una piccola cittadina, potrebbe anche non essere riportata sulla carta che hai recuperato).

5. GLI SPOSTAMENTI

E se dal virtuale l'amicizia diventasse reale? Calcola le **distanze** e i **tempi di spostamento** dalla tua città a quella dei tuoi nuovi amici nel caso si potesse organizzare un viaggio per conoscere i tuoi coetanei.
Come potresti raggiungerli?
La città dove vivono è provvista di aeroporto, ferrovie, linee autostradali?
È raggiunta da autobus?
Le mappe della città e/o della regione potranno darti queste informazioni; altre le puoi reperire utilizzando la Rete. Digita, per esempio, come parole chiave "spostarsi da... a..." (inserendo i nomi delle due città) in un qualsiasi motore di ricerca e vedrai che potrai trovare molte informazioni di viaggio.

6. L'INTERVISTA ALL'INSEGNANTE

Prepara un'**intervista all'insegnante responsabile della classe**, da tradurre nella lingua del luogo o in quella che è stata scelta per comunicare tra voi. Poni domande sulle caratteristiche geografiche del luogo nel quale si trova la scuola della classe con cui siete stati abbinati; richiedi immagini che illustrino i paesaggi, foto della città, della scuola e degli alunni.
Per stendere il testo dell'intervista puoi seguire la scaletta che ti suggeriamo:
- Qual è il clima della zona dove vivete?
- Quali ambienti naturali si trovano nella zona?
- Quanti abitanti ha la città? Quali monumenti e musei ci sono?
- Quali sono le problematiche principali?
- Qual è l'orario della scuola?
- Quali sono le materie che studiano i ragazzi?
- Quali sono le attività al di là dell'orario scolastico?
- Quali sport sono praticati?
- Quali laboratori ci sono?

7. LA TUA PRESENTAZIONE

E ora presentati! Per iniziare lo scambio prepara una lettera di presentazione nella quale, oltre a parlare di te, parli anche delle caratteristiche geografiche del luogo in cui vivi.
- Posizione geografica
- Climi e ambienti naturali
- Popolazione, società ed economia
- Problematiche emergenti
- Caratteristiche della tua scuola: orari, attività extra, laboratori, materie

A questo punto, tutto è pronto! Che l'avventura abbia inizio!

Autovalutazione delle competenze in ambito geografico

Giunto al termine della scuola secondaria di primo grado, compila la tabella e valuta le tue competenze in ambito geografico.

COMPETENZA	SEI CAPACE DI...	MOLTO	ABBASTANZA	POCO	PER NIENTE
Sapere orientarsi nello spazio e sulle carte di diversa scala in base ai punti cardinali e alle coordinate geografiche.	Leggere una carta utilizzando le coordinate geografiche.	☐	☐	☐	☐
Saper orientare una carta geografica a grande scala facendo ricorso a punti di riferimento fissi.	Orientarti in un luogo (città, paese, luogo turistico) utilizzando una mappa e facendo riferimento a elementi del paesaggio fisico o antropico (edifici, monumenti, vie, piazze...).	☐	☐	☐	☐
Utilizzare opportunamente carte geografiche, fotografie attuali e d'epoca, immagini da telerilevamento, elaborazioni digitali, dati statistici, grafici, sistemi informativi geografici per comunicare efficacemente informazioni spaziali.	Leggere e interpretare una carta fisica.	☐	☐	☐	☐
	Leggere e interpretare una carta politica.	☐	☐	☐	☐
	Leggere e interpretare immagini fotografiche.	☐	☐	☐	☐
	Trarre informazioni da dati statistici organizzati in grafici, tabelle, cartogrammi.	☐	☐	☐	☐
Riconoscere nei paesaggi europei e mondiali, raffrontandoli in particolare a quelli italiani, gli elementi fisici significativi e le emergenze storiche, artistiche e architettoniche, come patrimonio naturale e culturale da tutelare e valorizzare.	Interpretare e confrontare alcune caratteristiche dei paesaggi italiani, europei e mondiali, anche in relazione alla loro evoluzione nel tempo.	☐	☐	☐	☐
	Conoscere temi e problemi di tutela del paesaggio come patrimonio naturale e culturale.	☐	☐	☐	☐
	Progettare azioni di valorizzazione del patrimonio naturale e culturale del proprio territorio.	☐	☐	☐	☐
Osservare, leggere e analizzare sistemi territoriali vicini e lontani nello spazio e nel tempo, e valutare gli effetti di azioni dell'uomo sui sistemi territoriali alle diverse scale geografiche.	Conoscere il concetto di regione geografica (fisica, politica, storica, economica).	☐	☐	☐	☐
	Analizzare le relazioni esistenti tra territorio, risorse, fenomeni storici, economici, sociali e demografici.	☐	☐	☐	☐
	Utilizzare le conoscenze acquisite nello studio della geografia per analizzare le condizioni dei principali Paesi europei ed extraeuropei.	☐	☐	☐	☐

SPAZIO COMPETENZE

Prove INVALSI — pag. 342

Per prepararti alla **quarta prova dell'esame di Stato** che riguarda le **competenze di lettura**. Pur essendo una competenza specifica dell'italiano, la lettura ha risvolti e applicazioni importanti in tutto il percorso scolastico: saper **comprendere**, **valutare** e **interpretare** un testo scritto sono competenze fondamentali per apprendere qualsiasi disciplina. Nella prova dedicata alla competenza di lettura dovrai leggere due brani seguiti da un test che ha lo scopo di verificarne la comprensione.

Spazio CLIL — pag. 346

Per svolgere alcuni **esercizi e attività** in **lingua inglese** con l'obiettivo di:
- acquisire in una lingua straniera i **contenuti** disciplinari;
- migliorare la **competenza comunicativa** in una lingua straniera;
- utilizzare la lingua straniera come **strumento per apprendere**.

Lavoro sulle carte — pag. 350

Per svolgere alcuni **esercizi e attività sulle carte geografiche** delle regioni del mondo con l'obiettivo di:
- **leggere e interpretare** le carte geografiche;
- **orientarti sulle carte** in base ai punti cardinali e alle coordinate geografiche;
- utilizzare la **simbologia cartografica**;
- **comunicare** efficacemente informazioni spaziali.

Verso l'esame — pag. 364

Questa sezione costituisce il **modello per una tesina** incentrata sul tema delle **problematiche ambientali a livello globale**. Ti vengono forniti i materiali su cui lavorare e mostrati il percorso e i collegamenti con le varie discipline con l'obiettivo di:
- dimostrare di **sapere leggere** e **interpretare** grafici, tabelle e carte tematiche;
- essere in grado di **comprendere** il significato di **un testo**;
- proporre un **valido argomento di discussione** al quale poter **collegare** in modo consapevole e pertinente **le altre discipline** di studio.

prove INVALSI

Prova n. 1

IL RAPPORTO DELLO SVILUPPO UMANO 2013

Ogni anno le Nazioni Unite pubblicano un "Rapporto", un documento ufficiale che illustra le variazioni della qualità della vita nei vari Paesi nel mondo. I dati vengono confrontati nel tempo per vedere se una certa politica economica riesce a migliorare la qualità della vita.

Il 21° secolo sta assistendo a un profondo mutamento nelle dinamiche globali, guidato dalla rapida ascesa delle nuove potenze del mondo in via di sviluppo. La Cina ha superato il Giappone come seconda economia mondiale, facendo uscire dalla povertà centinaia di milioni di persone. L'India sta rimodellando il proprio futuro grazie a
5 una nuova creatività imprenditoriale e a innovazioni nella politica sociale. Il Brasile sta innalzando i suoi standard di vita espandendo le relazioni internazionali grazie a programmi contro la povertà che vengono imitati in tutto il mondo.
Ma "l'ascesa del Sud" è un fenomeno molto più vasto. Turchia, Messico, Thailandia, Sud Africa, Indonesia e altre Nazioni in via di sviluppo stanno diventando attori pro-
10 tagonisti sul palcoscenico mondiale. Il *Rapporto sullo sviluppo umano 2013* identifica più di 40 Paesi nel mondo in via di sviluppo che negli ultimi decenni hanno fatto meglio del previsto in termini di sviluppo umano, con progressi che si sono notevolmente velocizzati negli ultimi dieci anni. Ciascuna di queste Nazioni ha una propria storia e ha individuato un suo distinto percorso di sviluppo. Tuttavia esse hanno importanti ca-
15 ratteristiche in comune e debbono affrontare molte delle stesse sfide. Esse sono inoltre sempre più interconnesse e interdipendenti. Le persone in tutto il mondo in via di sviluppo stanno chiedendo con maggior insistenza di essere ascoltate, mentre scambiano idee tramite i nuovi canali di comunicazione e ricercano una maggiore responsabilità da governi e istituzioni internazionali.

(Adattato da: *Rapporto sullo sviluppo umano 2013: l'ascesa del Sud*. Prefazione di Helen Clark sul Programma delle Nazioni Unite per lo Sviluppo)

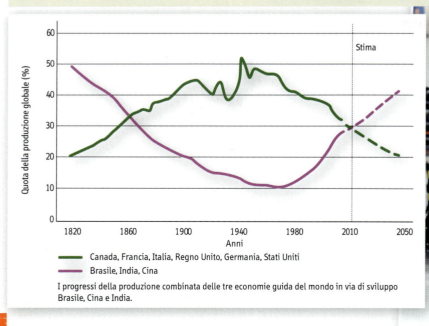

I progressi della produzione combinata delle tre economie guida del mondo in via di sviluppo Brasile, Cina e India.

B1. Quando inizia e quando termina il 21° secolo? (riga 1)
- A. ☐ Inizia nell'anno 1900 e termina nell'anno 1999
- B. ☐ Inizia nell'anno 2001 e termina nell'anno 2100 incluso
- C. ☐ Inizia nell'anno 2000 e termina nel 2100
- D. ☐ Deve ancora iniziare

B2. Quale termine useresti come sinonimo di "globali"? (riga 1)
- A. ☐ Territoriali
- B. ☐ Regionali
- C. ☐ Mondiali
- D. ☐ Locali

B3. Quale Paese asiatico ha superato il Giappone divenendo una potenza economica? (riga 2)
- A. ☐ Brasile
- B. ☐ Cina
- C. ☐ India
- D. ☐ Messico

B4. Cosa si intende nel testo per "ascesa del Sud"? (riga 8)
- A. ☐ Il progresso economico dei Paesi in via di sviluppo
- B. ☐ Le sfide che i Paesi in via di sviluppo devono affrontare
- C. ☐ La richiesta dei Paesi del Sud del mondo di essere ascoltati
- D. ☐ La diffusione di Internet nei Paesi in via di sviluppo

B5. Qual è il significato dell'espressione "sempre più interconnesse e interdipendenti"? (riga 16)
- A. ☐ Sempre più autonome
- B. ☐ Sempre più indipendenti
- C. ☐ Sempre più connesse e collegate
- D. ☐ Sempre più estranee

B6. Osserva il grafico. Quali Paesi rappresenta la linea verde?
- A. ☐ Il gruppo Brasile, Cina e India
- B. ☐ Tutti i Paesi del Sud del mondo
- C. ☐ Alcuni Paesi del Sud del mondo
- D. ☐ Il gruppo Canada, Francia, Germania, Italia, Regno Unito e USA

B7. Osserva il grafico. Quali sono i tre Paesi in via di sviluppo che cresceranno sempre di più entro il 2020?
- A. ☐ Francia, Germania, Italia
- B. ☐ Italia, Regno Unito e USA
- C. ☐ Brasile, Cina e India
- D. ☐ Cina, Canada e India

B8. Qual è lo scopo principale del testo?
- A. ☐ Illustrare l'ascesa delle nuove potenze in via di sviluppo
- B. ☐ Sensibilizzare l'opinione pubblica contro la globalizzazione
- C. ☐ Favorire i nuovi canali di comunicazione
- D. ☐ Denunciare la poca responsabilità dei governi e delle istituzioni internazionali

prove INVALSI

Prova n. 2

L'EMIGRAZIONE ITALIANA DEL PASSATO

Tra i Paesi industrializzati, l'Italia è quello che storicamente ha dato un maggiore apporto ai flussi internazionali con quasi 30 milioni di espatriati dall'Unità d'Italia ad oggi, dei quali 14 milioni nel periodo 1876-1915. Nel 1913 emigrarono poco meno di 900.000 italiani, una vera e propria emorragia: si andava oltreoceano in nave e in Europa ci si spostava in treno o anche a piedi. La Sicilia, da dove nel 1876 partivano poco più di 1.000 persone, arrivò a superare le 100.000 partenze all'inizio del Novecento ed è, attualmente, la prima regione per numero di emigrati all'estero. In Argentina, all'inizio del secolo scorso, erano più numerosi i residenti di origine italiana rispetto agli stessi argentini.

L'EMIGRAZIONE ATTUALE

Nel 1861 gli italiani all'estero erano 230.000 su una popolazione di 22 milioni e 182.000 residenti. Al 1° gennaio 2012, i cittadini italiani iscritti all'Anagrafe degli italiani residenti all'estero (AIRE) sono 4.208.977 (per il 47,9% donne). Queste statistiche sono approssimative per difetto, perché non è possibile registrare tutti quelli che continuano ad emigrare. Sono numerosi, infatti, i giovani che lasciano alle loro spalle una situazione di precarietà e si recano all'estero (talvolta con ripetuti spostamenti e senza un progetto definitivo), contando per lo più sulle reti familiari; spesso all'inizio non hanno una buona conoscenza della lingua del posto, ma quasi sempre sono provvisti di un'adeguata qualificazione per inserirsi nel mondo produttivo e della ricerca. Le mete preferite sono la Germania, il Regno Unito e la Svizzera, ma non manca chi si dirige in Paesi più lontani.

(Adattato da: *Fondazione Migrantes. Rapporto italiani nel mondo* 2012, Edizioni Idos, Roma 2012).

PRIMI 5 PAESI DI RESIDENZA ALL'ESTERO

Argentina (664.387)
Germania (639.283)
Svizzera (546.614)
Francia (366.170)
Brasile (298.370)

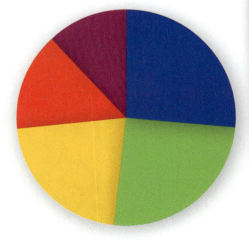

B1. Cosa si intende per "flussi"? (riga 2)
- A. ☐ Movimenti di persone da un Paese all'altro
- B. ☐ Espulsioni di persone da un Paese all'altro
- C. ☐ Persone alla ricerca di un lavoro
- D. ☐ I giovani senza lavoro

B2. Quale espressione utilizzeresti per spiegare chi sono gli "espatriati"? (riga 2)
- A. ☐ Coloro che non hanno una dimora fissa
- B. ☐ Coloro che hanno lasciato il proprio Paese di origine per raggiungerne un altro
- C. ☐ I giovani che abbandonano la casa dei genitori
- D. ☐ I precari

B3. Quale regione italiana è la prima per numero di emigrati all'estero? (riga 7)
- A. ☐ Puglia
- B. ☐ Molise
- C. ☐ Sicilia
- D. ☐ Toscana

B4. All'inizio del Novecento quale Paese dell'America latina ha accolto un gran numero di italiani? (riga 7)
- A. ☐ Brasile
- B. ☐ Argentina
- C. ☐ Messico
- D. ☐ Perù

B5. Osserva il grafico. Di che tipo di grafico si tratta?
- A. ☐ Cartesiano
- B. ☐ Areogramma
- C. ☐ A piramide
- D. ☐ Istogramma

B6. Osserva il grafico. Quali sono i maggiori Paesi europei dove risiedono gli italiani?
- A. ☐ Germania, Svizzera, Francia
- B. ☐ Francia, Argentina, Svizzera
- C. ☐ Francia, Svizzera, Austria
- D. ☐ Argentina, Brasile

B7. Quanti erano nel 1861 gli italiani all'estero? (riga 10)
- A. ☐ 4 milioni
- B. ☐ 230 mila
- C. ☐ 22 milioni
- D. ☐ 182 mila

B8. Cosa si intende con l'espressione "situazione di precarietà"? (riga 15)
- A. ☐ Situazione lavorativa incerta e senza continuità
- B. ☐ Situazione lavorativa all'estero
- C. ☐ Alla ricerca di una situazione lavorativa migliore
- D. ☐ Situazione lavorativa stabile e sicura

spazio CLIL

THE SOLAR SYSTEM

1. Scrivi all'interno dei riquadri i nomi dei pianeti corrispondenti scegliendoli tra i seguenti:
Jupiter • Saturn • Mars • Mercury • Venus • Neptune • Earth • Uranus • Pluto

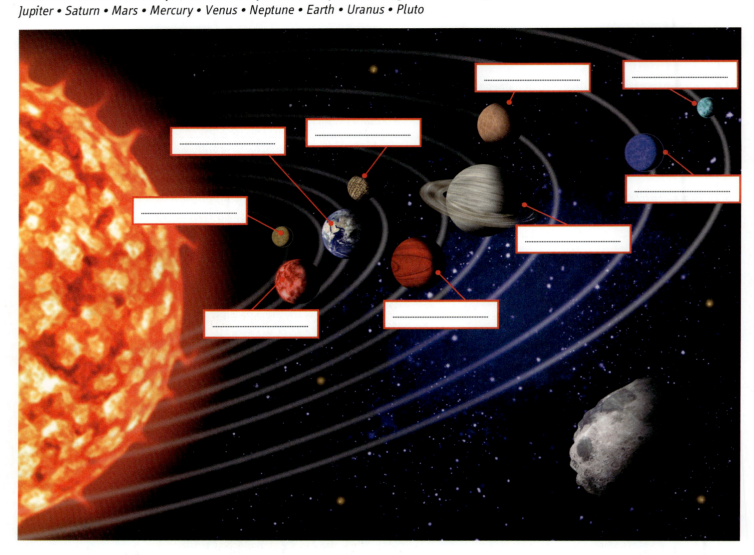

2. Scrivi il nome del pianeta corrispondente accanto alle sue caratteristiche.

a. .... It is called the Red Planet.
b. .... It is the biggest planet.
c. .... It is the second planet for size.
d. .... It is very close to the Sun.
e. .... It has a rocky nucleus and some thin rings.
f. .... It is the lightest planet.
g. .... It spins around the Sun in 365 days.
h. .... It is a dwarf planet, like Eris.
i. .... It has a lot of winds and it spins around the Sun in 164 years.
j .... Neil Armstrong was the first to walk on it in 1969.

3. Ora che hai svolto l'esercizio 2, completa il seguente cruciverba sul sistema solare, inserendo in corrispondenza delle lettere i nomi dei pianeti. Ne manca uno: Qual è? ....

Across/Orizzontali
a; g; b; e; i

Down/Verticali
j; f; c; h

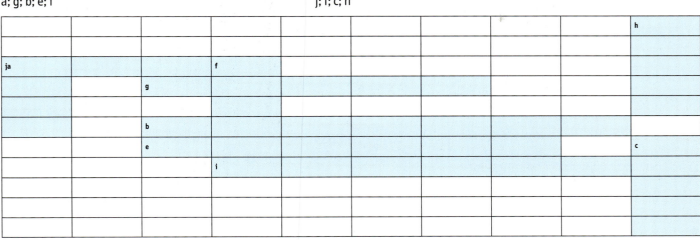

4. Osserva la mappa dei fusi orari e lavora in coppia con un tuo compagno: formulate domande e risposte come nell'esempio, scambiandovi i ruoli. *Esempio: What time is it in London, when it is 2 pm in Rome? It's 1 pm.*

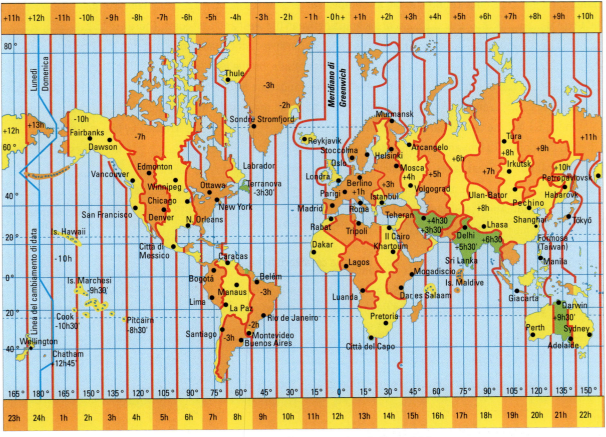

a. What time is it in ...., when it is .... am/pm in Rome? It's ....

b. What time is it in ...., when it is .... am/pm in Rome? It's ....

c. What time is it in ...., when it is .... am/pm in Rome? It's ....

d. What time is it in ...., when it is .... am/pm in Rome? It's ....

THE UNITED STATES OF AMERICA

1. Completa lo schema qui sotto.

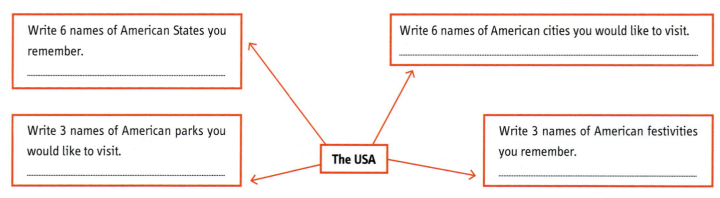

2. Leggi il seguente brano e completalo con le informazioni riportate qui sotto.

North • every kind of climate • a time difference • rich in lakes • the Melting Pot • The American flag • 50 States • the fourth largest country • longest rivers • vast plain • two main mountain ranges • south

The United States of America is a huge country, as big as Europe. It is _____ in the world. It is so big that there is _____ of six hours between the west and east coast. There are _____: 48 are on the mainland (*terraferma*), the other two are Alaska, which is northwest of Canada and Hawaii in the Pacific Ocean. The Capital City is Washington DC. _____ of the USA there is Canada, on the east coast there is the Atlantic Ocean, on the west coast is the Pacific Ocean and _____ of the USA is the Caribbean Sea. The landscape is varied: there are forests, deserts, mountains and plains. The _____ are the Rocky Mountains in the west and the Appalachian Mountains in the east. The highest peak is Mt. McKinley in Alaska (mt 6,194). The central part of the country is a _____ crossed by two of the _____ in the country: the Mississippi (3778 km) and the Missouri rivers. The USA is _____: the largest are along the Canadian borders and they are called The Great Lakes (Lake Michigan, Lake Huron, Lake Ontario and Lake Erie). You can find _____: arctic in Alaska and subtropical in Florida. The USA is often called "_____" because there are 250 million Americans of different races. _____ has 13 stripes which represent the original 13 colonies and fifty stars, the number of states which form the USA

3. Collega le date con gli avvenimenti storici corrispondenti.

Abolition of slavery • the discovery of America • Mr Barack Obama's president Election • approval of the Civil Right Act • the Pilgrim Fathers sailed from England to go to America • Independence Day • Rosa Parks refused giving up her bus seat • approval of the American Constitution

1492 _____
1620 _____
4th July 1776 _____
1787 _____
1865 _____
1955 _____
1964 _____
2008 _____

4. Osserva la carta degli Stati Uniti e completala inserendo al giusto posto i nomi degli elementi fisici elencati qui sotto.
Alaska • Hawaii • Pacific Ocean • Atlantic Ocean • Caribbean Sea • Bering Sea • Gulf of Alaska • Gulf of Mexico • The Rocky Mountains • Appalachian Mountains • Great Basin • Lake Superior • Lake Erie • Lake Huron • Lake Ontario • Lake Michigan • Great Plains • Colorado Plateau • Aleutian Islands

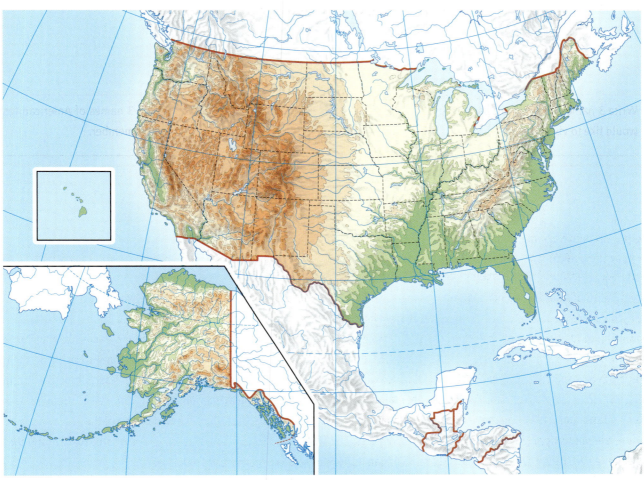

5. Completa la tabella qui sotto.

Complete Name	
Capital city	
Form of Government	
National language	
Area	
Population	
Density	

Urban population	
Borders	
Currency	
Time zone	
Drivers on the	
Internet TLD	
Calling code	

lavoro sulle carte

ASIA-CARTA FISICA

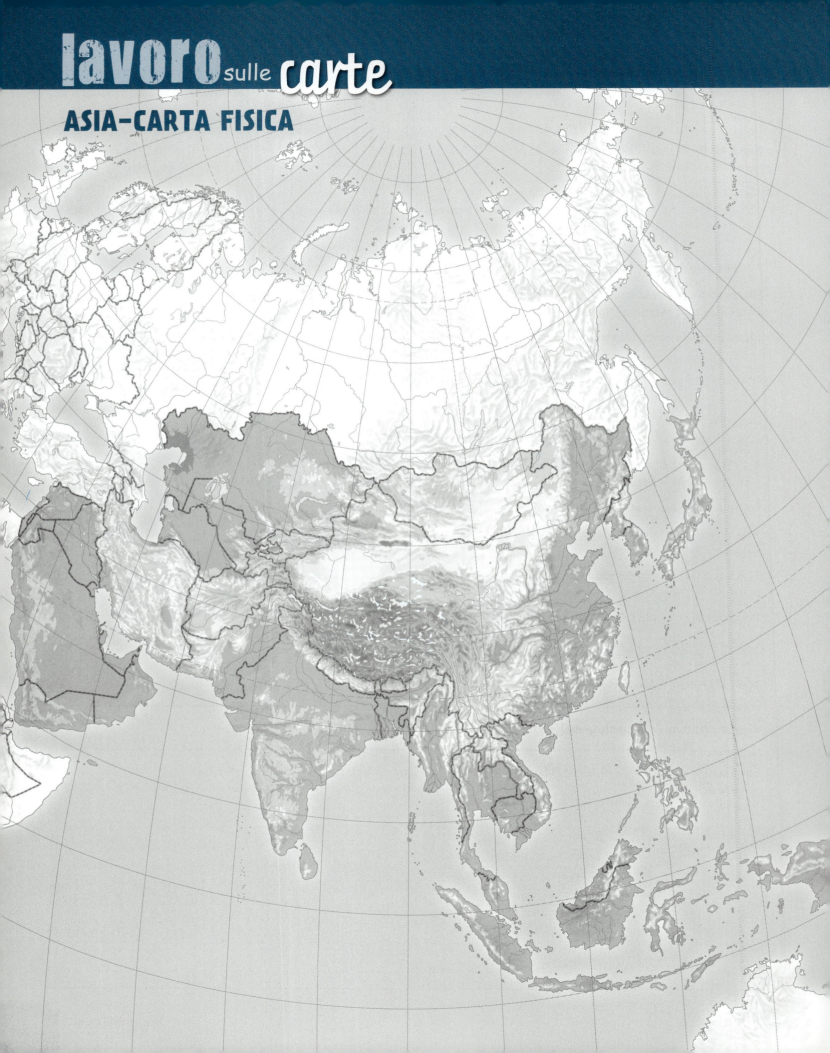

1. **Posiziona sulla carta i punti cardinali.**

2. **Riporta sulla carta i nomi degli oceani elencati.**
   Oceano Pacifico • Oceano Indiano

3. **Riporta sulla carta i nomi dei mari elencati.**
   Mare Arabico • Mar del Giappone • Mar Cinese • Mar Glaciale Artico • Mare di Ohotsk • Mare delle Andamane • Mare di Bering • Mar delle Filippine

4. **Riporta sulla carta i nomi dei golfi elencati.**
   Golfo di Aden • Golfo del Bengala • Golfo Persico • Golfo di Oman • Golfo del Tonchino • Golfo di Bo Hai

5. **Ripassa con una matita colorata i contorni degli Stati dell'Asia orientale indicati.**
   Cina • Mongolia • Corea del Nord • Corea del Sud • Giappone

6. **Ripassa con una matita i contorni dell'Arabia Saudita. Quali sono i suoi confini a nord, a est, a sud e a ovest?**
   ....

7. **Individua e segna con una matita il tracciato del Deserto del Gobi. Tra quali Stati si trova?**
   ....

8. **Riporta sulla carta i nomi dei fiumi e dei laghi elencati.**
   Lago d'Aral • Lago Balhas • Lago Bajkal • Tigri • Eufrate • Gange • Indo

9. **Riporta sulla carta i nomi dei principali fiumi che confluiscono nell'Oceano Pacifico.**
   Chang Jiang (Fiume Azzurro) • Huang He (Fiume Giallo) • Mekong

10. **Individua e segna con una matita il tracciato delle catene montuose dell'Himalaya e del Karakorum.**

11. **Individua e segna sulla carta le vette elencate e scrivi quanto sono alte.**
    Everest • K2 • Kanchenjunga

12. **Scrivi sulla carta i nomi dei Paesi insulari dell'Asia sud-orientale.**
    Indonesia • Filippine • Brunei

13. **Ripassa con una matita il Tropico del Cancro.**

14. **Cerchia con la matita la Penisola di Kamčatka. A quale Stato appartiene?**
    ....

15. **Ripassa il Circolo Polare Artico. Quale Stato attraversa?**
    ....

16. **Ripassa i contorni delle quattro grandi isole che costituiscono il Giappone e scrivi qui sotto i loro nomi.**
    ....

17. **Scrivi sotto ciascuna immagine la sua didascalia, poi indica sulla carta dove si trovano i paesaggi raffigurati.**
    Le vette dell'Himalaya nella regione dell'Annapurna (Nepal) • Veduta del Monte Fuji • Il vulcano Bromo, in Indonesia • Un gruppo di yurte nel Deserto del Gobi, in Mongolia

LAVORO SULLE CARTE

lavoro sulle carte

ASIA – CARTA POLITICA

1. **Individua i confini tra Asia e Europa**, segnando con una crocetta la catena dei Monti Urali, le rive del Mar Caspio, la catena montuosa del Caucaso e il Mar Nero.

2. **Individua il confine tra Asia e America**, segnando con una crocetta lo Stretto di Bering.

3. **Qual è lo Stato meno densamente popolato dell'Asia? E qual è la sua capitale? Ripassa sulla carta i suoi contorni.**
   ....

4. **Riporta sulla carta i nomi di alcune delle più importanti città asiatiche qui elencate.**
   Tōkyō • Bangkok • Singapore • Giacarta • New Delhi • Pechino • Manila • Hong Kong

5. **Individua con un cerchio le Maldive. Qual è la capitale?**
   ....

6. **Colora con matite diverse la Corea del Nord e la Corea del Sud. Scrivi il nome delle rispettive capitali.**
   ....
   ....

7. **Individua l'isola asiatica più grande. A quale Stato appartiene politicamente? A quale Stato si unisce nella sua parte orientale?**
   ....
   ....

8. **Individua i 6 Stati dell'Asia centrale elencati e per ognuno di essi riporta il nome sulla carta.**
   Kazakistan • Uzbekistan • Kirghizistan • Tagikistan • Turkmenistan • Afghanistan

9. **Localizza sulla carta gli Stati del Vicino Oriente elencati e indica per ciascuno di essi la capitale.**
   Israele • Libano • Siria • Giordania • Stato di Palestina • Arabia Saudita • Iraq • Yemen • Emirati Arabi Uniti • Qatar • Iran • Kuwait • Oman • Bahrein
   ....
   ....
   ....

10. **Indica sulla carta le isole principali dell'Indonesia elencate qui sotto.**
    Sumatra • Giava • Borneo • Sulawesi • Nuova Guinea

11. **Individua con un cerchio l'isola di Taiwan e indica la sua capitale.**
    ....

12. **Ripassa con una matita lo Stato di Palestina e scrivi il nome della sua capitale. Con quali altri Stati confina?**
    ....
    ....

13. **Localizza l'Indonesia. Con quali Stati confina?**
    ....

14. **Indica la regione di Hong Kong. Da quale Stato dipende?**
    ....

15. **Riporta sulla carta lo Stato di Brunei. Poi indica il nome dell'isola sulla quale è situato.**

16. **Riporta sulla carta i nomi degli Stati del Sud-Est asiatico elencati. Poi scrivi le loro capitali.**
    Myanmar • Laos • Malaysia • Cambogia
    ....

LAVORO SULLE CARTE

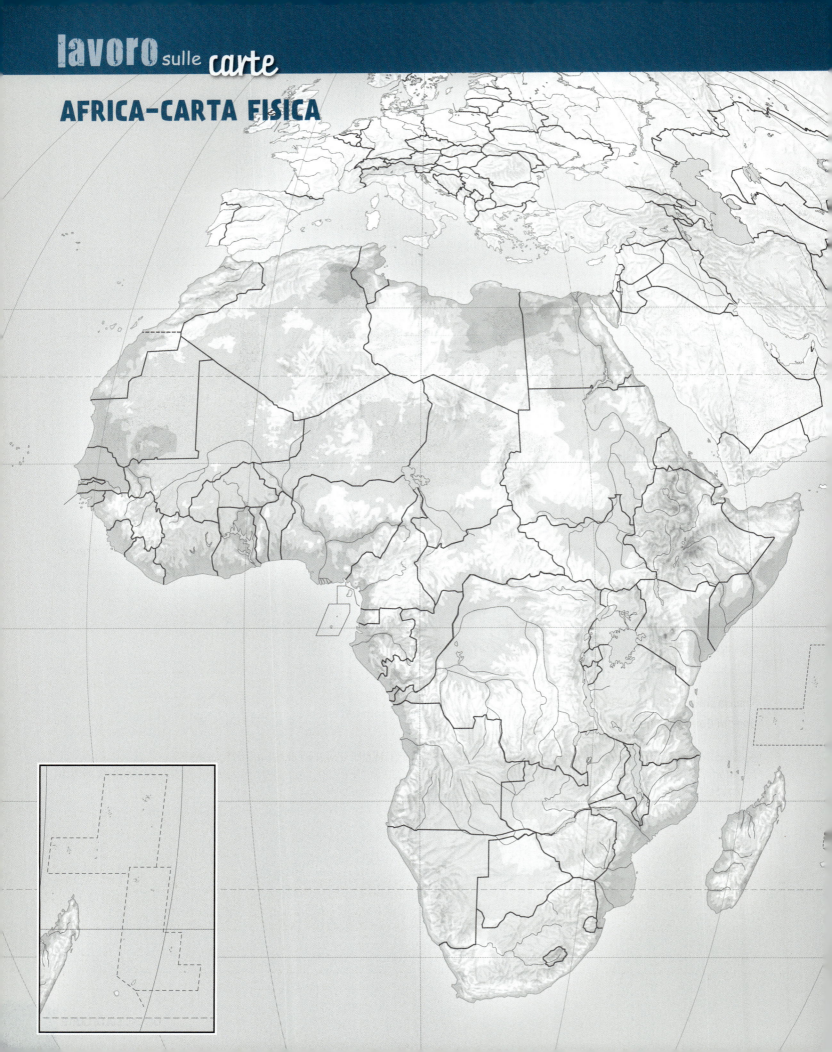

lavoro sulle carte
AFRICA – CARTA FISICA

1. **Riporta sulla carta i nomi dei mari e oceani elencati.**
   Mar Mediterraneo • Mar Rosso • Oceano Atlantico • Oceano Indiano

2. **Evidenzia con una matita le zone coperte dai deserti elencati.**
   Sahara • Kalahari • Namib

3. **Individua il corso del Nilo e ripassalo con una matita. Quali Stati attraversa? In quale mare sfocia?**
   ....
   ....

4. **Riporta sulla carta il nome dei fiumi elencati. Poi scrivi in quali oceani sfociano.**
   Congo • Niger • Zambesi
   Congo: ....
   Niger: ....
   Zambesi: ....

5. **Evidenzia con una matita la zona in cui si estende la Rift Valley. Poi riporta sulla carta i nomi delle vette indicate.**
   Kilimangiaro • Kenya • Ruwenzori

6. **Segna con una matita marrone le aree coperte dai rilievi elencati.**
   Atlante • Hoggar • Tibesti • Monte dei Draghi • Gran Karoo

7. **Indica con un cerchio le isole indicate.**
   Madagascar • Seychelles • Comore • Mascarene

8. **Qual è la punta più meridionale del continente, là dove si incontrano le acque dell'Oceano Atlantico e dell'Oceano Indiano? Segnalo sulla carta.**

9. **Indica con un cerchio le isole indicate.**
   Isole di Capo Verde • Isola di Sant'Elena • Canarie

10. **Ripassa con una matita la linea del Tropico del Capricorno. Quali deserti attraversa?**
    ....

11. **Riporta sulla carta i nomi dei golfi indicati.**
    Golfo di Guinea • Golfo di Sirte • Golfo di Aden

12. **Scrivi sotto ciascuna immagine la sua didascalia, poi indica sulla carta dove si trovano i paesaggi raffigurati.**
    Le paludi del fiume Okavango, in Botswana • Alberi baobab nella regione di Morandava, in Madagascar • Un elefante nella savana in Kenya. Sullo sfondo la vetta innevata del Kilimangiaro • La catena dell'Atlante, in Marocco

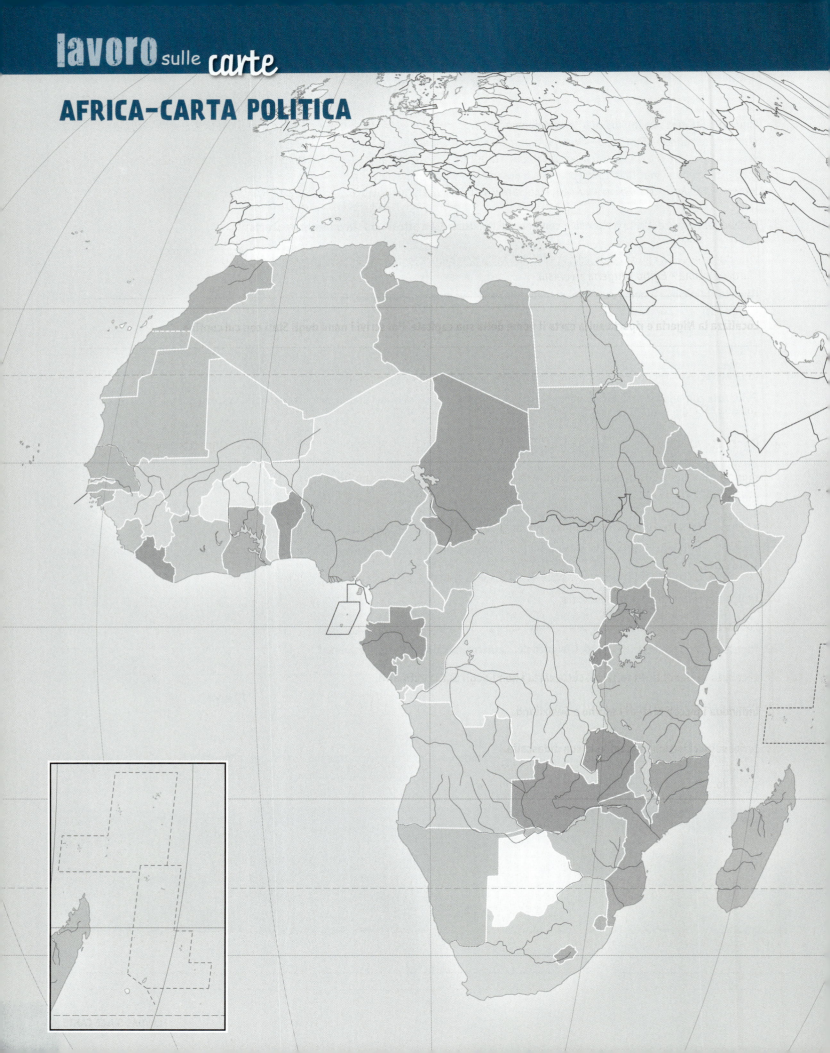

1. **Colora in giallo i Paesi dell'Africa settentrionale, di verde quelli dell'Africa centrale, di rosso quelli dell'Africa meridionale.**

2. **Individua il confine tra Africa e Asia, riportando sulla carta il Canale di Suez, il Mar Rosso e il Canale di Bab el-Mandeb.**

3. **Individua il confine tra Africa e Europa, riportando sulla carta lo Stretto di Gibilterra e il Mar Mediterraneo.**

4. **Ripassa con una matita la linea dell'Equatore. Poi riporta sulla carta i nomi degli Stati che attraversa.**

5. **Riporta sulla carta i nomi degli Stati dell'Africa settentrionale elencati. Poi scrivi i nomi delle capitali.**
   Marocco • Libia • Egitto • Algeria • Tunisia
   ....

6. **Localizza la Nigeria e riporta sulla carta il nome della sua capitale. Poi scrivi i nomi degli Stati con cui confina.**
   ....

7. **Ripassa con una matita il confine tra Congo e Repubblica Democratica del Congo.**

8. **Localizza il Lago Vittoria. Quali Stati bagna? Riporta sulla carta il nome di ciascuno di essi.**

9. **Colora con matite differenti i contorni del Sudan e del Sudan del Sud. Poi riporta sulla carta i nomi di entrambe le capitali.**

10. **Riporta sulla carta i nomi degli Stati dell'Africa centrale che si affacciano sull'Oceano Indiano.**
    Somalia • Kenya • Tanzania

11. **Riporta sulla carta i nomi di alcune delle più importanti città dell'Africa centrale.**
    Kinshasa • Dakar • Bamako • Addis Abeba • Mogadiscio • Nairobi

12. **Individua sulla carta il Mozambico e scrivi il nome della sua capitale. Con quali Stati confina?**
    ....

13. **Localizza sulla carta la Repubblica del Sudafrica e scrivi il nome della sua capitale.**
    ....

14. **Localizza la Namibia. Riporta poi sulla carta i nomi degli Stati confinanti.**

15. **Individua i piccoli Stati di Lesotho e Swaziland.**

16. **Scrivi sotto ciascuna immagine la sua didascalia.**
    La stazione ferroviaria di Bamako, capitale del Mali • La città costiera di Durban, in Sudafrica • Moderni edifici ad Addis Abeba, capitale dell'Etiopia • Veduta aerea di Nairobi, capitale del Kenya

LAVORO SULLE CARTE

lavoro sulle carte

AMERICHE – CARTA FISICA

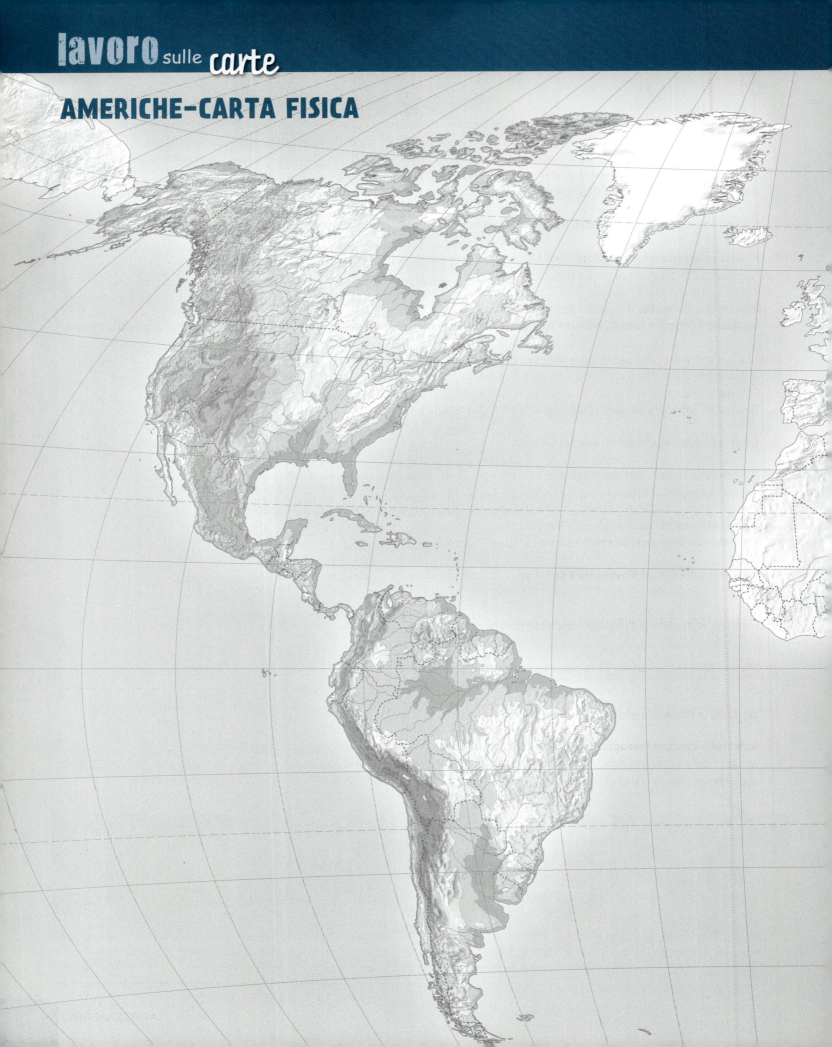

1. **Riporta sulla carta i nomi dei mari e degli oceani elencati.**
   Mar Glaciale Artico • Oceano Pacifico • Mar dei Caraibi • Oceano Atlantico • Mare del Labrador • Mar Glaciale Antartico

2. **Riporta sulla carta i nomi dei golfi e delle baie indicati.**
   Golfo dell'Alaska • Golfo del Messico • Baia di Hudson • Golfo di California • Golfo di Panamá • Baia di Baffin • Golfo di Campeche

3. **Colora di marrone il tracciato della Cordigliera delle Ande e localizza sulla carta il vulcano Ojos del Salado e il monte Aconcagua.**

4. **Riporta sulla carta il Monte McKinley e il Monte Foraker. A quale Stato appartengono? Quanto sono alti?**
   ....

5. **Ripassa con una matita il tracciato delle catene montuose indicate.**
   Montagne Rocciose • Catena Costiera • Sierra Madre Occidentale • Sierra Madre Orientale • Monti Appalachi • Massiccio della Guyana

6. **Colora di verde l'area occupata dalla Foresta Amazzonica.**

7. **Riporta sulla carta i nomi dei laghi elencati.**
   Titicaca • Gran Lago degli Orsi • Lago Winnipeg • Gran Lago degli Schiavi

8. **Scrivi sulla carta i nomi dei cinque Grandi Laghi.**
   Lago Michigan • Lago Ontario • Lago Erie • Lago Superiore • Lago Huron

9. **Ripassa sulla carta il corso dei fiumi elencati e riporta il nome di ciascuno.**
   Yukon • Rio delle Amazzoni • Mississippi • Missouri • Orinoco • Uruguay • Rio Grande • Colorado

10. **Individua con due cerchi separati le Grandi Antille e le Piccole Antille.**

11. **Riporta sulla carta i nomi delle isole indicate.**
    Galapagos • Falkland o Melvinas • Algonkine • Aleutine

12. **Evidenzia sulla carta le aree occupate dai deserti indicati.**
    Atacama • Sonora • Chihuahua

13. **Riporta sulla carta il Canale di Panama. Quali oceani mette in comunicazione?**
    ....

14. **Localizza la Patagonia e la Terra del Fuoco.**

15. **Scrivi sotto ciascuna immagine la sua didascalia, poi indica sulla carta dove si trovano i paesaggi raffigurati.**
    Un lama in Patagonia, Argentina • Cactus nel Deserto di Sonora, in Messico • Il Jenny Lake, nel Gran Teton National Park che fa parte della catena delle Montagne Rocciose • Una femmina di orso polare con due cuccioli nel Wapusk National Park, in Canada

lavoro sulle carte

AMERICHE – CARTA POLITICA

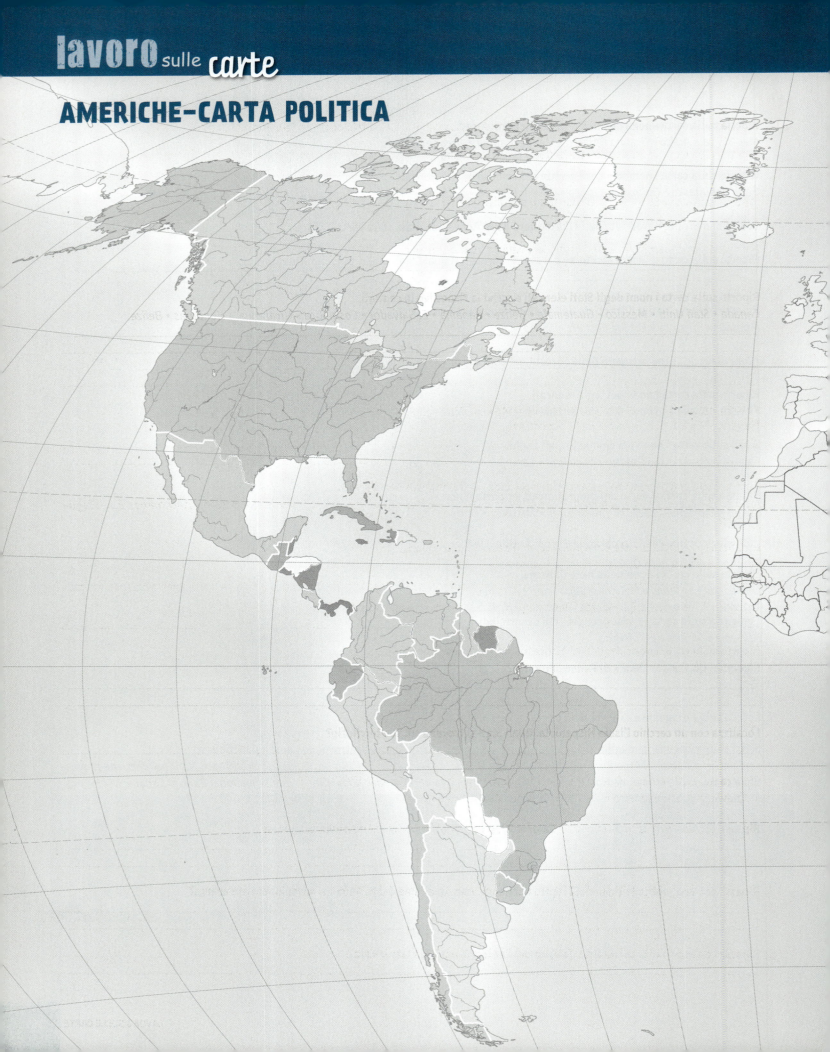

1. Traccia tre linee che separino le tre grandi regioni: America del Nord, America centrale, America del Sud.

2. Riporta sulla carta lo Stretto di Bering. Quali continenti separa?

3. Riporta sulla carta lo Stretto di Drake. Quali continenti separa?

4. Individua con un cerchio le isole Hawaii. In quale oceano si trovano?

5. Riporta sulla carta i nomi degli Stati elencati e scrivi le rispettive le capitali.
   Canada • Stati Uniti • Messico • Guatemala • Belize • Panamá • El Salvador • Costa Rica • Nicaragua • Honduras • Belize

6. Riporta sulla carta i nomi degli Stati elencati e scrivi le rispettive capitali.
   Uruguay • Paraguay • Bolivia • Cile • Argentina

7. Riporta sulla carta i nomi delle città principali degli Stati Uniti elencate qui sotto.
   New York • Washington • San Francisco • Miami • Seattle • Detroit • New Orleans • Los Angeles • Boston • Anchorage • San Diego • Chicago

8. Localizza sulla carta le città elencate. A quale Paese appartengono?
   Toronto • Vancouver • Québec • Ottawa • Montreal • Calgary

9. Individua il Venezuela. Poi riporta i nomi degli Stati confinanti a ovest e a sud.

10. Riporta sulla carta i nomi degli Stati elencati e scrivi le rispettive capitali.
    Colombia • Ecuador • Perù • Brasile • Cile • Costa Rica

11. Localizza con un cerchio l'isola Hispaniola. Quali Stati si trovano sul suo territorio?

12. Riporta sulla carta i nomi delle città principali dell'America latina elencate qui sotto.
    Montevideo • Rio de Janeiro • L'Avana • Città del Messico • Caracas

13. Ripassa con una matita la linea dell'Equatore. Quali Paesi dell'America meridionale attraversa?

14. Ripassa con una matita la linea del Tropico del Capricorno. Quali Paesi dell'America meridionale attraversa?

15. Ripassa con una matita la linea del Tropico del Cancro. Quali Paesi attraversa?

LAVORO SULLE CARTE

lavoro sulle carte

OCEANIA-CARTA FISICA

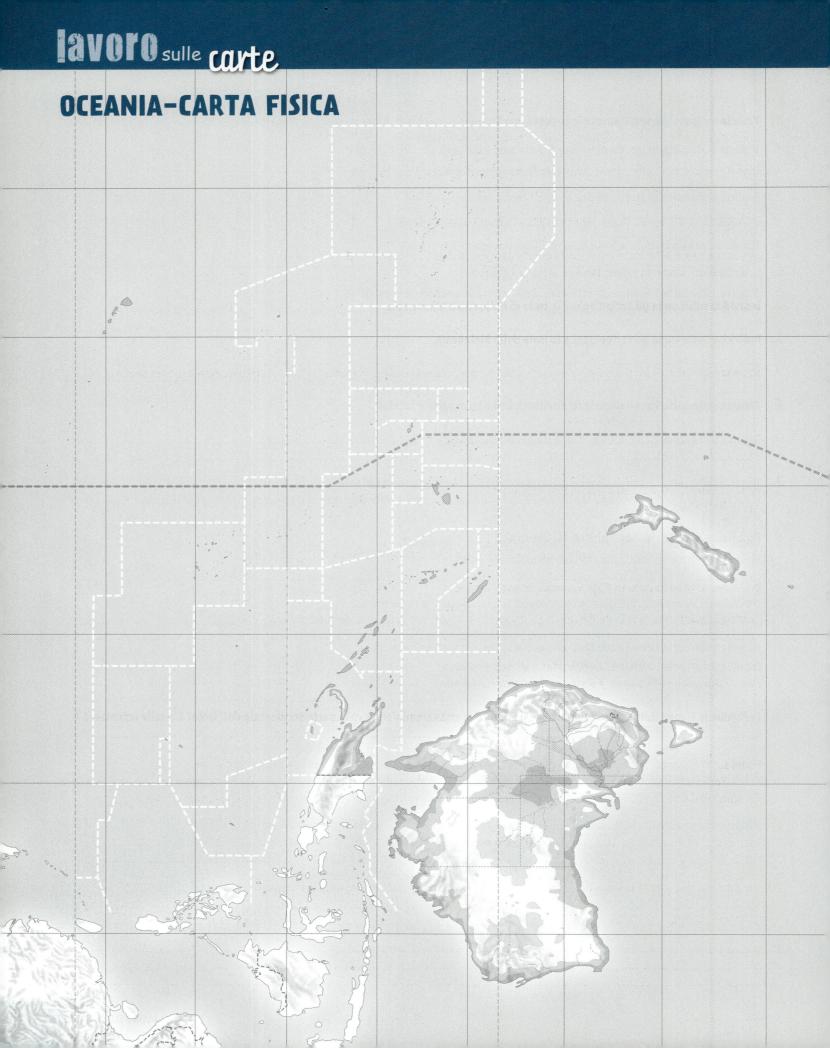

1. **Riporta sulla carta i nomi dei mari e oceani elencati.**
   Oceano Pacifico • Oceano Indiano • Mar dei Coralli • Mar di Tasman

2. **Riporta sulla carta i nomi delle quattro isole maggiori dell'Oceania.**
   Australia • Tasmania • Nuova Guinea • Nuova Zelanda

3. **Individua con un cerchio l'area occupata dalla Gran Barriera Corallina.**

4. **Segna con una matita marrone le aree coperte dai deserti dell'Australia.**
   Gran Deserto Sabbioso • Gran Deserto Vittoria • Gibson

5. **Individua sulla carta gli arcipelaghi e le isole di Polinesia e Micronesia.**

6. **Individua sulla carta gli arcipelaghi e le isole della Melanesia.**

7. **Ripassa i contorni delle coste delle due isole della Nuova Zelanda. Poi riporta sulla carta il nome dello Stretto che le separa.**

8. **Colora con una matita l'area occupata delle Alpi Neozelandesi.**

9. **Riporta sulla carta i nomi dei fiumi principali dell'Australia.**
   Lago Eyre • Fiume Murray

10. **Indica con un triangolo i maggiori rilievi dell'Australia.**
    Ayers Rock • Kosciuszko

11. **Riporta sulla carta i nomi degli Stati dell'Australia.**
    Queensland • Nuovo Galles del Sud • Australia Occidentale • Australia Meridionale • Victoria • Tasmania

12. **Individua le isole Salomone, Figi, Vanuatu, Nuova Caledonia.**

13. **Cerchia con una matita le Isole Hawaii. A chi appartengono dal punto di vista amministrativo?**
    ....

14. **Riporta sulla carta i nomi delle città principali dell'Australia.**
    Perth • Adelaide • Melbourne • Sydney • Canberra • Brisbane

15. **Individua la Nuova Guinea. A chi appartiene dal punto di vista amministrativo la parte occidentale dell'isola? E quella orientale?**
    ....

16. **Scrivi sotto ciascuna immagine la sua didascalia, poi indica sulla carta dove si trovano i paesaggi raffigurati.**
    Ayers Rock (chiamato Uluru dagli aborigeni) si trova proprio nel cuore del continente australiano • Veduta aerea della Grande Barriera Corallina • Monte Cook, in Nuova Zelanda, nell'Isola del Sud • Veduta aerea di un gruppo di isole di Palau, in Micronesia

Verso l'esame

ambiente, una sfida globale

Esempio di tesina multidisciplinare

Premessa La tesina multidisciplinare che dovrai esporre nel colloquio orale è un momento importante della preparazione dell'esame di terza media perché dimostra il livello che hai raggiunto nelle competenze. Essa, infatti, attesta che sei in grado di utilizzare le conoscenze e le abilità che hai acquisito nelle varie discipline in modo consapevole e personale.
Per poter costruire la tesina devi ricercare, raccogliere e selezionare informazioni utilizzando testi di tipo diverso: libri di studio, libri di narrativa, saggi, articoli di giornale, documenti, testi informativi presenti su Internet, fotografie, carte geografiche, carte tematiche, dati numerici ecc. Devi poi organizzare le informazioni in un percorso che si articola nei vari aspetti del problema e produrre un testo di tipo argomentativo corredato da documenti, illustrazioni, grafici, carte geografiche ecc. Infine, occorre preparare un indice che evidenzi i collegamenti con le varie discipline e citare la bibliografia utilizzata.

Storia

Quando sono nati i problemi dell'ambiente

Quando si parla di ambiente e, in particolare, di **problemi ambientali**, si è portati a pensare che siano una prerogativa dei giorni nostri.
Ormai quasi quotidianamente, infatti, i mass media ci propongono notizie e immagini di disastri ambientali e di scempi della natura, perpetrati in qualche angolo del mondo. Tuttavia, i problemi ecologici non sono solo un problema odierno. Anche nelle **epoche passate** le attività umane hanno esercitato un impatto più o meno forte sull'ambiente naturale, fino ad arrivare talvolta a stravolgerlo completamente. Un esempio? Basti pensare alle **foreste** di alcune regioni dell'Europa: in diversi casi, già nel **Basso Medioevo** erano state in buona parte tagliate, com'è accaduto per esempio nella nostra Pianura Padana. E, a proposito di foreste, anche se sembra incredibile, oggi in Italia ne abbiamo più di quante ne avevamo, per esempio, alla fine dell'Ottocento. Nei secoli passati però non si sono perse solo le foreste, ma anche diverse **specie animali** che le popolavano, e sempre a causa dell'uomo. Per molto tempo, infatti, la nostra specie ha dato una caccia spietata ad alcuni animali che erano visti solo come un "serbatoio" di proteine, a cui attingere per mettere a tacere la fame. È così che, in Europa, diversi mammiferi scomparvero già parecchi secoli fa: l'**uro**, un grande bovino selvatico,

si estinse definitivamente nel 1627; il **tarpan**, un cavallo selvatico che viveva nelle steppe eurasiatiche, arrivò all'estinzione alla fine dell'Ottocento, ma già molto tempo prima era scomparso da gran parte delle regioni in cui aveva vissuto; nello stesso periodo, anche il **bisonte europeo**, un tempo ampiamente diffuso (come si può vedere nelle numerose pitture rupestri giunte fino a noi), era ormai prossimo all'estinzione e si salvò solo grazie alla riproduzione degli animali presenti negli zoo. Anche l'**inquinamento** non è certo un problema solo dei nostri tempi: al contrario, esso nacque, in forma massiccia, già con la Rivoluzione industriale dell'Ottocento. Se è vero che a quell'epoca le città non erano invase dalle automobili, che ancora non esistevano, è vero pure che tutte le fabbriche utilizzavano il **carbone**, un combustibile molto inquinante. I camini, inoltre, non erano certo dotati di quegli impianti che solo in seguito la tecnologia ha messo a disposizione per abbattere le sostanze inquinanti presenti nei fumi. Non solo. Nel XIX secolo le **città industriali** attraevano un gran numero di persone, crescendo in alcuni casi a dismisura. Ma all'epoca non esistevano i depuratori e possiamo quindi immaginare quale fosse l'impatto sui corsi d'acqua, come il Tamigi a Londra. Insomma, tanto l'aria, quanto l'acqua erano terribilmente inquinate, con tutte le conseguenze che ne derivavano sulla salute degli abitanti. Dobbiamo inoltre pensare che fino a tempi molto recenti l'uomo non si è mai preoccupato dei problemi ambientali. Il moderno **ambientalismo** e l'affermazione di una più o meno diffusa sensibilità per le problematiche ecologiche risalgono infatti solo agli anni Sessanta-Settanta dello scorso secolo. Oggi, nei Paesi più avanzati, la **salvaguardia dell'ambiente** è considerata in genere un valore importante, anche se poi non sempre le azioni sono coerenti con questa premessa. Soprattutto nelle regioni più arretrate della Terra, però, questa sensibilità non è ancora maturata. Ciò è estremamente pericoloso per l'equilibrio ambientale del pianeta, anche perché la popolazione umana ha raggiunto ormai un numero sbalorditivo (ben oltre 7 miliardi) e la pressione sul pianeta continua ad aumentare in modo esponenziale.

Sopra, particolari delle pitture rupestri rinvenute a Lascaux (Francia). Sotto, un dipinto del 1896 che ritrae la città di Cardiff.

Scienze

La biodiversità in diminuzione: un problema globale

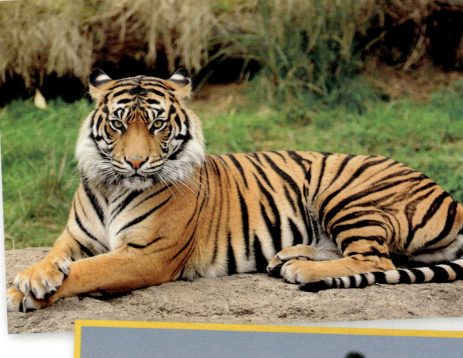

Che cos'è la biodiversità, perché se ne parla

Il termine "**biodiversità**" è usato sempre più frequentemente. Ma che cosa significa esattamente? Si tratta, chiaramente, di una parola composta, che si può tradurre in "**diversità biologica**". La diversità biologica esprime il **complesso di tutte le forme viventi**, a prescindere dal regno cui appartengono e dalla loro dimensione: un'alga, un fungo, un batterio, una sequoia, un bisonte, tutti concorrono ugualmente a creare biodiversità. Il concetto di biodiversità, inoltre, non si riferisce solo al numero delle specie viventi, ma anche alla loro **abbondanza** e alla loro **distribuzione**. Ma perché se ne parla oggi più spesso che in passato, al punto che addirittura l'ONU ha dichiarato il **2010 Anno internazionale della biodiversità**? Le cause sono diverse, ma a essere importante è soprattutto una: oggi, più che mai, ci si è accorti che la stiamo perdendo: la diversità del mondo vivente va impoverendosi. Le cause di questo fenomeno siamo noi esseri umani e l'impatto che esercitiamo sul pianeta con le nostre attività.

Oggi, nei Paesi più avanzati, la salvaguardia dell'ambiente è considerata un valore importante.

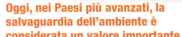

Dove e perché si perde la biodiversità e con quali effetti

La **perdita di biodiversità** si può riscontrare sia a piccola, sia a grande scala e non riguarda solo le regioni tropicali, dove se ne concentra la maggior parte: la distruzione di una foresta pluviale comporta la perdita di biodiversità, ma anche la distruzione di una piccola, residua palude alla periferia di Milano o di Roma porta allo stesso risultato. Talvolta, la distruzione della biodiversità ha **effetti irreversibili** sulle specie viventi, che vengono condotte all'estinzione. Si stima, per esempio, che la distruzione delle foreste pluviali porti ogni anno alla scomparsa di molte specie animali che ancora non sono state classificate dalla scienza in quanto sconosciute. La biodiversità è importante anche dal punto di vista **economico**. Basti pensare, per esempio, a tutte le sostanze ricavate dalle piante e utilizzate in mille modi dall'industria. Pensiamo inoltre all'importanza che molti animali impollinatori hanno per le piante di interesse agricolo, fondamentali per la produzione di cibo.

Quant'è la biodiversità e quanta ne perdiamo

Ma quant'è la biodiversità del pianeta? Ancora non lo sappiamo. L'unica cosa certa è che le specie viventi conosciute sono circa 1,8 milioni, ma si stima che quelle esistenti siano molte di più. Il guaio è che, sempre secondo alcune stime, scompaiono addirittura 50 specie viventi al giorno, senza che ce ne accorgiamo. Per invertire la rotta è necessario che l'uomo sia più rispettoso degli ecosistemi anche perché, in caso contrario, la distruzione della vita animale e vegetale porterà a un danno sempre più grande, potenzialmente catastrofico.

attività

Nel mondo vengono individuate 34 regioni che costituiscono i principali "hot spot" ("punti caldi") di biodiversità del pianeta, ovvero le regioni in cui se ne concentra di più.

1. **Servendoti di Internet, prova a individuarle e evidenziale sul planisfero qui sotto, elencando inoltre i Paesi (ne basta uno per regione) che in esse sono, almeno in parte, compresi.** (Un suggerimento: è più facile ottenere le informazioni desiderate se nel motore di ricerca si inseriscono i termini in inglese, per esempio "world map biodiversity hot spots").

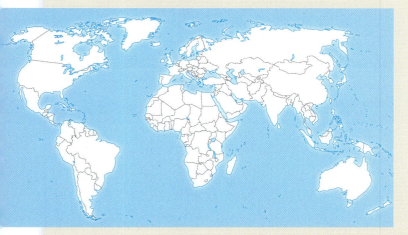

Matematica

L'acqua, elemento prezioso per la vita

Circa il 71% della superficie terrestre è coperto di acqua ma, di essa, il 97% è salata. Del restante 3%, oltre i due terzi sono in forma solida, cioè sono costituiti da ghiacciai. Poco meno dell'1%, dunque, è costituito da acqua dolce in forma liquida, utilizzabile per le attività umane. Ben poco, quindi, soprattutto se si considera che **la popolazione continua a crescere**: si è dovuti arrivare ai primi decenni dell'Ottocento perché la nostra specie raggiungesse il miliardo di individui, mentre oggi siamo circa 7,2 miliardi. Anche per questo l'acqua dolce è diventata un bene sempre più prezioso, al punto che talvolta ci si riferisce a essa chiamandola "**oro blu**".

Quanta acqua si consuma e per quali scopi?

È stato calcolato che, attualmente, nel mondo si consumano oltre 9000 miliardi di metri cubi d'acqua all'anno: un numero impressionante solo a pronunciarlo.

Ma come viene utilizzata l'acqua? Circa il 70% è utilizzato dall'agricoltura, il 20% dall'industria, il restante 10% per uso domestico.

Il consumo di acqua, però, è tutt'altro che uniforme, sia perché alcuni Paesi sono molto ricchi di risorse idriche mentre altri ne hanno pochissime, sia perché in alcune aree del mondo l'acqua si utilizza in modo dissennato, sprecandola in molti modi.

attività

1. Utilizzando i dati statistici sul consumo dell'acqua nei tre differenti settori (agricoltura, industria, uso domestico) che hai appena letto, costruisci un areogramma utilizzando il modello. Dovrai completare la legenda, attribuendo a ciascun settore un colore, e riportare nell'areogramma la giusta proporzione.

☐ Agricoltura
☐ Industria
☐ Uso domestico

2. Di seguito sono riportati i dati relativi al consumo approssimativo pro capite di acqua (litri al giorno) in quindici Paesi del mondo, nei vari continenti. Utilizzando questi valori, costruisci un'istogramma, con valori decrescenti (da sinistra a destra), riportando sull'asse delle ascisse i nomi dei Paesi, su quello delle ordinate i valori relativi al consumo.

Paese	Consumo pro capite giornaliero (litri/giorno)
Francia	287
Cina	86
Australia	493
Cambogia	15
USA	575
India	135
Giappone	374
Mozambico	4
Perú	173
Regno Unito	149
Italia	386
Kenya	46
Danimarca	210
Burkina Faso	27
Germania	193

(Fonte: United Nations Development Programme)

Italiano

L'isola di rifiuti dell'Oceano Pacifico

L'articolo che segue tratta un problema ambientale gravissimo eppure ancora sconosciuto a molti: quello dell'enorme **accumulo di rifiuti di plastica** che nel tempo si è creato nell'Oceano Pacifico.
Dopo averlo letto attentamente, scrivi sul quaderno un breve riassunto che ne riprenda i punti fondamentali.

Enormi quantità di rifiuti stanno avvelenando i nostri mari.

Continua a crescere l'isola dei rifiuti. Allarme nell'Oceano Pacifico

Cresce costantemente il Pacific Trash Vortex, l'accumulo di rifiuti di plastica che galleggia nell'Oceano Pacifico. Con decine di milioni di tonnellate di detriti che fluttuano tra le coste giapponesi e quelle statunitensi, si tratta di fatto della più grande discarica del pianeta. Secondo scienziati e oceanografi, fra cui Marcus Eriksen, direttore di ricerca presso l'Algalita Marine Research Foundation, la sua estensione ha ormai raggiunto "livelli allarmanti": forse "il doppio di quella degli Stati Uniti". Ma come può essere così vasta? Raggiunto telefonicamente, il dottor Eriksen ha spiegato che il Trash Vortex "non forma un'isola o un'accumulazione densa di frammenti. La densità è simile a quella di un cucchiaio di confetti di plastica sparsi su un campo di calcio". Fra i rimedi consigliati dagli esperti, spicca la necessità di abbandonare globalmente i sacchetti di plastica "usa e getta". Una scelta già fatta dall'Italia, che adesso tutta l'Europa vuole imitare. Palloni da calcio e da football, mattoncini di Lego, scarpe, borse, kayak e milioni di sacchetti usa e getta. Sono questi gli ingredienti della "zuppa di plastica" che anno dopo anno si sta impossessando del Pacifico. Un quinto di essi, secondo gli studiosi, proviene da oggetti gettati da navi o piattaforme petrolifere, il resto dalla terraferma. Questo enorme vortice di rifiuti è però visibile solo da navi e barche, non dai satelliti. Esso si trova infatti al di sotto della superficie marina, fra i pochi centimetri e i 10 m di profondità.
Scoperto alla fine degli anni Ottanta del Novecento dalla National Oceanic and Atmospheric Administration (NOAA) ma reso noto soprattutto da Charles Moore, il Great Pacific Garbage Patch (altro nome del Trash Vortex) si divide in due grandi blocchi: "Uno a circa 500 miglia marine dalle coste californiane, e uno al largo di quelle giapponesi – spiega il dottor Eriksen – connessi dalle correnti che ruotano in senso orario attorno a essi". In quest'area del Pacifico settentrionale le correnti portano ogni anno ad accumularsi enormi quantità di rottami marini e rifiuti, composti per il 90% da plastica, di cui si ritrovano anche pezzi fabbricati negli anni Cinquanta del Novecento. Le materie plastiche, infatti, fotodegradandosi possono disintegrarsi in pezzi molto piccoli, ma sostanzialmente non si biodegradano. I polimeri che le compongono possono così finire nella catena alimentare, in quanto queste briciole vengono scambiate per plancton o altri tipi di cibo da molti animali marini. Un problema comune anche al Mare Mediterraneo, che vede però nelle dimensioni raggiunte nel Pacifico un fenomeno decisamente allarmante. Secondo il Programma delle Nazioni Unite per l'Ambiente (UNEP), già nel 2006 ogni miglio quadrato di oceano conteneva 46.000 pezzi di plastica galleggiante. Oggi, secondo i calcoli più recenti, si è arrivati con il solo Trash Vortex a un totale di 100 milioni di tonnellate. Per Charles Moore il problema è dovuto soprattutto all'enorme diffusione nel mondo dei sacchetti di plastica. "Se non se ne ridurrà il consumo, – avverte 'Captain' Moore, – questa massa galleggiante potrebbe raddoppiare le sue dimensioni entro il prossimo decennio".

(Andrea Bertaglio, in www.ilfattoquotidiano.it, 2 novembre 2011, rid. e adatt.)

Arte

La natura, fonte di ispirazione artistica

La natura compare spesso nell'arte. Molti grandi pittori, appartenenti a varie epoche e a varie correnti artistiche, si sono ispirati proprio alla natura per le loro opere. L'arte romantica, sviluppatasi in Germania tra la fine del Settecento e gli inizi dell'Ottocento e diffusasi poi in altri Paesi europei, annovera diversi artisti che hanno tratto da splendidi scenari naturali l'ispirazione per alcune delle loro opere più importanti.

In Germania, il più famoso esponente del Romanticismo fu **Caspar David Friedrich** (1774-1840), nei cui dipinti risaltano fortemente, talvolta anche in modo drammatico, i contrasti di luci e di ombre. Friedrich osservava attentamente i paesaggi del suo Paese e li fissava su tela con grande maestria. Tra i suoi dipinti più famosi che riprendono un paesaggio naturale, si può ricordare *Le bianche scogliere di Rügen*.

In Inghilterra, dove l'arte romantica si era in seguito diffusa, la rappresentazione di paesaggi naturali raggiunse la massima espressione con **William Turner** (1775-1851) e **John Constable** (1776-1837).

Quest'ultimo, considerato un vero maestro nella rappresentazione del paesaggio, influenzò fortemente, con il suo stile, vari pittori impressionisti (l'Impressionismo è un movimento artistico nato in Francia nella seconda metà del XIX secolo), come **Jean-Baptiste Camille Corot** (1796-1875), **Théodore Rousseau** (1812-1867), **Narcisse Virgile Diaz de la Peña** (1807-1876) e **Jules Dupré** (1811-1889). Anche quello che è considerato il padre dell'Impressionismo, **Claude Monet** (1840-1926), fissò sulla tela splendide scene in cui le mille forme e i mille colori della natura sono protagonisti.

A destra in alto: William Turner, *La valorosa Téméraire*, 1839. A sinistra in alto: Claude Monet, *Lo stagno delle ninfee e il ponte giapponese*, 1889. A sinistra in basso: Caspar David Friedrich, *Il sorgere della luna sulla riva del mare*, 1822.

Geografia
L'aria? Inquinata

Le **polveri sottili** (a volte indicate anche come *particolato* o *particolato sospeso*) sono tra gli **inquinanti più pericolosi**. La loro pericolosità è inversamente proporzionale alla loro dimensione: cioè, più sono piccole più sono nocive alla salute umana. Ciò accade in quanto l'apparato respiratorio funge in una certa misura da filtro per le polveri, ma solo per quelle di dimensioni maggiori, che vengono trattenute già dalle narici.

Quelle più piccole riescono a scendere fino ai polmoni e possono addirittura entrare nella circolazione sanguigna. Una frequente esposizione a questo tipo di inquinante può causare **gravi problemi alla salute**, a carico soprattutto dell'apparato respiratorio e di quello cardiovascolare. Spesso sui giornali vengono indicate come PM_{10}: si tratta cioè di polveri con dimensioni che arrivano al massimo a 10 micrometri, cioè a 10 millesimi di millimetro. A volte però si parla anche delle $PM_{2,5}$, il cui diametro arriva al massimo a un quarto di quello delle PM_{10}.

Perché nell'aria ci sono le polveri sottili?

Il particolato è causato dai **processi di combustione**, come quello prodotto dai **veicoli a motore**, dal **riscaldamento domestico** (soprattutto quando le caldaie bruciano gasolio piuttosto che metano), dai **processi industriali**, dagli impianti di produzione dell'energia elettrica, dall'usura di pneumatici e asfalto.

Le **condizioni climatiche** hanno a loro volta un ruolo fondamentale, in quanto possono favorire il ristagno delle polveri nell'aria: l'alta pressione invernale e l'assenza di vento ne ostacolano infatti la dispersione.

Perché se ne parla tanto oggi?

Il fatto che oggi se ne parli molto non significa che l'aria sia più inquinata rispetto a dieci, o venti, o trenta anni fa. Anzi, è vero il contrario. Occorre infatti pensare, per esempio, che l'industria automobilistica ha prodotto motori sempre meno inquinanti. Così, rispetto a non molti anni fa, le emissioni di alcune sostanze come l'anidride solforosa e il benzene si sono ridotte di molto. Oggi, inoltre, l'attenzione al problema dell'inquinamento è maggiore rispetto al passato, anche perché è cresciuta nel frattempo la **consapevolezza** dei gravi danni che l'aria inquinata provoca alla salute. La maggior parte degli strumenti oggi utilizzati per monitorare l'inquinamento atmosferico riesce però a rilevare solo le PM_{10}, per questo si fa riferimento in genere a questa classe di polveri. Ma, come abbiamo visto, quelle più piccole sono ancora più pericolose. Sia l'Unione Europea, sia l'OMS (Organizzazione Mondiale della Sanità) hanno fissato dei limiti per la concentrazione delle polveri, ma spesso essi vengono superati.

Le polveri sottili si distribuiscono in modo omogeneo?

Assolutamente no perché, come abbiamo visto, esse sono originate soprattutto dalle attività umane. L'immagine satellitare della pagina a fianco mostra per esempio le diverse concentrazioni delle pericolosissime $PM_{2,5}$ a livello mondiale.

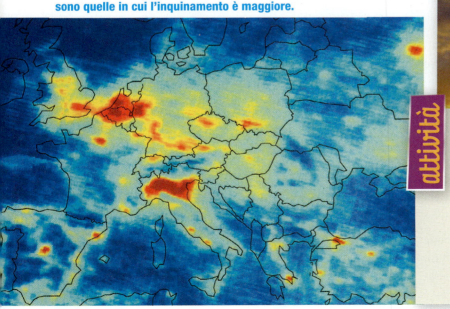

Immagine satellitare dell'Europa occidentale che raffigura la situazione dell'inquinamento dell'aria: le zone in rosso sono quelle in cui l'inquinamento è maggiore.

attività

1. **Dopo aver osservato attentamente l'immagine satellitare della pagina a fianco, rispondi alle domande.**
   a. In quali Paesi europei si riscontrano le più alte concentrazioni di sostanze inquinanti?
   b. In Europa, qual è il Paese (o la regione) con la concentrazione più alta?
   c. Descrivi la situazione dell'inquinamento atmosferico in Italia: dove sono localizzate le aree più inquinate?

Italiano

Le parole dell'ecologia e della natura

Quando si parla di ambiente, di problemi ecologici, di natura e della sua salvaguardia, ci sono molti termini di uso ricorrente o, quanto meno, frequente. Qui di seguito se ne riportano alcuni, con il relativo significato.

Deforestazione: processo di distruzione delle foreste, provocato dall'uomo per fare spazio a piantagioni, pascoli, insediamenti produttivi e abitativi.

Endemico: specie animale o vegetale che vive solo in una determinata area, della quale è quindi caratteristico.

CO_2: formula chimica di un gas naturale, detto anidride carbonica (o biossido di carbonio). In percentuale piccolissima è presente naturalmente nell'atmosfera. Non è tossica e produce un effetto serra naturale che consente lo sviluppo della vita. Tuttavia, alcune attività umane hanno incrementato fortemente la produzione di questo gas, aumentando l'effetto serra e provocando così il surriscaldamento del pianeta.

Desertificazione: processo di inaridimento dei suoli, con perdita delle forme viventi animali e vegetali. È causata dalle attività umane e dai cambiamenti climatici.

Ecoturismo: forma di turismo legato all'ambiente e alla natura. È andato sviluppandosi soprattutto negli ultimi due decenni ed è in continua crescita.

Effetto serra: fenomeno atmosferico naturale prodotto da alcuni gas (in particolare anidride carbonica, metano e vapore acqueo) che trattengono parte del calore generato dall'irradiamento solare.

Estinzione: scomparsa di una specie animale o vegetale. Può essere locale, quando una specie scompare solo in un settore dell'area di distribuzione ma permane altrove, oppure totale, quando la specie scompare da tutto il pianeta. Inoltre, l'estinzione può avvenire per cause naturali oppure, come sempre più spesso accade ai giorni nostri, per colpa dell'uomo.

Birdwatching: attività ricreativa che consiste nell'osservazione e nell'identificazione degli uccelli in natura. È piuttosto diffusa soprattutto nei Paesi anglosassoni e in quelli nordici in generale, ma si sta affermando anche in Italia.

attività

1. Ora prova tu! Inserisci a fianco di ciascun termine o espressione la definizione corrispondente.

Fauna:

Flora:

Disastro ambientale:

Foresta pluviale:

Ecologia:

Sviluppo sostenibile:

Mutamento climatico:

Energia rinnovabile:

Impronta ecologica:

Storia

La protezione della natura: breve cronistoria dei parchi del mondo

La storia della protezione della natura inizia solo in tempi piuttosto recenti. Non è da molto, infatti, che l'uomo ha cominciato ad avvertire il bisogno di **preservare alcune regioni**, particolarmente ricche sul piano paesaggistico e naturalistico, da ogni forma di sfruttamento che non sia compatibile con la salvaguardia a lungo termine dell'ambiente naturale, nonché della fauna e della flora che lo popolano. Un ruolo importante, nella tutela della natura, è svolto dai **parchi nazionali**. Ma che cos'è esattamente un parco nazionale? È un'area, di dimensioni non minime (altrimenti si parla di riserve naturali) che viene dichiarata protetta da uno Stato, allo scopo di tutelarne e di perpetuarne il valore naturalistico. Il primo parco nazionale del mondo è stato istituito non nella vecchia Europa, bensì negli Stati Uniti: si tratta del celebre **Parco di Yellowstone**, nello Stato del Wyoming. Creato nel 1872, impreziosito dai più famosi geyser del pianeta, è probabilmente ancor oggi il più noto parco nazionale del mondo. Il secondo parco nazionale fu istituito in uno Stato ancora più giovane, l'Australia: il **Royal National Park**, appena a sud di Sydney, nacque infatti nel 1879, per proteggere splendidi boschi e un tratto di costa caratterizzato da un paesaggio molto vario. I "vicini di casa" degli Stati Uniti seguirono a ruota: il **Parco nazionale di Banff**, che tutela una natura magnifica e grandiosi scenari delle Montagne Rocciose canadesi, venne alla luce pochi anni dopo, nel 1885. Negli anni successivi, fu ancora uno Stato molto giovane a dar vita a un parco nazionale: la Nuova Zelanda istituì infatti il **Parco di Tongariro** già nel 1887. Quest'area protetta, situata nell'Isola del Nord, tutela un magnifico ambiente montano dominato da alti vulcani. Occorre invece arrivare al XX secolo per vedere nascere i primi parchi in Europa: è infatti il 1909 quando la Svezia ne istituisce ben nove.

I parchi nazionali svolgono un ruolo fondamentale nella protezione dell'ambiente naturale.

attività

1. Di seguito sono riportati i nomi di 15 importanti parchi nazionali, distribuiti nei vari continenti. Aiutandoti con Internet, cerca di ciascuno lo Stato in cui si trova, la data di istituzione e l'estensione (in km² o in ettari) e riportali sul tuo quaderno in una tabella simile a quella proposta, ordinandoli in senso cronologico dal più vecchio al più giovane.
Chitwan • Pantanal • Bialowieza • Doñana • Hortobágy • Kakadu • Tsavo • Taman Negara • Serengeti • Glacier • Circeo • Chobe • Jim Corbett • Jasper • Galápagos

Parco	Data di istituzione	Estensione

ambiente, globale una sfida

Musica

La natura nella musica e nelle canzoni

La natura, con le sue multiformi manifestazioni, ha fornito spesso l'ispirazione per musicisti e cantanti di ogni epoca. Nel campo della musica classica, un esempio straordinario ci viene dalla *Sesta sinfonia* di **Ludwig van Beethoven**. Il grande compositore e pianista tedesco, al tempo in cui la compose, amava trascorrere molto tempo in campagna e proprio quei soggiorni nella natura furono per lui un'importante fonte di ispirazione per la celebre sinfonia, conosciuta anche come *Pastorale*. Anche cantanti e cantautori dei giorni nostri, comunque, hanno composto e cantato brani musicali con testi ispirati alla natura. È il caso, per esempio, di **Franco Battiato** e di **Laura Pausini**, di cui vengono riportati qui due brani molto conosciuti.

Gli uccelli *di Franco Battiato*

Volano gli uccelli volano
nello spazio tra le nuvole
con le regole assegnate
a questa parte di Universo
al nostro Sistema solare.

Aprono le ali
scendono in picchiata atterrano meglio di aeroplani
cambiano le prospettive al mondo
voli imprevedibili ed ascese velocissime
traiettorie impercettibili
codici di geometria esistenziali.

Migrano gli uccelli emigrano
con il cambio di stagione
giochi di aperture alari
che nascondono segreti
di questo Sistema solare.

Aprono le ali
scendono in picchiata atterrano meglio di aeroplani
cambiano le prospettive al mondo
voli imprevedibili ed ascese velocissime
traiettorie impercettibili
codici di geometria esistenziali.

Volano gli uccelli volano
nello spazio tra le nuvole
con le regole assegnate
a questa parte di Universo
al nostro Sistema solare.

Sorella Terra *di Laura Pausini*

Sorella Terra, ascolto te
ogni conchiglia oceano è
e poi, ogni foglia è un battito
che sa vibrare all'unisono con noi
se vuoi
sorella Terra, che pace dai
coi tuoi deserti e i tuoi ghiacciai
così sento nel mio spirito, di te
quell'infinito anelito, perché
le tue foreste
sono il mio respiro, sai
e non è più terrestre l'emozione che mi dai
che mi dai
così, fino a perdermi
nell'armonia celeste, di quest'estasi.

Ma guardarti a volte che male fa
ferita a morte dall'inciviltà
così, anch'io divento polvere, e mi disperdo
dentro, un vento a raffiche, perché
le tue foreste sono il mio respiro, sai
e non è più terrestre l'emozione che mi dai,
che mi dai
così, fino a perdermi, nell'armonia celeste di
quest'estasi.

attività

1. Conosci altre canzoni che esaltano la natura o ne denunciano l'abuso dissennato da parte dell'uomo? Puoi cercare altri testi in Internet o confrontarti con i tuoi compagni. Insieme poi cercatene i testi, trascriveteli, illustrandoli con fotografie o quadri in tema, e costruite dei poster o dei collage da appendere in classe.

Matematica

La superficie forestale della Terra

Le foreste coprono circa il 27% delle terre emerse (circa 149.450.000 km²), con una superficie complessiva pari a oltre 4 miliardi di ettari (più di 40 milioni di km²). È stato calcolato che nell'era pre-industriale le foreste coprivano quasi 6 miliardi di ettari. Ciò significa che, a causa della deforestazione provocata dall'uomo, si è persa una superficie paragonabile a quella dell'intero Sudamerica. Fortunatamente, non ovunque le foreste stanno sparendo: in alcuni Paesi, soprattutto dell'emisfero nord, stanno anzi recuperando terreno. Rimane tuttavia il fatto che, anche considerando quest'ultimo aspetto, ogni anno il pianeta si ritrova con 5 milioni di ettari di foreste in meno. È come se ogni sei anni la Terra perdesse una superficie forestale pari a quella dell'Italia intera.

attività

Di seguito sono riportati i dati relativi alla superficie forestale (espressa in km²) di alcuni Paesi del mondo, compresi tutti quelli che primeggiano in quanto a estensione delle foreste.

Paese	Superficie forestale (km²)	Superficie totale (km²)	Territorio ricoperto da foreste (%)
Rep. Dem. del Congo	1.538.236		
Cina	2.096.239		
Brasile	5.173.276		
Colombia	603.980		
Libia	2.170		
Finlandia	221.570		
Perú	678.420		
Italia	92.270		
Oman	20		
Canada	3.101.340		
Australia	1.483.760		
Stati Uniti	3.044.048		
Indonesia	937.470		
Russia	8.091.500		
Totale mondo	**40.000.000**	**149.450.000 (terre emerse)**	**27%**

Fonte: The World Bank

1. Per ognuno degli Stati riportati, calcola la percentuale di territorio ricoperta da foreste (il dato relativo all'estensione del Paese lo trovi nel testo o, se mancante, cercalo in Internet) e riportala nella tabella.

2. Somma tra loro le superfici forestali dei Paesi che superano il milione di km². Calcola poi a quale percentuale equivale tale somma sull'intera superficie forestale del pianeta (stimata in oltre 40 milioni di km²). Che cosa ne deduci?